Volvo 740 & 760
Gör-det-själv handbok

Matthew Minter och John Mead

Modeller som behandlas

(SV3035-296-3AC6/1258-5AB6)

Volvo 740 & 760 modeller med bensinmotorer, inklusive 2.3 liter 16-ventilsmotor med dubbla överliggande kamaxlar, turbo och vissa specialmodeller
1986cc, 2316cc & 2849cc

Behandlar ej modeller med dieselmotor

© Haynes Group Limited 1999

En bok i **Haynes serie Gör-det-själv handböcker**

ISBN **978 1 78521 338 0**

British Library Cataloguing in Publication Data
En katalogpost för denna bok finns tillgänglig från British Library.

Haynes Group Limited
Haynes North America, Inc

www.haynes.com

Auktoriserad representant i EU

HaynesPro BV
Stationsstraat 79 F, 3811MH Amersfoort, The Netherlands
gpsr@haynes.co.uk

Ansvarsfriskrivning

Innehåll

DIN VOLVO 740 & 760

Reparationer vid vägkanten

Veckokontroller

UNDERHÅLL

Rutinunderhåll och service

Innehåll

REPARATION OCH RENOVERING

Motor och tillhörande system

Kraftöverföring

Bromsar och fjädring

Kaross

Kopplingsscheman

REFERENSER

Register

Volvo 760 sedan introducerades på marknaden 1982, följd av 740 sedan 1984. Kombiversionerna blev tillgängliga 1986.

De motorer som finns för 760-serien är en 2.8 liter V6-motor och en 2.3 liter 4-cylindrig radmotor med turbo, båda med bränsleinsprutning. Turbomotorn är också tillgänglig i 740-serien, där andra alternativ är samma motor utan turbo, med antingen bränsleinsprutning eller förgasare. År 1987 tillkom en bränsleinsprutad 2.0 liter 4-cylindrig radmotor för 740-serien, följd året därpå av en 2.3 liter 16-ventilsmotor med dubbla överliggande kamaxlar.

Både manuell och automatisk växellåda finns tillgängliga för hela serien. Den manuella växellådan kan vara 5-växlad eller 4-växlad med övervväxel. Automatväxellådan kan ha 4 växlar eller 3 växlar och övervväxel. Kraften överförs till bakhjulen via en traditionell stel axel eller, på senare 760 sedanmodeller, via individuell bakfjädring. Differentialbroms finns som extra utrustning.

Alla fyra hjulen har skivbromsar, handbromsen arbetar på separata trummor på bakhjulen. Låsningsfria bromsar (ABS) finns på senare modeller, i vissa fall i förening med ett antispinnsystem (ETC – electronic traction control). Servostyrning finns på alla modeller.

Volvo 760 Turbo Saloon

Volvo 740 Turbo Estate

Din handbok till Volvo

Målsättningen med denna handbok är att hjälpa dig att få ut mesta möjliga av din bil och den kan göra det på flera sätt. Den kan hjälpa dig att avgöra vilka arbeten som ska utföras (även om du väljer att låta en verkstad göra själva jobbet), den ger information om rutinunderhåll och service och beskriver en logisk handlingsväg och diagnosmetoder när slumpmässiga fel uppstår. Vi hoppas emellertid att du kommer att använda handboken till att själv utföra arbetet. När det gäller enklare arbeten kan det vara mycket snabbare än att boka in bilen på en verkstad och sedan åka tid två gånger för att lämna in och hämta bilen. Kanske viktigast av allt, en hel del pengar kan sparas genom att man undviker verkstadens kostnader för arbeteskraft och drift.

Handboken innehåller ritningar och beskrivningar som visar hur de olika komponenterna fungerar, så att det blir lättare att förstå deras utformning. Arbetsmomenten beskrivs och avbildas i tydlig stegvis följd. Bilderna numreras efter det avsnitt och den paragraf de tillhör – om mer än en bild används anges ordningsföljden alfabetiskt.

"Vänster" respektive "höger" är alltid sett från en person som sitter i förarsätet och tittar framåt.

Med tack till följande

Vi vill tacka Champion Spark Plug som försett oss med bilderna över tändstiftens skick. Vissa illustrationer är copyright Volvo AB och dessa används med deras tillstånd. Tack riktas också till Sykes-Pickavant Limited som tillhandahöll viss verkstadsutrustning. Vi vill speciellt tacka alla i Sparkford som hjälpt till att framställa denna handbok.

Vi är stolta över hur noggrann informationen i denna bok är. Biltillverkare kan dock införa ändringar vid produktionen av en viss modell om vilka vi inte informeras. Författaren och förlaget accepterar inget ansvar för förluster, materiella skador eller personskador som orsakas av felaktigheter eller brister i den givna informationen.

Att arbeta på din bil kan vara farligt. Den här sidan visar potentiella risker och faror och har som mål att göra dig uppmärksam på och medveten om vikten av säkerhet i ditt arbete.

Allmänna faror

Skållning

• Ta aldrig av kylarens eller expansionskärlets lock när motorn är het.
• Motorolja, automatväxellådsolja och styrservovätska kan också vara farligt varma om motorn just varit igång.

Brännskador

• Var försiktig så att du inte bränner dig på avgassystem och motor. Bromsskivor och -trummor kan också vara heta efter körning.

Lyftning av fordon

• Vid arbete nära eller under ett lyft fordon, använd alltid extra stöd i form av pallbockar eller använd ramper. *Arbeta aldrig under en bil som endast stöds av en domkraft.*
• När muttrar eller skruvar med högt åtdragningsmoment skall lossas eller dras, bör man lossa dem något innan bilen lyfts och göra den slutliga åtdragningen när bilens hjul åter står på marken.

Brand och brännskador

• Bränsle är mycket brandfarligt och bränsleångor är explosiva.
• Spill inte bränsle på en het motor.
• Rök inte och använd inte öppen låga i närheten av en bil under arbete. Undvik också gnistbildning (elektrisk eller från verktyg).
• Bensinångor är tyngre än luft och man bör därför inte arbeta med bränslesystemet med fordonet över en smörjgrop.
• En vanlig brandorsak är kortslutning i eller överbelastning av det elektriska systemet. Var försiktig vid reparationer eller ändringar.
• Ha alltid en brandsläckare till hands, av den typ som är lämplig för bränder i bränsle- och elsystem.

Elektriska stötar

• Högspänningen i tändsystemet kan vara farlig, i synnerhet för personer med hjärtbesvär eller pacemaker. Arbeta inte med eller i närheten av tändsystemet när motorn går, eller när tändningen är på.

• Nätspänning är också farlig. Se till att all nätansluten utrustning är jordad. Man bör skydda sig genom att använda jordfelsbrytare.

Giftiga gaser och ångor

• Avgaser är giftiga. De innehåller koloxid vilket kan vara ytterst farligt vid inandning. Låt aldrig motorn vara igång i ett trångt utrymme, t ex i ett garage, med stängda dörrar.
• Även bensin och vissa lösnings- och rengöringsmedel avger giftiga ångor.

Giftiga och irriterande ämnen

• Undvik hudkontakt med batterisyra, bränsle, smörjmedel och vätskor, speciellt frostskyddsvätska och bromsvätska. Sug aldrig upp dem med munnen. Om någon av dessa ämnen sväljs eller kommer in i ögonen, kontakta läkare.
• Långvarig kontakt med använd motorolja kan orsaka hudcancer. Bär alltid handskar eller använd en skyddande kräm. Byt oljeindränkta kläder och förvara inte oljiga trasor i fickorna.
• Luftkonditioneringens kylmedel omvandlas till giftig gas om den exponeras för öppen låga (inklusive cigaretter). Det kan också orsaka brännskador vid hudkontakt.

Asbest

• Asbestdamm kan ge upphov till cancer vid inandning, eller om man sväljer det. Asbest kan finnas i packningar och i kopplings- och bromsbelägg. Vid hantering av sådana detaljer är det säkrast att alltid behandla dem som om de innehöll asbest.

Speciella faror

Flourvätesyra

• Denna extremt frätande syra bildas när vissa typer av syntetiskt gummi i t ex O-ringar, tätningar och bränsleslangar utsätts för temperaturer över 400 °C. Gummit omvandlas till en sotig eller kladdig substans som innehåller syran. *När syran väl bildats är den farlig i flera år. Om den kommer i kontakt med huden kan det vara tvunget att amputera den utsatta kroppsdelen.*
• Vid arbete med ett fordon, eller delar från ett fordon, som varit utsatt för brand, bär alltid skyddshandskar och kassera dem på ett säkert sätt efteråt.

Batteriet

• Batterier innehåller svavelsyra som angriper kläder, ögon och hud. Var försiktig vid påfyllning eller transport av batteriet.
• Den vätgas som batteriet avger är mycket explosiv. Se till att inte orsaka gnistor eller använda öppen låga i närheten av batteriet. Var försiktig vid anslutning av batteriladdare eller startkablar.

Airbag/krockkudde

• Airbags kan orsaka skada om de utlöses av misstag. Var försiktig vid demontering av ratt och/eller instrumentbräda. Det kan finnas särskilda föreskrifter för förvaring av airbags.

Dieselinsprutning

• Insprutningspumpar för dieselmotorer arbetar med mycket högt tryck. Var försiktig vid arbeten på insprutningsmunstycken och bränsleledningar.

⚠️ *Varning: Exponera aldrig händer eller annan del av kroppen för insprutarstråle; bränslet kan tränga igenom huden med ödesdigra följder*

Kom ihåg...

ATT

• Använda skyddsglasögon vid arbete med borrmaskiner, slipmaskiner etc, samt vid arbete under bilen.

• Använda handskar eller skyddskräm för att skydda händerna.

• Om du arbetar ensam med bilen, se till att någon regelbundet kontrollerar att allt står väl till.

• Se till att inte löst sittande kläder eller långt hår kommer i vägen för rörliga delar.

• Ta av ringar, armbandsur etc innan du börjar arbeta på ett fordon - speciellt med elsystemet.

• Försäkra dig om att lyftanordningar och domkraft klarar av den tyngd de utsätts för.

ATT INTE

• Ensam försöka lyfta för tunga delar - ta hjälp av någon.

• Ha för bråttom eller ta osäkra genvägar.

• Använda dåliga verktyg eller verktyg som inte passar. De kan slinta och orsaka skador.

• Låta verktyg och delar ligga så att någon riskerar att snava över dem. Torka upp olje- och bränslespill omgående.

• Låta barn eller husdjur leka nära en bil under arbetets gång.

Följande sidor är avsedda som hjälp till att lösa vanligen före-
kommande problem. Mer detaljerad felsökningsinformation
finns i slutet av handboken och beskrivningar av reparationer
finns i de olika huvudkapitlen.

Om bilen inte startar och startmotorn inte går runt

☐ Om bilen har automatväxellåda, se till att växelväljaren står
i läge 'P' eller 'N'.
☐ Öppna motorhuven och kontrollera att batteripolerna är
rena och sitter fast ordentligt.
☐ Slå på strålkastarna och försök starta motorn. Om
strålkastarna försvagas mycket vid startförsöket är
batteriet troligtvis mycket urladdat. Starta med startkablar
och en annan bil (se nästa sida).

Om bilen inte startar trots att startmotorn går runt som vanligt

☐ Finns det bränsle i tanken?
☐ Finns det fukt på elektriska komponenter under
motorhuven? Slå av tändningen, torka bort all synlig fukt
med en trasa. Spraya på en vattenavvisande aerosol (WD-
40 eller likvärdig) på tänd- och bränslesystemens
elektriska kontakter, som visas nedan. Var extra
uppmärksam på tändspolens kontakter och tändkablarna.
(Notera att dieselmotorer inte vanligtvis har problem med
fukt.)

A Kontrollera att tändstiftskablarna är
ordentligt anslutna genom att trycka ner
dem på tändstiften.

B Kontrollera att tändkablarna är ordentligt
anslutna till fördelaren (om monterad) och
att också elledningen är säkert ansluten.

C Kontrollera att tändkabel och elledning
är säkert anslutna till tändspolen.

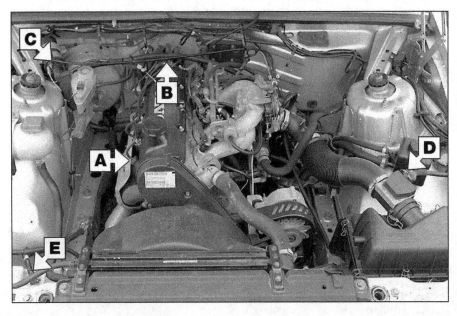

Kontrollera att elektriska anslutningar sitter ordentligt (med tändningen avslagen) och spraya
dem med en vattenavvisande spray, t.ex. WD-40, om du misstänker att problemet beror på
fukt.

D Kontrollera luftflödesmätarens kontakt
(där tillämpligt) med tändningen av-
slagen.

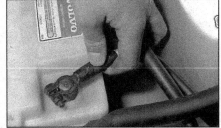

E Kontrollera anslutningarna vid batteriet.
De ska vara rena och väl åtdragna.

Start med startkablar löser ditt problem för stunden, men det är väsentligt att ta reda på vad som orsakade batteriets urladdning. Det finns tre möjligheter:

1 Batteriet har laddats ur efter ett flertal startförsök, eller för att lysen har lämnats på.

2 Laddningssystemet fungerar inte tillfredsställande (generatorns drivrem slak eller av, generatorns länkage eller generatorn själv defekt).

3 Batteriet defekt (utslitet eller låg elektrolytnivå.

När en bil startas med hjälp av ett laddningsbatteri, observera följande:

✔ Innan det fulladdade batteriet ansluts, stäng av tändningen.

✔ Se till att all elektrisk utrustning (lysen, värme, vindrutetorkare etc) är avslagen.

Starthjälp

✔ Kontrollera att laddningsbatteriet har samma spänning som det urladdade batteriet i bilen.

✔ Om batteriet startas med startkablar från batteriet i en annan bil, får bilarna INTE VIDRÖRA varandra.

✔ Växellådan skall vara i neutralt läge (PARK för automatväxellåda).

1 Koppla den ena änden på den röda startkabeln till den positiva (+) anslutningen på det urladdade batteriet.

2 Koppla den andra änden på den röda kabeln till den positiva (+) anslutningen på det fulladdade batteriet.

3 Koppla den ena änden på den svarta startkabeln till den negativa (–) anslutningen på det fulladdade batteriet.

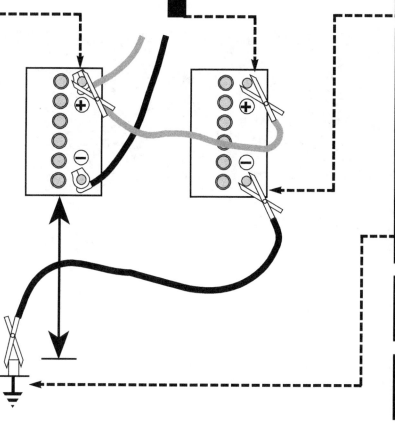

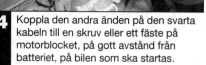

4 Koppla den andra änden på den svarta kabeln till en skruv eller ett fäste på motorblocket, på gott avstånd från batteriet, på bilen som ska startas.

5 Se till att startkablarna inte kommer i kontakt med fläkten, drivremmarna eller andra rörliga delar i motorn.

6 Starta motorn med laddningsbatteriet, sen med motorn på tomgång, koppla bort startkablarna i omvänd ordning mot anslutning.

Hjulbyte

Vissa detaljer som visas här varierar beroende på modell. Till exempel är reservhjulets och domkraftens placering inte densamma på alla bilar. De grundläggande principerna är dock samma för alla modeller

Varning: Byt inte hjul i ett läge där du riskerar att bli påkörd av annan trafik. På högtrafikerade vägar är det klokt att uppsöka en parkeringsficka eller mindre avtagsväg för hjulbyte. Det är lätt att glömma bort övrig trafik när man koncentrerar sig på det arbete som ska utföras.

Förberedelser

☐ När en punktering inträffar, stanna så snart säkerheten medger detta.

☐ Parkera om möjligt på plan, fast mark och på avstånd från annan trafik.

☐ Använd varningsblinkers vid behov.

☐ Använd en varningstriangel till att varna andra trafikanter.

☐ Dra åt handbromsen och lägg i 1:an eller backen (eller Park på modeller med automatväxellåda).

☐ Blockera hjulet diagonalt motsatt det som ska tas loss, ett par medelstora stenar räcker.

☐ Om marken är mjuk, lägg en plankbit under domkraften för att sprida trycket.

Hjulbyte

1 Ta ut reservhjulet och domkraften som är placerade i bagageutrymmet.

2 Ta bort hjulsidan, där tillämpligt, för att komma åt hjulmuttrarna. Använd en skruvmejsel om så behövs.

3 Lossa alla hjulmuttrar ett halvt varv. Vissa nav har ett styrstift för att underlätta återmonteringen av hjulet.

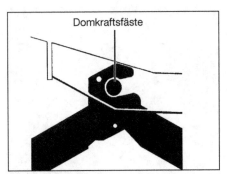

Domkraftsfäste

4 För in domkraftens huvud i fästet under den tröskel som är närmast det hjul som ska demonteras. Vrid domkraftens handtag medsols för att sänka domkraftens fot till marken. Hissa upp bilen tills hjulet är fritt från marken och skruva sedan bort hjulmuttrarna helt och ta bort hjulet.

5 Montera reservhjulet på pinnbultarna och säkra det med muttrarna. Dra åt muttrarna tills de sitter fast, men dra inte åt dem helt än. Sänk ned bilen på marken och ta bort domkraften.

6 Dra åt hjulmuttrarna ordentligt i korsvis ordning. Det rekommenderas att en momentnyckel används, speciellt om lättmetallfälgar är monterade. Sätt tillbaka eventuell hjulsida.

Och till sist...

☐ Ta bort hjulblockeringen.

☐ Lägg tillbaka domkraft och verktyg i bilen.

☐ Kontrollera lufttrycket i det just monterade däcket. Om det är lågt eller om du inte har tillgång till en lufttrycksmätare, kör långsamt till närmaste bensinstation och kontrollera/justera trycket.

☐ Reparera eller byt ut det trasiga däcket.

Att hitta läckor

Pölar på garagegolvet (eller där bilen parkeras) eller våta fläckar i motorrummet tyder på läckor som man måste försöka hitta. Det är inte alltid så lätt att se var läckan är, särskilt inte om motorrummet är mycket smutsigt. Olja eller andra vätskor kan spridas av fartvinden under bilen och göra det svårt att avgöra var läckan egentligen finns.

⚠️ **Varning: De flesta oljor och andra vätskor i en bil är giftiga. Vid spill bör man tvätta huden och byta indränkta kläder så snart som möjligt**

HAYNES TiPS *Lukten kan vara till hjälp när det gäller att avgöra varifrån ett läckage kommer och vissa vätskor har en färg som är lätt att känna igen. Det är en bra idé att tvätta bilen ordentligt och ställa den över rent papper över natten för att lättare se var läckan finns. Tänk på att motorn ibland bara läcker när den är igång.*

Olja från sumpen

Motorolja kan läcka från avtappnings-pluggen . . .

Olja från oljefiltret

. . . eller från oljefiltrets packning.

Växellådsolja

Växellådsolja kan läcka från tätningarna i ändarna på drivaxlarna.

Frostskydd

Läckande frostskyddsvätska lämnar ofta kristallina avlagringar liknande dessa.

Bromsvätska

Läckage vid ett hjul är nästan alltid bromsvätska.

Servostyrningsvätska

Servostyrningsvätska kan läcka från styrväxeln eller dess anslutningar.

Bogsering

När allt annat misslyckas kan du komma att behöva en bogsering hem – eller det kan naturligtvis hända att du bogserar någon annan. Bogsering längre sträckor ska över-lämnas till en verkstad eller en bärgningsfirma. Bogsering kortare sträckor är relativt enkelt, men tänk på följande:

☐ Använd en riktig bogserlina – de är inte dyra. Kontrollera vad lagen säger om bogsering.

☐ Tändningen ska vara påslagen när bilen bogseras så att rattlåset är öppet och blinkers och bromsljus fungerar.

☐ Bogserlinan ska ska enbart kopplas till de därför avsedda bogseröglorna.

☐ Innan bogseringen, lossa handbromsen och ställ växellådan i neutralläge.

☐ Kom ihåg att det behövs ett högra brom-spedaltryck än vanligt eftersom vakuum-servon bara är aktiv när motorn är igång.

☐ På modeller med servostyrning krävs också större rattkraft.

☐ Föraren i den bogserade bilen måste hålla bogserlinan sträckt hela tiden så att ryck undviks.

☐ Kontrollera att båda förarna känner till den planerade färdvägen.

☐ Kom ihåg att maximal hastighet vid bogsering är 30 km/tim och att bogsering inte får utföras på motorväg. Bogsera kortast möjliga sträcka och sakta långsamt ned vid korsningar.

☐ Speciella föreskrifter gäller för modeller med automatväxellåda. Vid minsta tvekan bör du inte bogsera en bil med automatväxellåda eftersom det kan skada växellådan.

Inledning

Det finns några mycket enkla kontroller som bara behöver ta några minuter att utföra, men som kan spara dig mycket besvär och pengar.

Dessa "Veckokontroller" kräver inga större kunskaper eller speciella verktyg. Den lilla tid de tar kan vara mycket väl använd, till exempel:

☐ Håll ett öga på däckens skick och lufttryck. Det inte bara hjälper till att förhindra att de slits ut i förtid, det kan även rädda ditt liv.

☐ Många haverier orsakas av elektriska problem. Batterirelaterade fel är speciellt vanliga och en snabb kontroll med regelbundna mellanrum förebygger oftast de flesta av dessa problem.

☐ Om bilen har en läcka i bromssystemet kan det hända att du märker det först när bromsarna inte fungerar ordentligt. Regelbunden kontroll av vätskenivån varnar i god tid för sådana problem.

☐ Om olje- och kylvätskenivån blir för låg är det exempelvis mycket billigare att åtgärda läckaget än att reparera det motorhaveri som annars kan inträffa.

Kontrollpunkter under motorhuven

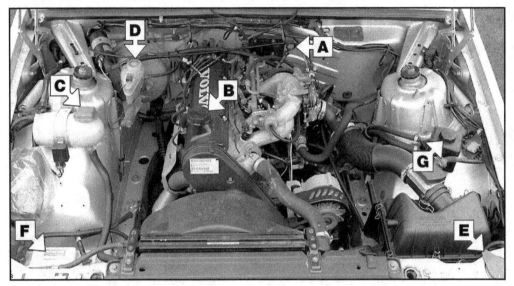

◄ **Volvo 740**

A *Motoroljans mätsticka*
B *Motoroljans påfyllningslock*
C *Kylvätskans expansionskärl*
D *Bromsvätskebehållare*
E *Spolarvätskebehållare*
F *Batteri*
G *Servostyrningsvätskans behållare*

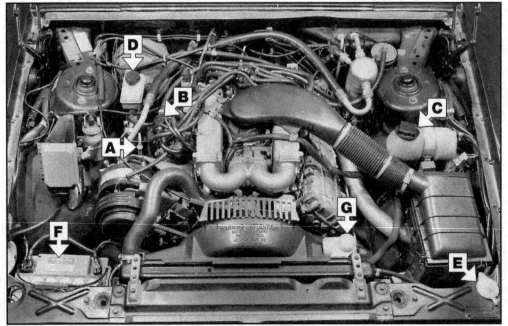

◄ **Volvo 760 GLE**
(tidig modell)

A *Motoroljans mätsticka*
B *Motoroljans påfyllningslock*
C *Kylvätskans expansionskärl*
D *Bromsvätskebehållare*
E *Spolarvätskebehållare*
F *Batteri*
G *Servostyrningsvätskans behållare*

◀ Volvo 760 GLE
(1989 års modell)

A *Motoroljans mätsticka*
B *Motoroljans påfyllningslock*
C *Kylvätskans expansionskärl*
D *Bromsvätskebehållare*
E *Spolarvätskans behållare*
F *Batteri*

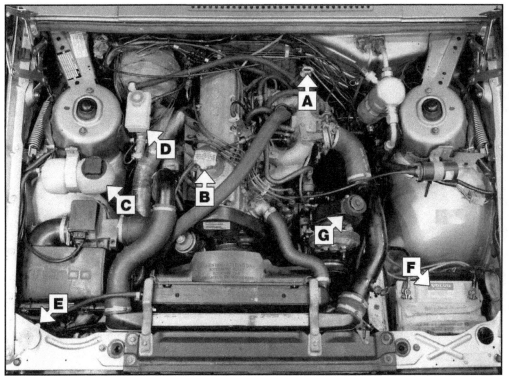

◀ Volvo 760 Turbo

A *Motoroljans mätsticka*
B *Motoroljans påfyllningslock*
C *Kylvätskans expansionskärl*
D *Broms-/kopplingsvätske-behållare*
E *Spolarvätskans behållare*
F *Batteri*
G *Servostyrningspump och vätskebehållare*

Motoroljans nivå

Innan du börjar

✔ Parkera bilen på plan mark.
✔ Kontrollera oljenivån innan bilen körs, eller minst 5 minuter efter det att motorn stängts av.

HAYNES TiPS *Om oljenivån kontrolleras omedelbart efter körning finns olja kvar i motorns övre delar, vilket leder till en felaktig avläsning av oljenivån.*

Rätt olja

Moderna motorer ställer höga krav på smörjoljan. Det är mycket viktigt att korrekt olja för just din bil används. (Se "Smörjmedel, vätskor och däcktryck" på sidan 0•16

Bilvård

● Om du behöver fylla på olja ofta, kontrollera om oljeläckage förekommer. Placera rent papper under bilen över natten och leta efter fläckar på morgonen. Om bilen inte läcker olja kan det vara så att motorn förbränner oljan (se *"Felsökning"*), eller så kanske oljeläckaget bara förekommer när motorn är igång.

● Håll alltid oljenivån mellan det övre och det nedre märket på mätstickan. Om nivån är för låg kan allvarliga motorskador uppstå. Oljetätningar kan sprängas om motorn överfylls med olja.

1 Mätstickans placering varierar mellan olika modeller (se *"Kontrollpunkter under motorhuven"* på sidorna 0•10 och 0•11 för exakt placering). Dra ut mätstickan.

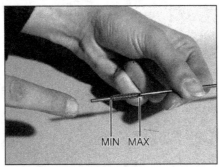
3 Notera oljenivån på mätstickan, den skall vara inom det räfflade området på mätstickan. Det behövs ca 1,0 liter olja för att höja nivån från det nedre märket till det övre.

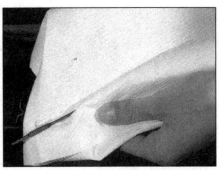
2 Använd en ren trasa eller pappershandduk till att torka av all olja från mätstickan. Sätt in den rena stickan i röret så långt det går och dra ut den igen.

4 Skruva loss påfyllningslocket och fyll på olja; en tratt minskar risken för spill. Fyll på olja långsamt och kontrollera nivån på stickan ofta. Fyll inte på för mycket (se *"Bilvård"* här intill).

Kylvätskans nivå

⚠ *Varning: Försök INTE skruva loss expansionskärlets lock medan motorn är varm, det föreligger stor risk för skållning. Lämna inte öppna behållare med kylvätska stående – vätskan är giftig.*

Bilvård

● Med ett förseglat kylsystem ska regelbunden påfyllning av kylvätska inte behövas. Om regelbunden påfyllning behövs finns det troligtvis en läcka. Kontrollera kylare, slangar och anslutningar. Om de visar spår av fukt eller missfärgning måste detta åtgärdas.

● Det är synnerligen viktigt att frostskydd används i kylsystemet hela året, inte bara vintertid. Fyll inte på med rent vatten eftersom detta späder ut frostskyddet för mycket.

1 Kylvätskans nivå varierar med motorns temperatur. När motorn är kall ska vätskenivån vara mellan märkena "MAX" och "MIN". När motorn är varm kan nivån stiga till något över "MAX".

2 Om påfyllning behövs, vänta till dess att motorn är kall. Skruva sakta upp expansionskärlets lock och släpp ut eventuellt övertryck ur kylsystemet och ta bort locket.

3 Fyll på med en blandning av vatten och frostskydd i expansionskärlet till dess att vätskenivån är mitt mellan nivåmärkena. Skruva på locket och dra åt ordentligt.

Broms-/kopplingsvätskans nivå

Varning:
● Bromsvätska kan skada dina ögon och förstöra lackerade ytor, så var ytterst försiktig vid hanteringen.
● Använd aldrig bromsvätska som stått i en öppen behållare under en en tid. Vätskan absorberar fukt från luften vilket kan orsaka livsfarlig förlust av bromsverkan

 HAYNES TiPS • Se till att bilen är parkerad på plan mark.
• Vätskenivån i behållaren sjunker något i takt med att bromsklossarna slits, men nivån får aldrig tillåtas sjunka under "MIN"-markeringen.

Bromshuvudcylindern och vätskebehållaren är monterade framtill på vakuumservoenheten i motorrummet. På bilar med hydrauliskt manövrerad koppling förser bromsvätskebehållaren även kopplingens hydraulsystem med vätska.

1 "MAX"- och "MIN"-märkena finns på sidan av behållaren. Vätskenivån måste hållas mellan märkena hela tiden.

Säkerheten främst!
● Om behållaren behöver fyllas på regelbundet tyder detta på en läcka i systemet, vilket i så fall omedelbart måste undersökas.

● Om läckage misstänks skall bilen inte köras förrän bromssystemet har undersökts. Ta aldrig några risker när det gäller bromsarna.

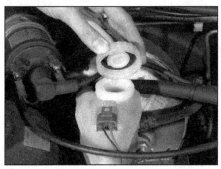

2 Om påfyllning behövs, torka först av området runt påfyllningslocket för att förhindra att smuts kommer in i hydraulsystemet. Skruva loss locket.

3 Fyll försiktigt på vätska, utan att spilla på omgivande komponenter. Använd endast specificerad vätska – blandning av olika typer kan orsaka skador på systemet. Efter påfyllning till rätt nivå, sätt tillbaka locket ordentligt och torka bort spilld vätska.

Servostyrningsvätskans nivå

Innan du börjar:
✔ Parkera bilen på plan mark.
✔ Placera ratten i läge rakt fram.
✔ Motorn skall vara avstängd.

 HAYNES TiPS Om kontrollen skall vara rättvisande får ratten inte rubbas efter det att motorn stängts av.

Säkerheten främst!
● Om påfyllning behövs regelbundet tyder detta på en läcka, vilket i så fall omedelbart måste undersökas.

1 Servostyrningsvätskans behållare kan vara placerad på kylaren eller innerskärmen. På modeller med synliga markeringar på sidan av behållaren skall vätskenivån inte vara över "MAX"-märket.

2 Alternativt kan behållaren vara placerad på servostyrningspumpen. Mätsticksmarkeringar kan finnas för både varm och kall vätska, använd rätt markering vid kontrollen. Nivån får inte vara över "MAX"-märket.

3 Vid påfyllning, använd specificerad typ av vätska och fyll inte på för mycket. När nivån är korrekt, sätt tillbaka locket.

Däckens skick och lufttryck

Det är mycket viktigt att däcken är i bra skick och har korrekt lufttryck – däckhaverier är farliga i alla hastigheter.

Däckslitage påverkas av körstil. Hårda inbromsningar och accelerationer, och snabb kurvtagning, samverkar alla till kraftigt däckslitage. Generellt sett slits framdäcken ut snabbare än bakdäcken. Axelvis byte mellan fram och bak kan jämna ut slitaget, men om detta är för effektivt kan du komma att behöva byta ut alla fyra däcken samtidigt.

Ta bort spikar och stenar som bäddats in i mönstret innan dessa tränger genom och orsakar punktering. Om borttagandet av en spik avslöjar en punktering, stick tillbaka spiken i hålet som markering, byt omedelbart hjul och låt en däckverkstad reparera däcket.

Kontrollera regelbundet att däcken är fria från sprickor och blåsor, speciellt i sidoväggarna. Ta av hjulen med regelbundna mellanrum och rensa bort all smuts och lera från inre och yttre ytor. Kontrollera att inte fälgarna visar spår av rost, korrosion eller andra skador. Lättmetallfälgar skadas lätt av kontakt med trottoarkanter vid parkering och stålfälgar kan bucklas. Ett nytt hjul är ofta enda sättet att korrigera allvarliga skador.

Nya däck måste alltid balanseras vid monteringen men det kan vara nödvändigt att balansera om dem i takt med slitage eller om balansvikterna på fälgkanten lossnar.

Obalanserade däck slits snabbare och de ökar även slitaget på fjädring och styrning. Obalans i hjulen märks normalt av vibrationer, speciellt vid vissa hastigheter, i regel kring 80 km/tim. Om dessa vibrationer bara känns i styrningen är det troligt att enbart framhjulen behöver balanseras. Om i stället vibrationerna känns i hela bilen kan bakhjulen vara obalanserade. Hjulbalansering ska utföras av en däckverkstad eller annan verkstad med lämplig utrustning.

1 Mönsterdjup – visuell kontroll

Originaldäcken har slitagevarningsband (B) som uppträder när mönsterdjupet slitits ned till ca 1,6 mm. Bandens lägen anges av trianglar på däcksidorna (A).

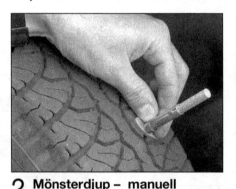

2 Mönsterdjup – manuell kontroll

Mönsterdjupet kan också kontrolleras med ett billigt verktyg kallat mönsterdjupsmätare.

3 Kontroll av lufttryck

Kontrollera regelbundet lufttrycket i däcken när dessa är kalla. Justera inte lufttrycket omedelbart efter det att bilen har körts eftersom detta leder till felaktiga värden. Rekommenderade lufttryck anges på sidan 0•16.

Däckslitage

Slitage på sidorna

Lågt däcktryck (slitage på båda sidorna)
Lågt däcktryck orsakar överhettning i däcket eftersom det ger efter för mycket, och slitbanan ligger inte rätt mot underlaget. Detta orsakar förlust av väggrepp och ökat slitage.
Kontrollera och justera däcktrycket
Felaktig cambervinkel (slitage på en sida)
Reparera eller byt ut fjädringsdetaljer
Hård kurvtagning
Sänk hastigheten!

Slitage i mitten

För högt däcktryck
För högt däcktryck orsakar snabbt slitage i mitten av däckmönstret, samt minskat väggrepp, stötigare gång och fara för skador i korden.
Kontrollera och justera däcktrycket

Om du ibland måste ändra däcktrycket till högre tryck specificerade för max lastvikt eller ihållande hög hastighet, glöm inte att minska trycket efteråt

Ojämnt slitage

Framdäcken kan slitas ojämnt som följd av felaktig hjulinställning. De flesta bilåterförsäljare och verkstäder kan kontrollera och justera hjulinställningen för en rimlig summa.
Felaktig camber- eller castervinkel
Reparera eller byt ut fjädringsdetaljer
Defekt fjädring
Reparera eller byt ut fjädringsdetaljer
Obalanserade hjul
Balansera hjulen
Felaktig toe-inställning
Justera framhjulsinställningen
Observera: *Den fransiga ytan i mönstret, ett typiskt tecken på toe-förslitning, kontrolleras bäst genom att man känner med handen över däcket.*

Torkarblad

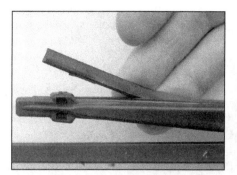

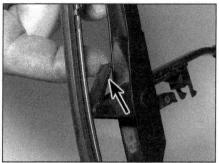

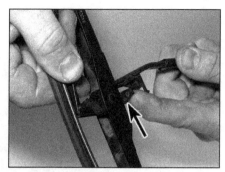

1 Kontrollera torkarbladens skick. Om de är spruckna eller slitna eller om de inte rengör rutan ordentligt, byt ut dem. Torkarblad bör bytas rutinmässigt varje år.

2 Ta loss ett vindrutetorkarblad genom att först dra ut armen från rutan tills den låser. Vrid bladet 90°, tryck på låsfliken med fingret och dra ut bladet ur armens krokförsedda ände.

3 Glöm inte att kontrollera även bakrutetorkaren. Ta loss bladet genom att trycka ned låsfliken och dra ut bladet genom armens krokförsedda ände.

Batteri

Varning: *Innan något arbete utförs på bilens batteri, läs föreskrifterna i "Säkerheten främst" i början av boken.*

✔ Kontrollera att batterilådan är i gott skick och att klammern är väl åtdragen. Korrosion på batterilådan, fästklammern och batteriet kan tas bort med natriumbikarbonat upplöst i vatten. Skölj av rengjorda delar ordentligt med vatten. Korrosionsskadade metalldelar ska målas med zinkbaserad grundfärg och lackas

✔ Regelbunden undersökning (ungefär var tredje månad) av batteriets laddningsstatus bör utföras enligt beskrivning i kapitel 5A.

✔ Om batteriet är urladdat och du måste starta bilen med hjälpbatteri se *"Reparationer vid vägkanten".*

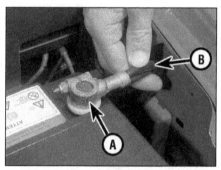

1 Batteriet sitter på höger eller vänster sida i motorrummet beroende på modell. Undersök batteriets utsida med jämna mellanrum, leta efter sprickor i hölje eller lock.

2 Kontrollera polskornas åtdragning (A), den är viktig för god elektrisk kontakt. Du ska inte kunna rubba dem. Kontrollera även att inte kablarna har sprickor eller fransiga ledare.

HAYNES TiPS

Batterikorrosion kan hållas till ett minimum genom att ett lager vaselin läggs på poler och polskor när de skruvats ihop.

3 Om korrosion förekommer (vita porösa avlagringar), lossa kablarna från batteriet och rengör dem med en stålborste innan de sätts tillbaka. Tillbehörsbutiker säljer verktyg för rengöring av batteripoler . . .

4 . . . och polskor.

Spolarvätskans nivå

Spolarvätsketillsatser inte bara rengör rutan vid dåligt väder, de förhindrar även att spolarsystemet fryser ihop i kall väderlek – och det är kring knollstrecket som du troligen mest behöver spolningen. Fyll inte på med rent vatten eftersom detta späder ut spolvätskan.

Använd inte under några omständigheter motorfrostskydd i spolsystemet – detta kan missfärga eller skada lackeringen.

1 Vätska för vindrutans/bakrutans/strålkastarnas spolarsystem förvaras i en plastbehållare vars påfyllningsöppning är placerad framtill i höger hörn i motorrummet på radmotorer och i vänster hörn på V6-motorer. Kontrollera nivån genom att öppna locket och titta ner i påfyllningsöppningen.

2 Vid påfyllning av behållaren, tillsätt spolarvätsketillsats i den mängd som anges på flaskan.

Smörjmedel och vätskor

Motorolja	Multigrade motorolja, SAE 10W/30 till 15W/50, till API SG/CD
Kylvätska	50/50 blandning av vatten och etylenglykolbaserad frostskyddsvätska
Broms-/kopplingsvätska	Universell bromsvätska
Servostyrningsvätska	Automatväxellådsolja typ A, F eller G
Manuell växellåda	Volvo Thermo oil
Automatväxellåda:	
Före 1983	Automatväxellådsolja typ A, F or G
1983 och framåt	Dexron IID
Bakaxel:	
Modeller utan differentialbroms	Hypoidolja, viskositet SAE 90 EP till API GL 5 eller 6
Modeller med differentialbroms	Volvo specialolja (Nr. 1 161 276-9)
Förgasardämpare	Automatväxellådsolja

Däcktryck (kalla)

	Fram	Bak
Sedan, upp till 3 passagerare	1,9 bar	1,9 bar
Sedan, fullastad	2,1 bar	2,3 bar
Kombi, upp till 3 passagerare	1,9 bar	2,1 bar
Kombi, fullastad	2,1 bar	2,8 bar
För ihållande hög hastighet (över 110 km/tim) lägg till	0,3 bar	0,3 bar
"Utrymmesbesparande" reservhjul		
155/R15	3,5 bar	3,5 bar
165/14	2,8 bar	2,8 bar

Observera: *Se informationsetiketten placerad på förardörren för korrekt däcktryck för din speciella bil. Angivna tryck gäller endast originaldäcken och kan variera om däck av andra typer eller tillverkare används. Kontrollera vid behov med däcktillverkaren eller återförsäljaren för korrekt tryck.*

Kapitel 1
Rutinunderhåll och service

Innehåll

Svårighetsgrader

Enkelt, passar novisen med lite erfarenhet	**Ganska enkelt,** passar nybörjaren med viss erfarenhet	**Ganska svårt,** passar kompetent hemmamekaniker	**Svårt,** passar hemmamekaniker med erfarenhet	**Mycket svårt,** för professionell mekaniker

Smörjmedel och vätskor .... Se *"Veckokontroller"*

Volymer

Motorolja
Avtappning och påfyllning inklusive filterbyte:

B23/B200/B230 motorer	3,85 liter (plus 0,6 liter för turbo oljekylare – om avtappad)
B234F motorer	4,0 liter
B28 motorer	6,5 liter
B280 motorer	6,0 liter

Kylsystem

B23/B230 motorer utom B230F	9,5 liter
B200 och B230F motorer	8,5 liter
B28/B280 motorer	10,0 liter
B234F motorer:	
Manuell växellåda	9,5 liter
Automatväxellåda	9,3 liter

Växellåda
Manuell växellåda:

M46	2,3 liter
M47	1,3 liter
M47II	1,6 liter
Automatväxellåda:	
Avtappning och påfyllning:	
AW71/72	3,9 liter
ZF4HP22	2,0 liter
Från torr:	
AW70/71	7,5 liter
ZF4HP22	7,7 liter

Bakaxel

Modeller utan individuell bakfjädring	1,3 till 1,6 liter
Modeller med individuell bakfjädring	1,4 liter

Bränsletank .... | 60 eller 82 liter beroende på modell och år

Motor

Oljefilter	Champion C102

Ventilspel
Radmotor (insug och avgas):

Kontrollvärde:	
Kall motor	0,30 till 0,40 mm
Varm motor	0,35 till 0,45 mm
Inställningsvärde:	
Kall motor	0,35 till 0,40 mm
Varm motor	0,40 till 0,45 mm
Justermellanlägg tillgängliga	3,30 till 4,50 mm i steg om 0,05 mm

B234F motorer har hydrauliska ventillyftare – inget behov av att justera ventilspelen.

V6-motor:

Insug:	
Kall motor	0,10 till 0,15 mm
Varm motor	0,15 till 0,20 mm
Avgas:	
Kall motor	0,25 till 0,30 mm
Varm motor	0,30 till 0,35 mm

Kylsystem

Specificerad frostskyddsblandning	50% frostskyddsvätska/50% vatten

Bränslesystem

Förgasarmodeller
Tomgångshastighet

Pierburg 2B5 och 2B7 förgasare:	
Modeller med manuell växellåda	800 varv/min
Modeller med automatväxellåda	900 varv/min
Pierburg (DVG) 175 CD förgasare	900 varv/min
Tomgångsblandningens CO-halt:	
Pierburg 2B5 förgasare:	
Inställningsvärde	1,0%
Kontrollvärde	0,5 till 2,0%

Bränslesystem (forts)

Pierburg 2B7 förgasare:

Inställningsvärde	1,0%
Kontrollvärde	0,5 till 1,5%

Pierburg (DVG) 175 CD förgasare:

Inställningsvärde	2,0%
Kontrollvärde	1,5 till 3,0%

Modeller med bränsleinsprutning

Tomgångshastighet:

B200/230E motorer	900 varv/min
B23ET motorer	900 varv/min
B280E motorer	700 varv/min (grundtomgång)

Tomgångshastighet styrd av konstanthastighetssystem:

B28E motorer	900 varv/min (justera till 850 varv/min)
B230ET motorer	900 varv/min (justera till 850 varv/min)
B230F motorer t.o.m. 1990	750 varv/min
B230F motorer fr.o.m. 1991	775 ± 50 varv/min (ej justerbar)
B234F motorer	850 varv/min (ej justerbar)
Tomgångshastighet för LH2.4-Jetronic system i "linka-hem"-läge	480 till 520 varv/min

Tomgångsblandningens CO-halt:

	Inställningsvärde	Kontrollvärde
B28E motorer	2,0%	1,0 till 3,0%
B200E motorer	1,0%	0,5 till 2,0%
B230E motorer	1,0%	0,5 till 2,0%
B230F motorer	0,6% (ej justerbar)	0,4 till 0,8% (med Lambdasond bortkopplad)
B23ET motorer	1,5%	1,0 till 2,5%
B230ET motorer	1,0%	0,5 till 2,0%
B234F motorer	0,6% (ej justerbar)	0,2 till 1,0% (med Lambdasond bortkopplad)

Tändsystem

Tändinställning	Se kapitel 5B

Tändstift:

B23ET	Champion N7YCC eller N7YC
B230ET	Champion RN7YCC eller RN7YC
B200E	Champion N7YCC eller N7YC
B230A	Champion N7YCC eller N7YC
B230K (t.o.m. 1986)	Champion N9YCC eller N9YC
B230K (1987)	Champion N7YCC eller N7YC
B230K (1988 och framåt)	Champion RN7YCC eller RN7YC
B230E (t.o.m. 1986)	Champion N7YCC eller N7YC
B230E (1987 och framåt)	Champion RN7YCC eller RN7YC
B230F (t.o.m. 1990)	Champion N7YCC eller N7YC
B230F (fr.o.m. 1991)	Champion RN9YCC
B28E	Champion S7YCC eller S7YC
B280E	Champion RS9YCC eller RS9YC
B234F	Champion typ ej tillgänglig

Tändstiftens elektrodavstånd:

N7YCC, RN7YCC, N9YCC, RN9YCC, RS9YCC och S7YCC	0,8 mm
N7YC, RN7YC, N9YC, RS9YC och S7YC	0,7 mm

Koppling

Vajerns fria spel vid urtrampningsgaffel	1,0 till 3,0 mm

Bromsar

Främre bromskloss, minimum tjocklek på belägg	3,0 mm

Bakre bromskloss, minimum tjocklek på belägg:

Modeller utan individuell bakfjädring	2,0 mm
Modeller med individuell bakfjädring	3,0 mm

Handbromsspakens spel:

Efter justering	3 till 5 klick
I service	max 11 klick

Däcktryck

Däcktryck	Se "Veckokontroller"

Åtdragningsmoment

	Nm
Hjulmuttrar	85

Tändstift (torra gängor):

Radmotorer	25 ± 5
V6-motorer	12 ± 2

Volvo 740 & 760 – underhållsschema

Underhållsintervallen i denna handbok utgår ifrån att du själv, inte återförsäljaren, utför arbetet. Dessa är de längsta intervall som rekommenderas av tillverkaren för bilar i dagligt bruk. Om du vill hålla bilen i konstant toppskick bör du utföra vissa moment oftare. Vi uppmuntrar tätt och regelbundet underhåll eftersom det höjer bilens effektivitet, prestanda och andrahandsvärde. Om bilen körs i dammiga förhållanden, används till att dra släpvagn, ofta körs på låga hastigheter (tomgång i stadstrafik) eller ofta körs korta sträckor, rekommenderas tätare underhållsintervall.

Var 400:e km eller varje vecka
☐ Se "Veckokontroller".

Var 10 000:e km eller var 6:e månad, det som först inträffar
Utöver ovan nämnda moment, gör följande:
☐ Byt motorolja och filter (avsnitt 3).
☐ Kontrollera bromsklossarnas skick (avsnitt 4).
☐ Kontrollera kylvätskans frostskyddskoncentration (avsnitt 5).
☐ Byt tändstift (avsnitt 6).
☐ Kontrollera tomgångshastighet och CO-halt (avsnitt 7).

Var 20 000:e km eller var 12:e månad, det som först inträffar
Utöver det som nämnts ovan, gör följande:
☐ Kontrollera bränslefiltret (endast förgasarmodeller) (avsnitt 8).
☐ Kontrollera skick och spänning för hjälpaggregatens drivremmar (avsnitt 9).
☐ Smörj fördelarens filtkloss (endast B28E motor) (avsnitt 10).
☐ Undersök fördelarlock, rotorarm och tändkablar (avsnitt 10).
☐ Kontrollera turbotryckskontakterna (där tillämpligt) (avsnitt 11).
☐ Undersök motorn noggrant angående vätskeläckage (avsnitt 12).
☐ Kontrollera handbromsjusteringen (avsnitt 13).
☐ Kontrollera främre hjullagerjustering (avsnitt 14).
☐ Kontrollera styrnings- och fjädringskomponenter angående skick och säkerhet (avsnitt 15).
☐ Undersök kopplingens hydraulkomponenter (där tillämpligt) (avsnitt 16).
☐ Kontrollera kopplingsvajerns justering (där tillämpligt) (avsnitt 16).
☐ Kontrollera den manuella växellådans oljenivå (avsnitt 17).

Var 20 000:e km eller var 12:e månad, det som först inträffar (forts)
☐ Undersök underredet och bromshydraulrören och slangarna (avsnitt 18).
☐ Kontrollera bränsleledningarnas skick (avsnitt 18).
☐ Undersök kardanaxeln, mittre lagret och universalknutarna (avsnitt 19).
☐ Kontrollera avgassystemets skick och säkerhet (avsnitt 20).
☐ Kontrollera bakaxelns oljenivå (avsnitt 21).
☐ Kontrollera säkerhetsbältenas skick (avsnitt 22).
☐ Smörj lås och gångjärn (avsnitt 23).
☐ Kontrollera underredesskydd och lackering (avsnitt 24).
☐ Kontrollera kickdownvajerns funktion (modeller med automatväxellåda) (avsnitt 25).
☐ Kontrollera justering av automatväxellådans växelväljare (avsnitt 25).
☐ Körtest (avsnitt 26).
☐ Kontrollera bromsservons funktion (avsnitt 26).
☐ Kontrollera automatväxellådans oljenivå (avsnitt 27).

Var 40 000:e km eller vartannat år, det som först inträffar
Utöver det som nämnts ovan, gör följande:
☐ Byt olja i automatväxellådan (avsnitt 28).
☐ Byt bränslefilter (avsnitt 29).
☐ Byt luftfilter (avsnitt 30).
☐ Kontrollera avgasreningssystemet (avsnitt 31).
☐ Kontrollera ventilspelen (avsnitt 32).
☐ Gör ett kompressionsprov (avsnitt 33).
☐ Byt kylvätska (avsnitt 34).
☐ Byt bromsvätska (avsnitt 35).

Var 80 000:e km eller vart 4:e år, det som först inträffar
Utöver det som nämnts ovan, utför följande:
☐ Byt kamaxeldrivrem (radmotorer) (avsnitt 36).

Motorrum på en Volvo 760 GLE

1 Batteri
2 Tändningens styrenhet
3 Tändspole
4 Luftkonditioneringens kompressor
5 Motoroljans mätsticka
6 Fjädertorn
7 Identifikationsplåt
8 Tändningens vakuumförställningsventil
9 Bromsvätskebehållare
10 Bromsservo
11 Motorns oljepåfyllningslock
12 Luftkontrollventil
13 Bränslefördelare
14 Automatväxellådans mätsticka
15 Vakuumpump
16 Luftkonditioneringens torkarenhet
17 Bränslefilter
18 Kylvätskans expansionskärl
19 Luftrenare
20 Spolarvätskans påfyllningslock
21 Huvlås
22 Kylare
23 Styrservobehållare
24 Vänster ventilkåpa
25 Insugsgrenrör
26 Luftintag
27 Kompressordrivrem
28 Övre kylarslang
29 Gasvajer

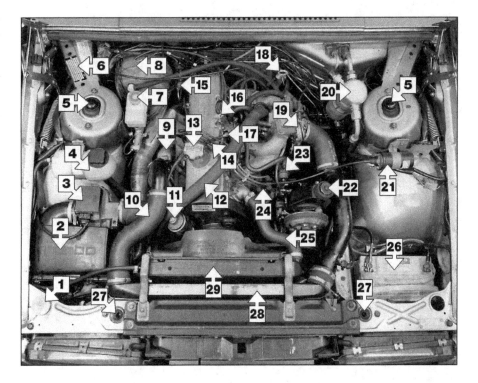

Motorrum på en Volvo 760 Turbo

1 Spolarvätskans påfyllningslock
2 Luftrenare
3 Luftflödesmätare
4 Kylvätskans expansionskärl
5 Fjädertorn
6 Identifikationsplåt
7 Broms- och kopplingsvätskebehållare
8 Bromsservo
9 Turboaggregat
10 Turbo luftutlopp
11 Överströmningsventil
12 Slang, överströmningsventil
13 Motoroljans påfyllningslock
14 Tändkablar
15 Kopplingens huvudcylinder
16 Tillsatsluftsslid
17 Vakuumfördröjningsventil
18 Motoroljans mätsticka
19 Gasspjällänkage
20 Luftkonditioneringens torkarenhet
21 Tändspole
22 Servostyrningspump och behållare
23 Bränsletryckregulator
24 Fördelare
25 Övre kylarslang
26 Batteri
27 Huvlås
28 Mellankylare
29 Kylare

Motorrum på en 1989 års Volvo 760 GLE

1 Batteri
2 ABS hydraulisk modulator
3 Expansionskärl
4 Fjädertorn
5 Motorhuvsstötta
6 Bromsvätskebehållare
7 Motoroljans påfyllningslock
8 Luftkonditioneringens kompressor
9 Termostathus
10 Bränsletryckregulator
11 Gasvajertrumma
12 Bränsleinsprutarskenor
13 Luftkontrollventil
14 Vakuum envägsventiler
15 Växellådsoljans mätsticka
16 Luftkonditioneringens torkarenhet
17 Bränslereturledning
18 Tändspole
19 Luftflödesmätare
20 Elektriska kontakter
21 Luftrenare
22 Spolarbehållarens lock
23 Övre kylarslang
24 Fördelarlock
25 Motoroljans mätsticka
26 Identifikationsplåt
27 Karossnummer

Framvagn sedd underifrån på en Volvo 760 Turbo

1 Signalhorn
2 Kylmedelsledningar (luftkonditionering)
3 Oljekylarslangar
4 Vakuumtank
5 Krängningshämmare
6 Kuggstångsbälgar
7 Styrstag
8 Bärarmar
9 Reaktionsstag
10 Bromsok
11 Motoroljans avtappningsplugg
12 Förstärkning
13 Kopplingens slavcylinder
14 Växellådans påfyllnings-/nivåplugg
15 Växellådans avtappningsplugg
16 Växellådsfäste
17 Överväxelsolenoid
18 Överväxel
19 Dämpare
20 Kardanaxelfläns
21 Främre avgasrör
22 Styrningens mellanaxel
23 Styrningens hydraulanslutningar
24 Domkraftsplatta
25 Nedre kylarslang

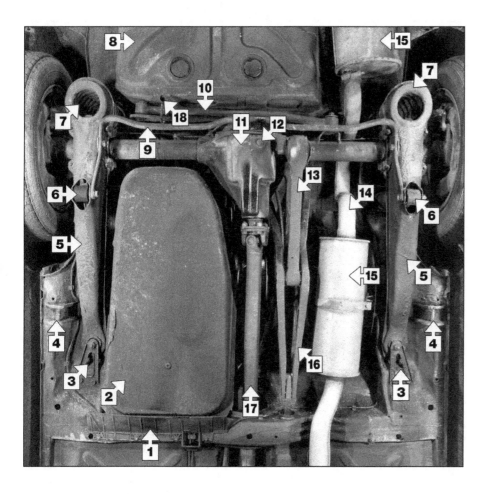

1 Signalhorn
2 Nedre kylarslang
3 Servostyrningspump
4 Krängningshämmare
5 Kuggstångsbälgar
6 Styrstag
7 Bärarmar
8 Reaktionsstag
9 Bromsok
10 Växellådans mätsticks-/påfyllningsrör
11 Växellådans avtappningsplugg
12 Främre avgasrör
13 Växellådans oljekylarledningar
14 Styrningens hydraulanslutningar
15 Domkraftsplatta
16 Motoroljans avtappningsplugg
17 Kylmedelsledningar (luftkonditionering)

Bakvagn sedd underifrån på en Volvo 760 Turbo

1 Smutsskydd
2 Huvudbränsletank
3 Bärarmsfästen
4 Bakre domkraftspunkter
5 Bärarmar
6 Nedre stötdämparfäste
7 Fjädersäten
8 Reservhjulsbrunn
9 Krängningshämmare
10 Panhardstag
11 Bakaxel
12 Bakaxelns avtappningsplugg
13 Momentstag
14 Avgasrör
15 Ljuddämpare
16 Monteringsram
17 Kardanaxel
18 Tankavluftning

**Bakvagn sedd underifrån på en Volvo 760
GLE med individuell bakfjädring**

1 Undre stötdämparinfästning/
  fjädersäte
2 Stödarm
3 Mellanljuddämpare
4 Stödarmens främre infästning
5 Bränsletank
6 Stödstag
7 Kardanaxel
8 Vibrationsdämpare
9 Bakaxelväxel
10 Bakaxelbalkens nedre del
11 Nedre länkar
12 Styrstag
13 Avtappningshål
14 Bakre ljuddämpare
15 Drivaxlar

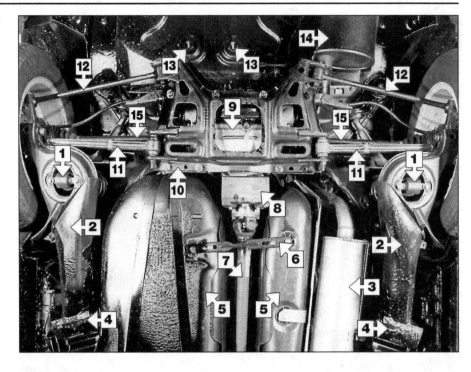

Underhållsarbeten

1 Inledning

1 Detta kapitel är utformat för att hjälpa hemmamekanikern att underhålla sin bil så att den ger god säkerhet, bra driftsekonomi, lång tjänstgöring och topprestanda.
2 Kapitlet innehåller ett underhållsschema följt av avsnitt som i detalj tar upp varje moment i schemat. Inspektioner, justeringar, komponentbyten och andra nyttiga moment är inkluderade. Se de tillhörande bilderna av bilens motorrum och undersida vad gäller de olika delarnas placering.
3 Underhåll av bilen enligt schemat för tid/körsträcka och de följande avsnitten ger ett planerat underhållsprogram som bör resultera i lång och pålitlig tjänstgöring. Planen är heltäckande, så underhåll av bara vissa delar men inte andra, vid angivna tidpunkter, kommer inte att ge samma resultat.
4 När du arbetar på bilen kommer du att upptäcka att många av arbetsmomenten kan, och bör, utföras samtidigt – antingen på grund av arbetets art, eller för att två annars orelaterade delar sitter nära varandra. Om bilen t.ex. lyfts upp av någon anledning, kan inspektion av avgassystemet utföras i samband med att styrning och fjädring kontrolleras.
5 Det första steget i detta underhållsprogram är förberedelser innan själva arbetet påbörjas.

Läs igenom relevanta avsnitt, gör upp en lista över vad som behövs och skaffa fram verktyg och reservdelar.

2 Intensivunderhåll

1 Om underhållsschemat följs noga från det att bilen är ny, om vätskenivåer kontrolleras ofta och slitdelar byts ut enligt rekommendationerna, kommer motorn att hållas i gott skick och behovet av extra arbete minimeras.
2 Det är möjligt att motorn periodvis går dåligt på grund av brist på regelbundet underhåll. Detta är mer troligt med en begagnad bil som inte fått tät och regelbunden service. I sådana fall kan extra arbeten behöva utföras, utöver det normala underhållet.
3 Om motorn misstänks vara sliten kan ett kompressionsprov (se relevant del av kapitel 2) ge värdefull information om de inre huvuddelarnas allmänna skick. Ett sådant prov kan användas som beslutsgrund när omfattningen av det kommande arbetet ska avgöras. Om t.ex. ett kompressionsprov indikerar allvarligt inre motorslitage kommer inte konventionellt underhåll beskrivet i detta kapitel att förbättra motorns prestanda nämnvärt. Det kan då innebära slöseri med tid och pengar om inte omfattande renoveringsarbete (kapitel 2C) utförs först.
4 Följande arbetsmoment är vad som ofta

krävs för att förbättra en motors prestanda om den går allmänt illa:

I första hand

a) Rengör, undersök och testa batteriet (se "Veckokontroller").
b) Kontrollera alla motorrelaterade vätskor (se "Veckokontroller").
c) Kontrollera skick och spänning för hjälpaggregatens drivremmar (avsnitt 9).
d) Justera ventilspelen (avsnitt 32).
e) Byt tändstift (avsnitt 6).
f) Undersök fördelarlock, rotorarm och tändkablar (avsnitt 10).
g) Kontrollera skicket för luftrenarens filter och byt ut det om så behövs (avsnitt 30).
h) Kontrollera bränslefiltret (avsnitt 8 och 29 efter tillämplighet).
i) Kontrollera skicket på alla slangar och undersök om det förekommer läckage (avsnitt 12).
j) Kontrollera tomgångshastighet och CO-halt (avsnitt 7).
5 Om ovanstående moment inte ger resultat, utför följande:

I andra hand

Alla punkter ovan, därefter följande:
a) Kontrollera laddningssystemet (kapitel 5A).
b) Kontrollera tändsystemet (kapitel 5B).
c) Kontrollera bränslesystemet (kapitel 4).
d) Byt fördelarlock och rotorarm (avsnitt 10).
e) Byt tändkablar (avsnitt 10).

10 000 km/6 månaders service

3 Motorolja och filter – byte

Observera: *En 8 mm fyrkantsnyckel kommer att behövas för att lossa på sumpens avtappningsplugg på V6-motorer. En sådan nyckel kan köpas från de flesta tillbehörsaffärer eller från återförsäljare av Volvo.*

1 Täta oljebyten är det bästa förebyggande underhåll en hemmamekaniker kan utföra, eftersom gammal olja blir utspädd och förorenad, vilket leder till förtida motorslitage.

2 Se till att du har alla nödvändiga verktyg innan du påbörjar detta arbete. Ha också massor av trasor och tidningspapper till hands för att torka upp spill. Oljan skall helst bytas när motorn fortfarande är helt uppvärmd till normal arbetstemperatur, just efter det att den körts – varm olja rinner lättare och tar då också lättare med sig föroreningar ut. Var dock försiktig så att du inte vidrör avgassystemet eller andra heta delar av motorn när du arbetar under bilen. Använd handskar för att undvika skållning och för att skydda dig själv från ämnen i olja som kan skada eller irritera huden. Åtkomligheten av bilens undersida förbättras naturligtvis om bilen kan lyftas upp, köras upp på ramper eller stöttas på pallbockar (se *"Lyftning och stödpunkter"*). Vilken metod som än används, försäkra dig om att bilen förblir i horisontellt läge, eller om den lutar, att avtappningspunkten är längst ner.

3 Placera ett avtappningskärl under avtappningspluggen och skruva loss den. Om möjligt, försök hålla pluggen intryckt i sumpen medan den skruvas ur för hand de sista varven **(se bild)**.

Näravtappningspluggen lossar från gängorna, ta snabbt undan den så att oljan rinner ner i behållaren och inte ner i din ärm!

4 Låt oljan rinna ner i behållaren och undersök pluggens tätningsbricka, byt ut den om den är sliten eller skadad.

5 Ge oljan tid att rinna ut, notera att man kan behöva flytta på behållaren när oljeflödet övergår till ett droppande. När all olja runnit ut, torka ren avtappningspluggen och dess gängor i sumpen, sätt tillbaka pluggen och dra åt den ordentligt.

6 På radmotorer är oljefiltret placerat lågt på höger sida om motorblocket. Åtkomligheten är inte speciellt bra på turbomodeller. På V6-motorn är filtret placerat på vänster sida på motorblocket och det är relativt lättåtkomligt.

7 Placera avtappningskärlet under oljefiltret, använd sedan ett passande filterverktyg om så behövs för att lossa filtret inledningsvis. Skruva sedan ut det resten av vägen för hand och var beredd på ett visst oljespill **(se bild)**. Töm oljan från det gamla filtret i kärlet.

8 Använd en ren luddfri trasa, torka rent motorblocket runt filterfästet. Undersök det gamla filtret för att se till att gummitätningsringen inte har fastnat på motorn – om den har det, ta försiktigt bort den.

9 Lägg på lite ren motorolja på tätningsringen på det nya filtret. Skruva in filtret på sin plats på motorn tills det sätter sig, dra sedan åt det ordentligt för hand – använd inga verktyg.

10 Ta undan den gamla oljan och alla verktyg som ligger under bilen och ställ ned bilen på marken.

11 Ta bort mätstickan och oljepåfyllningslocket från motorn. Fyll motorn med olja, använd rätt typ och grad (se *"Veckokontroller"*). Häll i hälften av den specificerade oljan först, vänta sedan några minuter så att oljan rinner ner i sumpen. Fortsätt hälla i lite olja i taget tills nivån är upp till den nedre delen av markeringen på mätstickan. En påfyllning med 0,5 till 1,0 liter höjer nivån till den övre delen av markeringen på stickan.

12 Starta motorn. Det kan ta några sekunder innan oljetrycksvarningslampan slocknar medan det nya filtret fylls med olja – rusa inte motorn medan lampan fortfarande är på. Låt motorn gå i några minuter medan du undersöker om det förekommer läckor runt oljefiltertätningen och avtappningspluggen.

13 Slå av motorn och vänta några minuter så att oljan får rinna ner i sumpen igen. När nu den nya oljan har cirkulerat och filtret är fullt, kontrollera nivån på mätstickan igen och fyll på om så behövs.

14 Sluthantera den gamla oljan på ett säkert sätt och i enlighet med miljölagstiftningen (se *"Allmänna reparationsanvisningar"*).

4 Bromsklossar – kontroll av slitage

1 Lyft upp bilens fram- eller bakvagn och stöd den på pallbockar (se *"Lyftning och stödpunkter"*).

2 För att lättare komma åt bromsoken, demontera hjulen.

3 Titta genom inspektionsöppningen i oket och kontrollera att inte tjockleken på beläggen på någon av klossarna är mindre än den minimitjocklek som angivits i specifikationerna. Om någon av bromsklossarna är nedsliten till, eller under, specificerad gräns, måste *alla fyra* klossarna i den änden av bilen bytas ut som en uppsättning (d.v.s alla framklossar eller alla bakklossar).

4 För en omfattande kontroll måste bromsklossarna demonteras och rengöras. Bromsokens funktion kan sedan kontrolleras, och bromsskivorna kan undersökas grundligt. Se kapitel 9 för närmare information.

5 Kylvätska – frostskydds-koncentration

1 Kylsystemet skall underhållas året runt med en blandning av vatten och etylenglykolbaserad frostskyddsvätska där det ska vara 50% frostskydd och 50% rent mjukt vatten (volymmässigt). Alternativt, om det lokala klimatet kräver det, skall koncentrationen vara tillräcklig för att förebygga frysning ner till minst -25°C, eller lägre. Frostskyddsvätska skyddar också mot korrosion och höjer kylvätskans kokpunkt.

2 Frostskyddets koncentration kan endast kontrolleras med en hydrometer – dessa finns tillgängliga från tillbehörsbutiker och skall användas enligt tillverkarens instruktioner.

3 Innan frostskydd fylls på, undersök alla slangar och slanganslutningar. Frostskyddsvätska kan läcka genom mycket små öppningar. Motorer förbrukar vanligtvis inte kylvätska, så om nivån går ner, leta reda på orsaken och åtgärda problemet.

4 Blanda den mängd som behövs i en ren behållare och fyll sedan på systemet enligt beskrivning i avsnitt 34, eller se avsnittet *"Veckokontroller"*.

3.3 Sumpens avtappningsplugg skruvas loss

3.7 Demontering av oljefilter

6 Tändstift – byte

Observera: *Byte av tändstift vid detta service-intervall är en rekommendation från Volvo. Nuvarande tillverkningstekniker kan göra att tändstiften hålls i servicebart skick betydligt längre. Rådfråga din återförsäljare för de senaste rekommendationerna.*

1 Att tändstiften fungerar som de ska är ytterst viktigt för tillfredsställande gång, full prestanda och god driftsekonomi från motorn. Den viktigaste faktorn är att rätt typ av tändstift för motorn används (en passande typ specificeras i början av detta kapitel). Om denna typ används och motorn är i gott skick, bör inte tändstiften behöva åtgärdas mellan de schemalagda bytena. Det är sällan nödvändigt att rengöra tändstiften och detta bör inte göras om inte specialutrustning finns till hands, eftersom tändstiftselektroderna lätt kan skadas.

2 Demontering och montering av tändstiften kräver en tändstiftshylsa med en förlängning som kan vridas med ett spärrhandtag eller liknande. Denna hylsa är fodrad med gummi för att skydda tändstiftets porslinsisolator och för att hålla stiftet medan du sätter in det i tändstiftshålet. Du behöver också bladmått eller en trådtolk till att kontrollera och justera elektrodavståndet, och en momentnyckel till att dra åt de nya tändstiften till specificerat moment **(se bild)**.

3 För att demontera tändstiften, öppna huven och demontera luftrenartrumman eller andra delar som är i vägen för tändstiften. Observera hur tändkablarna är dragna och fästa med clips, och på vissa motorer hur de är placerade längs kamaxelkåpan. För att undvika risken att blanda ihop tändkablar är det en god idé att försöka arbeta med ett tändstift i taget. På B234F motorer sitter tändstiften och tändkablarna under en täckplatta monterad i mitten på kamaxelkåpan. Du kan behöva rengöra tändstiftsbrunnarna innan tändstiften tas bort.

4 Om märkena på originaltändkablarna inte

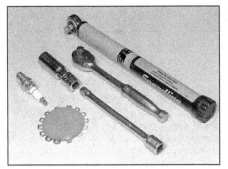

6.2 Verktyg som behövs för demontering och montering av tändstift samt justering av elektrodavståndet

kan ses, markera kablarna 1 till 4 (eller 1 till 6), så att de motsvarar de cylindrar de tillhör.
5 Dra kablarna från stiften genom att ta tag i gummidelen, inte i själva kabeln eftersom anslutningen då kan skadas **(se bild)**.
6 Skruva loss tändstiften. Hylsan måste sitta rakt i linje med varje tändstift – om den tvingas åt ena eller andra hållet kan porslinstoppen på stiftet brytas av. Om svårigheter uppstår när något av tändstiften skruvas ur, kontrollera noggrant topplockets gängor och konformade tätningsytor för att se om de är slitna, korroderade eller på annat sätt skadade. Om något av dessa problem upptäcks, rådfråga en återförsäljare om bästa reparationsmetod.
7 När varje tändstift tas bort, undersök det enligt följande beskrivning – detta kommer att ge en god indikation om motorns skick. Om isolatorfoten på tändstiftet är ren och vit utan avlagringar, tyder detta på mager blandning
8 Om toppen och isolatorfoten är täckta med hårda svarta avlagringar tyder detta på att blandningen är för fet. Om stiftet är svart och oljigt är det troligt att motorn är ganska sliten, så väl som att blandningen är för fet.
9 Om isolatorfoten är täckt med lätt grå-bruna avlagringar är blandningen rätt och det är troligt att motorn är i gott skick.
10 Tändstiftens elektrodavstånd är ytterst viktigt. Om det är för stort eller för litet påverkas gnistans storlek och effektivitet märkvärt. Avståndet skall justeras till det mått som anges i specifikationerna.
11 För att ställa in elektrodavståndet, mät

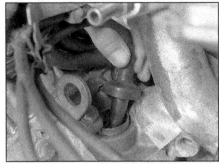

6.5 En tändkabel dras av från ett tändstift

avståndet med ett bladmått eller ett juster-verktyg och böj sedan den yttre elektroden (inåt eller utåt) tills rätt elektrodavstånd erhålls **(se bilder)**. Mittelektroden skall aldrig böjas, eftersom detta kan spräcka isoleringen och orsaka tändstiftshaveri, om inget värre. Om den yttre elektroden inte är exakt mitt över mittelektroden, böj den försiktigt så att de hamnar i linje.
12 Innan tändstiften monteras, kontrollera att de gängade kontakthylsorna i toppen på stiften sitter tätt och att stiftens yttre ytor och gängor är rena.
13 När tändstiften sätts på plats, kontrollera först att topplockets gängor och tätningsyta är så rena som möjligt; använd en ren trasa lindad runt en pensel för att torka rent tätningsytan. Lägg lite kopparbaserat fett eller antikärvningsmedel på gängorna på varje tändstift och skruva in dem för hand där så är möjligt. Var extra noga med att passa in gängorna rätt.
14 När varje tändstift har börjat rätt på sina gängor, skruva ner det tills det just sätter sig lätt, dra sedan åt det till specificerat moment.
15 Anslut tändkablarna i rätt ordning, håll i gummidelen och vrid på dem tills de sitter ordentligt.

HAYNES TiPS

Det är ofta svårt att skruva i tändstift utan att de tar snedgäng. För att undvika detta, trä på en bit gummi-slang över änden på tändstiftet. Slangen fungerar som en universalknut och hjälper till att rikta in tändstiftet mot hålet. Om tändstiftet börjar dra snedgäng kommer slangen att slira på stiftet, vilket förhindrar skador på gängorna.

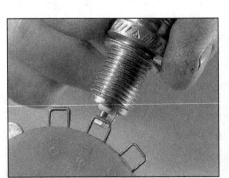

6.11a Tändstiftets elektrodavstånd mäts med en trådtolk

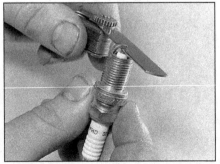

6.11b Elektrodavståndet mäts med ett bladmått

7.5 Jorda konstanttomgångssystemets testvajer. Ena änden av jordvajern måste passa testanslutningen (vid pilen)

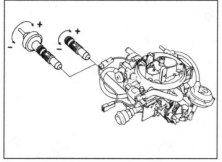

7.6 Förgasarens justerskruv för tomgång. Kompensationsmekanism (modeller med luftkonditionering) till vänster

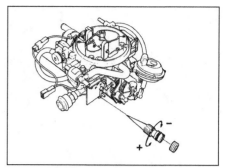

7.8 Förgasarens justerskruv för tomgångsblandning och juster-säkringsplugg

7.11 Justering av tomgångshastighet på Pierburg (DVG) CD förgasare

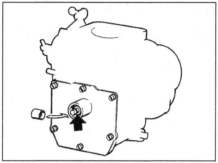

7.12 Blandningsskruv (CO-halt) på Pierburg (DVG) CD förgasare

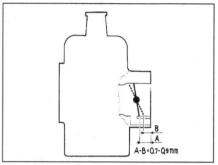

7.14 Gasspjällventilens grundinställning på Pierburg (DVG) 175 CD förgasare

7 Tomgångshastighet och CO-halt – kontroll

1 Hemmamekaniker som har mycket erfarenhet och bra utrustning (inklusive en varvräknare och en noggrant kalibrerad avgasanalyserare) kan eventuellt kontrollera avgasernas CO-halt och tomgångshastigheten. I praktiken behöver dessa system dock sällan justeras och blir endast "ojusterade" på grund av brist på underhåll av andra delar relaterade till bränslesystemet.

2 Om avgasernas CO-halt eller tomgångshastigheten behöver justeras bör bilen helst tas till en återförsäljare

3 Motorns ventilspel måste vara rätt inställda, vevhusventilationssystemets slangar anslutna, luftfiltret och tändsystemet i gott skick. Luftkonditionering och större elektriska belastningar måste vara avstängda. Gasvajern måste vara rätt justerad (se kapitel 4).

4 Låt motorn gå tills den har normal arbetstemperatur. Anslut varvräknaren och avgasanalyserare enligt tillverkarens instruktioner. Låt motorn gå på tomgång.

5 På de flesta B28E och alla B230ET, B230F och B234F motorer, finns ett konstanthastighetssystem för tomgång. På B28E och B230ET motorer, inaktivera systemet genom att jorda den svarta och vita testvajern nära höger fjäderbenstorn **(se bild)**. Tomgångs-hastigheten justeras sedan till ett lägre värde än det som normalt hålls. För B234F motorer, se noteringen som föregår punkt 13.

Förgasarmodeller

Alla modeller utom B230A

6 Justera tomgångshastigheten om så behövs genom att vrida justerskruven för tomgång (modeller utan luftkonditionering) eller mekanismen för tomgångskompensation (modeller med luftkonditionering) **(se bild)**.

7 På modeller som är utrustade med Pulsair system måste detta system blockeras av när CO-halten kontrolleras eller justeras, annars blir avläsningarna inkorrekta. Detta görs lättast genom att man sätter en klämma på slangen mellan luftrenaren och envägsventilerna.

8 Läs av CO-halten och justera den vid behov genom att vrida tomgångsblandningens justerskruv. Denna kan vara täckt av en juster-säkringsplugg **(se bild)**.

9 Justera tomgångshastigheten efter behov.

B230A

10 Följ beskrivningen ovan, men notera följande:

11 Tomgångsjusterskruven är placerad som visas **(se bild)**.

12 Justerskruven för CO-halt är placerad nedtill på förgasaren, under en täckplugg **(se bild)**. Pluggen måste bändas ut för att man ska komma åt skruven och en ny plugg måste sättas på plats när justeringen slutförts. Om

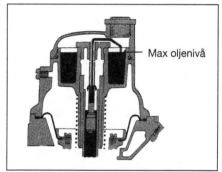

7.15 Genomskärning av dämpklocka

man vrider justerskruven så att munstycket höjs reduceras CO-halten och vice versa.

13 Grundinställningen av gasspjället justeras vid tillverkningen och den bör inte ändras såvida inte normal justeringsmetod visar sig otillfredsställande eller nya förgasarkomponenter har monterats.

14 För att ändra grundinställningen, demontera först förgasaren från motorn. Stäng gasspjället helt och mät dimension A **(se bild)**.

15 Vid samma intervall, kontrollera oljenivån i förgasardämparen. Torka rent runt pluggen upptill i förgasaren. Skruva ut pluggen och kontrollera nivån – den ska vara nästan ända upp till kanten på behållaren **(se bild)**. Fyll på om så behövs, med olja enligt specifikation i avsnittet "Smörjmedel och vätskor" i början av boken.

7.16 Tomgångsjustering – kontinuerlig insprutning och Motronic. På B28 motorer, rör inte de två andra skruvarna som visas

7.17 Justering av tomgångsblandning med en insexnyckel, på kontinuerligt insprutningssystem och Motronic system

7.20 Luftkontrollventilens kontakt (vid pilen) ansluten till batteriets jordpol – LH Jetronic system

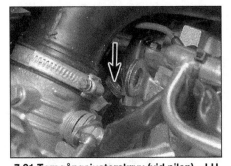

7.21 Tomgångsjusterskruv (vid pilen) – LH Jetronic system

7.23 Justerskruven för tomgångsblandning sitter under ett justersäkringslock (vid pilen) – LH Jetronic

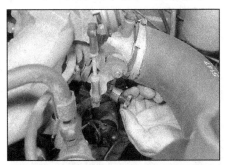

7.25 Justering av tomgångshastighet på turbomodeller

Bränsleinsprutningsmodeller (ej turbo)

Kontinuerligt insprutningssystem och Motronic system

16 Justera tomgångshastigheten med justerskruven på insugsgrenröret **(se bild)**. (På B28E motor, rör ej de andra två skruvarna).

17 Läs av CO-halten och justera vid behov genom att vrida blandningsjusterskruven bredvid bränslefördelaren **(se bild)**. En lång insexnyckel kommer att behövas. Efter varje justering, ta bort insexnyckeln, rusa motorn helt kort och låt CO-halten stabiliseras innan du läser av den igen.

18 Justera igen om så behövs.

LH-Jetronic system

Observera: *På LH2.4-Jetronic system (B234F motorer) finns ett självjusterande kontrollsystem för tomgångshastighet och CO-halt, som använder data samlad från tidigare kör-förhållanden, och justering kan inte göras (förutom för tomgång i "linka-hem"-läge). Om tomgångshastigheten eller CO-halten är fel-aktig är det troligt att en komponent är defekt och diagnostikenheten måste då kontrolleras för felkoder (se kapitel 4B). Om det är ett utsläppsrelaterat problem tänds en lampa på instrumentbrädan. Under vissa omständig-heter, när styrenheten får felaktiga signaler, går den över till "linka-hem"-läge och då kan du justera tomgången från gasspjälljuster-skruven. Tomgångshastigheten i "linka-hem"-läge skall vara lägre än normalt (se specifika-tioner). Om du så önskar kan du manuellt provocera "linka-hem"-funktionen genom att* ansluta en tillfällig testkabel mellan terminal 1 och 2 i gasspjällbrytarens ledningskontakt.

19 Observera att oljepåfyllningslocket skall tas bort när CO-halten kontrolleras.

20 Leta reda på luftkontrollventilens diagnoskontakt – en liten (2-polig) kontakt som sitter under kylsystemets expansionskärl. Inaktivera temporärt ventilen genom att ansluta den röda och vita vajern i kontakten till batteriets jordpol (den negativa) **(se bild)**.

21 Grundläggande tomgångshastighet skall nu vara enligt specifikationerna. Justera vid behov genom att vrida den räfflade justerskruven på gasspjällhuset **(se bild)**.

22 Koppla loss jordningsledningen från diagnoskontakten. Tomgångshastigheten skall nu öka till det reglerade värdet och förbli stabilt. Svängningar kan orsakas av läckor runt gasspjällhuset eller luftkontrollventilen.

23 Läs av CO-halten. Justering skall endast utföras om den ligger utan för gränserna som specificerats för kontrollvärden. Justerskruven är placerad i luftmängdsmätaren, under ett justersäkringslock bredvid multikontakten **(se bild)** – utom för LH2.4-Jetronic, där CO-halten inte är justerbar. Locket tas bort genom att man borrar två små hål i det och drar ut det med en låsringstång.

24 Vrid CO-justerskruven medurs för att öka CO-halten, moturs för att minska den, tills specificerat inställningsvärde erhålls.

Bränsleinsprutningsmodeller (turbo)

25 Justera tomgångshastigheten genom att vrida den räfflade skruven bredvid gasspjällhuset **(se bild)**.

26 Läs av CO-halten och justera vid behov genom att vrida justerskruven på luftflödesmätaren **(se bild)**.

27 Justera tomgångshastigheten igen om så behövs.

Alla modeller

28 Om CO-halten inledningsvis är för hög, men faller märkbart när vevhusventilations-slangen kopplas loss från oljefällan (rad-motorer) eller när oljepåfyllningslocket tas bort (V6-motorer), tyder detta på att bränsle-förorening i oljan påverkar avläsningarna. Byt motoroljan innan arbetet fortsätter.

29 När tomgångshastigheten och bland-ningen är inom specificerade gränser, stanna motorn och koppla loss testutrustningen.

30 På modeller med konstanthastighets-system för tomgång, koppla loss den tillfälliga testkabeln.

31 Sätt på nya justersäkringar där så behövs.

7.26 Justering av tomgångsblandning på turbomodeller

20 000 km/12 månaders service

8 Bränslefilter – kontroll (förgasarmodeller)
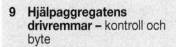

Bränslefiltret på förgasarmodeller är monterat i motorrummet i förgasarens bränslemat-ningsledning. Filterhuset är tillverkat av genomskinligt material så att man enkelt kan inspektera filtret och se om det är smutsigt eller har avlagringar **(se bild)**. Om filtret verkar väldigt smutsigt skall det bytas ut enligt beskrivning i avsnitt 29.

9 Hjälpaggregatens drivremmar – kontroll och byte

1 Hjälpaggregatens drivremmar överför kraft från vevaxelremskivan till generatorn, vatten-pumpen/viskosfläkten, servostyrningspumpen och luftkonditioneringskompressorn (där tillämpligt). Ett antal olika utföranden och spänningsmetoder kan påträffas, beroende på utrustning och motortyp. Ett representativt urval visas här **(se bild)**.

Kontroll

2 Med motorn avslagen, öppna och stöd motorhuven och leta reda på drivremmarna (var ytterst försiktig och bär skyddshandskar om motorn nyss har körts och är het).

8.1 Bränslefilter på modell med förgasare. Pilen visar flödesriktning

3 Använd en inspektionslampa eller en liten elektrisk ficklampa, rotera motorn när så behövs med en nyckel på vevaxelremskivans bult, undersök drivremmens hela längd för att se om den är sprucken, om gummit delat på sig eller om ribborna är slitna eller trasiga. Leta också efter fransning och glasering (remmen ser glansig ut). Båda sidorna av remmen måste undersökas, vilket betyder att du måste vrida på remmen för att komma åt undersidan. Använd fingrarna till att känna på remmen där du inte kan se den. Om du är tveksam angående dess skick, byt ut remmen.

Byte och justering

4 När en speciell drivrem skall demonteras måste man naturligtvis demontera de som sitter framför först.

5 Tvillingremmar skall alltid bytas ut i par, även om endast den ena är trasig.

Vattenpumpens/generatorns drivrem/-remmar

6 Lossa generatorns pivå- och justerbands-muttrar och bultar **(se bild)**.
7 Flytta generatorn mot motorn för att slacka på remspänningen. På vissa modeller används en spänningsmekanism – lossa då spännarskruven för att flytta generatorn inåt **(se bild)**.
8 Dra av remmarna från remskivorna och ta bort dem.
9 Vid montering, flytta generatorn bort från motorn tills remmarna kan tryckas ned 5 till 10 mm med kraftigt tumtryck mitt på den längsta fria delen. Dra åt pivå- och juster-bandsmuttrarna och bultarna i detta läge och kontrollera spänningen igen.
10 På modeller med mekanism för positiv spänning, var försiktig så att remmen inte spänns för mycket. På modeller utan sådan mekanism kan det hjälpa att häva bort generatorn från motorn för att erhålla önskad spänning. Använd endast en hävstång av trä eller plast och häv endast i remskiveänden.

Servostyrningspumpens drivrem

11 Följ beskrivningen för vattenpumpens/ generatorns drivrem, men notera placeringen av pivå- och justerbandsmuttrar och bultar **(se bilder)**. På V6-modeller är det lättare att komma åt pumpen underifrån.

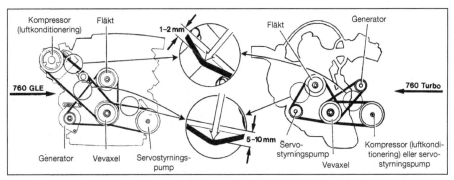

9.1 Typisk utformning av hjälpaggregatens drivremmar

9.6 Generatorns justerband (vid pilen) – utan positiv spänningsmekanism

9.7 Generatorns justerband – med positiv spänning. Justerskruv vid pilen

9.11a Servostyrningspumpens justerband – radmotor

9.11b Servostyrningspumpens justerband – V6-motor

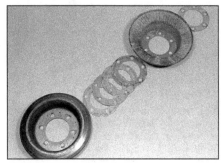

9.13 Vevaxelremskivans segment och mellanlägg

9.14 Remskivans främre segment tas bort

Luftkonditioneringskompressorns drivrem

12 På modeller där kompressorns fästen är sådana att den kan svängas, följ beskrivning för vattenpumpens/generatorns drivrem. Notera dock att önskad avböjning av remmen endast är 1 till 2 mm.

13 På modeller där kompressorfästet är fast kontrolleras remspänningen med hjälp av mellanlägg mellan vevaxelremskivans segment **(se bild)**.

14 För att ta bort drivremmen, skruva loss remskivan från navet. Ta bort skivans segment och mellanläggen. Drivremmen kan nu tas bort **(se bild)**.

15 Vid montering, experimentera med antalet mellanlägg mellan segmenten tills remspänningen är rätt. Insättning av mellanlägg minskar spänningen och *vice versa*. Placera oanvända mellanlägg framför remskivan för framtida användning.

Alla drivremmar

16 Kontrollera den nya remmens spänning igen efter ca 50 mil.

10 Fördelare, rotorarm och tändkablar – kontroll

> ⚠️ **Varning: Spänning som produceras av ett elektroniskt tändsystem är betydligt högre än spänning som produceras av konventionella tändsystem. Man måste vara ytterst försiktig när man arbetar med systemet om tändningen är påslagen. Personer med pacemaker bör hålla sig väl på avstånd från tändningens kretsar, delar och testutrustning.**

1 Tändstiftskablarna skall inspekteras en i taget, så att man inte blandar ihop tändföljden, vilken är mycket viktig för att motorn ska fungera ordentligt. Leta reda på kablarna och koppla loss dem enligt tidigare beskrivning för kontroll och byte av tändstiften.

2 Undersök insidan av gummidamasken för att se om det finns korrosion, vilket ser ut som ett vitt skorpigt puder. Ta bort så mycket som möjligt av detta – om det är väldigt mycket, eller om rengöringen lämnar metallkontakten

för korroderad för att den ska kunna användas, måste kabeln bytas ut. Skjut tillbaka kabeln och gummidamasken på änden av tändstiftet. Damasken bör passa tätt på tändstiftsänden – om den inte gör det, ta bort kabeln och använd en tång till att försiktigt klämma ihop metallkontakten inuti damasken tills passningen är tät.

3 Använd en ren trasa, torka av hela kabeln för att få bort smuts och fett. När kabeln är ren, undersök om den är sprucken, bränd eller på annat sätt skadad. Böj inte kabeln skarpt eftersom detta kan skada ledaren.

4 Undersök de övriga tändstiftskablarna, kontrollera att alla är ordentligt fästa vid fördelarlocket och tändstiftet när kontrollen är genomförd. Om tecken finns på överslag, kraftig korrosion på kontakter, brännskador, sprickor eller andra skador, införskaffa nya tändstiftskablar och byt ut dem som en uppsättning.

> **HAYNES TiPS** *Om nya tändkablar skall monteras, ta loss en kabel i taget och sätt den nya på exakt samma plats.*

5 Se kapitel 5B och demontera fördelarlocket, rengör det noggrant på både in- och utsidan med en torr luddfri trasa.

6 Undersök tändkablarnas segment inuti locket. Om de är svårt brända eller gropiga, byt ut locket. Undersök också kolborsten i mitten av locket, kontrollera att den kan röra sig fritt och sticker ut ur sin hållare. Kontrollera att det inte finns sprickor eller svarta linjer efter överslag som löper ned på insidan av locket – om sådana problem upptäcks måste locket bytas ut.

7 På B28E motorer, smörj filtklossen under fördelarens rotorarm med några droppar motorolja. Smörj inte för mycket.

8 Sätt avslutningsvis tillbaka fördelarlocket enligt beskrivning i kapitel 5B.

11 Turbotryckskontakter – kontroll

Kontroll av tillförseltryckskontakterna på turbomodeller innebär användning av speciella

mätare och en tryckpump och detta arbete bör överlämnas till en Volvoverkstad.

12 Vätskeläckage och slangars skick under motorhuven – kontroll

> ⚠️ **Varning: Byte av luftkonditioneringens slangar måste överlämnas till en återförsäljares serviceavdelning eller luftkonditioneringsspecialist som har utrustning för att tryckavlasta systemet på ett säkert sätt. Demontera aldrig luftkonditioneringskomponenter eller slangar förrän systemet har tryckavlastats.**

Allmänt

1 Höga temperaturer i motorrummet kan orsaka försämring av gummi- och plastslangar som används till motor, hjälpaggregat och avgasreningssystem. Undersök med jämna mellanrum om slangarna är spruckna eller förhårdnade, om klämmor sitter löst eller om det förekommer läckage.

2 Undersök noggrant de stora övre och nedre kylarslangarna, tillsammans med de andra tunnare kylsystemsslangarna och metallrören. Glöm inte värmarslangarna/-rören som löper från motorn till torpedväggen. Undersök varje slang längs hela dess längd, byt ut varje slang som är sprucken, svullen eller visar tecken på försämring. Sprickor kan ses tydligare om man klämmer på slangen.

En läcka i kylsystemet resulterar oftast i vita eller rostfärgade avlagringar i områdena kring läckan.

3 Se till att alla slanganslutningar sitter åt ordentligt. Om fjäderklämmorna som används för att säkra slangarna i detta system verkar vara slacka, skall de bytas ut så att risken för läckage undviks.

4 Vissa andra slangar är fästa till sina infästningar med klämmor. Där klämmor används, kontrollera att de inte har mist sin spänning och därmed tillåter slangarna att läcka. Om klämmor inte används, se till att slangarna inte har vidgats och/eller blivit hårda där de förs över infästningen, och därmed orsakar läckage.

5 Kontrollera alla vätskebehållare, påfyllningslock, avtappningspluggar och infästningar etc. Leta efter tecken på läckage av olja, växellåds- och/eller bromshydraulvätska, kylvätska och servostyrningsvätska. Om bilen regelbundet parkeras på samma ställe kan en närmare inspektion av marken under bilen visa tecken på läckage, bortse dock från den vattenpöl som kommer att uppstå om luftkonditioneringen används. Så snart en läcka upptäcks måste dess källa spåras och problemet åtgärdas. Om olja har läckt under någon tid måste man vanligtvis använda ångtvätt, högtryckstvätt eller liknande, för att tvätta bort uppbyggda smutslager och komma åt läckans källa.

Vakuumslangar

6 Det är ganska vanligt att vakuumslangar, speciellt de i avgasreningssystem, är numrerade eller färgmärkta, eller att de identifieras av färgade ränder ingjutna i dem. Olika system kräver slangar med olika väggtjocklek, kollapsmotstånd och temperaturmotstånd. När slangar byts ut, se till att få tag i nya som är tillverkade av samma material.

7 Ofta är det enda effektiva sättet att undersöka en slang att ta bort den helt från bilen. Om mer än en slang tas bort, kom ihåg att märka upp slangarna och infästningarna så att de kan sättas tillbaka på samma plats.

8 När vakuumslangar undersöks, se till att inkludera eventuella T-infästningar av plast i kontrollen. Undersök om infästningarna är spruckna eller om slangen är deformerad där den går över sin infästning, vilket kan orsaka läckage.

9 En liten bit vakuumslang kan användas som ett stetoskop för att upptäcka vakuumläckor. Håll ena änden av slangen mot örat och testa sedan runt vakuumslangar och infästningar, lyssna efter det "väsande" ljud som kännetecknar en vakuumläcka.

 Varning: När undersökningen görs med slangstetoskopet, var försiktig så att du inte kommer i kontakt med rörliga motordelar som hjälpaggregatens drivrem, kylarens elfläkt etc.

Bränsleslangar

 Varning: Innan följande arbete utförs, se föreskrifterna i "Säkerheten främst" i början av denna handbok och följ dem noggrant. Bränsle är en mycket farlig och flyktig vätska och säkerhetsföreskrifterna som bör iakttagas vid hanteringen kan inte nog betonas.

10 Undersök alla bränsleslangar för att se om de är slitna eller skavda. Leta speciellt efter sprickor på böjda delar och kring infästningarna, som t.ex. där en slang fästs vid bränslefiltret.

11 Högkvalitativa bränsleledningar, vanligtvis identifierade av att ordet "Fluoroelastomer" är tryckt på slangen, skall användas när

bränsleslangarna byts ut. Använd under inga omständigheter oförstärkt vakuumledning, genomskinliga plaströr eller vattenledningar som bränsleledningar.

12 Klämmor av fjädertyp används ofta för bränsleledningar. Dessa klämmor förlorar ofta sin spänst efter en längre period och de kan också förstöras under demontering om man använder för stor kraft när man trycker ihop dem. Ersätt alla klämmor av fjädertyp med klämmor som skruvas närhelst en slang byts ut.

Metalledningar

13 Sektioner av metallrör används ofta som bränsleledning mellan bränslefiltret och motorn. Undersök röret noggrant för att försäkra att det inte har blivit böjt eller klämt och att inga sprickor har uppstått.

14 Om en metallsektion måste bytas ut skall endast skarvlöst stålrör användas, eftersom koppar- och aluminiumrör inte är starka nog att motstå normal motorvibration.

15 Undersök bromsledningarna av metall där de går in i huvudcylindern och ABS hydraulenhet (om sådan används). Leta efter sprickor i ledningarna eller lösa infästningar. Tecken på bromsvätskeläckage kräver en omedelbar och genomgående undersökning av bromssystemet.

13 Handbroms – kontroll och justering

1 Handbromsen måste kunna dras åt helt inom specificerade antal "klick" från spakens spärrhake. Justering behövs då och då som kompensation för beläggslitage och vajertöjning.

2 Ta bort den bakre askkoppen och panelen med cigarettändar-/bältesvarningslampor för att komma åt vajerjusteringen **(se bild)**.

3 Lossa på låshylsan framtill på justeraren, antingen genom att driva hylsan framåt eller genom att dra justeraren bakåt. Vrid justermuttern tills handbromsen fungerar inom specificerat antal "klick". Kontrollera att bromsen inte kärvar när spaken lossas.

4 Sätt tillbaka låshylsan och montera lamppanelen och askkoppen.

13.2 Handbromsens vajerjustering (vid pilen) med omgivande klädsel demonterad

14 Framhjulslager – justering

Se kapitel 10.

15 Styrning och fjädring – kontroll

Kontroll av främre fjädring och styrning

1 Dra åt handbromsen, lyft upp framvagnen och stöd den på pallbockar (se *"Lyftning och stödpunkter"*).

2 Undersök visuellt om spindelledernas dammskydd och styrväxelns skyddsbälgar är spruckna, skavda eller slitna. Skador och slitage på dessa delar orsakar smörjmedelsförlust och smuts- och vatteninträng, vilket resulterar i snabb försämring av spindellederna eller styrväxeln.

3 Undersök om servostyrningens slangar är skavda eller slitna, och om rören och slanganslutningarna läcker. Leta också efter tecken på vätskeläckage under tryck från styrväxelns gummibälgar, vilket tyder på trasiga vätsketätningar i styrväxeln.

4 Leta efter tecken på vätskeläckage runt stötdämparhuset, eller från gummibälgen runt kolvstången (där monterad). Om vätska upptäcks är stötdämparen defekt internt och måste bytas.

5 Ta tag i hjulet upptill och nedtill och försök vicka på det. Ett mycket litet spel kan kännas, men om rörelsen är väsentlig måste ytterligare undersökningar göras så att orsaken kan fastställas. Fortsätt vicka på hjulet medan en medhjälpare trampar ner bromspedalen. Om rörelsen nu upphör eller minskar betydligt är det troligt att hjullagren är defekta eller behöver justeras (där tillämpligt). Om spelet förblir detsamma med bromspedalen nedtryckt tyder det på slitage i fjädringens leder eller fästen.

6 Ta nu tag i hjulet på sidorna och försök vicka på det. Om man nu kan känna rörelse kan det även i detta fall bero på slitage i hjullagren eller i styrstagens spindelleder. Om den yttre styrleden är sliten är de synliga rörelserna tydliga. Om den inre leden är misstänkt kan det kännas om man placerar handen över kuggstångsbälgen och griper tag i styrstaget. Om hjulet nu vickas kan rörelse kännas i den inre leden om den är sliten.

7 Använd en stor skruvmejsel eller en platt stång, undersök om det förekommer slitage i fjädringens fästbussningar genom att häva mellan aktuell komponent och dess fästpunkt. Viss rörelse kan förväntas eftersom fästena är gjorda av gummi, men betydligt slitage bör vara uppenbart. Undersök också om synliga gummibussningar är slitna, leta efter sprickor eller föroreningar av gummit.

8 Med bilen stående på hjulen, låt en

medhjälpare vrida ratten fram och tillbaka, ungefär en åttondels varv åt båda hållen. Där bör finnas ytterst lite, om ens något, spel mellan ratten och hjulen. Om detta inte är fallet, undersök noggrant lederna och fästena enligt tidigare beskrivning, men undersök dessutom om rattstångens universalknutar är slitna och undersök också själva kuggstångsstyrväxeln.

9 Undersök stötdämparnas effektivitet genom att gunga bilen i de främre hörnen. Generellt sett kommer karossen att återta sin ursprungliga position och stanna efter det att den tryckts ned. Om den gungar upp innan den går tillbaka igen kan stötdämparen misstänkas. Undersök också om stötdämparens övre och nedre fästen är slitna.

Kontroll av bakre fjädring

10 Klossa framhjulen, lyft upp bakvagnen och stöd den på pallbockar (se *"Lyftning och stödpunkter"*).
11 Undersök om de bakre navlagren är slitna, använd den metod som beskrivs för främre navlager (punkt 5 och 6).
12 Använd en stor skruvmejsel eller en platt stång, undersök om fjädringens fästbussningar är slitna genom att häva mellan aktuell komponent och dess fästpunkt. Viss rörelse kan förväntas eftersom fästena är av gummi, men allvarligare slitage bör vara uppenbart. Kontrollera också stötdämparnas skick enligt beskrivningen ovan.

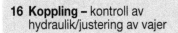

16 Koppling – kontroll av hydraulik/justering av vajer

Kontroll av hydraulik

1 På modeller med hydrauliskt manövrerad koppling, kontrollera att kopplingpedalen rör sig mjukt och lätt genom sin fulla rörelsebana och att själva kopplingen fungerar som den ska, utan att slira eller kärva.
2 Ta bort panelen under instrumentbrädan för att komma åt kopplingspedalen och lägg på några droppar lätt olja på pedalens pivå. Sätt tillbaka panelen.
3 Inifrån motorrummet, kontrollera vätskeledningarnas och -slangarnas skick. Titta också

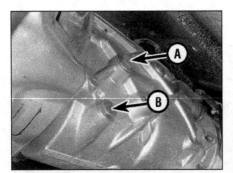

17.1 Manuell växellådas påfyllnings-/ nivåplugg (A) och avtappningsplugg (B)

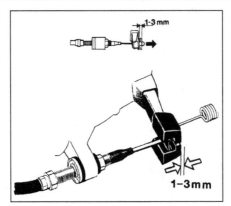

16.4 Kopplingsvajerjustering vid urtrampningsarmen – med returfjäder (nedre bild) eller utan (övre bild)

på kopplingens slavcylinder under bilen. Leta efter tecken på vätskeläckage runt gummidamasken och undersök om länkningen sitter ordentligt. Lägg på några droppar olja på tryckstångens gaffelbult och länkning.

Vajerjustering

4 På modeller med vajerstyrd koppling, kontrollera generellt kopplingens funktion enligt beskrivning i punkt 1 och 2. Kontrollera dessutom att kopplingsvajern är rätt justerad. Vajerjusteringen är rätt när det fria spelet vid urtrampningsgaffeln motsvarar specifikationerna. Justera vid behov med hjälp av låsmuttrarna och den gängade justeraren i änden av vajerhöljet **(se bild)**.

17 Manuell växellåda – kontroll av oljenivå

1 Den manuella växellådan har ingen mätsticka. För att kontrollera oljenivån, lyft upp bilen och stöd den på pallbockar. Se till att bilen står helt horisontellt (se *"Lyftning och stödpunkter"*). På vänster sida av växellådshuset hittar du påfyllnings-/nivåpluggen och avtappningspluggen **(se bild)**. Torka runt påfyllnings-/nivåpluggen (den övre av de två) med en ren trasa och skruva sedan loss och ta bort den. Om vätskenivån är rätt skall oljan nå upp till den nedre kanten på hålet.

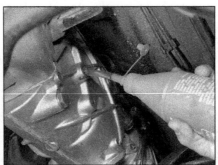

17.2 Påfyllning av växellådsolja

2 Om växellådan behöver mer smörjmedel (om oljenivån inte når upp till hålet), använd en spruta, eller en plastflaska och en slang, för att fylla på **(se bild)**. Avsluta påfyllningen när oljan börjar rinna över hålet. Se till att använda rätt typ av olja (se *"Veckokontroller"*).
3 Sätt tillbaka påfyllnings-/nivåpluggen och dra åt den ordentligt. Kör bilen en runda och undersök sedan om det förekommer läckage.
4 Om påfyllning behövs regelbundet kan det bara bero på en läcka, vilken omgående måste åtgärdas.

18 Underrede och bränsle-/ bromsledningar – kontroll

1 Med bilen upplyft och stöttad på pallbockar (se *"Lyftning och stödpunkter"*) eller parkerad över en smörjgrop, undersök underredet och hjulhusen ingående för att se om skador och/eller korrosion förekommer. Var extra uppmärksam på sidotrösklarnas botten, och eventuellt dolda områden där lera kan samlas. Där korrosion och rost är uppenbart, tryck och knacka kraftigt på panelen med en skruvmejsel och se efter om skadorna är så allvarliga att de måste repareras. Om panelen inte är allvarligt korroderad, ta bort all rost och lägg på ett nytt lager underredesskydd. Se kapitel 11 för ytterligare information om karossreparationer.
2 Vid samma tillfälle, undersök de PVC-täckta nedre karosspanelernas allmänna skick och om de är skadade av stenskott etc.
3 Undersök alla bränsle- och bromsledningar på underredet, leta efter skador, rost, korrosion och läckage. Kontrollera också att de är säkert fästa i sina clips. Där så är tillämpligt, undersök också om PVC-höljet på ledningarna är skadat.
4 Undersök bromsslangarna i närheten av bromsoken, där de är utsatta för mest rörelse. Böj dem mellan fingrarna (men inte dubbla – det kan skada höljet) och kontrollera att detta inte avslöjar tidigare dolda sprickor eller hål.

19 Kardanaxel, mittre lager och universalknutar – kontroll

1 Helst skall bilen lyftas upp fram och bak och stödjas på pallbockar med bakhjulen fria att rotera (se *"Lyftning och stödpunkter"*).
2 Undersök om mittlagrets gummidel visar tecken på sprickor, oljeförorening eller deformation. Om något av dessa problem är uppenbara måste lagret bytas ut enligt beskrivning i kapitel 8.
3 Kontrollera också universalknutarnas skick genom att hålla kardanaxeln i ena handen och växellåds- eller bakaxelflänsen i den andra. Försök vrida de två komponenterna i motsatta riktningar och kontrollera om det förekommer rörelse i universalknutarnas spindlar. Upprepa denna kontroll vid mittlagret och i alla andra

områden där de individuella delarna av kardanaxeln eller universalknutarna ansluts. Om slitage är uppenbart, se kapitel 8 för reparationsarbeten. Om gnisslande eller gnällande ljud har hörts från under bilen, eller om du hittar tecken på rostfärgade avlagringar runt universalknutarnas spindlar, tyder detta på långt framskridet slitage och det måste undersökas omgående.

4 Kontrollera också gummikopplingens skick, leta efter uppsvällning, oljeföroreningar eller sprickor i gummit, speciellt runt bulthålen.

5 På bilar med individuell bakfjädring, undersök drivaxeldamaskerna och CV-knutarna enligt följande.

6 Drivaxeldamaskerna är mycket viktiga, de förhindrar att smuts och vatten kommer in och skadar CV-knutarna. Yttre föroreningar kan göra att damaskmaterialet slits för tidigt, så det är en god idé att då och då rengöra damaskerna med tvål och vatten.

7 Rotera sakta varje bakhjul ett i taget och undersök de yttre CV-knutarnas gummidamasker, kläm på damaskerna så att veckan också kan ses. Leta efter sprickor eller förslitning av gummit, vilket kan orsaka förlust av smörjmedel och släppa in vatten och smuts till knuten. Kontrollera också att fästclipsen är i gott skick och sitter säkert. Upprepa dessa kontroller på de inre CV-knutarna. Om skada eller förslitning upptäcks måste först drivaxeln demonteras enligt beskrivning i kapitel 8, avsnitt 13.

8 Kontrollera samtidigt skicket på själva CV-knutarna, de yttre genom att hålla drivaxeln och försöka rotera hjulen. Upprepa sedan kontrollen på de inre knutarna genom att hålla den inre knutens ok och försöka rotera drivaxeln.

9 Eventuell märkbar rörelse i en CV-knut tyder på slitage i knuten, slitage i drivaxelns splines eller en lös fästmutter för drivaxeln.

20 Avgassystem – kontroll

1 Med kall motor (minst tre timmar efter det att bilen har körts), undersök hela avgassystemet, från dess startpunkt vid motorn till slutet av ändröret. Helst skall detta göras med hjälp av en lyftanordning, så att ostörd åtkomlighet skapas, men om en sådan inte finns tillgänglig, lyft upp och stöd bilen på pallbockar (se *"Lyftning och stödpunkter"*).

2 Undersök rören och anslutningarna för att se om de läcker, är allvarligt korroderade eller skadade. Se till att alla konsoler och gummifästen är i bra skick och sitter ordentligt. Om något av fästena måste bytas ut, försäkra dig om att utbytesenheten är av rätt typ. Läckage vid någon av skarvarna eller i andra delar av systemet visar sig vanligtvis som svarta sotiga fläckar i närheten av läckan.

3 Undersök också undersidan av karossen, leta efter hål, korrosion, öppna skarvar etc. som kan släppa igenom avgaser till passa-

21.3 Påfyllning av bakaxelolja

gerarutrymmet. Täta alla karossöppningar med silikon eller karosskitt.

4 Skrammel och andra ljud kan ofta spåras till avgassystemet, särskilt gummifästena. Försök röra på systemet, ljuddämparen/-arna och katalysatorn (om monterad). Om någon komponent kan vidröra karossen eller fjädringens detaljer, montera avgassystemet med nya fästen.

21 Bakaxel – kontroll av oljenivå

1 Helst skall bilen stå på hjulen när denna kontroll görs, men om det är ett problem (och du inte kan krypa in under), lyft antingen upp bilen och ställ den på pallbockar eller använd en lyftanordning eller en smörjgrop (se *"Lyftning och stödpunkter"*).

2 Torka rent runt påfyllnings-/nivåpluggen på bakaxeln och skruva ur pluggen. Påfyllnings-/nivåpluggen finns baktill på bakaxelväxelhusets kåpa på modeller med en rörlig bakaxel, och framtill på själva bakaxelväxelkåpan på modeller med individuell bakfjädring. Det bästa sättet att kontrollera nivån är att använda en "mätsticka" gjord av en böjd bit ståltråd. Stick in ståltråden i hålet (men tappa den inte) och kontrollera nivån.

3 Om axeln behöver mer smörjmedel, använd en spruta, eller en plastflaska och en slangbit, till att fylla på **(se bild)**. Sluta fylla på när smörjmedlet börjar rinna över hålet. Se till att använda rätt typ av smörjmedel (se *"Veckokontroller"*).

4 Sätt tillbaka påfyllnings-/nivåpluggen och dra åt den ordentligt.

5 Om påfyllning behövs ofta kan det bara bero på en läcka, vilken omgående måste letas reda på och åtgärdas.

22 Säkerhetsbälten – kontroll

Kontrollera att säkerhetsbältena fungerar tillfredsställande och är i bra skick. Undersök om väven är fransad eller trasig. Kontrollera att de dras tillbaka mjukt och utan att kärva på rullarna

Kontrollera säkerhetsbältenas fästen, att alla bultar är säkert åtdragna.

23 Dörr, bagagelucka/baklucka och motorhuv – kontroll och smörjning

Kontrollera att dörrarna, motorhuven och bagage-/bakluckan stänger ordentligt. Kontrollera att huvens säkerhetsspärr fungerar som den ska. Kontrollera dörrstoppens funktion.

Smörj gångjärnen, dörrstoppen, spärrplattorna och huvspärren försiktigt med lite olja eller fett.

24 Kaross, lackering och yttre dekor – kontroll

1 Det bästa tillfället att utföra denna kontroll är efter det att bilen har tvättats så att eventuella skavanker eller repor syns väl och inte är dolda av smuts.

2 Börja vid ett av de främre hörnen, undersök lackeringen runt hela bilen, leta efter små repor eller mer allvarliga bucklor. Undersök all dekor och försäkra dig om att den sitter fast ordentligt överallt.

3 Kontrollera att alla dörrlås, dörrspeglar, emblem, stötfångare, kylargrill och hjulsidor sitter säkert. Om något sitter löst eller på annat sätt måste ses över, skall detta göras med hänvisning till relevant kapitel i denna handbok.

4 Åtgärda eventuella problem med lackeringen eller karosspanelerna enligt beskrivning i kapitel 11.

25 Automatväxellåda – kickdownvajerns funktion och justering av väljarvajer

Se kapitel 7B.

26 Körtest

Kontroll av bromssystemets funktion och prestanda

1 Försäkra dig om att inte bilen drar åt ena hållet vid inbromsning och att hjulen inte låser för tidigt vid hård inbromsning.

2 Kontrollera att inte vibration känns genom styrningen vid inbromsning.

3 Kontrollera att handbromsen fungerar som den ska, utan överdriven rörelse hos spaken, och att den håller bilen stilla när den är parkerad i backe.

4 Med motorn avstängd, testa bromsservons funktion enligt följande. Trampa ner bromspedalen fyra eller fem gånger för att bli av

27.4 Ta ut automatväxellådans mätsticka

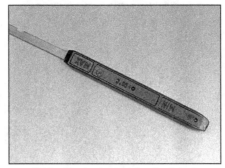

27.6a Markeringar på mätstickan

27.6b Påfyllning av automatväxellådsolja

med vakuumet, starta sedan motorn. När motorn startar skall bromspedalen "ge efter" märkbart medan vakuum byggs upp. Låt motorn gå i minst två minuter och slå sedan av den. Om bromspedalen nu trampas ner igen, skall det höras ett väsande från servon när detta görs. Efter fyra eller fem nedtryckningar skall väsandet upphöra och pedalen skall kännas betydligt fastare.

Styrning och fjädring

5 Undersök om något verkar onormalt i styrning, fjädring, hantering eller "vägkänsla".
6 Kör bilen och kontrollera att inga ovanliga vibrationer eller ljud förekommer.
7 Kontrollera att styrningen känns säker, utan överdriven slapphet eller ojämnhet, och lyssna efter ljud från fjädringen när du svänger och kör över gupp.

Drivning

8 Kontrollera motorns, växellådans och bakaxelväxelns prestanda.
9 Kontrollera att motorn startar utan problem, både när den är kall och när den är varm.
10 Lyssna efter ovanliga ljud från motorn och växellådan.
11 Försäkra dig om att motorn går mjukt på tomgång och att den inte tvekar vid acceleration.
12 Endast på modeller med manuell växellåda, kontrollera att alla växlar kan läggas i mjukt och utan oljud, och att växelspakens rörelse inte känns onormalt vag eller ryckig.
13 På modeller med automatväxellåda, försäkra dig om att drivningen känns mjuk utan ryck eller plötsliga ökningar i motor-

hastigheten. Kontrollera att alla växellägen kan väljas när bilen står stilla. Om problem upptäcks bör dessa överlämnas till en Volvo-verkstad.

Koppling

14 Kontrollera att kopplingspedalen rör sig mjukt och enkelt genom hela rörelsebanan, och att kopplingen själv fungerar som den ska, utan att slira eller kärva. Om rörelsen är ojämn eller stel, kontrollera systemets komponenter med hänvisning till kapitel 6.

Instrument och elektrisk utrustning

15 Kontrollera att alla instrument och all elektrisk utrustning fungerar.
16 Försäkra dig om att alla instrument ger rätt avläsningar och slå på all elektrisk utrustning i tur och ordning för att kontrollera funktionen.

---

27 Automatväxellåda – kontroll av oljenivå 🔧

1 Vätskenivån i automatväxellådan skall underhållas noggrant. Låg vätskenivå kan leda till slirning eller förlust av drivning, medan överfyllning kan orsaka skumning, vätskeläckage och skador på växellådan.
2 Nivån i växellådan skall endast kontrolleras när växellådan är varm (vid normal arbetstemperatur). Om bilen just har körts över 1,5 mil (2,5 mil i kallt klimat) och vätsketemperaturen är 70 till 80°C är växellådan varm.

3 Parkera bilen på jämn mark, dra åt handbromsen och starta motorn. Medan motorn går på tomgång, tryck ner bromspedalen och flytta väljarspaken genom alla lägen och sedan tillbaka till läge "P".
4 Vänta två minuter och, med motorn fortfarande gående på tomgång, ta ut mätstickan ur röret som är placerat bak på motorn (se bild). Observera vilken färg och konsistens vätskan på mätstickan har.
5 Torka av vätskan från stickan med en ren trasa och sätt in den i påfyllningsröret tills locket sätter sig på plats.
6 Dra ut mätstickan igen och notera nivån. Den skall bara mellan "MIN" och "MAX" märkena på sidan av stickan som är markerad med "HOT". Om nivån är vid "MIN", stanna motorn och fyll på med specificerad växellådsolja (se "Veckokontroller") genom mätsticksröret, använd en ren tratt om så behövs (se bilder). Det är viktigt att inte låta smuts komma in i växellådan vid påfyllningen.
7 Häll i lite vätska i taget och fortsätt kontrollera nivån så som tidigare beskrivits tills nivån är rätt. Skillnaden mellan "MIN" och "MAX" på stickan är ca 0,5 liter.
8 Om påfyllning behövs regelbundet tyder det på en läcka, vilken då omgående måste letas reda på och åtgärdas.
9 Vätskans skick skall också kontrolleras samtidigt som nivån. Om vätskan i änden av stickan är svart eller mörkt brun-röd, eller om den luktar bränt, måste vätskan bytas. Om tveksamhet råder angående vätskans skick, köp ny vätska och jämför dess färg och lukt med den gamla.

40 000 km/2 års service

28 Automatväxellåda – byte av olja 🔧

1 Lyft upp bilen och stöd den säkert (se "Veckokontroller").
Varning: Detta moment kan innebära att motorn skall vara igång när bilen är upplyft. Vidta nödvändiga säkerhetsåtgärder.

AW71/AW72 växellåda

2 Om ingen avtappningsplugg finns, fortsätt från punkt 3. Om en avtappningsplugg finns, ta bort den och låt innehållet i sumpen rinna ut i en passande behållare.
Varning: Om bilen just har körts kan växellådsoljan vara mycket het.
Sätt tillbaka och dra åt avtappningspluggen (se bild). Fyll på 2,0 liter färsk växellådsolja av specificerad typ (se "Veckokontroller") via mätsticksröret.
3 Rengör oljekylarens returanslutning (den

28.2 Automatväxellådans avtappningsplugg (om tillämpligt)

28.3 Oljekylarens returanslutning – AW71 växellåda

längst bak) på sidan av växellådan (se bild). Koppla loss anslutningen och fäst en genomskinlig slang till ledningen från kylaren. Led ner slangen i avtappningsbehållaren.

4 Starta motorn och låt den gå på tomgång. Vätska kommer nu att flöda ner i behållaren. När bubblor syns i vätskan, stanna motorn.

5 Fyll på 2,0 liter färsk växellådsolja av specificerad typ via mätsticksröret.

6 Upprepa paragraf 4, ta sedan bort plastslangen och sätt tillbaka oljekylaranslutningen.

7 Fyll på ytterligare 2,0 liter färsk växellådsolja.

8 Sänk ned bilen. Kontrollera vätskenivån enligt beskrivning i avsnitt 27, men använd sidan av mätstickan som har markeringen "COLD" eller "+40°C". Fyll på efter behov.

9 Kassera den gamla vätskan på ett säkert sätt (se *"Allmänna reparationsanvisningar"*).

ZFHP422 växellåda

10 Följ beskrivningen ovan för AW71/AW72 växellåda, men notera följande:
a) Fyll på vätska med 2,5 liter i taget.
b) Oljekylarens returanslutning är den nedre av de två (se bild).

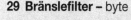
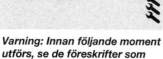

29 Bränslefilter – byte

⚠️ *Varning: Innan följande moment utförs, se de föreskrifter som ges i "Säkerheten främst!" i början av boken och följ dem noggrant. Bensin är en ytterst farlig och flyktig vätska och säkerhetsföreskrifterna vid hantering kan inte nog betonas.*

1 Koppla loss batteriets negativa ledning.

Modeller med förgasare

2 Bränslefiltret är placerat under motorhuven, i förgasarens bränslematningsledning (se bild 8.1 på sidan 1•13). Lossa slangclipset och koppla loss slangen från filtret, var beredd på bränslespill.

3 Montera det nya filtret, observera eventuella markeringar för flödesriktning. Byt ut slangar och clips vid behov.

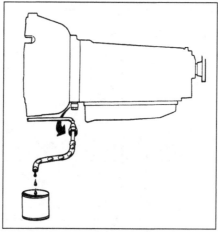

28.10 Oljekylarens returanslutning losskopplad från växellådan för oljebyte (ZF växellåda)

Modeller med bränsleinsprutning

4 Filtret finns under motorhuven, eller vid huvudbränslepumpen under bilen.

Filter under motorhuven

5 Lossa bränsleutloppsanslutningen uppe på filtret. Var beredd på bränslespill. Koppla loss anslutningarna (se bild).

6 Lossa filterklämman. Lyft upp filtret och koppla loss inloppsanslutningen. Var beredd på ytterligare spill.

7 Ta bort det gamla filtret.

8 Montera det nya filtret, se till att det monteras samma väg som det gamla. Använd nya kopparbrickor på anslutningarna (där tillämpligt) och fäst filtret i klämman.

Filter under bilen

9 Lyft upp bilen på ramper eller kör den över en smörjgrop (se *"Lyftning och stödpunkter"*).

10 Skruva loss bränslepumpens vagga från bilens undersida (se bild). Dra av vaggan från gummifästena.

11 Koppla loss bränslematnings- och utloppsrören från filtret. Var beredd på bränslespill.

12 Skruva loss filterklämman och lyft ut filtret.

13 Montera det nya filtret, se till att det vänds samma väg som det gamla. Observera pilen på filtret som visar flödesriktningen. Använd

30.1 Ett clips på luftrenarlocket lossas

29.5 Lossa bränsleutloppets anslutning – filter under motorhuven

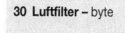
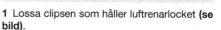

29.10 Filter under bilen (till höger) och bränslepump (till vänster) på turbomodeller. Pilen visar flödesriktningen

nya kopparbrickor på anslutningarna (där tillämpligt) och fäst filtret i klämman.

14 Placera vaggan på gummifästena och skruva fast den. Sänk ner bilen på marken.

Alla modeller

15 Anslut batteriet. Kör motorn och kontrollera att inga läckor förekommer.

16 Kassera det gamla filtret på ett säkert sätt.

30 Luftfilter – byte

1 Lossa clipsen som håller luftrenarlocket (se bild).

2 På turbomodeller, koppla loss luftflödesmätarens multikontakt och trumman mellan mätaren och turbon (se bilder). Kontakten lossas genom att man bänder loss vajerclipset.

30.2a Luftflödesmätarens kontakt lossas

30.2b Trumman mellan mätaren och turbon lossas

3 På B280 motorer, lossa clipsen som fäster luftmängdsmätaren till luftrenarlocket.
4 Lyft av locket, med luftflödesmätaren om tillämpligt, och ta bort luftfiltret **(se bild)**.
5 Torka rent insidan av huset och locket med en trasa. Var försiktig så att inte smuts dras in i luftflödesmätaren eller luftintaget.
6 Sätt det nya filtret på plats, med rätt sida vänd uppåt. Tryck in tätningen på filtrets kant i spåret på huset.
7 Sätt tillbaka locket och fäst det med clipsen.
8 Där tillämpligt, anslut luftflödesmätaren eller luftmängdsmätaren.

31 Avgasreningssystem – kontroll

1 Av de avgasreningssystem som kan vara monterade kräver endast vevhusventilations-systemet regelbunden kontroll, och även komponenterna i detta system kräver ingen annan tillsyn än kontroll av att slangarna inte är blockerade eller skadade.
2 Om anledning finns att tro att andra system (där monterade) inte fungerar tillfredsställande bör en återförsäljare rådfrågas.

32 Ventilspel – kontroll och justering

Observera: *B234F motorer har hydrauliska ventillyftare som inte behöver justeras som en*

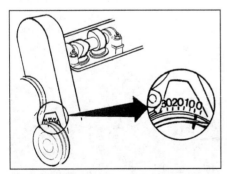

32.3 Remskiva och kamlob på radmotor – cylinder nr 1 i kompressionstakten

30.4 Ta bort luftfiltret

del av regelbundet underhåll. Om det kommer oljud från lyftarna måste de dock kontrolleras och bytas enligt beskrivning i kapitel 2A. Låt inte motorn gå med mer än 3000 varv/min om oljud förekommer.

Radmotorer

1 Koppla loss eller ta bort komponenter som tändkablar, vakuum-/ventilations- och till-förseltrycksslangar och om så behövs gas-vajern, för att komma åt kamaxelkåpan. Skruva också loss tillsatsluftsliden från kamaxelkåpan där så är tillämpligt.
2 Ta bort fästmuttrarna och lyft av kamaxel-kåpan. Notera jordflätans placering, tänd-kabelclips och liknande detaljer (se kapitel 2A om så behövs). Ta vara på packningen.
3 Använd en nyckel på vevaxelremskivans mittbult, placera motorn i ÖD med cylinder nr 1 i kompressionsslaget (detta är enklare om tändstiften tas bort). Cylinder nr 1 är i ÖD när urtaget på vevaxelremskivan är i linje med siffran "0" på inställningsskalan, och kam-loberna för cylinder nr 1 (längst fram) båda pekar snett uppåt **(se bild)**.
4 Med motorn i denna position, mät och anteckna spelet mellan basen på den främsta kamloben och ventillyftarens mellanlägg under den. Stick in bladmått av olika tjocklek tills en snäv glidpassning erhålls **(se bild)**. Detta mått är spelet för avgasventil nr 1. Anteckna detta.
5 Upprepa mätningen på den andra kam-loben framifrån. Detta ger spelet för insugs-ventil nr 1.
6 Vrid vevaxeln 180° (ett halvt varv) medurs

32.10a Ventillyftarens mellanlägg tas bort – lyftaren hålls ned med en skruvmejsel

så att kamloberna för cylinder nr 3 pekar snett uppåt. Mät och anteckna spelen för de två ventilerna. Avgasventilen är alltid den främre.
7 Vrid nu vevaxeln ytterligare 180° och mät spelen för cylinder nr 4. Gör därefter samma sak igen för cylinder nr 2.
8 Jämför de antecknade spelen med de som angivits i specifikationerna. Om de anteck-nade spelen är inom gränserna, fortsätt hopsättningen (punkt 16). Om inte, justera spelen enligt följande:
9 Samla ihop en liten skruvmejsel eller rits, en långnosad tång och en kraftig haknyckel eller spårskruvmejsel. Dessa är alternativ till de specialverktyg som i normala fall behövs för att ändra mellanläggen med kamaxeln på plats. (Alternativt kan kamaxeln demonteras, men detta innebär mycket extra arbete.)
10 Med kamloberna i samma position som vid kontroll, tryck ner lyftaren med nyckeln eller skruvmejseln. Tryck bara på kanten av lyftaren. Snäpp ut mellanlägget ur toppen på lyftaren med den lilla skruvmejseln och ta bort den med tången. Släpp lyftaren **(se bilder)**.
11 Den rätta tjockleken på mellanlägget måste nu räknas ut. Först måste man känna till tjockleken på det gamla mellanlägget. Det kan vara ingraverat på undersidan, men helst skall den faktiska tjockleken mätas med en mikrometer eller ett skjutmått. Detta tar då med eventuellt slitage i beräkningen.
12 Den mellanläggstjocklek som behövs kan nu räknas ut så som visas i detta exempel:
Specificerat spel (A) = 0,40 mm
Uppmätt spel (B) = 0,28 mm
Originalmellanläggets tjocklek (C) = 3,95 mm
Nytt mellanläggs tjocklek = C-A+B = 3,83 mm
I detta exempel skulle mellanlägget behöva vara 3,85 eller 3,80 mm, vilket skulle ge ett spel på 0,38 respektive 0,43 mm.

13 Smörj ett nytt mellanlägg av rätt tjocklek. Tryck ned lyftaren och sätt i mellanlägget med den märkta sidan nedåt. Släpp lyftaren och kontrollera att mellanlägget har satt sig ordentligt.
14 Upprepa momenten på nästa ventillyftare, om så behövs, och fortsätt sedan till de andra ventilerna, vrid varje gång vevaxeln så att kamloberna placeras uppåt. Vrid inte vevaxeln medan mellanläggen är borta från lyftarna, detta kan göra att kamloberna fastnar i dem.

32.10b Mellanlägget lyfts ut. Här används en haknyckel till att hålla ner lyftaren

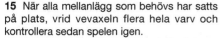

32.26 Märket för cylinder nr 1 i ÖD-läge – V6-motorer

32.28 Justering av ventilspel

15 När alla mellanlägg som behövs har satts på plats, vrid vevaxeln flera hela varv och kontrollera sedan spelen igen.

16 Se till att gummipluggen baktill på kamaxeln (endast B23) sitter ordentligt på plats och är i gott skick. Byt ut den vid behov.

17 Montera kamaxelkåpan med en ny packning. Sätt fast och dra åt muttrarna, kom ihåg att montera tändkabelfästet och jordflätan.

18 Anslut tändkablarna, vakuumslangarna etc., låt motorn gå och kontrollera att det inte förekommer några oljeläckor från kamaxelkåpan.

V6-motorer

19 Koppla loss batteriets negativa kabel.

20 Koppla loss tändningens kabelagekontakt på höger innerflygel.

21 Skruva loss styrtrycksregulatorn (utan att koppla loss den) och placera den på insugsgrenröret.

22 Demontera luftintagstrumman, oljepåfyllningslocket och vevhusventilationsslangarna.

23 Skruva loss och ta bort vakuumpumpen.

24 Demontera luftkonditioneringskompressorns drivrem (se avsnitt 9). Skruva loss kompressorns fästkonsoler från motorn och flytta kompressorn och konsolerna åt sidan. Koppla inte loss några kylmedelsslangar och

låt inte heller kompressorns vikt hänga på dem.

25 Skruva loss och ta bort båda ventilkåporna. Ta vara på packningarna.

26 Använd en 36 mm hylsa på vevaxelremskivans mutter, eller (manuell växellåda) knuffa bilen framåt med en växel ilagd, för att placera motorn i ÖD med cylinder nr 1 i kompressionstakten. Detta uppnås när remskivemärket för cylinder nr 1 är i linje med "0" märket på inställningsskalan och båda vipparmarna för cylinder nr 1 (vänster bak) har ett litet spel, vilket visar att ventilerna har stängt **(se bild)**.

27 För in ett bladmått av specificerad tjocklek mellan justerskruven och ventilskaftet på avgasventilen för cylinder nr 1 (den bakre ventilen). Bladmåttet skall ha tät glidpassning, inte för snävt och inte för löst.

28 Om justering behövs, lossa låsmuttern och vrid justerskruven tills spelet är rätt. Håll justerskruven stilla och dra åt låsmuttern utan att rubba skruvens position. Kontrollera bladmåttets passning igen **(se bild)**.

29 Kontrollera på samma sätt spelen på avgasventilerna på cylinder nr 3 och 6, och insugsventilerna på cylinder nr 1, 2 och 4. Kom ihåg att insugs- och avgasspelen är olika. Insugsventilerna är närmast motorns mitt, avgasventilerna närmast utsidan **(se bild)**.

30 Vrid vevaxeln 360° (ett helt varv) medurs, så att märket för cylinder nr 1 på remskivan är i linje med "0" märket, men den här gången har vipparmarna för cylinder nr 1 inget fritt spel. I denna position, kontrollera spelen för avgasventilerna på cylinder nr 2, 4 och 5, och insugsventilerna på cylinder nr 3, 5 och 6 **(se bild)**.

31 Kontrollera alla spel igen, vrid vevaxeln efter behov.

32 Sätt tillbaka ventilkåporna med nya packningar.

33 Montera övriga komponenter i omvänd ordning mot demontering. Spänn luftkonditioneringskompressorns drivrem (avsnitt 9).

34 Låt motorn gå och kontrollera att det inte läcker olja från ventilkåporna.

33 Kompressionsprov

Se kapitel 2A eller 2B, efter tillämplighet.

34 Kylvätska – byte

> ⚠ *Varning: Vänta tills motorn är kall innan detta arbete påbörjas. Låt inte frostskyddsvätska få komma i kontakt med huden, eller med målade ytor på bilen. Skölj bort spill omgående med massor av vatten. Lämna aldrig frostskyddsvätska stående i öppna behållare, eller i en pöl på uppfarten eller garagegolvet. Barn och djur kan lockas av den söta lukten och frostskyddsvätska kan vara livsfarligt att förtära.*

Avtappning av kylvätska

1 För att tappa av systemet, ta först bort expansionskärlets påfyllningslock (se avsnittet

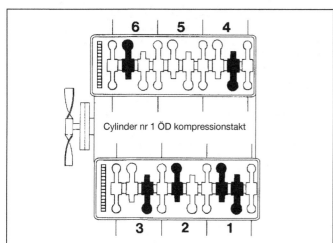

32.29 Med kolven för cylinder nr 1 i kompressionstakten, justera ventilerna i de mörka positionerna

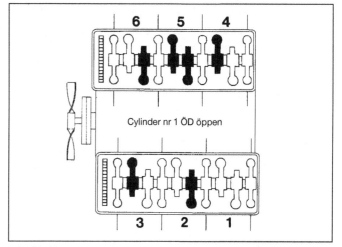

32.30 Med kolven för cylinder nr 1 i slutet av utblåsningstakten (båda ventilerna öppna), justera övriga ventiler som visas

"Veckokontroller"). Ställ värmereglaget i läge "varmt".

2 Om mer arbetsutrymme krävs, lyft upp framvagnen och stöd den säkert på pallbockar (se *"Lyftning och stödpunkter"*).

3 Om en skyddsplåt under motorn är monterad, demontera denna och placera ett stort avtappningskärl under kylaren. Lossa på clipset till kylarens nedre slang och dra av slangen från infästningsstumpen på kylaren. Rikta så mycket som möjligt av den utrinnande kylvätskan ned i kärlet.

4 På radmotorer, när kylaren har tappats av, flytta kärlet till höger sida av motorn och skruva loss motorblockets avtappningskran. Tappa av motorblocket. På tidiga V6-motorer finns två avtappningskranar, en på var sida om blocket. På senare V6-motorer är avtappningskranen på vänster sida ersatt av en banjoanslutning som är en del av oljekylarkretsen. Tappa av vänster cylinderbank genom att lossa denna banjoanslutning.

Spolning av systemet

5 Med tiden kan kylsystemet så sakta förlora sin effektivitet, när kylarkärnan täpps till med rost, kalkavlagringar från vattnet och andra avlagringar. För att minimera detta bör man, så väl som att endast använda frostskyddsvätska av god kvalitet och mjukt rent vatten, spola systemet närhelst någon av dess delar rubbas, och/eller när kylvätskan byts ut.

6 När kylvätskan är avtappad, sätt tillbaka avtappningspluggarna och fyll på systemet med rent vatten. Sätt tillbaka expansionskärlets påfyllningslock, starta motorn och låt den nå normal arbetstemperatur. Stanna motorn och tappa av systemet igen. Upprepa tills dess endast rent vatten ses komma ut, fyll sedan avslutningsvis på med specificerad kylvätskeblandning.

7 Om endast rent mjukt vatten och frostskyddsvätska av god kvalitet har använts, och kylvätskan har bytts vid specificerade intervall, är momentet tillräcklig för att hålla systemet rent under en avsevärd tidsperiod. Om systemet har misskötts kan dock en mer djupgående procedur vara nödvändig, enligt följande.

8 Tappa först av kylvätskan, koppla sedan loss kylarens övre och nedre slangar. Placera en trädgårdsslang i den övre slangen och låt vatten cirkulera genom kylaren tills rent vatten kommer ut ur det nedre utloppet.

9 För att spola motorn, sätt in trädgårdsslangen i termostatens vattenutlopp och låt vatten cirkulera tills det kommer ut rent från den nedre slangen. Om, efter en avsevärd tid, vattnet som kommer ut fortfarande inte är rent, skall kylaren spolas med ett bra lämpligt rengöringsmedel.

10 I svåra fall av förorening kan man behöva spola systemet bakvägen. För att göra detta, demontera kylaren (kapitel 3), vänd på den och sätt in trädgårdsslangen i det nedre utloppet. Fortsätt spola tills rent vatten kommer ut ur det övre slangutloppet. En liknande procedur kan användas till att spola värmepaketet.

11 Användningen av kemiska rengöringsmedel skall endast ses som en sista utväg. I normala fall förebygger regelbundet byte av kylvätskan överdriven förorening av systemet.

Påfyllning av kylvätska

12 När kylsystemet är avtappat och spolat, se till att alla rubbade slangar ansluts ordentligt och att motorblockets avtappningskranar är åtdragna. Montera plåten under motorn om denna demonterats. Om bilen har lyfts, sänk ner den på marken.

13 Förbered tillräcklig mängd specificerad kylvätskeblandning (se avsnitt 5); ta i lite i överkant så att det finns lite i reserv för påfyllning.

14 Fyll sakta på systemet genom expansionskärlet. Eftersom kärlet är den högsta punkten i systemet bör all luft i systemet förflyttas upp till tanken av den stigande vätskan. Om man häller sakta minskar det risken att luft fångas och bildar luftlås.

15 Fortsätt fylla på tills kylvätskenivån når expansionskärlets "MAX"-linje, täck sedan över påfyllningsöppningen för att undvika stänk.

16 Starta motorn och låt den gå på tomgång tills den har nått normal arbetstemperatur. Om nivån i expansionskärlet sjunker märkvärt, fyll på till "MAX"-linjen för att minimera mängden luft i systemet.

17 Stanna motorn och låt den svalna *helt* (om möjligt över natten). Avtäck expansionskärlets påfyllningsöppning och fyll på kärlet till "MAX"-linjen. Sätt tillbaka påfyllningslocket, dra åt det ordentligt och torka bort spilld kylvätska från motorrummet och karossen.

18 Efter påfyllning, undersök alltid noggrant om det förekommer läckage kring systemets komponenter (men speciellt de anslutningar som rubbats under avtappning och påfyllning). Färsk frostskyddvätska har en förmåga att läcka genom mycket små öppningar, och kommer snabbt att avslöja eventuella svaga punkter i systemet.

Observera: *Om, efter avtappning och påfyllning av kylsystemet, symptom på överhettning märks som inte uppträdde tidigare, beror det troligtvis på att luft som fångats i systemet orsakar ett luftlås och begränsar kylvätskeflödet. Vanligtvis beror detta på att påfyllningen gjordes för snabbt. I vissa fall kan luftlås åtgärdas genom att man knackar eller klämmer på de olika slangarna. Om problemet fortsätter, stanna motorn och låt den svalna helt innan expansionskärlets påfyllningslock skruvas loss eller slangarna kopplas loss så att luften kan släppas ut.*

35 Bromsvätska – byte

 Varning: Bromshydraulvätska kan skada dina ögon och förstöra lackerade ytor, så var ytterst försiktig vid hanteringen. Använd inte vätska som har stått i öppen behållare någon tid – vätskan absorberar fukt från luften och för mycket fukt kan orsaka farlig förlust av bromsförmågan.

Arbetsmomentet påminner om det som beskrivits för luftning av hydraulsystemet i kapitel 9, förutom att bromsvätskebehållaren skall tömmas genom sifonering, och man ska låta den gamla vätskan rinna ut helt ur kretsen när man avluftar en del av kretsen.

> **HAYNES TiPS** *Gammal hydraulvätska är mycket mörkare i färgen än ny, vilket gör det lätt att skilja dem åt.*

80 000 km/4 års service

36 Kamaxelns drivrem – byte (radmotorer)

Alla radmotorer har en kamaxeldrivrem under transmissionskåpan. Efter byte och spänning av kamaxeldrivremmen måste den spännas igen efter en specificerad tidsperiod beroende på motortyp. På B234F motorer finns det också en balansaxelrem som skall bytas samtidigt som kamaxelremmen. För information om rembyte och spänning, se kapitel 2A.

Kapitel 2 Del A:
Reparationer med motorn i bilen – radmotor

Innehåll

Svårighetsgrader

Enkelt, passar novisen med lite erfarenhet	Ganska enkelt, passar nybörjaren med viss erfarenhet	Ganska svårt, passar kompetent hemmamekaniker	Svårt, passar hemmamekaniker med erfarenhet	Mycket svårt, för professionell mekaniker

Specifikationer

Motor (allmänt)

Identifikation:
B23ET	Turbomotor med bränsleinsprutning, t.o.m. 1984
B230A	Sugmotor med förgasare, 1985/86
B230E	Sugmotor med bränsleinsprutning, fr.o.m. 1985 års modell
B230ET	Turbomotor med bränsleinsprutning, fr.o.m. 1985 års modell
B230F	Sugmotor med bränsleinsprutning, fr.o.m. 1987
B230K	Sugmotor med förgasare, fr.o.m. 1985 års modell
B200E	Sugmotor med bränsleinsprutning, fr.o.m. 1987 års modell
B234F	Sugmotor med bränsleinsprutning, fr.o.m. 1988 års modell

Cylinderlopp:
Alla utom B200E	96 mm (nominellt värde)
B200E	88.9 mm (nominellt värde)

Slaglängd .... 80 mm

Kubikinnehåll:
Alla utom B200E	2316 cc
B200E	1986 cc

Kompressionsförhållande:
B23ET och B230ET	9,0:1
B230A, B230E och B230K	10,3:1
B230F	9,8:1
B200E och B234F	10,0:1

Kompressionstryck:
Generellt värde	9 till 11 bar
Variation mellan cylindrar	max 2 bar

Tändföljd .... 1-3-4-2 (nr 1 vid motorns front)
Vevaxelns rotationsriktning .... Medurs (sett från motorns front)
Ventilspel .... Se specifikationer för kapitel 1

Kamaxel

Identifikationsbokstav (stämplat på änden):

B23ET	B
B230E	V
B230A och B230ET	A
B230F	M
B230K	X
B200E	V
B234F	U1 (på insugssidan) U (på avgassidan)

Maximalt lyft:

A, M	10,50 mm
B	10,60 mm
V	11,37 mm
X	10,65 mm
U/U1	9,38 mm

Lagertapp, diameter ... 29,950 till 29,970 mm

Lagerspel:

Ny	0,030 till 0,071 mm
Slitagegräns	0,15 mm

Axialspel:

B23/B200/B230	0,1 till 0,4 mm
B234F	0,05 till 0,4 mm

Ventillyftare

Diameter	36,975 till 36,995 mm
Höjd	30,000 till 31,000 mm
Spel för mellanlägg i ventillyftare	0,009 till 0,064 mm
Spel för ventillyftare i topplock	0,030 till 0,075 mm

B234F har hydrauliska ventillyftare utan mellanlägg, monterade i kamaxelhuset

Balansaxlar (endast B234F)

Axialspel ... 0,06 till 0,19 mm

Svänghjul

Skevhet ... 0,02 mm per 100 mm diameter

Smörjsystem (B23/B200/B230)

Oljepump	Kugghjulstyp, drivs av mellanaxeln
Oljetryck (varm motor @ 2000 varv/min)	2,5 till 6,0 bar

Oljepumpspel:

Axialspel	0,02 till 0,12 mm
Radialspel	0,02 till 0,09 mm
Dödgång	0,15 till 0,35 mm
Spel mellan drivande kugghjul och lager	0,032 till 0,070 mm
Spel mellan drivet kugghjul och lager	0,014 till 0,043 mm
Avlastningsventilfjäder, fri längd:	39,20 mm

Smörjsystem (B234F)

Oljepump, typ	Eaton typ med 4-uddad rotor inuti 5-uddad ring, driven av kamaxelremmen

Oljetryck:

Minimum @ 900 varv/min	1,0 bar
Minimum @ 2000 varv/min	2,5 bar
Minimum @ 3000 varv/min	5,0 bar
Maximum (avlastningsventil inställning)	8,0 bar
Oljepumpens axialspel, inre och yttre rotorer, med torr pump	0,05 till 0,10 mm
Avlastningsventilfjäder fri längd:	47,6 mm

Åtdragningsmoment*

	Nm
Topplocksbultar:	
Steg 1	20
B23/B200/B230	
Steg 2	60
Steg 3	Vinkeldra ytterligare 90°
B234F	
Steg 2	40
Steg 3	Vinkeldra ytterligare 115°
Ramlageröverfall	110

Atdragningsmoment* (forts)

	Nm
Vevstakslageröverfall (B23 motorer):	
Nya bultar	70
Använda bultar	63
Vevstakslageröverfall (B200/B230/B234F motorer)†:	
Steg 1	20
Steg 2	Vinkeldra ytterligare 90°
Svänghjul/drivplatta (använd nya bultar)	70
Kamaxeldrev	50
Mellanaxeldrev (B23/B200/B230 motorer)	50
Oljepumpremskiva (B234F motorer):	
Steg 1	20
Steg 2	Vinkeldra ytterligare 60°
Kamaxellageröverfall	20
Kamaxelhus, bultad fog i mitten (B234F motorer)	20
Vevaxelns remskiva/drev, bult (B23 motorer)	165
Vevaxelns remskiva/drev, bult (B200/B230/B234F motorer):	
Steg 1	60
Steg 2	Vinkeldra ytterligare 60°
Kamaxeldrivrem:	
Mellanremskivor	25
Spännarens låsmutter (utom för automatisk spännare)	50
Automatisk spännare (B234F motorer):	
Remskivearm	40
Fästbultar:	
Övre	25
Nedre	50
Balansaxel (B234F motorer):	
Remskiva/drev, bult	50
Remspännarens låsbult	40
Bultad skarv mellan husets två halvor:	
Steg 1 (huset demonterat från motorblocket)	5
Steg 2 (huset monterat på motorblocket)	8
Motorblockets bultar:	
Steg 1	20
Steg 2 (lossa och dra åt igen)	10
Steg 3	Vinkel dra ytterligare 90°
Oljepump, Eaton typ, motorblocksbultar (B234F motorer)	10
Oljeavlastningsventil (B234F motorer)	40
Oljesumpens bultar	11

*Oljade gängor om inte annat anges
†Byt ut bultarna om längden överstiger 55,5 mm

1 Allmän information

Hur detta kapitel används

Denna del av kapitel 2 beskriver de reparationsarbeten som kan utföras på radmotorn (2.0 och 2.3 liters motor) med motorn kvar i bilen. Om motorn har demonterats från bilen och skall tas isär enligt beskrivning i Del C, kan man bortse från den inledande isärtagningsproceduren. Se Del B för information om V6-motor (2.8 liter).

Observera att även om det kan vara möjligt att renovera detaljer som kolvar/vevstakar med motorn i bilen, utförs dessa arbeten normalt sett inte som separata moment. Vanligtvis måste många fler moment (för att inte nämna rengöring av komponenter och oljekanaler) utföras samtidigt. Av denna anledning har vi klassat alla sådana arbeten som större renoveringsarbeten och de beskrivs i Del C i detta kapitel.

Del C beskriver demontering av motorn/växellådan från bilen och de fullständiga renoveringsarbeten som sedan kan utföras.

Beskrivning av motor

Den fyrcylindriga motorn är en vätskekyld radmotor med överliggande kamaxel. Motorn är monterad vertikalt i bilens längdriktning.

B23, B230 och B234F motorerna är alla 2.3 liter medan B200 är en 2.0 liters enhet. Den annorlunda volymen uppnås genom en mindre cylinderloppsdiameter på B200 motorn.

Drivning till kamaxeln sker med tandad rem och drev. Kamaxelns drivrem hakar också i ett drev som driver oljepumpen. På alla modeller utom B234F är oljepumpsdrevet monterat på en hjälpaxel som sticker in i motorblocket och driver oljepumpen och (på B23 motorer) fördelaren. På B234F motorer finns ingen hjälpaxel. Istället är oljepumpen monterad utanför motorblocket och drevet sitter direkt på pumpen. Andra hjälpaggregat drivs från vevaxelremskivan med kilremmar.

På B234F motorer finns balansaxlar på var sida om motorn för att reducera vibration. Dessa drivs av ytterligare en tandad rem, monterad bakom kamaxeldrivremmen.

Motorblocket är av gjutjärn och topplocket av lättmetall, med presspassade ventilstyrningar och -säten. Topplocket är av typen "crossflow" med insugsportarna på vänster sida och avgasportarna på höger sida. På B234F motorer finns två kamaxlar monterade i ett kamaxelhus som är fastskruvat uppe på topplocket, medan det på alla andra motorer finns en kamaxel som är direkt monterad på topplocket.

Vevaxeln löper i fem ramlager av konventionell typ, vevstakslagren är också av konventionell typ. Vevaxelns axialspel tas upp av tryckflänsar på ramlager nr 5 (B23 och B234F) eller av separata tryckbrickor på ramlager nr 3 (B200/B230). Kamaxeln löper i lager bearbetade direkt i topplocket.

Kamaxeln är placerad rakt ovanför ventilerna och kamloberna trycker mot ventillyftare. Ventilspel avgörs av tjockleken på mellanlägget i urtaget längst upp i varje ventillyftare, förutom på B234F motorn som har självjusterande hydrauliska lyftare.

Smörjsystemet är av typen fullflöde och tryckmatning. Oljepumpen är en kugghjulspump, förutom på B234F motorn som har en pump av typen Eaton. Olja dras från sumpen och passerar under tryck genom ett fullflödesfilter innan det matas till de olika axellagren och ventilmekanismerna. På vissa modeller finns en extern oljekylare, monterad intill kylaren. Turbomodeller har också oljematning och -retur för turboaggregatets lager.

Även om B200/B230 motorserien representerar avsevärd utveckling i förhållande till B23, och många av motorns detaljer har omkonstruerats, är de två motortyperna ur mekanikerns synvinkel nästan identiska. Betydande skillnader hittas i specifikationerna eller i relevanta delar av texten.

B234F är ytterligare en utveckling, med 16 ventiler och balansaxlar som ger mycket mjuk motorgång.

Reparationer som kan göras med motorn i bilen

Följande arbeten kan utföras medan motorn fortfarande är kvar i bilen:

a) *Kompressionstryck – test.*

b) *Kamaxelkåpa – demontering och montering.*

c) *Kamaxel- och balansaxeldrivremmar – demontering, montering och spänning.*

d) *Kamaxelns/balansaxelns/hjälpaxelns oljetätningar – byte.*

e) *Kamaxel och ventillyftare – demontering, inspektion och montering.*

f) *Topplock – demontering och montering.*

g) *Topplock och kolvar – sotning.*

h) *Sump – demontering och montering*.*

i) *Oljepump – demontering, inspektion och montering*.*

j) *Vevaxelns oljetätningar – byte.*

k) *Svänghjul/drivplatta – demontering, inspektion och montering.*

l) *Balansaxlar – demontering, inspektion och montering*

m) *Motorfästen – demontering och montering.*

*Det är möjligt att demontera sumpen med motorn i bilen, men omfattningen av förberedande arbete är enorm – se avsnitt 8. På alla motorer utom B234F måste sumpen demonteras för att man ska komma åt oljepumpen.

2 Kompressionsprov – beskrivning och tolkning

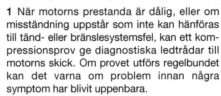

1 När motorns prestanda är dålig, eller om misständning uppstår som inte kan hänföras till tänd- eller bränslesystemsfel, kan ett kompressionsprov ge diagnostiska ledtrådar till motorns skick. Om provet utförs regelbundet kan det varna om problem innan några symptom har blivit uppenbara.

2 Motorn måste vara helt uppvärmd till normal arbetstemperatur, batteriet måste vara fulladdat och alla tändstift måste demonteras (kapitel 1). Du behöver också ta hjälp av någon.

3 Inaktivera tändsystemet genom att koppla bort tändspolens lågspänningsmatning.

4 Montera en kompressionsprovare i tändstiftshålet till cylinder nr 1 – den typ av provare som skruvas in i hålets gängor rekommenderas.

5 Låt medhjälparen hålla gasspjället helt öppet och dra runt motorn på startmotorn. Efter ett eller två varv skall kompressionstrycket byggas upp till en maxsiffra och sedan stabiliseras. Anteckna den högsta avläsningen.

6 Upprepa på de övriga cylindrarna och anteckna trycket i var och en av dem.

7 Alla cylindrar bör ha väldigt lika tryck; en skillnad på mer än 2 bar mellan två cylindrar tyder på ett fel. Notera att kompressionen skall byggas upp snabbt i en väl fungerande motor – låg kompression i första takten, följd av gradvis ökande tryck i efterföljande takter tyder på slitna kolvringar. En låg kompression i första takten som inte byggs upp med efterföljande takter, tyder på läckande ventiler eller en trasig topplockspackning (ett sprucket topplock kan också vara orsaken). Avlagringar på undersidan av ventilhuvudena kan också orsaka låg kompression.

8 Om trycket i någon cylinder är lågt, utför följande test för att isolera orsaken. Tillför en tesked ren olja i cylindern genom dess tändstiftshål och upprepa testet.

9 Om den extra oljan tillfälligt förbättrar kompressionstrycket tyder detta på att lopp- eller kolvslitage orsakar tryckförlusten. Om ingen förbättring sker pekar det på läckande eller brända ventiler eller en trasig topplockspackning.

10 En låg avläsning från två intilliggande cylindrar beror förmodligen på att topplockspackningen är trasig mellan dem – detta bekräftas om det finns kylvätska i motoroljan.

11 Om en cylinder är ca 20 procent lägre än de andra och motorn går lite ojämnt på tomgång, kan en sliten kamaxellob vara orsaken.

12 Om kompressionsavläsningen är ovanligt hög är förbränningskamrarna förmodligen täckta med sotavlagringar. Om detta är fallet måste topplocket demonteras och sotas.

13 När testet avslutats, sätt tillbaka tändstiften och anslut tändsystemet.

3 Kamaxelkåpa – demontering och montering

Demontering

1 Koppla loss batteriets negativa kabel.

2 Kontrollera att tändstiftens högspänningskablar är numrerade (som hjälp vid monteringen) och ta loss dem från tändstiften. Om inga nummer kan ses, märk dem efter behov. Ta också loss tändkabelns stödclips där detta är fäst vid kamaxelkåpan.

3 Beroende på motortyp, koppla loss eller demontera vakuum-/ventilations- och tillförseltrycksslangarna och om så behövs gasvajern, för att komma åt kamaxelkåpan. Skruva också loss tillsatsluftsliden från kåpan där så är tillämpligt.

4 Ta bort fästmuttrarna och lyft av kamaxelkåpan. Notera placeringen för jordflätan, stödclips och liknande detaljer **(se bilder)**. Ta vara på packningen. Undersök om packningen är skadad eller försämrad och byt ut den om så behövs.

Montering

5 Rengör noggrant topplockets och kåpans fogytor och ta bort alla spår av olja.

6 Sätt packningen på plats på topplocket, försäkra dig om att den sitter som den ska

3.4a Kamaxelkåpa på en 8-ventils motor med enkel kamaxel

3.4b Kamaxelkåpa på en 16-ventils motor med dubbla kamaxlar. Tändstiften är under den mittre täckplåten

3.7 Gummiplugg baktill på kamaxeln sätts på plats

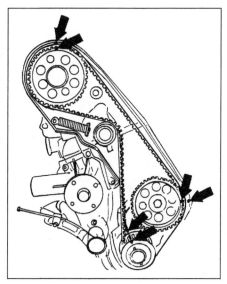

4.5 Drevens inställningsmärken (vid pilarna) – cylinder nr 1 i kompressionstakten. Hjälpaxelns märken är inte kritiska

4.8a Lossa spännarens mutter . . .

4.8b . . . och sätt in en spik eller liknande (vid pilen) för att hålla fjädern

hela vägen. Notera att under 1987 infördes en asbestfri packning för kamaxelkåpan. När denna typ av packning monteras, lägg silikontätning på kamaxelns främre och bakre lageröverfall. På B234F motorer, montera tändstiftsbrunnpackningen med markeringen uppåt och pilen pekande mot cylinder nr 1 (kamremsänden).

7 På vissa motorer finns det en gummiplugg baktill på kamaxeln, den finns t.ex. på B23 motorn **(se bild)** och på avgassidans kamaxel på B234F motorn. Kontrollera att pluggen är i gott skick och sitter säkert. Byt ut den om så behövs.

8 Placera kåpan över topplocket och sätt i och dra åt muttrarna, kom ihåg att montera tändkabelfästet och jordflätan.

9 Anslut tändkablarna, vakuumslangarna och alla andra komponenter som tagits loss. Anslut batteriet, starta motorn och kontrollera att det inte läcker olja från kamaxelkåpans skarv.

4 Kamaxel- och balansaxeldrivremmar – demontering, montering och spänning

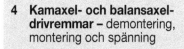

Demontering

1 Koppla loss batteriets negativa kabel.
2 Demontera hjälpaggregatens drivremmar (se kapitel 1).
3 Se kapitel 3 och demontera viskosfläkten och fläktkåpan. Om ett stänkskydd är monterat under motorn, ta loss detta. På B200/B230/B234F motorer, demontera också vattenpumpremskivan.

Demontering av kamaxeldrivrem – B23/B200/B230 motor

4 Skruva loss och demontera kamaxeldrivremmens kåpa. (På B200/B230 motorer, demontera endast den övre delen av kåpan.)
5 Använd en nyckel på vevaxelremskivans mittbult, placera motorn i ÖD med kolv nr 1 i kompressionstakten. Detta indikeras när märket på kamaxeldrevet är i linje med märket på kamaxelkåpan eller drivremmens bak-

platta. Samtidigt kommer märkena på vevaxeldrevets styrplatta och oljetätningshuset att vara i linje. (Remskivans märke kan inte användas även om remskivan fortfarande är på plats, eftersom inställningsskalan är på drivremskåpan.) Även om detta inte är kritiskt, borde placeringen av hjälpaxeldrevets inställningsmärke också noteras **(se bild)**.
6 På B200/B230 motorer, demontera startmotorn (se kapitel 5), eller svänghjulets nedre täckplatta. Låt en medhjälpare låsa startkransens tänder, lossa sedan vevaxelremskivans bult utan att störa vevaxelns inställda position. Ta bort bulten och remskivan, demontera sedan den nedre halvan av kamaxeldrivremmens kåpa.
7 På B23 motorer, om vevaxelremskivan inte demonterades med hjälpaggregatens drivremmar, demontera den nu.
8 Lossa remspännarmuttern. Dra i remmen för att trycka ihop spännarfjädern. Lås spännaren i detta läge, antingen genom att dra åt muttern igen eller genom att sätta in en

spik eller liknande i hålet i spännaraxeln **(se bilder)**.
9 Markera remmens löpriktning om den ska återanvändas, dra sedan av den från dreven och spännarrullen och ta bort den. Rotera inte vevaxeln, kamaxeln eller hjälpaxeln medan remmen är demonterad.
10 Snurra spännarrullen för att se om den kärvar eller skakar och byt ut den om så behövs.
11 Undersök kamaxeldrivremmen och byt ut den om så behövs. Se punkt 28.

Demontering av kamaxeldrivrem – B234F motor

12 Kontrollera om motorn är utrustad med en automatisk drivremsspännare genom att inspektera den övre drivremskåpan **(se bild)**.

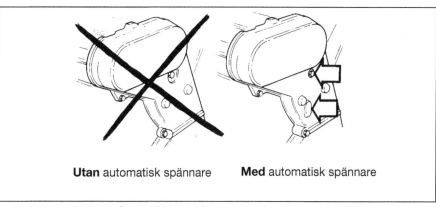

Utan automatisk spännare   **Med** automatisk spännare

4.12 Kontrollera på övre drivremskåpan om motorn har automatisk spännare

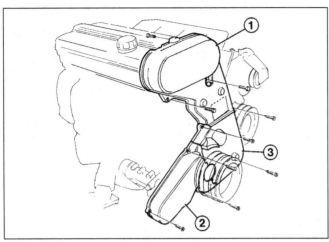

4.13 Tre drivremskåpor på B234F motorn

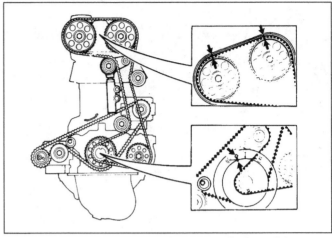

4.14 Kamaxel- och vevaxeldrevens inställningsmärken
på B234F motorn

13 Skruva loss och ta bort alla tre drivrems-kåpor, börja med den översta **(se bild)**.
14 Använd en nyckel på vevaxelremskivans mittbult, placera motorn i ÖD med kolv nr 1 i kompressionstakten. Detta indikeras när märkena på kamaxeldreven är i linje med märkena på drivremmens bakplatta. Samtidigt bör märkena på vevaxeldrevets styrplatta vara mitt emot ÖD-märket på motorblocket **(se bild)**.
15 På modeller med automatisk spännare, vänta 5 minuter efter det att vevaxeln roterats för att låta spännaren sätta sig, kontrollera sedan remspänningen med mätinstrument 998 8500. Placera mätaren mellan avgas-

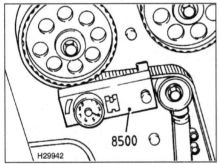

4.15 Remspänning mäts på B234F motorn

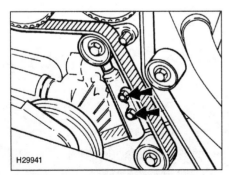

4.16 Demontering av automatisk spännare
på B234F motorn

kamaxelns remskiva och spännaren och läs av den **(se bild)**. Om spänningen är rätt skall mätaren visa 3,0 till 4,6 enheter. Om spänningen är fel måste spännaren bytas ut.
16 På modeller med automatisk spännare, ta bort den övre fästbulten, lossa det nedre fästet och vrid spännaren tills bulten är fri, ta sedan bort bulten och spännaren **(se bild)**.
17 På modeller utan automatiska spännare, lossa remspännarens låsmutter **(se bild)**. Dra i remmen för att trycka ihop spännarfjädern. Lås spännaren i detta läge, antingen genom att dra åt muttern igen eller genom att sätta in en spik eller liknande i hålet i spännaraxeln.
18 Markera löpriktningen för remmen om den ska återanvändas, dra sedan av den från dreven och spännarrullen och ta bort den. Rotera inte vevaxeln eller kamaxeln medan remmen är demonterad.
19 Snurra spännarrullen och mellanrem-skivorna för att se om de kärvar eller skakar och byt ut dem efter behov. Kontrollera mel-lanremskivans fästen och dra åt dem till specificerat moment. På modeller med

automatiska spännare, kontrollera spännar-remskivans arm och dra åt den till specificerat moment.
20 Automatiska spännare kräver inspektion och skall bytas ut vid behov. Placera spännaren i ett skruvstäd och tryck ner kolven genom att vrida skruvstädshandtaget ca 20 grader var femte sekund. Kolven skall erbjuda ett visst motstånd. Byt ut spännaren om den inte ger något motstånd eller om kolven inte kan tryckas ned, eller om det förekommer läckage. Sätt in ett 2 mm låsstift i kolven.
21 Undersök kamaxelns drivrem och byt ut den vid behov. Se punkt 28.

Demontering av balansaxeldrivrem – B234F motor

22 Demontera kamaxeldrivremmen enligt beskrivning ovan, med början i punkt 12.
23 Demontera balansaxelremmens mellan-remskiva **(se bild)** och undersök om dess yta och lager är slitna.
24 Lossa remspännarens låsmutter **(se bild)**.
25 Markera löpriktningen på remmen om den

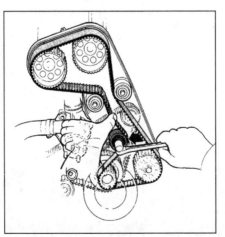

4.17 Remspännarens låsmutter lossas –
B234F motor utan automatisk spännare

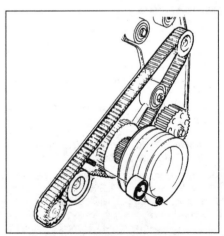

4.23 Demontera balansaxelns
mellanremskiva

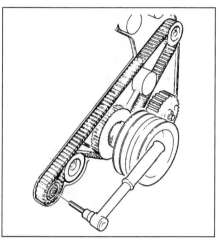

4.24 Lossa remspännarens låsmutter

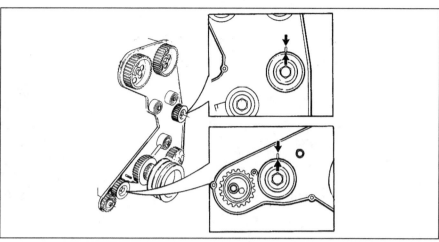

4.27 Balansaxelns markeringar

ska återanvändas, dra sedan av den från drivremsskivorna och spännaren och ta bort den.

26 Kontrollera spännarens lager och undersök om det läcker olja från axeltätningarna.

27 Kontrollera att balansaxelmarkeringarna sammanfaller med markeringarna på bakplattan **(se bild)**. Samtidigt bör vevaxelmarkeringen vara mitt emot ÖD-markeringen på motorblocket.

Undersökning av drivremmen – alla modeller

28 På B234F finns två remmar, kamaxelrem och balansaxelrem. På alla andra modeller finns det endast en kamaxelrem. Undersök noggrant om remmen/-arna visar tecken på ojämnt slitage, sprickor eller oljeförorening. Var speciellt uppmärksam på tändernas rötter. Byt ut remmarna om det råder den minsta tvekan om deras skick. Om motorn

genomgår en renovering, och har gått mer än 60 000 km med de existerande remmarna monterade, byt ut remmarna som en rutinåtgärd, oavsett deras synliga skick. Kostnaden för en ny rem är obetydlig jämfört med de kostnader för reparationer som kan uppstå om remmarna brister under körning. Om oljeföroreningar upptäcks, spåra källan till oljeläckaget och åtgärda det. Rengör remområdet och alla relaterade komponenter för att få bort all olja.

Montering och spänning

Montering och spänning av balansaxeldrivrem – B234F motor

29 Notera placeringen för markeringarna A, B och C på balansaxelns drivrem **(se bild)**. Där finns 18 tänder mellan den gula pricken A och den blå pricken B, och 34 tänder mellan B och den gula pricken C. Arbeta försiktigt in remmen under vevaxelremskivan och se till att

den blå pricken är mitt emot den nedre ÖD-markeringen på remmens styrplatta längst ner på vevaxeln. Montera remmen runt den övre balansaxeln på motorns inloppssida med den gula pricken C mitt emot märket på remskivan, placera sedan remmen runt spännaren. När den är på plats, se till att alla remmarkeringar fortfarande befinner sig på rätt plats.

30 Spänn remmen med hjälp av en insexnyckel i justerhålet (1) i spännaren **(se bild)**. Vrid vevaxeln försiktigt några grader åt vart håll om ÖD-läget för att försäkra att remmen sätter sig ordentligt på remskivorna, återför sedan vevaxeln till ÖD-läget. Se till att justerhålet (1) är precis under klockan 3 och sätt i insexnyckeln som ett mothåll, dra sedan åt låsbulten (2) till specificerat moment.

31 Kontrollera remspänningen med mätverktyg 998 8500 på platsen för den isärtagna mellanremskivan **(se bild)**. Remspänningen måste vara inom 1-4 enheter. Om spänningen är utanför dessa mått, spänn remmen igen

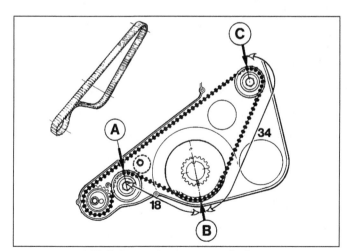

4.29 Balansaxelremmens markeringar

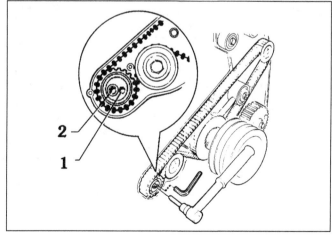

4.30 Balansaxelremmens spännare

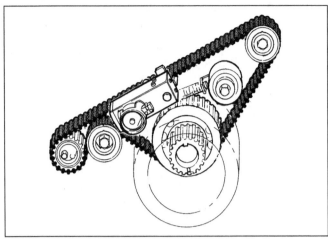

4.31 Kontrollera balansaxelremmens spänning

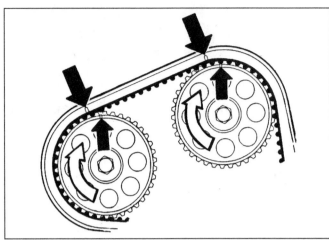

4.34 Kamaxeldrevens märken 1½ kugge förbi märkena på huset

genom att upprepa punkt 30. Montera inte mellanremskivan än eftersom balansaxelremmen måste spännas igen efter det att kamaxelremmen har monterats.

Montering och spänning av kamaxeldrivrem – B234F motor

32 Innan montering, se till att vevaxeldrevet och de två kamaxeldreven är i rätt positioner med motorn vid ÖD med kolv nr 1 i kompressionstakten (punkt 14). Dra remmen över dreven och runt rullarna, observera rätt löpriktning om den gamla remman återanvänds. När den är på plats, kontrollera igen placeringen av inställningsmärkena.

33 På modeller med automatiska spännare, sätt tillbaka spännaren och sätt i de två fästbultarna. Dra åt övre och nedre bultar till sina respektive åtdragningsmoment, ta sedan bort låsstiftet. Vrid vevaxeln medurs två hela varv och kontrollera inställningen av märkena igen.

34 På modeller utan automatiska spännare, lossa spännarens låsmutter så att fjädern lossas. Vrid vevaxeln medurs två hela varv så att inställningsmärkena hamnar i linje igen. Vrid sedan vevaxeln medurs lite längre tills kamaxeldrevens märken är 1½ kugge förbi

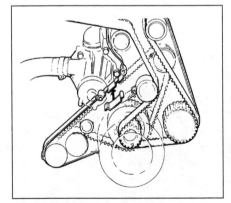

4.36 Balansaxelns remstyrning

märkena på huset **(se bild)** och dra åt spännarens låsmutter.

35 Kontrollera igen balansaxelremmens spänning (punkt 31) som skall vara 3,8 ± 0,2 enheter vid 20 °C. Om spänningen är för låg, korrigera detta genom att justera spännaren medurs. Om den är för hög, spänn igen enligt punkt 30.

36 Se till att balansaxelns styrning är på plats **(se bild)** och montera den mittre kamaxeldrivremskåpan, fläktkåpan, värmeslangens fästband, kylarfläkten och remskivan och alla hjälpaggregatens drivremmar. Anslut batteriets negativa kabel.

37 Låt motorn gå tills den når normal arbetstemperatur, stäng sedan av den. Ännu en gång, placera motorn i ÖD med kolv nr 1 i kompressionstakten.

38 På modeller utan automatisk spännare, kontrollera kamaxeldrivremmens spänning igen genom att placera en mätare mellan avgaskamaxelns remskiva och mellanremskivan **(se bild)**. Lossa spännarmuttern än en gång och sätt in en skruvmejsel mellan spännarremskivan och fjäderhållarstiftet. Om remspänningen är för låg, flytta rullen för att justera spänningen till 6,0 ± 0,2 enheter. Om spänningen är för hög, justera den till 5,0 ± 0,2. Dra sedan åt spännarens låsmutter. Vrid vevaxeln medurs tills den igen hamnar i ÖD

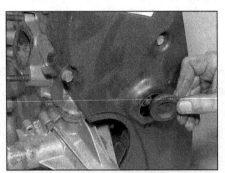

4.38 Spännarmutterns åtkomstplugg

med kolv nr 1 i kompressionstakten. Mät drivremsspänningen igen och den skall vara 5,5 ± 0,2. Om inte, fortsätt göra justeringar, rotera vevaxeln varje gång, tills du erhåller detta värde. Sätt sedan tillbaka åtkomstpluggen.

39 Kontrollera igen balansaxelremmens spänning, som skall vara 4,9 ± 0,2 enheter. Om spänningen är för låg, korrigera den genom att justera spännaren medurs. Om den är för hög, spänn den igen enligt punkt 30. Om justering har gjorts, vrid vevaxeln medurs så att motorn igen hamnar i ÖD med kolv nr 1 i kompressionstakten, mät sedan spänningen igen, den ska vara 4,9 ± 0,2 enheter. Om inte, fortsätt göra justeringar, rotera vevaxeln varje gång, tills du uppnår detta värde.

40 Montera balansaxeldrivremmens remskiva som demonterades tidigare (punkt 23). Montera en ny om ytan eller lagret är slitet.

41 Montera den övre och den nedre drivremskåpan. Försäkra dig om att alla tillbehör monteras.

42 Om en ny kamaxeldrivrem har monterats på en motor utan automatisk spännare, måste den kontrolleras och spännas igen efter ca 10 000 km med en motortemperatur på ca 40°C. Demontera den övre drivremskåpan och vrid vevaxeln medurs så att motorn är i ÖD med kolv nr 1 i kompressionstakten. Kontrollera kamaxeldrivremmens spänning genom att placera mätaren mellan avgaskamaxelns remskiva och mellanremskiva. Spänningen skall vara 3,7 ± 0,5 enheter. Om den är utanför detta område, ta bort åtkomstpluggen från den mittre drivremskåpan och lossa på spännarens låsmutter. Vrid vevaxeln två hela varv så att den igen når ÖD, vrid den sedan medurs lite längre tills kamaxeldrevets märken är 1½ kugge förbi märkena på huset och dra åt spännarlåsmuttern. Vrid vevaxeln medurs igen till ÖD och kontrollera remspänningen, vilken skall vara 3,8 ± 0,3 enheter. Om den är utanför detta område, lossa spännarlåsmuttern och sätt in en skruvmejsel mellan spännarremskivan och fjäderhållarstiftet. Om spänningen är för låg, flytta rullen för att justera remspänningen till 4,4 ± 0,3 enheter. Om spänningen är för hög, justera den till 3,4 ± 0,3. Dra sedan åt låsmuttern. Vrid vevaxeln medurs tills den igen hamnar i ÖD. Mät kamaxeldrivremmens spänning igen, den skall vara 3,9 ± 0,3. Om inte, fortsätt göra justeringar, rotera vevaxeln varje gång, tills du erhåller detta värde. Dra sedan åt spännarens låsmutter till specificerat moment och sätt tillbaka åtkomstpluggen.

Montering och spänning av kamaxeldrivrem – B23/B200/B230 motor

43 Innan montering, se till att alla tre drev är i rätt position (punkt 5). Dra remmen över dreven och runt rullen, observera rätt löpriktning om den gamla remmen skall återanvändas.
44 Kontrollera igen inställningen av drevens märken, lossa sedan på remspännaren genom att lossa muttern eller dra ut spiken. Dra åt spännarmuttern.
45 På B200/B230 motorer, sätt tillbaka drivremmens nedre kåpa och vevaxelremskivan. Se till att stiftet (styrstiftet) på drevet hakar i hålet i remskivan. Lås startkransens tänder och dra åt remskivans bult till specificerat moment. Montera startmotorn eller svänghjulskåpan.
46 På alla motorer, rotera vevaxeln två hela varv medurs. Stanna vid ÖD, kolv nr 1 i kompressionstakten, och kontrollera att de aktuella inställningsmärkena fortfarande är i linje. Lossa och dra åt spännarmuttern.
47 Montera drivremskåpan (eller den övre delen), sätt sedan tillbaka hjälpaggregatens drivremmar, remskivor, fläkt etc. Se relevanta kapitel i handboken vid behov. Återanslut batteriets negativa kabel.
48 Starta motorn och låt den gå tills den når normal arbetstemperatur, stäng sedan av den. Placera motorn i ÖD igen med kolv nr 1 i kompressionstakten. Ta bort åtkomstpluggen från framsidan på drivremskåpan (se bild, punkt 38), lossa spännarmuttern igen och dra åt den. Sätt tillbaka åtkomstpluggen.
49 Om en ny rem har monterats, upprepa punkt 48 efter ca 100 mil.

5 Kamaxelns/balansaxelns/hjälpaxelns oljetätningar – byte

Observera: *Innan en tätning byts ut, kontrollera att flamfällan inte är blockerad. Flamfällan är en del av vevhusventilationssystemet (se kapitel 4C) och symptom på blockering är oljeläckage, knackning och att mätstickan stiger i röret. Rengör flamfällan och byt sedan tätningen om oljeläckaget fortsätter.*

Observera: *På B234F motorer sticker ingen hjälpaxel in i motorblocket och driver oljepumpen. Istället är pumpen på utsidan av blocket och drivs direkt av oljepumpdrevet. Du kan demontera drevet och byta ut oljepumpens tätning.*

1 Demontera kamaxeldrivremmen (se avsnitt 4).
2 Skruva loss och ta bort aktuella drev för att komma åt den trasiga tätningen. Lås dreven med ett passande verktyg insatt genom hålen i dem, eller med hjälp av en gammal drivrem **(se bild)**. Om kamaxeldrevet demonteras, låt inte kamaxeln röra på sig eftersom kolvarna och ventilerna då kan komma i kontakt. Notera placeringen för eventuella frontplattor, bakplattor och/eller brickor när dreven tas bort. Om så behövs, demontera också drivremsspännare, mellanremskivor och bakplatta.
3 Ta försiktigt ut tätningen genom att bända ut den med en liten skruvmejsel eller krokverktyg. Skada inte axelns tätningsyta.
4 Rengör tätningssätet. Undersök om axelns tätningsyta är sliten eller skadad eftersom detta kan orsaka förtida haveri av den nya tätningen.
5 Smörj den nya tätningen. Sätt den över axeln med läpparna inåt och knacka den på plats med en rörbit.
6 Montera de andra demonterade komponenterna, sätt sedan tillbaka och spänn kamaxeldrivremmen (avsnitt 4). Montera en ny drivrem om den gamla var täckt med olja.

6 Kamaxel och ventillyftare – demontering, inspektion och montering

Observera: *Om en ny kamaxel ska monteras måste smörjsystemet spolas med två efter varandra följande olje- och filterbyten **innan** den gamla kamaxeln demonteras. Tappa av oljan och byt filtret, kör sedan motorn i 10 minuter. Ny olja och ett nytt oljefilter är ett måste för den nya kamaxeln. Om detta inte görs kan det orsaka snabb förslitning av den nya kamaxeln.*

Undersökning av hydrauliska ventillyftare – B234F motor

Observera: *B234F har hydrauliska lyftare som inte behöver någon justering som en del av regelbundet underhåll, men de bör inspekteras och bytas ut om de ger ifrån sig oljud. Byt olja och filter två gånger, som om du skulle montera en ny kamaxel, men låt först motorn gå med 2000-3000 varv/min i ca 15 minuter vid korrekt oljenivå och -tryck. Låt inte motorn gå med mer än 3000 varv/min om oljud hörs från ventillyftarna.*

1 Demontera kamaxelkåpan (se avsnitt 3).
2 Varje lyftare måste kontrolleras med kammens bascirkel, och inte kamloben, i kontakt med lyftaren. Vrid motorn till ÖD med cylinder nr 1 i kompressionstakten. Kamparen på insugs- och avgassidorna skall båda vara vända snett uppåt.
3 Tryck ned följande lyftare kraftigt med tummen eller med en mässingdorn för att se om de känns svampiga **(se bild)**:
   Cylinder nr 1 insug/avgas
   Cylinder nr 2 insug
   Cylinder nr 3 avgas
4 Vrid motorn till ÖD med cylinder nr 4 i kompressionstakten. Kamparen på insugs- och avgassidorna skall båda vara vända snett uppåt.
5 Tryck ner följande lyftare **(se bild)**:
   Cylinder nr 2 avgas
   Cylinder nr 3 insug
   Cylinder nr 4 insug/avgas
Om någon av lyftarna känns svampig måste den bytas.

5.2 Hjälpaxeldrevet skruvas loss

6.3 Kontrollera ventillyftarna med cylinder nr 1 i ÖD

6.5 Kontrollera ventillyftarna med cylinder nr 4 i ÖD

6.8a Ta bort bulten, brickan och frontplattan . . .

6.8b . . . själva kamaxeldrevet . . .

6.8c . . . och drevets bakplatta. Andra motorer kan se något annorlunda ut

Demontering

6 Demontera kamaxeldrivremmen (se avsnitt 4). Remmen kan vara kvar på de nedre dreven om så önskas.

7 Spärra kamaxeldrevet med ett passande verktyg genom hålen i drevet, eller med hjälp av en gammal drivrem runt det. Lossa på kamaxeldrevets bult. Låt inte kamaxeln röra på sig eftersom kolvar och ventiler då kan komma i kontakt med varandra.

8 Ta bort drevbulten och själva drevet. Observera placeringen av eventuella frontplattor, bakplattor och brickor **(se bilder)**.

9 På B200/B230/B234F motorer, demontera fördelaren (se kapitel 5B). På B234F motorer, demontera kamaxeldrivremmens spännare och mellanremskivor efter behov, ta sedan bort den övre bakplattan.

10 Demontera kamaxelkåpan (se avsnitt 3).

11 Gör identifikationsmärken vid behov, lossa sedan stegvis kamaxellageröverfallens

6.11 En mutter för ett kamaxellageröverfall lossas

muttrar **(se bild)**. Kamaxeln kommer att höjas under trycket från ventilfjädrarna – var försiktig så att den inte kärvar och sedan plötsligt hoppar upp. Ta bort lageröverfallen.

12 Lyft ut kamaxeln komplett med den främre oljetätningen. Var försiktig med loberna, de kan ha vassa kanter.

13 Förbered en låda indelad i fack, eller något annat sätt att hålla ihop delar som hör ihop.

14 Lyft ut lyftarna (och mellanläggen om det är mekaniska lyftare), och håll reda på deras placering genom att lägga dem i den uppdelade lådan **(se bild)**. Hydrauliska lyftare skall förvaras upp och ner så att inte olja rinner ut.

Inspektion

15 Undersök om kamloberna och kamaxellagertapparna är repiga eller på annat sätt slitna. När väl den härdade ytan på loberna har skadats kommer förslitningen att gå snabbt.

16 Mät lagertapparna med en mikrometer och undersök om de är orunda eller konformade. Lagerspelet kan fastställas genom att man sätter tillbaka kamaxeln i topplocket och använder Plastigage (se del C i detta kapitel). Om lageröverfallen och sätena i topplocket är skadade måste topplocket bytas ut.

17 Undersök om lyftarna är skavda, spruckna eller på annat sätt skadade, mät deras diameter på flera ställen med en mikrometer. Lyftarnas spel i loppen kan fastställas om man mäter loppdiametern och drar ifrån lyftar-

diametern. Byt ut lyftarna om de är skadade eller slitna.

18 På modeller med mekaniska lyftare, undersök om lyftarmellanläggen är skadade, byt ut dem om de är uppenbart slitna. Ett urval av nya mellanlägg måste finnas till hands i vilket fall som helst för inställning av ventilspelen.

19 Om du önskar mäta kamaxelns axialspel, sätt tillbaka kamaxeln och det bakre lageröverfallet och mät axialspelet mellan lageröverfallet och kamaxelflänsen **(se bild)**. Överdrivet axialspel, om det inte beror på slitage på själva kamaxeln, kan korrigeras genom att man byter ut det bakre lageröverfallet.

Montering

20 Påbörja monteringen med att rikligt olja in lyftarna, mellanläggen, kamaxellagren och överfallen och kamloberna. Använd ren motorolja, eller speciellt kamaxelsmörjmedel om det medföljer en ny axel.

21 Sätt in lyftarna i deras originallopp om de inte har bytts ut. På alla motorer med mekaniska lyftare, mät och anteckna tjockleken på varje lyftarmellanlägg för senare referens, placera sedan varje mellanlägg på originallyftaren.

22 Montera kamaxeln i ungefär rätt position för att kolv nr 1 skall vara i kompressionstakten (loberna för nr 1 pekar båda snett uppåt på motorer med en kamaxel, och på både insugs- och avgassidan på B234F motorer). Lägg tätningsmedel på topplocksfogytorna på främre och bakre överfall **(se bild)**.

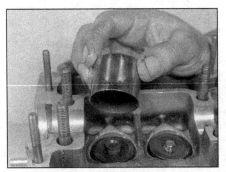

6.14 Demontering av lyftare

6.19 Kamaxelns axialspel mäts

6.22 Montering av kamaxelns främre lageröverfall

Montera alla lageröverfall på sina rätta platser och dra ner dem genom att dra åt muttrarna lite i taget. När alla överfall har satt sig, dra åt muttrarna till specificerat moment.

23 Smörj den nya oljetätningen och sätt den på plats fram på kamaxeln med läpparna inåt. Knacka den på plats med en rörbit.

24 Montera kamaxeldrevet och tillhörande komponenter. Spärra drevet och dra åt bulten till specificerat moment.

25 Montera fördelaren om den demonterats och sätt på nya O-ringar.

26 Sätt tillbaka och spänn kamaxeldrivremmen (avsnitt 4).

27 Kontrollera och justera ventilspelen enligt beskrivning i kapitel 1 (utom för B234 motorer som har hydrauliska lyftare och inte behöver någon justering).

28 Montera kamaxelkåpan (avsnitt 3).

29 Om en ny kamaxel har monterats, arbeta in den vid rimliga motorhastigheter i några minuter (inte tomgång men rusa inte heller motorn), eller enligt tillverkarens anvisningar. På B234F motorer med hydrauliska ventillyftare kan det komma oljud från ventillyftarna när motorn först startas, men detta kommer att försvinna när lyftarna fylls med olja. Rusa inte motorn till mer än 3000 varv/min medan oljud från lyftarna förekommer.

---

7 Topplock – demontering och montering

Demontering

1 Koppla loss batteriets negativa kabel.

2 Tappa av kylsystemet (se kapitel 1).

3 Koppla loss kylarens övre slang från termostathuset.

4 Demontera fläkten och fläktkåpan.

5 Demontera alla hjälpaggregatens drivremmar och vattenpumpens remskiva (se kapitel 1).

6 På alla utom B23 motorer, demontera fördelarlocket.

7 Demontera kamaxeldrivremmens kåpa. (Om kåpan är i mer än en del, demontera endast den övre delen.)

8 Placera motorn i ÖD, kolv nr 1 i kompressionstakten, demontera sedan kamaxeldrivremmen och spännaren (se avsnitt 4).

9 På alla utom B23 motorer, skruva loss och ta bort kamaxeldrevet och distansbrickan. Demontera eventuella andra delar som är fästa på topplocket genom bakplattan, som spännaren och mellanremskivorna.

10 Ta bort bultarna som fäster drivremmens bakplatta till topplocket, men lämna bakplattan fastskruvad i motorblocket.

11 Ta bort muttrarna som håller insugs- och avgasgrenrören till topplocket. Där så behövs, koppla loss temperaturgivarkontakter och värmeslangar från insugssidan. Dra av grenrören från stiften och flytta dem åt sidan i

motorrummet, stöd dem om så behövs. Ta vara på packningarna.

12 Demontera kamaxelkåpan och ta vara på packningarna (se avsnitt 3).

13 På B234F motorer är kamaxlarna monterade i ett kamaxelhus uppe på topplocket **(se bild)**. Demontera kamaxlarna och de hydrauliska lyftarna (se avsnitt 6), skruva sedan loss de fem muttrarna på den mittre bultade fogen och ta loss kamaxelhuset från topplocket. Knacka försiktigt på den med en plastklubba om den sitter fast. Ta bort O-ringarna runt tändstiftsbrunnarna.

14 Lossa topplocksbultarna, ett halvt varv i taget till att börja med, i motsatt ordning mot den som visas i bild 7.26. Ta bort bultarna.

15 Lyft av topplocket. På alla utom B23 motorer måste man böja drivremmens bakplatta framåt lite.

16 Placera topplocket på ett par träblock för att undvika skador på de utstickande ventilerna. Ta vara på den gamla packningen.

17 Om topplocket skall tas isär för renovering, demontera kamaxeln enligt beskrivning i avsnitt 6 (utom för B234F motorer som har ett kamaxelhus), se sedan del C av detta kapitel.

Förberedelser för montering

18 Fogytorna på topplocket och motorblocket måste vara helt rena innan locket monteras. Använd en hård plast- eller träskrapa till att ta bort alla spår av gammal

packning och sot, rengör också kolvkronorna. Var ytterst försiktig under rengöringen, eftersom aluminium lätt kan skadas. Det är också viktigt att inget sot kommer in i olje- eller vattenkanalerna – detta är speciellt viktigt för smörjsystemet eftersom sot kan blockera oljematningen till motorns delar. Täck över vatten-, olje- och bulthål i motorblocket/vevhuset med papper och tejp. För att förhindra att sot kommer in i gapet mellan kolvarna och loppen, smörj lite fett i gapet. När varje kolv har rengjorts, använd en liten borste till att ta bort allt fett och sot från öppningen, torka sedan bort resten med en ren trasa. Rengör alla kolvar på samma sätt.

19 Undersök om fogytorna på motorblocket och topplocket har hack, djupa repor eller andra skador. Om de är lätt skadade kan detta försiktigt åtgärdas med en fil, men om skadorna är betydande kan maskinbearbetning vara det enda alternativet till byte.

20 Om du misstänker att topplockets packningsyta är skev, använd en stållinjal för att kontrollera detta. Se del C i detta kapitel vid behov.

21 Undersök vilket skick topplocksbultarna är i, i synnerhet deras gängor, närhelst de tas bort. Rengör bultarna i passande lösningsmedel och torka dem torra. Undersök var och en av dem för att se om de är slitna eller skadade och byt ut dem vid behov. Mät längden på varje bult för att undersöka om de töjts (även om detta inte är ett avgörande test

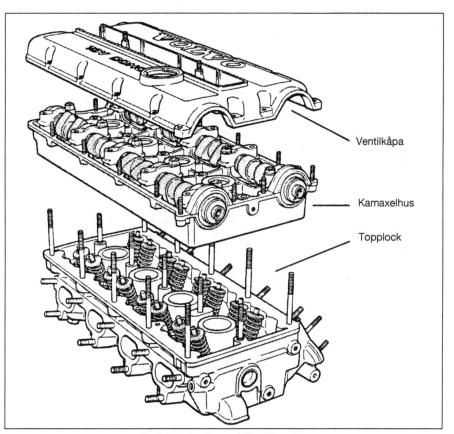

Ventilkåpa

Kamaxelhus

Topplock

7.13 Kamaxelhus på B234F motor

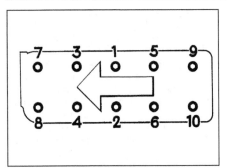

7.26 Åtdragningsordning för topplocksbultar

i det fallet att alla bultar har töjts lika mycket). Det rekommenderas starkt att bultarna byts ut som en komplett uppsättning närhelst de skruvas loss.

22 På B234F motorer används ett flytande tätningsmedel till att foga kamaxelhuset till topplocket. Plugga igen öppningarna i topplocket med papper, lös sedan upp resterna av tätningsmedlet med lösningsmedel. Skrapa försiktigt fogytorna rena med en hård plast- eller träskrapa, blås sedan kamaxelhuset helt rent med tryckluft. Torka av ytorna med ett avfettningsmedel. Rengör kamaxellageröverfallens fogytor på samma sätt.

Montering

23 Påbörja monteringen med att placera den nya topplockspackningen på motorblocket. Se till att den är vänd rätt väg – alla bulthål, oljekanaler etc. måste vara i linje. På B234F motorer, montera en ny O-ringstätning för vattenpumpen.

24 På alla motorer utom B234F, se till att kamaxeln är inställd med kolv nr 1 i kompressionstakten, med båda kamloberna för cylinder nr 1 pekande snett uppåt.

25 Sänk försiktigt ned topplocket på plats, var försiktig så att inte packningen skadas.

26 Olja gängorna på topplocksbultarna, sätt sedan i bultarna och dra åt dem i den ordning som visas, till specificerat moment för steg 1 **(se bild)**.

27 I samma ordning, dra åt bultarna till steg 2, gå sedan runt igen och dra åt bultarna till den vinkel som specificerats för steg 3. (Om motorn är på bänken kan det vara bra att lämna steg 3 tills motorn monterats.) Ingen efterdragning krävs.

28 På B234F motorer, använd en korthårig roller till att lägga på tätningsmedel på skarven mellan kamaxelhuset och topplocket, och på kamaxellageröverfallens fogytor. Sätt nya O-ringar i spåren runt tändstiftsbrunnarna och placera försiktigt kamaxelhuset på topplocket. Sätt tillbaka de fem muttrarna på den mittre bultade fogen. Montera kamaxlarna och ventillyftarna (se avsnitt 6). Dra åt kamaxellageröverfallens muttrar och de fem muttrarna på den mittre bultade fogen till specificerat moment.

29 Resten av monteringen sker i omvänd ordning mot demonteringen. Använd nya packningar etc. där så behövs.

30 På alla motorer utom B234F, kontrollera ventilspelen (kapitel 1) innan motorn startas. På B234F motorer är ventillyftarna hydrauliska och behöver ingen justering, men motorn måste köras på lägre än 3000 varv/min tills ljudet från lyftarna har upphört.

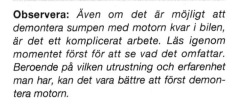

8 Oljesump – demontering och montering

Observera: *Även om det är möjligt att demontera sumpen med motorn kvar i bilen, är det ett komplicerat arbete. Läs igenom momentet först för att se vad det omfattar. Beroende på vilken utrustning och erfarenhet man har, kan det vara bättre att först demontera motorn.*

Demontering

1 Lyft upp framvagnen och stöd den säkert, eller parkera bilen över en smörjgrop.

2 Koppla loss batteriets negativa kabel.

3 Tappa av motoroljan (se kapitel 1).

4 Demontera stänkskyddet under motorn.

5 Koppla loss det nedgående avgasgrenröret från ljuddämparen (eller katalysatorn om monterad).

6 Ta bort muttrarna som håller motorfästena till tvärbalken.

7 Lossa klämbultarna och koppla loss axeln från styrväxeln.

8 Stöd motorn ovanifrån, antingen med en lyft eller med ett justerbart stöd vilande på innerflyglarna eller fjädertornen. Försäkra dig om att stödanordningen är säker innan du fortsätter.

9 Frigör fläktkåpan och ta bort motorns oljemätsticka. Demontera luftmängdsmätaren (om det finns en) från luftinloppet. Höj motorn lite för att ta vikten av fästena. På B200/B230/B234F motorer, var försiktig så att inte fördelaren krossas mot torpedväggen.

10 Demontera motorfästet på vänster sida. Skär av kabelbandet som fäster servostyrningsslangen intill. Ta också bort insugsgrenrörets stötta (inte på förgasarmotorer).

11 Demontera bultarna som håller främre tvärbalken till karossen.

12 Demontera svänghjulets/drivplattans nedre täckplåt.

13 Dra den främre tvärbalken nedåt för att ge tillräckligt med spel under sumpen. Koppla loss servostyrningsslangarna eller flytta dem åt sidan efter behov.

14 Ta bort sumpens fästbultar. Separera sumpen från blocket – om den sitter fast, knacka på den med en mjuk klubba. Bänd inte mellan fogytorna.

15 Sänk ned sumpen, vrid den fri från oljepumpens upptagningsrör och ta bort den.

Montering

16 Rengör sumpen inuti. Ta bort alla spår av packning från sumpens och blockets ytor.

17 Påbörja monteringen med att sätta fast en ny packning på sumpen med fett.

18 Placera sumpen mot blocket, men var försiktig så att inte packningen rubbas. Fäst sumpen med två bultar i motsatta hörn.

19 Sätt i alla sumpbultar och dra åt dem stegvis till specificerat moment.

20 Resten av monteringen sker i omvänd ordning mot demonteringen. Kontrollera att avtappningspluggen sitter tätt, fyll sedan avslutningsvis på motorn med olja (kapitel 1).

9 Oljepump – demontering, inspektion och montering (B23/B200/B230 motor)

Demontering

1 Demontera sumpen (se avsnitt 8).

2 Ta bort de två bultarna som säkrar oljepumpen. Notera att en av dessa bultar också håller fast styrningen för oljefällans avtappningsslang. Demontera pumpen och styrningen.

3 Separera oljepumpens tillförselrör från pumpen. Ta vara på tätningarna från ändarna på röret.

Inspektion

4 Ta bort sexkantsskruvarna som håller ihop pumpens två halvor.

5 Demontera upptagningsröret och kåpan från pumphuset. Var beredd på att avlastningsventilens fjäder kan hoppa ut **(se bild)**.

6 Demontera avlastningsventilens fjäder och kolv (eller kula på tidigare modeller) och kugghjulen.

7 Rengör alla komponenter, var extra uppmärksam på upptagningssilen som är delvis dold av sitt hus. Undersök om kugghjulen, huset och kåpan är slitna eller skadade.

8 Mät avlastningsventilens fjäder och jämför måtten med specifikationerna. Byt ut den om den är svag eller missformad. Undersök också om kolven eller kulan är repig eller på annat skadad.

9 Sätt tillbaka kugghjulen i huset. Använd en

9.5 Ta loss upptagningsröret och kåpan från pumphuset

9.9 Mät kugghjulens axialspel

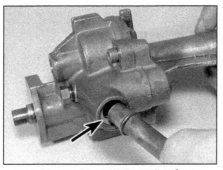

9.12 Montering av tillförselrör på olje-pumpen. Ny tätning vid pilen

9.13 Montering av tillförselrör och en ny tätning på blocket

stållinjal och bladmått, kontrollera radialspel och axialspel **(se bild)**. Kontrollera också dödgången mellan kugghjulständerna. Om spelen är utanför specificerade gränser, byt ut pumpen.

10 Om spelen är tillfredsställande, smörj dreven rikligt. Smörj och montera avlastningsventilens kolv (eller kula) och fjäder.

11 Montera upptagningsrör och kugghjulskåpa. Sätt i och dra åt insexskruvarna.

Montering

12 Påbörja monteringen med att montera tillförselröret, med nya tätningar, på pumpen **(se bild)**.

13 Montera pumpen på blocket, och haka samtidigt i pumpens drivande kugghjul och tillförselröret **(se bild)**.

14 Sätt i de två bultarna och avtappnings-slangens styrning. Dra åt bultarna.

15 Se till att oljeavtappningsslangen sitter ordentligt på plats, montera sedan sumpen **(se bild)**.

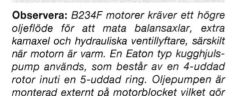

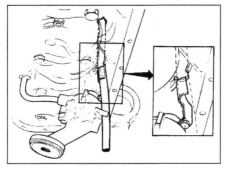

9.15 Korrekt placering av oljeavtappningsslang

motorblocket **(se bild)**. Rengör fogytan och spåret.

Inspektion

5 Markera den yttre rotorn med en tusch-penna för att försäkra samma rotationsriktning

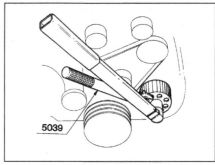

10.2 Demontering av oljepumpdrivningens remskiva

vid hopsättningen, ta sedan bort rotorerna och axeltätningen från pumphuset **(se bild)**. Rengör komponenterna och undersök om de är slitna.

6 Placera en stållinjal över ytan på pump-huset, där den möter motorblocket, och se

10 Oljepump – demontering, inspektion och montering (B234F motor)

Observera: *B234F motorer kräver ett högre oljeflöde för att mata balansaxlar, extra kamaxel och hydrauliska ventillyftare, särskilt när motorn är varm. En Eaton typ kugghjuls-pump används, som består av en 4-uddad rotor inuti en 5-uddad ring. Oljepumpen är monterad externt på motorblocket vilket gör att man komma åt den utan att demontera sumpen.*

Demontering

1 Demontera kamaxeldrivremmen (se avsnitt 4).

2 Använd mothåll 5039 om det finns till-gängligt, eller ett annat passande verktyg till att låsa oljepumpdrivningens remskiva. Lossa den mittre bulten och demontera remskivan **(se bild)**. Rengör området runt pumpskarven.

3 Placera papper eller en behållare på stänkskyddet för att samla upp eventuellt läckande olja. Skruva loss pumpens fästbultar och demontera pumpen **(se bild)**.

4 Ta bort tätningen från sätesspåret i

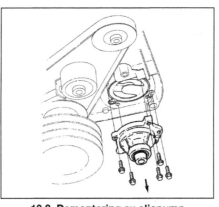

10.3 Demontering av oljepump

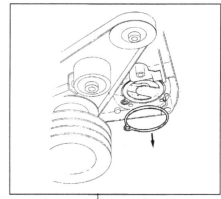

10.4 Ta bort tätningen från blocket

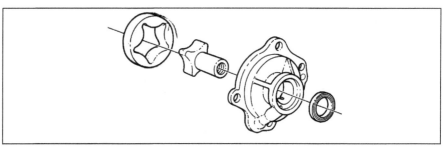

10.5 Oljepumpens komponenter

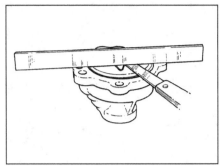

10.6 Mät oljepumpens axialspel

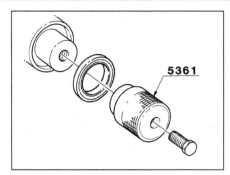

10.10 Oljepumpens tätning monteras med ett speciellt verktyg

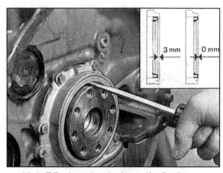

11.4 Bänd ut den bakre oljetätningen. Notera monteringsdjupet

efter som den är skev. Sätt sedan tillbaka rotorerna, var noga med att montera den yttre rotorn rätt väg, och kontrollera axialspelet för inre och yttre rotorn **(se bild)**. Om huset är deformerat eller spelen inte motsvarar specifikationerna, införskaffa en ny pump.

Montering

7 Placera en ny tätning i spåret i motorblocket.
8 Ta bort pumprotorerna och smörj dem rikligt, sätt sedan tillbaka dem i huset (se till att den yttre monteras rätt väg).
9 Placera pumpen på motorblocket och sätt i bultarna. Var noga med att inte vrida pumpen eftersom rotoraxeln då kan falla ur sitt läge i huset. Dra åt bultarna till specificerat moment.
10 Montera en ny oljepumptätning. Om möjligt, använd hopsättningsverktyg 5361 **(se bild)**. Ytan på tätningen skall normalt sett vara i linje med den fasade kanten på huset. Men om axeln visar tecken på slitage kan tätningen placeras ungefär 2 mm längre in.
11 Montera drivremskivan på axeln och rotera den så att fasningarna är i mot varandra. Använd mothåll 5039 eller annan lämplig anordning till att låsa remskivan i läge och dra åt mittbulten till momentet för steg ett, därefter till angiven vinkel.
12 Sätt tillbaka kamaxeldrivremmen (se avsnitt 4) och spänn den om det inte finns någon automatisk spännare.
13 Montera hjälpaggregatens drivremmar och alla andra komponenter som har demonterats. Kom ihåg att ta bort papperet eller behållaren som placerats på stänkskyddet.

11 Vevaxelns oljetätningar – byte

Observera: *Innan en tätning byts, kontrollera att flamfällan inte är blockerad. Flamfällan är en del av vevhusventilationssystemet (se kapitel 4C) och symptomen på blockering är oljeläckor, knackning och att mätstickan stiger i röret. Rengör flamfällan och byt sedan ut tätningen om oljeläckaget fortsätter.*

Främre oljetätning

1 Byte av främre oljetätning sker i stort sett på samma sätt som byte av kamaxelns/hjälpaxelns oljetätningar. Se avsnitt 5 för information.

Bakre oljetätning

2 Demontera svänghjulet eller drivplattan (se avsnitt 12).
3 Notera om den gamla tätningen är jäms med änden på dess hållare, eller innanför den.
4 Lirka försiktigt ut den gamla oljetätningen. Skada inte hållaren eller utan på vevaxeln **(se bild)**. Alternativt, slå eller borra två små hål mitt emot varandra i oljetätningen. Skruva in en självgängande skruv i varje och dra i skruvarna med en tång för att få ut tätningen.
5 Rengör oljetätningshållaren och vevaxeln. Undersök om vevaxeln har ett slitagespår eller en kant orsakad av den gamla tätningen.
6 Smörj hållaren, vevaxeln och den nya tätningen. Montera tätningen med läpparna inåt och använd en rörbit (eller den gamla tätningen, omvänd) till att knacka den på plats. Om det fanns spår av slitage på vevaxelns tätningsyta, montera den nya tätningen längre in än den gamla. Tätningen kan placeras så långt in som 6 mm i hållaren.
7 Montera svänghjulet eller drivplattan (avsnitt 12).

12 Svänghjul/drivplatta – demontering, inspektion och montering

Observera: *Nya fästbultar till svänghjulet/drivplattan behövs vid monteringen.*

Demontering

Svänghjul (manuell växellåda)

1 Demontera växellådan (se kapitel 7A).
2 Demontera kopplingens tryckplatta och lamell (se kapitel 6).
3 Gör inställningsmärken så att svänghjulet kan monteras på samma sätt i förhållande till vevaxeln. (Om svänghjulet monteras felaktigt kommer det elektroniska tändsystemet inte att fungera).
4 Skruva loss svänghjulet och ta bort det. Tappa det inte, det är tungt. Införskaffa nya bultar för hopsättningen.

Drivplatta (automatväxellåda)

5 Demontera automatväxellådan (kapitel 7B).
6 Gör inställningsmärken så att drivplattan kan monteras i samma position i förhållande till vevaxeln. (Om drivplattan monteras på fel sätt kommer inte det elektroniska tändsystemet att fungera).
7 Skruva loss drivplattan och ta bort den, notera var och vilken väg de stora brickorna på var sida är monterade. Införskaffa nya bultar till hopsättningen.

Inspektion

8 På modeller med manuell växellåda, om svänghjulets fogyta mot kopplingen är djupt repad, sprucken eller på annat sätt skadad, måste svänghjulet bytas ut. Det kan i vissa fall vara möjligt att maskinbearbeta ytan; rådfråga en Volvoverkstad.
9 Om startkransen är mycket sliten eller saknar tänder måste den bytas. Detta jobb bör helst överlämnas till en Volvoverkstad eller motorrenoveringsspecialist. Den nya startkransen måste värmas upp till en temperatur som är kritisk och om det inte görs på rätt sätt kan tändernas härdning förstöras.
10 På modeller med automatväxellåda, undersök noggrant om momentomvandlarens drivplatta är deformerad. Leta efter hårfina sprickor runt bulthålen eller från mitten och utåt, och undersök om startkransens tänder är slitna eller stötta. Om tecken finns på slitage eller skador måste drivplattan bytas ut.

Montering

Svänghjul (manuell växellåda)

11 Rengör fogytorna på svänghjulet och vevaxeln. Ta bort eventuellt låsningsmedel från gängorna i vevaxelhålen, med hjälp av en gängtapp av rätt storlek om en sådan finns tillgänglig.

HAYNES TiPS *Om du inte har en passande gängtapp, skär två spår i gängorna på en av de gamla svänghjulsbultarna och använd denna till att ta bort låsningsmedlet från gängorna.*

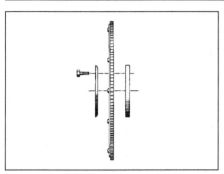

12.15 Drivplatta och brickor

13.4 Skruva loss generatorns och servostyrningspumpens fäste

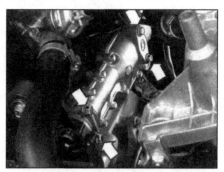

13.5 Skruva loss balansaxelns bultar

12 Fortsätt monteringen i omvänd ordning mot demonteringen. Lägg gänglåsningsmedel på svänghjulets nya fästbultar (om de inte redan är förbehandlade) och dra åt dem till specificerat moment.
13 Montera kopplingen enligt beskrivning i kapitel 6.
14 Innan montering av växellådan, kontrollera att den elektroniska tändningens utlösare i kanten på svänghjulet passerar (den så kallade) ÖD-givaren när kolv nr 1 är 90° FÖD.

Drivplatta (automatväxellåda)

15 Följ beskrivningen ovan för manuell växellåda men bortse från referenser till kopplingen. Notera hur och vilken väg de stora brickorna på var sida om drivplattan är monterade (se bild).

---

13 Balansaxlar – demontering, inspektion och montering (B234F motor)

Demontering

1 Demontera kamaxel- och balansaxeldrivremmarna (se avsnitt 4)
2 Demontera relevant höger eller vänster balansaxelremskiva. Använd mothåll 5362 eller annat lämpligt verktyg till att låsa remskivan och skruva loss mittbulten.
3 Demontera luftmängdsmätaren och inloppsslangen.

Vänster balansaxel (insugssidan)

4 Skruva loss generatorns och servostyrningspumpens fästkonsol (se bild). Bind fästkonsolen och enheten (generator och pump) till hjulhuset och var noga med att skydda hjulhuset från repor.
5 Placera en behållare under balansaxelskarven (eller papper på tvärbalken) för att samla upp spilld olja från huset. Ta bort de fyra balansaxelbultarna (se bild).
6 Använd utdragare 5376 på den bakre fästpunkten (se bild) och ett liknande verktyg, som 5196, på den främre fästpunkten. Använd de två utdragarna samtidigt för att försiktigt lösgöra huset i båda ändar. Den måste demonteras jämnt om den ska återanvändas.

Höger balansaxel (avgassidan)

7 Ta bort balansaxelremspännaren och den bult som går genom bakplattan in i balansaxelhuset (se bild).
8 Demontera luftförvärmningsslangen från den nedre värmeskölden under avgasgrenröret, ta sedan bort de fyra muttrar som håller höger motorfäste till tvärbalken.
9 Lyft motorn med hjälp av en passande lyftanordning fäst till höger lyftögla, kontrollera att där finns lite spelrum mellan bromshuvudcylindern och insugsgrenröret. Demontera hela motorfästet från blocket, inklusive isoleringsklossen och den nedre fästplattan (se bild).

10 Använd en behållare eller papper för att samla upp oljespill och ta bort de fyra bultarna från balansaxelhuset, använd sedan specialverktygen till att frigöra huset jämnt på båda sidorna, som i paragraf 5 och 6.

Inspektion

11 Ta bort de två O-ringstätningarna från oljekanalerna på balansaxelhuset. Ta bort bultarna från husfogen och bänd därefter isär de två halvorna genom att sticka in en stor skruvmejsel under de fyra, därför avsedda, utstickande klackarna kring fogen (se bild). Bänd isär fogen försiktigt vid varje punkt, en liten bit i taget så att fogytorna förblir så gott som parallella hela tiden. Avvikelsen får inte överskrida 1 mm.

13.6 Balansaxelhuset demonteras med ett specialverktyg

13.7 Ta bort balansaxelremspännaren och bulten

13.9 Höger motorfäste

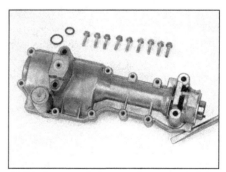

13.11 Separera balansaxelhusets två delar

13.12 Balansaxel och främre tätningsring demonterade från huset

12 Lyft ut balansaxeln ur huset och ta bort den främre tätningsringen från axeln **(se bild)**.
13 Ta bort den bakre tätningsplattan och ta bort O-ringen från spåret i plattan **(se bild)**.
14 Ta ut de bakre lagerskålarna från hushalvorna **(se bild)**.
15 Använd lösningsmedel till att ta bort resterna av det flytande tätningsmedlet från fogytorna, och skrapa dem rena med en kittkniv av plast eller annat liknande mjukt verktyg. Torka komponenterna med ett avfettningsmedel och blås dem rena med tryckluft. Undersök fog- och lagerytorna och byt ut komponenter som är synligt slitna.
16 Sätt tillbaka de bakre lagerskålarna. Lägg flytande tätningsmedel på hushalvan från vilken du demonterat axeln, se till att inget tätningsmedel hamnar i oljekanalerna. Smörj balansaxelns lager på båda halvorna av huset, men var försiktig så att ingen olja hamnar på tätningsytorna eller kommer i kontakt med tätningsmedlet.
17 Placera axeln i den hushalva där tätningsmedel lagts på, sätt sedan den bakre tätningsplattan på plats men en ny O-ring i spåret.
18 Sätt försiktigt ihop de två hushalvorna. Sätt i bultarna och dra åt dem jämnt runt

13.14 Bakre lagerskålar borttagna från huset

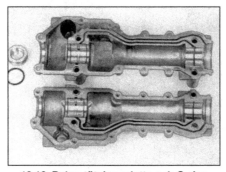

13.13 Bakre tätningsplatta och O-ring demonterade från huset

fogen, till momentet för steg 1, och försäkra dig om att axeln inte kärvar i huset.

Montering

19 Rengör fästpunkterna på motorblocket. Sätt nya O-ringar i spåren runt balansaxelhusets oljekanaler och fixera dem på plats genom att packa dem med fett **(se bild)**. Smörj husets fogytor med ett tunt lager fett.
20 Sätt huset på motorblocket och sätt i de fyra fästbultarna. Se till att huset sitter jämnt på främre och bakre fästena, med en maximal avvikelse på 1 mm. Dra åt bultarna stegvis i diagonal ordning, ett halvt varv i taget. Dra dem först till momentet för steg 1, lossa sedan och dra åt dem till momentet för steg 2, därefter vinkeldragningen. Kontrollera att axeln inte kärvar i huset vid åtdragningen.
21 Dra åt bultarna runt fogen mellan de två hushalvorna till momentet för steg 2.
22 Placera drivningsremskivan på balansaxeln, med spåret i remskivenavet i linje med styrstiftet på axeländen, och den grundare sidan av remskivan vänd inåt. Använd verktyg 5362 eller ett annat passande verktyg som mothåll, dra åt mittbulten till specificerat moment.
23 Kontrollera axialspelet på balansaxeln.

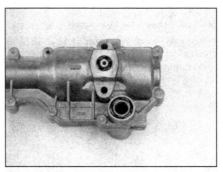

13.19 O-ringstätningar i husets oljekanaler

Använd en mätklocka monterad på ett magnetiskt stativ om detta finns till hands.

Vänster balansaxel (insugssidan)

24 Montera generatorn och servostyrningspumpens fästkonsol, med kabelbandet fäst vid bulten som det lossats från. Kontrollera generatorns och servostyrningspumpens anslutningar.
25 Sätt tillbaka luftmängdsmätare, inloppsslangar och anslutningar. Sänk motorn om den har lyfts upp för att skapa åtkomlighet till höger balansaxelhus.
26 Montera kamaxel- och balansaxeldrivremmar (se avsnitt 4). Montera hjälpaggregatens drivremmar och alla andra komponenter som har demonterats.

Höger balansaxel (avgassidan)

27 Sätt tillbaka motorfästet på motorblocket, komplett med isoleringskloss och nedre fästplatta. Sänk ner motorn på plats på den främre tvärbalken så att den nedre fästplattan passar över pinnbulten, sätt sedan muttrarna på plats och ta bort lyftanordningen.
28 Sätt tillbaka luftmängdsmätare, inloppsslangar och anslutningar, dra sedan åt motorfästet och luftförvärmarslangen.
29 Montera balansaxelremmens spännare och bulten som går genom bakplattan in i balansaxelhuset (se punkt 7).
30 Montera kamaxel- och balansaxeldrivremmarna (se avsnitt 4). Sätt tillbaka hjälpaggregatens drivremmar och alla andra komponenter som har demonterats.

14 Motorfästen – demontering och montering

Demontering

1 Koppla loss batteriets negativa kabel.
2 Ta bort muttrarna från det fäste som ska demonteras.
3 Fäst en lyftanordning till motorn, eller stöd den på något annat sätt. Använd inte en domkraft direkt på oljesumpen eftersom det kan orsaka skador.
4 Ta vikten av fästet och demontera det. Man kan behöva flytta servostyrningsslangar åt sidan och (på bränsleinsprutningsmotorer) demontera insugsgrenrörets stötta.

Montering

5 Montering sker i omvänd ordning.

Kapitel 2 Del B:
Reparationer med motorn i bilen – V6-motor

Innehåll

Svårighetsgrader

Enkelt, passar novisen med lite erfarenhet		Ganska enkelt, passar nybörjaren med viss erfarenhet		Ganska svårt, passar kompetent hemmamekaniker		Svårt, passar hemmamekaniker med erfarenhet		Mycket svårt, för professionell mekaniker	

Specifikationer

Motor (allmänt)

Identifikation:
B28E	Sugmotor med bränsleinsprutning
B280E	Sugmotor med bränsleinsprutning, fr.o.m. 1987 års modell
Cylinderlopp	91 mm (nominellt värde)
Slaglängd	73 mm
Kubikinnehåll	2849cc

Kompressionsförhållande:
B28E	9,5:1
B280E	10,0:1

Kompressionstryck:
Generellt värde	8 till 11 bar
Variation mellan cylindrar	max 2 bar
Tändföljd	1-6-3-5-2-4 (nr 1 på vänster sida bak på motor)
Vevaxelns rotationsriktning	Medurs (sett från motorns front)
Ventilspel	Se specifikationer i kapitel 1

Topplock

Max skevhet – acceptabel för användning	0,05 mm per 100 mm längd
Max skevhet – acceptabel för bearbetning	Bearbetning ej tillåten
Höjd (ny)	111,07 mm

Kamaxlar

Identifikationsbokstav
B28E	F
B280E	R

Identifikationsnummer:
B28E:	
Vänster	615 eller 977
Höger	616 eller 978
B280E:	
Vänster	957
Höger	959

Max lyfthöjd (vid lob):
B28E	5,96 mm
B280E:	
Insug	6,08 mm
Avgas	5,85 mm

Kamaxlar (forts)

Lagertappar, diameter:

1	40,440 till 40,465 mm
2	41,040 till 41,065 mm
3	41,640 till 41,665 mm
4	42,240 till 42,265 mm
Lagerspel	0,035 till 0,085 mm

Axialspel:

Ny	0,070 till 0,144 mm
Slitagegräns	0,5 mm

Svänghjul

Skevhet	max 0,05

Smörjsystem

Oljetryck (varm motor):

Vid 900 varv/min	min 1 bar
Vid 3000 varv/min	4 bar
Oljepump, typ	Kugghjul, kedjedriven från vevaxeldrevet

Oljepumpspel:

Axialspel	0,025 till 0,084 mm
Radialspel	0,110 till 0,185 mm
Dödgång	0,17 till 0,27 mm
Spel mellan drivande kugghjul och lager	0,015 till 0,053 mm
Spel mellan drivet kugghjul och lager	0,015 till 0,051 mm
Avlastningsventilfjäderns fria längd	89,5 mm
Avlastningsventilfjäderns längd under 88 N belastning	56,5 till 60,5 mm

Åtdragningsmoment*

	Nm
Vevstakslageröverfall	45 till 50
Vevaxelremskiva, mutter	240 till 280
Kamaxeldrev	70 till 90
Svänghjul (använd nya bultar)	45 till 50
Ventilkåpa	15

Topplocksbultar (se text):

Tidig typ av bultar:

Steg 1	60
Lossa, sedan steg 2A	20
Steg 2B	Vinkeldra ytterligare 106°
Steg 3 (efter uppvärmning och nedkylning)	Vinkeldra ytterligare 45°

Senare typ av bultar med fast bricka:

Steg 1	60
Lossa, sedan steg 2A	40
Steg 2B	Vinkeldra ytterligare 160° till 180°

Ramlagermuttrar (se text):

Steg 1	30
Lossa, sedan steg 2A	30 till 35
Steg 2B	Vinkeldra ytterligare 73 till 77°
Ramlageröverfallens sidobultar (B280E)	20 till 25
Oljepump till motorblock	10 till 15
Kamkedjekåpans bultar	10 till 15

*Oljade gängor om inte annat anges

1 Allmän information

Hur man använder detta kapitel

Denna del av kapitel 2 beskriver de reparationsarbeten som kan utföras på V6-motorn (2.8 liters motor) medan den sitter kvar i bilen. Om motorn har demonterats från bilen och skall tas isär enligt beskrivning i Del C, kan man bortse från inledande isärtagningsarbeten. Se Del A för information om radmotorn (2.0 och 2.3 liters motorer).

Del C beskriver demontering av motorn/växellådan från bilen, och de renoveringsarbeten som då kan utföras.

Beskrivning av motorn

V6-motorn är en produkt av PRV (Peugeot-Renault-Volvo) samarbetet. Den är väl beprövad och hittas i en lång rad europeiska bilar avsedda för den övre delen av marknaden.

Motorblocket, topplocket och vevhuset är alla tillverkade av lättmetall. Vevhuset är delat horisontellt i nivå med vevaxeln; en pressad stålpump är fastskruvad i botten på det nedre vevhuset.

En 90° "V"-utformning används för de två cylinderbankarna. Cylinderfoder av gjutjärn av den "våta" typen används, vilket är vanlig fransk praxis – kylvätska cirkulerar fritt mellan fodren och blocket. Fodren är tätade upptill av topplockspackningen och nedtill av individuellt valda tätningar.

Vevaxeln löper i fyra utbytbara skållager, med axialspelet kontrollerat av tryckbrickor i svänghjulsänden. Varje vevtapp delas av två vevstakar. Vevstakarnas storändslager är också av skåltyp.

Topplocken är av typen "crossflow", med det konventionella insugsgrenröret i mitten av motorn och avgasgrenröret på utsidan. Varje topplock bär ventiler, en kamaxel och vipp-armsaggregat. Kamaxlarna drivs av separata kedjor med hydrauliska spännare.

Smörjsystemet är konventionellt. En pump av kugghjulstyp, driven från vevaxeln med en tredje kedja, drar olja från sumpen. Olja under tryck passerar genom ett externt kanisterfilter innan det matas till vevaxeln, kamaxlarna och vipparmarna. Kolvar och kolvbultar har stänksmörjning. Kamkedjorna smörjs med spill från kamaxelns främre lager och kedje-spännaren.

Reparationer som kan göras med motorn i bilen

Följande moment kan utföras med motorn fortfarande i bilen:
a) *Kompressionstryck – test*
b) *Ventilkåpor – demontering och montering*
c) *Kamkedjor och drev – demontering, inspektion och montering*
d) *Topplock – demontering och montering*
e) *Topplock och kolvar – sotning*
f) *Kamaxlar och vipparmsaggregat – demontering, inspektion och montering*
g) *Vevaxeloljetätningar – byte*
h) *Oljepump – demontering, inspektion och montering*
i) *Svänghjul/drivplatta – demontering, inspektion och montering*
j) *Motorfästen – demontering och montering*

2 Kompressionsprov – beskrivning och tolkning
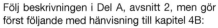

Följ beskrivningen i Del A, avsnitt 2, men gör först följande med hänvisning till kapitel 4B:
a) *Demontera luftinloppstrumman.*
b) *Koppla loss tillsatsluftsliden eller luftkontrollventilens kontakt.*
c) *Koppla loss slangen som förbinder till-satsluftsliden och startinsprutaren.*

3 Ventilkåpor – demontering och montering

Demontering

Observera: *Utför följande moment efter tillämplighet för den sida som arbetas på.*

B28 motorer

1 Koppla loss batteriets negativa kabel.
2 Skruva loss styrtrycksregulatorn (utan att koppla loss den) från höger ventilkåpa och placera den på insugsgrenröret.
3 Demontera luftinloppstrumman, oljepåfyllningslocket och vevhusventilationsslangarna.
4 Skruva loss och ta bort vakuumpumpen från vänster ventilkåpa och flytta den åt sidan.
5 Demontera luftkonditioneringskompres-

sorns drivrem (se kapitel 1). Skruva loss kompressorns fästkonsoler från motorn och flytta kompressor och konsoler åt sidan. Koppla inte loss några kylmedelsslangar och låt inte heller kompressorns vikt belasta dem.
6 Ta bort de tio bultarna som fäster varje ventilkåpa, observera bultarnas placering och olika längd.
7 Demontera ventilkåporna och ta vara på packningarna.

B280 motorer

8 Koppla loss batteriets negativa kabel. Täck över batteriet med en bit trä eller plast, eller demontera det, så att dess pol inte kortsluts av luftkonditioneringskompressorn.
9 Demontera luftkonditioneringskompres-sorns drivrem (se kapitel 1).
10 Ta bort oljepåfyllningslocket och vevhus-ventilationsslangarna som är anslutna till det.
11 Koppla loss luftkonditioneringskompres-sorns kontrolledning.
12 Skruva loss kompressorns fästen från motorn och flytta kompressorn åt sidan, komplett med fästkonsol och remspännarens remskiva. Koppla inte loss några kylmedelsslangar, låt inte heller kompressorns vikt belasta dem.
13 Skruva loss kompressordrivremmens mel-lanremskiva från höger ventilkåpa. Lossa bultarna som håller mellanremskivan till kamkedjekåpan och flytta remskivan ur vägen.
14 Ta bort motoroljans mätsticka.
15 Skruva loss kvarvarande kabelklämmor från den högra ventilkåpan.
16 Demontera luftrenaren och luftmängds-mätaren (se kapitel 4B). Demontera också luftinloppstrumman som ansluter luftmängds-mätaren till gasspjällhuset.
17 Koppla loss tändkablarna från vänster tändstiftsbank och flytta dem åt sidan. Notera den induktiva pickupen på tändkabel nr 1.
18 Skruva loss tändkabelclipset från vänster ventilkåpa.
19 Frigör kvarvarande kablage och bränsle-ledningar från sina fästen, skär av kabelband där så behövs och använd nya vid monte-ringen.
20 Ta bort ventilkåpornas fästbultar, obser-vera placeringen för de olika långa bultarna. Notera också jordflätan under en av de vänstra bultarna.
21 Ta bort ventilkåporna och ta vara på packningarna.

Montering

Alla motorer

22 Rengör noggrant topplockets och ven-tilkåpornas fogytor och ta bort alla spår av olja.
23 Sätt ventilkåpspackningen på plats och se till att den sätter sig ordentligt hela vägen.
24 Placera kåpan över topplocket och sätt i och dra åt muttrarna. Kom ihåg att sätta tillbaka jordflätan där sådan finns.

25 Anslut övriga komponenter i omvänd ordning mot demonteringen. Anslut batteriet och kör motorn och kontrollera att det inte förekommer några oljeläckor från ventilkåp-ornas fogar.

4 Kamkedjor och drev – demontering, inspektion och montering

Demontering

1 Koppla loss batteriets negativa kabel.
2 Demontera alla hjälpaggregatens driv-remmar (se kapitel 1).
3 Demontera kylaren, fläktkåpan och fläkten. Om monterad, demontera också automat-växellådans oljekylare (se kapitel 3).
4 Demontera de båda ventilkåporna (se avsnitt 3).
5 Skruva loss servostyrningspumpen och dess fäste och flytta den åt sidan.
6 På B280 motorn, demontera fördelaren (se kapitel 5B).
7 Använd en 36 mm hylsa på vevaxelrem-skivans mutter, placera motorn i ÖD, med kolv nr 1 i kompressionstakten. Detta uppnås när märket på remskivan för cylinder nr 1 är i linje med "0"-märket på inställningsskalan, och båda vipparmarna för cylinder nr 1 (vänster bak) har ett litet spel, vilket visar att ventilerna är stängda.
8 Ta bort täckplattan från den oanvända startmotoröppningen. Spärra startkransen genom denna öppning, antingen genom att låta en medhjälpare placera ett däckjärn eller en stor skruvmejsel i drevtänderna, eller (vilket är att föredra) genom att bulta fast en lämpligt formad metallbit som hakar i tänderna.
9 Använd en 36 mm hylsa, lossa vevaxelrem-skivans centrummutter. Denna mutter sitter mycket hårt. Ta bort startkransens spärr-anordning.
10 Kontrollera att kilspåret i vevaxelrem-skivan är uppåt, demontera sedan remskivan. (Om kilspåret är nedåt kan kilen falla ner i sumpen.)
11 Ta bort de 25 bultar som fäster kam-kedjekåpan. Demontera också drivremmens mellanremskivor, vilka delar några av kam-kedjekåpans bultar. Observera placeringen för de olika långa bultarna.
12 Flytta åt sidan det kablage som passerar framför kamkedjekåpan.
13 Dra av kamkedjekåpan från styrstiften och ta bort den. Täck över hålen som leder till sumpen med papper eller trasor och ta vara på kåpans packning.
14 Spärra kamaxeldreven och lossa deras mittbultar med en 10 mm insexnyckel.
15 Innan kedjorna och spännarna demon-teras helt, är det en god idé att ta en titt på kedjespännarens kolvbultar, notera hur långt de sticker ut från spännaren. Detta ger en indikation om kedjeslitaget och kan bekräfta

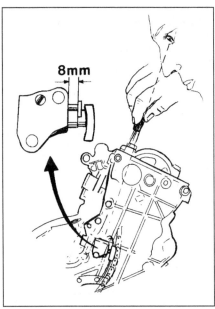

4.15 Kontroll av kamkedjeslitage

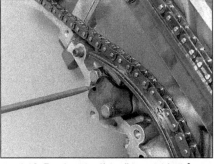

4.16 Dra kamkedjespännaren bakåt

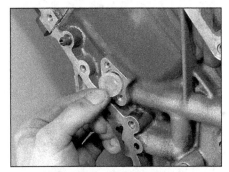

4.28a Montera nya oljesilar . . .

om byte av kedjan måste göras. Om kolv-bultarna sticker ut med fyra hack (8 mm) eller mer, är slitaget stort och kedjorna måste bytas **(se bild)**.
16 Dra tillbaka varje kedjespännare genom att vrida låsmekanismen moturs med en liten skruvmejsel, samtidigt som kolvbulten trycks in **(se bild)**.
17 Skruva loss oljepumpdrevet. Demontera drevet och kedjan.

18 Skruva loss och ta bort kamkedjespän-narna. Märk upp dem om de ska åter-användas. Ta vara på oljesilen bakom varje spännare.
19 Skruva loss och ta bort kamkedje-styrningarna och dämparna.
20 Kontrollera om några markeringar är synliga på kamkedjans länkar. Om det inte finns några, och den existerande kamkedjan skall återanvändas, läs först punkt 32, 33, 34, 36 och 37 i detta avsnitt och gör inställ-ningsmärken på kedjorna när vevaxel- och kamaxeldreven är i angivna positioner.
21 Ta bort kamaxeldrevens mittbultar, kam-axeldreven och kamkedjorna. Märk upp vänster- och högerkomponenter.
22 Demontera oljepumpdrevet, den yttre Woodruffkilen, distansen, tvillingdrevet och den inre kilen. En avdragare kan behövas **(se bild)**.

Inspektion

23 Slitna kamkedjor avger ett karakteristiskt skärande ljud. Kedjeslitage i sig självt är inte allvarligt, men om kedjan sträcks för långt kan en kolvbult falla ut ur en av spännarna. Detta kommer att orsaka förlust av oljetryck och möjligtvis allvarlig skada på motorn.
24 Kedjor och drev slits tillsammans och skall därför alltid bytas ut tillsammans. Om man inte gör det riskerar man oljud och alltför snabb förslitning. En indikation på hur allvarligt kedjeslitaget är kan man få under demonteringen (se punkt 15), men en mer

4.22 Dra av tvillingdrevet

djupgående undersökning bör utföras enligt följande.
25 Undersök kedjestyrningarna och dämp-arna. Byt ut dem om de är svårt spårade eller på annat sätt skadade.
26 Undersök kedjespännarna, men ta inte isär dem. Om kolvbulten tas bort från spännaren måste spännaren bytas ut. Kontrollera att spännarnas oljekanaler inte är blockerade.
27 Byt ut spännarnas oljesilar, kamkedje-kåpans packning och kamaxelkåpans pack-ningar som är en rutinåtgärd. Byt också ut vevaxelns främre oljetätning om du inte är säker på att den är i perfekt skick.

Montering

28 Påbörja hopsättning med att montera nya oljesilar i kedjespännarnas urtag i motor-blocket. Sätt tillbaka och skruva fast kedje-spännarna, använd gänglåsningsmedel på bultarna **(se bilder)**.
29 Sätt tillbaka och skruva fast kedje-styrningarna och dämparna, använd gänglås-ningsmedel även här **(se bilder)**.
30 Olja vevaxeländen och sätt den inre Woodruffkilen på plats på den.
31 Montera det drivande tvillingdrevet på vevaxeln. Markeringen på drevet måste vara vänd utåt. Driv drevet på plats med en rörbit om det går trögt **(se bild)**. Var försiktig så att inte Woodruffkilen rubbas.
32 Förbered för montering av den vänstra kamkedjan. (Kom ihåg, vänster och höger

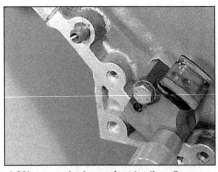

4.28b . . . och skruva fast kedjespännarna

4.29a Montering av kedjedämpare

4.29b Åtdragning av en kedjestyrnings bult

4.31 Det inre drevet sätts på plats

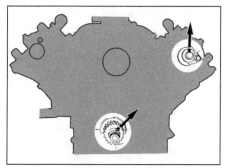

4.32 Placering av kilspår och styrspår för montering av vänster kamkedja

4.33a Markerad länk i linje med markering på vevaxeldrev . . .

hänförs till motorn, inte till mekanikern). Sätt tillfälligt tillbaka vevaxelremskivans mutter och vrid vevaxeln tills kilspåret pekar mot vänster kamaxel. Vrid den vänstra kamaxeln så att drevets styrspår pekar rakt uppåt (se bild).

33 Placera vänster kamkedja på kamaxeldrevet så att de två markerade länkarna på kedjan är på var sida om markeringen på drevet. Lägg kedjan på den inre delen av vevaxeldrevet så att den enda markerade länken är i linje med märket på drevet. Spänn kedjan på drivsidan (intill den raka styrningen) och montera kamaxeldrevet på kamaxeln. Drevet måste sätta sig i spåret (se bilder).

34 Sätt i bulten till vänster kamaxeldrev men dra inte åt den helt än.

35 Förbered för montering av höger kedja. Vrid vevaxeln medurs tills kilspåret pekar rakt nedåt. Vrid höger kamaxel tills drevets styrspår är vänt utåt och parallellt med topplockets packningsyta (se bild).

36 Montera höger kedja och drev på samma sätt som den vänstra, med de två märkta länkarna på var sida om kamaxeldrevets märke och den ensamma märkta länken i linje med vevaxeldrevets märke. Vrid vevaxeln lite om så behövs för att uppnå inställningen.

37 Sätt i bulten till höger kamaxeldrev. Dra åt båda kamaxeldrevens bultar till specificerat moment, spärra drevet med en skruvmejsel.

38 Frigör kamkedjespännarna genom att vrida låsanordningarna ett kvarts varv medurs. Tvinga inte ut kolvbultarna.

39 Rotera vevaxeln två hela varv medurs för att ställa in kedjespänningen. (Märkena kommer inte längre att vara i linje – se punkt 20.) Vrid vevaxeln ytterligare ett halvt varv medurs så att kilspåret pekar uppåt igen.

40 Ta bort vevaxelremskivans mutter. Sätt tillbaka distansen, den yttre Woodruffkilen och oljepumpens drivande drev (på vevaxeln) (se bilder).

41 Montera oljepumpens drivna drev och kedja. Använd gänglåsningsmedel på drevbultarna.

42 Olja kedjorna och ta bort trasan eller papperet från sumphålen. Kontrollera att inget har förbisetts.

43 Sätt tillbaka kamkedjekåpan, med en ny packning. Sätt i och dra åt de 25 bultarna, lägg gänglåsningsmedel på de fyra nedre

4.33b . . . och de två markerade länkarna på var sida om kamaxeldrevets märke

bultarna. Kom ihåg att sätta kablaget bakom mellanremskivorna.

44 Montera en ny oljetätning på kamkedjekåpan om så behövs (avsnitt 8), sätt sedan tillbaka vevaxelremskivan. Var försiktig så att inte Woodruffkilen rubbas.

45 Vrid startmotorns krondrev. Sätt på vevaxelremskivans mutter och dra åt den till specificerat moment. Ta bort spärranordningen.

46 Sätt tillbaka startmotorns täckplatta.

47 Trimma de utstickande ändarna på kamkedjekåpans packning så att de går jäms med topplocken.

48 Montera ventilkåporna (avsnitt 3).

49 Montera övriga komponenter i omvänd ordning mot demontering, se de andra kapitlen efter behov.

50 Om en ny kamkedjekåpa har monterats,

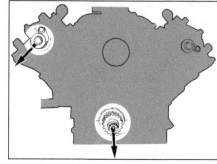

4.35 Placering av kilspår och styrspår för montering av höger kamkedja

eller om inställningsskalans läge har ändrats, kontrollera inställningsskalans position (avsnitt 11).

51 Kontrollera tändinställningen (kapitel 5B) och tomgångshastigheten och blandningen (kapitel 1).

5 Oljepump – demontering, inspektion och montering

Demontering

1 Följ beskrivningen för kamkedjedemontering (avsnitt 4, punkt 1 till 13).

2 Skruva loss oljepumpdrevet. Demontera drevet och kedjan (se bild).

4.40a Montera distansen . . .

4.40b . . . och den yttre Woodruffkilen

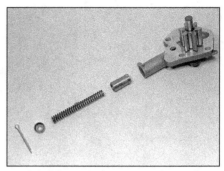

5.2 Demontering av oljepumpdrev och kedja

5.3 Demontera oljepumpen från blocket. Det drivna kugghjulet blir kvar

5.4 Oljepump och avlastningsventil

3 Ta bort de fyra bultarna som håller olje-pumpen till blocket. Dra undan pumpen och ta vara på det drivna kugghjulet **(se bild)**.

Inspektion

4 Demontera avlastningsventilens komponenter genom att trycka ned locket och dra ut saxpinnen. Ta bort locket, fjädern och kolven **(se bild)**.
5 Rengör pumpen och kugghjulen och undersök om de är slitna eller skadade. Om detta är fallet måste hela pumpen bytas ut. Även om spel och slitagegränser är specificerade, är de inte lätta att mäta upp på grund av pumpens utformning. Om tveksamhet råder, byt ut pumpen.
6 Undersök om avlastningsventilens kolv är repad. Mät fjäderns fria längd och om möjligt kontrollera också dess belastade längd – se

specifikationerna. Reservdelar till avlastnings-ventilen finns att tillgå.
7 Sätt ihop pumpens och avlastningsven-tilens komponenter. Använd en ny saxpinne.

Montering

8 Rengör pumpens och motorblockets fog-ytor och rengör också pumpens urtag i blocket.
9 Påbörja monteringen med att olja alla komponenter rikligt. Sätt in det drivna kugg-hjulet i huset, montera pumpen och skruva fast den med de fyra bultarna. Dra åt bultarna till specificerat moment.
10 Sätt tillbaka drevet och kedjan. Använd gänglåsningsvätska på drevets bultar.
11 Sätt tillbaka kamkedjekåpan och till-hörande komponenter (avsnitt 4).

---

6 Topplock och vipparms-aggregat – demontering och montering 🔧

Observera: *Läs igenom detta moment innan arbetet påbörjas så att du förstår vad det omfattar. Observera speciellt att om cylinder-fodren oavsiktligt rubbas, måste motorn demonteras och tas isär helt för att man ska kunna rätta till detta.*
Observera: *Följande arbete omfattar använd-ning av Volvos specialverktyg nr 5213 (eller en lämplig motsvarighet) för att spärra drevet(n) och kamkedjan (-kedjorna)*

Demontering

1 Koppla loss batteriets negativa kabel.

2 Tappa av kylsystemet (se kapitel 1).
3 Demontera insugsgrenröret och tillhörande komponenter (se kapitel 4B).
4 Koppla loss kylvätskeslangen/-slangarna från topplocket(n) som ska demonteras. Ta också bort kylarens övre och/eller nedre slangar från vattenpumpen och termostat-huset.
5 Vid demontering av vänster topplock, koppla bort eller demontera följande delar:
   a) ÖD-givare och kabel
   b) Fördelare (kapitel 5B)
   c) Luftkonditioneringskompressor (utan att koppla loss slangarna)
   d) Motoroljans mätsticka och rör
6 Vid demontering av vänster topplock, koppla bort eller demontera följande delar:
   a) Vakuumpump
   b) Varmluftstrumma
7 Koppla loss de nedåtgående avgasrören från båda grenrören. Koppla loss avgasfästet från växellådan och flytta avgassystemet bakåt så att de nedåtgående rören är ur vägen för grenrörens pinnbultar.
8 Utför följande på ett topplock i taget.
9 Skruva loss och ta bort ventilkåpan (av-snitt 3).
10 Ta bort täckplattan baktill på topplocket **(se bild)**.
11 Ta bort de fyra kamkedjebultarna som går in i topplocket.
12 Ta bort täckplattan (höger sida) eller den gängade pluggen (vänster sida) som täcker kamaxeldrevets bult **(se bilder)**.
13 Spärra kamaxeldrevet. Lossa drevets mittbult med en 10 mm insexnyckel.
14 Lossa på topplockets/vipparmsmeka-nismens bultar stegvis i rätt ordning **(se bild)**.

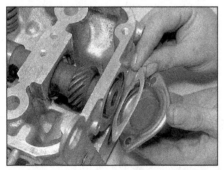

6.10 Täckplattan baktill på topplocket tas bort

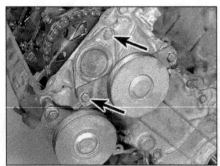

6.12a Bultar (vid pilarna) till täckplattan som sitter över drevbulten (höger)

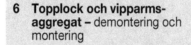

6.12b Gängad plugg (vid pilen) som sitter över drevbulten (vänster)

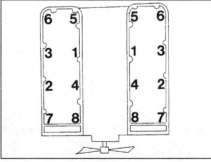

6.14 Ordningsföljd för lossande och åtdragning av topplocksbultarna

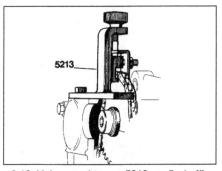

6.16 Volvos verktyg nr 5213 används för att hålla kamaxeldrevet på plats

6.21 Hemgjorda fästklämmor för cylinderfodren

6.30 En nit insatt under styrtappen

Ta bort bultarna och vipparmsmekanismen; märk upp dem om båda topplocken skall demonteras.

15 Lossa på kamaxelns tryckplattebultar. Flytta tryckplattan åt sidan.

16 Man måste nu montera ett verktyg (Volvos verktyg nr 5213 eller liknande) för att spärra kamaxeldrevet och hålla kedjan spänd **(se bild)**. Om kamkedjan tillåts slacka måste kamkedjekåpan demonteras (avsnitt 4) så att man kan justera spännaren. Om verktyget inte finns tillgängligt, fortsätt genom att demontera kamkedjorna.

17 Med drevet säkert stöttat och kedjespänningen säkrad, skruva loss kamaxeldrevets mittbult. Ta bort bulten från höger kamaxel, var försiktig så att du inte tappar ner den i kamkedjehuset. På vänster sida finns det inte utrymme att ta bort bulten helt.

18 Flytta kamaxeln bakåt så att den går fri från drevet.

19 Placera en trä- eller plasthävstång mellan topplocket och kylvätskefördelningsröret. Bänd topplocket från blocket med en gungande rörelse så att det lossnar. Försök inte vrida på locket (eftersom det sitter på styrtappar), eller lyfta det rakt av eftersom cylinderfodren då kan rubbas.

Observera: *Om man inte är försiktig, och fodren rubbas, finns det också en risk att de nedre tätningarna rubbas, vilket orsakar läckage efter monteringen av topplocket. När fogen är bruten, lyft bort topplocket. Ta om möjligt hjälp av någon – enheten är tung.*

20 Ta bort packningen från topplocket eller motorblocket. Ta vara på styrtapparna om de är lösa.

21 Montera fästklämmor för cylinderfodren, använd några topplocksbultar, distanser och stora brickor eller bitar av metallskrot. De exakta måtten för fästena är inte viktiga om inte kolvarna ska demonteras, i vilket fall de inte får vara i vägen för loppen **(se bild)**.

22 Om man önskar vrida vevaxeln medan topplocket är demonterat, eller om det andra topplocket ska demonteras, måste kamaxeldrevets hållverktyg bytas ut mot en som tillåter drevet att rotera. Volvos verktyg nr 5105 är lämpligt.

23 Upprepa momenten från punkt 9 för att demontera det andra topplocket.

24 Om topplocket skall tas isär för reno-

vering, demontera kamaxeln enligt beskrivning i avsnitt 7, se sedan del C i detta kapitel.

Förberedelse för montering

25 Fogytorna på topplocket och motorblocket måste vara helt rena innan topplocket monteras. Använd en hård plast- eller träskrapa för att ta bort alla spår av packning och sot, rengör också kolvkronorna. Var försiktig under rengöringen, lättmetallen kan lätt ta skada. Se också till att inte sot kan komma in i olje- och vattenkanalerna – detta är speciellt viktigt för smörjsystemet, eftersom sot kan blockera oljematningen till motorns komponenter. Använd tejp och papper och täta för vatten-, olje- och bulthålen i motorblocket/vevhuset. För att förhindra att sot kommer in i gapet mellan kolvarna och loppen, smörj lite fett i gapet. När alla kolvar har rengjorts, använd en liten borste till att ta bort allt fett och sot ända från gapet och torka sedan bort resten med en ren trasa. Rengör alla kolvar på samma sätt.

26 Undersök om fogytorna på motorblocket och topplocket har jack, djupa repor eller andra skador. Om skadorna är små kan de försiktigt tas bort med en fil, men om de är allvarliga kan maskinbearbetning vara det enda alternativet till byte.

27 Om du misstänker att topplockets packningsyta är skev, använd en stållinjal till att kontrollera detta. Se del C i detta kapitel vid behov.

28 Undersök topplocksbultarnas skick, speciellt deras gängor, närhelst de tas loss. Rengör bultarna i passande lösning och torka dem torra. Undersök var och en av dem för att se om de är slitna eller skadade och byt ut dem om så behövs. Mät längden på varje bult för att avgöra om de har töjts (även om detta inte är ett avgörande test ifall alla tio bultar har töjts lika mycket). Det rekommenderas starkt att bultarna byts ut som en uppsättning närhelst de skruvas loss. Observera att om nya bultar ska användas är den senaste rekommendationen från Volvo att dessa bultar inte behöver någon efterdragning efter det att motorn har körts in. Rådfråga din Volvo-verkstad för mer information.

Montering

29 Påbörja monteringen med att ta bort cylinderfodrens fästklämmor. Sätt tillbaka

kamaxeldrevets hållverktyg, om det tagits bort, men var noga med att hålla kedjan sträckt.

30 Sätt i styrtapparna i motorblocket och se till att de sticker upp genom att föra in en spik eller borr (3 mm diameter) i hålen under stiften **(se bild)**.

31 Kontrollera att den synliga delen av packningen för kamkedjekåpan är i gott skick. Om inte, reparera den med bitar från en ny packning. Stryk tätningsmedel på packningsdelarna.

32 När packningsfogytan är ren och torr, lägg en ny topplockspackning på blocket. Se till att den vänds åt rätt håll och med rätt sida uppåt.

33 Sänk ned topplocket och kamaxeln på plats. Vrid kamaxeln tills dess hål är i linje med styrtappen i drevet, tryck sedan kamaxeln framåt så att den hakar i drevet. Sätt i drevets mittbult och dra åt den lätt.

34 Ta bort spikarna eller borrarna från under styrtapparna. Montera ventilkåpan och topplocksbultarna. Bultarna måste vara rena och ha oljade gängor.

35 Dra åt topplocksbultarna stegvis, i rätt ordning (se bild 6.14) och till momentet specificerat för steg 1.

36 Lossa den första bulten, dra sedan åt den igen till momentet för steg 2A. Dra sedan åt bulten ytterligare till vinkeln specificerad för steg 2B. Använd en vinkelmätare till detta eller tillverka en skala av kartong som indikerar vinkeln **(se bild)**.

37 Upprepa åtdragningsmomenten för steg 2 på övriga bultar.

38 Ta bort kamaxeldrevets hållverktyg. Flytta

6.36 Vinkeldragning av en topplocksbult

kamaxeltryckbrickan på plats och dra åt dess fästbult.

39 Spärra kamaxeldrevet och dra åt drevets mittbult till specificerat moment.

40 Sätt tillbaka täckplattan eller pluggen fram på kamkedjekåpan. Använd en ny O-ring under täckplattan.

41 Sätt i och dra åt de fyra bultarna till kamkedjekåpan.

42 Sätt tillbaka topplockets bakre täckplatta med en ny packning.

43 Montera det andra topplocket om det varit demonterat.

44 Kontrollera och justera ventilspelen (kapitel 1).

45 Sätt provisoriskt ventilkåporna på plats, med nya packningar (avsnitt 3). Säkra dem endast med en bult i varje hörn för tillfället, eftersom de måste tas av igen snart.

46 Montera de nedåtgående avgasrören till grenrören och säkra avgasfästet.

47 Montera delarna i listan i punkt 5 och 6, med undantag för luftkonditioneringens kompressor.

48 Sätt tillbaka kylvätskeslangarna. Fyll på kylvätskesystemet (kapitel 1).

49 Montera insugsgrenröret och bränsleinsprutningsutrustningen (kapitel 4B).

50 Anslut batteriet. Låt motorn gå tills den når normal arbetstemperatur.

51 Stanna motorn och låt den svalna i två timmar.

52 Demontera ventilkåporna igen. Dra åt topplocksbultarna i rätt ordning till den vinkel som anges för steg 3.

Observera: *Om nya bultar har använts, är den senaste rekommendationen från Volvo att dessa bultar inte behöver någon efterdragning i detta läge. Kontakta din Volvoverkstad för ytterligare information.*

53 Sätt tillbaka ventilkåporna, denna gång med alla bultar. Sätt tillbaka andra demonterade komponenter.

54 Montera luftkonditioneringens kompressor.

55 Kontrollera tändinställningen (kapitel 5B) och tomgångshastigheten och blandningen (kapitel 1).

7 Kamaxel – demontering, inspektion och montering

Demontering

1 Demontera aktuellt topplock och vipparmsaggregat (se avsnitt 6).

2 Om det inte gjorts under demonteringen, skruva loss kamaxelns tryckplatta och ta bort täckplattan bak på topplocket **(se bild)**.

3 Dra ut kamaxeln genom hålet bak på topplocket, var försiktig så att inte lagerytorna (eller dina fingrar) skadas på kamlobernas vassa kanter **(se bild)**.

Inspektion

4 Undersök om kamloberna och kamaxellagertapparna är repade eller på annat sätt skadade. När väl lobernas härdade yta har skadats kommer de att slitas snabbt.

5 Mät lagertapparna med en mikrometer och undersök om de är ovala eller koniska. För att fastställa lagerspelen måste en intern mikrometer användas till att mäta lagren i topplocken. Överdrivet slitage eller svåra skador kan endast åtgärdas med byte av kamaxel och/eller topplock

6 Mät kamaxelns axialspel med kamaxeln monterad i topplocket **(se bild)**. Om axialspelet är för stort, byt tryckplatta.

Montering

7 Montera i omvänd ordning mot demonteringen, lägg rikligt med olja på lagertapparna och kamloberna. Om specialsmörjmedel medföljer en ny kamaxel, använd detta.

8 Kör in en ny kamaxel vid rimliga motorhastigheter (mellan 1500 och 2500 varv/min) i några minuter, eller enligt tillverkarens specifikationer.

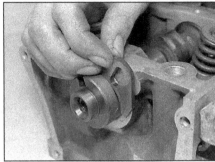
7.2 En tryckplatta tas bort från kamaxeln

8 Vevaxelns oljetätningar – byte

Främre oljetätning

1 Koppla loss batteriets negativa kabel.

2 Demontera kylaren, fläktkåpan och fläkten. Där monterad, demontera också automatväxellådsoljans kylare (se kapitel 3).

3 Demontera alla hjälpaggregatens drivremmar (kapitel 1).

4 Vrid vevaxeln tills märket för cylinder nr 1 på remskivan är ungefär i linje med märket för 20° FÖD på inställningsskalan. Detta placerar kilspåret rätt.

5 Demontera vevaxelremskivan (se avsnitt 4, punkt 8 till 10).

6 Lirka försiktigt ut oljetätningen från sin plats. Skada inte tätningssätet. Alternativt, slå eller borra två små hål mitt emot varandra i oljetätningen. Skruva in en självgängande skruv i varje, och dra i skruvarna med en tång för att dra ut tätningen.

7 Rengör tätningssätet i kamkedjekåpan och undersök tätningens friktionsyta på remskivan. Om friktionsytan är skadad måste den åtgärdas eller remskivan bytas ut, annars kommer den nya tätningen att bli kortlivad.

7.3 Demontering av kamaxeln

7.6 Mät kamaxelns axialspel

8 Fetta in läpparna på den nya tätningen. Montera tätningen med läpparna inåt och knacka den på plats med en stor hylsa eller en rörbit.

9 Montera vevaxelremskivan men var försiktig så att inte Woodruffkilen rubbas.

10 Spärra startkransen och dra åt vevaxelremskivans mutter till specificerat moment. Ta bort spärranordningen.

11 Montera övriga komponenter i omvänd ordning mot demontering.

Bakre oljetätning

12 Demontera svänghjulet eller drivplattan (se avsnitt 9).

13 Lirka försiktigt ut den gamla oljetätningen. Skada inte hållaren eller ytan på vevaxeln. Alternativt, slå eller borra två små hål mitt emot varandra i oljetätningen. Skruva in en självgängande skruv i varje hål och dra i skruvarna med en tång för att få ut tätningen.

14 Rengör oljetätningshållaren och vevaxeln. Undersök om vevaxeln har ett slitagespår eller en kant efter den gamla tätningen.

15 Smörj hållaren, vevaxeln och den nya tätningen. Montera tätningen med läpparna inåt och använd en rörbit (eller den gamla tätningen, omvänd) till att knacka den på plats.

16 Montera svänghjulet eller drivplattan 9).

9 Svänghjul/drivplatta – demontering och montering

1 Följ beskrivningen i del A, avsnitt 12, men bortse från hänvisningarna till tändsystemet. Notera också att utformningen för drivplattans brickor kan variera (se bild).

10 Motorfästen – demontering och montering

B28 motorer

Demontering

1 Koppla loss batteriets negativa kabel.

2 Lyft upp och stöd bilens framvagn. Arbeta underifrån, ta bort den genomgående bulten och muttern samt muttrarna till pinnskruvarna från den nedre delen av fästet som ska demonteras.

3 Fäst en lyftanordning till motorn, eller stöd den på något annat sätt. Placera inte en domkraft direkt under sumpen då detta kan orsaka skada. Lyft upp motorn lite för att avlasta fästena och demontera den nedre delen.

4 Den övre delen av fästet, komplett med gummiblock, kan nu demonteras.

Montering

5 Montering sker i omvänd ordning.

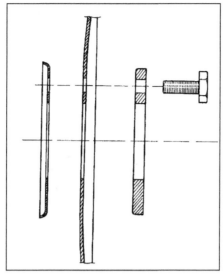

9.1 Drivplatta och brickor

B280 motorer

Demontering

6 Koppla loss batteriets negativa kabel.

7 Ta bort de två fästbultarna från toppen av fläktkåpan och frigör kåpan från sina nedre fästen. Man behöver inte demontera kåpan helt.

8 Fäst en lyftanordning till motorn, eller stöd den på annat sätt. Placera inte en domkraft direkt under sumpen då detta kan orsaka skador. Lyft motorn något så att fästena avlastas och demontera den nedre delen.

9 Skruva loss avgassystemets fläns bakom den främre ljuddämparen.

10 Skruva loss motordämparna i ena änden av deras fästen. Tryck ihop dämparna något och sväng dem åt sidan.

11 Demontera sumpens skydd (om det inte redan gjorts). Om du arbetar på höger sida, skruva loss växellådsoljeledningens fästkonsol från svänghjulskåpan.

12 Ta bort de tre muttrarna och två bultarna som håller varje fäste. En av muttrarna är inte direkt synlig – den kan kommas åt från undersidan av tvärbalken.

13 Lyft motorn något och ta bort fästet. Ta vara på distansen.

11.4 Skruva loss täckpluggen från kontrollöppningen

Montering

14 Montering sker i omvänd ordning mot demontering.

11 Tändinställningsskala – kontroll och justering

Kontroll

1 Placeringen av tändinställningsskalan, monterad på kamkedjekåpan ovanför vevaxelremskivan, kan ändras inom de gränser som ges av de två avlånga bulthålen. Även om det i normala fall inte skall finnas någon anledning att betvivla korrektheten av skalan, bör dess position kontrolleras om den någonsin rubbas, eller om nya komponenter har monterats (t.ex. en ny kamkedjekåpa).

2 För att kontrollera korrektheten hos skalan måste kamkedjekåpan och vevaxelremskivan vara monterade, och insugsgrenröret måste vara demonterat (se kapitel 4B). Man kan också behöva demontera vattenpumpen (kapitel 3).

3 Placera vevaxeln i ungefär 20° FÖD med kolv nr 1 i kompressionstakten.

4 Ta bort täckpluggen från kontrollöppningen, med hjälp av en 8 mm fyrkantsnyckel (samma som för sumpens avtappningsplugg). Ta vara på kopparbrickan (se bild).

5 Sätt in ett borrskaft eller ett annat stag, 8 mm diameter, i hålet (se bild). Vrid sakta vevaxeln medurs tills staget faller in i skåran i vevaxeln. Detta är ÖD för kolv nr 1.

6 I detta läge ska "0"-märket på skalan vara exakt i linje med spåret för cylinder nr 1 på remskivan.

Justering

7 Om skalans position är inkorrekt, lossa skalans fästbultar om så behövs och justera dess läge. Dra åt bultarna och försegla dem med en klick färg.

8 Ta bort borren/staget. Sätt tillbaka täckpluggen med en ny kopparbricka och dra åt den.

9 Sätt tillbaka rubbade komponenter med hänvisning till relevant kapitel i denna handbok.

11.5 En borr sätts in i hålet

Anteckningar

Kapitel 2 Del C:
Motor – demontering och reparationer

Innehåll

Svårighetsgrader

Enkelt, passar novisen med lite erfarenhet	**Ganska enkelt,** passar nybörjaren med viss erfarenhet	**Ganska svårt,** passar kompetent hemmamekaniker	**Svårt,** passar hemmamekaniker med erfarenhet	**Mycket svårt,** för professionell mekaniker

Specifikationer

Radmotorer

Topplock

Max skevhet – acceptabel för användning:	
På längden	0,50 mm
På tvären	0,25 mm
Max skevhet – acceptabel för bearbetning:	
På längden	1,00 mm
På tvären	0,50 mm
Höjd:	
B23/B200/B230	
Ny	146,1 mm
Min efter bearbetning	145,6 mm
B234F	
Ny	103,0 till 104,0 mm
Min efter bearbetning	102,7 mm
Max bearbetning	0,3 mm

Insugsventiler

B23/B200/B230:	
Huvuddiameter	44 mm
Skaftdiameter:	
Ny	7,955 till 7,970 mm
Slitagegräns	7,935 mm
B234F:	
Skaftdiameter	6.95 mm min
Skafthöjd (måste vara rätt för hydrauliska ventillyftare)	49.0 till 49.8 mm
Skafthöjd, max tillåten bearbetning	0,4 mm
Skaftlängd, ny	122,25 till 122,65 mm
Kantens bredd, ny	1,5 mm
Kantens bredd efter slipning	minst 1,2 mm
Ventilhuvudets vinkel	44° 30'

Avgasventiler

Huvuddiameter (B23/B200/B230)	35 mm
Skaftdiameter (B200/B230A, E, F och K):	
Ny	7,945 till 7,960 mm
Slitagegräns	7,925 mm
Skaftdiameter (B23 och B230 ET):	
32 mm från huvudet	Samma som B230A, E, F och K
16 mm från spetsen:	
Ny	7,965 till 7,980 mm
Slitagegräns	7,945 mm
B234F:	
Skaftdiameter	6,94 mm min
Skafthöjd (måste vara rätt för hydrauliska ventillyftare)	49,0 till 49,8 mm
Skafthöjd, max tillåten bearbetning	0,4 mm
Skaftlängd, ny	122,05 till 122,45 mm
Ventilhuvudets vinkel	44° 30'

Ventilsätesringar

B23/B200/B230:	
Diameter (standard):	
Insug	46,00 mm
Avgas	38,00 mm
Överdimensioner	+ 0,25 and 0,50 mm
Ventilsätesvinkel	45° 00'
B234F:	
Diameter (standard):	
Insug	36,14 mm
Avgas	33,14 mm
Överdimensioner	+ 0,50 mm
Ventilsätesvinkel	45° 00'
Ventilsätets övre släppningsvinkel	15° 00'
Ventilsätets nedre släppningsvinkel	70° 00'
Ventilsätesbredd (sätesyta exklusive släppningsvinklar):	
Insug	1,3 till 1,9 mm
Avgas	1,7 till 2,3 mm
Passning i topplock	Presspassning

Ventilstyrningar

B23/B200/B230:	
Längd	52 mm
Intern diameter	8,000 till 8,022 mm
Höjd över topplock:	
Insug	15,4 till 15,6 mm
Avgas	17,9 till 18,1 mm
Spel mellan skaft och styrning:	
Ny (insug)	0,030 till 0,060 mm
Ny (avgas)	0,060 till 0,090 mm
Slitagegräns (insug och avgas)	0,15 mm
Externa överdimensioner	3 (markerade med spår)
B234F:	
Höjd över topplocket (insug och avgas)	14,8 till 15,2 mm
Spel mellan skaft och styrning:	
Ny (insug)	0,030 till 0,060 mm
Ny (avgas)	0,040 till 0,070 mm
Slitagegräns (insug och avgas)	0,15 mm
Yttre diameter	12,0 mm
Överstorlek (markerad med spår)	12,1 mm
Passning i topplocket	Presspassning

Ventilfjädrar

B23/B200/B230:	
Diameter	32,5 mm
Fri längd – alla utom B230F	45,0 mm
Fri längd – B230F	45,5 mm
Längd under belastning:	
280 till 320 N	38,0 mm
710 till 790 N	27,0 mm

B234F:

Diameter	....	26,2 mm
Fri längd	....	43,0 mm
Längd under belastning:		
212 till 252 N	....	37,0 mm
600 till 680 N	....	26,5 mm

Cylinderlopp

B23/B230/B234F:

Standardstorlekar:		
C	....	96,00 till 96,01 mm
D	....	96,01 till 96,02 mm
E	....	96,02 till 96,03 mm
G	....	96,04 till 96,05 mm
Första överdimension	....	96,30 mm
Andra överdimension	....	96,60 mm
Slitagegräns	....	0,1 mm

B200:

Standardstorlekar:		
C	....	88,90 till 88,91 mm
D	....	88,91 till 88,92 mm
E	....	88,92 till 88,93 mm
G	....	88,94 till 88,95 mm
Första överdimension	....	89,29 mm
Andra överdimension	....	89,67 mm
Slitagegräns	....	0,1 mm

Kolvar

Höjd:		
B23	....	75,4 mm
B200/B230	....	64,7 mm
B234F	....	68,7 mm
Vikt:		
B23	....	562 ± 7 g
B200/B230	....	535 ± 7 g
B234F	....	530 ± 7 g
Viktvariation i samma motor:		
B23/B200/B230 utom B230A och B230F	....	max 12 g
B230A och B230F	....	max 16 g
B234F	....	max 14 g
Spel i loppet:		
B23	....	0,05 till 0,07 mm
B200/B230/B234F	....	0,01 till 0,03 mm
Kolvdiameter (B234F)		
Standardstorlekar:		
C	....	95,98 till 95,99 mm
D	....	95,99 till 96,00 mm
E	....	96,00 till 96,01 mm
G	....	96,02 till 96,03 mm
Första överdimension	....	96,28 till 96,29 mm
Andra överdimension	....	96,58 till 96,59 mm

Kolvringar

Höjd:		
Övre kompressionsring (B23/B200/B230)	....	1,728 till 1,740 mm
Andra kompressionsring (B23)	....	1,978 till 1,990 mm
Andra kompressionsring (B200/B230)	....	1,728 till 1,740 mm
Oljekontrollring (B23)	....	3,975 till 3,990 mm
Oljekontrollring (B200/B230)	....	3,475 till 3,490 mm
B234F	....	Ej känd
Spel i spår (B23/B230/B234F):		
Övre kompressionsring	....	0,060 till 0,092 mm
Andra kompressionsring	....	0,040 till 0,072 mm
Oljekontrollring	....	0,030 till 0,065 mm
Spel i spår (B200):		
Övre kompressionsring	....	0,060 till 0,092 mm
Andra kompressionsring	....	0,030 till 0,062 mm
Oljekontrollring	....	0,020 till 0,055 mm

Kolvringar (forts)

Ändgap (i 96 mm lopp):
Kompressionsringar, B23	0,40 till 0,65 mm
Kompressionsringar, B230/B234F	0,30 till 0,55 mm
Oljekontrollringar	0,30 till 0,60 mm

Ändgap (i 88,90 mm lopp):
Övre kompressionsring	0,30 till 0,50 mm
Andra kompressionsring	0,30 till 0,55 mm
Oljekontrollring	0,25 till 0,50 mm

Kolvbultar

Diameter, standard:
B23	24,00 mm
B200/B230/B234F	23,00 mm
Överdimension	+ 0,05 mm
Passning i vevstake	Lätt tryck med tummen
Passning i kolv	Fast tryck med tummen

Hjälpaxel - B23/B200/B230

Lagertappar, diameter:
Fram	46,975 till 47,000 mm
Mitten	43,025 till 43,050 mm
Bak	42,925 till 42,950 mm
Lagerspel	0,020 till 0,075 mm
Axialspel	0,20 till 0,46 mm

Balansaxel – B234F

Axialspel	0,06 till 0,19 mm

Vevaxel – B23

Kast	max 0,05 mm
Axialspel	max 0,25 mm

Ramlagertappar, diameter:
Standard	63,451 till 63,464 mm
Första underdimension	63,197 till 63,210 mm
Andra underdimension	62,943 till 62,956 mm
Ramlagerspel	0,028 till 0,083 mm
Ramlager, max orundhet	0,07 mm
Ramlager, max konicitet	0,05 mm

Storändslagertappar, diameter:
Standard	53,987 till 54,000 mm
Första underdimension	53,733 till 53,746 mm
Andra underdimension	53,479 till 53,492 mm
Storändslagerspel	0,024 till 0,070 mm
Storändslager, max orundhet	0,5 mm
Storändslager, max konicitet	0,05 mm

Vevaxel – B200/B230 utom B230A och B230F

Max kast	0,025 mm
Axialspel	0,080 till 0,270 mm

Ramlagertappar, diameter:
Standard	54,987 till 55,000 mm
Första underdimension	54,737 till 54,750 mm
Andra underdimension	54,487 till 54,500 mm
Ramlagerspel	0,024 till 0,072 mm
Ramlager, max orundhet	0,004 mm
Ramlager, max konicitet	0,004 mm

Storändslagertappar, diameter:
Standard	48,984 till 49,005 mm
Första underdimension	48,734 till 48,755 mm
Andra underdimension	48,484 till 48,505 mm
Storändslagerspel	0,023 till 0,067 mm
Storändslager, max orundhet	0,004 mm
Storändslager, max konicitet	0,004 mm

Vevaxel – B230A och B230F

Max kast	Ej tillgängligt
Axialspel	0,080 till 0,270 mm
Ramlagertappar, diameter:	
Standard	63,464 till 63,451 mm
Första underdimension	63,210 till 63,197 mm
Andra underdimension	62,943 till 62,956 mm
Lagertappens längd:	
Standard	38,960 till 39,000 mm
Första överdimension	39,061 till 39,101 mm
Andra överdimension	39,163 till 39,203 mm
Ramlagerspel	0,024 till 0,072 mm
Max orundhet	0,07 mm
Max konicitet	0,05 mm
Storändslagertappar, diameter:	
Standard	49,00 mm
Första underdimension	48,75 mm
Andra underdimension	48,50 mm
Storändslagerspel	0,023 till 0,067 mm
Storändslager, max orundhet	0,004 mm
Storändslager, max konicitet	0,004 mm

Vevaxel – B234F

Max kast	0,040 mm
Axialspel	0,080 till 0,270 mm
Ramlagertappar, diameter:	
Standard	62,987 till 63,000 mm
Första underdimension	62,737 till 62,750 mm
Andra underdimension	62,487 till 62,500 mm
Ramlagerspel	0,024 till 0,064 mm
Ramlager, max orundhet	0,006 mm
Ramlager, max konicitet	0,006 mm
Storändslagertappar, diameter:	
Standard	48,984 till 49,005 mm
Första underdimension	48,734 till 48,755 mm
Andra underdimension	48,484 till 48,505 mm
Storändslagerspel	0,023 till 0,067 mm
Storändslager, max orundhet	0,025 mm max
Storändslager, max konicitet	0,025 mm max

Vevstakar

Längd mellan centra:	
B23	145 mm
B200/B230	152 mm
B234F	Ej känd
Axialspel på vevaxel:	
B23	0,15 till 0,35 mm
B200/B230	0,25 till 0,45 mm
B234F	0,25 till 0,45 mm (föreslaget värde)
Viktvariation i samma motor:	
B23	10 g max
B200/B230/B234F	20 g max

Åtdragningsmoment

Se specifikationer i kapitel 2A

V6-motorer

Topplock

Max skevhet – acceptabel för användning	0,05 mm per 100 mm längd
Max skevhet – acceptabel för bearbetning	Ingen bearbetning tillåten
Höjd (ny)	111,07 mm

Insugsventiler (B28E)

Huvuddiameter	44 mm
Skaftdiameter:	
26,5 mm från huvudet	7,965 till 7,980 mm
Just under knasterspår	7,975 till 7,990 mm
Ventilhuvudvinkel	29° 30'

Insugsventiler (B280E)

Huvuddiameter	45,3 mm
Skaftdiameter:	
26,5 mm från huvudet	7,958 till 7,980 mm
Just under knasterspår	7,973 till 7,995 mm
Ventilhuvudvinkel	44° 30'

Avgasventiler

Huvuddiameter	
B28E	37 mm
B280E	38,5 mm
Skaftdiameter:	
32 mm från huvudet	7,945 till 7,960 mm
Just under knasterspår	7,965 till 7,980 mm
Ventilhuvudvinkel	44° 30'

Ventilstyrningar

Intern diameter	8,000 till 8,022 mm
Passning i topplocket	Presspassning
Externa överdimensioner tillgängliga	3 (markerade med spår)

Ventilsätesringar

Passning i topplocket	Presspassning
Överdimensioner tillgängliga	3
Ventilsätesvinklar:	
B28E:	
Insug	60° - 30° - 15°
Avgas	45°
B280E:	
Insug och avgas	45°

Ventilfjädrar

Fri längd	47,1 mm
Längd under belastning:	
230 till 266 N	40,0 mm
613 till 689 N	30,0 mm

Vipparmar

Vipparmsspel på axel	0,012 till 0,054 mm

Cylinderfoder

Lopp:	
Grad 1 (tar grad A kolv)	91,00 till 91,01 mm
Grad 2 (tar grad B kolv)	91,01 till 91,02 mm
Grad 3 (tar grad C kolv)	91,02 till 91,03 mm
Fodrets utstick över blocket (beror på packning, rådfråga din återförsäljare):	
Kontrollvärde (använda tätningar)	0,14 till 0,23 mm
Inställningsvärde (nya tätningar)	0,16 till 0,23 mm
Fodertätning, tjocklek (B28E):	
Blå märkning	0,070 till 0,105 mm
Vit märkning	0,085 till 0,120 mm
Röd märkning	0,105 till 0,140 mm
Gul märkning	0,130 till 0,165 mm
Fodertätning, tjocklek (B280E):	
Tidig typ:	
1 flik	0,10 ± 0,01 mm
2 flikar	0,12 ± 0,01 mm
3 flikar	0,15 ± 0,02 mm
Senare typ:	
Orange	0,116 ± 0,018 mm
Ofärgad	0,136 ± 0,018 mm
Blå	0,166 ± 0,028 mm

Kolvar

Diameter (anpassade efter foder):	
B28E:	
Grad A	90,970 till 90,980 mm
Grad B	90,980 till 90,990 mm
Grad C	90,990 till 91,000 mm

Spel i lopp . . . .   0,020 till 0,040 mm
  B280E:
    Grad A . . . .   90,920 till 90,930 mm
    Grad B . . . .   90,930 till 90,940 mm
    Grad C . . . .   90,940 till 90,950 mm
Spel i lopp . . . .   0,070 till 0,090 mm
Höjd . . . .   65,3 mm
Vikt . . . .   455 ± 39 g
Kolvbultslopp (B28E):
  Blå märkning . . . .   23,510 till 23,573 mm
  Vit märkning . . . .   23,507 till 23,510 mm
  Röd märkning . . . .   23,504 till 23,507 mm

Kolvbultar (B28E)

Diameter:
  Blå märkning . . . .   23,497 till 23,500 mm
  Vit märkning . . . .   23,494 till 23,497 mm
  Röd märkning . . . .   23,491 till 23,494 mm
Spel i vevstake . . . .   0,020 till 0,041 mm
Spel i kolv . . . .   0,010 till 0,016 mm

Kolvbultar (B280E)

Antal storlekar . . . .   En
Spel i kolv . . . .   0,007 till 0,017 mm
Spel i vevstake . . . .   Nominellt (fast presspassning)
Fästmetod . . . .   Låsringar

Kolvringar

Spel i spår:
  Övre kompressionsring . . . .   0,045 till 0,074 mm
  Andra kompressionsring . . . .   0,025 till 0,054 mm
  Oljekontrollring . . . .   0,009 till 0,233 mm
Ändgap (i 91 mm lopp):
  Övre och andra kompressionsring . . . .   0,40 till 0,60 mm
  Oljekontrollring . . . .   0,40 till 1,45 mm

Vevaxel

Kast (mätt på mittre tappar) . . . .   0,02 mm
Axialspel . . . .   0,070 till 0,270 mm
Ramlagerspel . . . .   0,038 till 0,088 mm
Vevstakslagerspel . . . .   0,030 till 0,080 mm
Bakre tätning, diameter:
  Standard . . . .   79,926 till 80,000 mm
  Underdimension . . . .   79,726 till 79,800 mm
Ramlagertapp, diameter:
  B28E:
    Standard . . . .   70,043 till 70,062 mm
    Underdimension . . . .   69,743 till 69,762 mm
  B280E:
    Standard . . . .   70,043 till 70,062 mm
    Underdimension . . . .   Ej tillåtet
Ramlager, max orundhet . . . .   0,007 mm
Ramlager, max konicitet . . . .   0,01 mm
Ramlagerskål, tjocklek:
  Standard . . . .   1,961 till 1,967 mm
  Överdimension . . . .   2,111 till 2,117 mm
Bakre ramlagertapp, bredd:
  Standard . . . .   29,20 till 29,25 mm
  Första överdimension . . . .   29,40 till 29,45 mm
  Andra överdimension . . . .   29,50 till 29,55 mm
  Tredje överdimension . . . .   29,60 till 29,65 mm
Tryckbricka, tjocklek:
  Standard . . . .   2,30 till 2,35 mm
  Första överdimension . . . .   2,40 till 2,45 mm
  Andra överdimension . . . .   2,45 till 2,50 mm
  Tredje överdimension . . . .   2,50 till 2,55 mm

Vevstakslagertapp, diameter:
  B28E:
    Standard . . . . 52,267 till 52,286 mm
    Underdimension . . . . 51,967 till 51,986 mm
  B280E:
    Standard . . . . 59,971 till 59,990 mm
    Underdimension . . . . Ej tillåtet
Vevstakslager, max orundhet . . . . 0,007 mm max
Vevstakslager, max konicitet . . . . 0,01 mm max
Vevstakslagerskål, tjocklek:
  B28E:
    Standard . . . . 1,842 till 1,848 mm
    Överdimension . . . . 1,992 till 1,998 mm
  B280E . . . . 1,838 till 1,848 mm

Vevstakar

Längd mellan centra . . . . 146,15 mm
Axialspel på vevaxel (mellan varje par vevstakar) . . . . 0,20 till 0,38 mm
Viktvariation i samma motor . . . . max 2,5 g

Åtdragningsmoment

Se specifikationer i kapitel 2B

---

1 Allmän information

I denna del av kapitel 2 finns information om demontering av motorn/växellådan från bilen och allmänna renoveringsarbeten av topp-locket, motorblocket och alla andra inre motorkomponenter.

Informationen sträcker sig från råd om förberedelser för renovering och inköp av reservdelar, till detaljerade instruktioner, steg för steg, för demontering, inspektion, renovering och montering av motorns inre delar.

Efter avsnitt 8 baseras alla instruktioner på antagandet att motorn har demonterats från bilen. För information om reparationer med motorn kvar i bilen, så väl som demontering och montering av de yttre komponenterna, se del A eller B av detta och avsnitt 8. Bortse från eventuella inledande isärtagningsarbeten beskrivna i del A eller B som inte längre är relevanta när motorn väl är demonterad från bilen.

Förutom åtdragningsmoment, som är angivna i början av del A eller B, återfinns alla specifikationer relaterade till motorrenovering i början av denna del av kapitel 2.

2 Motorrenovering – allmän information

Det är inte alltid lätt att avgöra när, eller om, en motor skall genomgå en totalrenovering, eftersom ett antal faktorer måste tas med i beräkningen.

Högt kilometerantal är inte nödvändigtvis en indikation på att en renovering är nödvändig, medan lågt kilometerantal inte utesluter att en renovering kan behövas. Regelbunden service är förmodligen den viktigaste faktorn. En motor som har fått regelbundna olje- och filterbyten, så väl som annat nödvändigt underhåll, kommer troligtvis att prestera många tusentals kilometer av pålitlig service. En misskött motor å andra sidan, kan behöva en renovering tidigt.

Överdriven oljeförbrukning tyder på att kolvringar, ventilsäten och/eller ventil-styrningar behöver ses över. Försäkra dig om att oljeläckor inte är orsaken innan du bestämmer att ringar och/eller styrningar är slitna. Utför ett kompressionsprov enligt beskrivning i del A eller B av detta kapitel, för att bestämma en trolig orsak till problemet.

Kontrollera oljetrycket med en mätare monterad på oljetryckskontaktens plats, och jämför resultatet med det specificerade. Om det är extremt lågt, är förmodligen ram- och storändslagren och/eller oljepumpen slitna.

Kraftförlust, ojämn gång, knackning eller metalliska motorljud, överdrivet ventiljud och hög bränsleförbrukning, kan också peka på behovet av en renovering, särskilt om de alla förekommer samtidigt. Om en fullständig service inte åtgärdar problemet är över-gripande mekaniskt arbete den enda lösningen.

En motorrenovering omfattar återställande av alla inre delar till en ny motors specifika-tioner.

Under en renovering byter man ut cylinder-fodren (där tillämpligt), kolvarna och kolv-ringarna. Nya ram- och storändslager monteras vanligtvis och vid behov kan vevaxeln slipas om (eller bytas ut) så att tapparna återställs. Ventilerna genomgår också service, eftersom de vanligtvis är i ett ganska dåligt skick vid det här laget. När motorn renoveras kan andra komponenter, som fördelare, startmotor och generator, också renoveras. Slutresultatet bör bli en så gott som ny motor som kommer att prestera många problemfria mil.

Observera: *Kritiska komponenter i kyl-systemet som slangar, drivrem, termostat och vattenpump bör bytas ut vid en motorren-overing. Kylaren bör undersökas noggrant, den får inte vara blockerad eller läcka. Det är också en god idé att byta ut oljepumpen när motorn renoveras.*

Innan motorrenoveringen påbörjas, läs igenom hela proceduren så att du bekantar dig med omfattningen av arbetet och vad som krävs. Att renovera en motor är inte svårt om du noggrant följer alla instruktioner, har verktyg och utrustning som behövs till hands och är uppmärksam på specifikationerna. Det kan dock vara tidskrävande. Planera för att ha bilen stående i minst två veckor, speciellt om vissa delar måste tas till verkstad för reparation eller bearbetning. Undersök till-gången på reservdelar och se till att alla nödvändiga specialverktyg och utrustning införskaffas i förhand. Det mesta arbetet kan göras med typiska handverktyg, även om ett antal speciella mätverktyg också krävs för att man ska kunna avgöra om delar måste bytas ut. Ofta utför verkstaden undersökningen av delar, och de kan också ge råd angående bearbetning och byte.

Observera: *Vänta alltid tills motorn har tagits isär fullständigt, och tills alla komponenter (speciellt motorblocket/vevhuset och vev-axeln) har undersökts, innan du avgör vilka service- och reparationsarbeten som måste utföras av en verkstad. Skicket på dessa delar är en viktig faktor att ta med i beräkningen när man avgör om motorn kan renoveras, eller om man ska köpa en reparerad enhet. Köp därför inga delar och låt inte heller utföra renover-ingsarbeten på andra delar förrän allt har undersökts noggrant. Som en generell regel är tiden den största kostnaden, så det lönar sig inte att montera slitna eller dåliga delar.*

Avslutningsvis, för att garantera maximal livstid och minimalt trubbel från en renoverad motor måste man montera ihop alla delar mycket noggrant, i ett absolut rent arbets-utrymme.

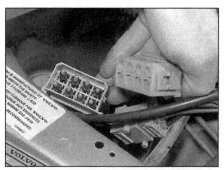

4.12 En av motorns multikontakter lossas

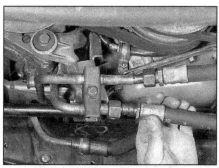

4.23 Ta loss oljekylarslangen

3 Motor/växellåda, demontering – metoder och föreskrifter

1 Om du har bestämt att motorn måste demonteras för renovering eller omfattande reparationsarbete, måste ett antal för-beredande åtgärder vidtas

2 En lämplig arbetsplats är synnerligen viktigt. Tillräckligt med arbetsutrymme och plats att förvara bilen krävs. Om en inte en verkstad eller ett garage finns tillgängligt, krävs åtminstone en solid, plan och ren arbetsyta.

3 Rengör motorrummet och motorn/växel-lådan innan demonteringen påbörjas – det gör att man ser alla delar bättre och verktygen hålls rena.

4 En motorlyft av något slag kommer också att behövas. Försäkra dig om att all utrustning är klassad för den kombinerade vikten av motorn och växellådan. Säkerhet är av största vikt med tanke på de potentiella risker som hör samman med detta arbete.

5 Om det är första gången du renoverar en motor bör du ha en medhjälpare. Råd och hjälp från någon som har erfarenhet av arbetet är mycket värdefullt. Det finns tillfällen när en person ensam inte kan utföra alla moment som krävs vid utlyftandet av motorn/växel-lådan ur bilen.

6 Planera arbetet i förväg. Innan arbetet påbörjas, hyr eller köp in verktyg och utrustning som du kommer att behöva. Tillgång till följande gör arbetet med att lyfta ur och installera motorn/växellådan säkert och relativt enkelt: en kraftig garagedomkraft, en komplett uppsättning nycklar och hylsor enligt beskrivningen i slutet av handboken, träblock och en mängd trasor och rengörande lösningsmedel för att torka upp spill av olja, kylvätska och bränsle. Om en lyft måste hyras, se till att den är bokad i förväg, och utför alla moment som är möjliga utan den i förhand. Detta spar pengar och tid.

7 Planera för att bilen kommer att vara ur drift en tid. En verkstad måste utföra vissa arbeten som en hemmamekaniker inte kan utföra utan specialutrustning. Dessa har ofta mycket välbokade scheman, så det är en bra idé att rådfråga dem innan du lyfter ut motorn, så att

du får en uppfattning om den tid som kommer att gå åt till att utföra arbetet.

8 Var alltid ytterst försiktig vid demontering och montering av motorn/växellådan. Allvar-liga skador kan bli resultatet av vårdslöst handlande. Planera ordentligt och ge dig själv gott om tid, så kan detta arbete utföras framgångsrikt.

4 Radmotor (utan växellåda) – demontering och montering

Demontering

Observera: *Radmotorn kan demonteras från bilen antingen för sig själv eller tillsammans med växellådan. Demontering av enbart motorn beskrivs i detta avsnitt, medan demon-tering tillsammans med växellådan beskrivs i avsnitt 5.*

1 Koppla loss batteriets negativa kabel.

2 Demontera motorhuven (se kapitel 11) eller öppna den så mycket som är möjligt.

3 Demontera kylaren (se kapitel 3).

4 På turbomodeller, demontera mellankylaren och tillhörande slangar (se kapitel 4B). Demontera också slangen mellan luft-flödesmätaren och turboaggregatet.

5 På förgasarmodeller, demontera luftrenaren (se kapitel 4).

6 På B234F modeller, demontera luft-mängdsmätaren och luftinloppsslangen. På alla modeller, demontera luftrenarens varm-luftstrumma.

7 På B200/B230/B234F modeller, demontera fördelarlocket och tändkablarna. På B23 modeller, demontera tändkabeln mellan spolen och fördelaren.

8 Koppla loss gasvajern.

9 Koppla loss bromsservons vakuumslang.

10 Koppla loss bränslematnings- och retur-rören. Var beredd på bränslespill.

11 Koppla loss vevhusventilations-, vakuum-och tryckavkännande slangar. Gör anteck-ningar eller identifikationsmärken om det finns risk att de blandas ihop inför monteringen.

12 Koppla loss motorns elkontakter (multi-kontakter) och notera hur de sitter **(se bild)**.

13 Koppla loss startmotorns matningskabel, demontera sedan batteriet.

14 Koppla loss motorns jordfläta(or).

15 Ta loss ledningen till luftkonditionerings-kompressorns koppling.

16 Demontera servostyrningspumpen utan att koppla loss slangarna och bind upp den så att den är ur vägen. Se kapitel 10 om så behövs.

17 Lossa värmeslangarna baktill på motorn.

18 Demontera startmotorn (se kapitel 5A).

19 Lossa främre avgasröret från grenröret eller turboaggregatet.

20 Om en oljekylare är monterad, skruva loss dess fäste.

21 Lyft upp och stöd motorn. Demontera skyddsplåten under motorn om detta inte redan gjorts.

22 Tappa av motoroljan och ta bort oljefiltret (se kapitel 1).

23 Om en oljekylare är monterad, koppla loss slangarna vid anslutningarna till rören **(se bild)**. Innehållet i oljekylaren kommer att rinna ut ur de öppna anslutningarna. Demontera oljekylaren.

24 Koppla loss slangen från vakuumtanken, skruva sedan loss och ta bort den.

25 Ta bort de muttrar och bultar mellan motorn och växellådan som är åtkomliga underifrån. Demontera också svänghjulets/drivplattans nedre kåpa.

26 På modeller med automatväxellåda, skruva loss momentomvandlaren från driv-plattan. Vrid vevaxeln så mycket som behövs för att komma åt. Gör inriktningsmärken för att underlätta monteringen.

27 Demontera luftkonditioneringskompres-sorns drivrem (se kapitel 1).

28 Ta bort de muttrar som håller kompres-sorfästet till motorn. Flytta kompressorn åt sidan utan att koppla loss kylmedelsled-ningarna. Den kan vila på batteriets plats.

29 På modeller med elektroniskt tändsystem, koppla loss tändningens givarkontakter (multi-kontakter) vid torpedväggen och identifiera kontakterna för att underlätta hopsättningen.

30 Stöd växellådan underifrån, använd helst en garagedomkraft. Vaddera domkrafts-huvudet med trasor eller ett träblock.

31 Anslut lyftanordningen till motorns lyft-öglor. Avlasta motorfästena.

32 Ta bort de muttrar som fäster motor-fästena till infästningarna på karossen.

33 Ta bort kvarvarande muttrar och bultar mellan motorn och växellådan.

34 Kontrollera att inga ledningar, slangar etc. har glömts kvar. Lyft upp motorn och dra den framåt bort från växellådan och höj samtidigt domkraften under växellådan. Låt inte växel-lådans vikt hänga på ingående axeln.

35 När motorn går fri från växellådan, lyft försiktigt ut den ur motorrummet och placera den på arbetsbänken **(se bild)**.

Montering

36 Kontrollera att kopplingen är riktigt centrerad, eller att momentomvandlaren är på plats i växellådan. Smörj in främre delen av ingående axeln eller momentomvandlarens styrtapp.

4.35 Urlyftning av en radmotor

37 Sänk ned motorn på plats, låt en medhjälpare se till att inga rör, ledningar etc. kommer i kläm.

38 På modeller med manuell växellåda, vicka motorn från sida till sida eller vrid vevaxeln något så att ingående axeln kommer på plats i lamellcentrum. Låt inte motorns tyngd vila på ingående axeln.

39 När svänghjulskåpan är på plats på styrstiften, sätt i ett par bultar och muttrar mellan motor och svänghjulskåpa och dra åt dem.

40 Resten av monteringsarbetet sker i omvänd ordning mot demontering, men notera följande:

a) Fyll på motorn med olja och kylvätska (kapitel 1).

b) Se avsnitt 25 innan motorn startas.

5 Radmotor (med växellåda) – demontering, isärtagning och montering

Observera: Radmotorn kan demonteras från bilen antingen för sig själv eller tillsammans med växellådan. Demontering av enbart motorn beskrivs i avsnitt 4 och demontering tillsammans med växellådan beskrivs i detta avsnitt.

Demontering

1 Följ beskrivning i avsnitt 4, punkt 1 till 17, 19 till 24 och 27 till 29.

2 Koppla loss ledningarna från startmotorns solenoid.

3 Demontera det nedåtgående avgasröret.

Modeller med manuell växellåda

4 Demontera kopplingens slavcylinder (utan att koppla loss hydraulslangarna) eller koppla loss kopplingsvajern, efter tillämplighet (se kapitel 6).

5 Koppla loss växelspaken (se kapitel 7A).

Modeller med automatväxellåda

6 Koppla loss kickdown- och styrlänkage (se kapitel 7B).

Alla modeller

7 Koppla loss elektriska anslutningar från växellådan.

8 Skruva loss kardanaxeln bak på växellådan.

9 Stöd växellådan. Skruva loss tvärbalken

från växellådan och från sidoskenorna och ta bort den.

10 Skruva loss stöttan under svänghjulskåpan (om monterad).

11 Anslut en lyftanordning till motorns lyftöglor. Avlasta motorns vikt.

12 Ta bort de muttrar som håller motorfästena till infästningarna på karossen.

13 Kontrollera att inga infästningar har glömts bort. Lyft upp motorn och sänk samtidigt stödet under växellådan, tills hela enheten kan lyftas ut ur motorrummet.

Isärtagning

14 Med motorn/växellådan demonterad, stöd enheten på passande träblock, på en arbetsbänk (eller åtminstone på en ren yta på verkstadsgolvet).

15 Demontera startmotorn.

16 Ta bort muttrar och bultar som håller ihop svänghjulskåpan och motorn. Demontera också svänghjulets/drivplattans nedre täckplatta (om tillämpligt).

Modeller med manuell växellåda

17 Ta hjälp av någon och dra växellådan från motorn. Låt den inte hänga på ingående axeln när den går fri från styrstiften.

Modeller med automatväxellåda

18 Skruva loss momentomvandlaren från drivplattan, vrid vevaxeln så att bultarna blir åtkomliga underifrån eller genom startmotoröppningen. Gör inställningsmärken för att underlätta monteringen.

19 Ta hjälp av någon och dra växellådan från motorn. Se till att momentomvandlaren stannar i svänghjulskåpan.

Montering

Modeller med manuell växellåda

20 Kontrollera att kopplingen är riktigt centrerad och att urtrampningsdetaljerna är rätt monterade i svänghjulskåpan. Smörj in splinesen på växellådans ingående axel med fett.

21 För upp växellådan mot motorn. Vrid vevaxeln eller ingående axeln så att splinesen kopplar i lamellcentrum. Låt inte växellådans tyngd vila på ingående axeln.

22 Sätt växellådan på plats på styrstiften. Fäst svänghjulskåpan till motorn med ett par skruvar och muttrar.

Modeller med automatväxellåda

23 Kontrollera att momentomvandlaren är på plats i växellådan. Stryk lite fett eller antikärvningsmedel på momentomvandlarens styrtapp.

24 För upp växellådan mot motorn, se till att styrstiften kommer på plats. Fäst svänghjulskåpan till motorn med ett par bultar och muttrar.

25 Sätt i bultarna som fäster momentomvandlaren till drivplattan, vrid vevaxeln för att skapa åtkomlighet. Dra endast åt bultarna med fingrarna först, dra sedan åt dem i växelvis ordning till specificerat moment (se specifikationer för kapitel 7B).

Alla modeller

26 Sätt i kvarvarande muttrar och bultar till svänghjulskåpan och (där tillämpligt) svänghjulets/drivplattans nedre täckplatta. Dra åt muttrarna och bultarna stegvis.

27 Montera startmotorn.

28 Kvarvarande montering sker i stort sett i omvänd ordning mot demonteringen, notera dock följande:

a) På modeller med automatväxellåda, justera växelväljarmekanismen (kapitel 7B).

b) Fyll på motorn med olja och kylvätska (kapitel 1).

c) Fyll på växellådan med smörjmedel vid behov (kapitel 1).

d) Se avsnitt 25 innan motorn startas.

6 V6-motor (utan växellåda) – demontering och montering

1 Tillverkarna rekommenderar att motorn och växellådan demonteras tillsammans enligt beskrivning i avsnitt 7. Denna metod är att föredra om man har en tillräckligt stark lyftanordning.

2 Demontering av enbart motorn är relativt enkelt på modeller med automatväxellåda. Montering är dock svårt på grund av att den vinkel motorn hänger i måste vara exakt för att den ska kunna anslutas till växellådan. Detta bör tänkas på när lyftanordningen ansluts; helst skall kedjorna fästas vid en stång som går längs med motorn, upphängd på mitten så att vinkeln enkelt kan justeras.

3 Demontering av enbart motorn på modeller med manuell växellåda rekommenderas inte av tillverkarna. Detta betyder inte att det är omöjligt, men problemen nämnda ovan kommer att förstoras, eftersom den ingående axeln också måste passas in i lamellcentrum.

4 Följande beskrivningar hänförs därför i första hand till modeller med automatväxellåda. Om man försöker utföra detta på en modell med manuell växellåda, kom ihåg det som nämnts ovan, läs igenom hela beskrivningen och försäkra dig om att du har nödvändig utrustning tillgänglig.

Demontering

5 Öppna motorhuven så mycket det går eller demontera den helt (se kapitel 11).

6 Demontera batteriet (se kapitel 5A).

7 Tappa av kylsystemet (se kapitel 1), demontera sedan kylaren, fläktkåpan och viskosfläkten (se kapitel 3). Ta loss kylarens övre och nedre slangar från motorn.

8 Demontera luftintagstrumman från luftrenaren och luftflödesgivaren, tillsammans med oljepåfyllningslocket och vevhusventilationsslangarna.

9 Koppla loss de nedåtgående avgasrören från grenrören. (Om så önskas kan dessa också lossas underifrån senare). Ta vara på packningarna.

10 Om växellådan har oljekylare, demontera denna (se kapitel 3).

6.43 Urlyftning av en V6-motor

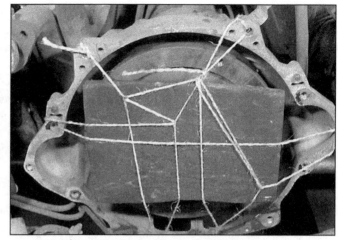

6.45 Håll momentomvandlaren på plats med ett träblock

11 Skruva loss tvärbalken som håller kylarens övre fästkonsoler. Fyra av huvens låsbultar passerar genom denna tvärbalk. Ta loss tvärbalken från huvlåsmekanismens vajer och lyft undan den.

12 Skruva loss de nedre fästena för luftkonditioneringens kondensator Flytta kondensatorn framåt, var försiktig så att inte kylmedelsledningarna belastas. Koppla inte loss rören.

13 Ta bort luftkonditioneringskompressorns drivrem (se kapitel 1). Ta loss ledningarna från kompressorns koppling. Skruva loss kompressorn och dess fästkonsoler och placera den på batteriplåten. Belasta inte kylmedelsrören. Koppla inte loss rören.

14 Koppla loss elanslutningarna för motor och bränsleinsprutning upptill på motorn och intill expansionskärlet. Lossa impulsreläet från expansionskärlet så att det följer med kablaget. Placera kablaget på motorn.

15 Skruva loss luftkonditioneringens jordstift från insugsröret. Flytta kablaget åt sidan.

16 Lossa bränsletankens påfyllningslock för att släppa ut eventuellt tryck. Koppla loss bränslematningsröret från uppe på bränslefiltret. Var beredd på bränslespill.

17 Koppla loss bränslereturröret från anslutningen på vänster innerflygel, eller från bränslefördelaren.

18 Koppla loss vajrar för gasspjäll, kickdown och farthållare (efter tillämplighet) och flytta dem åt sidan.

19 Demontera varmluftstrumman från luftrenaren och nedåtgående rörets kåpa.

20 Skruva loss ena änden av jordflätan som kopplar bränslefördelaren till torpedväggen.

21 Koppla loss högspänningskabeln mellan fördelaren och spolen och fördelarens lågspänningskontakt.

22 Koppla loss fördelarens vakuumförställningsrör från styrventilen bakom höger fjäderbenstorn (om monterad). Märk upp hur de ska sitta.

23 Koppla loss bromsservons/värmekontrollens vakuummatning från T-stycket intill vakuumpumpen.

24 Koppla loss värmarslangarna baktill på motorn.

25 Demontera oljefiltret (se kapitel 1).

26 Lyft upp och stöd motorn. Demontera skyddsplåten under motorn (om detta inte redan gjorts).

27 Tappa av motoroljan (se kapitel 1). Sätt tillbaka och dra åt avtappningspluggen efteråt så att den inte tappas bort.

28 Skruva loss momentomvandlaren eller kopplingstäckplattan nedtill på svänghjulskåpan.

29 Demontera startmotorn (se kapitel 5A).

30 Demontera styrningspumpens drivrem (se kapitel 1). Skruva loss pumpen och dess fästen, vissa fästbultar är lättare att komma åt än andra, och stöd pumpen under motorn.

31 Skruva loss och ta bort täckplattan från den oanvända startmotoröppningen.

32 Skruva loss jordflätan bakom motorns högra fäste.

33 På modeller med automatväxellåda, gör inställningsmärken mellan momentomvandlaren och drivplattan. Arbeta genom täckplattans eller startmotorns öppning och ta bort bultarna som håller momentomvandlaren till drivplattan, vrid vevaxeln för att skapa bättre åtkomlighet.

34 På alla modeller, ta bort bultarna mellan svänghjulskåpan och motorn som är åtkomliga underifrån.

35 Lossa avgassystemets fäste baktill på växellådan.

36 Ta bort den genomgående bulten från alla motorfästen, och den enda muttern från varje fäste som håller det till den främre tvärbalken.

37 Sänk ned bilen. Demontera generatorn och dess drivremmar (se kapitel 5A). Ta vara på vattenpumpens remskiva som nu är lös.

38 Lossa kvarvarande muttrar och bultar till svänghjulskåpan. På modeller med automatväxellåda fäster en av dessa bultar också växellådans mätsticks-/påfyllningsrör.

39 Anslut en lyftanordning till motorns lyftöglor.

40 Stöd växellådan med en garagedomkraft under svänghjulskåpan.

41 Kontrollera att inga infästningar har förbisetts.

42 Lyft motorn tills fästenas pinnbultar går fria från tvärbalken. Höj domkraften så att växellådan fortfarande stöds, dra sedan motorn framåt och bort från växellådan. Med en manuell växellåda, låt inte vikten vila på ingående axeln.

43 Lyft ut motorn ur motorrummet **(se bild)**. En assistent bör hjälpa till att styra ut den och se till att komponenter som t ex luftkonditioneringskompressorn inte kommer i kläm. Var försiktig så att inte luftkonditioneringens kondensator skadas, den kan punkteras av vattenpumpremskivans stift om motorn svänger framåt.

44 Sätt ned motorn på arbetsbänken eller på träblock, se till att den stöds ordentligt.

45 På modeller med automatväxellåda, säkra en stång eller ett träblock över svänghjulskåpans öppning så att momentomvandlaren hålls på plats **(se bild)**.

Montering

46 Kontrollera att kopplingen är riktigt centrerad, eller att momentomvandlaren är på plats i växellådan. Smörj in främre delen av ingående axeln eller momentomvandlarens styrtapp.

47 Sänk motorn på plats, låt någon kontrollera att inga rör, kablar etc. kommer i kläm.

48 På modeller med manuell växellåda, vicka motorn från sida till sida eller vrid vevaxeln något så att ingående axeln kommer på plats i lamellcentrum. Låt inte motorns tyngd vila på ingående axeln.

49 När svänghjulskåpan är på plats över styrstiften, sätt i ett par bultar och muttrar mellan motor och svänghjulskåpa och dra åt dem lätt.

50 Kvarvarande monteringsarbete sker i omvänd ordning mot demontering, notera följande:
  a) *Fyll på motorn med olja och kylvätska (kapitel 1).*
  b) *Se avsnitt 25 innan motorn startas.*

7 V6-motor (med växellåda) – demontering, isärtagning och montering

Demontering

1 Följ beskrivningen i avsnitt 6, punkt 5 till 8 och 10 till 24.
2 Lyft upp och stöd bilen på pallbockar. Demontera skyddsplåten under motorn.
3 Demontera servostyrningspumpens drivrem (se kapitel 1). Skruva loss pumpen och dess fästen, vissa fästbultar kan nås lättare uppifrån, och stöd pumpen under motorn.
4 Skruva loss jordflätan bakom motorns högra fäste.
5 På modeller med manuell växellåda, koppla loss kopplingsvajern eller demontera kopplingens slavcylinder (utan att koppla loss hydraulslangen) och demontera växelspaken (se kapitel 6 och 7A).
6 På modeller med automatväxellåda, skruva loss väljarlänkaget underifrån vid växlingsarmens ände och dra isär kontakterna.
7 På alla modeller, koppla loss det nedåtgående avgasröret från resten av systemet.
8 Koppla loss kardanaxeln från växellådsflänsen, gör inställningsmarkeringar för att underlätta monteringen.
9 Stöd bakre änden av motorn ovanifrån, eller använd en garagedomkraft och ett träblock underifrån. Demontera sedan växellådans bakre fästtvärbalk och tillhörande komponenter.
10 Ta bort den genomgående bulten för varje motorfäste, och den enda muttern från varje fäste som fäster det till den främre tvärbalken.
11 Sänk ned bilen. Stöd växellådan på en garagedomkraft och ett träblock (om det inte redan gjorts).
12 Anslut en lyftanordning till motorns fyra lyftöglor.
13 Avlasta motorn/växellådan. Kontrollera att inga infästningar har förbisetts, lyft sedan ut enheten ur motorrummet, sänk ned domkraften under växellådan när lyftningen påbörjas. Låt en medhjälpare styra enheten och kontrollera att ingenting kommer i kläm.
14 Sätt ned enheten på arbetsbänken eller på träblock, se till att den har ordentligt stöd.

Isärtagning

15 Se arbetsmomenten i avsnitt 5, notera följande punkter:
 a) Det är nödvändigt att demontera oljefiltret innan startmotorn kan demonteras.
 b) Ta bort täckplattan från den oanvända startmotoröppningen.
 c) Demontera det nedåtgående avgasröret.

Montering

Modeller med manuell växellåda

16 Kontrollera att kopplingen är riktigt centrerad och att kopplingens urtrampningskomponenter är monterade till svänghjulskåpan. Lägg lite fett eller antikärvningsmedel på den ingående axelns splines.

17 Lyft upp växellådan mot motorn. Rotera vevaxeln eller ingående axeln om det behövs för att få ingående axeln att gå in i lamellcentrum. Låt inte växellådans vikt hänga på ingående axeln.
18 Placera växellådan på motorns styrstift. Sätt i ett par bultar och muttrar mellan svänghjulskåpan och motorn.

Modeller med automatväxellåda

19 Kontrollera att momentomvandlaren är på plats i växellådan. Lägg lite fett eller antikärvningsmedel på momentomvandlarens styrtapp.
20 Lyft upp växellådan mot motorn, placera den på styrstiften. Sätt i ett par bultar och muttrar mellan svänghjulskåpan och motorn.
21 Sätt i bultarna mellan momentomvandlaren och drivplattan, vrid vevaxeln för att komma åt bättre. Dra bara åt bultarna lätt för hand först, dra sedan åt dem i växelvis ordning till specificerat moment (se specifikationer i kapitel 7B).

Alla modeller

22 Sätt i övriga muttrar och bultar till svänghjulskåpan och (där tillämpligt) montera svänghjulets/drivplattans nedre täckplatta. Dra åt muttrarna och bultarna stegvis.
23 Montera startmotorn.
24 Montera de nedåtgående avgasrören.
25 Sätt tillbaka startmotorns täckplatta.
26 Montera ett nytt oljefilter (kapitel 1).
27 Resten av monteringen sker i omvänd ordning mot demontering, men notera följande punkter:
 a) På modeller med automatväxellåda, justera växelväljarmekanismen (kapitel 7B).
 b) Fyll på motorn med olja och kylvätska (kapitel 1).
 c) Fyll på växellådan med smörjmedel om så behövs (kapitel 1).
 d) Se avsnitt 25 innan motorn startas.

8 Motorrenovering – ordningsföljd för isärtagning

1 Det är mycket enklare att montera isär och arbeta på motorn om den är monterad på ett flyttbart motorställ. Ett sådant ställ bör finnas hos en verktygsuthyrningsbutik. Innan motorn placeras på ett ställ måste svänghjulet/drivplattan demonteras, så att ställets bultar kan dras åt i änden på motorblocket/vevhuset.
2 Om ett ställ inte finns tillgängligt är det möjligt att ta isär motorn om den är lämpligt stöttad på en stadig arbetsbänk eller på golvet. Var försiktig så att du inte tippar eller tappar motorn om du arbetar utan ett motorställ.
3 Om du skall införskaffa en renoverad motor måste först alla yttre komponenter demonteras och överföras till ersättningsmotorn (precis som du måste göra om du själv utför en fullständig motorrenovering). Dessa komponenter omfattar följande, beroende på motortyp:

Radmotor

 a) Motorfästen (kapitel 2A)
 b) Generator och fästen (kapitel 5A)
 c) Avgasgrenrör, med turboaggregat om monterat (kapitel 4)
 d) Fläkt och vattenpump (kapitel 3)
 e) Fördelare (kapitel 5B)
 f) Insugsgrenrör och förgasare eller insprutningskomponenter (kapitel 4)
 g) Turbons avlastningsventil (kapitel 4)
 h) Tändstift (kapitel 1)
 i) Kopplingens tryckplatta och lamellcentrum (kapitel 6)
 j) Tändningsgivare och fäste (kapitel 5B)
 k) Tillsatsluftslid eller luftkontrollventil (ej förgasarmodeller) (kapitel 4)
 l) Svänghjul/drivplatta (kapitel 2A)
 m) Oljefilter (kapitel 1)
 n) Oljekylare och rör (kapitel 3)
 o) Vattenpump med slangar och fördelarrör (kapitel 3)
 p) Mätsticka, rör och fäste
 q) Oljefälla och flamfälla (kapitel 4C)

V6-motor

 a) Motorfästen (kapitel 2B).
 b) Avgasgrenrör (kapitel 4).
 c) Mätsticka och rör.
 d) Kopplingens tryckplatta och lamellcentrum (kapitel 6).
 e) Generator, drivremmar och remskivor (kapitel 1 och 5).
 f) Insugsgrenrör med insprutningskomponenter (kapitel 4).
 g) Fördelare (kapitel 5B).
 h) Tändstift (kapitel 1).
 i) Vattenpump med slangar och fördelarrör (kapitel 3).
 j) Tändningsgivare och fästen (kapitel 5B).
 k) Vakuumpump (kapitel 9).
 l) Svänghjul/drivplatta (kapitel 2B).
 m) Oljefilter (kapitel 1).
 n) Givare och fästen (kapitel 3 och 5).

Observera: När de yttre komponenterna demonteras från motorn, var mycket uppmärksam på detaljer som kan vara till hjälp eller viktiga vid monteringen. Notera var/hur packningar, tätningar, brickor, bultar och andra små delar är monterade.
4 Om du införskaffar en "kort" motor (motorblock/vevhus, vevaxel, kolvar och vevstakar hopmonterade), måste också topplocket(n), sumpen, oljepumpen och kamaxelns drivrem/kedjor demonteras.
5 Om en fullständig renovering planeras, kan motorn tas isär och de inre komponenterna demonteras i följande ordning.
 a) Kamaxeldrivrem, spännare och drev (radmotor)
 b) Kamkedjor, drev och spännare (V6-motor)
 c) Topplock
 d) Svänghjul/drivplatta
 e) Hjälpaxel (radmotor utom B234F)
 f) Oljesump
 g) Oljepump
 h) Kolvar/vevstakar
 i) Vevaxel

9.4 Gummiring på ventilskaftet

9.6 Ett knaster tas ut med en magnet

9.7 Demontering av en ventil

9.8 Ventilskaftets oljetätning tas bort (insugsventil)

10.6 Undersök om topplockets yta är skev

Observera: *På B234F radmotorer är olje-pumpen monterad på utsidan av motor-blocket, bakom kamremskåpan, och kan nås utan att man måste demontera sumpen.*

6 Innan isärtagning och renovering påbörjas, se till att du har alla verktyg som behövs. Se *"Verktyg och arbetsutrymmen"*.

9 Topplock – isärtagning

1 Demontera topplocket(n) enligt beskrivning i del A eller B av detta kapitel.
2 Demontera kamaxel, ventillyftare och mellanlägg enligt beskrivning i del A eller B av detta kapitel.
Observera: *På B234F motorer är de två kam-axlarna monterade i ett kamaxelhus som är fastskruvat på topplocket. Man måste först demontera kamaxlarna, sedan ventillyftarna och därefter kamaxelhuset, innan topplocket kan demonteras.*
3 Beroende på motortyp, och vilka kompo-nenter som fortfarande är på plats, demontera insugs- och avgasgrenrör (kapitel 4), termo-stathus (kapitel 3), tändstift (kapitel 1) och övriga anslutningar, rör, givare eller fäst-konsoler.
4 På radmotorer, ta vara på eventuella gummi-ringar från ventilskaftens ändar **(se bild)**.
5 Slå ett kraftigt slag på varje ventilskaft med en lätt hammare och dorn. Detta frigör fjäder och tillhörande delar.
6 Placera en ventilfjäderkompressor på varje ventil i tur och ordning och tryck ihop varje fjäder tills knastren kan ses. Lyft ut knastren

– en liten skruvmejsel, en magnet eller en pincett kan vara till god hjälp **(se bild)**. Släpp försiktigt fjäderkompressorn och ta bort den.
7 Ta bort ventilfjäderns övre säte och fjädern. Dra ut ventilen ur sin styrning **(se bild)**.
8 Dra av ventilskaftets oljetätning med en spetsnostång. Ta vara på tätningen **(se bild)**. Observera att på radmotorer, utom B234F, är ventilskafttätningar endast monterade på insugsventilerna. På V6-motorer och B234F radmotorer är de monterade på både insugs- och avgasventilerna.
9 Ta vara på ventilfjäderns nedre säte. Om det är mycket sotavlagringar på utsidan av ventilstyrningen måste detta skrapas av innan sätet kan tas bort.
10 Det är viktigt att varje ventil förvaras tillsammans med respektive knaster, fjäder och säten. Ventilerna skall också hållas i korrekt ordning, om de inte är så allvarligt slitna eller brända att de måste bytas ut. Om de ska behållas och användas igen, placera varje ventilenhet i en märkt plastpåse eller liknande. Om båda topplocken på en V6-motor tas isär, kom ihåg att märka varje påse som vänster eller höger, förutom med ett nummer.

10 Topplock och ventiler – rengöring och inspektion

1 Noggrann rengöring av topplocket och ven-tilkomponenterna, följd av en detaljerad undersökning, hjälper dig att avgöra hur mycket servicearbete som måste utföras på ventilerna under motorrenoveringen.

Observera: *Om motorn har varit mycket över-hettad är det bäst att anta att topplocket är skevt och noggrant leta efter tecken på detta.*

Rengöring

2 Skrapa av alla spår av gammal packning från topplocket.
3 Skrapa bort sot från förbränningskamrarna och portarna och rengör topplocket ordentligt med fotogen eller lämpligt lösningsmedel.
4 Skrapa bort tjocka sotavlagringar som kan ha samlats på ventilerna, använd sedan en eldriven stålborste till att ta bort avlagringarna på ventilhuvudena och skaften.

Inspektion

Observera: *Se till att utföra alla följande inspektioner innan du avgör om arbetet måste överlåtas till en verkstad. Gör en lista över alla delar som måste ses över.*

Topplock

5 Undersök noggrant om topplocket har sprickor, visar tecken på kylvätskeläckage, eller har andra skador. Om sprickor upptäcks måste ett nytt topplock införskaffas.
6 Använd en stållinjal och bladmått för att undersöka om topplockets packningsyta är skev. Om den är det kan det vara möjligt att plana det **(se bild)**.
7 Undersök ventilsätena i var och en av för-bränningskamrarna. Om de är gropiga, spruckna eller brända måste de bytas ut eller fräsas om av en motorrenoveringsspecialist. Om de bara är lite ojämna kan detta åtgärdas genom att ventilhuvudena och sätena slipas in med fin slippasta, enligt beskrivning nedan.
Observera: *På B234F motor har ventilsätena flera vinklar och sätesbredden (a) måste vara inom specificerade gränser (se bild).*

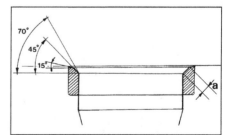

10.7 Ventilsäte på en B234F motor, med flera vinklar

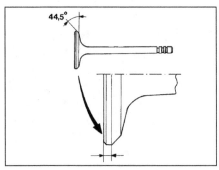

10.11 Ventilkantens bredd på en B234F motor

10.12 Ventilskaftets diameter mäts

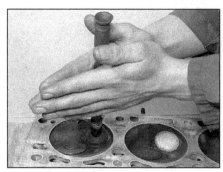

10.15 Inslipning av en ventil

8 Om ventilstyrningarna är slitna, vilket indikeras av att ventilen rör sig från sida till sida, måste nya styrningar monteras. Mät diametern på de existerande ventilskaften (se nedan) och styrningarnas lopp, räkna sedan ut spelet och jämför resultatet med specificerat värde. Om spelet är överdrivet, byt ut ventilerna eller styrningarna efter behov.

9 Byte av ventilstyrningar utförs lämpligast av en motorrenoveringsspecialist.

10 Om ventilsätena ska fräsas om *måste* detta göras *efter* det att styrningarna har bytts ut.

Ventiler

11 Undersök varje ventilhuvud för att se om det är gropigt, sprucket eller slitet, och undersök om ventilskaften är repade eller har slitkanter. Rotera ventilen och försök se om den är böjd. Leta efter gropar och överdrivet slitage på spetsen av varje ventilskaft. Byt ut varje ventil som visar tecken på något av ovan nämnda slitage.

Varning: Avgasventiler på turbomotorer innehåller natrium och får inte blandas med annat metallskrot. Rådfråga en Volvoverkstad om hur ventilerna kan tas om hand på ett säkert sätt.

Observera: *På B234F motorer kan insugsventilerna maskinslipas och kantens bredd (se bild) måste vara inom specificerade mått. Avgasventilerna är belagda med en speciell metall och måste slipas in med endast slippasta.*

12 Om ventilerna verkar vara i tillfredsställande skick så långt, mät ventilskaftens diameter vid flera punkter med en mikrometer **(se bild)**. Varje utmärkande skillnad i avläsningarna tyder på att skaftet är slitet. Om detta är fallet måste ventilen/-erna bytas ut.

13 Om ventilerna är i acceptabelt skick skall de slipas in i respektive säten, för att försäkra en mjuk, gastät tätning. Om sätet endast är lite gropigt, eller om det har frästs om, skall *endast* fin slippasta användas till att skapa den slutgiltiga ytan. Grov slippasta skall inte användas om inte ett säte är svårt bränt eller har djupa gropar. Om detta är fallet bör topplocket och ventilerna undersökas av en expert som kan avgöra om sätena kan fräsas om eller om ventilen eller sätet måste bytas ut.

14 Ventilinslipning görs enligt följande. Placera topplocket upp och ner på en arbetsbänk, med ett träblock i varje ände för att ge ventilskaften utrymme.

15 Lägg ett tunt lager ventilslippasta (av rätt grad) på sätesytan och tryck ett ventilslipningsverktyg på ventilhuvudet. Med en halvroterande rörelse, slipa in ventilhuvudet mot sitt säte, och lyft ventilen då och då för att återfördela slippastan **(se bild)**. En lätt fjäder placerad under ventilhuvudet underlättar detta moment.

16 Om grov slippasta används, arbeta tills en matt, jämn yta erhålls på både ventilsätet och ventilen. Torka sedan av pastan och upprepa momentet med fin slippasta. När en mjuk obruten ring av ljusgrå, matt yta finns på både ventilen och sätet är slipningen färdig. Slipa

inte in ventilerna längre än absolut nödvändigt – sätet kan då sjunka in i topplocket i förtid.

17 När alla ventiler har slipats in, tvätta försiktigt bort *all* slippasta med fotogen eller ett lämpligt lösningsmedel innan topplocket sätts ihop.

Ventilkomponenter

18 Undersök om ventilfjädrarna visar tecken på skador eller missfärgning, och mät också deras fria längd genom att jämföra var och en av de existerande fjädrarna med en ny.

19 Ställ varje fjäder på en plan yta och undersök om de är raka. Om någon av fjädrarna är skadade, skeva eller har förlorat sin spänst, införskaffa en komplett ny uppsättning fjädrar. Det är normalt att montera nya fjädrar som en rutinåtgärd om en fullständig renovering utförs.

20 Byt ut ventilskaftens oljetätningar oberoende av deras synliga skick.

Ventilskaftens höjd – B234F motorer

21 På B234F motorer är rätt ventilskaftshöjd viktig för att de hydrauliska ventillyftarna skall fungera ordentligt. Ventilskaftshöjden är avståndet mellan kamaxellagret och toppen på ventilskaftet, mätt med ett speciellt verktyg. Placera kamaxelhållaren på topplocket och placera mätverktyg 5222 över kamaxellagersätena **(se bild)**. Mät ventilskaftshöjden genom att sätta in oken genom hålet i mätaren. Om så behövs, slipa änden av ventilskaftet, men inte mer än max tillåten maskinbearbetning.

10.21 Mät ventilskaftets höjd på B234F motorer

11.1 Montering av ventilfjäderns nedre säte

11 Topplock – hopsättning

1 Olja in skaftet på en ventil och sätt in den i styrningen. Sätt det nedre fjädersätet på plats (kupad sida uppåt på radmotorer) **(se bild)**.

2 På endast insugsventilerna (radmotorer utom B234F) eller på alla ventiler (V6-motorer och B234F radmotorer), montera ventilskaftets oljetätning, pressa det på ventilstyrningen med en rörbit. Var försiktig så att du inte skadar tätningsläpparna på ventil-skaftet: om en skyddshylsa medföljer tätning-arna, täck över knasterspåren med den när tätningen sätts på plats.

3 Montera ventilfjädern och det övre sätet **(se bilder)**. Tryck ihop fjädern och montera de två knastren i urtagen i ventilskaftet. Släpp försiktigt kompressorn.

 HAYNES TiPS *Använd lite fett för att hålla knastret på plats på ventil-skaftet när fjäderkompressorn lossas.*

4 Täck över ventilskaftet med en trasa och knacka kraftigt på det med en lätt hammare för att försäkra att knastren är ordentligt på plats.
5 Upprepa dessa moment på de andra ventilerna.
6 På radmotorer, montera nya gummiringar på ventilskaften.
7 Sätt tillbaka kamaxel, ventillyftare och mellanlägg enligt beskrivning i del A eller B i detta kapitel.
8 Sätt tillbaka övriga rubbade komponenter, montera sedan topplocket(n) enligt beskriv-ning i del A eller B i detta kapitel.

12 Vipparmsaggregat (V6-motor) – isärtagning, inspektion och hopsättning

Isärtagning

1 Ta bort bulten från lagerbocken längst bort från låsringen. Håll lagerbocken mot fjäder-trycket medan bulten tas bort.
2 Dra av lagerbockar, vipparmar, fjädrar och distanser från axeln, var noga med att hålla dem i rätt ordning och vända åt rätt håll **(se bild)**. Ta bort låsringen från axeländen.

Inspektion

3 Undersök vipparmslagrens ytor som kommer i kontakt med kamaxelloberna, se om de är repade eller har slitkanter. Om så är fallet, byt ut aktuell vipparm. Om en vipparms lageryta är allvarligt repad, undersök också om motsvarande lob på kamaxeln är sliten, eftersom det är troligt att de båda är slitna.

11.3a Montering av ventilfjäder . . .

Byt ut slitna komponenter efter behov.
4 Undersök ändarna på (ventilspels-) juster-skruvarna för att se om de är slitna eller skadade och byt ut dem om så behövs.
5 Undersök vipparmarnas och axelns lagery-tor för att se om de är repade eller har slitkanter. Om det finns tydliga tecken på slitage måste relevant(a) vipparm(ar) och/eller axeln bytas ut.

Hopsättning

6 Hopsättning sker i omvänd ordning mot isärtagning, olja alla delar rikligt. Notera att de plana ytorna på lagerbockarna ska vara vända mot axelns låsringsände och axelns olje-kanaler vända nedåt.

13 Hjälpaxel (radmotor) – demontering, inspektion och montering

Observera: *På B234F motorer sticker ingen hjälpaxel in i motorblocket. I stället är olje-pumpen monterad på utsidan av blocket, bakom kamremskåpan, och oljepumpens remskiva är monterad direkt på pumpen.*

Demontering

1 Demontera kamaxelns drivrem, drev, spännare och bakplatta, sumpen, olje-pumpen, fördelaren och andra yttre kompo-nenter som måste tas bort för att skapa åtkomlighet.
2 Skruva los vevhusventilationssystemets oljefälla och dra ut den långa avtappnings-slangen. Arbeta genom det hålet, lyft upp

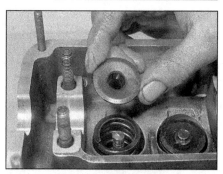
11.3b . . . och övre säte

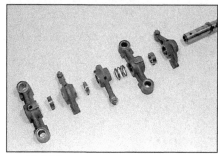
12.2 Vipparmsaxelns komponenter

oljepumpens drivande drev/axel och ta bort den **(se bild)**.
3 Skruva loss och ta bort det främre oljetät-ningshuset **(se bild)**. Observera kabelclipsen som sitter på de nedre pinnbultarna. Ta vara på packningen.
4 Dra bort hjälpaxeln, var försiktig så att inte lagren i blocket skadas **(se bild)**.

Inspektion

5 Undersök om axelns lagertappar och drev är slitna eller skadade. Mät lagertapparna med en mikrometer. Byt ut axeln om den är sliten eller skadad.
6 Om hjälpaxelns lager i blocket är skadade, låt en Volvoverkstad eller annan specialist byta ut dem.

Montering

7 Smörj hjälpaxelns lagerytor och mata in axeln i blocket. Var försiktig så att inte lagren skadas.

13.2 Demontering av oljepumpens drev

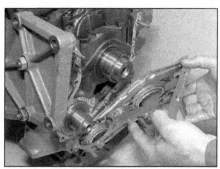
13.3 Demontering av främre oljetätningshuset

13.4 Demontering av hjälpaxeln

8 Montera det främre oljetätningshuset med en ny packning. Trimma ändarna på packningen i nivå med sumpens fogyta. Några av husets bultar kan inte sättas i än eftersom de också fäster kamaxeldrivremmens bakplatta.
9 Montera nya oljetätningar i det främre oljetätningshuset, med läpparna inåt och smorda. Använd en rörbit för att sätta tätningen på plats.
10 Montera oljepumpens drivande drev/axel och se till att det hakar i hjälpaxeln.
11 Montera oljefällans avtappningsslang, se till att den är helt insatt i sitt hål och säkrad mot den nedre änden av styrningen.
12 Sätt en ny O-ring på vevhusventilationssystemets oljefälla, sätt tillbaka och skruva fast fällan.
13 Montera de tidigare demonterade komponenterna med hänvisning till aktuellt kapitel i denna handbok.

14 Oljesump (V6-motor) – demontering och montering

Demontering

1 Ta bort de 23 bultar och brickor som fäster sumpen.
2 Demontera sumpen, knacka på den lätt eller häv den lite för att lossa den. Ta vara på packningen.
3 Oljeskvalpskottet och oljepumpens upptagningssil kan nu nås. Om silen demonteras, byt ut dess O-ring.

Montering

4 Rengör sumpen ordentligt.
5 Montera i omvänd ordning mot demontering, använd en ny packning. Dra åt sumpbultarna jämnt.

15 Kolvar och vevstakar – demontering

Radmotorer

1 Demontera topplocket och sumpen. På alla motorer utom B234F, demontera oljepumpen. Se del A av detta kapitel.

15.4 Demontering av vevstakslageröverfall på en radmotor

2 Känn efter på insidan längst upp i loppen för att se om det finns framträdande vändkanter. Det rekommenderas att sådana kanter tas bort (med skavstål eller en kantbrotsch) innan man försöker demontera kolvarna. Men en kant som är stor nog att skada kolvarna betyder troligtvis ändå att loppen måste borras om och kolvarna bytas ut.
3 Vrid vevaxeln för att placera ett par vevstaksöverfall i åtkomlig position. Kontrollera att det finns identifikationsnummer eller markeringar på varje vevstake och överfall. Om inte, måla eller gör ett passande märke med en körnare så att varje stake kan monteras på ursprunglig plats och rättvänd.
4 Ta bort de två vevstaksmuttrarna eller bultarna. Knacka på överfallet med en mjuk klubba för att lossa det. Ta bort överfallet och lagerskålen **(se bild)**.
5 Tryck vevstake och kolv upp och ut ur loppet. Ta vara på den andra lagerskålen om den är lös.
6 Sätt tillbaka överfallen på stakarna så att de inte blandas ihop. Låt lagerskålarna sitta i sina lägen om de ska återanvändas.
7 Upprepa momenten på övriga vevstakar och kolvar, vrid vevaxeln så mycket som behövs varje gång för att komma åt vevstaksöverfallen.

V6-motorer

8 Demontera topplocken, sumpen oljeskvalpplåten och oljepumpens upptagningssil. Ta vara på O-ringen.
9 Ta bort de 14 små bultarna och de åtta ramlagermuttrarna som håller det nedre vevhuset. Lyft av det nedre vevhuset och ta vara på oljeupptagningsrörets O-ring. Notera att på B280E motorn finns ytterligare två bultar på var sida om motorblocket som håller ramlageröverfall nr 2 och 3. Lossa dessa bultar först innan du tar bort ramlagermuttrarna.
10 Montera distanserna på ramlageröverfallens stift och sätt sedan tillbaka ramlagermuttrarna så att ramlagren och vevaxeln är säkrade för efterföljande moment. Detta är speciellt viktigt om ramlagren inte ska rubbas. I vilket fall som helst är det inte önskvärt att vevaxeln oväntat faller ut.
11 Om du hoppas kunna återanvända cylinderfodren, försäkra dig om att de är säkert fastklämda.
12 Placera motorn så att både övre och nedre änden är åtkomlig och vevaxeln kan vridas.
13 Undersök vevstakarna och överfallen för att se att de har identifikationsnummer eller -märken. Notera att numreringssystemet som används här av tillverkarna inte motsvarar cylindernumreringen **(se bild)**.
14 Kontrollera axialspelet mellan varje par vevstakar. Om det är utanför specificerade mått måste alla sex vevstakar bytas ut.
15 Ta bort muttrarna från ett vevstaksöverfall, knacka på det med en mjuk hammare om det sitter hårt. Ta vara på lagerskålen om den är lös och förvara den ihop med överfallet **(se bild)**.

Cylinder		1	4	2	5	3	6
Märkning av vevstake och överfall	tidig typ	A	B	C	D	E	F
	sen typ	1	2	3	4	5	6
Vevarmar (bakifrån)		1		2		3	

15.13 Förhållande mellan cylinder och vevstaksmärkning. Bokstaven (L visad här) är godtycklig

16 Tryck kolven och vevstaken upp och ut ur loppet. Låt en medhjälpare ta tag i kolven i en trasa när den kommer ut. Knacka på vevstaken med ett hammarskaft om den är trög. Ta vara på lagerskålen om den är lös och förvara den med överfallet.
17 Sätt ihop vevstaken och överfallet och säkra dem med muttrarna. Håll ordning på lagerskålarna om de ska återanvändas.
18 Upprepa momenten på de andra fem kolvarna och vevstakarna, vrid vevaxeln för att komma åt dem.

16 Vevaxel – demontering

1 Demontera kolvarna och vevstakarna, oljepumpen (V6-motorer) och det främre och bakre oljetätningshuset (om det inte redan gjorts).
2 Innan vevaxeln demonteras, kontrollera axialspelet. Montera en mätklocka (indikatorklocka) med skaftet i linje med vevaxeln och just vidrörande vevaxeln.
3 Tryck bort vevaxeln helt från mätklockan och nollställ denna. Häv sedan vevaxeln mot

15.15 Demontering av vevstaksöverfall på en V6-motor

**16.6 Demontering av bakre ramlager-
överfall med tryckbrickor**

mätklockan så långt som möjligt, och läs av klockan. Avståndet som vevaxeln flyttar sig är axialspelet. Om det är större än specificerat, undersök om vevaxelns tryckytor är slitna. Om inget slitage verkar finnas bör nya tryckbrickor korrigera axialspelet.

4 Om ingen mätklocka finns till hands kan bladmått användas. Häv eller tryck försiktigt vevaxeln hela vägen mot motorns högra sida. Placera bladmått mellan vevaxeln och det ramlager som innehåller tryckbrickorna för att fastställa spelet.

5 Undersök om ramlageröverfallen har identifieringsnummer eller märken. Måla eller gör märken med en körnare om så behövs.

6 Ta bort ramlageröverfallsbultarna (radmotorer) eller muttrarna och distanserna (V6-motorer). Lyft av ramlageröverfallen, knacka på dem med en mjuk hammare om så behövs för att de ska lossna. Förvara lagerskålarna med respektive överfall om de ska återanvändas. På V6-motorer, ta vara på de halva tryckbrickorna på var sida om det bakre överfallet **(se bild)**.

7 Lyft ut vevaxeln. Tappa den inte, den är tung.

8 På B200/B230 radmotorer, ta vara på de två halva tryckbrickorna på sidorna om det mittre ramlagret. (På B23 och B234F radmotorer har lagerskålarna till lager nr 5 integrerade tryckflänsar.) På V6-motorer, ta vara på de övre halvorna av tryckbrickorna på var sida om det bakre lagersätet.

9 Ta bort de övre halva ramlagerskålarna från sätena i vevhuset genom att trycka ned änden på skålen som är längst bort från styrklacken. Igen, håll skålarna i rätt ordning om de ska återanvändas.

17 Motorblock/vevhus –
rengöring och inspektion

Rengöring

1 Innan rengöringen görs, ta bort alla yttre komponenter och givare, och eventuella galleripluggar eller -lock som kan vara monterade.

2 På V6-motorer, demontera cylinderfodren – se punkt 20 och 21.

3 Om någon del av gjutgodset är extremt smutsig bör allt ångtvättas.

4 När gjutgodset är tillbaka från ångtvätten, rengör alla oljehål och oljegallerier ännu en gång. Spola alla inre kanaler med varmt vatten tills rent vatten kommer ut, torka sedan ordentligt och lägg på ett tunt lager olja på alla bearbetade ytor, för att undvika rost. Om du har tillgång till tryckluft, använd det till att skynda på torkningsprocessen, och till att blåsa ur alla oljehål och gallerier.

 **Varning: Använd skydds-
glasögon vid arbete med
tryckluft!**

5 Om gjutgodset inte är mycket smutsigt kan du göra ett tillfredsställande jobb med hett såpvatten (så varmt som du klarar av!) och en hård borste. Ta tid på dig och gör ett noggrant jobb. Oavsett vilken rengöringsmetod som används, se till att rengöra alla oljehål och gallerier mycket noggrant, och torka ur alla detaljer helt. Skydda de bearbetade ytorna enligt beskrivningen ovan för att undvika rost.

6 Alla gängade hål måste vara rena och torra för att åtdragningsmomenten skall bli rätt under hopsättningen. För att rengöra gängorna, använd en gängtapp av rätt storlek i vart och ett av hålen till att ta bort rost, korrosion, gängtätning eller slam, och för att återställa skadade gängor **(se bild)**. Om möjligt, använd tryckluft till att blåsa ut skräp som finns kvar efter detta arbete.

> **HAYNES**
> **TIPS**
>
> *Ett bra alternativ är att spruta in ett vattendrivande smörjmedel i varje hål, med hjälp av den långa pipen som vanligtvis medföljer*

 **Varning: Använd skydds-
glasögon vid arbete med
tryckluft!**

7 Om motorn inte skall sättas ihop på en gång, täck över den med en stor plastpåse för att skydda den mot smuts. Skydda de bearbetade ytorna enligt beskrivningen ovan för att förebygga rost.

Inspektion

Radmotorer

8 Undersök om gjutgodset är sprucket eller korroderat. Leta efter skadade gängor i hålen. Om det någon gång har förekommit inre kylvätskeläckage kan det vara värt att låta en motorrenoveringsspecialist undersöka motorblocket/vevhuset med specialutrustning. Om defekter upptäcks, låt reparera dem om det är möjligt, eller byt ut enheten.

9 Undersök varje cylinderlopp för att se om det är skavt eller repat. Leta efter tecken på en vändkant längst upp i cylindern, vilket indikerar att loppet är mycket slitet.

10 Om nödvändig mätutrustning finns tillgänglig, mät diametern på varje cylinder längst upp (just under kanten), i mitten och

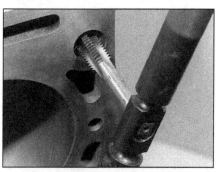

**17.6 Rengöring av ett gängat hål i
motorblocket med en passande gängtapp**

längst ner i cylinderloppet, parallellt med vevaxeln. Därefter, mät loppets diameter vid samma tre punkter men i rät vinkel i förhållande till axeln. Anteckna resultaten.

11 Mät kolvdiametern i rät vinkel i förhållande till kolvbulten, precis ovanför botten på kolvmanteln, och anteckna resultatet.

12 Om du vill mäta spelet mellan kolven och loppet, mät loppet och kolvmanteln enligt beskrivningen ovan, och dra ifrån manteldiametern från loppets mått. Om precisionsverktygen som visas här inte är tillgängliga kan kolvarnas och loppens skick bedömas, om än inte så exakt, med hjälp av bladmått enligt följande. Välj ett bladmått med samma tjocklek som det specificerade spelet mellan kolv och lopp, och skjut in det i cylindern tillsammans med motsvarande kolv. Kolven måste placeras exakt så som den skulle placerats normalt. Bladmåtten måste vara mellan kolven och cylindern på en av tryckytorna (i rät vinkel i förhållande till kolvbultens hål). Kolven skall glida genom cylindern (med bladmåttet på plats) med rimligt tryck; om den faller genom eller glider genom väldigt lätt, är spelet för stort, och en ny kolv måste monteras. Om kolven kärvar i den nedre delen av cylindern, och är lös upptill, är cylindern konisk. Om kärvhet märks på vissa punkter när kolven/bladmåttet roteras i cylindern, är cylindern orund (oval).

13 Upprepa dessa moment för övriga kolvar och cylinderlopp.

14 Jämför resultaten med specifikationerna i början av detta kapitel. Om några mått är utanför de dimensioner som specificerats för den klassen, eller om några lopps dimensioner skiljer sig märkbart från andra (som tyder på att loppet är koniskt eller orunt), är kolven eller loppet överdrivet slitet.

15 Om några av cylinderloppen är mycket illa skavda eller repiga, eller om de är mycket slitna, orunda eller koniska, är den normala åtgärden att låta borra om motorblocket/vevhuset och montera nya kolvar av överstorlek vid hopsättningen. Rådfråga en återförsäljare eller en motorrenoveringsspecialist.

16 Om loppen är i relativt gott skick och inte överdrivet slitna, kan man bara behöva byta ut kolvringarna.

17 Om detta är fallet bör loppen honas så att nya ringar kan arbetas in på rätt sätt och ge

17.21 Demontering av ett foder från blocket

17.31 Mät cylinderfodrets utstick

17.36 Foder med tätning monterad. Identifikationsflik vid pilen

bästa möjliga tätning. Honing är ett arbete som kan utföras av en motorrenoveringsspecialist.

18 Efter det att all maskinbearbetning är utförd måste hela blocket/vevhuset rengöras mycket noggrant med varmt såpvatten så att allt spån som skapats under arbetet avlägsnas. När motorblocket/vevhuset är helt rent, skölj det noggrant och torka det, olja sedan lätt alla exponerade maskinbearbetade ytor för att förebygga rost.

19 Motorblocket/vevhuset skall nu vara helt rent och torrt, alla komponenter skall ha undersökts angående slitage och skador och reparerats/bytts ut efter behov. Montera tillbaka så många tillhörande komponenter som möjligt, för att hålla reda på dem. Om hopsättningen inte skall starta omedelbart, täck över blocket med en stor plastpåse för att hålla den ren och skydda de maskinbearbetade ytorna mot rost.

V6-motorer

20 Markera placeringen av varje foder i förhållande till blocket. Markera också cylindernumret på varje foder.

21 Ta bort fodrens fästklämmor (om monterade) och lyft ut fodren ur blocket **(se bild)**.

22 Rengör tätningsläppen på utsidan av fodret och tätningsytan i blocket.

23 Ta bort de olika täckpluggarna från motorblocket. Rengör blocket överallt, glöm inte olje- och vattenkanalerna. Blås genom kanalerna med tryckluft.

24 Undersök om motorblocket är sprucket, om tätningsytorna är skeva eller om det är skadat på annat sätt. Rådfråga en expert om skador påträffas. Undersök också i vilket skick de gängade hålen är.

25 Sätt tillbaka täckpluggarna i blocket med nya tätningar eller kopparbrickor.

26 Undersök om fodren är spruckna, repade inuti eller på annat sätt skadade.

27 Undersök om fodren är slitna eller orunda enligt beskrivningen ovan för radmotorer (punkt 9 till 14). Foder kan inte borras om utan måste bytas ut, komplett med kolvar i uppsättningar om sex, om de är mycket slitna.

28 Cylinderfodrens utstick ovanför toppen på blocket måste vara noggrant inställt för att garantera god tätning av topplockspackningar och foderbaser. Bastätningar finns i olika

tjocklekar; ett urval bör införskaffas inför detta arbetsmoment.

Observera: *Vissa cylinderpackningar kräver ett annorlunda foderutstick, rådfråga din återförsäljare.*

29 Försäkra dig om att fodren och deras säten är helt rena.

30 Montera ett foder i blocket utan en tätning. Observera placerings- och inriktningsmärken om de gamla fodren används. Kläm fast fodret lätt med hjälp av topplocksbultarna, distanser och stora brickor.

31 Använd en stållinjal och bladmått, eller (vilket är att föredra) en mätklocka och en passande fästkonsol, mät fodrets utstick i förhållande till blockets topp **(se bild)**. Mät på tre olika ställen och anteckna resultatet.

32 Skillnaden mellan de tre måtten får inte överskrida 0,05 mm. Om det gör det, ta ut fodret och se efter om det finns smuts på fodret eller sätet. Om skillnaden är inom gränserna, använd det största av de tre måtten som utgångspunkt för kalkyleringen.

Till exempel:

Mått 1	= 0,10 mm
Mått 2	= 0,06 mm
Mått 3	= 0,07 mm
Max skillnad	= 0,04 mm
Största mått	= 0,10 mm

33 Välj en bastätning med en sådan tjocklek att det slutgiltiga utsticket kommer att ligga inom specificerat område. Försök uppnå max tillåtet utstick. Till exempel:

Önskat utstick	= 0,23 mm (max)
Mått 1 (ovan)	= 0,10 mm
Skillnad (tätningstjocklek som behövs)	= 0,13 mm

34 Fodertätningens tjocklek indikeras antingen av färgkoder eller av en serie flikar, beroende på motortyp (se specifikationer). Om man t ex arbetar med B28E motorn, har tätningen som ligger närmast i tjocklek till det som krävs en röd markering. Den kan visa sig vara marginellt för tjock, i vilket fall en tätning med vit markering måste användas.

35 Ta bort fodret från motorblocket.

36 Montera tätningar med den uträknade tjockleken till alla foder. Färgmarkeringen skall placeras så att den är synlig när fodret monteras. Tungorna runt insidan på tätningen måste passas in i foderbasens spår **(se bild)**.

37 Montera alla foder i blocket. Observera placerings- och inriktningsmärken om tillämpligt. Kläm fast fodren.

38 Arbeta på en cylinderbank i taget, mät utsticket på varje foder i förhållande till blocket och i förhållande till intilliggande foder. Utsticket i förhållande till blocket måste vara enligt specifikationerna, och skillnaden mellan intilliggande foder får inte överskrida 0,04 mm.

39 Montera tätningar av olika tjocklek på individuella foder om det behövs för att uppnå det önskade resultatet. (Inte mer än en tätning får användas per foder.) Nya foder kan roteras eller flyttas om man så önskar. Kläm fast fodren ordentligt efter avslutat arbete.

18 Kolvar och vevstakar – inspektion

1 Innan undersökningen kan göras måste kolvarna/vevstakarna rengöras och kolvringarna måste tas bort från kolvarna.

2 Expandera försiktigt de gamla ringarna över toppen på kolven. Ta hjälp av två eller tre bladmått för att förhindra att ringarna faller in i tomma spår. Var försiktig så att inte kolvarna repas av ringarnas ändar. Ringarna är sköra och går sönder om de böjs ut för mycket. De är också väldigt vassa – skydda händerna. Notera att den tredje ringen omfattar en expanderare. Ta alltid bort ringarna från kolvens topp. Förvara varje uppsättning ringar tillsammans med tillhörande kolv om de gamla ringarna ska användas igen, och märk varje ring så att dess ursprungliga toppyta kan identifieras vid hopsättningen, och så att den kan sättas tillbaka i rätt spår.

3 Skrapa bort alla spår av sot från kolvtoppen. En handhållen stålborste (eller en bit slipduk) kan användas efter det att överflödet av avlagringarna har skrapats bort.

4 Ta bort sotet från ringspåren i kolven med en gammal ring. Bryt av ringen för att göra detta (var försiktig så att du inte skär dig i fingrarna – kolvringar är vassa). Var noga med att endast ta bort sotavlagringar, skrapa inte

18.4 Rengöring av kolvringsspår

18.14a Låsring tas bort från kolven

18.14b Kolvbulten tas ut

bort någon metall och skada inte sidorna på ringspåren (se bild).

5 När avlagringarna har tagits bort, rengör kolvarna/vevstakarna med fotogen eller passande lösningsmedel, och torka ordentligt. Se till att oljereturhålen i ringspåren inte är blockerade.

6 Om kolvarna och cylinder- (eller foder-) loppen inte är skadade eller mycket slitna, och om motorblocket inte behöver borras om (där tillämpligt), kan de gamla kolvarna monteras tillbaka. Normalt kolvslitage uppträder som jämnt vertikalt slitage på kolvens tryckytor, och den översta ringen kan sitta lite löst i sitt spår. Nya kolvringar bör alltid användas när motorn sätts ihop.

7 Undersök varje kolv noggrant för att se om den har sprickor runt manteln, runt kolvbultshålen och på ytorna mellan ringspåren.

8 Leta efter repor och skavda partier på kolvmanteln, hål i kolvkronan och brända partier på kanten av kronan. Om manteln är repad eller skavd kan motorn ha lidit av överhettning och/eller onormal förbränning, vilket orsakar extremt höga arbetstemperaturer. Kyl- och smörjsystemen måste kontrolleras noga. Brännmärken på sidan av kolven visar att förbiblåsning har inträffat. Ett hål i kolvkronan eller brända partier på kanten av kolvkronan tyder på onormal förbränning (förtändning, knackning eller detonation). Om något av ovannämnda problem förekommer måste orsaken undersökas och åtgärdas, annars kommer skador att uppstå igen. Orsakerna kan omfatta läckor i insugsluften, felaktig bränsle/luft blandning eller felaktig tändinställning.

9 Korrosion på kolven, i form av gropar, tyder på att kylvätska har läckt in i förbränningskammaren och/eller vevhuset. Orsaken måste hittas och åtgärdas för att inte problemet skall återkomma i den renoverade motorn.

10 På V6-motorer är det inte möjligt att byta ut endast kolvarna separat. Kolvarna levereras med kolvringar, en kolvbult och ett foder som en enhet. För radmotorer kan kolvarna köpas separat från en Volvoåterförsäljare eller motorspecialist.

11 Undersök varje vevstake noggrant för att se om den är skadad, t ex har sprickor runt storänds- eller lilländslagren. Kontrollera att vevstaken inte är böjd eller missformad. Det är inte troligt att stakarna är skadade om inte motorn har skurit eller blivit allvarligt överhettad. Ingående kontroll av vevstakarna kan endast utföras av en motorrenoveringsspecialist med rätt utrustning.

12 På B28E V6-motorn har kolvbulten presspassning i vevstakens lilländslager. Därför skall byte av kolv/vevstake överlämnas till en Volvo-återförsäljare eller en motorrenoveringsspecialist som har rätt verktyg för att demontera och montera kolvbultarna. På alla radmotorer, och på B280E V6-motorn, är kolvbultarna av flytande typ, säkrade på plats med två låsringar. På dessa motorer kan kolvarna och vevstakarna separeras enligt följande.

13 Om du är tveksam, undersök vevstaken och kolven och notera eventuella markeringar som kan användas som guide vid montering av de nya kolvarna.

14 Ta bort en av låsringarna som fäster kolvbulten. Tryck kolvbulten ut ur kolven och vevstaken (se bilder).

15 Om nya kolvar av standardstorlek behövs, notera att tre grader finns – se specifikationerna. Gradbokstaven är stämplad på kolvkronan och intill varje lopp.

16 Kontrollera kolvbultens passning i vevstakens bussning och i kolven. Om det finns ett märkbart spel måste en ny bussning eller en kolvbult av överstorlek monteras. Rådfråga en Volvoverkstad eller motorrenoveringsspecialist.

17 Undersök alla komponenter och införskaffa eventuella delar som behövs. Om nya kolvar köps in kommer dessa att levereras med kolvbultar och låsringar. Låsringar kan också köpas separat.

18 Olja in kolvbulten. Sätt ihop vevstaken och kolven, se till att vevstaken monteras rätt väg, och säkra kolvbulten med låsringen.

19 Vevaxel – inspektion

1 Rengör vevaxeln med fotogen eller lämpligt lösningsmedel och torka den, helst med tryckluft om det finns till hands. Se till att rengöra oljehålen med en piprensare eller liknande för att försäkra att de inte är blockerade.

⚠ **Varning: Använd skyddsglasögon vid arbete med tryckluft!**

2 Undersök om ram- och storändslagertapparna är ojämnt slitna, har repor, gropar eller sprickor.

3 Slitna storändslager medför ett metalliskt knackande när motorn är i gång (speciellt märks det när motorn drar från låg hastighet) och viss förlust av oljetryck.

4 Slitna ramlager medför kraftig motorvibration och buller – vilket blir allt värre när motorns hastighet ökar – och även här förlust av oljetryck.

5 Undersök om lagertappen är ojämn genom att stryka ett finger lätt över lagerytan. Ojämnheter (som också kommer att ha medfört uppenbart lagerslitage) tyder på att vevaxeln behöver slipas om (om möjligt) eller bytas ut.

6 Om vevaxeln har slipats om, leta efter borrskägg runt vevaxelns oljehål (hålen är ofta fasade så skägg bör inte vara ett problem om inte slipningen har utförts vårdslöst). Avlägsna borrskägg med en fin fil eller skrapa.

7 Använd en mikrometer, mät ram- och storändslagertapparnas diameter och jämför resultatet med specifikationerna. Genom att mäta diametern vid ett antal punkter runt varje tapps omkrets, kan du avgöra om tappen är orund eller inte. Mät tapparna i båda ändarna, nära mellanstyckena, för att avgöra om de är koniska. Jämför resultatet med specifikationerna.

8 Undersök oljetätningarnas kontaktytor i båda ändar av vevaxeln för att se om de är slitna eller skadade. Om någon av tätningarna har slitit ett djupt spår i ytan på vevaxeln, rådfråga en motorrenoveringsspecialist – reparation kan vara möjlig, annars måste en ny vevaxel monteras.

20 Ram- och storändslager – inspektion

1 Även om ram- och storändslagerskålarna bör bytas under motorrenoveringen, skall de gamla skålarna behållas och undersökas noggrant. De kan nämligen avslöja värdefull information om motorns skick.

2 Lagerhaveri uppstår på grund av smörjmedelsbrist, smuts, överbelastning av motorn och/eller korrosion **(se bild)**. Oavsett vilken orsaken är måste den åtgärdas innan motorn sätts ihop, så att samma problem inte uppstår igen.

3 När du undersöker lagerskålarna, ta bort dem från motorblocket/vevhuset och ramlageröverfallen och från vevstakarna och storändslageröverfallen, lägg sedan ut dem på en ren yta i samma ordning som de är monterade på motorn. Detta gör att du kan hänföra eventuella lagerproblem till motsvarande vevaxeltapp. Vidrör inte några lagerskålsytor med fingrarna under kontrollen eftersom ytan är ytterst ömtålig och lätt kan skadas.

4 Smuts eller andra partiklar kan komma in i motorn på olika sätt. Det kan bli kvar i motorn under hopsättningen, eller det kan komma in genom filter eller vevhusventilationssystemet. Det kan komma in i oljan och därifrån in i lagren. Metallspån från maskinbearbetning och normalt motorslitage finns ofta. Slipmedel blir ibland kvar i motorns komponenter efter bearbetning, speciellt när delarna inte rengörs ordentligt. Oberoende av orsaken, bäddas dessa partiklar ofta in i det mjuka lagermaterialet och kan lätt upptäckas. Stora partiklar sjunker inte in i materialet och repar därför lagerskålen och tappen. Den bästa försäkringen mot att detta skall inträffa är att rengöra alla delar mycket noggrant och hålla allting absolut rent under hopsättningen av motorn. Täta och regelbundna byten av olja och filter rekommenderas också.

5 Brist på smörjmedel (eller smörjmedelshaveri) har ett antal sinsemellan relaterade orsaker. Överdriven hetta (vilket tunnar ut oljan), överbelastning (vilket pressar bort oljan

från lagerytan) och oljeläckage (på grund av för stora lagerspel, sliten oljepump eller höga motorhastigheter) bidrar alla till smörjmedelshaveri. Blockerade oljepassager, vilket vanligtvis är följden av felinställda oljehål i en lagerskål, svälter också ett lager på olja och förstör det. När brist på smörjmedel är orsaken till ett lagerhaveri är lagermaterialet bortslitet eller bortstött från lagerskålens stålbakdel. Temperaturerna kan stiga till den grad att stålbakdelen blir blå av överhettning.

6 Körvanor kan definitivt påverka lagrens livslängd. Full gas i låga hastigheter (överarbetning av motorn) gör att lagren belastas väldigt hårt, vilket pressar ut oljeskiktet. Dessa belastningar gör att skålarna böjs, vilket resulterar i fina sprickor i lagerytan (utmattning). Till slut kommer lagermaterialet att falla av i bitar och lossna från stålbakdelen.

7 Körning korta sträckor leder till korrosion på lagren eftersom motorn inte hinner bli så varm att kondens och korrosiva gaser avlägsnas. Dessa produkter samlas i motoroljan och formar syra och slam. När oljan sedan går vidare till motorns lager angriper syran lagermaterialet och korrosion uppstår.

8 Felaktig montering av lagerskålarna när motorn sätts ihop kommer också att resultera i lagerutmattning. Snävt passade skålar lämnar otillräckligt spel och kommer att leda till oljesvält. Smuts eller andra partiklar som fastnar bakom en lagerskål resulterar i höga punkter på lagret vilket leder till haveri.

9 *Vidrör inte lagerskålarnas ytor med fingrarna. Ytorna är mycket ömtåliga och de kan lätt ta skada av smutspartiklar.*

21 Motorrenovering – ordningsföljd för hopsättning

1 Innan hopsättningen påbörjas, se till att alla nya delar har införskaffats och att alla nödvändiga verktyg finns till hands. Läs igenom hela arbetsmomentet för att göra dig bekant med omfattningen av arbetet och försäkra dig om att allt som behövs för hopsättningen finns tillgängligt.

2 För att spara tid och undvika problem bör man montera ihop motorn i följande ordning (efter tillämplighet).
  a) *Vevaxel (se avsnitt 23).*
  b) *Kolvar/vevstakar (se avsnitt 24).*
  c) *Oljepump (se del A eller B).*
  d) *Hjälpaxel – radmotor utom B234F (se avsnitt 13).*
  e) *Sump (se del A eller avsnitt 14).*
  f) *Svänghjul/drivplatta (se del A eller B).*
  g) *Topplock (se del A eller B).*
  h) *Kamkedjor, drev och spännare – V6-motor (se del B).*
  i) *Kamaxeldrivrem, spännare och drev – radmotor (se del A).*
  j) *Motorns yttre komponenter.*

Observera: *På B234F motorer är oljepumpen monterad på utsidan av motorblocket, bakom*

kamremskåpan, och kan monteras efter det att sumpen monterats.

3 I detta läge skall alla motordelar vara absolut rena och torra och alla problem åtgärdade. Komponenterna skall läggas ut (eller i individuella behållare) på en helt ren arbetsyta.

22 Kolvringar – montering

1 Innan de nya kolvringarna sätts på plats måste ringarnas ändgap kontrolleras enligt följande.

2 Lägg ut kolvarna/vevstakarna och de nya uppsättningarna kolvringar, så att ringarna matchas med samma kolv och cylinder när ringgapen mäts som under efterföljande hopsättning.

3 Sätt i den översta ringen i den första cylindern och tryck ner den i loppet med kolvtoppen. Detta försäkrar att ringen förblir i rät vinkel mot cylinderväggarna. Placera ringen nära botten på cylinderloppet, vid den lägre gränsen för ringens rörelsebana. Notera att den övre och den nedre kompressionsringen är olika. Den nedre ringen känns lätt igen på steget på dess undersida eller på grund av att dess yttre yta är konformad.

4 Mät ringgapet med bladmått **(se bild)**.

5 Upprepa momentet med ringen längst upp i cylinderloppet, vid den övre gränsen för dess bana och jämför måtten med siffrorna i specifikationerna.

6 Om gapet fortfarande är för litet måste det förstoras, annars kan ringändarna komma i kontakt med varandra under motorgång och orsaka allvarliga skador. Helst bör nya kolvringar som har korrekt ändgap monteras. Som en sista utväg kan ändgapen förstoras genom att man mycket försiktigt filar lite på dem med en fin fil. Var försiktig – ringarna är vassa och går också lätt sönder.

7 Med nya kolvringar är det inte troligt att ändgapet är för stort. Om gapen är för stora, kontrollera att du har rätt ringar för din motor och för cylinderloppsstorleken.

8 Upprepa kontrollproceduren för de andra

22.4 Kolvringens gap mäts

Utmattning | Felaktig placering i säte

Grop- eller fickbildning | Ljusa (blankslitna) delar

Repad av smuts | Oljebrist

Smuts inbäddat i lagermaterialet | Bortnött ytmaterial

Kraftigt slitage | Konisk tapp

Ytlagret bortnött från hela ytan | Slitage mot avrundning

H 28395

20.2 Typiskt lagerslitage

ringarna i den första cylindern, och sedan för ringarna i övriga cylindrar. Kom ihåg att förvara ringarna, kolvarna och cylindrarna uppsättningsvis.

9 När ringgapen har kontrollerats och vid behov korrigerats, kan ringarna monteras på kolvarna.

10 Montera kolvringarna med samma teknik som användes vid demonteringen. Montera den nedersta (oljekontroll-) ringen först och arbeta uppåt. Notera "TOP"-markeringen (vänd uppåt) på den andra kompressions-ringen. De övriga ringarna kan monteras vilken väg som helst, om inte den översta ringen är fasad, i vilket fall fasningen måste vara vänd uppåt **(se bilder)**. Expandera inte kompressionsringarna för mycket, de kan gå sönder.

Observera: *Följ alltid instruktionerna som medföljer de nya kolvringarna – olika tillverkare kan specificera olika procedurer. Blanda inte ihop de två kompressionsringarna.*

22.10a Kolvringarnas profiler – radmotorer

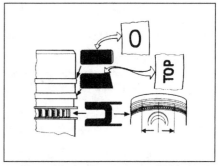

22.10b Kolvringarnas profiler – V6-motor. Förskjut oljeringsgapen som bilden visar

23 Vevaxel – montering och kontroll av ramlagerspel

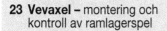

1 I detta läge förutsätts att motorblocket/ vevhuset och vevaxeln har rengjorts, under- sökts och reparerats eller bearbetats efter behov. Placera motorn upp och ner.

2 Ta bort ramlageröverfallens muttrar eller bultar och lyft ut överfallen. Lägg ut överfallen i rätt ordning för att försäkra att de monteras rätt.

3 Om de fortfarande är på plats, ta bort de gamla lagerskålarna från blocket och ram- lageröverfallen. Torka av lagerlägena i blocket och överfallen med en ren, luddfri trasa. De måste hållas absolut rena!

Kontroll av ramlagerspel

Radmotorer

4 Rengör ramlagerskålarnas säten i vevhuset och rengör baksidan på lagerskålarna. Sätt respektive övre skål (torr) på plats i vevhuset och de nedre skålarna i sina respektive överfall. Sätt lagerskålarna på deras ursprung-

liga platser om de återanvänds. Tryck skålarna på plats så att tungorna hakar i urtagen. Alla skålar är lika, utom lagerskål nr 5 på B23 och B234F motorerna som har tryck- flänsar.

5 Den mest noggranna metoden att kontrol- lera ramlagerspelet är att använda en amerikansk produkt kallad "Plastigage". Denna består av en fin tråd av absolut rund plast, som pressas mellan lagerskålen och tappen. När skålen tas bort är plasten deformerad och kan mätas med en speciell skala som medföljer tråden. Spelet kan avläsas med hjälp av denna skala. Plastigage bör finnas hos din Volvoåterförsäljare; om inte, fråga hos en av de större motorspecialis- terna. Man använder Plastigage enligt följande:

6 Rengör lagerytorna på skålen och i blocket, och vevaxelns ramlagertappar med en ren, luddfri trasa. Kontrollera eller rengör oljehålen i vevaxeln, smuts här kan endast gå en väg – rakt igenom till de nya lagren.

7 När du är säker på att vevaxeln är ren, lägg försiktigt ut den i ramlagren. Förbered flera bitar Plastigage av passande storlek (de måste vara något kortare än bredden på ram- lagren), och placera en bit på varje vevaxel- lagertapp, parallellt med vevaxelns mittlinje **(se bild)**.

8 Rengör lagerytorna på överfallsskålarna och sätt överfallen på sina respektive platser. Var noga med att inte rubba Plastigage-tråden och rotera *inte* vevaxeln någon gång under detta moment.

9 Arbeta med ett överfall i taget, från det mittersta ramlagret och utåt (försäkra dig om att varje överfall dras ner rakt och jämnt mot blocket), dra åt ramlageröverfallens bultar till specificerat åtdragningsmoment.

10 Ta bort bultarna och lyft försiktigt av ram- lageröverfallen, håll dem i ordning. Var noga med att inte rubba Plastigagetråden eller rotera vevaxeln.

11 Mät nu bredden på den hoptryckta tråden på varje lagertapp med skalan som är tryckt på kuvertet för att erhålla ramlagerspelet **(se bild)**. Jämför resultatet med specifikationerna för att se om spelet är korrekt.

12 Om spelet skiljer sig mycket från det förväntade kan lagerskålarna vara av fel storlek (eller mycket slitna om originalskålarna används). Innan du bestämmer att skålar av annan storlek behövs, se till att inte smuts eller olja fastnat mellan lagerskålarna och överfallen eller blocket när spelet mättes. Om Plastigagetråden är märkbart bredare i ena änden än den andra kan lagertappen vara konformad.

13 Skrapa försiktigt bort alla spår av Plastigage från ramlagertapparna och lager- ytorna. Var mycket försiktig så att du inte repar lagret – använd fingernageln eller en trä- eller plastskrapa som inte kan repa lager- ytorna.

V6-motorer

14 Proceduren är liknande den som beskrivs ovan för radmotorer, förutom att man måste använda distanser under lageröverfallets fäst- muttrar för att muttrarna ska kunna dras åt.

15 När lagerskålarna sätts på plats, notera att skålarna som sitter i motorblocket har smörjhål, men inte skålarna som sitter i över- fallen.

Slutlig montering av vevaxel

Radmotorer

16 Lyft försiktigt ut vevaxeln ur motorn, rengör lagerytorna i skålarna och i blocket.

17 På B200/B230 motorn, lägg lite fett på de släta sidorna på de halva tryckbrickorna. Placera brickorna på var sida om mittre lagret i vevhuset. De spårade sidorna på brickorna ska vara vända utåt. På B23 och B234F

23.7 Plastigage på plats på en ramlagertapp

23.11 Mät bredden på den tillplattade Plastigagetråden med medföljande skala

motorn, lägg lite fett på sidorna på tryckflänsarna på lagerskålarna för nr 5.

18 Smörj lagerskålarna i vevhuset rikligt med ren motorolja.

19 Rengör vevaxeltapparna, sänk sedan ned vevaxeln på plats. Se till att inte skålarna (eller tryckbrickorna, där tillämpligt) rubbas.

20 Spruta in olja i vevaxelns oljekanaler. Olja in skålarna i ramlageröverfallen och montera överfallen på sina rätta platser och vända åt rätt håll.

21 Montera ramlageröverfallens bultar och dra åt dem stegvis till specificerat moment.

22 Rotera vevaxeln. En viss tröghet kan förväntas om nya komponenter monterats, men det får inte kärva eller fastna på vissa punkter.

23 Det är en bra idé i detta läge att ännu en gång kontrollera vevaxelns axialspel enligt beskrivning i avsnitt 16.

24 Montera den bakre oljetätningshållaren, med en ny packning. Trimma de utstickande ändarna på packningen i nivå med sumpens fogyta.

25 Montera en ny tätning i hållaren enligt beskrivning i del A.

26 Montera kolvarna/vevstakarna på vevaxeln enligt beskrivning i avsnitt 24.

V6-motorer

27 Lyft försiktigt ut vevaxeln ur motorn, rengör sedan lagerytorna på skålarna och i blocket.

28 Montera de övre halva tryckbrickorna på var sida om det bakre lagersätet i blocket. Spåren måste vara vända utåt. Använd lite fett till att hålla dem på plats.

29 Olja in lagerskålarna i blocket. Sänk ned vevaxeln, var försiktig så att inte tryckbrickorna rubbas.

30 Spruta in olja i vevaxelns oljekanaler. Olja in skålarna i ramlageröverfallen och montera tryckbrickorna till det bakre överfallet, med spåren utåt. Montera överfallen på sina respektive platser, vända rätt väg. Knacka dem på plats om så behövs.

31 Fäst varje överfall med en distans och en mutter. Montera två distanser till det bakre överfallet och dra åt dess muttrar till 40 Nm.

32 Kontrollera att vevaxeln är fri att rotera. Viss tröghet kan förväntas om nya komponenter har monterats, men det får inte kärva eller fastna på vissa punkter.

33 Det är en bra idé i detta läge att igen kontrollera vevaxelns axialspel enligt beskrivning i avsnitt 16.

34 Montera det bakre oljetätningshuset med en ny packning. Se till att den plana kanten på huset är jäms med motorblocket, dra sedan åt de 5 insexskruvarna för att fästa den. Jämna till packningen längs med kanten.

35 Montera en ny bakre oljetätning i hållaren enligt beskrivning i del B.

36 Montera kolvarna/vevstakarna på vevaxeln enligt beskrivning i avsnitt 24.

24 Kolvar och vevstakar – montering och kontroll av storändslagerspel

1 Innan kolvarna/vevstakarna monteras måste cylinderloppen vara helt rena, den övre kanten på varje cylinder måste vara fasad och vevaxeln måste vara på plats.

2 Ta bort storändslageröverfallet från vevstaken för cylinder nr 1 (se markeringar antecknade eller gjorda vid demonteringen). Demontera originallagerskålarna och torka av lagerlägena i vevstaken och överfallet med en ren, luddfri trasa. De måste hållas absolut rena!

Kontroll av storändslagerspel

3 Observera att följande arbete förutsätter att cylinderfodren (V6-motorer) är på plats i motorblocket/vevhuset, och att vevaxeln och ramlageröverfallen är på plats.

4 Rengör baksidan av den nya övre lagerskålen, montera den på vevstake nr 1, montera sedan den andra skålen av lagersatsen i storändslageröverfallet. Kontrollera att fliken på varje skål passar in i urtaget i staken eller överfallet.

5 Det är ytterst viktigt att alla fogytor på lagerkomponenterna är absolut rena och fria från olja när de sätts ihop.

6 Placera kolvringarnas gap jämnt fördelade runt kolven, smörj kolven och ringarna med ren motorolja och montera en kolvringskompressor på kolven. Låt manteln sticka ut lite, för att styra kolven in i cylinderloppet. Ringarna måste vara hoptryckta tills de är jäms med kolven.

7 Rotera vevaxeln tills nr 1 storändslagertapp är i nedre dödpunkt (ND), och lägg lite olja på cylinderväggarna.

8 Arrangera nr 1 kolv/vevstake så att pilen på kolvkronan pekar mot kamaxeldrivremmens/kamkedjans ände på motorn. Sätt försiktigt in enheten i cylinderlopp nr 1 och vila den nedre kanten av ringkompressorn på motorblocket.

9 Knacka på den övre kanten på ringkompressorn för att försäkra att den är i kontakt med blocket runt hela dess omkrets.

10 Knacka försiktigt på kolvtoppen med ett hammarskaft **(se bild)**, medan du styr vevstakens storände på vevtappen. Kolvringarna kan försöka hoppa ut ur ringkompressorn just innan de går in i cylinderloppet, så behåll trycket på kompressorn. Arbeta sakta, och om motstånd känns när kolven går in i cylindern, stanna omedelbart. Undersök vad det är som kärvar och åtgärda det innan du fortsätter. *Tvinga inte* in kolven i cylindern – du kan bryta en ring och/eller kolven.

11 Den mest noggranna metoden att kontrollera storändslagerspelen är att använda Plastigage (se avsnitt 23).

12 Klipp av en bit Plastigage av lämplig längd, något kortare än bredden på vevstakslagret, och lägg den på storändslagertapp nr 1, parallellt med vevaxelns mittlinje.

13 Rengör fogytorna mellan vevstaken och överfallet och montera storändslageröverfallet. Dra åt överfallets bultar till specificerat moment. Rotera inte vevaxeln vid något tillfälle under detta arbete!

14 Skruva loss bultarna och ta av överfallen, var försiktig så att inte Plastigagetråden rubbas.

15 Mät bredden på den hoptryckta tråden med den skala som finns på kuvertet för att erhålla spelet. Jämför detta med specifikationerna för att avgöra om spelet är korrekt.

16 Om spelet skiljer sig märkbart från det förväntade kan lagerskålarna vara av fel storlek (eller mycket slitna, om originalskålarna används). Innan du bestämmer att skålar av annan storlek behövs, försäkra dig om att inte smuts eller olja fastnat mellan lagerskålarna och överfallet eller vevstaken när spelet mättes. Om Plastigage är märkbart bredare i ena änden än i den andra, kan tappen vara konisk.

17 Skrapa försiktigt bort all Plastigage från storändslagertapparna och lagerytan. Var mycket försiktig så att du inte repar lagret – använd fingernageln eller en trä- eller plastskrapa som inte repar lagerytan.

Slutlig montering av kolvar/vevstakar

Radmotorer

18 Se till att lagerytorna är helt rena, lägg sedan på ett jämnt lager ren motorolja på båda. Du måste trycka in kolven i cylindern för att exponera lagerytan på skålen i vevstaken.

19 Skjut tillbaka vevstaken på plats på storändslagertappen, montera lageröverfallet och dra åt muttrarna enligt beskrivning ovan.

20 Upprepa hela proceduren för övriga kolvar/vevstakar.

21 Kom ihåg följande:

a) *Håll baksidan på lagerskålarna och urtagen i vevstakarna och överfallen absolut rena när de sätts ihop.*

b) *Försäkra dig om att du har rätt kolv/vevstake för varje cylinder.*

c) *Pilen på kolvkronan måste peka mot kamaxeldrivremmens ände på motorn.*

d) *Smörj cylinderloppen med ren motorolja.*

e) *Smörj lagerytorna när storändslageröverfallen monteras efter det att spelet har kontrollerats.*

24.10 Montering av kolv i loppet

24.28 Oljeupptagningsrörets O-ring (vid pilen)

24.31 Kontrollera att vevhushalvorna är i linje

22 När alla kolvar/vevstakar har monterats ordentligt, rotera vevaxeln ett antal gånger för hand för att kontrollera att den inte kärvar.
23 Fortsätt hopsättningen av motorn i den ordning som anges i avsnitt 21.

V6-motorer

24 Se till att lagerytorna är absolut rena, lägg sedan på ett jämnt lager ren motorolja på båda. Du måste trycka in kolven i cylindern för att exponera lagerytan på skålen i vevstaken.
25 Skjut tillbaka vevstaken på plats på storändslagertappen, sätt på lageröverfallet men dra inte åt muttrarna helt än.
26 Upprepa hela momentet på de andra fem kolvarna, kom ihåg informationen i punkt 21. Dra åt lageröverfallsmuttrarna till specificerat moment när varje par vevstakar har monterats till en vevtapp (Om muttrarna dras åt när endast en vevstake har monterats, kan vridningen av en vevstake ge ett felaktigt resultat.)
27 Kontrollera att vevaxeln fortfarande är fri att rotera.
28 Ta bort ramlageröverfallens muttrar och distanser. Se till att oljeupptagningsröret är på plats och montera en ny O-ring på det **(se bild)**.
29 Rengör de övre och nedre vevhusfog-

ytorna, lägg tätningsmedel på en yta, inklusive områdena runt ramlagerstiften.
30 Montera det nedre vevhuset. Sätt i ramlagermuttrarna och de 14 små bultarna, men dra endast åt dem lätt i det här skedet. På B280E motorn, sätt i de två extra överfallsbultarna på var sida och dra åt även dessa för hand.
31 Använd en stållinjal för att kontrollera att de bakre kanterna på vevhushalvorna är i linje **(se bild)**. Om så behövs, lossa på muttrarna och bultarna och placera om det nedre vevhuset.
32 Dra åt ramlagermuttrarna i den ordning som visas till momentet specificerat för steg 1 **(se bild)**.
33 Kontrollera igen inställningen av vevhushalvorna. Lossa muttrarna om så behövs och börja om.
34 Lossa den första muttern och dra åt den igen till momentet specificerat för steg 2A. Dra åt muttern ytterligare till den vinkel som specificerats för steg 2B. Använd en vinkelmätare eller en markerad pappskiva för att indikera vinkeln **(se bild)**.
35 Upprepa lossandet och åtdragningen av alla muttrar en i taget.
36 Kontrollera att vevaxeln fortfarande är fri att rotera.

37 Dra åt de 14 små bultarna i det nedre vevhuset. På B280E motorer, lossa därefter de fyra ramlageröverfallens sidobultar.
38 Montera oljepumpens upptagningssil, med en ny O-ring, och oljeskvalpplåten.
39 Fortsätt med motorns hopsättning i den ordning som anges i avsnitt 21.

25 Motor – första start efter renovering

1 Med motorn monterad i bilen, dubbelkontrollera motoroljans och kylvätskans nivåer. Gör en sista kontroll att allt har återanslutits, och att inga verktyg eller trasor har lämnats kvar i motorrummet.
2 Sätt i tändstiften och anslut alla tändstiftskablar (kapitel 1).
3 Starta motorn, notera att detta också kan ta lite längre än vanligt eftersom att bränslesystemets komponenter är tomma.
4 Medan motorn går på tomgång, undersök om det förekommer bränsle-, kylvätske- eller oljeläckor. Bli inte orolig om du märker underliga lukter och rök, det orsakas ofta av att delar blir heta och bränner bort oljeavlagringar.
5 Låt motorn gå på tomgång tills man kan känna hett vatten cirkulera genom den övre slangen. Kontrollera att tomgången är någorlunda jämn och vid normal hastighet, stäng sedan av motorn.
6 Efter några minuter, kontrollera olje- och kylvätskenivåerna igen och fyll på om så behövs (se *"Veckokontroller"*).
7 Om nya komponenter som kolvar, ringar eller vevaxellager har monterats, måste motorn köras in de första 800 km. Under denna period, ge inte full gas och rusa inte motorn i någon växel. Det rekommenderas att man byter olja och filter i slutet av denna period.

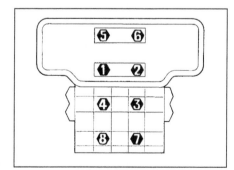

24.32 Åtdragningsföljd för ramlagermuttrarna

24.34 Vinkeldragning av en ramlagermutter

Anteckningar

Kapitel 3
System för kylning, värme och luftkonditionering

Innehåll

Svårighetsgrader

Enkelt, passar novisen med lite erfarenhet	**Ganska enkelt,** passar nybörjaren med viss erfarenhet	**Ganska svårt,** passar kompetent hemmamekaniker	**Svårt,** passar hemmamekaniker med erfarenhet	**Mycket svårt,** för professionell mekaniker

Specifikationer

Allmänt
Systemtyp .... Vattenbaserad kylvätska, pumpassisterad cirkulation, termostatstyrd

Termostat
Börjar öppna vid:
   B23/B230 (typ 1), B234F och B280E .... 86 till 88°C
   B23/B230 (typ 2) och B28 .... 91 till 93°C
Helt öppen vid:
   B23/B230 (typ 1), B234F och B280E .... 97°C
   B23/B230 (typ 2) och B28 .... 102°C
Modeller med termostat på topplocket:
   Spel mellan termostatslang och generatordrivrem .... 25 mm min

Åtdragningsmoment   Nm
Vattenpumpens bultar:
   B28 .... 15 till 20
   Alla andra motorer .... Ej specificerad

---

1 Allmän information och föreskrifter

Allmän information

Kylsystemet är konventionellt. Vattenbaserad kylvätska cirkuleras runt motorblocket och topplocket(n) av en remdriven pump. En termostat begränsar cirkulationen till motorn och värmepaketet tills arbetstemperaturen uppnås. När termostaten öppnas cirkulerar kylvätskan genom kylaren framtill i motorrummet.

Kylande luftflöde genom kylaren tillförs av bilens rörelse framåt, och av en viskoskopplad fläkt på vattenpumpens remskiva. Viskoskopplingens utformning är sådan att fläkthastigheten förblir låg vid låga temperaturer och ökar när temperaturen på luften som går genom kylaren stiger. På detta sätt minimeras underkylning, onödig kraftförlust och oljud. På vissa modeller är en elektrisk kylfläkt placerad framför luftkonditioneringens kondensator, som sitter framför kylaren, för att garantera rätt luftflöde.

Kylsystemet är trycksatt, vilket ökar effektiviteten hos systemet genom att kylvätskans kokpunkt höjs. Ett expansionskärl tar upp variationer i kylvätskans volym i förhållande till temperaturen.

Eftersom systemet är slutet är avdunstningen minimal.

Värme från kylvätskan används i bilens värmesystem. Värme- och luftkonditioneringssystemen beskrivs i avsnitt 11 och 13.

Föreskrifter

 Varning: Försök inte öppna expansionskärlets lock, eller rubba någon del av kylsystemet, medan motorn är het – du kan skålla dig. Om expansionskärlets lock måste tas bort innan motorn och kylaren har svalnat helt (även om detta inte rekommenderas) måste trycket i systemet först släppas ut. Täck över locket med en tjock trasa för att undvika att bränna dig, och skruva sakta av locket tills ett väsande ljud kan höras. När väsandet har upphört, vilket betyder att trycket har lättat, skruva sakta av locket ytterligare tills det kan tas av. Om mer väsande hörs, vänta tills det upphör innan locket tas bort helt. Håll dig alltid på avstånd från påfyllningsöppningen.

 Varning: Låt inte frostskyddsvätska komma i kontakt med huden, eller med målade ytor på bilen. Skölj omedelbart bort spill med stora mängder vatten. Låt aldrig frostskyddsvätska stå obevakat i öppna behållare, eller i en pöl på garagegolvet eller uppfarten. Barn och djur kan lockas av den söta lukten och förtäring av frostskyddsvätska kan innebära livsfara.

 Varning: Se avsnitt 13 för föreskrifter som bör iakttas vid arbete på bilar med luftkonditionering.

2 Kylsystemets slangar – losstagning och byte

Observera: *Se varningarna i avsnitt 1 i detta kapitel innan arbetet påbörjas. Slangarna får endast kopplas loss när motorn har svalnat nog för att skållning ska kunna undvikas.*

1 Om kontrollerna beskrivna i kapitel 1 avslöjar en defekt slang måste den bytas ut enligt följande.
2 Tappa först av kylsystemet (se kapitel 1). Om det inte är tid att byta ut frostskyddsvätskan kan den avtappade kylvätskan återanvändas, om den samlas upp i en ren behållare.
3 För att koppla loss en slang, använd en tång för att frigöra fjäderklämmorna (eller en skruvmejsel för att lossa klämmorna av skruvtyp), flytta dem sedan längs slangen så att de är ur vägen för anslutningen. Ta försiktigt av slangen från dess stoser. Slangarna är relativt lätta att ta bort när de är nya – på en äldre bil kan de ha fastnat.
4 Om slangarna visar sig vara svåra att få loss, försök lossa dem genom att vrida dem på anslutningsstoserna innan de dras av. Bänd försiktigt av slangänden.

5 När en slang monteras, dra först på klämmorna på slangen, haka sedan på slangen på anslutningsstoserna. Arbeta in slangen på plats, kontrollera sedan att slangen satt sig ordentligt och är rätt dragen. Dra varje klämma längs slangen tills den är bakom anslutningens breddande ände innan den dras åt ordentligt.

 HAYNES TiPS *Om slangen är trög att sätta på plats, använd lite tvålvatten som smörjmedel, eller mjuka upp slangen genom att låta den ligga i varmt vatten. Använd inte olja eller fett, det kan angripa gummit.*

6 Fyll därefter på systemet med kylvätska (se kapitel 1).
7 Leta noggrant efter läckor så snart som möjligt efter det att delar av kylsystemet har rubbats.

3 Frostskyddsvätska – allmän information

Observera: *Se varningarna i avsnitt 1 i detta kapitel innan arbetet påbörjas.*

1 Kylsystemet skall fyllas med vatten/etylenglykolbaserad frostskyddsvätska, till en koncentration som förebygger frysning ner till minst -25°, eller lägre om det lokala klimatet kräver det. Frostskyddsvätska skyddar också mot korrosion, och höjer kylvätskans kokpunkt.
2 Kylsystemet skall underhållas enligt schemat i kapitel 1. Om frostskydd används som inte följer Volvos specifikation, är det troligt att gamla eller förorenade kylvätskeblandningar orsakar skador, och uppmuntrar utvecklingen av korrosion och beläggningar i systemet. Använd destillerat vatten med frostskyddet om det finns tillgängligt – om inte, se till att använda mjukt vatten. Rent regnvatten är bra.
3 Innan du lägger till frostskydd, undersök alla slangar och slanganslutningar. Frostskyddsvätska har en tendens att läcka genom

mycket små öppningar. Motorn förbrukar vanligtvis inte kylvätska, så om nivån sjunker, leta reda på orsaken och åtgärda problemet.
4 Den specificerade blandningen är 50% frostskydd och 50% mjukt rent vatten (volymmässigt). Blanda till den mängd som krävs i en ren behållare och fyll på systemet enligt beskrivning i kapitel 1 och *"Veckokontroller"*. Spara eventuellt överflöd till påfyllning.

4 Kylare – demontering och montering

Observera: *Se varningarna i avsnitt 1 i detta kapitel innan arbetet påbörjas. Om en läcka är orsaken till att kylaren demonteras, kom ihåg att små läckor ofta kan åtgärdas med ett kylartätningsmedel med kylaren på plats i bilen.*

Demontering

1 Tappa av kylsystemet (se kapitel 1).
2 Koppla loss den övre slangen, expansionskärlets slang och ventilationsslangen från kylaren.
3 På modeller med automatväxellåda, koppla loss vätskekylarens ledningar från kylaren. Var beredd på vätskespill. Plugga eller täck över ledningarna för att hålla smuts ute.
4 Koppla loss ledningarna från eventuella termokontakter, givare etc, i kylaren.
5 Skruva loss servostyrningens vätskebehållare (om den finns på kylaren) och flytta den åt sidan.
6 Skruva loss fläktkåpan och flytta den bakåt **(se bild)**.
7 Skruva loss kylarens övre fästkonsoler **(se bild)**.
8 Lyft ut kylaren. Ta vara på de nedre fästena om de är lösa.

Montering

9 Montering sker i omvänd ordning. Fyll på kylsystemet efter avslutat arbete. På modeller med automatväxellåda, kontrollera växellådans oljenivå och fyll på vid behov. Båda dessa moment beskrivs i kapitel 1.

4.6 Skruva loss fläktkåpan

4.7 Kylarens fästkonsoler tas bort

5 Viskoskopplad fläkt – demontering och montering

Demontering

1 Ta bort muttrarna som fäster viskoskopplingen till vattenpumpremskivans pinnskruvar.
2 Dra av fläkten och kopplingen från pinnskruvarna **(se bild)**. Manipulera enheten förbi fläktkåpan. Det kan vara nödvändigt att lossa kåpan.
3 Fläkten och viskoskopplingen kan nu separeras om så behövs.

Montering

4 Montering sker i omvänd ordning mot demontering.

6 Elektrisk fläkt – demontering och montering

Demontering

1 Demontera kylargrillpanelen (se kapitel 11).
2 Ta bort de fyra skruvarna som fäster fläktens fäststänger. Dra ut multikontakten.
3 Demontera fläkten komplett med fäststänger. Motorn kan skruvas loss från fästet om så önskas.

Montering

4 Montering sker i omvänd ordning.

7 Kylsystemets elektriska kontakter och givare – test, demontering och montering

Elfläktens termokontakt
Demontering

1 Tappa delvis av kylvätskan (se kapitel 1) så att nivån går under termokontakten. Kontakten finns i kylarens sidotank eller i en slangadapter intill kylaren **(se bild)**.

7.1 Termokontakt i slangadapter. Den kan också vara monterad i kylarens sidotank

5.2 Demontering av fläkt och viskoskoppling

2 Koppla loss termokontaktens ledningar, skruva sedan loss kontakten och ta bort den.

Test

3 För att testa kontakten, anslut ett batteri och en testlampa till dess poler. Värm kontakten i hett vatten. Kontakten ska stänga (testlampan börjar lysa) vid ungefär den temperatur som är märkt på den, och öppna igen (testlampan slocknar) när den svalnar. Om inte, byt ut den.

Montering

4 Sätt tillbaka termokontakten, använd tätningsmedel på gängorna, och anslut dess elledningar.
5 Fyll på kylsystemet (kapitel 1).

Kylvätskans temperaturgivare
Test

6 Om temperaturmätaren visar "HOT" vid något tillfälle, titta i avsnittet *"Felsökning"* i slutet av denna handbok, för att få hjälp att spåra eventuella fel med kylsystemet. Om både bränslemätaren och temperaturmätaren visar fel, ligger problemet förmodligen hos instrumentens spänningsstabiliserare på instrumentpanelens tryckta krets (se kapitel 12).
7 Om temperaturmätaren misstänks vara defekt, eller mätaren inte fungerar alls, testa mätaren och givaren enligt följande:
8 Koppla loss elledningen från givaren som sitter antingen i topplocket eller vattenpumpen. På B234F motorer finns två temperaturgivare på topplocket under insugs-

7.8 Temperaturgivare på B234F motor

grenröret. Den främre givaren matar en signal till tändnings- och bränsleinsprutningssystemen, och den bakre givaren är temperaturmätarens givarenhet **(se bild)**.
Observera: *Om den främre givaren på B234F motorn är defekt, kommer den att producera en felkod på självdiagnossystemet. Se kapitel 4B och 5B.*
9 Anslut ett motstånd, ca 68 Ω, mellan kabeln och jord (fordonsmetall). Slå på tändningen; mätaren skall nu gå upp till ungefär 75% av fullt utslag. Om inte är antingen kabeln bruten eller mätaren defekt. Slå av tändningen.
10 Demontera givaren och mät dess motstånd när den är nedsänkt i vatten där temperaturen är känd. Motståndet bör vara enligt följande:

Modeller före 1987

Temperatur	Motstånd
60°C	217 ± 35 Ω
90°C	87 ± 15 Ω
100°C	67 ± 11 Ω

1987 års modeller och framåt

Temperatur	Motstånd
60°C	560 Ω
90°C	206 Ω
100°C	153 Ω

11 Om antingen mätaren eller givaren inte uppför sig enligt beskrivningen måste de bytas ut. Om givaren fungerar tillfredsställande, montera den eller anslut dess ledning (efter tillämplighet).

Demontering

12 Tappa delvis av kylvätskan (se kapitel 1) tills den är nedanför givaren.
13 Koppla loss ledningen från givaren och skruva loss den.

Montering

14 Skruva in den nya givaren, med ett lager tätningsmedel på gängorna. Anslut ledningen.
15 Fyll på kylvätska (se *"Veckokontroller"*).

Kylvätskenivågivare
Test

16 En kylvätskenivågivare är monterad i expansionskärlet på senare modeller. Den består av en flottörstyrd kontakt ansluten till en varningslampa i instrumentpanelen.
17 Om givaren inte fungerar, skruva loss den från expansionskärlet och sänk ned flottören i vatten. När tändningen är på skall varningslampan på instrumentpanelen inte lysa. Ta upp givaren ur vattnet och kontrollera att varningslampan tänds när flottören är uppe ur vattnet. Byt ut givaren om den inte uppför sig enligt beskrivningen.

Demontering

18 Koppla loss kontaktens ledning och skruva ut givaren ur expansionskärlet.

Montering

19 Montering sker i omvänd ordning mot demontering.

8.5 Demontera vattenpumpens remskiva

8.7 Vattenpumpen skruvas loss (radmotorer)

8 Vattenpump – demontering och montering

Observera: *Se varningarna i avsnitt 1 i detta kapitel innan arbetet påbörjas.*

Demontering

1 Koppla loss batteriets negativa anslutning.
2 Demontera hjälpaggregatens drivremmar, efter behov, för att komma åt vattenpumpens remskiva (se kapitel 1).
3 Tappa av kylsystemet (se kapitel 1).

8.9a En av slangarna mellan pump och topplock

4 Demontera kylaren och fläktkåpan (se avsnitt 4).
5 Demontera fläkten från vattenpumpen (se avsnitt 5), ta sedan bort vattenpumpens remskiva **(se bild)**.

Radmotor

6 Koppla bort kylarens nedre slang och värmeröret från pumpen.
7 Skruva loss vattenpumpen, skjut den nedåt och demontera den **(se bild)**.

V6-motor

8 Demontera insugsröret (se kapitel 4B).
9 Demontera de två slangarna som ansluter

8.9b Två slangar baktill på pumpen

pumpen till topplocken. Koppla loss de övriga slangarna från pumpen och termostathuset. Koppla också loss givaren och kontakten på sidorna om pumpen **(se bilder)**.
10 Ta bort de tre bultarna som säkrar pumpen till blocket. Lyft av pumpen **(se bild)**.

Montering
Radmotor

11 Byt ut pumpens övre tätningsring och pumppackningen **(se bild)**. Vid monteringen, håll pumpen upptryckt mot topplocket medan muttrarna och bultarna dras åt. Använd en ny tätning på värmarröret.
12 Resten av monteringen sker i omvänd ordning mot demontering. Sätt tillbaka och spänn hjälpaggregatens drivrem/-mar och fyll på kylsystemet (kapitel 1).

V6-motor

13 Om en ny pump monteras, överför bakre hus, termostat och hus, givare, täckpluggar etc. från den gamla pumpen till den nya. Använd nya packningar och tätningar. Byt också ut pumpslangarna såvida de inte är i perfekt skick.
14 Montera pumpen på blocket och fäst den med de tre bultarna.
15 Resten av monteringen sker i omvänd

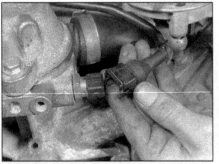

8.9c En temperaturgivare kopplas loss

8.10 Skruva loss vattenpumpen (V6-motor)

8.11 Använd en ny övre tätningsring

9.2a Skruva loss termostathuset . . .

**9.2b . . . och ta bort termostaten
(radmotor)**

9.2c Skruva loss termostathuset . . .

ordning mot demonteringen. Montera och spänn hjälpaggregatens drivremmar och fyll på kylsystemet (kapitel 1).

9 Termostat – demontering, test och montering

Observera: *Se varningarna i avsnitt 1 i detta kapitel innan arbetet påbörjas.*

Demontering

1 Tappa av kylsystemet (se kapitel 1). Demontera kylarens slangar från termostathuset.
2 Skruva loss termostathuset från topplocket eller vattenpumpen. På vissa modeller kan det också finnas en lyftögla här; på V6-motorer blir det nödvändigt att skruva loss gasvajerfästet. Lyft ut termostaten **(se bilder)**.

Test

3 Häng (den stängda) termostaten i ett snöre och sänk den i en behållare med kallt vatten, med en termometer bredvid den; se till att ingen av dem vidrör botten eller sidan på behållaren.
4 Värm upp vattnet och kontrollera vid vilken temperatur termostaten börjar öppna, eller är helt öppen. Jämför detta värde med det angivet i specifikationerna, ta sedan bort termostaten och låt den svalna. Kontrollera att den är helt stängd.
5 Om termostaten inte öppnar och stänger enligt beskrivningen, om den fastnar i något

10.3 Skruva loss oljekylarens fästen

**9.2d . . . och ta bort termostaten
(V6-motor)**

av lägena, eller om den inte öppnar vid specificerad temperatur, måste den bytas.

Montering

6 Sätt en ny tätningsring på termostaten **(se bild)**.
7 Montera termostaten och huset (och motorns lyftögla om sådan finns). Sätt i och dra åt husets muttrar.
8 Sätt tillbaka kylarslangen på termostathuset. På modeller med termostaten monterad på topplocket, kontrollera spelet mellan slangen och den normalt justerade generatordrivremmen och jämför med specifikationerna.
9 Fyll på kylsystemet (kapitel 1).

10 Oljekylare – demontering och montering

Motorns oljekylare (alla motorer utom B280)

Demontering

1 Oljekylaren (om monterad) sitter bakom och till sidan om kylaren.
2 Koppla loss oljekylarens anslutningar, antingen vid kylaren själv eller vid slangarna. Var beredd på oljespill.
3 Skruva loss oljekylarens fästen och demontera kylarenheten **(se bild)**. Oljekylaren kan sedan separeras från dess fästen om så behövs.

**9.6 Använd en ny tätningsring till
termostaten**

4 Om oljekylaren skall återanvändas, spola den internt med lösningsmedel och blås sedan tryckluft genom den. Rengör den också på utsidan.

Montering

5 Montera i omvänd ordning mot demonteringen, kör sedan motorn och leta efter läckor. Slå av motorn och kontrollera oljenivån enligt beskrivning i *"Veckokontroller"*.

Motorns oljekylare (B280 motorer)

Demontering

6 Oljekylaren är placerad mellan oljefiltret och motorblockets vänstra sida.
7 Koppla loss batteriets negativa anslutning.
8 Tappa av motorolja och demontera oljefiltret (se kapitel 1).
9 Demontera skyddsplåten under motorn.
10 Tappa av kylsystemet (se kapitel 1).
11 Demontera luftrenaren (se kapitel 4B).
12 Ta bort den mittre bulten från oljekylaren.
13 Koppla loss kylvätskeslangarna från oljekylaren.
14 Demontera oljekylaren, var beredd på visst olje- och kylvätskespill.

Montering

15 Montera i omvänd ordning mot demonteringen, använd ett nytt oljefilter. Låt motorn gå och leta efter oljeläckor. Stäng av motorn och kontrollera oljenivån enligt beskrivning i *"Veckokontroller"*.

10.17 Koppla loss oljekylarslangarna

12.2 Skruva loss reglagepanelens fästskruvar

12.5 Temperaturreglagets vajeranslutningar vid luftspjällarmen

Automatväxellådans oljekylare

Demontering

16 Automatväxellådans oljekylare är monterad mellan kylaren och luftkonditioneringens kondensator.
17 Koppla loss slangarna från anslutningen på kylaren **(se bild)**. Var beredd på vätskespill. Täck över öppna anslutningar för att förhindra att smuts kommer in i systemet.
19 Skruva loss kylaren. Mata slangarna genom sidopanelens genomföringar och demontera kylaren och slangarna tillsammans.
20 Rengör kylarens fenor och spola den internt med ren automatväxellådsolja. Byt ut slangarna om så behövs.

Montering

21 Montering sker i omvänd ordning. Fyll på kylsystemet (kapitel1), kör sedan motorn och kontrollera växellådsoljenivån enligt beskrivning i kapitel 1.

11 Värme- och ventilationssystem – allmän information

1 Beroende på modell och tillval kan värmaren vara monterad ensam eller tillsammans med luftkonditioneringen. Samma hus och värmekomponenter används i alla fall. Luftkonditioneringssystemet beskrivs i avsnitt 13.
2 Värmaren är av friskluftstyp. Luft går in genom en grill framför vindrutan. På väg mot

olika ventiler passerar en varierande mängd av luften genom värmepaketet, där den värms upp av motorns kylvätska som flödar genom värmepaketet.
3 Fördelning av luften till ventilerna, och genom eller runt värmepaketet, regleras av klaffar eller spjäll. Dessa styrs av vakuummotorer (utom luftblandningsspjället på modeller med endast värmare, vilken är vajermanövrerad). En vakuumtank är monterad under bilen på vissa modeller.
4 En fyrhastighets elektrisk fläkt finns monterad för att förstärka luftflödet genom värmaren. På tidiga modeller går fläkten alltid på låg hastighet när tändningen är på.

12 Värme- och ventilationssystemens komponenter – demontering och montering

Reglagepanel för värme/luftkonditionering

Demontering

1 För bästa åtkomlighet, demontera mittkonsolens sidopaneler (se kapitel 11, avsnitt 33).
2 Demontera klädseln runt reglagepanelen om detta inte redan gjorts. Skruva loss panelens fästskruvar **(se bild)**.
3 Ta bort panelen och koppla loss reglagevajrarna, multikontakterna och vakuumanslutningarna från den. Gör anteckningar eller identifikationsmärken efter behov för att underlätta monteringen.

Montering

4 Montering sker i omvänd ordning mot demonteringen. Där en mekanisk temperaturreglagevajer är monterad, justera denna enligt beskrivningen nedan.

Temperaturreglagevajer

Observera: *En mekanisk temperaturreglagevajer finns endast på bilar utan luftkonditionering.*

Demontering

5 Med temperaturreglaget i läge "VARM", koppla loss den bortre änden av vajern från luftblandningsspjällets arm **(se bild)**.
6 Demontera klädseln runt värmereglagepanelen. Ta bort skruvarna som håller panelen till mittkonsolen.
7 Ta ut reglagepanelen från mittkonsolen tills du kommer åt vajern. Koppla loss vajern från reglagepanelen, använd en skruvmejsel till att bända loss vajerhylsan **(se bild)**.
8 Vajern kan nu demonteras.

Montering

9 Montering sker i omvänd ordning mot demonteringen, notera följande:
 a) Om vajerhylsan skadades under demonteringen, använd en självgängande skruv till att fästa den **(se bild)**.
 b) Justera vajerhylsans läge så att luftblandningsspjället rör sig över hela sin rörelsebana när temperaturreglaget aktiveras.

Värmepaket

Demontering

Observera: *Se varningarna i avsnitt 1 i detta kapitel innan arbetet påbörjas.*
10 Koppla loss batteriets negativa anslutning.
11 Tryckavlasta kylsystemet genom att ta bort expansionskärlets lock. Skydda dig själv mot skållning om kylvätskan är het.
12 Sätt klämmor på kylvätskeslangarna som leder till värmepaketets anslutningsstoser på torpedväggen. Lossa slangklammorna och koppla loss slangarna från anslutningarna. Var beredd på kylvätskespill.
13 Demontera handskfacket, mittkonsolen och den bakre konsolen (se kapitel 11, avsnitt 32 och 34).

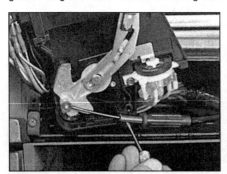

12.7 Lirka ut temperaturreglagevajerns hylsa

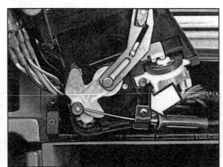

12.9 Använd en självgängande skruv (vid pilen) till att fästa hylsan

12.16 Fördelningsenhetens
vakuummotorer

12.25 Återcirkulationsspjällets
vakuummotor

12.30 Demontering av värmefläktsmotorn

12.37 Ta bort motorns motstånd

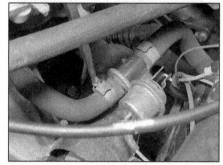

12.41 Koppla loss värmarens vattenventil

14 Lossa den mittre elektriska enheten och flytta den åt sidan.
15 Demontera mittpanelens ventilationsmunstycke. Ta bort skruven från fördelarenheten och koppla loss alla luftkanaler från enheten. Demontera också de bakre luftkanalerna.
16 Koppla nu loss vakuumslangarna från vakuummotorerna **(se bild)**. På modeller med automatisk klimatkontroll (ACC), ta också bort slangen som leder till den inre givaren (sugslang).
17 Demontera fördelningsenheten.
18 Ta bort värmepaketets clips. Dra ut värmepaketet och ta bort det, var beredd på kylvätskespill.

Montering

19 Montera i omvänd ordning mot demontering, se till att vakuumslangarna ansluts rätt.
20 Fyll på kylsystemet (se *"Veckokontroller"*). Kör motorn och kontrollera att det inte läcker kylvätska någonstans, låt sedan motorn svalna och kontrollera kylvätskenivån igen.

Vakuummotorer i fördelningsenhet

Demontering

21 Demontera fördelningsenheten enligt beskrivning i föregående underavsnitt, men koppla inte loss kylvätskerören från värmepaketet.
22 Demontera den panel från fördelningsenheten som behövs för att motorerna ska bli åtkomliga. Demontera motorerna efter behov.

Montering

23 Montera i omvänd ordning mot demontering.

Spjällmotor för luftåtercirkulation

Demontering

24 Demontera handskfacket (se kapitel 11, avsnitt 32). Demontera också ytterpanelens ventilationsmunstycke och luftkanal.
25 Skruva loss tryckstången från motorn. Lossa de två fästmuttrarna, dra bort motorn och koppla loss vakuumslangen **(se bild)**.

Montering

26 Vid montering, se till att både spjället och

vakuummotorn är i viloläge innan tryckstångens bult dras åt.
27 Övrig montering sker i omvänd ordning mot demontering.

Värmefläktsmotor

Demontering

28 Demontera klädselpanelen från under handskfacket.
29 Ta bort skruvarna som fäster motorn till huset.
30 Sänk motorn och koppla loss kylslangen. Koppla loss elanslutningen och demontera motorn komplett med centrifugalfläkt **(se bild)**.
31 Rubba inte eventuella stålklämmor på fläktbladen. De balanserar fläkten.

Montering

32 Vid montering, lägg tätningsmedel mellan motorflänsen och huset. Anslut ledningen och skruva fast motorn.
33 Sätt tillbaka motorns kylslang – detta är viktigt för att förtida haveri ska undvikas.
34 Kontrollera att motorn fungerar som den ska, montera sedan klädselpanelen.

Fläktmotstånd

Demontering

35 Demontera handskfacket (se kapitel 11, avsnitt 32).
36 Lossa elanslutningen från motståndet.
37 Skruva loss de två skruvarna från motståndet och ta bort det **(se bild)**. Var försiktig så att inte motståndstrådarna skadas.

Montering

38 Montering sker i omvänd ordning, men kontrollera att fläkten fungerar på alla fyra hastigheter innan handskfacket monteras.

Värmarens vattenventil

Demontering

Observera: *Se varningarna i avsnitt 1 i detta kapitel innan arbetet påbörjas.*
39 Tryckavlasta kylsystemet genom att ta bort expansionskärlets lock. Var försiktig så att du inte skållar dig om kylvätskan är het.
40 Sätt klämmor på kylvätskeslangarna på var sida om ventilen.
41 Koppla loss vakuum- och kylvätskeslangarna från ventilen och demontera den **(se bild)**.

Montering

42 Montering sker i omvänd ordning. Fyll på kylvätska om mycket spilldes (se *"Veckokontroller"*).

13 Luftkonditionering – allmän information och föreskrifter

Allmän information

Luftkonditioneringssystem

1 Luftkonditionering är monterat som standard på de flesta modeller och finns som tillval på andra. I förening med värmeanläggningen medger systemet valfri temperatur inne i bilen under alla förhållanden. Det reducerar också fuktigheten hos den inkommande luften, underlättar att hålla imfritt även då kylning inte erfordras.

2 Nedkylningen hos luftkonditioneringssystemet fungerar ungefär som kylskåpet hemma. En kompressor, driven av en rem från en remskiva på vevaxeln, drar kylmedel i gasform från en förångare. Kylmedlet passerar sedan en kondensor där den förlorar värme och övergår i flytande form. Efter torkning återgår kylmedlet till förångaren där den upptar värme från luft som förs över förångarens flänsar. Kylmedlet övergår åter i gasform och cykeln upprepas.

3 Diverse styrsystem och givare skyddar systemet mot höga temperaturer och tryck. Motorns tomgångsvarvtal ökar också då systemet är inkopplat för att kompensera för den större belastningen kompressorn orsakar.

Automatisk klimatkontroll (ACC)

4 På modeller med automatisk klimatkontroll (ACC), regleras temperaturen på den inkommande luften automatiskt för att uppehålla kupétemperaturen vid en nivå som väljs av föraren. En elektromekanisk programmerare styr värme-, luftkonditionerings- och fläktfunktioner för att uppnå detta.

5 De fyra givarna som är speciella för ACC är reglagepanelens givare, kylvätskans termokontakt, den inre givaren och den yttre givaren.

6 Reglagepanelens givare arbetar i förening med kylvätskans termokontakt. Om kupétemperaturen är under 18°C och kylvätsketemperaturen är under 35°C, hindras fläkten från att arbeta (såvida inte "defrost" väljs). Detta hindrar att ACC blåser in kall luft i kupén medan kylvätskan värms upp.

7 Den inre givaren är placerad ovanför handskfacket. Den känner av lufttemperaturen i kupén.

8 Den yttre givaren är placerad i fläkthuset och känner av temperaturen på den inkommande luften.

9 Utifrån informationen från inre och yttre givare väljer programmeraren lämplig inställning på värme/kylning och fläkthastighet för att uppnå vald temperatur.

Elektronisk klimatkontroll

10 Elektronisk klimatkontroll (ECC), monterad på 760-modeller från 1988 och framåt, är en utveckling av ACC som beskrivs ovan. Den huvudsakliga skillnaden ligger i styrsystemet, vilket nu innehåller en mikroprocessor, solenoidventiler och en servomotor. Mindre vakuum används än i ACC-systemet, vilket medför en ökad driftssäkerhet.

11 Från förarens sida sett är de två systemen mycket lika. När automatisk funktion kopplas in, hålls den valda temperaturen i kupén genom att varm och kall luft blandas efter behov, från värmesystemet respektive luftkonditioneringssystemet.

12 Mikroprocessorns styrenhet, monterad bak på reglagepanelen, omfattar en inbyggd felsökningsmekanism. Ett fel signaleras till

föraren genom att kontrollknappen för luftkonditioneringen blinkar. Om felet är allvarligt fortsätter knappen att blinka så länge motorn är på. Om felet är mindre allvarligt blinkar knappen i 20 sekunder efter det att motorn startats. De fyra givarna som är unika för ECC är solsensor, kylvätsketemperaturgivare, innerluftens temperaturgivare och ytterluftens temperaturgivare.

13 Solsensorn är monterad uppe på instrumentbrädan, i vänster högtalargrill. Dess funktion är att reducera kupéluftens temperatur med upp till 3°C i skarpt solljus.

14 Innerluftens temperaturgivare är placerad inuti innerbelysningen. Den mäter kupéluftens temperatur. En slang som går från givaren till insugsgrenröret uppehåller ett luftflöde genom givaren när motorn är igång.

15 Kylvätsketemperaturgivaren är placerad bredvid värmepaketet. Givaren mäter i själva verket lufttemperaturen intill värmepaketet. När den automatiska funktionen är vald, hindrar denna givare fläkten från att gå på maximal hastighet innan det att värmepaketet är uppvärmt.

16 Ytterluftens temperaturgivare är monterad på fläktmotorns kåpa. Den mäter temperaturen på den luft som passerar genom fläkten. När återcirkulation är vald kommer luften inifrån bilen, men annars kommer den utifrån.

Föreskrifter

17 Om ett luftkonditioneringssystem är monterat måste man vidta speciella föreskrifter när man arbetar med någon del av systemet eller dess tillhörande komponenter. Om systemet av någon anledning måste tappas av, överlåt detta arbete till din Volvoverkstad eller någon kylmedelsspecialist.

⚠ **Varning: Kylmedelskretsarna kan innehålla flytande kylmedel (Freon), och det är därför farligt att koppla loss delar av systemet utan specialkunskaper och rätt utrustning.**

18 Kylmedlet är potentiellt farligt, och skall endast handhas av kvalificerade personer. Om det stänker på huden kan det orsaka frostskador. Även om kylmedlet inte är giftigt i sig självt, kan det i närheten av en naken låga (inklusive en cigarett) omvandlas till en giftig

gas. Okontrollerad avtappning av kylmedlet är farligt, och potentiellt skadligt för omgivningen.

19 Med tanke på detta måste demontering och montering av systemets komponenter, förutom givare och andra yttre delar som tas upp i detta kapitel, lämnas till en specialist.

14 Luftkonditioneringens komponenter – test, demontering och montering

1 Innehållet i detta avsnitt begränsas till de moment som kan utföras utan avtappning av kylmedlet. Demontering av kompressorns drivrem beskrivs i kapitel 1, men alla andra arbeten måste överlämnas till en Volvoverkstad eller en luftkonditioneringsspecialist. Om så behövs kan kompressorn skruvas loss och flyttas åt sidan, utan att kylmedelsanslutningarna kopplas loss, efter det att drivremmen demonterats.

Givare ACC reglagepanel

Demontering

2 Demontera klädseln runt reglagepanelen. Ta bort reglagepanelens fästskruvar och dra ut panelen.

3 Koppla loss givarens multikontakt. Använd en ohmmätare och kontrollera givarens kontinuitet **(se bild)**. Kontinuitet skall visas över 18°C, och ingen kontinuitet (kretsbrott) vid lägre temperaturer. Kyl ned givaren med några isbitar, eller värm upp den i händerna, för att kontrollera att den uppför sig enligt beskrivningen.

4 För att demontera givaren, sätt in en tunn skruvmejsel eller en stel vajer i multikontakten och bänd ut givarens poler **(se bild)**.

Montering

5 Montera den nya givaren genom att trycka in dess poler i multikontakten. Sätt tillbaka reglagepanelen och klädseln.

ACC kylvätskans termokontakt

Demontering

6 Kylvätskans termokontakt är placerad under motorhuven. Den är inskruvad i ett T-stycke i värmematarslangen **(se bild)**.

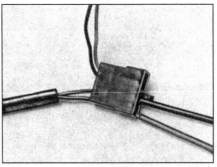

14.3 Kontrollera reglagepanelens givare för kontinuitet

14.4 Bänd ut givarens poler (A) genom att sticka in en styv vajer (B)

14.6 Kylvätskans termokontakt

14.13 Kontroll av den inre givaren för kontinuitet

14.15 Yttre givarens placering på modeller före 1985

7 Koppla loss elanslutningen och skruva ut termokontakten från T-stycket.
8 Testa termokontakten med en ohmmätare, eller ett batteri och testlampa. Sänk ned kontakten i varmt vatten. Kontakten bör visa kontinuitet vid temperaturer på 30 till 40°C. När vattnet svalnar bör kontinuiteten brytas innan temperaturen når 10°C.
9 Notera att om ledningen till termokontakten oavsiktligt kopplas loss, kommer värmefläken inte att fungera i kupétemperaturer under 18°C, oavsett kylvätskans temperatur.

Montering

10 Montera i omvänd ordning.

ACC temperaturgivare för innerluft

Demontering

11 Demontera handskfacket (se kapitel 11, avsnitt 32).
12 Dra av luftslangen från givaren, haka loss givaren och ta bort den.
13 Det enda test som specificeras för denna givare är att konstatera att den har kontinuitet. Inga motståndsvärden är angivna **(se bild)**.

Montering

14 Montering sker i omvänd ordning.

ACC temperaturgivare för ytterluft

Allmänt

15 Man kommer åt denna givare om man demonterar vindrutetorkararmarna, panelen under dem och luftintagsluckan **(se bild)**.
16 Mät givarens motstånd. Vid 20 till 23°C bör motståndet vara 30 till 40 Ω. Ju högre temperatur, desto lägre motstånd.
17 För demontering och montering av givaren, börja med att demontera luftåtercirkulationsspjällets motor (se avsnitt 12). Givaren kan sedan demonteras och en ny monteras.
18 På modeller från 1985 och framåt är givaren monterad längre ner i fläkthuset. Man bör därför kunna komma åt den för test och demontering utan mycket isärtagning **(se bild)**.

ACC programmerare

Demontering

19 Demontera handskfacket (se kapitel 11, avsnitt 32). Demontera också den yttre panelens ventilationsmunstycke och luftkanal.
20 Koppla loss luftblandningsspjällets tryckstång, den elektriska kontakten och vakuumfördelaren från programmeraren **(se bild)**.
21 Ta bort de tre skruvarna som fäster programmeraren och demontera den **(se bild)**.

Montering

22 Vid montering, fäst programmeraren med de tre skruvarna, anslut sedan vakuumfördelaren och kontakten. Vakuumröranslutningarna får inte tryckas in för långt, det kan resultera i vakuumförlust. Anslutningen är rätt när tappen på programmeraren går in i kontakten bara så långt som till ingången på vakuumledningen på sidan av kontakten.
23 Justera spjällets tryckstång enligt följande. Låt motorn gå så att vakuum finns. Välj högsta värme på värmereglaget. Dra tryckstången tills den når sitt stopp och fäst den till programmerarens arm.
24 Sätt tillbaka kanal, ventilationsmunstycke och handskfack.

ECC reglagepump och styrenhet

Demontering

25 Koppla loss batteriets negativa anslutning.
26 Demontera reglagepanelen och ECC-panelens omgivande klädsel.
27 Ta bort de fyra skruvar som nu blir synliga och dra in ECC-panelen och styrenheten i bilen. (Detta ger tillräckligt med utrymme för att byta glödlampor om detta är orsaken till demonteringen.)
28 Lossa kontakterna baktill på enheten och ta bort den.
29 Försök inte montera isär styrenheten, om det inte är av ren nyfikenhet. Inga delar inuti kan repareras.

Montering

30 Demontering sker i omvänd ordning.

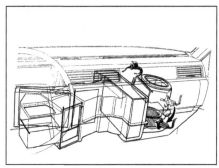

14.18 Den yttre givarens placering (vid pilen) på 1985 års modeller och framåt

14.20 Koppla loss programmeraren (vid pilarna)

14.21 Programmerarens fästskruvar (vid pilarna)

Kapitel 4 Del A:
Bränsle- och avgassystem – förgasarmotor

Innehåll

Svårighetsgrader

Enkelt, passar novisen med lite erfarenhet		Ganska enkelt, passar nybörjaren med viss erfarenhet		Ganska svårt, passar kompetent hemmamekaniker		Svårt, passar hemmamekaniker med erfarenhet		Mycket svårt, för professionell mekaniker	

Specifikationer

Förgasare

Allmänt

Typ:
B230A 1985/1986	Pierburg (DVG) 175 CD
Övriga modeller t.o.m. 1986	Pierburg 2B5
Modeller 1987 och framåt	Pierburg 2B7

Choke:
Pierburg 2B5/2B7	Automatisk
Pierburg (DVG) 175 CD	Manuell

Tomgångshastighet :
Pierburg 2B5 och 2B7 förgasare	
Modeller med manuell växellåda	800 varv/min
Modeller med automatväxellåda	900 varv/min
Pierburg (DVG) 175 CD förgasare	900 varv/min
Snabbtomgångshastighet – Pierburg (DVG) 175 CD förgasare	1250 till 1350 varv/min

Tomgångsblandningens CO-halt:
Pierburg 2B5 förgasare:	
Inställningsvärde	1,0%
Kontrollvärde	0,5 till 2,0%
Pierburg 2B7 förgasare:	
Inställningsvärde	1,0%
Kontrollvärde	0,5 till 1,5%
Pierburg (DVG) 175 CD förgasare:	
Inställningsvärde	2,0%
Kontrollvärde	1,5 till 3,0%

Kalibrering Pierburg 2B5 och 2B7 förgasare	**Primär**	**Sekundär**
Luftkorrigeringsmunstycke	140	65
Tomgångsmunstycke (luft/bränsle):		
2B5 förgasare	47.5/120	-
2B7 förgasare	47.5/115	-
Tillsatsmunstycke (luft/bränsle):		
2B5 förgasare	45/145	-
2B7 förgasare	45/130	-
Berikningsmunstycke	85	-

Huvudmunstycke:

2B5 förgasare	X 112,5	X 137,5
2B7 förgasare	115	142,5
Munstycke luftöverströmning	-	140
Munstycke bränsleöverströmning	-	100
Flottörhöjd	se text	
Accelerationspump, leverans	10 till 14 ml per 10 slag	

Kalibrering Pierburg (DVG) 175 CD förgasare:

Mätnål	Typ NC
Dämpkolv, axialspel	0,5 till 1,5 mm
Flottörnål, ventildiameter	2,5 mm
Flottörhöjd	7,0 till 9,0 mm

Renoveringsdata Pierburg 2B5 och 2B7 förgasare

Snabbtomgångsgap:

2B5 förgasare	4,0 mm
2B7 förgasare:	
Manuell växellåda	5,0 mm
Automatväxellåda	5,6 mm
Gasspjällänkagets spel (se text):	
Gap "A"	0,10 till 0,50 mm
Gap "B"	0,15 till 0,85 mm
Chokespjällöppning under vakuum:	
Övre anslutning blockerad (se text)	3,35 till 3,65 mm
Övre anslutning öppen	1,35 till 1,65 mm
Chokespjällöppning vid full gas	5,2 till 6,2 mm
Chokespjällöppning vid 20°C	0,55 till 2,05 mm
Spel mellan chokespjäll och fullastanrikningsrör	0,5 mm

Rekommenderat bränsle

Modeller utan grönt tanklock	98 RON blyad
Modeller med grönt tanklock	95 RON blyfri

1 Allmän information och föreskrifter

Varning: Många av momenten i detta kapitel kräver losskoppling av bränsleledningar och anslutningar, vilket kan resultera i ett visst bränslespill. Innan arbete påbörjas med bränsle-systemet, se föreskrifterna i "Säkerheten främst!" i början av boken, och följ dem noggrant. Bensin är en mycket farlig och lättflyktig vätska, och säkerhetsåtgärderna som måste vidtagas vid hantering kan inte nog betonas.

Bränslesystemet består av en eller två baktill monterade bränsletankar, en elektrisk bränsletankpump, en mekanisk huvudbränslepump och en Pierburg förgasare. Vissa senare modeller är också utrustade med EGR (avgasåtercirkulation), och ett Pulsair system som en del av ett avgasreningssystem.

Pierburg 2B5 eller 2B7 förgasare är en tvåports fallförgasare med fasta munstycken, med automatchoke för kallstart. Pierburg (DVG) 175 CD (konstantvakuum) förgasare kallas ibland också "Stromberg" efter original-tillverkaren. Denna förgasare har ett enda variabelt munstycke, istället för flera fixerade, och manuell choke. Ytterligare information om förgasarna återfinns i avsnitt 11.

Avgassystemet består av flera sektioner, antalet beroende på modell, som hänger under bilen i gummifästen. En katalysator är monterad på avgassystemet på senare modeller.

2 Luftrenare – demontering och montering

Demontering

1 Demontera luftfiltret (se kapitel 1).

2 Koppla loss varmluftsintaget från huset och även vevhusventilationsslangen **(se bilder)**.

3 Förvärmningstermostaten och spjället kan nu demonteras om så önskas. Termostatens funktion kan kontrolleras med hjälp av ett kylskåp eller en hårtork. Märkningen på termostaten anger den ungefärliga tempe-raturen vid vilken den kommer att vara i mellan-läge **(se bilder)**.

4 För att demontera hela luftrenarhuset, lossa

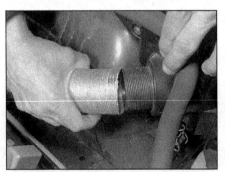

2.2a Koppla loss varmluftsintaget

2.2b En vevhusventilationsslang till luftrenaren

2.3a Demontering av luftrenarens förvärmningstermostat

2.3b Förvärmningens termostatenhet inställd för att ta in het luft. Själva termostaten vid pilen

2.4 En av luftrenarens fästbultar

fästbulten eller clipset (se bild). Lyft ut huset och koppla loss kalluftsintaget från genomföringen i innerflygeln.

Montering

5 Montering sker i omvänd ordning.

3 Huvudbränsletank – demontering och montering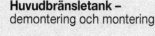

Observera: Se varningen i avsnitt 1 innan arbetet påbörjas.

Demontering

1 Koppla loss batteriets negativa anslutning.
2 Tappa av tanken, förvara bränslet i lämpliga förseglade behållare.
3 På modeller med en extra tank, demontera denna (se avsnitt 4). På modeller utan extra tank, ta bort åtkomstluckan i bagageutrymmets golv.
4 Koppla loss bränsleslangarna, påfyllnings- och ventilationsslangarna (där tillämpligt) och tankpumpens kontakt (se avsnitt 5, punkt 5).
5 Lyft upp och stötta bakvagnen. Stöd bränsletanken, ta bort fästmuttrarna, bultarna och förstärkningsplåtarna och sänk ned tanken.
6 Reparation av en läckande bränsletank får endast utföras av en fackman. Även när tanken är tom kan den innehålla explosiva gaser. Försök inte svetsa eller löda tanken. "Kalla" lagningsmedel finns tillgängliga och dessa är lämpliga för hemmamekanikern.

Montering

7 Om en ny tank skall monteras, förbehandla den med rostskyddsmedel.
8 Montering sker i omvänd ordning mot demonteringen, använd nya slangar och clips efter behov.

4 Reservtank – demontering och montering

Observera: Se varningen i avsnitt 1 innan arbetet påbörjas.

Demontering

1 Reservtanken är tom när det är mindre än 60 liter bränsle kvar. Tappa av en del bränsle från huvudtanken om så behövs för att tömma den reservtanken.
2 Koppla loss batteriets negativa anslutning.
3 Lossa och ta bort bagageutrymmets klädsel.
4 Skruva loss och ta bort tankens täckplåt och påfyllningsrörets täckplåt.
5 Koppla loss ledningarna från bränslemätarens reservgivare.
6 Koppla loss ventilationsslangen från tanken.
7 Ta bort de fyra bultarna som håller reservtanken.
8 Lyft försiktigt tanken så långt som möjligt, utan att belasta slangarna under den. Stöd tanken i det upplyfta läget med ett par träblock.
9 Arbeta under reservtankens vänstra sida, koppla loss de två slangarna som förbinder den med huvudtanken (se bild).
10 Lyft ut reservtanken, lossa det tunna ventilationsröret från dess framkant.

Montering

11 Montering sker i omvänd ordning mot demontering. Byt ut slangar och clips efter behov.

5 Bränsletankpump – demontering och montering

Observera: Se varningen i avsnitt 1 innan arbetet påbörjas.

Demontering

1 Koppla loss batteriets negativa anslutning.
2 Man kommer åt ovansidan av huvudbränsletanken antingen genom att demontera reservtanken (se avsnitt 4), eller genom att ta bort åtkomstluckan om ingen reservtank finns.
3 Rengör området runt täckplåten för pumpen/givaren.
4 Koppla loss och plugga bränslematnings- och returslangar. Koppla också loss ventilationsslangen (där tillämpligt) eller ta bort täckhatten.

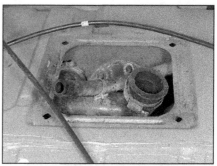

4.9 De två slangarna som förbinder reservtanken och huvudtanken

5.7 Demontering av tankpumpen

5 Följ den elektriska ledningen bakåt till närmaste multikontakt och koppla loss den. Om kontakten inte går igenom hålen i karossen på väg till tanken, tryck ut kontaktstiften ur kontakten. Skruva loss jordstiftet och dra in ledningen i samma utrymme som tanken.
6 Ta bort muttrarna som fäster täckplåten till tanken. På senare modeller är pumpen/givaren fäst med en stor plastringmutter; skruva loss muttern med ett "mjukt" verktyg, t.ex. ett oljefilterverktyg med rem.
7 Tankpumpen/givaren kan nu demonteras från tanken. Visst lirkande kan behövas. Tvinga inte ut enheten, den är ömtålig (se bild).
8 Lossa upptagningssilen och röret från pumpen. Ta bort klämskruven, koppla loss de elektriska ledningarna och demontera pumpen (se bilder).
9 Om pumpen är defekt måste den bytas ut.

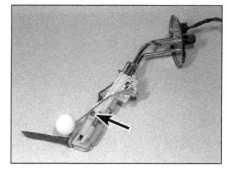

5.8a Tankpump och givare. Pumpens klämskruv vid pilen

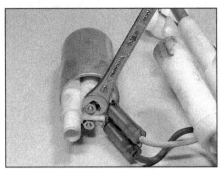

5.8b En ledning kopplas loss från pumpen

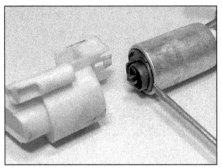

5.10 Skruvmejseln visar pumpens O-ring

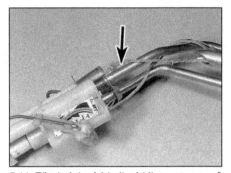

5.11 Tändsticka (vid pilen) kilar pumpen på plats. Snöret går genom ventilationsröret

5.16 Bränsleslangar och täckhatt på plats

Montering

10 Montera ihop pumpen med givarenheten och fäst upptagningskomponenterna. Försäkra dig om att O-ringen är i gott skick och att upptagningssilen är ren (se bild). Anslut de elektriska ledningarna och dra åt klämskruven.

11 Pumpen är fjäderbelastad mot täckplattan så att upptagningssilen sitter längst ner i sin brunn. Tryck pumpen mot plattan och lås den i detta läge med en tändsticka fastsatt i en bit snöre. Mata ut snöret genom ventilationshålet (se bild).

12 Undersök i vilket skick tätningsringen på tanken är och byt ut den vid behov.

13 För pumpen/givaren mot tanken och lirka in den på sin plats. Sätt fast och dra åt muttrarna. På senare modeller, rikta in pilarna på var sida om den del av tanken som har skarvar, sätt fast och dra åt ringmuttern.

14 Dra i snöret så att tändstickan släpper. Fjädern kommer att tvinga upptagningssilen till botten av tanken. Dra ut snöret och tändstickan genom ventilationshålet. (Det är ingen fara om tändstickan inte kommer ut.)

15 Återanslut den elektriska ledningen, glöm inte jordstiftet.

16 Anslut bränsleslangarna och (där tillämpligt) ventilationsslangen, eller sätt tillbaka täckhatten (se bild).

17 Sätt tillbaka extratanken eller åtkomstluckan.

18 Anslut batteriet.

6 Huvudbränslepump – demontering och montering

Observera: Se varningen i avsnitt 1 innan arbetet påbörjas.

Demontering

1 Koppla loss batteriets negativa anslutning.

2 Rengör runt slanganslutningarna på pumpen, lossa sedan slangklämmorna och koppla loss slangarna (se bild). Var beredd på bränslespill. Plugga tankslangen med en bult eller ett metallstag.

3 Skruva loss bränslepumpen från motorblocket och ta bort det. Ta vara på packningen och eventuella distanser.

4 Pumpkåpan kan demonteras för rengöring av filtersilen om så önskas. Vidare isärtagning bör inte göras om inte en reparationssats kan införskaffas. Pumpar av olika märken kan vara monterade.

Montering

5 Montering sker i omvänd ordning, använd en ny packning.

6 Låt motorn gå och leta efter läckage.

7 Bränslemätargivare – demontering, test och montering

Observera: Se varningen i avsnitt 1 innan arbetet påbörjas.

Givare i huvudbränsletank

Demontering och montering

1 Demontering och montering beskrivs i avsnitt 5 för bränsletankpumpen.

Test

2 För att testa givaren, anslut en ohmmätare mellan den svarta och den grå/vita ledningen. Flytta flottören upp och ner och kontrollera att motståndet ändras med flottörens rörelser.

3 En defekt givare måste bytas ut.

Givare i reservtank

Demontering

4 Koppla loss batteriets negativa ledning.

5 Lossa och ta bort bagageutrymmets klädsel.

6 Koppla loss ledningarna från givarens ovansida (se bild).

7 Använd en stor skruvmejsel eller ett däckjärn och lossa givaren från tanken genom att vrida den moturs. Ta bort givaren (se bild).

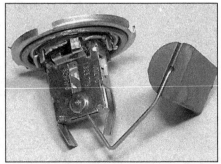

6.2 Mekanisk bränslepump med slangar anslutna

7.6 Reservtankens givare med ledningar anslutna

7.7 Reservtankens givare demonterad

8.1a Ta bort fjäderclipset . . .

8.1b . . . och haka loss innervajern från trumman

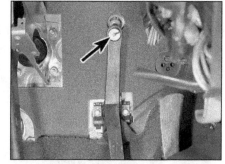

8.2 Slitsad bussning (vid pilen) håller vajern i pedaländen

Test

8 Anslut en ohmmätare över givarens poler och kontrollera att motståndet varierar mjukt med flottörens rörelse.

Montering

9 Montering sker i omvänd ordning mot demontering, använd en ny tätningsring vid behov.

8 Gasvajer – demontering, montering och justering

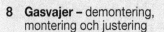

Demontering

1 Lossa vajerhöljet genom att lossa fjäderclipset och haka loss innervajern från trumman (se bilder).
2 Inuti bilen, ta bort klädseln under rattstången. Dra innervajern genom pedaländen och dra av den slitsade bussningen från vajeränden (se bild).
3 Lossa vajergenomföringen från torpedväggen och dra in vajern i motorrummet. Notera hur vajern är dragen, lossa den från eventuella clips eller kabelband och ta ut den.

Montering och justering

4 Montera i omvänd ordning och justera sedan vajern enligt följande:
5 Koppla loss länkstaget som förenar vajern med gasspjället(n) genom att bända av en kulled (se bild).
6 Med gaspedalen uppsläppt ska innervajern vara precis spänd, och vajertrumman måste vila mot tomgångsstoppet. När pedalen är helt nedtryckt måste trumman vara i kontakt med fullgasstoppet. Justera vid behov med hjälp av den gängade hylsan.
7 På modeller med automatväxellåda, kontrollera först justeringen av kickdownvajern (se kapitel 7B).
8 Anslut länkstaget, justera dess längd vid behov enligt följande.
9 Se till att snabbtomgångsskruven är på den lägsta delen av kammen (i normalt tomgångsläge). I detta läge bör gasspjällets arm vara i kontakt med stoppskruven.
10 Anslut länkstaget: vajertrumman skall

hållas ifrån tomgångsstoppet med 0,5 till 1,0 mm. Justera länkstaget om så behövs för att uppnå detta.

9 Gaspedal – demontering och montering

Demontering

1 Demontera klädseln under rattstången.
2 Tryck ner pedalen helt. Ta tag i innervajern med en tång och släpp upp pedalen. Separera innervajern från den slitsade bussningen.
3 Ta bort pedalfästets bultar och demontera pedal och fäste.

Montering

4 Montering sker i omvänd ordning mot demontering. Kontrollera gasvajerns justering efter avslutat arbete (se avsnitt 8).

10 Förgasare – allmän information

Pierburg 2B5/2B7 förgasare

Pierburg 2B5 förgasare monterad på den tidiga B230K motorn är en tvåports fallförgasare med fasta munstycken Choken (kallstartsmekanismen) är halvautomatisk och sätts i funktion genom att man trampar ner och släpper upp gaspedalen innan man startar.

De två portarnas funktion är sekventiell. Vid tomgång och lätt belastning används endast primärporten. Öppning av gasspjället i den andra porten styrs av vakuum uppbyggt i primärporten, med ett mekaniskt spärrsystem som hindrar öppnandet av det sekundära gasspjället tills primärspjället är minst halvt öppet. Detta system ger bättre effekt vid låga hastigheter än en ett rent mekaniskt system.

Chokens funktion efter start styrs av en bimetallfjäder vilken gradvis öppnar chokespjället då den värms upp av ett elektriskt element och av cirkulerande kylvätska.

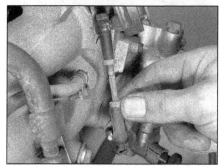

8.5 Koppla loss gasspjällets länkstag

Diverse vakuum- och mekaniska system påverkar graden av spjällets öppnande under uppvärmningsfasen för att undvika att blandningen blir för fet.

När motorn är i gång ventileras flottörkammaren in i förgasarens luftinlopp. Detta försäkrar att begränsningar i luftinloppet (på grund av t ex ett blockerat luftfilter) påverkar både luft- och bränslesystem lika och inte orsakar för fet blandning. När tändningen är avslagen ventilerar en varmstartventil flottörkammaren till atmosfären. Detta förhindrar uppbyggnad av ångor i luftintaget vilka skulle kunna försvåra varmstart.

Ett bränsleavstängningssystem förbättrar bränsleekonomin genom att stänga av bränslematningen när gaspedalen släpps upp, motorn är varm och motorhastigheten överskrider 1610 varv/min. Systemet använder en vakuumventil, en solenoidventil och en gasspjällkontakt, med kontroll från tändningens styrenhet. Solenoid- och vakuumventilerna förhindrar också glödtändning efter det att tändningen slagits av.

Dubbla flottörer och flottörkammare håller bränslenivån i stort sett konstant, även i backar eller vid hård kurvtagning. Ett bränslereturystem används till att hålla bränsletemperaturen stadig och undvika ånglås.

Förgasaren som visas i fotografierna är i själva verket en utveckling av 2B5 som kallas 2B7. Denna enhet monterades på senare B230K motorer. Förutom trestegs chokevakuum och avsaknad av en bränslereturanslutning, är den likadan som 2B5.

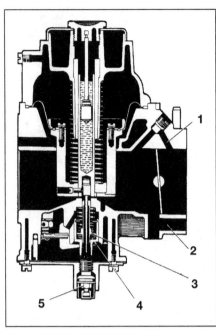

10.8 Tvärsnitt av Pierburg (DVG) 175 CD förgasare

1 Pluggad kanal (används om solenoid för luftkonditionering är monterad)
2 Tomgångskanal
3 Bränslemunstycke
4 Bimetallbrickor (temperaturkompensation)
5 Justerskruv (CO)

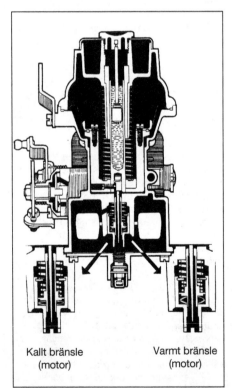

Kallt bränsle (motor)   Varmt bränsle (motor)

10.11 Det fjäderbelastade bränslemunstyckets position vid olika temperaturer

11.2a Ventilationsrör kopplas loss från förgasaren

Pierburg (DVG) 175 CD förgasare

Volvo 740 modeller med B230A motor har en Pierburg konstantvakuum (CD) förgasare, som ibland också kallas "Stromberg" efter originaltillverkaren **(se bild)**.

Istället för att ha ett antal fixerade munstycken för olika förhållanden har denna typ av förgasare ett enda variabelt munstycke. Munstyckets effektiva storlek varierar med rörelsen hos den konformade nålen. Nålen är monterad till en kolv, känd som luftventilen, vilken rör sig upp och ner beroende på förändringar i vakuumet i insugsröret. Luftventilen är tätad mot förgasarhuset och vakuumkammaren ovanför den med ett gummimembran. Om membranet går sönder kommer inte ventilens rörelse att vara korrekt, och motorn går då väldigt dåligt eller inte alls.

En oljefylld dämpare hindrar för snabb rörelse eller fladdrande hos ventilen. Oljan i dämparen måste fyllas på då och då.

Huvudmunstycket erhåller temperaturkompensation via en fjäderbelastad bimetallbricka. När temperaturen stiger expanderar brickan och tvingar munstycket uppåt mot fjädertrycket, och därmed försvagas blandningen **(se bild)**.

En manuell choke (kallstartmekanism) är monterad.

11 Förgasare – demontering och montering

Observera: Se varningen i avsnitt 1 innan arbetet påbörjas.

Pierburg 2B5/2B7

Demontering

1 Koppla loss batteriets negativa anslutning.
2 Demontera luftinloppstrumman uppe på förgasaren genom att lossa den räfflade muttern och koppla loss ventilations- och vakuumrör. Ta vara på O-ringen **(se bilder)**.
3 Koppla loss gasspjällänkstaget.
4 Koppla loss förgasarens elektriska matning **(se bild)**.
5 Koppla loss vakuumslangarna från förgasaren, gör identifieringsmärken vid behov.

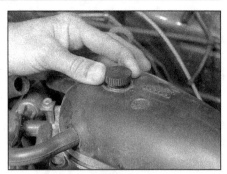

11.2b Lossa den räfflade muttern

11.2c Förgasarinloppets O-ring

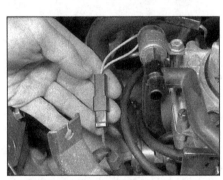

11.4 Förgasarens elektriska anslutning

(Färgade brickor, motsvarande vakuumslangarnas färger, kan finnas på anslutningsstoserna.)
6 Lossa expansionskärlets lock för att utjämna trycket i systemet. Var försiktig så att du inte skållar dig om kylvätskan är het. Kläm ihop kylvätskeslangarna som matar choken och koppla loss dem. Var beredd på kylvätskespill.
7 Koppla loss bränslematnings- och returslangar. Var beredd på bränslespill. Plugga slangarna för att hålla smuts ute.
8 Ta bort de fyra insexskruvarna som håller förgasaren till grenröret **(se bild)**. Lyft av förgasaren och ta vara på distans och packningar.

Montering

9 Montering sker i omvänd ordning, använd nya packningar (vid behov) och en ny O-ring till inloppstrumman.
10 Kontrollera snabbtomgångens justering

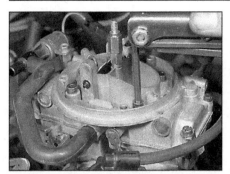

11.8 Lossa förgasarens fästskruvar

12.6 Varmstartventilens fästskruv (vid pilen)

12.7 Koppla loss vakuumslangen från det sekundära gasspjället

(se avsnitt 15) och justera tomgångshastigheten och blandningen (se kapitel 1).
11 Fyll på kylsystemet vid behov.

Pierburg (DVG) 175 CD förgasare

12 Följ beskrivningen för demontering och montering ovan, men tänk på att el- och andra anslutningar är annorlunda för denna förgasare.

---

12 Förgasare – felsökning, renovering och hopsättning

Felsökning

1 Om förgasaren misstänks vara defekt, kontrollera alltid först att tändinställningen är korrekt inställd, att tändstiften är i gott skick och har korrekt elektrodavstånd, att gasvajern är rätt justerad och att luftfiltret är rent. Se relevanta avsnitt i kapitel 1, kapitel 5 eller detta kapitel. Om motorn går väldigt ojämnt, kontrollera först ventilspelen enligt beskrivning i kapitel 1, kontrollera sedan kompressionstrycken enligt beskrivning i kapitel 2.
2 Om noggranna kontroller av ovan nämnda delar inte medför någon förbättring, måste förgasaren demonteras för rengöring och renovering.
3 Innan renovering, kontrollera tillgången på reservdelar innan arbetet påbörjas. Notera att de flesta tätningsbrickor, skruvar och packningar finns att köpa i uppsättningar, vilket också är fallet med vissa av de större underenheterna. I de flesta fall räcker det med att ta isär förgasaren och rengöra munstycken och kanaler.

Renovering – Pierburg 2B5/2B7 förgasare

Observera: Se varningen i avsnitt 1 innan arbetet påbörjas.
Observera: Följande beskrivning skall ses som gräns för vad som kan utföras. Det kan vara mer tillfredsställande att byta ut en mycket sliten förgasare.
4 Med förgasaren demonterad från bilen, töm ut bränslet från den. Rengör förgasaren på

12.8 Bänd ut accelerationspumpens länkstag (vid pilen)

utsidan med fotogen och en gammal tandborste, torka den sedan torr.
5 Aktivera gasspjällänkaget och undersök spindlar och ventiler. Byt ut förgasaren om de är slitna eller skadade. (Gasspjällhuset kan inte bytas ut separat eftersom specialutrustning krävs för att passa in det till resten av förgasaren.

Förgasarlock

6 Skruva loss varmstartventilen. Koppla loss dess slangar och elektriska kontakt och ta bort den **(se bild)**.
7 Lossa vakuumslangen till det sekundära gasspjället, notera var den är monterad **(se bild)**.
8 Lossa länken till accelerationspumpen i den nedre änden genom att bända ut den **(se bild)**.
9 Koppla loss chokelänken i den övre änden genom att lossa den från plastarmen.
10 Ta bort stiftet i mitten och de fyra skruvar som fäster locket **(se bild)**.
11 Lyft av locket och ta vara på packningen.
12 Kontrollera att dellastanrikningsventilens fjäder och kolv har rörlighet i locket **(se bild)**. Om kolven kärvar, byt ut förgasaren.
13 Undersök länkage för choke och accelerationspump och byt ut slitna delar.
14 Vänd locket upp och ned så att flottörerna kommer uppåt. Täck över bränslereturanslutningen och blås i anslutningen för bränslematning. Ventilerna får inte läcka. Lyft upp flottörerna och kontrollera att ventilerna öppnar.
15 Mät nu flottörhöjderna **(se bild)**. Packningen måste tas bort och de fjäderbelastade

12.10 Förgasarlockets fästskruvar och stift

12.12 Dellastanrikningsventil (vid pilen)

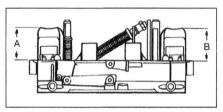

12.15 Flottörhöjder
A 27-29 mm   B 29-31 mm

stiften i nålventilerna får inte vara nedtryckta.
16 Om en nålventil läcker eller en flottörhöjd är inkorrekt, byt ut ventil och flottör tillsammans. De demonteras genom att man knackar ut flottörens pivåstift.

Vakuumenhet för sekundärt gasspjäll

17 Anslut en vakuumpump till det sekundära gasspjällets vakuumenhet.
18 Öppna det primära gasspjället helt och pumpa vakuum. Det sekundära gasspjället

12.21a Skruva loss gasspjällhusets skruv

12.21b Ta bort den tjocka packningen

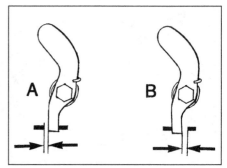

12.23 Gasspjällänkagets spel. För "A" och "B" se texten

12.25 Inställningsmärken (vid pilarna) på bimetallfjäderns hus och chokehuset

12.28a Chokehuset med de tre fästskruvarna

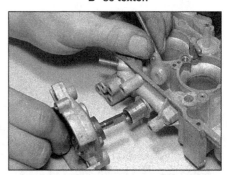

12.28b Demontering av chokehus

måste öppna. Håll vakuumet och kontrollera att inget läckage förekommer, ta sedan bort vakuumpumpen.

19 Byt ut vakuumenheten vid behov. Lossa dess länkstag från kulleden under alla omständigheter.

Gasspjällhus och länkage

20 Koppla loss den kvarvarande slangen från chokens vakuumenhet, notera var den sitter.
21 Ta bort skruven från gasspjällhusets undersida. Separera förgasarhuset från gasspjällhuset och ta vara på den tjocka packningen **(se bilder)**.
22 Undersök gasspjällänkaget på sidan av huset. Byt ut delar efter behov. **Rör inte** gasspjällstoppskruvarna.
23 Kontrollera gasspjällänkagets spel mellan plastarmens bas och metallgaffeln, tryck armen först åt ena hållet och sedan åt det andra för att mäta gapen "A" och "B" **(se**

bild**).** Böj gaffeln om måtten inte är enligt specifikationerna.
24 Anslut vakuum till bränsleavstängningsventilen och kontrollera att ventilkolven rör sig inåt för att blockera tomgångsblandningens passage.

Choke

25 Undersök om det finns inställningsmärken på bimetallfjäderns hus och chokehuset **(se bild)**. Om inte, gör märken. Ta sedan bort de tre skruvarna som fäster låsringen. Ta bort låsringen, vattenmanteln och fjäderhuset tillsammans. Ta vara på packningen.
26 Vattenmanteln kan separeras från fjäderhuset om så önskas, efter det att den mittre bulten skruvats loss. Ta vara på O-ringen.
27 Anslut vakuum till den nedre anslutningen på chokens vakuumenhet. Täck över den övre anslutningen och pumpa vakuum tills dragstången går mot stoppet. Håll vakuumet

och undersök om läckage förekommer, ta sedan bort pumpen.
28 Skjut vakuumenheten och locket bort från chokehuset. Ta bort de tre skruvarna som håller huset. Notera att den korta skruven går bakom vakuumenhetens dragstång. Lossa den inre plastlänken och dra ut chokehuset med axel, fjäder etc. **(se bilder)**.
29 Undersök chokens komponenter och byt ut slitna eller skadade delar.

Accelerationspump

30 Ta bort filtbrickan från pumpens kolvstång **(se bild)**.
31 Bänd upp kolvens hållarring.
32 Lyft ut kolven och fjädern **(se bilder)**.
33 Undersök delarna och byt ut dem efter behov.

Munstycken

34 Ta bort munstyckena och blås genom dem med tryckluft **(se bild)**. **Peta inte** i dem,

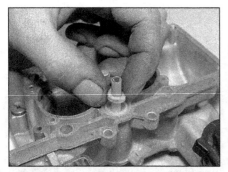

12.30 Accelerationspumpens filtbricka

12.32a Ta ut pumpkolven . . .

12.32b . . . och fjädern

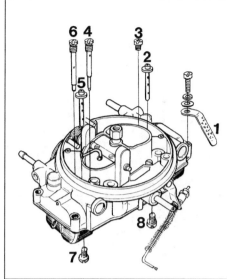

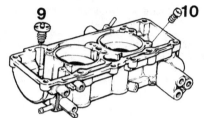

12.34 Förgasarmunstycken

1 Identifikationsplåt
2 Luftkorrektionsmunstycke/emulsionsrör
3 Luftöverströmningsmunstycke
4 Tomgångslufts-/bränslemunstycke
5 Luftkorrektionsmunstycke/emulsionsrör
6 Tillsatslufts-/bränslemunstycke
7 Huvudmunstycke, primärport
8 Huvudmunstycke, sekundärport
9 Anrikningsmunstycke
10 Överströmningsmunstycke

kalibreringen kan ändras. Luftkorrektionsmunstyckena är pressade i huset och kan inte demonteras.

 Varning: Använd skyddsglasögon vid arbete med tryckluft

35 Ta bort justerskruvar för tomgångshastighet och blandning.
36 Blås tryckluft genom de olika kanalerna och öppningarna, sätt sedan tillbaka munstycken och justerskruvar. Skruva i justerskruvarna så långt det går, vrid sedan tillbaka skruven för tomgångshastighet $2^1/_2$ varv och skruven för blandning $3^1/_2$ varv. Slutgiltig justering görs efter montering.

 TiPS *Aerosolburkar med förgasarrengöring finns att tillgå och de kan vara mycket användbara när man måste rensa inre kanaler från envisa tilltäppningar.*

Hopsättning – Pierburg 2B5/2B7 förgasare

37 Införskaffa en reparationssats som innehåller nya packningar, tätningar och andra utbytbara detaljer.
38 Sätt tillbaka accelerationspumpens fjäder, kolv, hållare och filtbricka.
39 Montera gasspjällhuset till förgasarhuset, använd en ny tjock packning. Fäst dem med skruven.
40 Montera den sekundära gasspjällenheten (om demonterad) och anslut vakuumslangen och länkstaget. Ställ in staget så att den är så kort som möjligt utan att den öppnar gasspjället.
41 Montera chokehus, axel och tillhörande komponenter. Skjut vakuumenhet och lock på plats.
42 Montera övre locket, använd en ny

packning, och anslut länkar för choke och accelerationspump.
43 Justera automatchoken (avsnitt 14, punkt 3 och framåt), justera därefter accelerationspumpen enligt följande:

Accelerationspumpens matning

44 Fyll flottörkamrarna med bränsle via matningsröret tills det börjar komma ut ur returröret.
45 Placera förgasarens botten över en tratt som leder ner i ett mätkärl. Håll snabbtomgångskammen ur vägen och öppna och stäng gasspjället helt tio gånger. Varje öppningsmoment bör ta en sekund, med tre sekunders mellanrum. Mät avgiven bränslemängd.
46 Om mängden bränsle inte motsvarar specifikationerna, vrid länkstagets justermutter i erfordrad riktning och upprepa testet.

Slutlig hopsättning

47 Montera varmstartventil och slangar, och bränsleavstängningsventilen om den var demonterad.
48 Smörj länkarna medan de är åtkomliga.
49 Anslut återstående vakuumslangar och ledningar.

Renovering – Pierburg (DVG) 175 CD förgasare

50 Demontera förgasaren från insugsröret och tvätta bort yttre smuts och fett från den.
51 Töm ut oljan från dämparens behållare. Ta bort dämpkolven, sugkammaren och returfjädern. Lyft försiktigt ut luftventilen/kolven och membranet.
52 Ta loss flottörhusets lock. Ta vara på O-ringen från skruven.
53 Ta loss bränslemunstycket med temperaturkompensator och fjäder.
54 Skruva loss bränsleinloppets nålventil och dess bricka

55 Ta loss kallstartmekanismen.
56 Rengör, undersök och byt ut komponenter efter behov. Om spjällventilen tas isär, sätt tillbaka den så att den etsade sidan är vänd nedåt och mot flottörhuset.
57 Kontrollera flottörnivån genom att vända huset upp och ner så att bränsleinloppsventilerna trycks ned endast av flottörernas vikt. Mät flottörnivån och justera vid behov genom att böja tungorna som vilar på bränsleinloppsventilerna **(se bild)**.
58 Vid montering av mätnålen, kontrollera att den inte är sliten, böjd eller repad (en motor som går ojämnt indikerar en sliten nål). Nålen måste vara märkt NC. Placera den flata sidan av nålen mot änden av fästskruven.
59 När flottörhusets justerskruv sätts tillbaka, kom ihåg att sätta dit O-ringen och skruva in den i kåpan tills munstycket är 2,5 mm under förgasarhusets brygga.
60 Kontrollera att membranet inte visar det minsta tecken på sprickor eller slitage. Detta är en mycket viktig komponent för förgasarens funktion och ett nytt membran kostar inte mycket. Många byter ut membranet som en rutinåtgärd en gång per år. Haka i piggen på membranet i urtaget i förgasarhuset.
61 Rikta in sugkammaren och dra åt dess fästskruvar **(se bild)**. Lyft kolven med ett finger och låt den falla utan stöd. Den skall falla mjukt utan tendenser att kärva. Den ska slå i bryggan med ett distinkt metalliskt klick.
62 Kontrollera att dämpkolven har ett axialspel på sitt stag som motsvarar det som

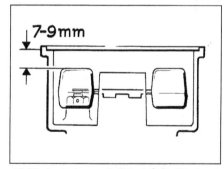

12.57 Justering av flottörnivå för Pierburg (DVG) 175 CD förgasare

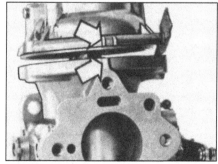

12.61 Sugkammarens uppriktningsmärken

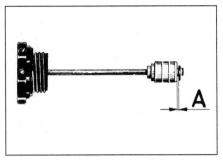

12.62 Dämpkolvens axialspel

A = 0,5 till 1,5 mm

anges i bilden. Brist på spel kan orsaka försening i accelerationen **(se bild)**.
63 Fyll dämparen med olja (se *"Vätskor och smörjmedel"*).
64 Vid montering av förgasaren, använd en ny packning och se till att den placeras så som visas **(se bild)**.

Kontstanttomgångsventil (modeller med luftkonditionering)

65 På modeller med luftkonditionering finns en extra solenoidventil i förgasaren vars uppgift är att uppehålla motorns tomgångshastighet när luftkonditioneringskompressorn är påslagen. När solenoidventilen strömförs av luftkonditioneringens elektriska krets öppnas en passage som släpper in extra bränsle/luftblandning **(se bild)**.

13 Förgasare – justering av automatchoke (Pierburg 2B5/2B7)

1 Demontera förgasaren (se avsnitt 12).
2 Gör inställningsmärken om så behövs, ta sedan bort de tre skruvarna som håller fjäderhusets låsring. Ta bort låsring, fjäderhus med vattenmantel och packning.
3 Om det inte redan gjorts, justera snabbtomgången (se avsnitt 15).
4 Efterföljande justeringar måste göras i angiven ordning.
5 Stäng chokespjället genom att sätta ett gummiband runt chokelänken och chokevakuumenheten.
6 Öppna och stäng gasspjället. Snabbtomgångens justerskruv skall vila på det sjunde (högsta) steget på snabbtomgångskammen. Det skall vara ett litet spel (0,5 till 1,0 mm) mellan chokelänken och vakuumenhetens stag. Böj fliken på länkstaget om så behövs för att uppnå detta.
7 Anslut en vakuumpump till den nedre anslutningen på chokevakuumenheten. Täck den övre anslutningen. Pumpa vakuum och mät chokespjällets öppning; det skall motsvara öppning "A" (se specifikationer). Justera vid behov vid skruv "A" **(se bild)**.
8 Exponera den övre anslutningen, håll kvar vakuum i den nedre. Avstånd "B" måste nu mätas och vid behov justerad vid skruv "B".

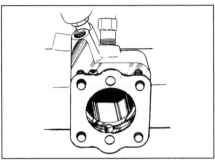

12.64 Packning på förgasarflänsen korrekt monterad

9 Utjämna vakuumet men låt pumpen vara ansluten. Ställ in gasspjället så att snabbtomgångsskruven vilar mot sjunde steget på kammen. Täck över chokens övre vakuumanslutning och pumpa upp vakuum i den nedre. Öppna och stäng gasspjället. Snabbtomgångsskruven skall återgå till det sjätte stoppet och vara minst 1,0 mm från den sjunde **(se bild)**.
10 Öppna den övre vakuumanslutningen och ta bort vakuumpumpen.
11 Vrid chokelänken medurs så att chokespjället öppnas helt och håll det i denna position. Öppna och stäng gasspjället; snabbtomgångsjusterskruven skall nu gå tillbaka så att den är fri från alla kamsteg, och vara minst 0,5 mm från det första (nedersta) steget. Böj fliken på chokespjällets spindel vid behov.
12 Släpp chokelänken så att gummibandet stänger spjället igen. Öppna gasspjället helt och mät chokespjällets öppning. Om det inte motsvarar specifikationerna, lossa gasspjällets spindelmutter och placera om kammen, dra sedan åt muttern. Ta bort gummibandet.
13 Montera fjäderhuset och tillhörande komponenter, haka fjäderns ögla i änden på länken och observera passmärkena. Sätt i de tre skruvarna i låsringen och dra åt dem lätt.

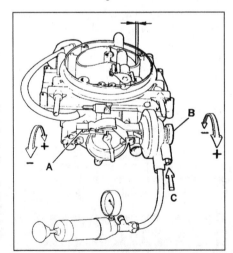

13.7 Chokespjällets öppning under vakuum. för "A" och "B", se text
C Vakuumenhetens övre anslutning

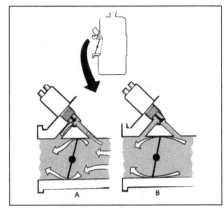

12.65 Konstanttomgångsventilens funktion på modeller med luftkonditionering
A Luftkonditionering på
B Luftkonditionering av

14 Kontrollera chokespjällets öppning vid 20°C, detta antas vara yttertemperaturen, och justera så att måttet stämmer med specifikationerna genom att vrida fjäderhuset. Dra åt de tre skruvarna när justeringen är rätt.
15 Med chokespjället fortfarande i positionen för 20°C, kontrollera spelet mellan änden på fullastanrikningsröret och spjället. Böj röret om spelet inte motsvarar specifikationerna. Sitter röret för lågt kommer det att orsaka hög bränsleförbrukning, sitter det för högt kommer kallstartproblem att bli resultatet.

14 Förgasare – justering av snabbtomgång

Pierburg 2B5/2B7 förgasare

1 Koppla loss luftkanalen upptill på förgasaren.
2 Lossa länkstaget mellan vajertrumman och förgasaren genom att bända loss dess kulled.
3 Öppna det primära gasspjället för hand. Vrid chokespjället så att snabbtomgångsskruven vilar på det sjätte (näst högsta)

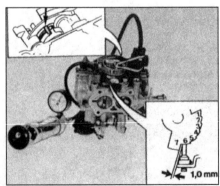

13.9 Snabbtomgångsskruvens spel från kamstoppet (infällt nedtill) – justera vid behov genom att böja länken (infällt upptill)

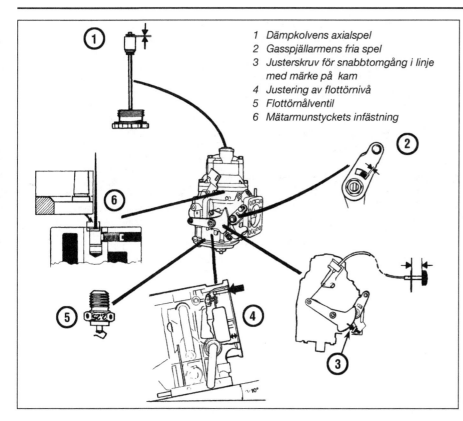

1 Dämpkolvens axialspel
2 Gasspjällarmens fria spel
3 Justerskruv för snabbtomgång i linje med märke på kam
4 Justering av flottörnivå
5 Flottörnålventil
6 Mätarmunstyckets infästning

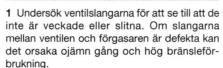

14.9 Detaljer för justering och renovering av Pierburg (DVG) 175 CD förgasare

steget på snabbtomgångskammen. Släpp gasspjället.
4 I denna position, mät snabbtomgångsgapet mellan gasspjällets arm och stoppskruven. Om gapet inte motsvarar det specificerade, vrid snabbtomgångens justerskruv för att korrigera det.
5 När gapet är rätt, sätt tillbaka länkstaget och luftkanalen.
6 Kontrollera tomgångshastigheten och blandningen (se kapitel 1).

Pierburg (DVG) 175 CD förgasare

7 Detta är inget rutinarbete, det bör endast behövas om chokevajern av någon anledning har rubbats.
8 Kontrollera tomgångshastigheten och CO-blandningen enligt beskrivning i kapitel 1. Lämna varvräknaren ansluten till motorn.
9 Med motorn gående på tomgång vid normal arbetstemperatur, dra ut choke-knappen 25 mm. I detta läge måste linjen på snabbtomgångskammen vara i linje med justerskruven för snabbtomgång **(se bild)**. Om den inte är det, justera vajern efter behov.
10 Med linjen på tomgångskammen inställd enligt ovan måste motorns snabbtomgångs-hastighet vara enligt specifikationerna. Om inte, lossa låsmuttern och vrid på juster-skruven. Dra åt låsmuttern när justeringen är korrekt.

15 Varmstartventil – test

1 Undersök ventilslangarna för att se till att de inte är veckade eller slitna. Om slangarna mellan ventilen och förgasaren är defekta kan det orsaka ojämn gång och hög bränsleför-brukning.
2 Kontrollera att ventilationsslangen inte är igensatt. Dess nedre ände är intill växellådans tvärbalk. Om slangen är blockerad kan det orsaka varmstartssvårigheter.
3 Kontrollera ventilen genom att blåsa genom dess slangar med tändningen på och av. Med tändningen på måste ventilen vara stängd (ventilationsslang och förgasarslang block-erade). Med tändningen av måste ventilen öppna ventilationsslangen till förgasaren. Om inte är antingen ventilen eller spänningsmat-ningen defekt.

16 Insugsgrenrör – demontering och montering

Demontering

1 Koppla loss batteriets negativa anslutning.
2 Demontera förgasaren (se avsnitt 12), eller koppla loss alla anslutningar till den men låt den sitta kvar på grenröret.

3 Koppla loss vakuumslangarna från gren-röret, gör identifieringsmärken om så behövs. Kläm ihop och koppla också loss kylvätske-slangarna.
4 Skruva loss och ta bort grenröret. Ta vara på packningen.

Montering

5 Montering sker i omvänd ordning, använd nya packningar eller O-ringar. Det kan vara nödvändigt att skära packningen så att den inte tar i intilliggande komponenter.
6 Justera gasspjälltrummans vajer/-rar, låt motorn gå och kontrollera tomgångshastig-heten och blandningen (se kapitel 1).
7 Fyll på kylvätska vid behov.

17 Avgasgrenrör – demontering och montering

Demontering

1 Demontera varmluftskanalen (om sådan finns).
2 Lossa det främre avgasröret från grenröret.
3 Skruva loss grenröret från topplocket och demontera det. Ta vara på packningarna.

Montering

4 Vid montering, använd nya packningar. Märkningen "UT" måste vara vänd bort från topplocket.
5 Lägg antikärvningsmedel på gängorna. Montera grenröret på topplocket och dra åt muttrarna jämnt.
6 Återanslut det främre avgasröret och varm-luftskanalen.
7 Låt motorn gå och leta efter läckor.

18 Avgassystem – allmän information, demontering och montering

Allmän information

1 Avgassystemet består av främre, mittre och bakre sektioner där antalet varierar beroende på modell. Systemet är upphängt från under-redet i gummiupphängningar, och är fast-skruvat i topplocket av gjutjärn framtill. Flänsade skarvar med packningstätningar eller rörklämmor av U-typ används för att hålla ihop sektionerna. På senare modeller (1988 och framåt) finns katalysator – se del C av detta kapitel för ytterligare information.
2 Undersök avgassystemet regelbundet för att se om det läcker eller är skadat, samt för att se att det sitter säkert (se kapitel 1). För att göra detta, dra åt handbromsen och låt motorn gå på tomgång i ett väl ventilerat utrymme. Ligg ner på en sida av bilen i taget och undersök hela avgassystemet för att hitta eventuella läckor, medan en medhjälpare

tillfälligt placerar en trasa över änden på avgasröret. Om det uppenbarligen finns en läcka, stanna motorn och laga hålet med hjälp av en därför anpassad reparationssats. Om läckan är mycket stor, eller det finns uppenbara skador, byt ut aktuell sektion. Undersök också om gummiupphängningarna är slitna och byt ut dem om så behövs.

Demontering

3 Detaljerna för systemets dragning och upphängning kan variera beroende på modell och tillverkningsår, men principerna för demontering och montering förblir desamma.

4 I många fall kan det vara enklare att demontera hela systemet från främre röret(n) och bakåt och därefter byta ut individuella sektioner på arbetsbänken. Ett undantag är på modeller där systemet passerar över bakaxeln; här är det bättre att ta isär skarven, eller att skära ut röret om det ändå är rostigt.

5 För att demontera hela systemet, lyft upp och stöd bilen på lämplig arbetshöjd. Lägg penetrerande olja på de muttrar, bultar och klämmor som måste lossas.

6 Skruva loss den flänsade skarven mellan det främre röret och resten av avgassystemet.

7 Om systemet passerar över bakaxeln, ta bort en av U-rörsklämmorna och dela på systemet där.

8 Ta hjälp av någon, haka loss systemet från upphängningarna och ta bort det.

9 För att demontera främre röret(n), lossa fästklämmorna från svänghjulskåpan och separera anslutningen från grenröret(n). Koppla också loss varmluftskanalen och om så behövs, skruva loss varmluftsskölden.

Montering

10 Påbörja monteringen med främre röret(n), använd nya packningar. Lägg antikärvningsmedel på gängorna. Montera svänghjulskåpans fästklämbult, men dra inte åt den än.

11 Häng upp resten av systemet i upphängningarna och koppla ihop det. Använd en tätningsring vid den flänsade anslutningen. Lägg avgastätningsmassa i skarvarna och antikärvningsmedel på alla gängor.

12 Dra åt alla anslutningar framifrån och bakåt, men lämna svänghjulshusets klämma lös tills allting annat är åtdraget. Vrid skarvarna lätt om det behövs för att systemet skall hänga fritt utan att vidröra karossen.

13 Låt motorn gå i några minuter och undersök om det förekommer läckor. Låt det svalna och dra åt alla skarvar på nytt.

14 Sänk ned bilen.

Kapitel 4 Del B:
Bränsle- och avgassystem – bränsleinsprutningsmotor

Innehåll

Svårighetsgrader

Enkelt, passar novisen med lite erfarenhet	Ganska enkelt, passar nybörjaren med viss erfarenhet	Ganska svårt, passar kompetent hemmamekaniker	Svårt, passar hemmamekaniker med erfarenhet	Mycket svårt, för professionell mekaniker

Specifikationer

Systemtyp

B28E, B200E och B230E motorer	Kontinuerlig bränsleinsprutning, sugmotor
B23ET och B230ET motorer	Motronic bränsleinsprutning, turbomotor
B230F (t.o.m. 1990) och B280E motorer	LH2.2-Jetronic bränsleinsprutning, sugmotor
B230F fr.o.m. 1991	Bendix Regina, sugmotor
B234F motorer	LH2.4-Jetronic bränsleinsprutning, sugmotor

Bränslesystem

Tomgångshastighet:

B200/230E motorer	900 varv/min
B23ET motorer	900 varv/min
B280E motorer	700 varv/min (grundtomgång)

Tomgångshastighet styrd av konstanthastighetssystem:

B28E motorer	900 varv/min (justera till 850 varv/min)
B230ET motorer	900 varv/min (justera till 850 varv/min)
B230F motorer t.o.m. 1990	750 varv/min (luftkonditionering avstängd)
B230F motorer fr.o.m. 1991	775 ± 50 varv/min (ej justerbar)
B234F motorer	850 varv/min (ej justerbar)
Tomgångshastighet för LH2.4-Jetronic system i "linka-hem"-läge	480 till 520 varv/min

Tomgångsblandningens CO-halt:	Inställningsvärde	Kontrollvärde
B28E motorer	2,0%	1,0 till 3,0%
B200E motorer	1,0%	0,5 till 2,0%
B230E motorer	1,0%	0,5 till 2,0%
B23ET motorer	1,5%	1,0 till 2,5%
B230ET motorer	1,0%	0,5 till 2,0%
B230F motorer	0,6% (ej justerbar)	0,4 till 0,8% (Lambdasond bortkopplad, mätt uppströms katalysator)
B234F motorer	0,6% (ej justerbar)	0,2 till 1,0% (Lambdasond bortkopplad)

Rekommenderat bränsle

Modeller utan grönt tanklock	98 RON blyad
Modeller med grönt tanklock	95 RON blyfri

Åtdragningsmoment

	Nm
Avgassystemets nedåtgående rör till turbons wastegatehus	25
Wastegatehus till turboaggregat	20
Turboaggregat till avgasgrenrör:	
Steg 1	1
Steg 2	45
Steg 3	Vinkeldra ytterligare 45°
Syresensor (Lambdasond)	55
Gasspjällänkstagets låsmutter	0,45 till 0,75

---

1 Allmän information och föreskrifter

Bränslesystemet på bränsleinsprutade motorer består av en eller två baktill monterade bränsletankar, en eller två elektriska bränslepumpar och antingen ett elektromekaniskt eller helt elektroniskt bränsleinsprutningssystem. B200E, B230E och B28E motorer har bränsleinsprutningssystem av typen kontinuerlig insprutning; B23ET och B230ET motorer har ett turboaggregat och det elektroniskt kontrollerade bränslesystemet Motronic; B230F (t.o.m. 1990), B280E och B234F motorer har olika versioner av det elektroniskt kontrollerade bränslesystemet LH-Jetronic. B230F motorer fr.o.m. 1991 har systemet Bendix Regina. Ytterligare information om dessa system hittas i avsnitt 11.

Avgassystemet består av flera sektioner, antalet beror på modell, och är upphängt under bilen i gummiupphängningar. En katalysator är monterad som en del av avgassystemet på senare modeller.

Varning: Många av momenten i detta kapitel kräver demontering av bränslerören och anslutningarna, vilket kan resultera i viss bränslespill. Innan några arbeten utförs på bränslesystemet, läs föreskrifterna i "Säkerheten främst!" i början av denna handbok och följ dem noggrant. Bensin är en ytterst farlig och lättflyktig vätska, och säkerhetsåtgärderna vid hantering kan inte nog betonas.

2 Luftrenare – demontering och montering

1 För alla motorer utom B280E och B234F, se kapitel 4A, avsnitt 2. För B280E och B234F, gör enligt följande.

Demontering

2 Demontera luftfiltret enligt beskrivning i kapitel 1.
3 Koppla loss luftkanalen, inklusive luftmängdsmätaren om den fortfarande är ansluten.
4 Lossa luftrenaren från dess gummifästen genom att rycka och dra kraftigt. Om fästena följer med luftrenaren, ta loss dem och sätt tillbaka dem på den inre ringen och fästkonsolen.

Montering

5 Montera i omvänd ordning mot demontering. Tryck in luftrenaren ordentligt i gummifästena.

3 Huvudbränsletank – demontering och montering

Observera: Se varning i avsnitt 1 innan arbetet påbörjas.
1 För alla modeller utom 760 sedan (1988 och framåt) med individuell bakfjädring, se kapitel 4A, avsnitt 3. För 760 sedan med individuell bakfjädring, gör enligt följande.

Demontering

2 Koppla loss batteriets negativa anslutning.
3 Inuti bagageutrymmet, ta ut reservhjulet. Lyft undan mattan runt bränslepåfyllningsröret. Demontera vänster avtappningsrör och kåpan runt påfyllningsröret.
4 Demontera täckplåten för att exponera tankpumpen/bränslemätargivaren. Koppla loss bränsleslangarna och den elektriska anslutningen från enheten.
5 Sifonera eller pumpa bränslet från tanken i lämpliga täta behållare. Arbeta genom hålet i pumpen/mätargivaren.
6 Lyft upp och stöd bilen. Ta bort de tre skruvarna som fäster skyddsskölden framtill på tanken. Ta bort skölden.
7 Ta bort de två inre bultarna från tankens fästkonsol. Lossa de yttre bultarna med ca 10 mm men ta inte bort dem än. Lossa banden från den främre fästkonsolen och låt dem hänga ner.
8 Skruva loss fästbandet längst ner på tanken. Ta också bort muttern på tankens högra sida (intill ljuddämparen).
9 Lossa tanken och sänk den så att den vilar på den främre fästkonsolen och den bakre fjädringens balkar.
10 Demontera den bakre halvan av kardanaxeln, gör passmärken för hopsättningen.
11 Låt en medhjälpare stödja tanken, eller tillverka en vagga så att den kan stödjas med en garagedomkraft. Var noga med att inte skada tanken, den är bara tillverkad av plast.
12 Ta bort kvarvarande bultar från den främre fästkonsolen och ta bort konsolen. Sänk tanken och dra den framåt, lossa samtidigt ventilationstanken upptill på tanken. Ta ut tanken från bilens undersida.

6.3 Skruva loss bränslepumpvaggan

6.4 En bränslepumpledning kopplas loss

13 Om en ny tank skall monteras, överför pumpen/givaren, värmesköldar, stötdämpare etc. från den gamla tanken.

Montering

14 Montering sker i omvänd ordning.

---

4 Reservtank – demontering och montering

Se kapitel 4A, avsnitt 5.

---

5 Bränsletankpump – demontering och montering

Se kapitel 4A, avsnitt 5.

---

6 Huvudbränslepump – demontering och montering

Observera: *Se varning i avsnitt 1 innan arbetet påbörjas.*

Demontering

1 Lyft upp bilen på ramper eller parkera den över en smörjgrop.
2 Koppla loss batteriets negativa anslutning.
3 Skruva loss bränslepumpvaggan från bilens undersida **(se bild)**. Dra av vaggan från gummimuffarna.
4 Koppla loss elektriska ledningar från pumpen, notera färgerna på ledningarna och motsvarande poler **(se bild)**.
5 Koppla loss bränslematnings- och utloppsrör från pumpen. Var beredd på bränslespill. Plugga eller täck över öppna röranslutningar.
6 Skruva loss pumpfästena och demontera pumpen.

Montering

7 Montera i omvänd ordning mot demontering, använd nya tätningsbrickor vid behov.
8 Låt motorn gå och undersök om läckage förekommer innan bilen sänks ned.

---

7 Bränslemätargivare – demontering, test och montering

Se kapitel 4A, avsnitt 7.

---

8 Gasvajer – demontering, montering och justering

Demontering

1 Lossa vajerhöljet genom att dra ut fjäderclipset och haka av innervajern från trumman.
2 Inuti bilen, ta bort klädseln under rattstången. Dra innervajern genom pedaländen och dra den slitsade bussningen av vajeränden.
3 Frigör vajergenomföringen från torpedväggen och dra in vajern i motorrummet. Notera hur vajern är dragen, lossa den från eventuella clips eller kabelband och ta bort den.

Montering och justering

4 Montera i omvänd ordning, justera sedan vajern enligt följande.
5 Koppla loss länkstaget som förbinder vajern med gasspjället(n) genom att bända av en kulled.
6 Med gaspedalen uppsläppt skall innervajern vara precis spänd, och vajertrumman måste vila mot tomgångsstoppet. Med pedalen helt nedtryckt ska trumman vara mot fullgasstoppet. Justera vid behov med den gängade hylsan.
7 På modeller med automatväxellåda, kontrollera först justeringen av kickdownvajern (se kapitel 7B).
8 Anslut länkstaget, justera dess längd vid behov enligt följande.

B28/280E motorer

9 Längden på länkstaget skall vara sådan att vare sig vajertrumman eller gasspjällen flyttas ur sina tomgångspositioner.

B23/200/230E/230ET/230F motorer

10 Anslut länkstaget och placera ett 1,0 mm bladmått mellan vajertrumman och tom-

gångsstoppet. I detta läge måste spelet mellan gasspjällarmen och justerskruven vara 0,1 mm. Justera länkstaget (**inte** justerskruven) om så behövs för att uppnå detta.

B234F motorer

11 Anslut länkstaget och placera ett bladmått mellan vajertrumman och tomgångsstoppet. Bladmåttet skall vara 3,3 mm för modeller med manuell växellåda och för modeller med automatväxellåda med 1989 års motor nummer 1289321 och 1289407. För modeller med automatväxellåda med andra motornummer, använd ett 1,6 mm bladmått.
12 Vrid länkstaget tills armen lämnar justerskruven och gasspjällkontakten klickar. Vrid länkstaget i motsatt riktning tills returklicket hörs, dra sedan åt låsmuttern till specificerat moment. Upprepa detta moment tills du erhåller ett spel på 0,1 till 0,5 mm mellan gasspjällarmen och justerskruven.

---

9 Gaspedal – demontering och montering

Se kapitel 4A, avsnitt 9.

---

10 Bränsleinsprutningssystem – allmän information

Kontinuerlig bränsleinsprutning

Kontinuerlig bränsleinsprutning finns på B28E, B200E och B230E motorer. Det är ett väl beprövat system där det inte är mycket som kan orsaka problem och inga "svarta lådor" att bekymra sig om. Som namnet antyder sker bränsleinsprutningen kontinuerligt medan motorn är i gång. Insprutningens hastighet varieras för att passa rådande hastighet och belastning.

Bränsle dras från tanken av tankpumpen. Det passerar till huvudbränslepumpen där ledningstrycket på ca 5 bar etableras. En ackumulator bredvid pumpen utgör en tryckreserv för att underlätta varmstart. Från ackumulatorn passerar bränslet genom ett filter och därefter till bränslefördelaren uppe på insugsgrenröret.

Bränslefördelaren ser ut lite som en tändfördelare, men den har bränsleledningar i stället för högtändningskablar. Det finns en bränsleledning per insprutare, med ytterligare ledningar för startinsprutaren och styrtrycksregulatorn. Bränslefördelarens huvudfunktion är att reglera bränslematningen till insprutarna i proportion till inkommande luftflöde. Inkommande luft trycker undan luftflödesgivarplattan, vilken i sin tur påverkar kolven i bränslefördelaren så att matningen till insprutarna varieras. Luftflödesgivaren och bränslefördelaren tillsammans kallas ibland bränslestyrenheten.

Styrtrycksregulatorn reducerar styrtrycket under uppvärmning och under förhållanden med lågt grenrörsvakuum, och berikar på så sätt blandningen. (Ett lägre styrtryck betyder att luftflödesgivarplattan trycks undan ytterligare och mängden insprutat bränsle ökas.)

En elektriskt styrd startinsprutare matar extra bränsle under starten. En termokontakt reglerar den tid startmunstycket arbetar när motorn är kall; på en varm motor matar ett impulsrelä en mindre mängd extra bränsle. En tillsatslid ger extra luft som behövs för att hålla tomgångshastigheten när motorn är kall. På modeller med konstanthastighetssystem ersätts tillsatsluftsliden med en luftkontrollventil.

Största delen av informationen i detta kapitel hänför sig till kontinuerlig insprutning som är monterad på B28E motorn, eftersom informationen om B200E och B230E är bristfällig. Skillnaderna begränsar sig, förutom antalet cylindrar, huvudsakligen till detaljers placeringar.

Motronic system

Motronic systemet som används på B23ET och B230ET motorerna är i stort sett Bosch L-Jetronic bränsleinsprutning med integrerad tändsystemskontroll. Bränsleinsprutnings- och tändningsfunktionerna är båda kontrollerade av samma enhet för att man ska kunna uppnå optimal effektivitet, körbarhet och kraft.

Styrenheten mottar information om motorhastigheten och vevaxelns läge, luftflödet in i induktionssystemet, kylvätskans temperatur och gasspjällets läge. Temperaturen på den inducerade luften efter det att den har passerat genom turboaggregatet och mellankylaren mäts också. Ett signalrelä informerar styrenheten om luftkonditioneringen är i gång, vilket kräver en tomgångshöjning. Enheten kompenserar också för effekterna av upp- och nedgångar i batterispänning, och ger extra anrikning via startinsprutaren när startmotorn är i gång. En termotidkontakt styr längden på insprutningen av tillsatsbränslet.

Styrenheten ger också signaler till bränslepumpreläet, bränsleinsprutarna och tändsystemet. Bränslepumpen får endast vara igång när motorn är igång eller när startmotorn arbetar.

Bränsleinsprutarna är elektroniskt styrda. Insprutningsmängd bestäms av tiden insprutarna är öppna. Mängden ökar i proportion till luftflödet och också som respons på plötsligt öppnande av gasspjället och under uppvärmning

Tomgångshastigheten ökar under uppvärmningsfasen av en tillsatsluftslid, liknande den som används i kontinuerligt insprutningssystem, vilket låter en liten mängd luft gå förbi gasspjället.

Bränsletrycksreglering sker i proportion till grenrörets vakuum- eller tillsatstryck, och

uppnås genom att varierande mängd bränsle släpps ut ur insprutarna.

Förutom de vanliga styrfunktionerna, skyddar även Motronic styrenhet mot övervarvning genom att begränsa bränsleflödet vid varvtal överstigande 6 200 varv/min.

Vid fel på någon givare eller annan enhet kan styrenheten använda förprogrammerade värden för insprutning och tändning så att man ändå kan ta sig hem.

Tändningsrelaterade aspekter av Motronic systemet behandlas i kapitel 5.

LH-Jetronic system

Två olika versioner av LH-Jetronic systemet används i motorerna som behandlas i denna handbok. Version 2.2 är monterad på motorerna B280E och B230F (t.o.m. 1990) och den mer avancerade versionen 2.4, som beskrivs i slutet av detta avsnitt, är monterad på B234F motorn.

LH-Jetronic systemet liknar Motronic systemet som beskrivits ovan. De huvudsakliga skillnaderna är användningen av en luftmängdsmätare i inloppssystemet och en syresensor (Lambdasond) i avgassystemet. Tändningssidan av systemet styrs av en separat enhet, även om både bränsleinsprutningens och tändningens styrenheter kommunicerar med varandra och är beroende av varandra.

Luftmängdsmätaren mäter massan på den luft som induceras istället för dess volym. Luftmassa mäts genom observation av luftens kyleffekt av en varmtråd. Denna eleganta metod undviker behovet av besvärliga och potentiellt opålitliga rörliga klaffar för att mäta luftflödet.

Luftmängdsmätaren är placerad i luftinloppskanalen mellan luftrenaren och gasspjällhuset. Den har en platinatråd som, när systemet är i funktion, värms upp till 100°C över temperaturen på den inkommande luften. Den ström som behövs för att uppehålla denna temperatur används av styrenheten till att räkna ut luftmängden. Varje gång motorn stängs av, värmer styrenheten helt kort upp tråden till 1000°C för att bränna bort eventuella avlagringar.

Varmtråden i luftmängdsmätaren är den mest ömtåliga delen i systemet. Om tråden går av ger styrenheten en "linka-hem"-signal till insprutarna, vilket gör det möjligt att köra bilen på låg hastighet tills en ny luftmängdsmätare kan monteras.

Syresensorn (Lambdasonden) är monterad på katalysatorn och mäter syrehalten i avgaserna. Resultatet bearbetas av den elektroniska styrenheten och används till att justera bränsle-luftblandningens styrka i insugsgrenröret genom ändring av insprutarnas öppningstider. Om där finns för mycket syre i avgaserna är blandningen för mager och behöver anrikas. Om det är för lite syre i avgaserna är blandningen för fet, vilket orsakar ofullständig förbränning, och behöver reduceras. Ändringen i blandningsstyrkan

påverkar syrehalten i avgaserna, skapar ett "closed-loop" system. Styrenheten håller blandningsstyrkan vid det kemiskt korrekta förhållandet för fullständig förbränning av bränslet – 14,7 delar luft till 1 del bränsle (viktmässigt), känt som det "stoikiometriska" förhållandet. I detta läge uppnås bästa möjliga omvandlingseffektivitet av alla huvudsakliga förorenande ämnen.

Syresensorn har ett rör av zikroniumoxid, täckt med platina, som sänder en spänningssignal till styrenheten som representerar syrehalten i avgaserna. Den arbetar vid en temperatur på ungefär 285°C och är elektriskt uppvärmd för att uppnå denna temperatur, den värms upp snabbt när tändningen slås på.

Där förekommer små variationer i användningen av syresensorn på olika modeller:

a) *På vissa tidiga modeller var syresensorn placerad i avgasröret, 15 cm uppströms katalysatorn.*

b) *På turbomodeller är syresensorn placerad omedelbart nedströms turboaggregatet.*

c) *På modeller utan katalysator, tillverkade för marknader där blyfri bensin inte finns överallt, används en annan typ av syresensor som har begränsad livslängd och måste bytas ut med regelbundna intervall.*

Syresensorn är en väsentlig komponent i LH-Jetronic systemet, men är också mer allmänt monterad på alla system som använder bränsleinsprutning och har katalysator. Även om den är en del av bränsleinsprutningssystemet, är den också viktig för avgasrening, vilket beskrivs närmare i del C.

Andra funktioner hos LH-Jetronic styrenhet inkluderar anrikning under start, uppvärmning och fullbelastning; bränsleavstängning under motorbroms; tomgångshastighetskontroll; bränslepumpavstängning när motorn slås av och insprutningsavstängning vid överdrivna motorhastigheter.

LH2.4-Jetronic system

LH2.4-Jetronic system, monterat på B234F motorn, är en utveckling av det tidigare LH2.2-Jetronic systemet och fungerar i kombination med EZ116K elektroniska tändsystem (se kapitel 5B). Det har följande extra egenskaper:

a) *Inbyggd diagnostisk enhet för felsökning. Den här enheten delas av bränslesystemet och tändsystemet. Se avsnitt 24.*

b) *Adaptiv systemkontroll. Styrenheten lagrar en historia av de förhållanden som den erfarit och anpassar sig själv därefter.*

c) *Konstanttomgångssystem under adaptiv kontroll av styrenheten. Se avsnitt 16.*

d) *CO-justering är ej nödvändig tack vare de adaptiva funktionerna (gäller ej B204E).*

e) *EVAP-funktion för att ta vara på ångor producerade i bränsletanken.*

f) *Kallstartventil uppströms insprutarna på vissa modeller som ej behandlas i denna handbok.*

10. 29 Bendix Regina systemkomponenter

A Tryckgivare intagsluft

B Diagnostikuttag

C Temperaturgivare intagsluft

Bendix Regina

Systemet Bendix Regina som är monterat på B230F motorn fr.o.m. 1991 är mycket likt LH2.4-Jetronic systemet beskrivet ovan, med följande huvudsakliga skillnader.

Mängden luft som går in i motorn beräknas inte av en luftflödesmätare med rörliga delar, utan med hjälp av signaler från en tryckgivare och en temperaturgivare **(se bild)**. Tryckgivaren är ansluten till insugsgrenröret via en slang och omvandlar lufttrycket i insugsgrenröret till en elektrisk signal som överförs till den elektroniska styrenheten.

Temperaturgivaren för insugsluften är placerad i luftinloppstrumman. Ändringar i lufttemperaturen upptäcks av styrenheten som förändringar i givarens motstånd. Tryck- och temperatursignalerna används av styrenheten till att avgöra volymen på den luft som går in i motorn.

Regina systemet skiljer sig också från Motronic på så sätt att det bara använder en bränslepump, placerad i bränsletanken.

Det tillhörande tändsystemet, kallat REX-I, behandlas i kapitel 5B.

11 Bränsleinsprutningssystem – test och justering

Observera: Om du har LH2.4-Jetronic eller Bendix Regina system med inbyggd diagnostisk enhet, gå till avsnitt 24. Den diagnostiska enheten utgör det enklaste sättet att leta efter fel.

Test

1 Om ett fel uppstår i bränsleinsprutningssystemet, se först till att alla kontakter i systemet är säkert anslutna och inte är korroderade. Kontrollera också att felet inte beror på dåligt underhåll, d.v.s. kontrollera att luftfiltret är rent, att tändstiften är i gott skick och har rätt elektrodavstånd, att ventilspelen

är korrekt justerade, att cylindrarnas kompressionstryck är rätt, att tändinställningen är rätt och att motorns ventilationsslangar inte är blockerade eller skadade – se kapitel 1, 2 och 5 för ytterligare information.

2 Om dessa kontroller inte avslöjar orsaken till problemet bör bilen tas till en lämpligt utrustad Volvoverkstad för test. Ett speciellt diagnostiskt uttag finns i bränsleinsprutningssystemets elektroniska krets, i vilket ett testinstrument kan anslutas. Utrustningen lokaliserar felet snabbt och enkelt och minskar behovet av att testa alla systemkomponenter individuellt, vilket är ett tidskrävande arbete som också medför en viss risk för skador på styrenheten.

Justering

3 Erfarna hemmamekaniker med avsevärda kunskaper och utrustning (inklusive en varvräknare och en exakt kalibrerad avgasanalyserare) kan kontrollera avgasernas CO-halt och tomgångshastigheten. I praktiken behöver dock dessa system sällan justeras och blir "ojusterade" endast genom brist på regelbundet underhåll (se punkt 1 ovan).

4 Om du känner att avgasernas CO-halt och tomgångshastigheten kräver justering bör bilen helst tas till en återförsäljare för detta arbete. För de som har den nödvändiga

kunskapen och utrustningen återfinns justeringsmomenten i kapitel 1.

Observera: På LH2.4-Jetronic system står tomgångshastigheten och CO-halten under adaptiv kontroll, baserad på data samlad från tidigare körförhållanden och ingen justering behövs. Om tomgångshastigheten eller CO-halten inte är korrekt, använd diagnostikenheten för att leta efter fel (se avsnitt 24).

12 Kontinuerlig bränsleinsprutning – demontering och montering av komponenter

1 Koppla loss batteriets negativa anslutning.

Bränsleackumulator

Observera: Se varningen i avsnitt 1 innan arbetet påbörjas.

2 Denna demonteras på samma sätt som huvudbränslepumpen (avsnitt 6), förutom att det inte finns några elektriska anslutningar att bry sig om.

3 I praktiken är det förmodligen enklare att demontera pumpen, ackumulatorn och vaggan tillsammans. Ackumulatorn kan sedan demonteras under relativt rena förhållanden på bänken.

Insprutare

Observera: Se varningen i avsnitt 1 innan arbetet påbörjas.

4 Lossa fjäderclipset och dra ut insprutaren från urtaget **(se bilder)**.

5 Koppla loss bränsleledningsanslutningen från insprutaren.

6 Montering sker i omvänd ordning, använd en ny tätning och anslutningsbrickor vid behov.

7 Observera att nya insprutare fylls med skyddande vax innan de packas. Detta vax måste spolas ut ur insprutaren innan den monteras. Rådfråga en försäljare av insprutare.

Bränslestyrenhet

Observera: Se varningen i avsnitt 1 innan arbetet påbörjas.

8 Lossa bränslepåfyllningslocket för att lätta på trycket.

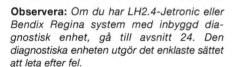

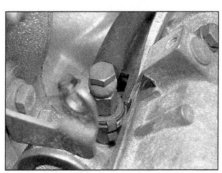

12.4a Bänd upp insprutarens fjäderclips . . .

12.4b . . . och dra ut insprutaren

12.9a Koppla loss bränsleanslutningarna –
notera tätningsbrickorna

12.9b Bränslematningsanslutningen
lossas från fördelaren

12.12 Styrenheten med några av
skruvarna synliga. Jordstift vid pilen

12.23 Styrtrycksregulatorns el- och
vakuumanslutningar

9 Koppla loss de olika bränsleanslutningarna
från bränslefördelaren, märk upp dem om så
behövs (se bilder). Var beredd på bränslespill.
10 Demontera luftinloppskanalen uppe på
luftflödesgivaren.
11 Koppla loss de elektriska ledningarna från
konstanttomgångssystemets gasspjällkontakt
(om sådan finns).
12 Ta bort de tolv insexskruvarna som fäster
den övre halvan av styrenheten. Observera
placeringen av jordstift (se bild).
13 Lyft av den övre halvan av styrenheten
och ta vara på packningen. Ytterligare isär-
tagning rekommenderas inte.
14 Använd en ny packning vid monteringen.
Om så behövs, använd nya tätningsbrickor på
bränsleanslutningarna.
15 Efter avslutad montering, låt en åter-
försäljare testa lednings-, styr- och testtryck,
tillsammans med avgasernas CO-halt och
tomgångshastigheten.

Startinsprutare

Observera: *Se varningen i avsnitt 1 innan
arbetet påbörjas.*
16 Koppla loss bränsle- och elektrisk mat-
ning från insprutaren. Var beredd på bränsle-
spill.
17 Ta bort de två insexskruvarna och dra ut
insprutaren.
18 Montera i omvänd ordning mot demon-
tering.

Luftkontrollventil/tillsatsluftsslid

19 Ta loss kontakten från ventilen/sliden.
20 Koppla loss luftslangarna från ventilen/
sliden.

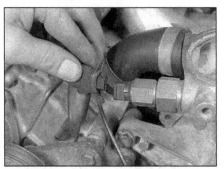

12.28 Termotimerns kontakt

21 Skruva loss fästskruvarna och ta bort
ventilen/sliden.
22 Montering sker i omvänd ordning.

Styrtrycksregulator

Observera: *Se först varningen i avsnitt 1.*
23 Koppla loss el- och vakuummatning från
regulatorn (se bild).
24 Koppla loss bränsleanslutningarna från
regulatorn. De är av olika storlek så de kan
inte blandas ihop. Var beredd på bränslespill.
25 Skruva loss regulatorn och ta bort den.
26 Montering sker i omvänd ordning. Använd
nya tätningsbrickor till anslutningarna om så
behövs.

Termotimer

27 Skruva loss expansionskärlets påfyll-
ningslock för att släppa ut eventuellt tryck i
kylsystemet. Var försiktig så att du inte skållar
dig om kylvätskan är het.

13.2 Bränslefördelningsrörets
matningsanslutning

28 Koppla loss elkontakten från timern (se
bild).
29 Skruva loss timern och ta bort den.
Plugga igen hålet med en konformad träplugg
för att minimera kylvätskeförlusten.
30 Vid montering, lägg tätningsmedel på
timerns gängor och skruva in den. Anslut
kontakten.
31 Om så behövs, fyll på kylsystemet.

Bränslepumprelä

32 Detta relä finns på plats "E" i den centrala
elektriska enheten – se kapitel 12.

13 Motronic insprutnings-
system – demontering och
montering av komponenter

1 Koppla loss batteriets negativa anslutning.

Bränsleinsprutare

Observera: *Se varningen i avsnitt 1 innan
arbetet påbörjas.*
2 Koppla loss bränslefördelningsrörets
anslutningar från matningsröret, startinsprut-
aren och tryckregulatorn (se bild). Var beredd
på bränslespill.
3 Ta loss kontaktstyckena från insprutarna.
Bänd ut låsclipsen för att frigöra kontakterna
(se bild).
4 Ta bort insprutarnas fästclips genom att
bända ut dem (se bild).
5 Skruva loss bänslefördelningsröret från
grenröret, notera placeringen av jordstift. Dra
av röret från insprutarna (se bild).

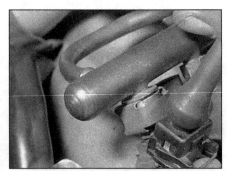

13.3 Bänd ut clipset för att frigöra
kontakten

13.4 Bänd ut insprutarens fästclips

13.5 Demontering av bränsle-
fördelningsröret

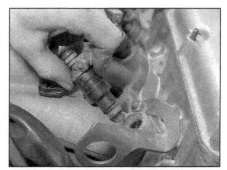

13.6 Demontering av en bränsleinsprutare

13.8 Startinsprutaranslutning

13.12a Koppla loss regulatorns
returrör . . .

13.12b . . . och bränslefördelningsrörets
anslutning

6 Dra loss insprutarna från grenröret **(se bild)**.
7 Montering sker i omvänd ordning. Använd nya tätningsringar på insprutarna och lägg på lite silikonfett. Byt också ut fästklämmorna.

Startinsprutare

Observera: *Se varningen i avsnitt 1 innan arbetet påbörjas.*
8 Koppla loss startinsprutarens anslutning från bränslefördelningsröret **(se bild)**. Var beredd på bränslespill.
9 Ta loss startinsprutarens kontakt.
10 Skruva loss startinsprutaren underifrån insugsgrenröret och ta bort den.
11 Montera i omvänd ordning.

Bränsletryckregulator

Observera: *Se varningen i avsnitt 1 innan arbetet påbörjas.*
12 Ta loss bränslereturrörets och bränsle-

13.23 Lossa luftflödesmätarens
anslutningsslang

fördelningsrörets anslutning från regulatorn **(se bilder)**. Var beredd på bränslespill.
13 Koppla loss vakuumröret från regulatorn.
14 Skruva loss regulatorns fästmutter och demontera regulatorn från sitt fäste.
15 Montera i omvänd ordning.

Tillsatsluftsslid

16 Koppla loss kontakten från sliden.
17 Koppla loss luftslangarna från sliden.
18 Skruva loss sliden från kamaxelkåpan och ta bort den.
19 Montera i omvänd ordning.

Luftflödesmätare

20 Lossa klämmorna som håller luftrenarlocket.
21 Koppla loss luftflödesmätarens kontakt och luftkanalen mellan mätaren och turbon. Kontakten lossas genom att man bänder ut klämman.

13.30 Koppla loss temperaturgivarens
kontakt

22 Lyft av locket, komplett med luftflödesmätaren.
23 Lossa anslutningsslangen, skruva loss luftflödesmätaren från locket och ta bort den **(se bild)**. Tappa den inte, den är ömtålig.
24 Montering sker i omvänd ordning. Om en ny mätare monteras måste tomgångshastigheten och blandningen justeras efter avslutat arbete (se kapitel 1).

Termotimer

25 Skruva loss expansionskärlets påfyllningslock för att lätta på trycket i kylsystemet. Var försiktig så att du inte skållar dig om kylvätskan är het.
26 Koppla loss elkontakten från timern som är inskruvad i topplocket under grenröret, baktill på motorn.
27 Skruva loss timern och ta bort den. Plugga igen hålet med en konformad träplugg för att minimera kylvätskeförlusten.
28 Vid montering, lägg tätningsmedel på timerns gängor och skruva in den. Anslut kontakten.
29 Fyll på kylsystemet om så behövs.

Laddningsluftens temperaturgivare

30 Koppla loss kontaktstycket från temperaturgivaren **(se bild)**.
31 Skruva loss givaren från inloppsröret och ta bort den.
32 Montering sker i omvänd ordning.

Elektronisk styrenhet (ECU)

33 Se kapitel 5B.

13.34 En slang lossas från över-
strömningsventilen

14.2 Koppla loss luftmängdsmätarens
kontaktstycke

14.7 Demontering av bränslefördelnings-
rör med insprutare

Överströmningsventil

34 Koppla loss slangarna från ventilen, märk dem om så behövs **(se bild)**.
35 Skruva loss ventilen från fästet och ta bort den.
36 Montera i omvänd ordning. Rör inte justerskruven uppe på ventilen, den är inställd vid tillverkningen.

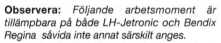

14 LH-Jetronic/Regina insprut-ningssystem – demontering/ montering av komponenter

Observera: *Följande arbetsmoment är tillämpbara på både LH-Jetronic och Bendix Regina såvida inte annat särskilt anges.*
1 Koppla loss batteriets negativa anslutning.

Luftmängdsmätare (LH-Jetronic)

2 Koppla loss kontaktstycket från luft-mängdsmätaren **(se bild)**.
3 Lossa de två clipsen som fäster luft-mängdsmätaren till luftrenaren, och slang-klämmorna som håller den till luftkanalen. Demontera luftmängdsmätaren.
4 Montera i omvänd ordning mot demon-tering. Avgasernas CO-halt måste kontrolleras efter avslutat arbete om en ny enhet har monterats (utom på LH2.4-Jetronic system där det inte finns någon justerskruv på luft-mängdsmätaren).

Bränsleinsprutare

Observera: *Se varningen i avsnitt 1 innan arbetet påbörjas.*
5 Ta loss elanslutningen från varje insprutare. Lossa kablaget från bränslefördelningsrören, skär av buntbanden där så behövs.
6 Koppla loss bränslematnings- och returrör från bränslefördelningsröret, håll emot på anslutningarna när de lossas. Var beredd på bränslespill.
7 Ta bort de två bultarna som fäster varje bränslefördelningsrör till insugsgrenröret. Dra rören uppåt så att insprutarna frigörs från grenröret och ta bort fördelningsrören komplett med insprutare **(se bild)**.
8 Individuella insprutare kan nu demonteras från röret genom att man lossar fästkläm-morna och drar ut dem **(se bilder)**.
9 Montering sker i omvänd ordning. Kontroll-era att insprutarnas O-ringar är i gott skick

14.8a Ta bort fästklämman ...

och byt ut dem om så behövs. Smörj in dem med vaselin eller silikonfett vid montering.
Observera: *Vissa motorer har en kallstartventil som styrs av den elektroniska styrenheten, denna följer med insprutarfördelningsröret när det demonteras.*

Bränsletrycksregulator

Observera: *Se varningen i avsnitt 1 innan arbetet påbörjas.*
10 Koppla loss vakuum- och bränsleslang-arna från regulatorn. Var beredd på bränsle-spill. Håll emot på anslutningarna när mutt-rarna lossas.
11 Demontera regulatorn från sitt fäste, var beredd på ytterligare spill.
12 Montera i omvänd ordning.

Luftkontroll- (tomgångs-) ventil

13 Koppla loss kontakten från ventilen.
14 Dra försiktigt av ventilens luftslangar från stosarna på inloppskanal och gasspjällhus.

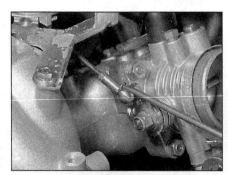

14.19 Lossa fjäderklämman från
gasspjällänkagets kulled

15 Demontera ventilen och slangarna. Lossa slangklämman och ta bort slangen vid behov.
16 Montering sker i omvänd ordning, använd nya slangar och klämmor om så behövs.

Gasspjällhus

17 Koppla loss gasspjälllägeskontaktens kontaktstycke.
18 Koppla loss luftkontroll- (tomgångs-) ventilens slang, vakuumslangen och luftin-loppskanalen från huset.
19 Bänd ut fjäderklämman och koppla loss gasspjällänkagets kulled från manöverarmen **(se bild)**.
20 Gör passmärken mellan huset och insugs-grenröret. Ta bort de tre muttrarna som fäster huset och dra ut det **(se bild)**. Ta vara på packningen.
21 Vid montering, observera passmärkena om gamla komponenter monteras. Använd en ny packning.
22 Man måste kontrollera grundtomgångens

14.20 Demontering av gasspjällhuset

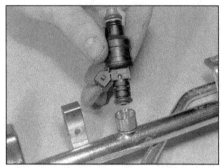

14.8b ... och dra ut insprutaren

inställning efter avslutat arbete och justera den om så behövs (endast LH2.2-Jetronic – på övriga system är inställningen ej justerbar). Om grundtomgången inte blir låg nog, justera gasspjällets läge enligt följande:

23 Lossa låsmuttern på spjällets justerare. Lossa justeraren tills gasspjället är helt stängt. Skruva tillbaka justeraren tills den precis rör manöverarmen, och därefter från detta läge ytterligare ett kvarts varv inåt (ett halvt varv på B234F motorer). Håll fast justeraren och dra åt låsmuttern.

24 Kontrollera att gasspjällägeskontakten fungerar som den ska.

Gasspjällägeskontakt

25 Ta loss kontaktstycket från gasspjäll-lägeskontakten.

26 Gör passmärken på kontakten och gasspjällhuset. Ta bort de två insexskruvarna som fäster kontakten och ta loss den.

27 Montera i omvänd ordning. Kontrollera att ett klick hörs från kontakten så snart som gasspjället öppnas. Om det inte hörs något klick, justera enligt följande.

28 Lossa kontaktens skruvar. Vrid kontakten medurs (bakifrån sett) inom gränserna för dess rörelsebana, vrid den sedan sakta moturs tills ett klick hörs. På alla modeller utom B234F som har LH2.4-Jetronic systemet, håll kontakten i detta läge och dra åt skruvarna. På B234F motorn beror den moturs rörelsen på om gasspjällkontakten är BOSCH eller VDO. På modeller med BOSCH-kontakt, vrid den moturs tills ett klick hörs och fortsätt sedan vrida tills stoppet nås, men inte längre, dra sedan åt skruvarna. På modeller med en VDO-kontakt, placera ett 0,25 mm bladmått mellan gasspjällarmen och juster-skruven, vrid sedan kontakten moturs tills klicket hörs och dra åt skruvarna.

29 Kontrollera igen att klicket hörs när gasspjället öppnas och upprepa justeringen om så behövs. På B234F modeller, öppna gasspjället så att det klickar, placera ett bladmått mellan gasspjällarmen och juster-skruven, stäng sedan gasspjället och lyssna efter returklicket. Med ett 0,15 mm bladmått skall det höras ett klick, men med ett 0,45 mm bladmått skall inget klick höras.

Kylvätsketemperaturgivare

30 Tappa delvis av kylsystemet (se kapitel 1) tills nivån är nedanför givaren.

31 Koppla loss ledningen från givaren och skruva loss den.

32 Skruva in den nya givaren, med lite tätningsmedel på gängorna. Anslut ledningen.

33 Fyll på kylvätska (se "Veckokontroller").

Syresensor (Lambdasond)

34 Syresensorn är monterad på katalysatorn, eller på avgasröret omedelbart uppströms omvandlaren på vissa tidigare modeller. På turbomodeller är den monterad på det främre avgasröret, omedelbart nedströms turbo-aggregatet. Om motorn har varit igång, låt den svalna.

35 Koppla loss anslutningarna för signal och elektrisk uppvärmning från syresensorn.

36 Ta bort syresensorn. Montera tillbaka den, eller en ny om så behövs. Lägg antikärvnings-medel på hela den gängade delen och dra åt den till rekommenderat åtdragningsmoment.

Elektronisk styrenhet (ECU)

37 Demontera klädseln från främre passa-gerarfotbrunnen.

38 Om det finns mer än en elektronisk styrenhet, leta reda på den som är märkt "Jetronic" eller "Regina".

39 Lossa styrenheten från fästena och dra ut kontakten.

40 Montering sker i omvänd ordning.

Observera: *Om du demonterar en LH2.4-Jetronic eller Regina styrenhet för att den är trasig och monterar en ny, går alla lagrade anpassningsvärden förlorade. När du först startar bilen, kan det verka som som den inte går så bra, men prestandan kommer snart att förbättras när nya anpassningsvärden lagras.*

Tryckgivare för insugsluft (Bendix Regina)

41 Koppla loss luftslangen och multikon-takten från givaren som är placerad på motor-rummets torpedvägg.

42 Skruva loss fästskruvarna och ta ut givaren.

43 Montering sker i omvänd ordning.

Temperaturgivare för insugsluft (Bendix Regina)

44 Koppla loss multikontakten från givaren.

45 Lossa fästclipsen och ta bort luft-trummans mittsektion, komplett med temp-eraturgivare, från luftrenaren och insugsgren-rörets trumma.

46 Om en ny givare kan inköpas separat, ta loss den gamla givaren från lufttrumman och fäst den nya på plats. Man kan måsta köpa trumma och givare som en enhet.

47 Montering sker i omvänd ordning.

15 Konstanttomgångssystem – allmän information

Alla B230ET, B230F, B234F och de flesta B28E motorer är utrustade med ett konstant-tomgångssystem. Systemet arbetar för att hålla tomgångshastigheten mer eller mindre konstant oavsett varierande belastningar på grund av extraaggregat (luftkonditionering, generator etc). På B234F motorer matar det också luft till motorn under inbromsning för att uppehålla rätt negativt tryck vid insugsgren-röret.

Komponenterna i systemet är en styrenhet, en luftkontrollventil, en gasspjällkontakt och en temperaturgivare. Dessutom erhåller systemet en signal från tändspolen (B28E) och Motronic styrenhet (B230ET). På B230F och B234F motorer finns ingen separat styrenhet för konstanttomgångssystemet, och

luftkontrollventilen styrs direkt från bränsle-insprutningens styrenhet.

Kontrollventilen låter en viss mängd luft gå förbi gasspjället. Mängden påverkas av motorhastigheten, gasspjälläget, kylvätske-temperaturen och på B234F motorn även luft-mängdsmätaren.

Som med andra bränsleinsprutningssystem som tidigare behandlats, kan justering av kon-stanttomgångssystemet endast utföras exakt om man har specialistkunskaper och rätt utrustning. Om man tror att justering behövs, eller om ett fel uppstår på systemet, kontakta en Volvoverkstad eller annan specialist.

På systemen monterade på B230F och B234F motorer står tomgångshastigheten under adaptiv kontroll, där data används från tidigare körförhållanden. Ingen justering av tomgångshastigheten är möjlig förutom i "linka-hem"-läge (se kapitel 1). Om tom-gångshastigheten inte är korrekt är det troligt att det är fel på en av tomgångssystemets komponenter eller kontrollsystemet, och du måste då leta efter felkoder med hjälp av diagnostikenheten (se avsnitt 24).

16 Farthållare – allmän information

Farthållaren håller hastigheten på en jämn nivå, vald av föraren, oavsett backar och vind-förhållanden.

Huvudkomponenterna i systemet är en styrenhet, ett kontrollreglage, en vakuum-servo och en vakuumpump. Kontakter på broms- och (där tillämpligt) kopplings-pedalerna skyddar motorn mot för höga hastigheter eller belastningar om en pedal trycks ned när systemet är inkopplat.

Systemet fungerar så att föraren kör upp till den önskade hastigheten och kopplar in systemet med reglaget. Styrenheten över-vakar sedan bilens hastighet (från hastighets-mätarens pulser) och öppnar eller stänger gasspjället med hjälp av servon för att hålla den inställda hastigheten. Om reglaget flyttas till "OFF", eller broms- eller kopplingspedalen trycks ned, stänger servon omedelbart gasspjället. Den inställda hastigheten lagras i styrenhetens minne och systemet kan återaktiveras genom att man flyttar reglaget till "RESUME", förutsatt att bilens hastighet inte har sjunkit till under 40 km/tim.

Föraren kan när som helst ta över kon-trollen helt genom att trycka ned gaspedalen. När pedalen släpps upp återtas den inställda hastigheten.

Farthållaren kan inte kopplas in vid hastig-heter under 40 km/tim och bör inte användas vid halt väglag eller i bilköer.

Ingen information om demontering, mon-tering eller justering fanns tillgänglig vid bokens tillkomst. Problem bör överlämnas till en Volvoverkstad eller annan specialist.

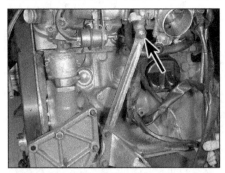

17.9a Skruva loss stödstagets övre bult (vid pilen) . . .

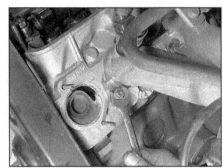

17.9b . . . och muttrarna mellan grenrör och topplock

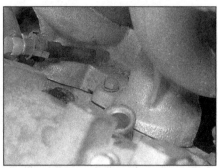

17.19a En av grenrörets fästbultar. . .

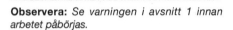

17 Insugsgrenrör – demontering och montering

Observera: *Se varningen i avsnitt 1 innan arbetet påbörjas.*

Demontering

1 Koppla loss batteriets negativa anslutning.

4-cylindriga motorer

2 Om grenröret är kylvätskeuppvärmt, tappa av kylsystemet.

3 Lossa luftinloppskanalen från gasspjäll-huset. På B234F motorer, demontera luft-mängdsmätaren.

4 Koppla loss styrvajern (-vajrarna) från gas-spjälltrumman.

5 Koppla loss insprutarkontakterna (turbo-modeller) och andra elektriska anslutningar som förhindrar demontering.

6 Koppla loss vakuum-, tryck-, ventilations-och kylvätskeslangar från grenröret, märk upp dem om så behövs.

7 Koppla loss bränslematnings- och returrör från bränslefördelningsröret eller tryckregu-latorn. Var beredd på bränslespill.

8 Koppla loss eller flytta undan kallstart-insprutaren och tillsatsluftssliden (efter tillämplighet).

9 Kontrollera att ingenting har glömts bort, skruva sedan loss och demontera grenröret komplett med gasspjällhus och (på turbo-modeller) insprutningsutrustning **(se bilder)**. Ta reda på packningen.

B28E motorer

10 Lossa bränsletanklocket för att lätta på eventuellt kvarvarande tryck.

11 Ta bort oljepåfyllningslocket, vevhusvent-ilationsslangarna och luftinloppskanaler.

12 Koppla loss kontrollvajern/-vajrarna från gasspjälltrumman.

13 Koppla loss insprutningens kablage vid kontakterna bredvid expansionskärlet, och från insprutningssystemets komponenter på och runt grenröret. Flytta kablaget åt sidan.

14 Koppla loss vakuumslangarna från gren-röret, gör passmärken vid behov.

15 Koppla loss högspänningskablarna från tändstiften, lossa kablarna från clipsen och flytta dem åt sidan.

16 Lossa insprutarnas klämmor och demon-tera insprutarna från sina brunnar.

17 Koppla loss bränslematningsledningen uppe på bränslefiltret, och bränslereturl-edningen från anslutningen på vänster inner-flygel. Var beredd på bränslespill; plugga eller täck över öppna ledningar.

18 Skruva loss styrtrycksregulatorn och placera den på grenröret.

19 Ta bort de fyra bultarna som håller gren-röret. Lyft av grenröret komplett med gas-spjällhus och bränsleinsprutningskompo-nenter. Ta vara på O-ringarna **(se bilder)**.

B280E motorer

20 Lossa bränslepåfyllningslocket för att lätta på eventuellt tryck i tanken.

21 Skär av buntbanden som håller el- och vakuumledningar till insprutarfördelarrören. Skär också av banden som håller bränslemat-

17.19b . . . och en O-ring

ningsledningen till luftinloppskanalen. Skaffa nya band till hopsättningen.

22 Koppla loss gas- och kickdownvajer från gasspjälltrumman och från deras fästen.

23 Demontera luftmängdsmätaren och luft-kanalen som förenar den med gasspjällhuset. Man måste koppla loss luftkontrollventilen och vevhusventilationsslangen från kanalen **(se bild)**.

24 Lossa vakuumslangen och vevhusvent-ilationsslangen från gasspjällhuset.

25 Lossa vakuumslangen och bränslereturl-edningen från bränsletrycksregulatorn **(se bild)**. Var beredd på bränslespill.

26 Lossa bränsletrycksregulatorn från ett av insprutarfördelningsrören, håll emot på anslut-ningen **(se bild)**. Ta bort bränsletrycksregul-atorns fästesbultar.

27 Koppla loss elanslutningarna till insprut-arna. Koppla också loss gasspjällkontaktens anslutning vid gasspjällhuset.

17.23 Koppla loss luftkontrollventilens slang från luftkanalen

17.25a Koppla loss bränsletrycksregula-torns vakuumslang . . .

17.25b . . . och bränslereturledning

17.26 Bränsletrycksregulatorn kopplas loss från ett insprutarfördelningsrör

17.28 Ta loss knackningssensorns kontaktstycken

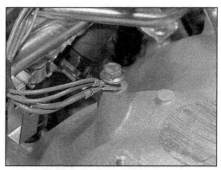

17.29 Grenrörets jordledningar

17.32 Koppla loss temperaturgivarens kontakt

17.34 En grenrörsbult skruvas loss

17.35 O-ring för insugsgrenröret

28 Lossa de två kontaktstyckena från knackningssensorn **(se bild)**. Notera hur sensorns ledningar går genom grenrörets kanaler; de måste dras tillbaka på samma sätt vid montering.

29 Skruva loss jordledningarna från grenröret **(se bild)**.

30 Koppla loss bränslematningsledningarna framtill på insprutarfördelningsrören. Var beredd på bränslespill.

31 Skruva loss insprutarfördelningsrören och ta bort dem, dra ut insprutarna. Flytta insprutarkablaget åt sidan.

32 Koppla loss temperaturgivarens kontaktstycke vid vattenpumpen **(se bild)**.

33 Koppla loss luftkontrollventilens kontaktstycke. Koppla också loss ventilslangen från gasspjällhuset.

34 Flytta åt sidan kvarvarande ledningar, rör eller slangar som är i vägen för demont-

eringen. Ta bort de fyra bultar som håller grenröret och lyft av grenröret komplett med gasspjällhus och gasspjälltrumma **(se bild)**.

Montering

Alla modeller

35 Montera i omvänd ordning, använd nya packningar eller O-ringar. Det kan vara nödvändigt att skära packningen för att den inte ska störa intilliggande komponenter **(se bild)**.

36 Justera gasspjälltrummans vajer (vajrar) och automatväxellådans kickdownvajer (kapitel 7B). Låt motorn gå och kontrollera tomgångshastigheten och blandningen (kapitel 1).

37 Fyll på kylsystemet om det behövs.

---

18 Avgasgrenrör – demontering och montering

4-cylindriga motorer utan turbo

Demontering

1 Demontera varmluftskanalen (om monterad).

2 Koppla loss det främre avgasröret från grenröret.

3 Skruva loss grenröret från topplocket och ta bort det. Ta vara på packningarna.

Montering

4 Vid montering, använd nya packningar.

Markeringen "UT" skall vara vänd bort från topplocket.

5 Lägg antikärvningsmedel på gängorna. Montera grenröret till topplocket och dra åt muttrarna jämnt.

6 Anslut avgasröret och varmluftskanalen.

7 Låt motorn gå och leta efter läckor.

4-cylindriga motorer med turbo

8 På dessa motorer demonteras avgasgrenröret och turboaggregatet som en enhet – se avsnitt 21 för information.

B28/280E motorer

Demontering

9 Lyft upp och stöd framvagnen.

10 Koppla loss batteriets negativa anslutning.

11 Koppla loss de främre avgasrören från grenrörsflänsarna. (Båda måste lossas även om endast ett grenrör skall demonteras.)

12 Ta loss varmluftskanalen om den är i vägen.

13 Ta loss avgassystemets främre fäste från växellådan. Flytta avgassystemet bakåt tills rören är ur vägen för grenrören. Stöd avgassystemet om så behövs så att det inte belastas.

14 Ta bort fästmuttrarna och ta av grenrören. Ta reda på packningarna och skaffa nya för monteringen.

Montering

15 Grenrörspackningar levereras i förpackningar om tre. Separera packningsdelarna genom att skära dem, inte vika eller riva.

16 Placera packningsdelarna över topplocksstiften, med den förstärkta metallkanten vänd mot topplocket.

17 Placera grenröret över stiften. Säkra dem med muttrarna, lägg lite antikärvningsmedel på gängorna. Dra åt muttrarna jämnt.

18 Montera avgasrören till grenröret, använd nya packningar, med metallkanterna vända mot grenrören. Sätt i och dra åt muttrarna, med antikärvningsmedel på gängorna.

19 Sätt därefter tillbaka avgassystemets främre fäste.

20 Montera varmluftskanalen.

20.1 Turbons anslutningsslangar

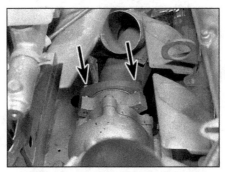

20.4 Bultar mellan turbon och främre avgasröret – två vid pilarna, två dolda

20.5 Turbons oljeavtappningsrör

21 Sänk ned bilen och anslut batteriet.
22 Låt motorn gå och leta efter läckor.

19 Turboaggregat – allmän information och föreskrifter

Allmän information

Turboaggregatet ökar effektiviteten hos motorn genom att öka trycket i insugsgrenröret över atmosfärstryck. I stället för att luft-/bränsleblandningen sugs in i cylindrarna tvingas den nu in.

Energi för turboaggregatets funktion kommer från avgaserna. Gasen flödar genom ett specialutformat hus (turbinhuset) och gör här att turbinhjulet snurrar. Turbinhjulet sitter på en axel, i vars andra ände det sitter ett annat hjul som kallas kompressorhjulet. Kompressorhjulet roterar i sitt eget hus och trycker ihop den inducerade luften på vägen mot insugsgrenröret.

När den hoptryckta luften har lämnat turboaggregatet går den genom en mellankylare, vilken är en luft-till-luft värmeväxlare monterad framför kylaren. Här avger luften värme som åstadkommits genom hoptryckningen. Denna temperaturminskning förbättrar motorns effektivitet och minskar risken för detonation.

Laddtrycket (trycket i insugsgrenröret) begränsas av en s.k. wastegate, som leder undan avgaserna från turbinhjulet som respons på en tryckkänslig aktiverare. För ytterligare säkerhet stänger en tryckkänslig

kontakt av bränslepumpen om laddtrycket blir för högt. Laddtrycket visas för föraren på en mätare i instrumentpanelen.

Turbons axel trycksmörjs via en ledning från motorns huvudoljekanal. Axeln "flyter" på en oljekudde. Ett avtappningsrör återför oljan till sumpen.

Från och med 1987 års modell är turboaggregatet av vattenkyld typ. Vattenkylning håller arbetstemperaturen på turbons lager lägre än tidigare och ökar så deras livslängd. Vatten fortsätter att cirkulera även efter det att motorn stängts av, och kyler på så sätt ner turbon om den är het efter lång körning. En modifieringssats för montering av vattenkyld turbo på tidigare modeller finns.

Föreskrifter

Turboaggregatet arbetar med extremt höga varvtal och temperaturer. Vissa åtgärder måste vidtagas för att undvika förtida haveri för aggregatet och skador på den som arbetat med det.

a) Låt inte turbon arbeta om någon del är exponerad. Om ett främmande föremål faller ner i de roterande hjulen kan det orsaka omfattande materiella skador och (om det kastas ut) personskador.

b) Varva inte upp motorn direkt efter starten, särskilt inte om den är kall. Ge oljan några sekunder att cirkulera.

c) Låt alltid motorn återgå till tomgång innan den stängs av – varva inte motorn och slå av tändningen, eftersom detta kommer att

lämna turbinen roterande men utan smörjning.

d) Låt motorn gå på tomgång i flera minuter innan den stängs av efter körning med hög belastning.

e) Observera rekommenderade intervall för olje- och filterbyten, och använd en olja av god kvalitet. Uteblivna oljebyten eller användning av dålig olja kan orsaka sot på turbons axel med efterföljande haveri.

20 Turboaggregat – demontering och montering

Demontering

1 Turboaggregatet och avgasgrenröret demonteras tillsammans. Börja med att demontera slangarna mellan turbon och mellankylaren, och mellan luftflödesmätaren och turbon. Luftflödesmätarslangen är också ansluten till överströmningsventilen **(se bild)**.
2 Demontera luftrenarens varmluftskanal.
3 Om en vattenkyld turbo är monterad, tappa av kylsystemet (se kapitel 1) och koppla loss vattenrörsanslutningarna vid turboaggregatet.
4 Lossa det främre avgasröret från turbons utlopp. Ta bort värmeskölden **(se bild)**.
5 Koppla loss oljeavtappningsröret från turbon. Var beredd på visst oljespill **(se bild)**.
6 Skruva loss och ta bort avstyvningsplåten under grenröret **(se bild)**.
7 Skruva loss oljematningsröret från motorblocket **(se bild)**.
8 Ta bort de åtta muttrarna som fäster avgasgrenröret till topplocket. Notera att en av muttrarna fäster en lyftögla **(se bild)**.
9 Lyft av grenröret och turbon. Ta vara på avgasportarnas packningar.
10 Demontera oljematningsröret och ta vara på packningen.
11 Ta bort låsblecken från de fyra bultarna som fäster turbon till grenröret. Bänd upp blecken med en mejsel och bänd eller knacka bort dem från bultarna. Nya bleck behövs för hopsättningen.
12 Kläm fast grenröret i ett skruvstäd och ta bort de fyra bultarna. Lyft av turbon från grenröret. Ta reda på de andra halvorna av låsblecken.

20.6 Avgasgrenrörets avstyvningsplåt

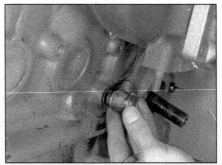

20.7 Turbons oljematningsanslutning – notera tätningsbrickorna

20.8 Skruva loss avgasgrenrörets muttrar

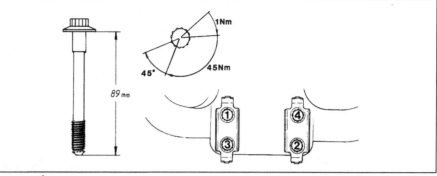

20.15a Åtdragningsordning och steg för turbons bultar. Byt ut bultarna om de är längre än visat

13 Mät längden på bultarna och byt ut dem om de har töjts så att de är längre än 89 mm.

Montering

14 Montera turbon på grenröret och fäst den med de fyra bultarna, med antikärvnings-medel på gängorna. Kom ihåg att sätta på de nya låsblekssektionerna.
15 Dra åt bultarna till specificerat moment och följ den ordning som visas. Använd en vinkelmätare eller gör upp en mall för den avslutande vinkeldragningen **(se bilder)**.
16 Sätt på de yttre halvorna av låsblecken. Driv dem över bultskallarna med en hammare och ett rör, nyp ihop blecken med en tång och slå slutligen ned dem med en hammare.
17 Kvarvarande montering sker i omvänd ordning mot demontering. Använd nya pack-ningar, oljerörsättningsbrickor etc.
18 Om en vattenkyld turbo är monterad, fyll på kylsystemet (kapitel 1).
19 Innan motorn startas, koppla loss tänd-spolens lågspänningsmatning och dra runt motorn på startmotorn i sex 10-sekunders intervall. Detta säkerställer oljetillförseln till turboaggregatet.
20 Anslut tändspolen, låt motorn gå och kontrollera att inga olje- eller vattenläckor förekommer.

21 Mellankylare – demontering och montering

Demontering

1 Ta loss kylarens övre fästen och flytta försiktigt kylaren bakåt.
2 Koppla loss slangarna från mellankylaren och lyft ut den.
3 Om turboaggregatet har havererat kan mellankylaren innehålla en avsevärd mängd olja. En avtappningsplugg finns.

Montering

4 Montera i omvänd ordning.

22 Avgassystem – allmän information, demontering och montering

1 Koppla loss anslutningarna för signal och elektrisk uppvärmning från syresensorn (Lambdasonden), om monterad. Syresensorn är monterad på katalysatorn, eller på avgas-röret omedelbart uppströms omvandlaren på vissa tidigare modeller. På turbomodeller är den monterad på främre avgasröret, omedel-bart nedströms turboaggregatet.
2 Demontera och montera avgassystemet enligt instruktionerna i kapitel 4A, avsnitt 19. Kom ihåg att ansluta syresensorn efter avslutat arbete.

23 Bränslesystemtest med diagnostikenhet – LH2.4-Jetronic och Regina system

1 LH2.4-Jetronic och Bendix Regina sys-temen monterade på B234F och vissa B230F motorer har en diagnostikenhet som delas av bränsle- och tändsystemen. Diagnostiken-heten är monterad på vänster fjäderbenshus i motorrummet och har en kontakt som kan sättas in i olika uttag för systemtest. Uttag nummer 2 används för test av bränsle-systemet **(se bild)**. Ett antal olika test kan utföras genom att man trycker på knappen, beroende på hur många gånger man trycker.
a) *Om knappen trycks ned en gång kommer lampan att blinka, ge en felkod. Eventuella fel som har inträffat medan motorn varit igång lagras i minnet, upp till max tre fel.*
b) *Om knappen trycks ned två gånger utför systemet funktionstest på gasspjällkon-takten, hastighetsgivaren och luftkondi-tioneringens kontroll och kompressor. Lampan kommer att blinka under varje funktionstest, ge en bekräftelsekod.*
c) *Om knappen trycks ned tre gånger utför systemet kontrolltest på insprutarna, tomgångskontrollventilen, EVAP-ventilen och kallstartventilen om sådan är monterad. Dessa komponenter börjar arbeta och du kan observera dem, men det ges inga bekräftelsekoder.*

20.15b Vinkeldragning av bultarna

Varje kod består av tre siffror, represente-rade av tre serier blinkningar. Varje blinkning räcker i ca 0,5 sekunder och intervallen mellan blinkningarna inom serien är också ca 0,5 sekunder. När en serie har avslutats väntar systemet i ca 3 sekunder och påbörjar sedan nästa serie. Till exempel representeras fel-koden 2-1-3 av två blinkningar med 0,5 sekunders mellanrum, därefter en intervall på 3 sekunder, sedan en blinkning följd av 3 sekunders intervall, sedan tre blinkningar med 0,5 sekunders mellanrum **(se bild)**.

Feltest

2 Öppna locket på diagnostikenheten och sätt in kontakten i uttag 2.
3 Slå på tändningen utan att starta motorn.
4 Tryck ned knappen en gång och håll ner den i mer än 1 sekund, men inte längre än 3 sekunder.

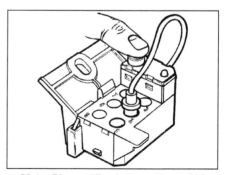

23.1a Diagnostikenhet med kontakt i uttag 2

5 Observera den blinkande lampan och identifiera felkoden. De möjliga koderna är följande:

1-1-1	Inga fel
1-1-2	Styrenhet defekt. Montera ny enhet.
1-1-3	Insprutarkabel trasig eller blockerad insprutare.
1-2-1	(Jetronic) Ingen signal från luft-mängdsmätaren. Motorn går i "linka-hem"-läge
1-2-1	(Regina) Signal från lufttrycks-givaren frånvarande eller felaktig.
1-2-2	(Endast Regina) Lufttemperatur-signal frånvarande eller felaktig.
1-2-3	Ingen signal från kylvätsketempera-turgivaren, eller kortslutning till jord. Motorn uppför sig som om den vore het.
1-3-1	Tändningssignal om motorhastighet frånvarande.
1-3-2	Batterispänning för hög eller för låg.
1-3-3	Gasspjällkontaktens tomgångsläge feljusterat eller kortslutning till jord.
2-1-2	Ingen signal från Lambdasond.
2-1-3	Gasspjällkontakten i fullbelastnings-läge, kortslutning till jord.
2-2-1	Adaptiv Lambdakontroll, mager blandning, delbelastning.
2-2-2	(Endast Regina) Signal från system-reläet frånvarande eller felaktig.
2-2-3	Ingen signal till eller från tomgångs-kontrollventil.
2-3-1	Adaptiv Lambdakontroll, mager eller fet blandning, delbelastning.
2-3-2	Adaptiv Lambdakontroll, mager eller fet blandning, tomgång.
2-3-3	Tomgångskontrollventil, stängd eller läcker.
3-1-1	Ingen signal från hastighetsmätaren.
3-1-2	Ingen signal från knackgivaren i tändsystemet.
3-2-1	(Endast Regina) Signal till start-insprutare kortsluten eller defekt.
3-2-2	Luftmängdsmätarens platinatråd-avbränning defekt.

6 Om koden 1-1-1 visas finns inga fel lagrade i systemminnet. Om någon annan kod visas, tryck på knappen igen för att se om det finns ett andra fel. Tryck sedan ned den en tredje gång för att se om det finns ett tredje fel. Systemet kan lagra max tre fel. När du har noterat alla lagrade fel kommer systemet att gå tillbaka till det första felet nästa gång du trycker på knappen.

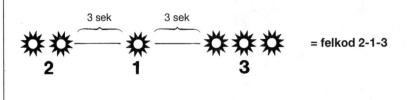

Ett exempel på en felkod:

= felkod 2-1-3

23.1b Felkod 2-1-3

7 Vidta nödvändiga åtgärder för att åtgärda felen.
8 Tryck på knappen igen och håll ner den i minst 5 sekunder, släpp den sedan. Lampan kommer att börja lysa efter 3 till 4 sekunder. Tryck ned knappen en andra gång i minst 5 sekunder. Detta kommer att radera system-minnet så att det kan lagra nya fel.
9 Ta bort kontakten från uttag 2, placera den i sin hållare och testkör bilen. Upprepa sedan dessa instruktioner för att se om några nya felkoder har lagrats. Om det inte finns några mer fel skall koden vara 1-1-1.

Funktionstest

10 Öppna locket på diagnostikenheten och sätt i kontakten i uttag 2.
11 Slå på tändningen utan att starta motorn.
12 Tryck ned knappen två gånger. Håll varje gång ned den mer än 1 sekund men inte längre än 3 sekunder. Lampan kommer att börja blinka. Du kan nu utföra en serie tester, och för varje tillfälle skall lampan först slockna och sedan visa en igenkännandekod. Vänta tills lampan har återgått till att blinka kontinuerligt innan du gör nästa test.
13 Öppna gasspjället helt. Bekräftelsekoden 3-3-3 skall visas, vilket bekräftar funktionen hos fullbelastningskontakterna (ej tillämpligt på turbomotorer som inte har några fullbelast-ningskontakter).
14 Släpp gasspjället. Bekräftelsekoden 3-3-2 skall visas, vilket bekräftar tomgångskontakt-ens funktion.
15 Starta motorn. Bekräftelsekoden 3-3-1 skall visas, vilket bekräftar hastighetssignalen. Låt motorn gå på tomgång.
16 Slå på luftkonditioneringen. Bekräftelse-koden 1-1-4 skall visas, vilket bekräftar att luftkonditioneringens kontakt fungerar som den ska.

17 Justera vid behov luftkonditioneringen så att kompressorn går på. Bekräftelsekoden 1-3-4 skall visas, vilket bekräftar att kom-pressorkopplingen är ansluten.
18 På bilar med automatväxellåda, lägg an fotbromsen och ställ växelväljaren i läge D, sedan tillbaka till läge N. Bekräftelsekoden 1-2-4 skall visas. Om koden inte visas, kontakta din Volvoverkstad.
19 Slå av motorn. Ta bort kontakten från uttag 2 och placera den i sin hållare.

Kontrolltest

20 Öppna locket till diagnostikuttaget och sätt i kontakten i uttag 2.
21 Slå på tändningen utan att starta motorn.
22 Tryck på knappen tre gånger. Vid varje tillfälle, håll den nere längre än 1 sekund, men inte längre än 3 sekunder. Ett antal kompo-nenter kommer att börja fungera i tur och ordning vid en given frekvens, i ungefär 10 sekunder var med 5 sekunders intervall mellan varje komponent. Lampan kommer att blinka med den arbetande komponentens frekvens. Du kan observera komponenterna genom att placera en hand på dem eller lyssna på det ljud de ger i från sig. Arbetscykeln är följande:
a) *Insprutarna kommer att arbeta vid 13 Hz.*
b) *Tomgångskontrollventilen kommer att arbeta vid 1 Hz.*
c) *EVAP-ventilen kommer att arbeta vid 2 Hz. (endast B234F motorer)*
d) *Kallstartventilen, om monterad, kommer att arbeta vid en ospecificerad frekvens.*
Cykeln kommer att upprepas tills ett annat system väljs eller tändningen stängs av. Om lampan blinkar vid den givna frekvensen för komponenten, men komponenten inte arbet-ar, är komponenten defekt.
23 Slå av tändningen. Ta bort kontakten från uttag 2 och placera den i sin hållare.

Kapitel 4 Del C:
Avgasreningssystem

Innehåll

Svårighetsgrader

Enkelt, passar novisen med lite erfarenhet		Ganska enkelt, passar nybörjaren med viss erfarenhet		Ganska svårt, passar kompetent hemmamekaniker		Svårt, passar hemmamekaniker med erfarenhet		Mycket svårt, för professionell mekaniker	

1 Allmän information

Många av modellerna som behandlas i denna handbok har olika egenskaper inbyggda i bränslesystemet som skall minimera skadliga utsläpp. Alla modeller är utrustade med vevhusutsläppskontroll som beskrivs nedan. Senare modeller är också utrustade med en katalysator och vissa förgasarmodeller har EGR-system (avgasåterföring), så väl som ett Pulsair system för att ytterligare minska utsläppen.

Avgasreningssystemen fungerar enligt följande:

Vevhusventilation

För att minska utsläppen av oförbrända kolväten från vevhuset ut i atmosfären används Positiv Vevhusventilation (PCV), där motorn är tätad och genomblåsningsgaser och oljeångor dras inifrån vevhuset genom en oljeseparator, in i inloppskanalen för att sedan brännas av motorn under normal förbränning.

Under förhållanden med högt undertryck i insugsgrenröret (tomgång, inbromsning) sugs gaserna positivt ut ur vevhuset. Under förhållanden med lågt undertryck i insugsgrenröret (acceleration, fullgaskörning) tvingas gaserna ut ur vevhuset av det (relativt) högre vevhustrycket. Om motorn är sliten gör det ökade vevhustrycket (på grund av ökad genomblåsning) att en del av flödet återgår, under alla grenrörsförhållanden.

Katalysator

För att minimera mängden miljöfarliga ämnen som släpps ut i atmosfären är vissa modeller utrustade med en katalysator i avgassystemet. I allmänhet, på elektroniskt kontrollerade bränsleinsprutningssystem där en katalysator är monterad, finns en syresensor (Lambdasond) som mäter syrehalten i avgassystemet och använder resultatet till att uppehålla rätt luft-bränsleförhållande för fullständig förbränning av bensinen – 14,7 delar luft till en del bränsle (viktmässigt). Under dessa förhållanden inträffar bästa möjliga omvandling av alla huvudsakliga miljöfarliga ämnen. Syresensorn, där monterad, är en viktig komponent i bränsleinsprutningssystemet (se del B) men är också viktig för avgasreningen.

På förgasarmodeller är exakt kontroll av luft-bränsleblandningen under alla körförhållanden inte möjlig eftersom förgasarsystemets induktion är relativt osofistikerad. På dessa motorer är en en-stegs ("open-loop") katalysator monterad, tillsammans med de extra systemen beskrivna nedan.

EGR (Avgasåterföring)

EGR-systemet är en del av utsläppskontrollen monterad på B230K motorer från 1987 och framåt. Dess funktion är att föra in en kontrollerad mängd avgaser i insugsgrenröret vid delbelastningsförhållanden. Detta har effekten att det reducerar utsläppen av kväveoxider.

Komponenterna i systemet är en kontroll-ventil, en vakuumförstärkare, en termostatventil och tillhörande rör. Kontrollventilen mottar en signal från vakuumförstärkaren som gör att ventilen öppnar eller stänger och på så sätt låter mer eller mindre avgaser passera. Vakuumförstärkaren får signaler från kanalen mellan luftrenaren och förgasaren, från förgasarens stryphylsa och från själva insugsgrenröret. Grenrörets vakuumsignal kommer via termostatventilen, vilken är stängd vid låga temperaturer och på så sätt hindrar systemet från att arbeta under uppvärmning.

När systemet fungerar som det ska, sker inte avgasåterföring vid tomgång eller full belastning. Felfunktion vid tomgång orsakar ojämn gång och motorstopp. Felfunktion vid full belastning orsakar kraftförlust.

Pulsair system

Pulsair systemet är också en del av utsläppskontrollen monterat på senare B230K motorer. Det använder variationer i trycket i avgasgrenröret till att dra in pulser av luft från luftrenarhuset. Luften ger syre som förenas med oförbrända kolväten för att minska de farliga ämnena i avgaserna.

Komponenterna i systemet är ett luftfördelningsrör, två envägsventiler, en avstängningsventil samt tillhörande rör. Avstängningsventilen är styrd av vakuum i insugsgrenröret och stoppar luften som flödar in i avgasgrenröret i några sekunder i början av retardationen och förhindrar på så sätt baktändning. Envägsventilerna förhindrar avgaser från att gå in i luftrenaren.

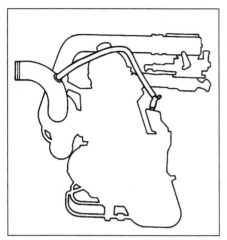

**2.1a Typisk dragning av vevhus-
ventilationens slangar – turbomodeller**

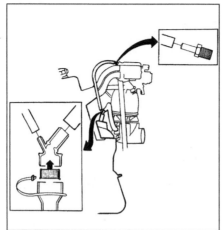

**2.1b Dragning av vevhusventilationens
slangar – B200/B230 sugmotorer**

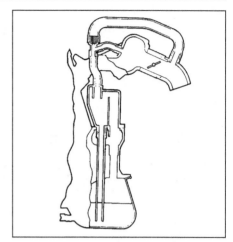

**2.1c Dragning av vevhusventilationens
slangar – B234F motor**

Avdunstningsreglering

Avdunstningsreglering, känt som EVAP (Evaporative emission control), är monterat på B234F modeller och tar hand om bränsleångor från tanken för att förhindra att de släpps ut i atmosfären. Bränsleångor, upp till max ca 90 gram, absorberas av en kanister med aktivt kol och passerar sedan genom en EVAP-ventil till insugsgrenröret. När motorn vilar eller går på tomgång är EVAP-ventilen stängd och ångor absorberas av kolfiltret. När motorn går över tomgångshastighet aktiveras EVAP-ventilen och ångor släpps in i avgasgrenröret. EVAP-ventilen manövreras av bränslesystemets styrenhet, och dess arbetscykel innebär att den är öppen i sju minuter och stängd i två. Under den "öppna" perioden arbetar den vid en frekvens på 6 Hz så att den öppnar och stänger sex gånger per sekund. Under normala arbetsförhållanden töms kanistern på bränsle på ca 15-20 minuter.

Det finns en säkerhetsventil mellan bränsletanken och det aktiva kolfiltret för att förhindra att bränsle läcker i händelse av en olycka. Om bilen lutar åt sidan mer än 45° stänger ventilen.

2 Avgasreningssystem – test och byte av komponenter

Vevhusventilation

1 Komponenterna i detta system kräver inget underhåll annat än regelbunden kontroll av att slangarna inte är blockerade eller skadade **(se bilder)**.

Katalysator

Test

2 Katalysatorns prestanda kan endast kontrolleras genom att man mäter avgaserna med en noggrant kalibrerad avgasanalyserare av god kvalitet.

3 Om CO-halten vid ändavgasröret är för hög måste bilen tas till en Volvoverkstad så att hela bränsle- och tändsystemet kan kontrolleras noggrant med hjälp av speciell diagnostikutrustning. På B234F modeller finns självdiagnostik (se kapitel 4B och 5B). Om bränsle- och tändsystemen veterligen är felfria måste felet ligga hos katalysatorn som då måste bytas ut.

2.1d Oljefälla och tätningar – B234F motor

Katalysator – byte

4 Katalysatorn är placerad mellan avgassystemets främre sektioner och demonteras och monteras som övriga sektioner. Koppla loss anslutningarna för signal och elektrisk uppvärmning från syresensorn (Lambdasonden), demontera sedan relevanta sektioner av avgassystemet (se kapitel 4A, avsnitt 19). I vissa fall är det lättare att demontera hela

**2.1e Flamfällans T-stycke, sätts ovanpå
oljefällan – B234F motor**

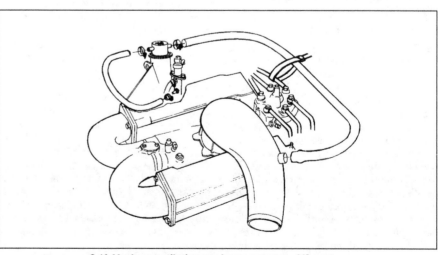

2.1f Vevhusventilationens komponenter – V6-motor

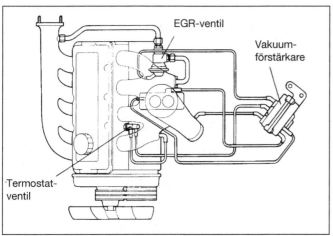

2.5a EGR-systemets komponenter

EGR-ventil

Vakuum-
förstärkare

Termostat-
ventil

2.5b EGR-ventil

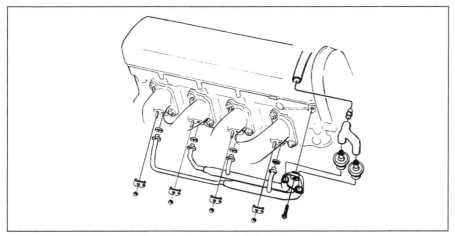

2.9a Pulsair system luftfördelningsrör

2.9b Pulsair system envägsventiler

avgassystemet från främre röret(n) och bakåt och sedan ta isär det på en arbetsbänk. Demontera katalysatorn och ersätt den med en ny av samma typ. Se till att den monteras rätt väg. Katalysatorn har en plåt som anger delnummer och andra detaljer, och är märkt med en pil som anger flödesriktning. Byt ut katalysatorns flänstätningar och se till att alla fästmuttrar är säkert åtdragna. Ta bort och montera syresensorn om den var monterad på den gamla katalysatorn (se kapitel 4B, avsnitt 15). Montera ihop avgassystemet och anslut syresensorn.

Observera: *Se avsnitt 3 för allmän information om katalysatorn.*

EGR
Test

5 Öppna motorhuven och leta reda på EGR-ventilen. Lys på den med en lampa så att ventilstångens rörelse kan observeras **(se bilder)**. Starta motorn och låt den bli varm. Ventilstången skall inte röras, oavsett gasspjäll-öppning, vid temperaturer under 55°C. Om ventilen arbetar vid låga kylvätsketemperaturer är termostatventilen defekt.

6 Med varm motor, kontrollera att EGR-ventilens stång rörs vid delgas och stänger igen vid tomgång. Om inte ligger felet i ventilen eller vakuumförstärkaren (eller deras anslutningar).

Komponentbyte

7 I skrivande stund finns ingen specifik information tillgänglig beträffande demontering och montering av systemets komponenter.

Pulsair system
Test

8 Kontrollera inledningsvis att alla slangar och anslutningar i systemet är i gott skick.
9 Koppla loss envägsventilerna från luftrenar-slangen. Låt motorn gå och känn efter att ventilerna öppnar. Luft skall sugas in och avgaser får inte släppas ut. Om detta inte är fallet är ventilerna defekta. Anslut slangen **(se bilder)**.
10 Om avstängningsventilen inte stänger som den ska, har detta visat sig som bak-tändning vid motorbroms. För att bekräfta att ventilen är öppen vid tomgång, mät avgas-

ernas CO-halt först med systemet blockerat (kläm ihop slangen mellan luftrenaren och envägsventilerna), sedan med systemet öppet. CO-halten måste falla när systemet är öppet, om inte är avstängningsventilen för-modligen trasig **(se bild)**.
11 Innan du dömer ut en avstängningsventil som inte verkar fungera, kontrollera att tänd-inställningen och motorns ventilspel är rätt inställda. Fördröjd tändning eller överdrivna ventilspel kan båda orsaka för mycket vakuum i insugsgrenröret.

Komponentbyte

12 I skrivande stund finns ingen specifik information tillgänglig om demontering och montering av systemets komponenter.

2.10 Pulsair system avstängningsventil

Avdunstningsreglering (EVAP)

Test

13 EVAP-systemet släpper ut ansamlade ångor från det aktiva kolfiltret till insugsgrenröret under kontroll av EVAP-ventilen **(se bild)**. För att testa denna komponent, använd den inbyggda diagnostikenheten och utför ett kontrolltest på bränslesystemet (se kapitel 4B). Ett antal komponenter kommer att börja arbeta i tur och ordning vid en given frekvens, inklusive EVAP-ventilen. Om den inte fungerar som den ska måste den bytas ut.

Komponentbyte

14 I skrivande stund finns ingen specifik information tillgänglig beträffande demontering och montering av systemets komponenter.

---

3 Katalysator – allmän information och föreskrifter

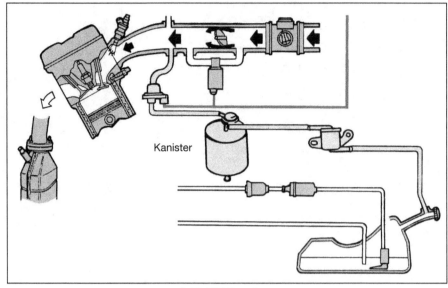

2.13 EVAP-system

Katalysatorn är en pålitlig och enkel enhet som inte behöver något underhåll i sig självt, men det är vissa saker en ägare bör tänka på om katalysatorn skall fungera bra under hela sin livstid.

a) ANVÄND INTE blyad bensin i en bil med katalysator – blyet lägger sig på de ömtåliga metallerna vilket minskar deras omvandlingskapacitet och det kommer med tiden att förstöra katalysatorn.

b) Håll alltid tänd- och bränslesystemen i gott skick genom att följa tillverkarens underhållsschema (se kapitel 1).

c) Om motorn utvecklar en misständning, kör inte bilen alls (eller åtminstone så lite som möjligt) tills dess att felet är åtgärdat.

d) STARTA INTE bilen genom att knuffa eller bogsera igång den – detta dränker

katalysatorn i oförbränt bränsle vilket gör att den överhettar när motorn startar.

e) SLÅ INTE av tändningen vid höga motorvarvtal, d v s pressa inte ned gaspedalen omedelbart innan tändningen slås av.

f) ANVÄND INTE bränsle- eller oljetillsatser – dessa kan innehålla ämnen som är skadliga för katalysatorn.

g) FORTSÄTT INTE att använda bilen om den bränner olja så mycket att det orsakar synlig blå rök.

h) Kom ihåg att katalysatorn arbetar vid mycket höga temperaturer. PARKERA INTE bilen över torr växtlighet, över långt gräs eller lövhögar, efter en lång körning.

i) Kom ihåg att katalysatorn är ÖMTÅLIG. Banka inte på den med verktyg under arbetet.

j) I vissa fall kan en svavelaktig lukt (som ruttna ägg) komma från avgaserna. Detta är vanligt för många bilar utrustade med katalysator. När bilen har körts några hundra mil bör problemet försvinna – under tiden kan man pröva med att byta till en annan typ av bensin.

k) En katalysator på en väl underhållen väl körd bil bör räcka mellan 80 000 och 160 000 km. Om katalysatorn inte längre är effektiv måste den bytas ut.

Se avsnitt 2 för information om hur man byter ut katalysatorn.

Kapitel 5 Del A:
Start- och laddningssystem

Innehåll

Svårighetsgrader

Enkelt, passar novisen med lite erfarenhet	**Ganska enkelt,** passar nybörjaren med viss erfarenhet	**Ganska svårt,** passar kompetent hemmamekaniker	**Svårt,** passar hemmamekaniker med erfarenhet	**Mycket svårt,** för professionell mekaniker

Specifikationer

System typ .... 12 volt, negativ jord

Batteri
Typ .... Blysyra
Laddningsförhållande:
Dåligt .... 12,5 volt
Normalt .... 12,6 volt
Bra .... 12,7 volt

Generator
Typ .... Bosch K1 eller N1

Startmotor
Typ .... Bosch GF eller DW, eller Hitachi

---

1 Allmän information och föreskrifter

Allmän information

Motorns elsystem består i huvudsak av laddnings- och startsystemen. På grund av deras motorrelaterade funktioner behandlas dessa system separat från karossens elektriska enheter som lampor, instrument etc. (som behandlas i kapitel 12). Information om tändsystemet finns i del B av detta kapitel.

Elsystemet är av typen 12 volt negativ jord.

Batteriet laddas av generatorn som är remdriven från vevaxelremskivan.

Startmotorn är av föringreppad typ och har en integrerad solenoid. Vid start för sole-noiden drivpinjongen till ingrepp med sväng-hjulets/drivplattans startkrans innan start-motorn aktiveras. När motorn har startat förhindrar en envägskoppling motorns arma-tur från att drivas av motorn tills dess pin-jongen släpper från startkransen.

Föreskrifter

Ytterligare detaljer om de olika systemen finns i de relevanta avsnitten i detta kapitel. Även om vissa reparationsarbeten har beskrivits är det vanligast att man byter ut defekta kompo-nenter. Den bilägare vars intresse sträcker sig längre än rena komponentbyten bör inför-skaffa en kopia av boken "Bilens elektriska och elektroniska system" från förlaget som ger ut denna handbok.

Man måste vara extra försiktig när man arbetar med elsystemet för att undvika skador

på halvledarenheter (dioder och transistorer), och undvika risk för personskador. Förutom föreskrifterna i "Säkerheten främst!" i början av boken, tänk på följande vid arbete med elsystemet:

 Ta alltid av ringar, klocka etc. innan du börjar arbeta med elsystemet. Även om batteriet är bortkopplat kan kapacitiv urladdning uppstå om en komponents strömförande pol jordas via ett metallobjekt. Detta kan ge en stöt eller otrevliga brännskador.

Blanda inte ihop batterianslutningarna. Komponenter som generatorn, eller andra som har halvledarkretsar, kan skadas så illa att de inte går att reparera.

⚠️ Om motorn startas med hjälp av startkablar och ett slavbatteri, anslut batterierna positiv till positiv och negativ till negativ (se "Starthjälp"). Detta gäller också när man ansluter en batteriladdare.

Koppla aldrig ifrån batteri-polerna, generatorn eller andra elektriska ledningar eller testinstrument medan motorn är igång.

Låt aldrig motorn dra runt generatorn när generatorn inte är ansluten.

"Testa" aldrig generatorn genom att "gnistra" strömkabeln mot jord

Använd aldrig en ohmmätare av den typ som har en handvevad generator vid test av kretsar eller kontinuitet.

Se alltid till att batteriets negativa anslutning är frånkopplad när du arbetar med elsystemet.

Innan du utför elsvetsning på bilen, koppla från batteriet och generatorn så att de skyddas mot skaderisk.

Vissa typer av radio/kassettbandspelare som monteras som standard av Volvo har en inbyggd säkerhetskod. Om strömmen till enheten bryts aktiveras stöldskyddssystemet. Även om strömmen ansluts igen på en gång, kommer inte radion/kassettbandspelaren att fungera förrän rätt kod knappas in. Därför, om du inte känner till koden för radion, koppla inte bort batteriets negativa anslutning och ta inte ut radion ur bilen. Se avsnittet "Radio/kassettbandspelarens stöldskydd" för ytterligare information.

2 Elektrisk felsökning – allmän information

Se kapitel 12.

3 Batteri – test och laddning

Observera: *På B234F modeller kan du testa batteriets skick med hjälp av självdiagnostiken. Om batterispänningen är för hög eller för låg visas en felkod under bränslesystemtestet. Se kapitel 4B.*

Standard- och lågunderhålls-batteri – test

1 Om bilen körs en kort årlig sträcka är det värt mödan att kontrollera batterielektrolytens specifika vikt var tredje månad för att avgöra batteriets laddningsstatus. Använd en hydrometer för kontrollen och jämför resultatet med följande tabell. Temperaturerna i tabellen är den omgivande luftens. Notera att avläsningarna förutsätter en elektrolyttemperatur på 15°C; för varje 10°C under 15°C, dra bort

0,007. För varje 10°C över 15°C, lägg till 0,007.

	Över 25°C	Under 25°C
Fulladdat	1,210 till 1,230	1,270 till 1,290
70% laddat	1,170 till 1,190	1,230 till 1,250
Urladdat	1,050 till 1,070	1,110 till 1,130

2 Om batteriets skick misstänks, kontrollera först elektrolytens specifika vikt i varje cell. En variation som överstiger 0,040 mellan några celler indikerar förlust av elektrolyt eller nedbrytning av plattor.

3 Om skillnader över 0,040 förekommer i den specifika vikten ska batteriet bytas ut. Om variationen mellan cellerna är tillfredsställande men batteriet är urladdat ska det laddas upp enligt beskrivning längre fram i detta avsnitt

Underhållsfritt batteri – test

4 Om ett underhållsfritt "livstidsförseglat" batteri är monterat kan elektrolyten inte testas eller fyllas på. Batteriets skick kan endast testas med en batteriindikator eller en voltmätare.

5 Om batteriet testas med en voltmätare, anslut voltmätaren över batteriet, läs av och jämför resultatet med specifikationerna *("Laddningsförhållande").* Testet är endast rättvisande om batteriet inte har fått någon form av laddning under de senaste sex timmarna. Om detta inte är fallet, tänd strålkastarna under 30 sekunder, vänta sedan fyra eller fem minuter innan batteriet testas efter det att strålkastarna slagits av. Alla andra kretsar skall vara frånslagna, så kontrollera att dörrar och bak-/bagagelucka verkligen är stängda när testet görs.

6 Om spänningen understiger 12,2 volt är batteriet urladdat, medan en avläsning på 12,2 till 12,4 volt indikerar delvis urladdning.

7 Om batteriet skall laddas, ta ut det från bilen (avsnitt 4) och ladda det enligt beskrivning nedan.

Standard- och lågunderhålls-batteri – laddning

Observera: *Följande är endast avsett som en vägledning. Följ alltid tillverkarens rekommendationer (ofta på en tryckt etikett på batteriet) vid laddning av ett batteri.*

8 Ladda alltid batteriet med 3,5 till 4 ampere och fortsätt ladda batteriet i denna takt tills dess att ingen ökning av elektrolytens specifika vikt noteras under en fyra timmars period.

9 Alternativt kan en droppladdare med takten 1,5 ampere stå och ladda över natten.

10 Speciella "snabbladdare" som gör anspråk på att återställa batteriets styrka på 1 till 2 timmar är inte att rekommendera, de kan orsaka allvarliga skador på plattorna genom överhettning.

11 Medan batteriet laddas får elektrolytens temperatur aldrig överstiga 37,8°C.

Underhållsfritt batteri – laddning

Observera: *Följande är endast avsett som en vägledning. Följ alltid tillverkarens rekommendationer (ofta på en tryckt etikett på batteriet) vid laddning av ett batteri.*

4.1 Batteri, med positiv (+) och negativ (-) pol

12 Denna typ av batteri tar avsevärt längre tid att ladda fullt jämfört med standardbatterier. Tidsåtgången beror på hur urladdat batteriet är, men det kan ta ända upp till tre dygn.

13 En laddare av konstantspänningstyp krävs och den ska ställas in på mellan 13,9 och 14,9 volt med en laddström understigande 25 ampere. Med denna metod bör batteriet vara användbart inom 3 timmar, men detta gäller ett delvis urladdat batteri. Full laddning kan som sagt ta betydligt längre tid.

14 Om batteriet ska laddas från fullständig urladdning (under 12,2 volt), låt en Volvo-verkstad eller bilelektriker utföra arbetet. Laddningstakten är högre och konstant övervakning krävs.

4 Batteri – demontering och montering

Observera: *Om en radio/kassettbandspelare med inbyggd säkerhetskod finns, se "Radio/kassettbandspelares stöldskyddssystem".*

Demontering

1 Koppla loss batteriets negativa anslutning (jord) **(se bild).**

2 Koppla loss batteriets positiva anslutning. Denna kan vara skyddad av ett plastlock. Se till att inte skruvnyckeln bryggar positiv och negativ pol.

3 Lossa batteriets hållklämmor. Lyft ut batteriet. Håll det upprätt och var försiktig så att du inte tappar det – det är tungt.

Montering

4 Påbörja monteringen genom att placera batteriet på sin bricka, vänt rätt väg. Fäst det med hållklämmorna.

5 Rengör batteripolerna om så behövs, anslut dem sedan. Anslut den positiva ledningen först och den negativa sist.

5 Laddningssystem – test

Observera: *Se varningarna i "Säkerheten främst!" och i avsnitt 1 i detta kapitel innan arbetet påbörjas.*

1 Om laddningslampan inte tänds när tändningen slås på, kontrollera först generatorledningarnas anslutningar. Om de är godtagbara, kontrollera att inte glödlampan är trasig och att glödlampssockeln sitter fast ordentligt i instrumentpanelen. Om lampan fortfarande inte tänds, kontrollera att det går ström genom ledningen från generatorn till lampan. Om allt detta är som det ska är generatorn defekt och ska bytas eller tas till en bilelektriker för test och reparation.

2 Om laddningslampan tänds när motorn går, stoppa motorn och kontrollera att drivremsspänningen är korrekt (se kapitel 1) och att generatorns kontakt sitter ordentligt. Om allt fungerar som det ska så långt, låt en bilelektriker kontrollera generatorn.

3 Om generatorns utmatning är misstänkt även om laddningslampan fungerar som den ska, kan den reglerade spänningen kontrolleras enligt följande:

4 Anslut en voltmeter över batteripolerna och starta motorn.

5 Öka motorhastigheten tills voltmätaravläsningen förblir stabil; avläsningen skall vara ca 12 till 13 volt, och inte mer än 14 volt.

6 Slå på så många elektriska funktioner som möjligt (t ex strålkastare, uppvärmd bakruta, värmefläkt) och kontrollera att generatorn upprätthåller reglerad spänning på 13 till 14 volt.

7 Om den reglerade spänningen inte ligger inom dessa parametrar kan felet vara slitna borstar, svaga borstfjädrar, en defekt spänningsregulator, en defekt diod, en trasig faslindning eller slitna eller skadade släpringar. Generatorn bör bytas ut eller tas till en bilelektriker för test och reparation.

6 Generatordrivrem – demontering, montering och spänning

Se de moment som beskrivs för hjälpaggregatens drivremmar i kapitel 1.

7 Generator – demontering och montering

Observera: På vissa modeller är det lättast att komma åt generatorn underifrån. Demontera underplåten om så behövs.

Demontering

1 Koppla loss batteriets negativa anslutning.
2 Lossa generatorns drivrem/-mar och dra av dem från remskivan (se kapitel 1).
3 Koppla loss kablaget från generatorns baksida – detta kan vara en multikontakt eller separata skruvpoler. Gör vid behov anteckningar över hur de sitter **(se bild)**.

7.3 Generatorns utmatningspol (vid pilen) sedd underifrån

4 Stöd generatorn. Ta bort pivå- och justerbandsmuttrar, bultar och brickor, observera hur brickorna sitter. Lyft ut generatorn. Tappa den inte, den är ömtålig.

Montering

5 Montera i omvänd ordning mot demontering. Spänn drivremmen/-arna (se kapitel 1) innan batteriet ansluts.

8 Generator – test och renovering

Om du misstänker att något är fel med generatorn, demontera den från bilen och ta den till en bilelektriker för test. De flesta bilelektriker kan leverera och montera borstar till ett rimligt pris. Undersök dock först kostnaden för reparationerna innan du låter utföra dem, eftersom det i bland kan visa sig mer ekonomiskt att införskaffa en ny eller utbytes generator.

9 Startsystem – test

Observera: Se varningarna i "Säkerheten främst!" och i avsnitt 1 i detta kapitel innan arbetet påbörjas.

1 Om startmotorn inte går igång när nyckeln vrids till startläge kan något av följande vara orsaken:
  a) Defekt batteri.
  b) Någon elektrisk anslutning mellan startnyckel, solenoid, batteri och startmotor släpper inte igenom ström från batteriet genom startmotorn till jord.
  c) Defekt solenoid.
  d) Elektrisk eller mekanisk defekt i startmotorn.

2 Kontrollera batteriet genom att slå på strålkastarna. Om de försvagas efter några sekunder tyder detta på att batteriet är urladdat – ladda (se avsnitt 3) eller byt ut batteriet. Om strålkastarna lyser starkt, vrid på startnyckeln och observera ljuset. Om de för-

svagas tyder det på att ström när startmotorn och därför måste felet ligga i startmotorn. Om ljusen fortsätter att lysa starkt (och inget klickande ljud kan höras från startmotorsolenoiden), indikerar detta ett fel i kretsen eller solenoiden – se följande punkter. Om startmotorn går runt sakta när den aktiveras, men batteriet är i gott skick, visar detta att antingen är startmotorn defekt eller så finns det ett avsevärt motstånd i kretsen.

3 Om ett kretsfel misstänks, lossa batterikablarna (inklusive jordanslutningen till karossen), ledningarna till startmotorn/solenoiden och motorns/växellådans jordfläta. Rengör noga alla anslutningar och anslut dem sedan. Använd sedan en voltmätare eller en testlampa för att kontrollera att full batterispänning finns vid den positiva batterikabelns anslutning till solenoiden och att jordförbindelsen är god. Smörj vaselin runt batteripolerna för att förhindra korrosion – korroderade anslutningar hör till de vanligaste felen i elsystemet.

4 Om batteriet och alla anslutningar är i gott skick, kontrollera kretsen genom att koppla loss ledningen från solenoidens bladstift. Anslut en voltmätare eller testlampa mellan ledningen och god jord (som batteriets negativa pol), och kontrollera att ledningen är strömförande när tändnyckeln vrids till startläget. Om så är fallet är kretsen god, om inte kan kretsen kontrolleras enligt beskrivning i kapitel 12.

5 Solenoidkontakterna kan kontrolleras genom att man ansluter en voltmätare eller testlampa mellan batteriets positiva matningsanslutning på solenoidens startmotorsida och jord. När tändningsnyckeln vrids till startläget skall man få en voltmätaravläsning/lampan ska lysa. Om så är fallet är solenoiden defekt och måste bytas.

6 Om det visar sig att både krets och solenoid är felfria måste felet ligga hos startmotorn. Om så är fallet kan det vara möjligt att låta en specialist renovera startmotorn, men undersök kostnaderna för reservdelar innan detta görs. Det kan visa sig vara mer ekonomiskt att införskaffa en ny eller utbytes motor.

10 Startmotor – demontering och montering

Demontering

1 På vissa motorer är det lättare att komma åt startmotorn underifrån. Lyft upp framvagnen på ramper om möjligt och demontera underplåten.
2 Koppla loss batteriets negativa anslutning.
3 På V6-motorn, demontera oljefiltret (se kapitel 1).
4 Koppla loss ledningarna från startmotorsolenoiden. Gör anteckningar eller märk upp

dem om så behövs för hopsättningen **(se bild)**.

5 Stöd startmotorn och skruva loss dess fästskruvar. Om en ändkonsol är monterad, skruva loss den först **(se bild)**.

6 Demontera startmotorn. Om en tillsatsplatta är monterad, ta vara på denna **(se bild)**.

Montering

7 Montering sker i omvänd ordning.

11 Startmotor – test och renovering

Om startmotorn misstänks vara defekt skall den demonteras från bilen och tas till en bilelektriker för test. De flesta bilelektriker kan leverera och montera borstar till ett rimligt pris. Undersök dock kostnaden för reparationerna innan du låter någon göra det, det kan visa sig vara mer ekonomiskt att införskaffa en ny eller utbytes motor.

12 Oljenivågivare – demontering och montering

Demontering

1 Om en oljenivågivare finns är den inskruvad i höger sida av motorns nedre vevhus. Givaren sticker in i sumpen.

2 För att demontera givaren, skruva ut den ur sitt hål. Var försiktig, den är ömtålig.

Montering

3 Vid montering av givaren, lägg lite tätningsmedel på dess gängor. Skruva in givaren, anslut kontakten och kontrollera att den fungerar som den ska **(se bild)**.

4 Oljenivåvarningens styrenhet är placerad under den bakre konsolens armstöd/förvaringslåda.

10.4 Startmotorsolenoidens anslutningar

10.5 Startmotorns fästskruvar

13 Oljetrycksvarningslampans kontakt – demontering och montering

Demontering

1 På radmotorer är oljetryckskontakten placerad på höger sida av motorblocket, mellan oljefiltret och generatorn. På V6-motorer är den placerad på höger sida av motorblocket framtill på motorn. Beroende på modell och utrustning kan det vara enklare att demontera den underifrån.

2 Koppla loss den elektriska ledningen från kontakten. Torka rent runt kontakten, skruva

10.6 Demontering av startmotor och tillsatsplatta

loss den från blocket och ta bort den. Ta vara på tätningsbrickan (om monterad). Notera att på V6-motorer har kontakter av många olika typer och längder monterats under åren. Om kontakten skall bytas ut är det viktigt att rätt typ införskaffas, annars kan resultatet bli förlust av oljetryck.

Montering

3 Montera i omvänd ordning. Lägg tätningsmedel på kontaktens gängor och byt ut tätningsbrickan om så behövs.

4 Låt motorn gå och kontrollera att oljetrycksvarningslampan fungerar som den ska. Undersök kontakten för att se om det förekommer läckage.

12.3 Montering av oljenivågivare

Kapitel 5 Del B:
Tändsystem

Innehåll

Svårighetsgrader

| Enkelt, passar novisen med lite erfarenhet | Ganska enkelt, passar nybörjaren med viss erfarenhet | Ganska svårt, passar kompetent hemmamekaniker | Svårt, passar hemmamekaniker med erfarenhet | Mycket svårt, för professionell mekaniker  |

Specifikationer

Allmänt
Systemtyp . . . . Brytarlöst elektroniskt tändsystem
Tillämpning:
  B23ET och B230ET motorer . . . . Motronic
  B230A . . . . TZ-28 H
  B200E, B230E, B230K EZ118K
  B230F t.o.m. 1990, B234F EZ116K
  B230F fr.o.m. 1991 . . . . Bendix REX-I
  B280E EZ115K
  B28E TSZ-4

Tändföljd
Radmotorer . . . . 1-3-4-2 (cylinder nr 1 vid motorns front)
V6-motorer . . . . 1-6-3-5-2-4 (cylinder nr 1 på motorns vänstra sida)

Tändstift . . . . Se specifikationer i kapitel 1

Tändinställning*
B23ET . . . . 10° FÖD @ 750 varv/min (ej justerbar)
B200E . . . . 12° FÖD @ 900 varv/min
B230A . . . . 7° FÖD @ 750 varv/min (vakuumenhet bortkopplad)
B230E . . . . 12° FÖD @ 900 varv/min
B230ET . . . . 10° FÖD @ 900 varv/min (ej justerbar)
B230F
  Med EZ116K . . . . 12° FÖD @ 750 varv/min (ej justerbar)
  Med REX-I . . . . 10° FÖD @ 775±50 varv/min (ej justerbar)
B230K . . . . 15° FÖD @ 800 varv/min
B234F . . . . 15° FÖD @ 850 varv/min (ej justerbar)
B28E . . . . 10° FÖD @ 900 varv/min
B280E . . . . 10° FÖD @ 750 varv/min (ej justerbar)
Vakuumenheten frånkopplad (där tillämpligt)

Tändspole
Alla utom REX-I
  Primärt motstånd (typiskt) . . . . 0,5 till 1,0 Ω
  Sekundärt motstånd (typiskt) . . . . 6000 till 9000 Ω
REX-I
  Primärt motstånd . . . . 0,35 till 0,65 Ω
  Sekundärt motstånd . . . . 4000 till 6000 Ω

1 Tändsystem – allmän information

Tändsystemet ansvarar för antändningen av den sammantryckta blandningen av bränsle och luft i varje cylinder i tur och ordning. Detta måste göras i precis rätt ögonblick för rådande motorhastighet och belastning. De olika motorerna har något olika system, men principerna för deras funktion är desamma.

Lågspänningspulser produceras inte längre av brytarkontakter, utan av ett roterande tandat hjul i ett magnetfält, eller av givare monterade nära svänghjulets kant. Dessa pulser mottas av en styrenhet där de förstärks till den nivå som behövs för att driva tändspolen. Tändspolen omvandlar lågspänningspulserna till de högspänningspulser som behövs för att antända tändstiften. Högspänningspulserna förs till aktuellt tändstift via högspänningskablarna, fördelarlocket och rotorarmen.

Tändinställningen (det ögonblick när gnista uppstår) varieras beroende på motorhastighet och belastning. Ju fortare motorn går runt, desto tidigare måste gnista uppstå (mer förställning) för att ge tillräckligt med tid för förbränning. På B28E och B230A motorer styrs tändförställning mekaniskt av centrifugalvikter och fjädrar i fördelaren. En vakuumenhet ger extra förställning under förhållanden med högt vakuum i insugsgrenröret (tyder på hög belastning). På övriga motorer bestäms tändförställningen av styrenheten, som får information om motortemperaturen, gasspjällläget och (på turbomotorer) laddluftens temperatur, så väl som motorhastighet. Styrenheten monterad på B230E/K motorer får också en grenrörsvakuumsignal.

EZ115/116/118K tändkontrollsystemen är varianter av en familj kallad EZ-K. Systemen monterade på B200/B230E/K, B230F (t.o.m. 1990) och B234F motorerna har en knackningsgivare monterad under insugsgrenröret. Givaren gör att styrenheten fördröjer tändinställningen om förtändning inträffar och skyddar så motorn från skador orsakade av för tidig tändning eller bränsle av dålig kvalitet.

Motronic systemet monterat på turbomodeller styr bränsleinsprutnings- och tändsystem som ett integrerat motorstyrningspaket. En mer detaljerad beskrivning av systemet finns i kapitel 4B.

EZ115K systemet monterat på B280 motorer och EZ116K systemet monterat på B230F (t.o.m. 1990) och B234F motorer, är utvecklingar av tidigare EZ-K system, där tändinställningen bestäms av en svänghjulsgivare som inte kan justeras.

REX-I systemet monterat på B230F motorer fr.o.m. 1991 liknar EZ-K systemen beskrivna ovan. Dess funktion hänger samman med Bendix Regina bränsleinsprutningssystem som beskrivs i kapitel 4B.

Mindre förändringar har också införts för att göra plats för egenskaper speciella för V6-motorn. Det finns två knackningsgivare, en för varje cylinderbank. Eftersom svänghjulsgivaren inte kan indikera vilken bank som tänder när knackning inträffar, finns en induktiv omvandlare på ledningen till tändstift nr 1 för att förse styrenheten med denna information.

2 Tändsystem – test

 Varning: Spänning producerad av ett elektroniskt tändsystem är betydligt högre än den som produceras av konventionella tändsystem. Man måste vara extremt försiktig när man arbetar med systemet om tändningen är påslagen. Personer med pacemaker bör hålla sig borta från tändkretsarna, komponenterna och testutrustningen.

Observera: *På B230F och B234F modeller utrustade med REX-I och EZ116K tändsystem är självdiagnostiken tillgänglig för test av tändsystemsfel. Se avsnitt 8.*

Allmänt

1 Komponenterna i det elektroniska tändsystemet är i normala fall mycket pålitliga; de flesta fel beror på lösa eller smutsiga anslutningar, eller oavsiktlig jordning av högspänning till smuts, fukt eller skadad isolering (s k krypström), inte på att en systemkomponent havererar. Kontrollera **alltid** alla ledningar noga innan en elektrisk komponent döms ut och arbeta metodiskt med att eliminera alla andra möjligheter innan du bestämmer dig för vilken komponent som är defekt.

2 Den gamla ovanan att leta efter gnista genom att hålla änden på en strömförande tändkabel nära motorn är absolut inte att rekommendera. Det finns inte bara en stor risk för kraftiga stötar, utan tändspolen, ECU eller förstärkaren kan också ta skada. Du ska heller **aldrig** försöka "diagnostisera" misständningar genom att koppla ur en tändkabel i taget.

Motorn startar inte

3 Om motorn inte alls går runt, eller snurrar mycket långsamt, kontrollera batteriet och startmotorn. Anslut en voltmätare över batteripolerna (mätarens positiva sond till batteriets positiva pol), notera sedan spänningsavläsningen medan motorn dras runt på startmotorn i (inte mer än) tio sekunder. Om avläsningen är mindre än ca 9,5 volt, kontrollera först batteriet, startmotorn och laddningssystemet enligt beskrivning i del A av detta kapitel.

4 Om motorn går runt med normal hastighet men inte vill starta, kontrollera högspänningskretsen genom att ansluta en tändinställningslampa (följ dess tillverkares instruktioner) och dra runt motorn på startmotorn. Om lampan blinkar när spänning tändstiften, så dessa bör kontrolleras först. Om lampan inte blinkar, kontrollera själva tändkablarna, därefter fördelarlocket, kolborstarna och rotorarmen – ta hjälp av informationen i kapitel 1.

5 Om det finns gnista, kontrollera bränslesystemet, se relevant del av kapitel 4 för mer information.

6 Om det fortfarande inte finns gnista, kontrollera spänningen vid tändspolens "+" pol; den skall vara samma som batterispänningen (d v s minst 11,7 volt). Om spänningen vid spolen är mer än 1 volt mindre än batterispänningen, undersök kretsens alla ledningar (se kopplingsscheman i slutet av boken).

7 Om matningen till spolen är godtagbar, kontrollera motståndet i spolens primär- och sekundärlindningar enligt beskrivning längre fram i detta kapitel. Om de är defekta måste en ny spole monteras. Undersök dock noga själva lågspänningsanslutningarnas skick innan detta görs, för att försäkra att felet inte beror på smutsiga eller dåligt anslutna kontakter.

8 Om spolen är i gott skick ligger felet förmodligen inom förstärkaren, en av systemets givare eller ECU och dess tillhörande komponenter (efter tillämplighet). Test av dessa komponenter bör överlämnas till en Volvoverkstad.

Motorn misständer

9 Oregelbunden misständning indikerar antingen en lös anslutning eller ett oregelbundet återkommande fel i primärkretsen, eller ett högspänningsfel på spolens sida av rotorarmen.

10 Slå av tändningen och kontrollera hela systemet noggrant. Se till att alla anslutningar är rena och sitter fast ordentligt. Om utrustning finns tillgänglig, kontrollera lågspänningskretsen enligt beskrivning ovan.

11 Kontrollera att tändspolen, fördelarlocket och tändkablarna är rena och torra. Undersök också själva kablarna och tändstiften (genom utbyte om så behövs), undersök sedan fördelarlocket, kolborstarna och rotorarmen enligt beskrivning i kapitel 1.

12 Regelbunden misständning beror med stor säkerhet på ett fel i fördelarlocket, tändkablarna eller tändstiften. Använd en tändinställningslampa (punkt 4 ovan) för att kontrollera om det finns högspänning i alla kablar.

13 Om högspänning inte finns i en speciell kabel ligger felet i den kabeln, eller i fördelarlocket. Om högspänning finns i alla kablar ligger felet i tändstiften. Kontrollera dessa och byt ut dem om det råder minsta tvekan om deras skick.

14 Om ingen högspänning finns, kontrollera tändspolen; dess sekundärlindning kan bryta ihop under belastning.

15 All annan kontroll av systemkomponenterna bör utföras av en Volvoverkstad.

3.2 Koppla loss spolens
högspänningsledning

4.2 Inställningsmärken på radmotorn –
remskivans urtag är i läge "0" (ÖD)

4.4 Demontering av fördelaren (B23)

3 Tändspole – demontering, test och montering

Demontering

1 Koppla loss batteriets negativa anslutning.
2 Koppla loss ledningarna från spolen, markera deras placeringar för att underlätta montering, och lossa klämfästet **(se bild)**. Dra ut spolen ur fästet.
3 Undersök spolen för att se om den är sprucken, läcker isolerande olja eller är på annat sätt skadad. Byt ut den om sådana tydliga skador upptäcks.

Test

4 Använd en multimätare för att mäta primärmotståndet (mellan lågspänningspolerna). Det önskade värdet anges i specifikationerna.
5 Mät sekundärmotståndet (mellan en av lågspänningspolerna och högspänningspolen) och jämför med det specificerade.
6 Byt ut spolen om motståndet i någon av lindningarna skiljer sig markant från det specificerade.

Montering

7 Montering sker i omvänd ordning.

4 Fördelare – demontering och montering

B23 motorer

Demontering

1 Ta loss fördelarlocket (lossa dess clips eller skruva ur skruvarna) och flytta det åt sidan.
2 Placera motorn i ÖD med cylinder nr 1 i kompressionstakten. Vrid motorn med en nyckel på vevaxelremskivans bult tills urtaget på remskivan är i linje med "0" (ÖD) märket på inställningsskalan, och fördelarrotorarmens spets pekar mot den fjärdedel som motsvarar kabeln för tändstift nr 1 **(se bild)**.
3 Gör passmärken på rotorarmens spets och

4.8 Fördelarlockets fästskruvar
(vid pilarna) – fördelaren demonterad

kanten på fördelarhuset, och på fördelarens bas och motorblocket.
4 Skruva loss klämplattan och lyft ut fördelaren **(se bild)**. Observera hur rotorarmen rör sig när fördelaren tas ut.

Montering

5 Vid montering, ställ rotorarmen i ungefär samma position som den intog efter demonteringen. Sätt in fördelaren så att passmärkena på fördelaren och motorblocket är i linje. När fördelaren trycks på plats bör rotorarmen vrida sig och hamna i det förut markerade läget för nr 1 i kompression. Om inte, ta ut fördelaren och försök igen.
6 Sätt tillbaka och skruva fast fördelarens klämplatta.

B200/B230/B230A/B230F/B234 motorer

Demontering

7 Märk tändstiftskablarna och koppla loss dem från locket.
8 Skruva loss de tre skruvarna som håller fördelarlocket. Utrymmet är begränsat. Skruvarna sitter fast, så försök inte ta bort dem från locket **(se bild)**.
9 Lyft av fördelarlocket med spolens högspänningskabel fortfarande ansluten.
10 Dra av rotorarmen och demontera dammskölden.
11 Gör passmärken på fördelarfläns och topplock.

4.14 Demontering av fördelaren (B230)

12 Ta bort de två bultar som fäster fördelaren.
13 Koppla loss lågspänningskontakten från fördelaren (om tillämpligt).
14 Ta bort fördelaren från topplocket **(se bild)**.
15 Byt ut fördelarens O-ringar vid behov.

Montering

16 Vid montering, håll fördelaren mot topplocket, observera passmärkena och vrid axeln så att medbringarna går i urtagen i kamaxeln. Axeln kan inte monteras fel, den passar bara på ett sätt.
17 Resten av monteringen sker i omvänd ordning mot demontering. På B234F motorer, kom ihåg att sätta tillbaka tändkabelns clips vid den vänstra bulten när fördelarhuset monteras.
18 På B230E och B230K motorer, kontrollera tändinställningen (se avsnitt 7).

B28 motorer

Demontering

19 Demontera luftinloppskanalen från luftflödesgivaren.
20 Ta bort de tolv insexskruvarna som håller bränslestyrenhetens övre del. (Om man endast önskar demontera fördelarlocket och rotorarmen, kan detta med nöd och näppe göras utan att man behöver störa bränslestyrenheten. Vissa av tändkablarna måste

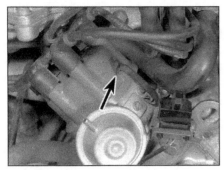

4.21 Ett av fördelarlockets clips (vid pilen) – B28

4.22 Inställningsmärken (V6-motor). Remskivans urtag är i läge "0" (ÖD), det finns två urtag

4.23a Bänd upp fjäderclipset . . .

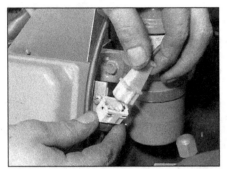

4.23b . . . och koppla loss lågspännings-kontakten

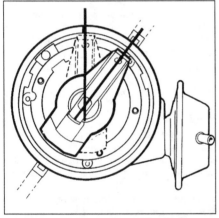

4.25 Rotorarmens position innan montering (hel linje) och efter montering (streckad linje)

kopplas loss från locket när det sitter på plats.)

21 Märk tändkablarna. Lossa fördelarlocket och ta bort det, koppla loss tändkablar efter behov **(se bild)**. Lyft upp bränslestyrenheten, utan att belasta bränsleledningarna, för att skapa utrymme för locket.

22 Placera motorn i ÖD med cylinder nr 1 i kompressionstakten **(se bild)**. (Se punkt 2 och bild 7.2).

23 Koppla loss lågspänningskontakten mellan fördelaren och tändningens styrenhet. Koppla också loss vakuumförställningsröret **(se bilder)**.

24 Gör passmärken på fördelarfläns och topplock. Ta bort klämmuttern och lyft ut fördelaren, lyft även nu bränslestyrenheten för att skapa utrymme.

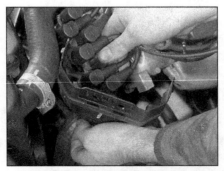

4.26 Rotorarmens spets i linje med urtaget för cylinder nr 1 i fördelarens kant (B28) – dammskydd demonterat

Montering

25 Påbörja monteringen genom att placera rotorarmen ungefär 30° medurs från referens-märket för cylinder nr 1 i kanten på fördelaren **(se bild)**.

26 Sätt fördelaren på plats, observera de tidigare gjorda passmärkena. Rotorarmen skall nu vrida sig så att den ställer sig mitt för referensmärket när fördelaren trycks på plats **(se bild)**. Sätt i klämmuttern och dra åt den lätt.

27 Sätt tillbaka kontakten.

28 Montera fördelarlock och tändkablar.

29 Sätt tillbaka bränslestyrenheten och luft-inloppskanalen.

30 Kontrollera tändinställningen och justera den vid behov (se avsnitt 7), dra sedan åt klämmuttern helt.

B280 motorer

Demontering

31 Koppla loss batteriets negativa anslut-ning.

32 Ta loss skölden på fördelaren **(se bild)**.

33 Skruva loss de tre bultar som håller fördelarkåpan och locket. Ta bort kåpan och dra ut locket **(se bild)**.

34 Skruva loss de tre insexskruvar som håller rotorarmen. Lyft av armen och skruvarna. Skruvarna sitter fast i armen **(se bild)**.

35 Lyft ut skyddsskölden med O-ring.

36 Ta bort 10 mm insexskruven som håller fördelaraxeln. Ta bort axeln om den är lös, om inte, låt den vara för tillfället **(se bild)**.

4.32 Ta loss skölden från fördelaren

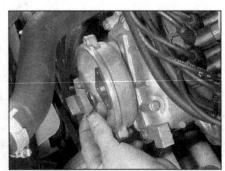

4.33 Ta loss fördelarkåpa och lock

4.34 Demontering av rotorarm

4.36 Fördelaraxelns skruv lossas

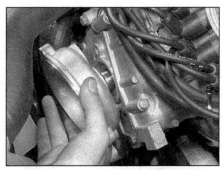

4.37 Demontering av fördelarhuset

5.1 Koppla loss svänghjulsgivarnas kontakt

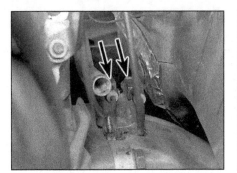

5.2 De två svänghjulsgivarna (vid pilarna)

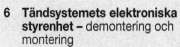

5.7 Knackningsgivarens fästbult (vid pilen)

7 Ta bort givarens fästbult och givaren själv. Den är placerad under insugsgrenröret (se bild).

Montering

8 Montering sker i omvänd ordning. Lägg gänglåsningsmedel på bulten och dra åt den ordentligt.

6 Tändsystemets elektroniska styrenhet – demontering och montering

B28E och B230A motorer
Demontering

1 Koppla loss batteriets negativa anslutning.
2 Styrenheten är placerad på höger inner-flygel, bredvid spolen. Ta loss kontakten längst ner på enheten (se bild).
3 Lossa fästskruvarna och demontera styr-enheten.

Montering

4 Montering sker i omvänd ordning.

4-cylindriga motorer (utom B230A) utan turbo
Demontering

5 Demontera klädseln under rattstången.
6 Ta bort de fyra skruvarna som håller styr-enheten till pedalfästets högra sida. Tryck ned gaspedalen för att komma åt de två skruvarna (se bild).
7 Koppla loss kontakten och vakuumröret. Ta bort styrenheten (se bild).

37 Skruva loss de två bultar som håller för-delarhuset. Om axeln fortfarande är på plats, dra huset framåt mot axeln och knacka på huset med en klubba så att axeln lossnar. Ta bort hus och axel (se bild).

Montering

38 Montering sker i omvänd ordning, koppla ihop hålet i fördelaraxeln med stiftet på drivningen. Använd en ny O-ring till skydds-skölden vid behov.

5 Tändsystemets givare – demontering och montering

Svänghjulsgivare
Demontering

1 Koppla loss givarkontakten nära torped-väggen. Märk kontakterna om båda givarna skall tas bort (se bild).
2 Skruva loss insexskruvarna som håller givaren till fästet. Utrymmet är begränsat (se bild). På vissa modeller finns två separata givare för varv/min (rpm) och ÖD. På andra modeller finns en enda givare som mäter båda.
3 Dra ut givaren från fästet.

Montering

4 Montering sker i omvänd ordning.

Knackningsgivare
Demontering

5 För att demontera en givare på en B280 motor, gör först följande:
  a) Demontera insugsgrenröret (se kapitel 4).
  b) Tappa av kylsystemet (se kapitel 1) och ta bort Y-röret.
6 Ta loss kontakten från knackningsgivaren.

6.2 Tändningens styrenhet – B28E/B230A

6.6 Ta loss skruvarna som håller styr-enheten – 4-cylindriga motorer utan turbo

6.7 Koppla loss styrenhetens kontakt – 4-cylindriga motorer utan turbo

6.12 Koppla loss kontakten till Motronic styrenhet – 4-cylindriga motorer med turbo

6.19 Tändningens styrenhet – B280E

Montering

8 Montering sker i omvänd ordning.

4-cylindriga motorer med turbo

Demontering

9 Demontera rattstångens/pedalens nedre klädselpanel

10 Lossa den främre änden av klädseln för tröskeln/bältesrullen genom att ta bort skruvarna. Dessa skruvar sitter under täcklock.

11 Lossa höger fotbrunns klädselpanel och ta ut den.

12 Se till att tändningen är avslagen, ta sedan loss kontakten från styrenheten (se bild).

13 Skruva loss de två fästskruvarna och dra ut enheten ur fästet.

Montering

14 Montera i omvänd ordning.

15 På vissa senare modeller är styrenhetens effektsteg monterat separat under motorhuven, framför det vänstra fjäderbenstornet.

B280E motorer

Demontering

16 Koppla loss batteriets negativa anslutning.

17 Demontera klädseln i förarens fotbrunn.

18 Om flera styrenheter sitter tillsammans, identifiera tändningens styrenhet. Den känns igen på att den är nästan fyrkantig och svart, i motsats till Jetronic styrenhet som är silverfärgad (och märkt "Jetronic"), eller ABS styrenhet (1988 och framåt) som är silver och längre än den är djup.

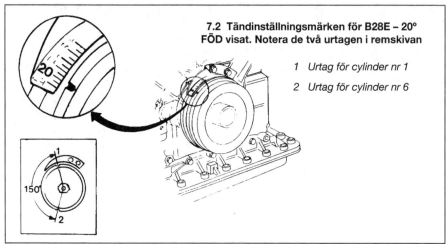

7.2 Tändinställningsmärken för B28E – 20° FÖD visat. Notera de två urtagen i remskivan

1 Urtag för cylinder nr 1
2 Urtag för cylinder nr 6

19 Lossa styrenheten från dess fästen och koppla loss kontakten från den (se bild).

Montering

20 Montering sker i omvänd ordning.

7 Tändinställning – kontroll och justering

Observera: *Detta är inget rutinarbete eftersom det i normala fall inte finns någon anledning till att tändinställningen skulle variera. På B23ET/B230ET turbomotorer (med Motronic system), B230F, B234F och B280E motorer kan inställningen inte justeras, även om den kan kontrolleras om så önskas.*

1 Låt motorn gå tills den når normal arbetstemperatur med luftkonditioneringen avslagen. Stanna motorn, anslut en tändinställningslampa (stroboskop) och en varvräknare enligt tillverkarnas instruktioner.

2 Måla markeringen på vevaxelremskivan och de önskade märkena på inställningsskalan med vit färg eller Tippex (se specifikationer för önskade värden). Försäkra dig om att du använder rätt märke på remskivan på B28E motorn (se bild).

3 På B28E och B230E/K motorer, koppla loss och plugga igen fördelarens eller styrenhetens vakuumrör.

4 Låt motorn gå med specificerad tomgångshastighet och lys tändinställningslampan på inställningsskalan.

Varning: Var försiktig så att inte elledningar, kläder, långt hår etc. fastnar i drivremmar eller fläkt.

Remskivemärket kommer att verka stå stilla och (om tändinställningen är rätt) i linje med rätt märke på skalan.

5 Om justering behövs, stanna motorn. Lossa fördelarens fästen och vrid fördelaren lite. Att vrida fördelaren i motsatt riktning mot axelns rotation tidigarelägger tändningen, och vice versa. Dra åt fördelarens fästen efter varje justering, starta motorn och kontrollera tändinställningen igen. (Försök inte vrida

Motronic systemets fördelare. Det påverkar inte tändningen.)

6 När tändinställningen vid tomgång är rätt, kontrollera förställningen på modeller utan turbo genom att observera inställningen vid den högre specificerade hastigheten. Om denna är fel på B28E motorer, beror det på defekt mekanisk förställningsmekanism; på andra modeller måste det bero på ett fel i styrenheten eller dess indata. (En normalt fungerande knackningsgivare, där tillämpligt, fördröjer också tändningen.)

7 Om en vakuumpump finns tillgänglig, pumpa vakuum till förställningsenheten (om sådan finns) och bekräfta att tändningen är förställd.

8 Stanna motorn, koppla loss testutrustningen och sätt tillbaka el- och vakuumanslutningar.

8 Tändsystemstest med diagnostikenhet – EZ116K och Bendix REX-I tändsystem

1 EZ116K och Bendix REX-I elektroniska tändsystem monterade på B230F och B234F motorer har en diagnostikenhet som delas av tänd- och bränslesystemen. Diagnostikenheten är monterad på vänster fjäderbenshus i motorrummet och har en kontakt som kan sättas in i olika uttag för systemtest (se bild).

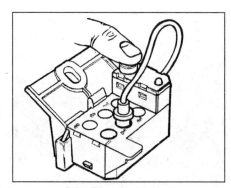

8.1a Diagnostikenhet

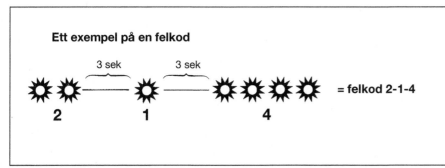

Ett exempel på en felkod

3 sek   3 sek

2   1   4   = felkod 2-1-4

8.1b Felkod 2-1-4

Uttag nr 6 är för test av tändsystemet. Ett antal olika test kan utföras genom att man trycker på knappen, beroende på hur många gånger man trycker.

a) *Om knappen trycks ned en gång kommer lampan att blinka, ge en felkod. Eventuella fel som har inträffat medan motorn har varit igång lagras i minnet, upp till max tre fel.*

b) *Om knappen trycks ned två gånger utför systemet funktionstest på gasspjällkontakten och hastighetsgivaren. Lampan kommer att blinka under varje funktionstest, ge en bekräftelsekod.*

Varje kod består av tre siffror, representerade av tre serier blinkningar. Varje blinkning räcker i ca 0,5 sekunder och intervallen mellan blinkningarna inom serien är också ca 0,5 sekunder. När en serie har avslutats, väntar systemet i ca 3 sekunder och påbörjar sedan nästa serie. Till exempel representeras felkoden 2-1-4 av två blinkningar med 0,5 sekunders mellanrum, därefter en paus på 3 sekunder, sedan en blinkning följd av 3 sekunders paus, sedan fyra blinkningar med 0,5 sekunders mellanrum (se bild).

Feltest

2 Öppna locket på diagnostikenheten och sätt in kontakten i uttag 6.

3 Slå på tändningen utan att starta motorn.
4 Tryck ned knappen en gång och håll ner den i mer än 1 sekund, men inte längre än 3 sekunder.
5 Observera den blinkande lampan och identifiera felkoden. De möjliga koderna är följande:

1-1-1   Inget fel.

1-4-2   Styrenhetsfel. Motorn går i "linka-hem"-läge med säkerhetsfördröjd tändning (10°).

1-4-3   Knackningsgivarfel. Motorn går i "linka-hem"-läge med säkerhetsfördröjd tändning (10°).

1-4-4   Belastningssignal saknas (given av luftmängdsmätaren i bränsleinsprutningssystemet). Styrenheten väljer fullbelastningsinställning och går i "linka-hem"-läge.

2-1-4   Hastighetsgivaren defekt.*

2-2-4   Kylvätsketemperaturgivaren defekt. Motorn uppför sig som om den vore het och går i "linka-hem"-läge.

2-3-4   Gasspjällkontakt (tomgång) defekt. Motorn går med säkerhetsfördröjd tändning (10°).*

* Ej B230F med REX-I

6 Om koden 1-1-1 visas finns inga fel lagrade i systemminnet. Om någon annan kod visas, tryck på knappen igen för att se om det finns ett andra fel. Tryck sedan ned den en tredje gång för att se om det finns ett tredje fel. Systemet kan lagra max tre fel. När du har noterat alla lagrade fel kommer systemet att gå tillbaka till det första felet nästa gång du trycker på knappen.
7 Vidta nödvändiga åtgärder för att åtgärda felen.
8 Tryck på knappen igen och håll ner den i minst 5 sekunder, släpp den sedan. Lampan kommer att börja lysa efter 3 till 4 sekunder. Tryck ned knappen en andra gång i minst 5 sekunder. Detta kommer att radera systemminnet så att det kan lagra nya fel.
9 Ta bort kontakten från uttag 6, placera den i sin hållare och testkör bilen. Upprepa sedan dessa instruktioner för att se om några nya felkoder har lagrats. Om det inte finns några mer fel skall koden vara 1-1-1.

Funktionstest

10 Öppna locket på diagnostikenheten och sätt i kontakten i uttag 6.
11 Slå på tändningen utan att starta motorn.
12 Tryck ned knappen två gånger. Håll varje gång ned den mer än 1 sekund men inte längre än 3 sekunder. Lampan kommer att börja blinka.
13 Öppna gasspjället delvis. Lampan ska slockna och därefter visa bekräftelsekoden 3-3-4, vilket bekräftar tomgångskontaktens funktion.
14 Vänta tills lampan blinkar, dra sedan runt startmotorn. Lampan skall slockna och sedan visa bekräftelsekoden 1-4-1, vilket bekräftar hastighetsgivarens funktion.
15 Slå av tändningen. Ta bort kontakten från uttag 6 och placera den i sin hållare.

Kapitel 6
Koppling

Innehåll

Svårighetsgrader

Enkelt, passar novisen med lite erfarenhet	**Ganska enkelt,** passar nybörjaren med viss erfarenhet	**Ganska svårt,** passar kompetent hemmamekaniker	**Svårt,** passar hemmamekaniker med erfarenhet	**Mycket svårt,** för professionell mekaniker

Specifikationer

Allmänt

Kopplingstyp . . . .   Enskivig solfjäderkoppling
Manövrering . . . .   Hydraulisk eller med vajer, beroende på modell och marknad

Lamellcentrum
Diameter (nominellt):
  B230E . . . .   216 mm
  Övriga modeller utom B234 . . . .   229 mm
  B234F . . . .   Ej känd i skrivande stund

Tryckplatta
Max skevhet . . . .   0.2 mm

1 Allmän information

En enskivig solfjäderkoppling är monterad. Manövreringen kan vara antingen hydraulisk eller mekanisk, beroende på modell och marknad.

De huvudsakliga komponenterna i kopplingen är tryckplatta, lamellcentrum (ibland kallad friktionsplatta eller -skiva) och urtrampningslager. Tryckplattan är fastskruvad i svänghjulet, med lamellcentrum klämt mellan dem. Lamellcentrum har splines som passar ihop med splines på växellådans ingående axel. Urtrampningslagret är fäst i urtrampningsgaffeln och trycker på tryckplattans fjäderfingrar.

När motorn är igång och kopplingspedalen inte är nedtryckt, pressar solfjädern ihop tryckplatta, lamellcentrum och svänghjulet hårt. Kraften överförs genom friktionsytorna på svänghjulet och tryckplattan till beläggen på lamellcentrum och på så sätt till växellådans ingående axel.

När kopplingspedalen trycks ned överförs pedalens rörelse (hydrauliskt eller via en vajer) till urtrampningsgaffeln. Gaffeln flyttar lagret så att det pressar på solfjäderfingrarna. Fjädertrycket på tryckplattan lättas och svänghjulet och tryckplattan går runt utan att lamellcentrum rörs. När pedalen släpps upp börjar fjädertrycket åter successivt överföra kraften.

Kopplingens hydraulsystem består av en huvudcylinder, en slavcylinder och tillhörande rör och slangar. Vätskebehållaren delas med bromshuvudcylindern.

Slitage på kopplingsbeläggen kompenseras automatiskt av hydraulsystemet. Kopplingsvajern kan behöva justeras för att kompensera för slitage och sträckning.

2 Kopplingsvajer – justering, demontering och montering

Demontering

1 I växellådsänden, lossa vajerhöljets lås-mutter och gängade justerare så långt som möjligt. Koppla loss returfjädern (om monterad) från urtrampningsgaffeln och haka loss innervajern. Om en gummibuffert är monterad i änden av innervajern, notera vilken väg den sitter (se bild).
2 Demontera klädselpanelen under ratt-stången för att komma åt pedalerna. Ta loss hållaren som fäster innervajern till pedalen.
3 Dra sedan in vajern i motorrummet och ta ut den.

Montering

4 Montera i omvänd ordning, se till att vajern blir rätt dragen. Justera avslutningsvis vajern enligt beskrivning i kapitel 1.

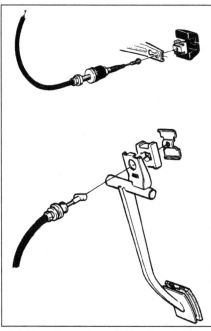

2.1 Kopplingsvajerns infästningsdetaljer

4.4 Kopplingspedalens saxpinne

3 Demontera klädselpanelen under ratt-stången.
4 Ta bort saxpinnen som fäster kopplings-pedalen till huvudcylinderns tryckstång (se bild).
5 Ta bort de två muttrarna som fäster huvud-cylindern till torpedväggen.
6 Demontera huvudcylindern, var försiktig så att du inte droppar vätska på lackeringen.

Montering

7 Montering sker i omvänd ordning, notera följande punkter:
a) När pedalen är uppsläppt skall det vara 1 mm spel mellan tryckstången och kolven. Justera vid behov genom att skruva infästningen upp eller ner på tryckstången.
b) Avlufta systemet när arbetet är klart (avsnitt 8).

3 Kopplingspedal – demontering och montering

Demontering

1 Koppla loss batteriets negativa anslutning.
2 Demontera rattstången (kapitel 10).
3 Lossa bromspedalen från servons tryck-stång genom att ta bort saxpinnen.
4 Lossa på samma sätt kopplingspedalen från huvudcylinderns tryckstång, eller (om tillämpligt) koppla loss kopplingsvajern.
5 Skruva loss de tre bultarna som håller övre delen av pedalfästet.
6 Ta bort de sex muttrarna som håller pedal-fästet till torpedväggen. (Dessa muttrar håller också kopplingens huvudcylinder och broms-servon.)
7 Koppla loss kabeln från bromsljuskon-takten. Lossa också elektriska och vakuum-/tryckledningar från turbo- och farthållarkon-takter, eller tändningens styrenhet (efter tillämplighet).
8 Demontera pedalfästet och pedalerna från bilen. Notera hur bromspedalens returfjäder är infäst.
9 Lossa kopplingspedalens returfjäder. Ta bort pivåmutter och bult, ta bort kopplings-pedalen och ta vara på bussningarna.

Montering

10 Montering sker i omvänd ordning. Lägg fett på pedalbussningarna och pivåbulten.

4 Huvudcylinder – demontering och montering

⚠️ **Varning: Hydraulvätska är giftig!** Tvätta omedelbart bort vätska med massor av vatten om den kommer i kontakt med huden och sök omedelbart läkarhjälp om vätska sväljs eller kommer in i ögonen. Viss typ av hydraulvätska är lättantändlig och kan fatta eld vid kontakt med heta delar. Vid arbete med hydraulsystemet är det säkrast att förutsätta att vätskan är lättantändlig och vidta samma skyddsåtgärder som vid arbete med bensin. Hydraulvätska är dessutom ett effektivt färgborttagnings-medel och angriper plast. Om spill uppstår ska detta omedelbart sköljas bort med stora mängder rent vatten. Vätskan är även hygroskopisk (absorberar fukt från luften). Ju mer fukt som absorberas av vätskan, desto lägre blir kokpunkten, vilket leder till en farlig förlust av bromseffekt under hård inbromsning. Gammal hydraulvätska kan vara förorenad och oduglig för användning. Vid påfyllning skall alltid rekommenderad typ av vätska från en nyöppnad förpackning användas.

Demontering

1 Lossa vätskematningsslangen från huvud-cylindern. Var beredd med en behållare för att samla upp vätskan som rinner ut.
2 Koppla loss tryckrörsanslutningen från änden på cylindern. Var beredd på vätskespill. Täck över det öppna röret med en bit plast och ett gummiband för att hålla smuts ute.

5 Huvudcylinder – renovering

1 Se avsnitt 7. Renovering av huvudcylindern är i stort sett densamma, förutom att det finns en bricka under kolvens fästlåsring, och att kolven har två tätningar (se bild).

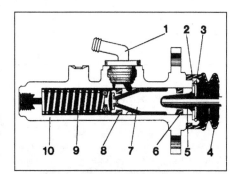

5.1 Tvärsnitt av kopplingens huvudcylinder

1 Vätskeinlopp   6 Yttre tätning
2 Bricka   7 Kolv
3 Låsring   8 Inre tätning
4 Dammskydd   9 Fjäder
5 Tryckstång   10 Cylinderhus

6 Slavcylinder – demontering och montering

Observera: *Se varningen i början av avsnitt 4 innan arbetet påbörjas.*

Demontering

1 Lyft upp bilen på ramper eller parkera den över en smörjgrop.
2 Lossa slangens anslutning på slavcylindern **(se bild)**.
3 Skruva loss slavcylindern eller ta loss dess fästlåsring, efter tillämplighet **(se bild)**.
4 Dra ut slavcylindern med tryckstången. Skruva loss cylindern från slangen. Plugga eller täck över den öppna änden på slangen för att minimera vätskeförlusten. Ta vara på tätningsbrickan.

Montering

5 Montering sker i omvänd ordning. Kontrollera slangens "inställning" efter åtdragning och korrigera vid behov genom att placera om anslutningen mellan slang och rör i fästet.
6 Avlufta hydraulsystemet (avsnitt 8).

7 Slavcylinder – renovering

Observera: *Se varningen i början av avsnitt 4 innan arbetet påbörjas*
1 Töm ut vätskan ur cylindern och rengör den på utsidan.
2 Ta bort dammskyddet och tryckstången **(se bild)**.
3 Ta bort låsringen (om monterad) från cylinderns mynning.
4 Skaka eller knacka ut kolven och fjädern. Om kolven sitter fast, blås försiktigt ut den med **lågt** lufttryck (t ex från en fotpump).
5 Ta bort tätningen från kolven.
6 Rengör kolven och loppet med stålull och

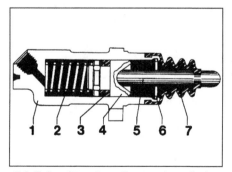

7.2 Tvärsnitt av kopplingens slavcylinder

1 Cylinderhus
2 Fjäder
3 Tätning
4 Kolv
5 Tryckstång
6 Låsring
7 Dammskydd

6.2 Lossa hydraulslangens anslutning på slavcylindern

denaturerad sprit. Om någon del är rostig eller repad, byt ut hela cylindern. Om inte, införskaffa en reparationssats som innehåller en ny tätning och ett dammskydd.
7 Doppa den nya tätningen i ren hydraulvätska och sätt den på kolven, använd bara fingrarna. Försäkra dig om att den hamnar rätt väg.
8 Smörj kolven och loppet med ren hydraulvätska. Sätt in fjädern och kolven i loppet.
9 Om tillämpligt, sätt tillbaka låsringen i änden.
10 Montera det nya dammskyddet över tryckstången. Placera tryckstången i kolvens kupa och sätt dammskyddet på cylindern.

8 Hydraulsystem – luftning

Observera: *Se varningen i början av avsnitt 4 innan arbetet påbörjas*
1 Fyll på hydraulvätskebehållaren med färsk ren vätska av specificerad typ.
2 Lossa på luftningsskruven på slavcylindern. Sätt en bit genomskinlig slang över skruven. Placera den andra änden av slangen i en burk med ca 3 cm hydraulvätska.
3 Låt en medhjälpare trycka ner kopplingspedalen. Dra åt luftningsskruven när pedalen är nedtryckt. Låt medhjälparen släppa upp pedalen, lossa sedan luftningsskruven igen.
4 Upprepa momentet tills ren vätska utan luftbubblor kommer ut ur luftningsskruvens

9.3a Demontera kopplingens tryckplatta . . .

6.3 Ta bort slavcylinderns låsring

hål. Dra åt skruven i slutet av en pedalnedtryckning och ta bort slangen och burken.
5 Fyll på hydraulvätskebehållaren.
6 Tryckluftningsutrustning kan användas om så önskas – se kapitel 9.

9 Koppling – demontering, inspektion och montering

⚠ *Varning: Damm som bildas av kopplingsslitage och samlas på kopplingens komponenter kan innehålla asbest, vilket är hälsofarligt. Blås INTE bort det med tryckluft och andas INTE in dammet. Använd INTE petroleumbaserade lösningsmedel till att tvätta bort dammet. Bromsrengörare eller denaturerad sprit skall användas till att spola ner dammet i en lämplig behållare. När kopplingsdelarna har torkats rena med trasor, slutförvara de smutsiga trasorna och det använda rengöringsmedlet i en försluten och tydligt märkt behållare.*

Demontering

1 Demontera motorn eller växellådan, vilket som föredras.
2 Gör passmärken mellan tryckplattan och svänghjulet.
3 Lossa tryckplattans bultar ett halvt varv åt gången tills fjädertrycket lossas. Ta bort bultarna, tryckplattan och lamellen **(se bilder)**. Observera vilken väg lamellen är monterad.

9.3b . . . och lamellen

9.12 Ta bort styrlagrets låsring

9.13 Styrlagret kan dras ut med en glidhammare eller liknande verktyg

9.19 Centreringsverktyget på plats

Inspektion

4 Undersök friktionsytorna på svänghjulet och tryckplattan för att se om de är repade eller spruckna. Lätt repning kan accepteras. Allvarliga repor eller sprickor kan ibland maskinbearbetas bort från svänghjulsytan – rådfråga en specialist. Tryckplattan måste bytas ut om den är allvarligt repad eller skev.

5 Undersök om tryckplattans kåpa eller solfjädern är skadad eller blått missfärgad, vilket tyder på överhettning. Var uppmärksam på fjäderfingrarnas toppar där urtrampningslagret arbetar. Byt ut tryckplattan vid tveksamhet.

6 Byt ut lamellcentrum om friktionsbeläggen är slitna ner till, eller nära, nitarna. Om beläggen är oljeindränkta eller har en svart glaserad yta, måste källan till oljeföroreningen – vevaxelns bakre oljetätning eller ingående växellådsaxelns oljetätning – åtgärdas innan lamellen byts ut. Undersök också lamellens fjädrar, nav och splines.

7 Observera att om endast lamellcentrum byts ut, kan man erfara problem med inarbetning av lamellen och den gamla tryckplattan. Det är bättre praxis att byta ut lamellen och tryckplattan tillsammans, om ekonomin tillåter.

8 Pröva lamellcentrums (ny eller gammal) passning på ingående växellådsaxelns splines. Den får inte kärva men inte heller vara helt lös.

9 Rotera urtrampningslagret i svänghjulskåpan och känn efter om du märker kärvhet eller skakningar. Lagret skall bytas ut om man inte med säkerhet vet att det är i perfekt skick.

Vevaxelns styrlager – byte

10 Byte av vevaxelns styrlager bör också övervägas i detta läge. Gör enligt följande:

11 Demontera kopplingens tryckplatta och lamell enligt beskrivning ovan.

12 Ta loss lagrets fästlåsring **(se bild)**.

13 Dra ut styrlagret med en glidhammare eller liknande verktyg **(se bild)**.

14 Vid montering, driv in lagret med en rörbit som passar på lagrets ytterbana. Sätt tillbaka låsringen.

15 Montera kopplingskomponenterna (se nedan).

Montering

16 Påbörja monteringen med att rengöra friktionsytorna på svänghjulet och tryckplattan med ett fettfritt lösningsmedel, torka sedan av ytorna med en ren trasa. Tvätta bort olja eller fett från händerna innan du tar i kopplingen.

17 Placera lamellcentrum mot svänghjulet, se till att det är rätt väg. Det är förmodligen märkt "SCHWUNGRAD" eller "FLYWHEEL SIDE" (svänghjulssidan).

18 Håll lamellcentrum på plats med ett lämpligt centreringsverktyg och montera tryckplattan över det. Observera passmärkena om den gamla plattan monteras.

> **HAYNES TiPS** *Ett alternativt verktyg för centrering kan tillverkas av en trästav med tät passning i vevaxelns styrlager. Bygg upp staven med maskeringstejp så att den precis passar att gå genom lamellcentrums splines*

19 Sätt i tryckplattans bultar och dra åt dem jämnt tills lamellcentrum hålls fast men fortfarande kan röras. Sätt i centreringsverktyget, om det inte redan är på plats, och dra åt tryckplattans bultar stegvis **(se bild)**.

20 Ta bort centreringsverktyget och kontrollera visuellt att lamellcentrum är i mitten i förhållande till vevaxelns styrlager. Om plattan inte är i mitten blir det omöjligt att sätta i växellådans ingående axel.

21 Montera motorn eller växellådan.

10 Urtrampningslager – demontering och montering

Demontering

1 Demontera motorn eller växellådan

2 Lossa urtrampningsgaffelns dammskydd från svänghjulskåpan.

3 Koppla loss urtrampningsgaffeln från pivåkulstiftet. Det kan eventuellt finnas ett fjäderclips som håller gaffeln till stiftet.

4 Dra gaffeln av styrhylsan och separera dem **(se bild)**.

5 Rengör styrhylsan och smörj in den med lite fett. Smörj även gaffelns kontaktytor sparsamt.

Montering

6 Montera i omvänd ordning. När urtrampningsgaffeln är fäst med fjäderclipset, notera att clipset ska gå under spåret i kulstiftet **(se bild)**.

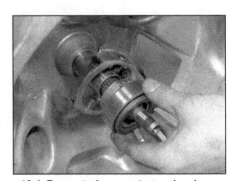

10.4 Demontering av urtrampningslager och gaffel

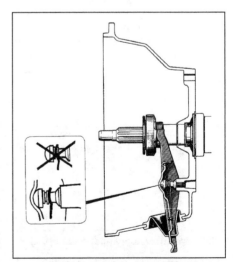

10.6 Rätt montering av urtrampningsgaffelns clips under spåret i kulstiftet

Kapitel 7 Del A:
Manuell växellåda och överväxel

Innehåll

Svårighetsgrader

Enkelt, passar novisen med lite erfarenhet	Ganska enkelt, passar nybörjaren med viss erfarenhet	Ganska svårt, passar kompetent hemmamekaniker	Svårt, passar hemmamekaniker med erfarenhet	Mycket svårt, för professionell mekaniker

Specifikationer

Allmänt

Växellåda, typ

M46	4 växlar framåt, överväxel och back. Synkronisering på alla växlar framåt
M47, M47 II	5 växlar framåt och backväxel. Synkronisering på alla växlar framåt
Överväxel, typ	Laycock J, P, eller J/P Hybrid

Utväxlingsförhållande

1:an	4,03 : 1
2:an	2,16 : 1
3:an	1,37 : 1
4:an	1,00 : 1
Överväxel (M46)	0,79 : 1
5:an (M47):	
Fram t.o.m. 1985	0,83 : 1
Fr.o.m. 1986	0,82 : 1
Back	3,68 : 1

Åtdragningsmoment

	Nm
Svänghjulskåpans bultar och muttrar	35 till 50
Växelspaksfästets bultar	35 till 50
Drivflänsmutter:	
M46	175
M47, storlek M16	70 till 90
M47, storlek M20	90 till 110
Muttrar, överväxel till mellanstycke	12
Överväxelsolenoid	50

1 Allmän information

Beroende på modell och tillverkningsår kan den manuella växellådan vara antingen fyrväxlad med överväxel (typ M46) eller femväxlad (typ M47). De två växellådorna är mycket likartade, de är av konventionell konstruktion och mycket robusta.

Motorns kraft överförs via kopplingen till växellådans ingående axel. Drevet på den ingående axeln är permanent i ingrepp med det främre drevet på överföringsaxeln; de övriga dreven på överföringsaxeln (utom backdrevet) är även de i permanent ingrepp med deras motsvarigheter på huvudaxeln. Endast ett drev åt gången är låst till huvudaxeln, de andra roterar fritt. Växlarna kopplas in med glidande synkroniseringar – växelspakens rörelse överförs till väljargafflar, som för berörd synkronisering mot det drev som skall kopplas in och låser det till

huvudaxeln. I 4:e växeln är ingående axeln låst till huvudaxeln. I neutralläge är inget av huvudaxelns drev låst.

Backväxeln har ett mellandrev som förs i ingrepp med drev på överföringsaxel och huvudaxel. Mellandrevet vänder då rotationsriktningen för huvudaxeln.

Ett utväxlingsförhållande högre än 4:an får man av överväxel eller 5:ans växel. Den 5:e växelns komponenter är monterade baktill i växellådan, i ett hus som är separat från huvudväxellådan.

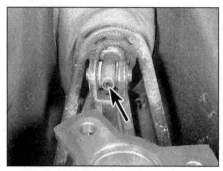

2.2 Insexskruv (vid pilen) som håller växelspakens stift

2.3 Låsring (vid pilen) längst ner på spaken på senare modeller

2.6 Ta bort låsringen längst ner på växelspaken – tidigare modeller

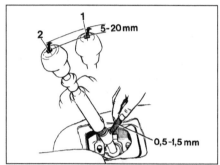

2.8 Växelspakens justering i 1:a och 2:a växellägena (1 och 2)

2 Växelspak – demontering och montering

Demontering

1 Lyft upp och stöd bilen för att komma åt undersidan av växelspaken.
2 Ta bort insexskruven som håller stiftet i änden av växelspaken **(se bild)**. Tryck ut stiftet från växelspaken och väljarstaget **(se bild)**.
3 På modeller från 1986 och senare, ta bort den stora låsringen längst ner på spaken **(se bild)**.
4 Inuti bilen, demontera konsoldelen runt växelspaken.
5 Ta bort den yttre damasken. Lossa de fyra skruvarna som fäster den inre damaskens klämplatta. Ta bort klämplattan, notera vilken

väg den sitter, och dra den inre damasken uppför spaken.
6 På modeller före 1986, ta bort den stora låsringen längst ner på växelspaken **(se bild)**.
7 Dra växelspaken uppåt och ta ut den. Koppla loss kablarna till överväxelkontakten (där tillämpligt). Rör inte skruvarna för backspärrplattan.

Montering

8 Montera i omvänd ordning. Kontrollera spelet mellan backspärrplattan och tappen med 1:ans växel ilagd – det skall vara mellan 0,5 och 1,5 mm **(se bild)**. Justera om så behövs genom att lossa plattans bultar. När justeringen är rätt skall sidospelet i växelspaksknoppen i 1:a eller 2:a växeln vara 5 till 20 mm.

3 Växelspakens dragstång – byte

1 Växelspakens dragstång överför kraften från kragen under växelspaksknoppen till spärrhylsan längst ner på växelspaken. Om den går sönder kan man inte lägga i backväxeln.
2 På modeller med överväxel, demontera klädselpanelen på höger sida av mittkonsolen. Lossa överväxelns kabelanslutning där och knyt ett snöre i kabeln som leder till växelspaken.
3 På alla modeller, demontera växelspaksdamasken. Knacka ut stiftet som håller övre delen av spaken. Lyft bort spaken och dra

samtidigt igenom snöret och kabeln till överväxeln (där tillämpligt). Ta loss snöret.
4 Ta bort överväxelkontakten (där tillämpligt). Demontera växelspaksknoppen genom att fästa spaken i ett skruvstäd med mjuka käftar och knacka på knoppen med en mjuk hammare och en nyckel **(se bild)**. Knoppen är limmad på splines och kan mycket väl gå sönder vid demonteringen. Tvätta bort allt gammalt lim.
5 Demontera den gamla dragstången. Den kan vara av plast eller metall. Metallstången demonteras genom att man skruvar loss låsskruven längst upp på spaken och sedan drar dragstång, fjäder och spärrhylsa nedåt. För att demontera en plaststång, lossa spärrhaken längst ner och (på modeller med överväxel) lyft upp kragen lite för att frigöra toppen av stången **(se bilder)**.
6 Lägg den nya dragstången i vatten en timme innan montering. Montera stången underifrån på modeller med överväxel, var försiktig så att inte gummibussningar eller kablar rubbas. Se till att den kopplar samman med kragen. På modeller utan överväxel, sätt ihop stången och kragen och montera enheten uppifrån. På alla modeller, placera dragstångens nedre spärrsegment så att det kan haka i hylsan.
7 Montera fjäder och hylsa, haka i dragstångens spärrsegment med haken på hylsan.
8 Sätt tillbaka växelspaksknoppen över spakens splines. Använd lite lim om så önskas, men inte alltför kraftigt lim eftersom detta försvårar nästa demontering.
9 Montera växelspaken och fäst den med stiftet. På modeller med överväxel, knyt på

3.4 Demontering av växelspaksknoppen

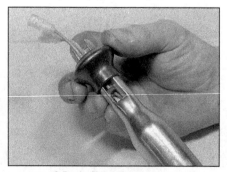

3.5a Lyft upp kragen . . .

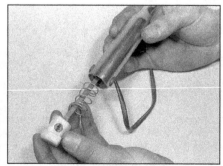

3.5b . . . och ta bort dragstången med fjäder och spärrhylsa

4.3 Växellådans drivfläns

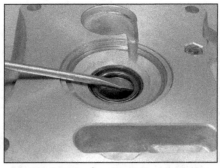

4.15 Ta bort ingående axelns oljetätning

4.17 Den nya tätningen sätts på plats

nytt fast snöret i kabeln och dra den tillbaka till mittkonsolen. Anslut kablarna och montera klädselpanelen.
10 Kontrollera att alla växlar kan läggas i, inklusive backen. Om justering behövs, se avsnitt 2, punkt 8.
11 När du är nöjd med justeringen, sätt tillbaka växelspaksdamasken, överväxelkontakten och andra demonterade detaljer.

4 Oljetätningar – byte

Drivfläns

1 Lyft upp och stötta bilen.
2 Skruva loss kardanaxeln från drivflänsen och flytta den åt sidan.
3 Håll emot flänsen och skruva loss dess mittre mutter (se bild).
4 Dra av flänsen, använd en avdragare om så behövs. Försök inte slå av den med en hammare. Var beredd på oljespill.
5 Ta ut den gamla tätningen och rengör dess säte. Undersök tätningsytan på flänsen, rengör den eller byt ut flänsen om så behövs för att undvika att den nya tätningen slits ut i förtid.
6 Smörj den nya tätningen och sätt den på plats med läpparna inåt, använd en rörbit till att knacka den på plats. På M47 växellåda skall tätningen sitta ca 2,5 mm innanför kanten.
7 På M46 växellåda, lägg låsningsmedel på den utgående axelns splines. Var försiktig så att inget kommer på tätningen.
8 Sätt tillbaka flänsen och dra åt dess mutter till specificerat moment.
9 Montera kardanaxeln.
10 Fyll på växellådsolja enligt beskrivning i kapitel 1.
11 Sänk ned bilen. Leta efter läckor efter nästa körning.

Ingående axel

12 Demontera växellådan (se avsnitt 6).
13 Demontera kopplingens urtrampningskomponenter från svänghjulskåpan.
14 Skruva loss svänghjulskåpan och ta bort

den. Ta vara på ingående axelns mellanlägg och ta bort den gamla packningen.
15 Ta ut den gamla tätningen ur svänghjulskåpan och rengör dess säte (se bild).
16 Undersök tätningsytan på axeln. Om den är skadad måste en ny axel monteras.
17 Smörj den nya tätningen och montera den i svänghjulskåpan med läpparna vända mot växellådan. Använd en rörbit till att föra den på plats (se bild).
18 Montera svänghjulskåpan på växellådan, använd en ny packning. Kom ihåg att sätta tillbaka axelns mellanlägg, använd lite fett till att hålla det på plats om så behövs.
19 Sätt i svänghjulskåpans bultar och dra åt dem till specificerat moment.
20 Montera kopplingens urtrampningskomponenter.
21 Montera växellådan.

5 Backljuskontakt – demontering och montering

Demontering

1 För att komma åt växellådans övre lock, avsnitt 9 punkt 3 och 4.
2 Rengör runt kontakten, koppla loss kablarna och skruva ut kontakten (se bild).

Montering

3 Montera i omvänd ordning mot demontering.

6 Manuell växellåda – demontering och montering

Observera: *Växellådan kan demonteras tillsammans med motorn enligt beskrivning i kapitel 2B och därefter separerad från motorn på arbetsbänken. Om arbete endast ska göras på växellådan eller kopplingen är det dock bättre att demontera endast växellådan, från bilens undersida. Den senare metoden beskrivs i detta avsnitt. En garagedomkraft behövs och du måste ta hjälp av någon under själva urlyftningen (och monteringen).*

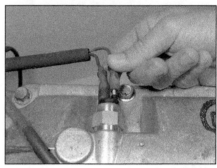

5.2 Koppla loss backljuskontakten

Demontering

1 Om växellådan har överväxel och denna skall tas isär, lätta först på trycket i den enligt beskrivning i avsnitt 10, punkt 1.
2 Koppla loss batteriets negativa anslutning.
3 På B200/B230/B234F motorer måste man stödja motorn uppifrån för att förhindra skada på fördelaren på grund av motorrörelse. Det bästa sättet att stödja motorn är med en stång vilande i motorhuvskanalerna med en justerbar krok lämpligt placerad.
4 Lyft upp och stöd bilen på pallbockar.
5 Skruva loss kardanaxeln från växellådans utgående fläns (se bild).
6 Ta bort insexskruven som fäster växelspaken till väljarstången. Tryck ut stiftet och ta loss stången från spaken.
7 Lossa anslutningen mellan främre avgasröret och ljuddämparen så att röret kan rubbas något.
8 Skruva loss växellådsbalken från växellådan och sidoskenorna och ta bort den.
9 På B200/B230/B234F motorer, justera motorstödet så att fördelarlocket är 10 mm från torpedväggen.
10 Koppla loss växellådans kontaktstycken.
11 Demontera växelspaken (avsnitt 2). Alternativt kan växelspaksfästet nu skruvas loss och lämnas kvar på bilen.
12 Demontera startmotorn (kapitel 5). På B28 motorer, ta också bort täckplattan från den icke använda startmotorinfästningen.
13 Demontera kopplingens slavcylinder utan att koppla loss hydraulröret, eller kopplingsvajern (beroende på modell). Se kapitel 6.

14 Ta bort alla utom två muttrar och bultar mellan motor och växellåda. Notera placeringen av kabelklämmor, avgasfästen etc.
15 Stöd växellådan, helst med en vagga och garagedomkraft, ta annars hjälp av någon. Den är för tung för att en person ska kunna lyfta den ensam.
16 Ta bort kvarvarande muttrar och bultar mellan motor och växellåda. Dra av växellådan från motorn. Låt inte växellådans vikt hänga på ingående axeln.
17 Demontera växellådan från bilens undersida.

Montering

18 Montera i omvänd ordning, notera följande:
a) *Lägg ett lager molybdendisulfidfett på ingående axelns splines.*
b) *Se till att kopplingslamellen är centrerad, och att kopplingens urtrampningskomponenter har monterats i svänghjulskåpan (kapitel 6).*
c) *Justera kopplingsvajern (där tillämpligt) (kapitel 1).*
d) *Fyll på växellådsolja (kapitel 1).*
19 Kontrollera växellådans funktion efter avslutat arbete.

7 Manuell växellåda, renovering – allmän information

Att renovera en manuell växellåda är ett svårt jobb för en hemmamekaniker. Det omfattar isärtagning och hopsättning av många små detaljer. Ett stort antal toleranser måste mätas exakt och vid behov ändras med utvalda distanser och låsringar. Så om problem med växellådan uppstår kan demontering och montering utföras av en kompetent hemmamekaniker, men renovering bör överlåtas till en växellådsspecialist. Ombyggda växellådor kan finnas – kontrollera med din återförsäljares reservdelsavdelning, motorspecialister eller växellådsspecialister.

Det är dock inte omöjligt för en erfaren hemmamekaniker att renovera en växellåda, förutsatt att de speciella verktygen finns till hands och jobbet utförs noggrant steg för steg så att inget glöms bort.

De verktyg som behövs för en renovering omfattar: interna och externa låsringstänger, en lageravdragare, en glidhammare, en uppsättning drivdorn, en mätklocka (indikatorklocka) och möjligen en hydraulpress. Dessutom behövs en stor stadig arbetsbänk och ett skruvstäd eller växellådsställ.

Under isärtagningen av växellådan, gör noggranna anteckningar om hur varje del demonteras, var den sitter i förhållande till andra delar och vad som håller den på plats.

Innan du tar isär växellådan för reparation är det bra om du har någon slags idé om vad i växellådan som är fel. Vissa problem kan höra

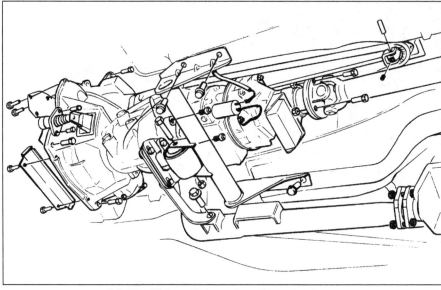

6.5 Växellådans fästen och andra anslutningar M 46 växellåda med B28 motor visad

nära samman med vissa områden i växellådan, vilket kan underlätta undersökningen och byte av komponenter. Se avsnittet *"Felsökning"* i slutet av handboken för information om möjliga problemorsaker.

8 Överväxel – allmän information

Överväxeln är i stort sett en extra växellåda, driven av utgående axeln på huvudväxellådan och som via sin egen utgående axel kan ge en utväxling på 0,797:1. Enheten är monterad bak på växellådan och är utformad som en hydrauliskt manövrerad planetväxel. Överväxeln arbetar i fjärde växeln för att ge snabb marschfart vid lägre motorvarv. Överväxeln kopplas in eller ur av föraren via ett reglage som styr en elektrisk solenoid monterad på överväxeln. Ytterligare en kontakt (spärrkontakt) finns i den elektriska kretsen för att förebygga oavsiktlig inkoppling av överväxeln i backväxeln, 1:a, 2:a och 3:e växeln.

Tillfredsställande felsökning, reparation

och/eller renovering av överväxeln kräver specialistkunskaper, speciela verktyg och miljömässigt rena arbetsförhållanden. Av dessa anledningar rekommenderas det att man rådfrågar en Volvoverkstad om överväxeln inte fungerar som den ska eller om man misstänker ett fel.

9 Överväxelkontakter – demontering och montering

Demontering

Reglagekontakt

1 Ta av plattan uppe på växelspaksknoppen **(se bild)**.
2 Ta ut kontakten och koppla loss den **(se bilder)**.

Spärr- (växellåds-) kontakt

3 Lyft upp och stöd bilen.
4 På alla modeller utom V6, stöd växellådan, demontera tvärbalken och lossa den flänsade avgasskarven. Sänk ned bakdelen av växellådan lite för att komma åt övre kåpan.

9.1 Platta uppe på växelspaksknoppen

9.2a Bänd ut reglagekontakten . . .

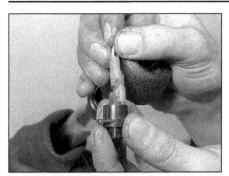

9.2b . . . och koppla loss den

9.5a Koppla loss spärrkontakten . . .

9.5b . . . och skruva loss den från kåpan

5 Rengör runt kontakten, koppla loss ledningarna och skruva loss den (se bilder).

Tryckkontakt (endast turbo)

6 Lyft upp och stöd bilen.
7 Kontakten är placerad framför överväxelsolenoiden. Rengör runt kontakten, koppla loss kablaget och skruva ur den. Var beredd på oljespill.

Montering

8 I samtliga fall, montera kontakterna i omvänd ordning mot demontering. Fyll på växellådsolja enligt beskrivning i kapitel 1 vid behov.

10 Överväxel – demontering och montering

Demontering

1 Lätta på trycket i överväxeln genom att köra bilen med överväxeln inkopplad, koppla sedan ur den med kopplingspedalen nedtryckt.
2 Lyft upp och stöd bilen.
3 Skruva loss kardanaxeln från drivflänsen.
4 Stöd växellådan och demontera tvärbalken. Sänk ned bakdelen av växellådan. På motorerna B200/B230/B234F måste man vara försiktig så att man inte skadar fördelaren.
5 Koppla loss kablar från överväxelsolenoiden och (där tillämpligt) tryckkontakten (se bild).
6 Ta bort de åtta muttrar som håller överväxeln till växellådans mellansektion. Lyft av

övervävel (se bilder); var beredd på oljespill. Om överväxeln inte vill lossna, använd en glidhammare på drivflänsen, bänd inte mellan växellådans och överväxelns hus.

Montering

7 Montera i omvänd ordning, notera följande:
   a) *Använd en ny packning mellan växellådan och överväxeln.*
   b) *Dra åt muttrarna stegvis till specificerat moment.*
   c) *Fyll på växellådsolja (kapitel 1), kör en sväng med bilen och kontrollera oljenivån igen.*

11 Överväxel, renovering – allmän information

Om ett fel uppstår med överväxeln måste man först avgöra om felet är elektriskt, mekaniskt eller hydrauliskt, och för att göra detta

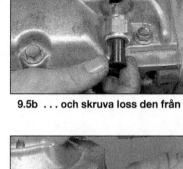

10.5 Koppla loss överväxelsolenoiden

behöver man speciell testutrustning. Därför måste man låta en Volvoverkstad utföra arbetet om man misstänker ett fel på överväxeln.
   Demontera inte överväxeln från bilen innan professionell felsökning har utförts – för de flesta test krävs att enheten sitter i bilen.

10.6a Fyra av överväxelns fästmuttrar

106b Överväxeln lyfts av (växellådan på arbetsbänken)

Anteckningar

Kapitel 7 Del B:
Automatväxellåda

Innehåll

Svårighetsgrader

Enkelt, passar novisen med lite erfarenhet	Ganska enkelt, passar nybörjaren med viss erfarenhet 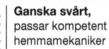	Ganska svårt, passar kompetent hemmamekaniker 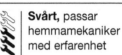	Svårt, passar hemmamekaniker med erfarenhet 	Mycket svårt, för professionell mekaniker

Specifikationer

Allmänt

Typ	4 hastigheter framåt och en bakåt. Momentomvandlare, med låsfunktion på vissa modeller
Beteckning	AW70, AW71, AW72 eller ZF4HP22

Utväxlingsförhållande

	AW70/AW71	AW72	ZF4HP22
1:an	2,45 : 1	2,83:1	2,48 : 1
2:an	1,45 :1	1,49:1	1,48 : 1
3:an	1,0 : 1	1,0:1	1,0 : 1
4:an (överväxel)	0,69 : 1	0,73:1	0,73 : 1
Back	2,21 : 1	2,70:1	2,09 : 1
Momentomvandlare	1,0 till 2.0 : 1	1,0 till 2,0:1	1,0 till 2,3:1

Stallvarv

AW70:
B200E	2100 varv/min
B230F	2000 varv/min

AW71:
B230K	2500 varv/min
B28E	2100 varv/min
B280E	2100 varv/min

AW72:

B234F
Plåt nr. 1 208 638, svart	1800 varv/min
Plåt nr. 1 208 667, grön, med kickdownspärr	2450 varv/min

ZF4HP22:
B230E	2150 varv/min
B230ET	2000 till 2450 varv/min
B230F	2100 varv/min

Gasvajer, inställning

Avstånd mellan stopp och hylsa:
Tomgång	0,25 till 1,00 mm
Kickdown	50,4 till 52,6 mm

Åtdragningsmoment   Nm

AW70/AW71

Omvandlarhus till motor:
  M10 . . . .   35 till 50
  M12 . . . .   55 till 90
Drivplatta till momentomvandlare . . . .   41 till 50
Mittre tvärbalk till växellåda (i steg om 5 Nm) . . . .   24 till 28
Oljesump . . . .   4 till 5
Oljekylaranslutning . . . .   20 till 30
Mätsticksrörets mutter . . . .   65 till 70
Avtappningsplugg . . . .   18 till 23
Drivflänsmutter   45

AW72

Ej känd

ZF4HP22

Omvandlarhus till motor:
  M10 . . . .   35 till 50
  M12 . . . .   55 till 90
Drivplatta till momentomvandlare:
  M8 . . . .   17 till 27
  M10 . . . .   41 till 50
Oljesump . . . .   7 till 9
Påfyllningsrör, mutter . . . .   85 till 115
Drivflänsmutter   100

1 Allmän information

Den automatiska växellådan har fyra växlar framåt och en bakåt. Växling mellan framåt-växlarna är i normala fall helt automatisk, beroende av hastighet och belastning. Föraren kan också förhindra växling till högre växlar. På AW70/AW71/AW72 växellåda är högsta växeln (4:an) en övervärxel monterad mellan momentomvandlaren och den övriga växellådan. I ZF4HP växellåda är fjärde växeln en integrerad enhet.

Motorn driver växellådan via en moment-omvandlare. Detta är en typ av vätske-koppling som under vissa förhållanden kan variera utväxlingen och därmed öka driv-momentet. På senare modeller har moment-omvandlaren mekanisk låsning vid höga hastigheter i 3:e och 4:e växeln, så att slirförluster elimineras och bränsleekonomin förbättras.

Växelväljaren har sex eller sju lägen, P, R, N, D, 3 (på vissa modeller), 2 och 1. Motorn kan endast startas i lägena P och N. I läge P är växellådan mekaniskt låst, detta läge får endast väljas när bilen står stilla. Läge R är back och N neutralläge. I läge D sker växling mellan framåtväxlarna automatiskt, läge 3, 2 och 1 hindrar växling till högre växlar om detta önskas. Dessa lägre positioner får inte väljas när hastigheten är så hög att motorn riskerar övervarvning.

När läge 3 saknas på väljaren, finns en knapp på sidan av väljarknoppen som hindrar växling till 4:an (övervärxel). En varningslampa på instrumentpanelen påminner föraren när detta är gjort.

En funktion kallad "kickdown" gör att växellådan växlar ner (beroende av motor-hastigheten) när gaspedalen är helt nedtryckt. Detta är bekvämt när snabb acceleration erfordras. Kickdown funktionen styrs av en vajer från gasvajertrumman.

Växellådsoljan kyls av en värmeväxlare inbyggd i en av kylarens sidotankar, och (på vissa modeller) av en extrakylare monterad framför kylaren.

Automatväxellådan är en komplex enhet, men om den inte missköts är den pålitlig och långlivad. Reparation och renovering ligger bortom vad många verkstäder klarar av, än mindre hemmamekaniker. En specialist bör kontaktas om problem uppstår som inte kan lösas med hjälp av de moment som beskrivs i detta kapitel.

2 Växelväljare – kontroll och justering

Observera: *På B234F modeller kan själv-diagnostiken användas till att utföra funktions-test på automatväxellådan. Se kapitel 4B.*

Kontroll

1 Kontrollera att växelspaken är vertikal i läge P (ej vidrör mittkonsolen). Justera underifrån vid behov genom att lossa på aktiverarstagets mutter **(se bilder)**.
2 Kontrollera att motorn endast startar i

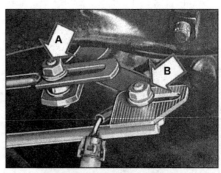

2.1b Justermuttrar för automatväxellådans väljarlänkage

A Aktiverarstag   B Reaktionsstag

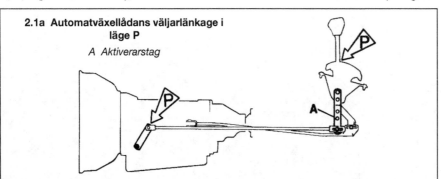

2.1a Automatväxellådans väljarlänkage i läge P

A Aktiverarstag

2.4 Mutter för växelväljarens reaktionsstag (vid pilen, under kabeln)

lägena P och N, och att backljusen endast tänds i läge R (med tändningen på).

3 Kontrollera att det fria spelet från D till N är samma som, eller mindre än, spelet från 2 till 1 (AW70/AW71/AW72) eller från 3 till 2 (ZF4HP22).

Justering

4 Om spelet är för litet i D, lossa reaktionsstagets mutter (under bilen) och flytta staget ungefär 2 mm bakåt (se bild).
5 Om spelet är för litet i läge 2 eller 3, lossa muttern och flytta staget ungefär 3 mm framåt.
6 Dra åt muttern och kontrollera justeringen.

3 Kickdownvajer – kontroll och justering

Kontroll

1 Med gasspjällänkaget i tomgångsläge skall avståndet från det påkrympta stoppet på kickdownvajern och justerhylsan vara 0,25 till 1,0 mm (se bild). Vajern skall vara sträckt.
2 Låt en medhjälpare pressa ned gaspedalen helt. Mät avståndet från stoppet till justeraren igen (se bild). Det skall vara 50,4 till 52,6 mm. Från detta läge skall vajern kunna dras ut ytterligare 2 mm.

Justering

3 Justera vid behov genom att lossa låsmuttrarna, vrida justerhylsan och dra åt muttrarna igen.

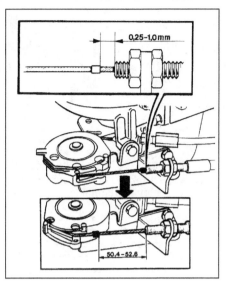

3.1 Kickdownvajerns justering vid tomgång (infälld upptill) och vid fullgas (infälld nedtill)

4 Om korrekt justering inte kan åstadkommas är antingen gasspjällänkagets justering fel (kapitel 4) eller så är det påkrympta stoppet felplacerat (avsnitt 4).

4 Kickdownvajer – byte

1 Lossa vajerjusteraren vid gasspjälländen. Haka loss innervajern från trumman och höljet från fästet (se bild).
2 Lyft upp och stöd bilen. Tappa av växellådsoljan genom att ta bort avtappningspluggen (om monterad) och mätsticks-/påfyllningsrörets mutter (se bild).
Varning: Vätskan kan vara mycket het.
3 Rengör oljesumpen, skruva sedan loss och ta bort den. Var beredd på bränslespill. Ta vara på packningen.
4 Rengör runt vajerhöljet där det går in i växellådan. Haka loss innervajern från kammen, använd en skruvmejsel till att vrida kammen (se bilder). Skär av innervajern under stoppet vid gasspjälländen om det inte

3.2 Kontroll av kickdownvajerns justering vid fullgas

finns tillräckligt slack i vajern. Frigör vajerhöljet och ta bort vajern.
5 Montera den nya vajern till växellådan, fäst innervajern till kammen och vajerhöljet till växellådshuset Använd en ny O-ring och smörj vajerhöljet där det går in i växellådan.
6 Anslut vajerhöljet vid gasspjälländen. Dra innervajern tills ett lätt motstånd känns och kläm i detta läge fast stoppet 0,25 till 1,0 mm från justeraren.
7 Anslut innervajern till gasspjälltrumman. Justera vajern enligt beskrivning i avsnitt 3.
8 Rengör insidan av oljesumpen, inklusive magneterna om sådana finns.
9 Montera oljesumpen, använd en ny packning. Sätt tillbaka mätsticks-/påfyllningsröret.
10 Fyll på växellådsvätska (se kapitel 1).
11 Sänk ned bilen. Kör bilen en sväng och kontrollera sedan vätskenivån igen och undersök om sumpen läcker någonstans.

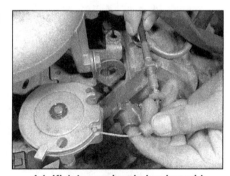

4.1 Kickdownvajern hakas loss vid gasspjälländen

4.2 Mutter till växellådans mätsticks-/påfyllningsrör

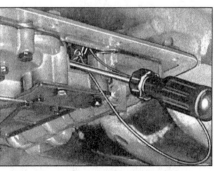

4.4a Demontering av kickdownvajer – AW växellåda

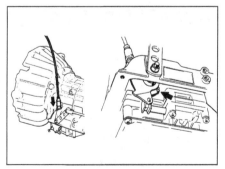

4.4b Kickdownvajerns infästningar – ZF växellåda

6.2 Skruva loss växelväljarkåpans fästskruvar

6.3 Två skruvar (vid pilarna) som håller startspärrkontakten

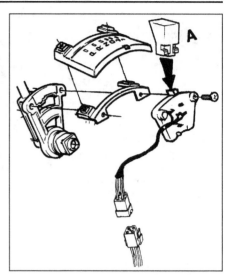

6.5 Senare typ av väljarkåpa och tillhörande komponenter

A Lins

5 Kickdown, anslag – justering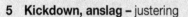

Tidigare modeller (anslag monterat i golv)

1 Lossa låsringen och skruva in anslaget mot golvet så långt det går.
2 Tryck ned gaspedalen för hand till början av kickdownläget (motstånd börjar kännas). Håll pedalen i detta läge och skruva upp anslaget tills det når pedalen.
3 Sätt tillbaka låsringen.

Senare modeller (anslag i pedalen)

4 Skruva in anslaget i pedalen så långt det går.
5 Tryck ner pedalen för hand till början av kickdownläget. Håll pedalen i detta läge och skruva ner anslaget tills det når golvet.

6 Startspärr/backljuskontakt – demontering och montering

Demontering

1 Demontera askkoppen och mittkonsolpanelen framför växelväljaren.

Modeller fram till 1984

2 Ta bort de två skruvarna som fäster vänster

7.1 Demontering av överväxelkontakt

halva av väljarkåpan – en skruv i var ände av borsten **(se bild)**. Lyft av kåphalvan.
3 Skruva loss kontaktens fästskruvar, lossa kontaktstycket och ta bort kontakten **(se bild)**.
4 Om en ny kontakt monteras, överför linsen till den.

Modeller fr.o.m. 1985

5 Följ beskrivningen ovan, men notera att växelväljarkåpan har annorlunda infästningar **(se bild)**.

Montering

6 Montera i omvänd ordning. Se till att stiftet på spaken går in i skåran i kontakten.

7 Överväxelkontakt (AW70/AW71/AW72 växellåda) – demontering och montering

Demontering

1 Bänd försiktigt ut kontakten från sidan på växelväljarspaken och koppla loss den **(se bild)**.

Montering

2 Montera i omvänd ordning.

8 Växellådans oljetätningar – byte

Observera: *Vid arbete med växellådan är det mycket viktigt att se till att inte smuts kommer in i den.*

Drivfläns

1 Arbetet följer beskrivningen för manuell växellåda i del A, avsnitt 4, förutom att flänsens mittre mutter kan vara fäst med en låsbricka.

Ingående axel/momentomvandlare

2 Demontera växellådan (avsnitt 9).
3 Lyft ut momentomvandlaren ur huset. Var försiktig, den är full av vätska.
4 Dra eller bänd ut den gamla tätningen. Rengör sätet och undersök tätningens gummiyta på momentomvandlaren.

5 Smörj den nya tätningen med växellådsolja och montera den med läpparna inåt. Knacka den på plats med en rörbit.
6 Montera momentomvandlaren och växellådan.

Väljaraxel

7 Ta bort väljararmens mutter och dra av armen från axeln.
8 Bänd ut tätningen med en liten skruvmejsel. Rengör sätet.
9 Smörj in den nya tätningen och montera den med läpparna inåt. Knacka den på plats med ett rör eller en hylsa.
10 Montera väljararmen och dra åt muttern.

Alla tätningar

11 Kontrollera växellådsoljenivån enligt beskrivning i kapitel 1.

9 Automatväxellåda – demontering och montering

Observera: *Om växellådan demonteras för reparation, kontrollera först att reparatören inte behöver testa den i bilen.*

Demontering

1 Välj P (AW70/AW71/AW72 växellådor) eller N (ZF växellåda).
2 Koppla loss batteriets negativa anslutning.
3 Koppla loss kickdownvajern i gasspjälländen.
4 Lyft upp och stöd bilen. Tappa av växellådsvätskan genom att ta bort mätsticks-/påfyllningsrörets mutter.
Varning: Vätskan kan vara mycket het.
5 Koppla loss väljarlänkaget och (där tillämpligt) överväxelns kontakt från sidan av växellådan **(se bild)**.

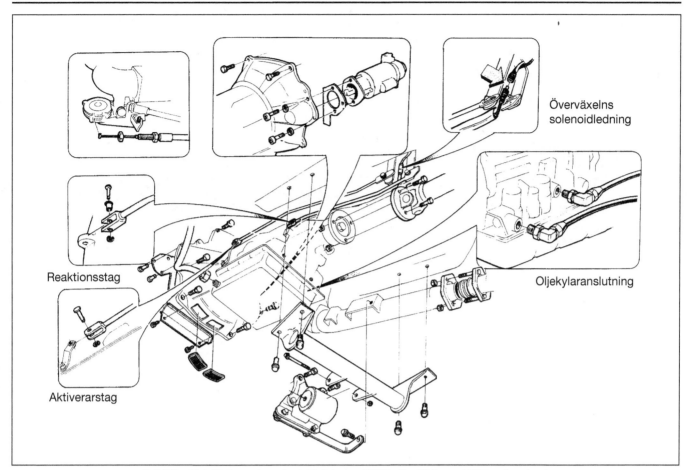

Överväxelns
solenoidledning

Reaktionsstag

Oljekylaranslutning

Aktiverarstag

9.5 Växellådsfästen och andra infästningar. AW71 växellåda med B28 motor visad

6 Demontera startmotorn (kapitel 5). På B28 motorer, ta också bort täckplåten över den andra startmotoröppningen.
7 Demontera mätsticks-/påfyllningsröret.
8 Koppla loss vätskekylaranslutningarna vid växellådan. Var beredd på spill. Täck över de öppna anslutningarna så att inte smuts kan komma in.
9 Lossa det främre avgasröret och skruva loss avgasstödfästet från växellådans tvärbalk. Stöd avgassystemet vid behov.
10 Skruva loss kardanaxelns fläns.
11 Om monterad, ta bort täckplattan från botten av momentomvandlarhuset. Ta också bort kylgrillarna.
12 Lås fast drivplattan och ta bort bultarna som håller momentomvandlaren till drivplattan. Vrid vevaxeln så att bultarna blir

synliga. Det är möjligt att arbeta genom startmotoröppningen på vissa modeller.
13 Stöd växellådan, helst med en speciellt utformad vagga. Skruva loss och ta bort växellådans tvärbalk.
14 Sänk växellådan tills den intar stabilt läge. På B200/B230/B234F motorer, se till att inte fördelaren kläms mot torpedväggen.
15 Ta bort muttrar och bultar mellan momentomvandlarhus och motor.
16 Ta hjälp av någon, dra av växellådan från motorn och häv samtidigt bort momentomvandlaren från drivplattan. Håll växellådan lutad bakåt och sänk ner den från bilen. Den är tung.

Montering

17 Montering sker i omvänd ordning, notera följande:

a) Smörj momentomvandlarens styrtapp med lite fett.

b) Dra åt bultarna mellan momentomvandlare och drivplatta stegvis till specificerat moment.

c) Dra inte åt mätsticksrörets mutter helt förrän rörets fäste har satts fast.

d) Justera väljarmekanismen (avsnitt 2) och kickdownvajern (avsnitt 3).

e) Fyll på växellådan med olja. Om en ny växellåda har monterats, spola oljekylaren/-na (se "Automatväxellådsolja – byte" i kapitel 1). Spola också den extra kylaren (om monterad) med en handpump. Den extra kylaren är termostatstyrd och kommer inte att spolas under vätskebytet.

Kapitel 8
Kardanaxel och bakaxel

Innehåll

Svårighetsgrader

Enkelt, passar novisen med lite erfarenhet	Ganska enkelt, passar nybörjaren med viss erfarenhet	Ganska svårt, passar kompetent hemmamekaniker	Svårt, passar hemmamekaniker med erfarenhet 	Mycket svårt, för professionell mekaniker

Specifikationer

Kardanaxel
Typ	Rörformad, tvådelad med stödlager i mitten
Antal universalknutar	Två eller tre (plus gummikoppling på vissa modeller)

Bakaxel
Typ:	
Modeller utan individuell bakfjädring	Solid axel med bakaxelväxel av hypoidtyp; differentialbroms på vissa modeller
Modeller med individuell bakfjädring	Separat bakaxelväxel av hypoidtyp som matar två separata drivaxlar
Bakaxelväxelns utväxling	3,31, 3,54, 3,73 eller 3,91:1

Pinjonglager, förspänning
Vridmoment vid pinjong (hjulen fria):
Modeller utan individuell bakfjädring:	
Nytt lager	2,5 till 3,5 Nm
Använt lager	1,8 till 3,4 Nm
Modeller med individuell bakfjädring:	
Nytt lager	1,2 till 2,8 Nm
Använt lager	1,0 till 2,5 Nm

Åtdragningsmoment
Nm

Kardanaxel
Gummikoppling, muttrar och bultar	80
Enkel flänskoppling, muttrar och bultar:	
M10	50
M8	35

Bakaxel (modeller utan individuell bakfjädring)
Pinjongflänsmutter:	
Distanshylsa	200 till 250
Stukhylsa (se text)	180 till 280
Hastighetsmätargivarens låsmutter	25 till 40
Halvaxelns fästplatta, bultar	40
Bärarmsfäste, bultar	45
Bärarmsfäste, muttrar	85
Bärarm till axel	45
Panhardstag	85
Nedre stötdämparinfästning	85
Momentstag	140

Atdragningsmoment (forts)

	Nm
Bakaxel (modeller med individuell bakfjädring)	
Pinjongflänsmutter (se text)	120 till 280
ABS/hastighetsmätargivare, bult	8 till 12
Bakaxelväxel till axelbalk	160
Bakre hus, bultar	20 till 28
Sidofästesbultar	40 till 56
Låsplattans bultar	40 till 56
Drivaxelns insexskruvar:*	
Steg 1	30
Steg 2	Vinkeldra ytterligare 90°
Drivaxelmutter:*	
Steg 1	190
Steg 2	Vinkeldra ytterligare 60°

*Bultar/muttrar som vinkeldras skall förnyas varje gång

1 Allmän information

Detta kapitel behandlar drivlinans komponenter från växellådan till bakhjulen. Komponenterna har här delats in i två kategorier, kardanaxel och bakaxel. Separata avsnitt inom kapitlet ger allmänna beskrivningar och reparationsbeskrivningar för varje grupp.

Eftersom många av arbetsmomenten som behandlas i detta kapitel innebär arbete under bilen, försäkra dig om att den är säkert stöttad på pallbockar på fast jämn mark.

2 Kardanaxel – beskrivning

En kardanaxel i två sektioner används. Två eller tre universalknutar finns och på vissa modeller är en gummikoppling monterad mellan växellådans utgående fläns och kardanaxelflänsen. Ett lager stöder axeln i skarven mellan de två delarna.

Universalknutarna är säkrade med låsringar istället för att vara stukade, vilket gör det relativt lätt att renovera dem.

3 Gummikoppling – demontering och montering

Demontering

1 Lyft upp och stöd bilen.
2 Gör passmärken på axeln och växellådans utgående fläns.
3 Skruva loss de sex muttrar och bultar som håller flänsen till kopplingen **(se bild)**. (Det kan vara omöjligt att ta bort de bultar som är vända framåt, dessa får då sitta kvar på flänsen.)
4 Dra axeln bakåt och sänk ner främre delen. Demontera gummikopplingen, mitthylsan och styrningen.

Montering

5 Montering sker i omvänd ordning, observera passmärkena. Lägg lite antikärvningsmedel på styrningens tapp.

4 Kardanaxel – demontering och montering

Demontering

1 Lyft upp bilen på ramper eller kör den över en smörjgrop.
2 Gör passmärken mellan växellådans och axelns flänsar, samt mellan axelns två delar.
3 Ta bort alla flänsmuttrar och bultar utom en i var ände **(se bild)**. Lossa bara lite på dessa två.
4 Låt en medhjälpare stödja axeln. Ta bort bultarna som håller stödlagerhållaren.
5 På senare modeller med en bränsletank av sadeltyp, demontera fästbandet under bränsletanken.
6 Ta nu hjälp av någon och ta bort de kvarvarande flänsbultarna. Demontera axeln och lagret från bilens undersida. Ta vara på gummikopplingen (om monterad).
7 Om ingen hjälp finns till hands kan axeln demonteras i två delar (den bakre delen först) – delarna kan helt enkelt dras isär. Lossa gummidamasken frånbakre delen av stödlagerhållaren när detta görs.

Montering

8 Montering sker i omvänd ordning, observera passmärkena på flänsarna. Notera att om en ny kardanaxel monteras på modeller med individuell bakfjädring, kan den nya axeln ha ett balansmärke i form av en rosa prick nära bakaxelväxelns fläns.
9 Dra inte åt lagerhållarens bultar förrän flänsbultarna har dragits åt; fästhålen för lagerhållaren är avlånga så att lagret skall kunna inta ett obelastat läge.

5 Universalknutar – reparation

1 Knutarna kan behöva renoveras om de har för stort spel. Detsamma gäller om de kärvar, eftersom detta kan orsaka vibrationer.
2 Införskaffa en reparationssats (spindel, lagerskålar och låsringar) för varje knut **(se bild)**.
3 Rengör knuten och lägg på lite rostolja för att lossa låsringarna.
4 Ta bort låsringarna. Om de sitter fast, knacka på dem med en dorn.
5 Stöd medbringaren på ett öppet skruvstäd. Knacka på flänsen med en hammare av plast eller koppar, eller placera en rörbit över lagerskålen och slå på den, tills lagerskålen sticker ut en liten bit. Slå inte för hårt och kläm

3.3 Gummikopplingens muttrar och bultar

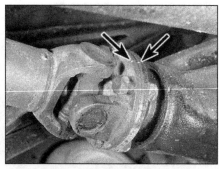

4.3 Kardanaxelns bakre fläns – notera passmärkena (vid pilarna)

5.2 Reparationssats för universalknut

inte heller fast axeln för hårt i skruvstädet – om den missformas måste den kasseras.

6 Grip tag i lagerskålen med en självlåsande tång och dra ut den. Ta vara på eventuellt lösa nålar.

7 Upprepa momentet tills spindeln kan tas bort från medbringaren och alla lagerskålar har tagits bort.

8 Rengör lagerskålarnas säten i axel och fläns.

9 Ta försiktigt loss skålarna från den nya spindeln. Kontrollera att varje skål innehåller samtliga nålar och att tätningarna sitter ordentligt på plats. Nålarna bör redan vara insmorda med fett.

10 Sätt spindeln på medbringaren. Sätt en skål på spindeln, se till att nålarna inte rubbas.

11 Knacka försiktigt på skålen för att få den på plats, tryck sedan in den med hjälp av ett skruvstäd och en rörbit eller en hylsa. Skålen skall sitta 3 till 4 mm in.

12 Montera låsringen för att säkra skålen.

13 Montera på samma sätt skålen på motsatt sida och sätt därefter ihop resten av knuten.

14 Undersök knutens rörelsefrihet. Om den kärvar, knacka försiktigt på den med en hammare av plast eller koppar.

15 Om vibrationen kvarstår efter det att knutarna har renoverats kan axeln behöva balanseras. Detta måste göras av en specialist.

6 Stödlager – byte

Observera: Många olika utföranden av lager och gummidamask har använts. Om du köper nya komponenter i förhand, var noga med att du får rätt typ.

1 Demontera kardanaxeln (avsnitt 4) och separera de två sektionerna.

2 Stöd främre delen av lagret och hållaren på V-block eller en ituskuren rörbit. Pressa eller driv ut axeln ur lagret. Ta vara på skyddsringarna på var sida om lagret.

3 Om lagerhållaren är oskadad kan det gamla lagret drivas ut och ett nytt tryckas in. I annat fall, byt ut både lagret och hållaren.

4 Sätt en ny främre skyddsring på axeln och

knacka den på plats med en trä- eller plastklubba.

5 Montera det nya lagret och hållaren. Driv dem på plats med en rörbit som pressar på lagrets inre bana.

6 Sätt på den bakre skyddsringen. Se till att den går på rakt när den knackas på plats.

7 Kontrollera att lagret roterar fritt och sätt sedan ihop axelns två delar. Observera de tidigare gjorda passmärkena. Använd en ny gummidamask och/eller låsringar om så behövs.

8 Montera axeln i bilen.

7 Bakaxel – beskrivning

Modeller utan individuell bakfjädring

På dessa modeller är bakaxeln av konventionellt utförande. Ett stelt hus innesluter bakaxelväxeln och två halvaxlar. Huset hålls på plats av två momentstag fastskruvade i en ram, av två bärarmar och ett Panhardstag.

Bakaxelväxeln är monterad centralt i huset. Den består av en differential, ett kronhjul och en pinjong. Kraft från kardanaxeln överförs till kronhjulet av pinjongen. Differentialen är fastskruvad i kronhjulet och överför kraften till halvaxlarna. Differentialens drev och pinjonger låter axlarna rotera med olika hastighet när så behövs, t.ex. vid kurvtagning.

På vissa modeller finns en differentialbroms. Här begränsas skillnaden i hastighet mellan de två halvaxlarna med hjälp av friktionskopplingar. Detta förbättrar greppet på halt underlag.

Arbete på bakaxeln bör begränsas till de moment som beskrivs i detta kapitel. Om renovering av bakaxelväxeln krävs, rådfråga en Volvoverkstad eller annan specialist.

Modeller med individuell bakfjädring

På modeller med denna typ av fjädring har den solida bakaxeln ersatts av en separat bakaxelväxel och två separata drivaxlar.

Bakaxelväxeln omfattar en differential, ett kronhjul och en pinjong. Kraft från kardanaxeln överförs via en flänsad koppling, som förut. Två sidoflänsar överför kraften till drivaxlarna. En givare bak på bakaxelväxelns hus ger information om hastighet till hastighetsmätaren och ABS-systemet (låsningsfria bromsar).

Drivaxlarna har två CV-knutar vardera, som tillåter rörelse med fjädringen. De överför kraft till axeltappar i de bakre navhållarna med hjälp av splines.

8 Pinjongtätning – byte

Varning: Om axeln har en stukhylsa framför pinjonglagret (alla modeller med individuell fjädring och alla modeller utan individuell fjädring med bokstaven "S" före serienumret), måste man vara noga med att inte dra åt pinjongflänsmuttern för hårt. Om muttern dras åt för hårt måste axeln tas till en Volvoverkstad där en ny hylsa kan monteras.

1 Lyft upp och stöd bakvagnen på ramper eller ställ den över en smörjgrop.

2 Skruva loss kardanaxelflänsen från pinjongflänsen. Gör passmärken mellan flänsarna.

3 Måla eller ritsa passmärken mellan pinjongflänsen och flänsmuttern.

4 Håll fast pinjongflänsen med en stång och ett par bultar. Skruva loss flänsmuttern, räkna antalet varv som behövs för att ta bort den.

5 Dra av pinjongflänsen. Om den sitter hårt, knacka på den bakifrån med en kopparklubba. Var beredd på oljespill.

6 Ta ut den gamla tätningen. Rengör tätningssätet och knacka in den nya tätningen med läpparna inåt.

7 Undersök tätningsytan på pinjongflänsen. Rengör den, eller byt ut flänsen om så behövs.

8 Olja in tätningsläpparna, sätt sedan tillbaka flänsen.

9 Sätt på flänsmuttern. Om den ursprungliga flänsen och muttern används, dra åt muttern samma antal varv som behövdes för att ta bort den och ställ in passmärkena som gjordes tidigare. Om nya komponenter används, gör enligt följande:

a) Axel med distanshylsa – dra åt muttern till specificerat moment.

b) Axel med stukhylsa – dra åt muttern till det lägsta specificerade momentet, använd sedan en fjäderbalans till att fastställa pinjonglagrets förspänning (hjulen fria, handbromsen lossad). Om förspänningen är lägre än specificerat, fortsätt dra åt muttern tills rätt förspänning uppnås. Överskrid inte maximal förspänning eller åtdragningsmoment som specificerats.

10 Montera kardanaxeln och sänk ned bilen.

11 Kontrollera axelns oljenivå och fyll på vid behov.

9 Halvaxel, lager och tätningar – demontering och montering

Observera: Detta arbetsmoment gäller endast modeller som inte har individuell bakfjädring.

Demontering

1 Demontera handbromsbackarna (kapitel 9).

2 Skruva loss de fyra bultar som håller

halvaxelns hållplatta (se bild). Ta vara på bromsbackarnas fjädrar.

3 Sätt tillbaka bromsskivan fel väg (med trumman vänd utåt) och fäst den med hjulmuttrarna, med den flata sidan inåt. Dra i bromsskivan för att dra ut halvaxeln.

4 Med halvaxeln demonterad kan den inre tätningen (för olja) demonteras genom att man bänder ut den ur axelröret. Rengör tätningssätet och knacka den nya tätningen på plats med en klubba och en rörbit.

5 Byte av den yttre tätningen (för fett) och lagret bör överlämnas till en Volvoverkstad eller annan specialist, eftersom speciella pressverktyg krävs.

Montering

6 Innan montering, se till att lagret och tätningsläpparna är packade med fett.

7 Rengör axelrörets och lagerplattans fogytor och lägg tätningsmedel på dem.

8 Sätt halvaxeln i axelröret, var försiktig så att inte den inre tätningen skadas. Säkra den med lagerplattan och de fyra bultarna, dra åt dem till specificerat moment. Kom ihåg att sätta tillbaka handbromsbackarns fjädrar.

9 Ta loss bromsskivan (om det inte redan gjorts) och montera handbromsbackarna.

10 Kontrollera bakaxelns oljenivå enligt beskrivning i kapitel 1 och fyll på vid behov.

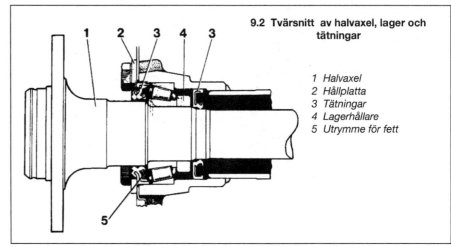

9.2 Tvärsnitt av halvaxel, lager och tätningar

1 Halvaxel
2 Hållplatta
3 Tätningar
4 Lagerhållare
5 Utrymme för fett

10 Bakaxel – demontering och montering

Observera: Detta arbete gäller endast de modeller som inte har individuell bakfjädring.

Demontering

1 Lossa bakhjulsmuttrarna. Lyft upp och stöd bilen så att bakhjulen är fria (se ("Lyftning och stödpunkter").

Varning: Om även framvagnen lyfts upp, placera stöden under de främre bärarmarnas fästen, inte under domkraftspunkterna. Om de främre domkraftspunkterna används kan bilen bli framtung.

2 Ta bort bakhjulen.

3 Demontera de bakre bromsoken (utan att koppla loss dem), bromsskivorna och handbromsbackarna. Se kapitel 9 för ytterligare detaljer.

4 Koppla loss handbromsvajrarna från bromssköldarna och från fästena på axeln.

5 Skruva loss axelns momentstag från monteringsramen, och det nedre momentstaget från axeln (se bild).

6 Stöd axeln i en vagga på domkraft. Avlasta axelns tyngd med domkraften.

7 Om avgassystemet är draget under axeln, demontera det.

8 Demontera Panhardstaget.

9 Koppla loss hastighetsmätargivarens/antispinnsystemets kontakt(er) (efter tillämplighet). Kontaktstycket för hastighetsmätarens

givare kan ha en plombering vilken då måste brytas.

10 Skruva loss flänsen mellan kardanaxeln och bakaxeln.

11 Skruva loss det övre momentstaget från axeln.

12 Skruva loss den bakre nedre stötdämparinfästningen.

13 Ta bort muttrar och skruvar från bärarmens främre fästkonsol.

14 Sänk ned axeln, lossa samtidigt bärarmens främre fästen, och ta bort den underifrån bilen.

15 Krängningshämmarstaget (om monterat) och bärarmarna kan nu demonteras om så önskas. Bärarmarna är olika för höger och vänster, blanda inte ihop dem.

Montering

16 Montera i omvänd ordning mot demonteringen och notera följande:

a) När bärarmarna monteras på axeln, dra åt muttrarna stegvis i diagonal ordning till specificerat moment.

b) Dra inte slutgiltigt åt momentstagen förrän bilens vikt är tillbaka på hjulen (eller lyft upp axeln på en domkraft för att efterlikna detta förhållande).

c) Kontrollera axelns oljenivå enligt beskrivning i kapitel 1.

11 Bakaxelväxel (modeller med individuell bakfjädring) – demontering och montering

Demontering

1 Demontera bakaxelbalkens nedre del (kapitel 10).

2 Koppla loss drivaxlarna och kardanaxeln från bakaxelväxeln. Markera kardanaxelns monteringsläge om så behövs.

3 Avlasta bakaxelväxelns vikt med en domkraft. Ta bort de tre bultarna som håller enheten till bakaxelbalkens övre del.

4 Sänk ned bakaxelväxeln. Koppla loss eller

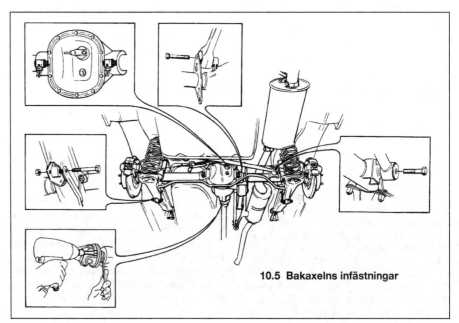

10.5 Bakaxelns infästningar

ta bort hastighetsmätar-/ABS-givaren när den blir åtkomlig.

5 Demontera bakaxelväxeln från bilens undersida.

Montering

6 Montera i omvänd ordning. Kontrollera oljenivån i bakaxelväxeln enligt beskrivning i kapitel 1.

12 Bakaxelväxelns sido-tätningar (modeller med individuell bakfjädring) – byte

Detta arbete innebär att man måste rubba differentialens sidolager och det är därför inget arbete för hemmamekanikern. Demontera bakaxelväxeln och låt en Volvoverkstad byta ut tätningarna.

13 Drivaxel (modeller med individuell bakfjädring) – demontering och montering

Demontering

1 Ta bort hjulsidan på bakhjulet på den sida det gäller. Dra åt handbromsen, lägg i 1:ans växel ("P" på automatväxellåda) och klossa hjulen.

2 Lossa drivaxelmuttern. Denna mutter sitter

13.5 Ta bort drivaxelflänsens skruvar

extremt hårt, en 36 mm hylsa med en 3/4 tums fyrkant behövs. Ta bort muttern.

3 Lossa hjulmuttrarna, lyft upp och stöd bakvagnen och demontera bakhjulet. Se till att bilens stöd inte är i vägen för drivaxeln eller bakaxelbalkens nedre del.

4 Ta bort de åtta muttrarna och bultarna som håller ihop axelbalkens övre och nedre del. Notera handbromsvajerns styrning under en av de bakre bultarna. Dra axelbalkens nedre del nedåt så långt det går utan att länkarna belastas.

5 Skruva loss och ta bort de sex insexskruvarna som fäster drivaxelns inåtvända fläns. Ta vara på de tre dubbla brickorna (se bild). Ta hjälp av någon som kan dra åt och lossa handbromsen, lägga ur växlar etc.

6 Sänk ned drivaxeln och dra ut den yttra

13.8 Vinkeldragning av drivaxelmuttern

änden från navet. Knacka ut den om den sitter hårt. Dra ut drivaxeln under bilen.

7 Det är inte troligt att man kan renovera en sliten drivaxel. Reparationssatser (inklusive gummidamasker) kan finnas, följ i så fall instruktionerna som medföljer denna.

Montering

8 Montering sker i omvänd ordning, notera följande:
a) Använd nya insexskruvar och en ny drivaxelmutter.
b) Rikta in axelbalkarna med ett par bultar eller dorn vid hopsättning – se kapitel 10.
c) Dra inte åt drivaxelmuttern slutgiltigt förrän bilens vikt är tillbaka på hjulen (se bild).

Kapitel 9
Bromssystem

Innehåll

Svårighetsgrader

Enkelt, passar novisen med lite erfarenhet	Ganska enkelt, passar nybörjaren med viss erfarenhet	Ganska svårt, passar kompetent hemmamekaniker 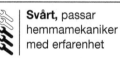	Svårt, passar hemmamekaniker med erfarenhet 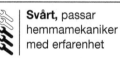	Mycket svårt, för professionell mekaniker

Specifikationer

Allmänt

System:

Fotbroms	Tvåkrets hydrauliskt med servoassistans. ABS på vissa modeller
Handbroms	Mekanisk trumbroms, verkande på bakhjulen

Hydraulkretsindelning:

Utan ABS	Dubbelt triangulärt
Med ABS	Fram – bak

Frambromsar

Typ	Skivbroms med glidande tvillingkolvsok
Bromskloss, minsta tjocklek för belägg	3,0 mm

Skivdiameter:

Massiv	280 mm
Ventilerad	262 eller 287 mm

Skivtjocklek – massiv:

Ny	14,0 mm
Slitagegräns	11,0 mm

Skivtjocklek – ventilerad:

Ny	22,0 mm
Slitagegräns	20,0 mm

Skivtjocklek – ABS-modeller (1991 och framåt):

Ny	26 mm
Slitagegräns	23 mm

Skivans maximala skevhet:

Modeller fram t.o.m. 1987	0,08 mm
1988 och framåt	0,06 mm

Bakbromsar

Typ	Skivbroms, med fasta tvillingkolvsok eller glidande enkolvsok

Bromsklossar, minsta tjocklek för belägg:
Modeller utan individuell bakfjädring	2,0 mm
Modeller med individuell bakfjädring	3,0 mm
Skivdiameter	281 mm

Skivtjocklek:
Ny	9,6 mm
Slitagegräns	8,4 mm
Skivans maximala skevhet	0,10 mm

Handbroms

Trumdiameter	160,45 mm (max)
Trummans maximala skevhet	0,15 mm
Trummans maximala orundhet	0,20 mm

Åtdragningsmoment

	Nm
Främre bromsokets skruvar	100
Bakre bromsokets fästbultar eller fästkonsolbultar*	58
Övre styrstift till okfäste	25
Okets styrstiftsbultar	34
Främre dammsköld	24
Bakre dammsköld	40
Huvudcylindermuttrar	30
Röranslutningar	14
Slanganslutningar	17

*Använd nya bultar varje gång

---

1 Allmän beskrivning

Bromspedalen aktiverar skivbromsar på alla fyra hjulen med hjälp av ett tvåkrets hydrauliskt system med servoassistans. Handbromsen aktiverar separata trumbromsar på bakhjulen med hjälp av vajrar. Ett ABS-system (låsningsfria bromsar) finns på vissa modeller och detta beskrivs i detalj i avsnitt 18.

Hydraulsystemet är delat i två kretsar, så att om en krets havererar skall den andra fortfarande ge bra bromskraft (även om pedalvägen ökar och det kan krävas större pedaltryck). På modeller utan ABS är uppdelningen "triangulär", d.v.s. varje krets betjänar ett bakre bromsok och halva de båda främre.

Bromsservon är direktverkande, monterad mellan bromspedalen och huvudcylindern. Servon förstärker kraften som läggs på pedalen av föraren. Servon är vakuumstyrd, vakuumet kommer från insugsgrenröret eller (på vissa modeller) en mekanisk vakuumpump.

Instrumentpanelens varningslampor varnar föraren om haveri i den hydrauliska kretsen (med hjälp av en varningsventil) och på vissa modeller för låg vätskenivå. En annan varningslampa påminner om att handbromsen är åtdragen. Bromsljusen ingår i varningssystemet för glödlampsbortfall.

Observera: När du arbetar på någon del av systemet, arbeta försiktigt och metodiskt. Var också extremt noga med renligheten när någon del av hydraulsystemet renoveras. Byt alltid ut komponenter (i axeluppsättningar där

så är tillämpligt), om tveksamhet råder angående deras skick, och använd endast genuina Volvoreservdelar, eller åtminstone delar av välkänd god kvalitet. Läs varningsföreskrifterna i "Säkerheten främst!" och i relevanta avsnitt i detta kapitel angående farorna med asbestdamm och hydraulvätska.

2 Hydraulsystem – luftning

⚠ **Varning: Hydraulvätska är giftig! Tvätta omedelbart bort vätska med massor av vatten om den kommer i kontakt med huden och sök omedelbart läkarhjälp om vätska sväljs eller kommer in i ögonen. Viss typ av hydraulvätska är lättantändlig och kan fatta eld vid kontakt med heta delar. Vid arbete med hydraulsystemet är det säkrast att förutsätta att vätskan är lättantändlig och vidta samma skyddsåtgärder som vid arbete med bensin. Hydraulvätska är dessutom ett effektivt färgborttagningsmedel och angriper plast. Om spill uppstår ska detta omedelbart sköljas bort med stora mängder rent vatten. Vätskan är även hygroskopisk (absorberar fukt från luften). Ju mer fukt som absorberas av vätskan, desto lägre blir kokpunkten, vilket leder till en farlig förlust av bromseffekt under hård inbromsning. Gammal hydraulvätska kan vara förorenad och oduglig för användning. Vid påfyllning skall alltid rekommenderad typ av vätska från en nyöppnad förpackning användas.**

Allmänt

1 Bromshydraulsystemet kan bara fungera som det ska om all luft tas bort från komponenterna och kretsen, detta uppnås genom luftning.

2 Under luftningen, använd endast ren, färsk hydraulolja av specificerad typ; återanvänd aldrig vätska som har tappats av från systemet. Se till att du har tillräckligt med vätska till hands innan arbetet påbörjas.

3 Om det föreligger risk att felaktig vätska har använts i systemet måste bromsledningarna och komponenterna spolas helt med ren vätska och nya tätningar måste monteras.

4 Om bromsvätska har förlorats från huvudcylindern på grund av en läcka i systemet, leta reda på orsaken och åtgärda problemet innan arbetet fortsätter.

5 Parkera bilen på jämn mark, slå av tändningen och lägg i 1:ans växel (manuell växellåda) eller Park (automatväxellåda), klossa sedan hjulen och lossa handbromsen.

6 Kontrollera att alla rör och slangar sitter säkert, att anslutningarna är täta och luftningsskruvarna åtdragna. Ta bort dammskydden och ta bort eventuellt smuts runt luftningsskruvarna.

7 Skruva loss huvudcylinderbehållarens lock och fyll på behållaren till MAX-nivån. Sätt tillbaka locket löst och kom ihåg att hålla vätskenivån över MIN-nivån under hela arbetet, annars riskerar du släppa in mer luft i systemet.

8 Det finns ett antal luftningssatser (en-mans) för bromsar att köpa från tillbehörsbutiker. Det rekommenderas att en av dessa används närhelst det är möjligt, eftersom det underlättar arbetet och minskar risken att utsläppt luft och vätska kommer in i systemet igen. Om

en sådan sats inte finns tillgänglig mäste den grundläggande (två-mans) metoden användas, som beskrivs nedan.

9 Om en luftningssats skall användas, förbered bilen enligt tidigare beskrivning, och följ satstillverkarens instruktioner – metoderna kan variera något beroende på vilken typ som används, men en generell beskrivning ges nedan.

10 Oavsett vilken metod som används, måste rätt luftningsordning användas (punkt 11 till 13) så att all luft med säkerhet försvinner ur systemet.

Luftningsordning

11 Om bara en viss del av hydraulsystemet har lossats och åtgärder vidtagits för att minimera vätskeförlust, bör det endast vara nödvändigt att lufta den delen av systemet (d v s den primära eller den sekundära kretsen).
12 Om hela systemet skall luftas skall det göras i följande ordning:

Modeller utan ABS

a) *Höger bak*
b) *Vänster bak*
c) *Höger fram*
d) *Vänster fram*

ABS-modeller (före 1988)

a) *Vänster fram*
b) *Höger fram*
c) *Vänster bak*
d) *Höger bak*

ABS-modeller (1988 och framåt)

a) *Bakbromsar (i vilken ordning som helst)*
b) *Frambromsar (i vilken ordning som helst)*

13 På modeller utan ABS finns två luftningsskruvar på varje framok och en på varje bakok. På ABS-modeller finns det två luftningsskruvar på varje framok och en på varje bakok på modeller utan individuell bakfjädring, och två på varje bakok på modeller med individuell bakhjulsfjädring. Vid luftning av frambromsarna, starta med den övre luftningsskruven på varje ok; vid luftning av bakbromsarna på ok med två luftningsskruvar används endast den övre skruven.

Luftning – grundläggande (två-mans) metod

14 Ta fram en ren glasburk, en lämpligt lång bit plast- eller gummislang som har tät passning över luftningsskruven och en ringnyckel som passar på skruvarna. Du behöver också en medhjälpare.
15 Om det inte redan gjorts, ta bort dammskyddet(n) från luftningsskruven/-arna på det första oket som ska luftas och sätt luftningsslangen/-arna på skruven/-arna.
16 Stoppa ner den andra änden av slangen/-arna i burken, som skall innehålla tillräckligt mycket vätska för att änden ska förbli täckt under hela arbetet.
17 Se till att huvudcylinderbehållarens vätskenivå hålls över MIN-märket under hela arbetet.
18 Öppna luftningsskruven/-arna ca ett halvt

varv. Låt medhjälparen trycka ned bromspedalen med en mjuk jämn rörelse ända till golvet och sedan hålla den där. När vätskeflödet ur slangen slutar, dra åt skruven/-arna och låt medhjälparen släppa upp pedalen sakta.
19 Upprepa detta moment (punkt 18) tills ren bromsvätska, utan luftbubblor, flödar ut ur änden på slangen/-arna.
20 När inga mer luftbubblor syns, dra åt luftningsskruven/-arna, ta bort slangen/-arna och sätt tillbaka dammskyddet(n). Upprepa dessa moment på kvarvarande ok i rätt ordning tills all luft har släppts ut ur systemet och bromspedalen känns fast igen.

Luftningssats med backventil

21 Som namnet anger består denna sats av en bit rör med en backventil som hindrar utsläppt luft och vätska att dras tillbaka in i systemet. Vissa satser har en genomskinlig behållare som kan placeras så att man lättare kan se luftbubblorna lättare komma ut ur röret.
22 Anslut satsen till luftningsskruven och öppna denna **(se bild)**. Sätt dig på förarplatsen, tryck ner bromspedalen med en mjuk jämn rörelse och släpp sedan upp den långsamt. Upprepa detta tills den avtappade vätskan är fri från bubblor.
23 Observera att dessa satser förenklar arbetet så mycket att det är lätt att glömma bort huvudcylinderns vätskenivå – kom ihåg att hålla denna minst över MIN-nivån hela tiden.

Luftning med lufttryck-sanordning

24 Dessa satser arbetar vanligtvis med lufttrycket från reservhjulet. Man måste dock förmodligen minska trycket i hjulet till en lägre nivå än normalt, se instruktionerna som medföljer satsen.
25 Genom att man ansluter en trycksatt vätskefylld behållare till huvudcylinderbehållaren, kan luftning helt enkelt göras genom att man öppnar varje luftningsskruv en i taget (i specificerad ordning) och låter vätskan rinna ut tills dess inga mer luftbubblor syns.
26 Denna metod har fördelen att den stora vätskebehållaren utgör ett extra skydd mot att luft dras in i systemet under luftning.
27 Tryckluftning är speciellt effektivt vid luftning av "svåra" system, eller när man luftar hela systemet vid det rutinmässiga vätskebytet.

Alla metoder

28 När luftningen är avslutad, kontrollera vätskenivån i huvudcylinderbehållaren och fyll på vid behov.
29 Undersök hur bromspedalen känns. Om den känns det minska svampig finns det fortfarande luft i systemet och ytterligare luftning måste göras. Om man, trots upprepade försök att lufta systemet, inte lyckas få ut all luft, kan det bero på slitna huvudcylindertätningar.

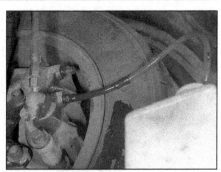

2.22 Backventilen ansluten till en främre luftningsskruv

30 Kassera den bromsvätska som har tappats av från systemet; den kan inte återanvändas.

3 Hydraulrör och slangar – inspektion och byte

Observera: *Innan du påbörjar arbetet, se varningen i början av avsnitt 2 angående faror med hydraulvätska.*

Inspektion

1 Lyft upp och stöd bilen fram och bak så att rör och slangar under hjulhusen och på fjädringen kan inspekteras.
2 Undersök om rören sitter säkert i sina fästen. Rören får inte vara rostiga eller stötskadade.
3 Undersök om slangarna är spruckna, delade eller svullna. Böj slangarna mellan pekfinger och tumme så att alla eventuella sprickor syns. Byt ut alla slangar vars skick är det minsta tveksamt. Det är värt att överväga byte av slangarna som en förebyggande rutinåtgärd när vätskan byts ut.

Byte

4 Exakta detaljer vad gäller byte av rör och slangar varierar beroende på placeringen av komponenten i fråga, men de grundläggande stegen är desamma.
5 Minimera hydraulvätskeförlusten genom att ta bort huvudcylinderbehållarens lock, placera en bit plastfolie över öppningen och dra åt locket ovanpå.
6 Rengör runt de aktuella anslutningarna. Lossa anslutningarna – om det är en slang, lossa den vid röret först, därefter från oket. Ta loss röret eller slangen från eventuella fästklämmor och ta bort den.
7 Innan montering, blås genom det nya röret eller slangen med torr tryckluft. Om ett rör behöver böjas skall detta göras innan röret ansluts. Om genuina Volvodelar används bör rören passa utan någon böjning.
8 När röret eller slangen är korrekt dragen och inte är i vägen för närliggande komponenter, sätt tillbaka och dra åt anslutningarna.
9 Lufta hydraulsystemet (avsnitt 2).

4.2 Bult för okets nedre styrtapp lossas

4.3 Sväng oket uppåt

14 Montera hjulen, sänk ned bilen och dra åt hjulmuttrarna.
15 Kontrollera bromsvätskenivån och fyll på vid behov.
16 Om nya bromsklossar har monterats, undvik hårda inbromsningar så långt det är möjligt under de första 50 milen så att beläggen hinner arbetas in.

5 Bromsklossar bak – byte

> ⚠ **Varning: Bromsklossarna måste bytas på båda bakhjulen samtidigt – byt aldrig ut klossarna bara på ena sidan eftersom detta kan resultera i ojämn bromsverkan. Damm från bromsklosslitage kan innehålla asbest, vilket är hälsofarligt. Blås aldrig bort dammet med tryckluft och andas inte in det. Använd INTE petroleumbaserade lösningsmedel för att rengöra delar av bromssystemet. Använd endast bromsrengöring eller denaturerad sprit. Låt INTE bromsvätska, olja eller fett komma i kontakt med bromsklossarna eller skivorna. Se också varningen i början av avsnitt två angående farorna med hydraulvätska.**

Modeller utan individuell bakfjädring

1 Lossa bakhjulsmuttrarna, lyft upp och stöd bakvagnen och ta bort bakhjulen.
2 Knacka ut de två låsstiften ur oket med hammare och dorn **(se bild)**. Ta vara på vibrationsdämparfjädern, skaffa en ny till hopsättningen.
3 Tryck bort varje kloss från skivan med en tång. Bänd inte mellan klossarna och skivan.
4 Dra ut klossarna ur oket, tillsammans med skrikplåtarna (om monterade). Märk upp deras placering om de ska återanvändas. Tryck inte ned bromspedalen medan klossarna är demonterade.
5 Mät beläggens tjocklek. Om ett av beläggen är slitet ned till specificerad gräns måste alla fyra klossarna bytas ut. Byt inte plats på klossarna för att försöka jämna ut slitaget.
6 Rengör oket med en fuktig trasa eller en gammal pensel. Undersök om okkolvarna och dammskydden visar tecken på vätskeläckage. Reparera eller byt ut efter behov (avsnitt 9).
7 Undersök den synliga ytan på bromsskivan. Om den har djupa repor, sprickor eller spår, eller om bromsvibrationer eller ojämn bromsverkan har varit ett problem, utför en mer ingående inspektion (avsnitt 7). Demontera oket om så behövs för bättre åtkomlighet av skivans insida.
8 Skrikplåtar kan monteras om så önskas, även om inga fanns förut.
9 Om nya klossar ska monteras, tryck tillbaka kolvarna in i loppen. Töm huvudcylinderbehållaren på lite vätska för att förhindra att den flödar över när kolvarna trycks tillbaka.

4 Bromsklossar fram – byte

> ⚠ **Varning: Bromsklossarna måste bytas på båda framhjulen samtidigt – byt aldrig ut klossarna bara på ena sidan eftersom detta kan resultera i ojämn bromsverkan. Damm från bromsklosslitage kan innehålla asbest, vilket är hälsofarligt. Blås aldrig bort dammet med tryckluft och andas inte in det. Använd INTE petroleumbaserade lösningsmedel för att rengöra delar av bromssystemet. Använd endast bromsrengöring eller denaturerad sprit. Låt INTE bromsvätska, olja eller fett komma i kontakt med bromsklossarna eller skivorna. Se också varningen i början av avsnitt två angående farorna med hydraulvätska.**

1 Lossa framhjulsmuttrarna, lyft upp och stöd framvagnen och ta loss framhjulen.
2 Skruva loss bulten för okets nedre styrtapp, håll emot på styrtappen med en öppen nyckel om så behövs **(se bild)**. På Girling ok, lossa också bulten för den övre styrtappen.
3 Sväng oket uppåt, lossa bälgen och dra av det från styrtappen **(se bild)**. Stöd oket så att inte slangen/-arna påfrestas. Tryck inte ned bromspedalen medan oket är demonterat.
4 Ta loss bromsklossarna från okfästet, notera hur de sitter om de ska återanvändas. Ta vara på skrikplåtarna (om sådana finns) baktill på klossarna.
5 Mät beläggens tjocklek. Om något av beläggen är slitet ned till specificerat gränsvärde måste alla fyra bromsklossar bytas ut. Byt inte plats på klossarna i ett försök att jämna ut slitaget. (Ojämnt slitage kan bero på att oket kärvar på styrtapparna).
6 Rengör ok och fäste med en fuktig trasa eller en gammal pensel. Undersök om okets kolv och dammskydd visar tecken på vätskeläckage. Undersök också gummibälgarna som täcker styrtapparna. Reparera eller byt ut efter behov (avsnitt 8).
7 Ta bort avlagringar eller rost från den yttre kanten på bromsskivan med en stålborste

eller fil. Undersök skivan. Om bromsvibrationer har varit ett problem, utför en mer ingående inspektion (avsnitt 6).
8 Om nya bromsklossar ska monteras, tryck tillbaka okkolvarna i sina lopp med en tång, var försiktig så att inte dammskydden skadas. Töm huvudcylinderbehållaren på lite vätska för att undvika att den flödar över när kolvarna trycks tillbaka.

> **HAYNES TiPS** Ett bra sätt att att få ut vätska från huvudcylinderns behållare är att använda en gammal bollspruta

9 Lägg antikärvningsmedel eller skivbromssmörjmedel bak på klossarna och på okstyrtapparna. Låt inte smörjmedel komma i kontakt med friktionsytorna på skiva eller bromsklossar. Smörj också båda sidorna av skrikplåtarna (om monterade) och montera dem på klossarna.
10 Skjut på oket på den övre styrtappen och haka i bälgen. Placera klossarna med friktionsytorna mot skivan och sväng ner oket över klossarna. Se till att vibrationsdämparfjädern i oket sitter som den ska klossarna.
11 Lägg gänglåsningsmedel på styrtappens bult, sätt i den och dra åt den till specificerat moment. På Girling ok, dra också åt den övre styrtappens bult.
12 Tryck ned bromspedalen flera gånger så att beläggen sätter sig mot skivan.
13 Upprepa momenten på den andra frambromsen.

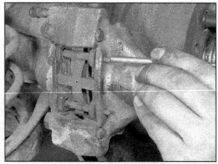

5.2 Driv ut klossarnas låsstift

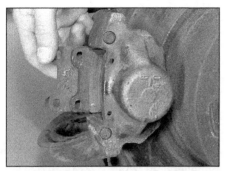

5.11 Montering av bakre bromskloss och skrikplåt

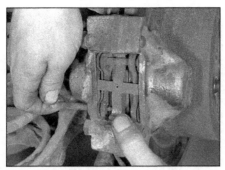

5.12 Låsstiftet sätts på plats över fjäderns tunga

5.15 Den övre styrtappens bult lossas

HAYNES TiPS *Ett bra sätt att få ut vätska från huvudcylinderns behållare är att använda en gammal bollspruta.*

10 Smörj antikärvningsmedel eller skivbromssmörjmedel baktill på klossarna och på båda sidor om skrikplåtarna. Se till att inte smörjmedel hamnar på klossarnas friktionsytor.

11 Sätt klossarna och plåtarna på plats i oket med friktionsytorna mot skivan **(se bild)**.

12 Sätt i ett av låsstiften och knacka det på plats. Montera en ny vibrationsdämparfjäder och sätt i det andra låsstiftet. Se till att stiften passerar över fjäderns tungor **(se bild)**.

Modeller med individuell bakfjädring

13 Lossa bakhjulsmuttrarna, lyft upp och stöd bakvagnen och ta bort bakhjulen.

14 Tryck in okkolven i sitt lopp genom att bända mellan den yttre klossens baksida och oket. Bromsvätskenivån i huvudcylindern kommer att stiga när detta görs, så töm den på lite vätska för att förhindra att den flödar över (se punkt 9 ovan).

15 Ta bort bulten till den nedre styrtappen, håll emot tappen med en öppen nyckel. Lossa, men ta inte bort, bulten till den övre styrtappen **(se bild)**.

16 Sväng oket uppåt och ta bort bromsklossarna **(se bild)**. Tryck inte ned bromspedalen medan klossarna är demonterade.

5.16 Sväng oket uppåt och ta bort klossarna

17 Rengör och undersök oket och skivan enligt beskrivning i punkt 6 och 7 ovan. Kontrollera också att gummibälgarna på styrtapparna är i gott skick.

18 Montera de nya klossarna med friktionsytan mot skivan, och sväng ner oket över dem.

19 Sätt tillbaka bulten till den nedre styrtappen. Dra åt båda styrtappsbultarna till specificerat moment, håll emot på styrtapparna om så behövs.

Alla modeller

20 Tryck ned bromspedalen flera gånger så att de nya klossarna sätter sig mot skivan.

21 Upprepa momenten på den andra bakbromsen.

22 Montera hjulen, sänk ned bilen och dra åt hjulmuttrarna.

23 Kontrollera bromsvätskenivån och fyll på vid behov.

24 Om nya bromsklossar har monterats, undvik hårda inbromsningar så långt det är möjligt under de första 50 milen så att beläggen får arbetas in.

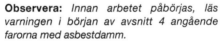

6 Bromsskiva fram – inspektion, demontering och montering

Observera: *Innan arbetet påbörjas, läs varningen i början av avsnitt 4 angående farorna med asbestdamm.*

Inspektion

Observera: *Om en av skivorna är i så dåligt skick att den måste bytas ut, skall BÅDA bytas ut samtidigt för att jämn och konsekvent bromsverkan skall garanteras. Nya bromsklossar bör också monteras.*

1 Lossa framhjulsmuttrarna, lyft upp och stöd framvagnen och ta bort framhjulen.

2 Undersök om friktionsytorna är spruckna eller har djupa repor (lätt repning är normalt och kan ignoreras). En sprucken skiva måste bytas ut; en repad skiva kan maskinbearbetas förutsatt att det inte resulterar i att dess tjocklek underskrider specificerat minimum.

3 Kontrollera skivans skevhet med hjälp av en

mätklocka vars sond placeras nära skivans ytterkant. Om skevheten överskrider den specificerade, försäkra dig om att framhjulslagrens justering är korrekt (kapitel 10). Om skevheten fortfarande är för stor, byt ut skivan.

HAYNES TiPS *Om inte en mätklocka finns till hands, mät skevheten genom att fixera en visare nära den yttre kanten, i kontakt med skivans yta. Rotera skivan och mät med bladmått hur mycket visaren förskjuts.*

4 Variationer i skivans tjocklek över 0,015 mm kan också orsaka vibrationer. Kontrollera detta med en mikrometer.

Demontering

Modeller före 1988 med integrerad skiva/nav

5 På modeller före 1988 är den främre bromsskivan i sig självt en integrerad del av framnavet och kan inte demonteras separat. Demontering av skivan/navet beskrivs i kapitel 10.

6 Om skivan/navet skall bytas ut kan det vara svårt att få tag i originaltypen av bromsskiva med integrerat nav. En ersättningssats finns som består av separata skivor och nav, så att bilen kan omvandlas till den senare typen av utformning. Efter inledande montering och justering kan skivan därefter demonteras och monteras oberoende av navet.

1988 års modeller och framåt med separat skiva och nav

7 Demontera bromsoket och fästet (avsnitt 8), men koppla inte loss hydraulslangarna. Bind upp oket så att inte slangarna påfrestas.

8 Ta bort stiftet som håller skivan till navet och ta bort skivan **(se bilder)**.

Montering

Modeller före 1988 med integrerad skiva/nav

9 Se kapitel 10 för montering av skivan/navet. Om en ny skiva skall monteras, flytta över

6.8a Ta bort stiftet . . .

lagerbanorna till den om de är i gott skick, eller montera nya. Byt ut oljetätningen. Ta bort rostskyddsmedel från en ny skiva med denaturerad sprit och en trasa.

1988 års modeller och framåt med separat skiva och nav

10 Se till att navets och skivans ytor är rena. Ta bort rostskyddsmedel från en ny skiva med denaturerad sprit och en trasa.
11 Placera skivan på navet och sätt tillbaka hållstiftet.
12 Montera bromsoket och fästet (avsnitt 8).

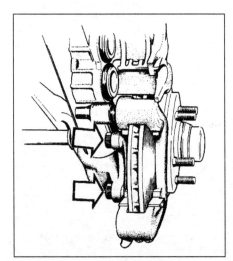

7.4 Demontering av en bakre bromsskiva

6.8b . . . och lyft av bromsskivan

7 Bromsskiva bak – inspektion, demontering och montering

Observera: *Innan arbetet påbörjas, se varningen i början av avsnitt 5 angående farorna med asbestdamm.*

Inspektion

1 Undersökningen går till på samma sätt som för främre bromsskivor och vi hänvisar till avsnitt 6, punkt 1 till 4. Kontrollera också handbromstrummorna efter demonteringen. Gränsvärden för bearbetning, skevhet och orundhet finns i specifikationerna. Det är inte troligt att trummorna slits, om inte handbromsen ofta används till att stanna bilen.

Demontering

2 Demontera det bakre bromsoket utan att koppla loss hydraulslangarna (avsnitt 9). Bind upp oket så att det är ur vägen.
3 Om ett styrstift för hjulet finns, skruva ut detta ur skivan.
4 Kontrollera att handbromsen är lossad och dra av skivan. Knacka på den med en mjuk klubba om så behövs **(se bild)**.

Montering

5 Montering sker i omvänd ordning. Om en ny skiva monteras, ta bort rostskyddsmedlet från den.

8 Bromsok fram – demontering, renovering och montering

Observera: *Innan arbetet påbörjas, se varningen i början av avsnitt 2 angående farorna med hydraulvätska, och varningen i början av avsnitt 4 angående farorna med asbestdamm.*

Demontering

Modeller utan ABS

1 Följ beskrivningen för demontering av bromsklossar (avsnitt 4), men koppla dessutom loss okslangarna från hydraulrören vid fästet på innerflygeln. Märk upp slangarna så att de kan sättas tillbaka på samma rör. Var beredd på vätskespill. Skydda de öppna anslutningarna mot smutsintrång.
2 Om man önskar demontera okfästet, skruva loss de två insexskruvarna som håller det till styrspindeln **(se bild)**. Nya skruvar måste användas för monteringen.

Modeller med ABS

3 Gör som ovan, men notera att det endast finns en hydraulslang per ok, anslutningen mellan slang och rör kan lämnas orörd. Lossa slanganslutningen vid oket, ta bort oket från styrstiften och skruva loss det från slangen.

Renovering

4 Med bromsoket demonterat, rengör det utvändigt med denaturerad sprit och en mjuk borste.
5 Ta bort hydraulslangen/-arna och luftningsskruvarna. Töm ut eventuell kvarvarande hydraulvätska ur oket.
6 Ta bort vibrationsdämparfjädern.
7 Ta bort ett av kolvdammskydden och dra ut kolven ur sitt lopp **(se bilder)**.

> **HAYNES TiPS** *Om okkolven är svår att få loss, sätt tillbaka luftningsskruvarna och anslut lågt lufttryck (t.ex. från en fotpump, till vätskeinloppet, men notera att kolven kan skjutas ut med en viss kraft*

8.7a Ta bort kolvens dammskydd . . .

8.7b . . . och ta ut kolven

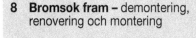
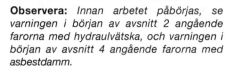

8.2 Två insexskruvar (vid pilarna) som håller det främre okets fäste

8 Haka ut kolvtätningen från loppet med ett trubbigt verktyg.
9 Upprepa ovanstående moment på den andra kolven. Märk kolvarna om de skall återanvändas.
10 Rengör kolvar och lopp med en luddfri trasa och lite ren bromsvätska eller denaturerad sprit. Små ojämnheter kan poleras bort med stålull. Gropar, repor och slitkanter på lopp eller kolvar betyder att hela oket måste bytas ut.
11 Byt ut alla gummikomponenter (tätningar, dammskydd och bälgar) som en rutinåtgärd. Blås genom vätskeinlopp och avtappningsskruvhål med tryckluft.
12 Kontrollera att styrstiften glider lätt i husen. Rengör eller byt ut dem efter behov, och smörj dem med kopparbaserat antikärvningsmedel.
13 Smörj en ny kolvtätning med ren bromsvätska. Sätt in tätningen i spåret i loppet, använd endast fingrarna **(se bild)**.
14 Sätt ett nytt dammskydd på kolven i den änden om är längst bort från kolvspåret. Dra ut dammskyddet för montering.
15 Smörj kolven och loppet med ren bromsvätska, eller med smörjmedel om det medföljer reparationssatsen.
16 För kolven och dammskyddet mot oket. Haka i dammskyddet med spåret i kolvhuset, tryck sedan kolven genom dammskyddet in i okloppet. Haka i dammskyddet med spåret i kolven.
17 Upprepa momenten på nästa kolv och lopp.
18 Sätt tillbaka luftningsskruvarna, hydraulslangarna och andra demonterade komponenter.

Montering

19 Vid montering av okfästet, lägg gänglåsningsmedel på insexskruvarna och dra åt dem till specificerat moment.
20 Sätt tillbaka oket enligt beskrivning i avsnitt 4 och anslut hydraulslangarna. Kontrollera att slangarna sitter rätt och att de inte är vridna eller veckade.
21 Avlufta hydraulsystemet (avsnitt 2).

9 Bromsok bak – demontering, renovering och montering

Observera: *Innan arbetet påbörjas, se varningen i början av avsnitt 2 angående farorna med hydraulvätska, och varningen i början av avsnitt 4 angående farorna med asbestdamm.*

Demontering

Modeller utan individuell bakfjädring

1 Demontera de bakre bromsklossarna (avsnitt 5).
2 Rengör runt hydraulanslutningen på oket. Lossa anslutningen ett halvt varv **(se bild)**.

8.13 Placera en ny kolvtätning i spåret

3 Ta bort de två bultarna som håller oket. Av de fyra bultarna på oket är dessa de två som sitter närmast navet. Ta inte bort de andra två bultarna, som håller ihop okhalvorna. Skaffa nya bultar för hopsättningen.
4 Demontera oket från skivan och skruva loss den från hydraulslangen. Var beredd på bränslespill. Plugga eller täck över öppna anslutningar.

Modeller med individuell bakfjädring

5 Lossa bakhjulsmuttrarna, lyft upp och stöd bilen och ta bort bakhjulet.
6 Om oket skall tas bort helt, lossa hydraulslangens anslutning ett halvt varv.
7 Skruva loss de två bultarna som håller okets fästkonsol till den bakre navhållaren. Skaffa nya bultar för hopsättning.
8 Dra bort oket, fästet och klossarna från skivan. Skruva loss oket från hydraulslangen om så önskas, var bredd på vätskespill. Om oket inte skall demonteras helt, knyt upp det så att slangen inte påfrestas.

Renovering

Alla modeller

9 Detta är i stort sett samma procedur som den som beskrivs för det främre oket (avsnitt 8). Notera också följande punkter.
10 Försök inte separera okhalvorna.
11 Var uppmärksam på placeringen av steget på kolven. Det skall stå i 20° vinkel i förhållande till den nedre ytan på oket.

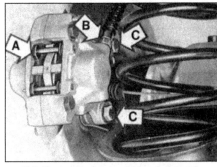
9.2 Demontering av bakre bromsok

A Bakre klossar   C Okets fästbultar
B Hydraulanslutning

12 Ok med bara en kolv är monterade på vissa senare modeller, men renoveringsarbetet är i stort sett detsamma.

Montering

Alla modeller

13 Påbörja monteringen med att skruva fast oket på slangen. Dra inte åt anslutningen helt än.
14 Placera oket över skivan och fäst det till axelfästet med två nya bultar. Dra åt bultarna till specificerat moment.
15 Dra åt slanganslutningen vid oket. Kontrollera att dragningen och placeringen av slangen är sådan att den inte kommer i kontakt med närliggande komponenter. Korrigera detta om så behövs genom att lossa slanganslutningen vid bromsrörsfästet, omplacera slangen och dra åt anslutningen.
16 Montera bromsklossarna (avsnitt 5).
17 Lufta aktuell hydraulkrets (avsnitt 2).

10 Huvudcylinder – demontering, renovering och montering

Observera: *Innan arbetet påbörjas, se varningen i början av avsnitt 2 angående farorna med hydraulvätska.*

Demontering

1 Sug ut så mycket vätska som möjligt från huvudcylinderns behållare med en hydrometer eller en gammal bollspruta.
Varning: Sug inte ut vätskan med munnen, den är giftig.
2 Skruva loss värmeskölden (om monterad) runt huvudcylindern.
3 Lossa kopplingshuvudcylinderns matningsrör från sidan av behållaren (om tillämpligt). Var beredd på vätskespill. Plugga den öppna änden av röret.
4 Koppla loss hydraulanslutningarna från huvudcylindern. Var beredd på vätskespill. Täck över de öppna anslutningarna så att inte smuts kan komma in **(se bild)**.
5 Ta bort muttrarna som håller huvudcylindern till servon. Dra av huvudcylindern

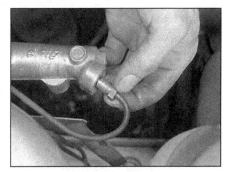
10.4 Hydraulanslutning till huvudcylindern

10.5 Demontering av huvudcylindern

10.8 Ta bort låsringen för att frigöra kolvarna

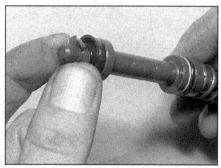

10.14a Montering av fjädersäte . . .

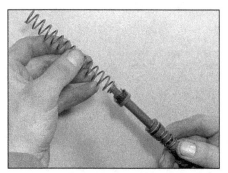

10.14b . . . och fjäder

10.14c Montering av kolvar i huvudcylinder

från pinnbultarna och ta bort den **(se bild)**. Var försiktig så att du inte spiller hydraulvätska på lackeringen.

Renovering

6 Töm ut vätskan ur huvudcylindern genom att pumpa kolvarna med en skruvmejsel. Rengör cylindern utvändigt.
7 Dra av behållaren från huvudcylindern och ta vara på tätningarna.

Modeller utan ABS

8 Tryck in kolvarna och ta bort låsringen från cylindermynningen **(se bild)**.
9 Skaka ut kolvar, fjädersäte och fjäder ur cylindern.
10 Undersök huvudcylinderloppet. Om det är allvarligt korroderat eller repat, byt ut hela cylindern. Lätt repning eller ytrost kan tas bort med stålull och denaturerad sprit.
11 Införskaffa en reparationssats som inne-

håller nya kolvar med monterade tätningar.
12 Rengör alla delar som inte skall bytas ut med denaturerad sprit. Blås genom vätske-passager med en luftledning eller fotpump.
13 Smörj cylinderloppet med ren hydraul-vätska. Lägg mer vätska på kolvarna och tätningarna, eller smörj in dem med smörj-medel om detta medföljer reparationssatsen.
14 Sätt ihop fjäder, fjädersäte och kolvar. Se till att alla komponenter är helt rena, sätt sedan in fjädern och kolvarna i huvud-cylindern. Tryck in kolvarna och sätt in lås-ringen **(se bilder)**.
15 Montera behållaren och tätningarna; byt ut tätningarna om så behövs. Se till att behål-larlockets ventilationshål inte är blockerat.

Modeller med ABS

16 Arbetet liknar det som just beskrivits, men kolvarna hålls på plats av både ett stift och en låsring.

Montering

17 Montering sker i omvänd ordning. Avsluta med att lufta hela hydraulsystemet (avsnitt 2), och om så behövs kopplingens hydraul-system (kapitel 6).

11 Varningsventil för kretsbortfall – demontering, renovering och montering

Observera: *På vissa senare modeller används inte den här ventilen, utan dess funktion ersätts av en flottörmanövrerad kontakt i huvudcylinderbehållarens påfyllningslock.*

Demontering

1 Täta huvudcylinderbehållaren genom att blockera lockets ventilationshål, eller lägga en bit plastfolie under locket och dra åt det.
2 Rengör ventilen och dess anslutningar. Den är placerad på vänster innerflygel och är svåråtkomlig **(se bild)**.
3 Koppla loss de åtta hydraulanslutningarna för ventilen, gör anteckningar för att under-lätta monteringen om det finns risk för att de blandas ihop. Var beredd på bränslespill, täck över öppna anslutningar.
4 Koppla loss elledningen från ventilen.
5 Skruva loss den enda fästbulten och byt ut ventilen. Droppa inte vätska på karossen.

Renovering

6 Rengör noggrant utsidan av ventilen.
7 Skruva loss kontakten uppe på ventilen. Ta vara på fjädern och kontaktstiftet **(se bild)**.
8 Skruva loss de två ändpluggarna från ventilen. Ta vara på O-ringarna.
9 Ta bort kolv, fjäder, tryckstänger och O-ringar. Kom ihåg deras monteringsordning.
10 Rengör alla delar i denaturerad sprit och undersök dem. Om ventilloppet är mycket slitet, rostigt eller repigt, byt ut hela ventilen. I annat fall, införskaffa en reparationssats som innehåller nya O-ringar.
11 Montera ena ändpluggen, använd en ny O-ring, och dra åt den.
12 Sätt ihop kolv, tryckstänger och fjäder. Smörj kolven och de nya O-ringarna med ren hydraulvätska. Montera en av O-ringarna på en tryckstång och sätt in enheten i ventil-loppet med O-ringen först.

11.2 Varningsventil för kretsbortfall

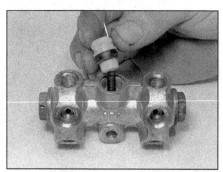

11.7 Skruva loss kontakten från ventilen

13 Sätt den andra O-ringen i loppet och tryck in den med ett litet rör eller annat lämpligt verktyg.
14 Montera den andra ändpluggen med O-ring.

Montering

15 Montering sker i omvänd ordning. Avlufta hela hydraulsystemet (avsnitt 2), kontrollera sedan att renoveringen givit resultat enligt följande.
16 Låt en medhjälpare trycka ned bromspedalen hårt i en minut. Observera ventilen; om vätska kommer ut ur kontakthålet, byt ut ventilen. Om ingen vätska kommer ut, sätt tillbaka kontaktstift, fjäder och kontakt. Återanslut kontakten.

12 Bromspedal – demontering och montering

Proceduren för demontering och montering av bromspedalen är densamma som för kopplingspedalen. Se kapitel 6, avsnitt 3.

13 Bromsservo – demontering och montering

Demontering

1 Demontera bromshuvudcylindern (avsnitt 10). Om man är försiktig kan huvudcylindern flyttas bort från servon utan att hydraulanslutningarna behöver lossas. Man måste dock koppla loss kopplingshuvudcylinderns matningsrör.
2 Koppla loss servons vakuummatning, antingen genom att lossa slangen eller genom att ta ut backventilen.
3 Inuti bilen, demontera rattstångs-/pedalklädseln. Koppla loss servons gaffel från bromspedalen.
4 Ta bort de fyra muttrarna som håller servon.
5 Ta ut servon från motorrummet.

Montering

6 Montering sker i omvänd ordning. Om en ny servo monteras, justera tryckstången om så behövs för att få ett litet spel mellan servons

14.2 Vakuumpumpens fästmuttrar

tryckstång och huvudcylinderns kolv i viloläge.
7 Avsluta med att lufta hydraulsystemet (avsnitt 2).

14 Vakuumpump – demontering, renovering och montering

Demontering

1 Koppla loss slangen från vakuumpumpen.
2 Lossa de fyra fästmuttrarna och lyft av pumpen (se bild). Ta vara på packningen.

Renovering

3 Demontera pumpens övre lock som sitter fast med två skruvar. Ta vara på packning, ventilfjädrar, ventiler och tätningar. Notera vilken väg ventilerna är monterade.
4 Gör passmärken på pumpens två halvor. Ta bort de åtta skruvarna och ta isär pumphalvorna.
5 Ta bort mittskruven som håller membranet. Ta bort membran, brickor och fjäder. Notera brickornas monteringsordning.
6 Skruva loss de fyra skruvarna och ta bort det nedre locket.
7 För in bladmått mellan manöverarm och lagring för att stödja lagringen. Knacka ut pivåstiftet, dra sedan ut bladmåtten.
8 Demontera tryckstång och manöverarm.
9 Rengör alla delar och byt ut dem vid behov. Nya packningar och tätningar bör användas som rutinåtgärd.

10 Påbörja hopsättningen med att montera tryckstången och manöverarmen på pumpen. Stöd lagringen med bladmått och knacka in pivåstiftet; lägg lite låsvätska på de exponerade ändarna av stiftet. Ta bort bladmåtten.
11 Montera det nedre locket, använd en ny packning, och fäst den med de fyra skruvarna.
12 Sätt ihop membran, fjäder, brickor och skruv. Håll pumpen upp och ner och montera membranenheten. Fäst den med skruven.
13 Montera pumpens övre halva, observera de passmärken som gjordes vid isärtagningen. Säkra den med de åtta skruvarna.
14 Montera ventilerna, använd nya tätningar. Se till att ventilerna monteras rätt väg. Sätt tillbaka fjädrarna och det övre locket, med en ny packning, och fäst det med de två skruvarna.

Montering

15 Montering sker i omvänd ordning, använd en ny packning om så behövs.

15 Handbromsbackar – inspektion och byte

Inspektion

1 Lossa handbromsvajerns justerare (se kapitel 1).
2 Demontera den bakre bromsskivan (se avsnitt 7).
3 Undersök om backarna är slitna, skadade eller oljeförorenade. Byt ut dem om så behövs och åtgärda orsaken till eventuell förorening. Som med bromsklossarna måste bromsbackarna bytas ut axelvis.

Byte

4 Bänd isär backarna och förskjut manövermekanismen från dem i bakre änden och tryckstången framtill (se bilder).
5 På tidiga modeller, haka loss en av returfjädrarna från en av backarna, arbeta genom hålet i halvaxelflänsen. På senare modeller används en hästskoformad fjäder. De öppna ändarna på fjädern hakar i hålen i backarna och den slutna änden är fäst med en klämma (se bild). Ta bort fjädern genom att bända ut de öppna ändarna ur sina hål med en stor skruvmejsel.

15.4a Framsidan av bromsbackarna med tryckstången

15.4b Ta loss bromsbackarna från manövermekanismen baktill

15.5 Bromsbackens fjäder tas bort (senare modell)

15.6 Handbromsback ihakad i U-klämman

6 Lossa backarna från den U-formade klämman på bromsskölden och ta bort dem (komplett med fjädrar på tidiga modeller) **(se bild)**.
7 Montera backarna i omvänd ordning. Avsluta med att justera handbromsen (se kapitel 1).

16 Handbromsvajrar (utan individuell bakfjädring) – demontering och montering

Demontering

Kort (höger) vajer

1 Demontera handbromsbackarna på höger sida (avsnitt 15).
2 Lossa vajrarna från manövermekanismen genom att trycka ut gaffelbulten.
3 Ta bort gaffelbulten från den andra änden av vajern. Lossa vajern från styrningarna eller fästclipsen och ta bort den
4 Undersök gummidamasken och byt ut den om den är i dåligt skick **(se bild)**.

Lång (vänster) vajer

5 Inuti bilen, lossa handbromsjusteringen så långt som möjligt (kapitel 1). Lossa vajern från armen.
6 Demontera handbromsbackarna på vänster sida (avsnitt 15).
7 Frigör vajern från manövermekanismen genom att trycka ut gaffelbulten.
8 Lossa vajern från bromsskölden och från bakaxeln.
9 Lossa vajern från upphängningar och

16.4 Handbromsvajer och gummidamask

genomföringar under golvet och ta bort den. Överför genomföringar etc. till den nya vajern. Byt ut gummidamasken om så behövs.

Montering

Båda vajrarna

10 Montera i omvänd ordning, notera följande:
a) *Lägg antikärvningsmedel på manövermekanismens och bromssköldens kontaktytor. Se till att inget hamnar på bromsbeläggen.*
b) *Montera manövermekanismen med pilen synlig och pekande uppåt (se bild).*
c) *Avsluta med att justera handbromsen (kapitel 1).*

17 Handbromsvajrar (med individuell bakfjädring) – demontering och montering

Demontering

1 På modeller med individuell bakfjädring används tre handbromsvajrar. En lång vajer går från handbromsvajern till de bakre fjädringskomponenterna. Två korta vajrar, en på var sida, överför den långa vajerns rörelse till bromsbackarna.

Lång vajer

2 Demontera den bakre konsolen, lossa vajerjusteringen helt och lossa vajern från handbromsspaken.
3 Demontera baksätesdynan och dra undan mattan. Ta loss vajergenomföringen från golvet.
4 Lyft upp och stöd bilen. Lossa, men ta inte bort, bränsletankens fästbultar (se kapitel 4) så att tanken sänks med 10 till 15 mm.
5 Skruva loss klamman som håller vajern till golvets undersida.
6 Koppla loss den långa vajern från anslutningarna till de korta vajrarna. Ta bort den långa vajern, dra den över bensintanken.

Kort vajer

7 Demontera den bakre konsolen (kapitel 11) och lossa vajerjusteraren.
8 Demontera handbromsbackarna på aktuell sida (avsnitt 15).
9 Koppla loss den korta vajern vid dess

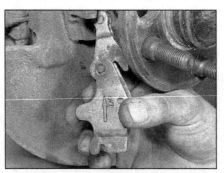

16.10 Montering av handbromsmekanism – notera pilen och markeringen "UP"

anslutning till den långa vajern. (Det kan vara enklare om båda de korta vajrarna tas loss.)
10 Ta bort vajerklämman från bromsskölden.
11 Ta bort manövermekanismen från bromsskölden och koppla loss innervajern från den, notera vilken väg pilen på mekanismen pekar. Ta bort vajern.

Montering

Alla vajrar

12 Montering sker i omvänd ordning mot demontering, notera följande:
a) *Lägg antikärvningsmedel på manövermekanismens och bromssköldens kontaktytor. Se till att inget hamnar på bromsfriktionsytorna.*
b) *Montera manövermekanismen med pilen pekande i den riktning som tidigare noterats.*
c) *För den långa vajern visas rätt monteringsläge för golvklämman på den nya vajern med ett färgmärke.*
d) *Justera handbromsen (kapitel 1) innan konsolen monteras.*

18 Låsningsfria bromsar (ABS) – allmän beskrivning

1 ABS-systemet övervakar roteringshastigheten för hjulen under inbromsning. Vid plötslig retardation av ett hjul, vilket tyder på låsning, minskas eller stoppas tillfälligt det hydrauliska trycket till det aktuella hjulets broms. Övervakning och korrigering inträffar flera gånger per sekund, vilket ger en "pulserande" effekt i bromspedalen när korrigering sker. Systemet ger en oerfaren förare en bra chans att återfå kontrollen över bilen vid inbromsning på halt underlag.
2 Huvudkomponenterna i systemet är givare, styrenhet och den hydrauliska modulatorn. (Vissa av ABS-komponenterna delas av det elektroniska antispinnsystemet (ETC) (om sådant finns).
3 En givare är monterad på varje framhjul, den tar upp hastighetsinformation från ett pulshjul som finns på bromsskivan. Information om bakhjulens hastighet tas upp från hastighetsmätarens givare i differentialhuset. För ABS-syften behandlas bakhjulen som en enhet.
4 Informationen från givarna matas till styrenheten som är placerad i bagageutrymmet på tidiga modeller och i förarens fotbrunn på senare modeller. Styrenheten aktiverar solenoidventiler i den hydrauliska modulatorn (även i bagageutrymmet på tidiga modeller, och i motorrummet på senare modeller), för att vid behov begränsa matningen till antingen det främre oket eller till de båda bakre. Styrenheten tänder också en varningslampa om det är något fel på systemet.
5 Den hydrauliska modulatorn innehåller en pump så väl som solenoidventiler. Det är en

semiaktiv enhet som förstärker kraften som läggs på bromspedalen. Om modulatorn går sönder kommer det fortfarande att finnas tillräckligt med bromskraft från huvudcylindern och servon, även om ABS-funktionen är borta.

6 På modeller med ABS är de hydrauliska kretsarna delade mellan fram och bak istället för triangulärt.

7 För att undvika skada på ABS styrenhet, utsätt den inte för spänningstoppar som överskrider 16 volt, inte heller temperaturer över 80°C.

19 Låsningsfria bromsar (ABS) – demontering och montering av komponenter

Demontering

Givare för framhjul

1 Följ givarens kablage bakåt till fjäderbenstornet. Lossa kontaktstycket, lossa kablarna från det och mata tillbaka dem in i hjulhuset.
2 Ta bort insexskruven som håller givaren till styrknogen. Ta bort givare och kablar.

Pulshjul på främre bromsskiva

Observera: *Demontering och montering av främre bromsskivans pulshjul kan endast göras på tidiga modeller med integrerad nav/skiva.*

3 Demontera främre bromsskivan/navet (se kapitel 10).
4 Ta loss pulshjulet från skivan med en tvåarmad avdragare. Var försiktig så att inte navets oljetätning skadas.

Givare för bakhjul (modeller utan individuell bakfjädring)

5 Arbetet är detsamma som för hastighetsmätarens givare (kapitel 12, avsnitt 7), men den kan vara fäst med en insexskruv i stället för en ringmutter. Spelet för den här givaren är 0,35 till 0,75 mm med ett önskat värde på 0,60 mm.

Givare för bakhjul (modeller med individuell bakfjädring)

6 Som på tidigare modeller fungerar ABS-givaren också som givare för hastighetsmätaren. Man kommer åt den på följande sätt:
7 Inuti bagageutrymmet, ta undan reservhjulet och vik undan mattan. Ta bort skyddet runt bränslepåfyllningsröret så att kopplingsdosan för ABS blir åtkomlig.
8 Öppna dosan, bryt förseglingen och lossa

anslutningen. Lossa ABS-givarens kabel där den går genom en genomföring i golvet.
9 Lyft upp och stöd bakvagnen. Stöd bakaxelns nedre balk med en domkraft.
10 Ta bort de fyra bultarna som håller bakaxelns övre balk till karossen. Sänk försiktigt ned axelbalkarna/bakaxelväxeln tills ABS-givaren blir åtkomlig. Var försiktig så att inte drivaxlarna skadar bränsletanken.
11 Bryt förseglingen på givaren, skruva loss insexskruven och ta ut givaren. Lossa kabeln, notera hur den är dragen. Åtkomligheten blir bättre om man kopplar loss handbromsens högra korta vajer.

Styrenhet (modeller före 1988)

12 Försäkra dig om att tändningen är avslagen.
13 Ta bort klädseln på höger sida i bagageutrymmet.
14 Lyft ut styrenheten ur sitt fäste, lossa kontaktstycket och ta bort det.

Styrenhet (1988 års modeller och framåt)

15 Koppla loss batteriets negativa anslutning.
16 Ta bort klädseln under instrumentpanelen och runt höger sida av förarens fotbrunn.
17 Identifiera styrenheten, ta loss den från sitt band och dra ut den **(se bild)**. Ta loss kontakten från enheten.

Hydraulisk modulator (modeller före 1988)

Observera: *Innan arbetet påbörjas, se varningen i början av avsnitt 2 angående farorna med hydraulvätska.*

18 Ta bort klädseln på höger sida i bagageutrymmet.
19 Ta bort modulatorns kåpa. Koppla loss de två reläerna och den elektriska kontakten från modulatorn. Lossa jordledningen.

19.17 ABS styrenhet monterad på senare modeller

20 Rengör runt de två hydraulanslutningarna. Gör identifieringsmärken eller anteckningar för att underlätta hopsättningen.
21 Ta bort de tre muttrarna från modulatorfästena.
22 Placera några trasor under enheten. Koppla loss hydraulanslutningarna, var beredd på vätskespill. Lyft ut modulatorn. Plugga eller täck över öppna anslutningar.
23 Om en ny modulator monteras, flytta över röranslutningar och gummifästen till den.

Hydraulisk modulator (1988 års modeller och framåt)

24 Koppla loss batteriets negativa anslutning. Ta bort fästskruven och lyft av kåpan från modulatorn.
25 Demontera båda reläerna från modulatorn. Lossa kabelklämmans skruv och ta loss kontakten. Koppla också loss jordledningen.
26 Se efter om hydraulrören har identifieringsmärken. Märk rören om så behövs, följ identifikationsbokstäverna på modulatorn:
  a) *V – inlopp främre krets (vorn)*
  b) *H – inlopp bakre krets (hintern)*
  c) *I – utlopp vänster fram*
  d) *r – utlopp höger fram*
  e) *h – utlopp bak*
27 Placera trasor under modulatorn för att fånga upp spilld vätska. Koppla loss hydraulanslutningarna.
28 Ta bort de två muttrarna och bulten som håller modulatorn. Demontera modulatorn, var försiktig så att du inte spiller hydraulvätska på lackeringen.

Montering

29 För alla modeller, montera i omvänd ordning mot demontering, men notera följande:
  a) *Vid montering av framhjulsgivare, lägg lite fett (Volvo nr 1 161 037-5 eller liknande) på givarkroppen.*
  b) *Använd en bit rör till att sätta framskivans pulshjul på plats och montera sedan skivan/navet (se kapitel 10).*
  c) *Vid montering av bakhjulsgivare på modeller med individuell bakfjädring, använd nya bultar till axelns övre balk och dra åt dem till specificerat moment.*
  d) *Avlufta hela hydraulsystemet när modulatorn monterats.*

Kapitel 10
Fjädring och styrning

Innehåll

Svårighetsgrader

Enkelt, passar novisen med lite erfarenhet	**Ganska enkelt,** passar nybörjaren med viss erfarenhet	**Ganska svårt,** passar kompetent hemmamekaniker	**Svårt,** passar hemmamekaniker med erfarenhet	**Mycket svårt,** för professionell mekaniker

Specifikationer

Styrning

Servostyrning, vätsketyp	Se "Veckokontroller"

Hjulinställning och styrvinklar

Framhjulens toe-inställning:

Alla modeller utom 760 sedan 1988 och framåt	2,0 ± 0,5 mm toe-in
760 sedan 1988 och framåt	2,5 ± 0,5 mm toe-in
Bakhjulens toe-inställning (modeller med individuell bakfjädring)	2,5 ± 0,5 mm toe-in

Hjul

Axialkast:

Aluminium	max 0,8 mm
Stål	max 1,0 mm

Radialkast:

Aluminium	max 0,6 mm
Stål	max 0,8 mm

Atdragningsmoment

Nm

Framfjädring

Framhjulsnav, mutter (1988 års modeller och framåt, med vinkelkontaktkullager):

Steg 1 100

Steg 2 . . . . Vinkeldra ytterligare 45°

Bärarm, kulstiftets mutter 60

Spindelled till fjäderben:

Steg 1 30

Steg 2 . . . . Vinkeldra ytterligare 90°

Styrled, kulstiftets mutter 60

Bärarm till tvärbalk* 85

Reaktionsstag till bärarm* 95

Reaktionsstag till monteringsram*

M12 85

M14 140

Fjäderbenets över fäste (till kaross) 40

Fjäderbenets kolvstångsmutter:

T.o.m. 1984 150

1985 och framåt 70

Tvärbalk till kaross 95

*Använd nya bultar/muttrar varje gång

Bakfjädring (ej individuell)

Bärarm till axel 45

Bärarmsfästets bultar 45

Bärarmsfästets muttrar 85

Bakfjäderns övre fäste 48

Stötdämparfästen 85

Panhardstag, bultar 85

Momentstag 140

Monteringsramens främre infästning 85

Monteringsramens bakre bussningsfäste 48

Bakfjädring (individuell)

Drivaxelmutter:*

Steg 1 190

Steg 2 . . . . Vinkeldra ytterligare 60°

Stödarmens främre fäste till karossen:

Bultar 48

Mutter, steg 1* 70

Mutter, steg 2* . . . . Vinkeldra ytterligare 60°

Övre länk till navhållare 115

Övre länk till axelbalk:

Fram, steg 1* 70

Fram, steg 2* . . . . Vinkeldra ytterligare 60°

Bak 85

Styrstag till navhållare 85

Styrstag till axelbalk 70

Stötdämpare till stödarm 56

Stötdämpare till kaross 85

Stödarm till navhållare:*

Steg 1 60

Steg 2 . . . . Vinkeldra ytterligare 90°

Stödarm till fäste:*

Steg 1 125

Steg 2 . . . . Vinkeldra ytterligare 120°

Nedre länk till navhållare eller axelbalk:*

Steg 1 50

Steg 2 . . . . Vinkeldra ytterligare 90°

Bakaxelbalk till kaross:*

Steg 1 70

Steg 2 . . . . Vinkeldra ytterligare 60°

Bakaxelbalkens övre till nedre sektion:*

Steg 1 70

Steg 2 . . . . Vinkeldra ytterligare 30°

*Bultar/muttrar som vinkeldras skall bytas ut varje gång

Atdragningsmoment (forts)   Nm

Styrning
Rattens bult   32
Rattstångslager, bultar (760 modeller 1988 och framåt)   24
Rattstångens mellanaxel, klämbultar till knutar
  (760 modeller 1988 och framåt)   24
Rattstångens universalknutar   21
Styrväxel till tvärbalk   44
Styrledens spindelled, mutter   60
Styrledens låsmutter   70
Hydraulisk anslutning, banjobultar   42

Hjul
Hjulmuttrar   85

1 Allmän information

Den individuella framfjädringen har fjäderben av typen MacPherson med spiralfjädrar och integrerade teleskopiska stötdämpare. Fjäderbenen styrs i de nedre ändarna av bärarmar med spindelleder. Bärarmarna är anslutna till den främre tvärbalken, till ett reaktionsstag var och till den främre krängningshämmaren.

På de flesta modeller har bakfjädringen stel bakaxel (ej individuell fjädring). Axeln stöds av två bärarmar, två momentstag och ett Panhardstag. Momentstagen är anslutna till en central monteringsram, och en spiralfjäder och en teleskopisk stötdämpare är ansluten till varje bärarm. En krängningshämmare kan också finnas. Vissa av kombimodellerna i toppserien har också nivåreglerande bakfjädring.

Individuell "Multi-link" bakfjädring finns på 760 sedanmodeller från 1988 och framåt. Systemet använder övre och nedre länkar, styrstag och stödarmar, med spiralfjädrar och teleskopiska stötdämpare. Bakaxelväxeln och drivaxlarna, som är nya komponenter associerade med individuell bakfjädring, behandlas i kapitel 8.

Styrningen är av kuggstångstyp med servoassistans. Servostyrningssystemet drivs av en hydraulisk pump, remdriven från vevaxelremskivan.

2 Hjullager fram – kontroll och justering

Kontroll

1 Lyft upp bilen och stöd framvagnen så att hjulen går fria.
2 Håll hjulet upptill och nedtill och försök vicka på det. Rotera hjulet och lyssna efter buller eller gnissel. Man ska knappt känna något spel och inga ljud ska kunna höras.
3 Två typer av hjullager kan vara monterade på de modeller som behandlas i denna handbok. Modeller före 1988 är utrustade med justerbara koniska rullager (vilket

kännetecknas av att det finns en saxpinne som säkrar navmuttern); senare modeller har icke justerbara vinkelkontaktkullager (vilket kännetecknas av att navmuttern inte har någon saxpinne).
4 Om spel eller oljud är uppenbara kan de lager som finns på modeller före 1988 justeras enligt beskrivningen nedan. Om justeringen inte förbättrar situationen måste lagren bytas ut (se avsnitt 3). Ingen justering är möjlig på modeller med kullager, och om spel eller oljud är uppenbara på dessa är byte av lagren det enda alternativet (se avsnitt 3).

Justering (endast modeller före 1988 med koniska rullager)

5 Lossa framhjulsmuttrarna. Lyft upp och stöd framvagnen och ta av framhjulet.
6 Bänd eller knacka av navets fettkapsel. Införskaffa en ny kapsel om den gamla är skadad (se bild).
7 Räta ut saxpinnens ben och ta bort den från muttern. En ny måste användas vid monteringen.
8 Lossa på navmuttern lite, dra sedan åt den till 57 Nm, rotera samtidigt bromsskivan.
9 Lossa muttern ett halvt varv, dra sedan åt den igen, men bara med fingrarna (nominellt moment 1,5 Nm).
10 Sätt i en ny saxpinne för att säkra navmuttern. Dra åt muttern om så behövs för att ställa in nästa saxpinnhål. Böj ut saxpinnens ben för att säkra muttern.
11 Fyll halva fettkapseln med fett. Sätt tillbaka den och knacka den på plats.
12 Montera hjulet, sänk ned bilen och dra åt hjulmuttrarna.

3 Hjullager fram – byte

Observera: *Två typer av främre hjullager kan vara monterade på de modeller som behandlas i denna handbok. Modeller före 1988 är utrustade med justerbara koniska rullager (kännetecknas av att det finns en saxpinne som säkrar navmuttern); senare modeller har icke justerbara vinkelkontaktkullager (kännetecknas av att navmuttern inte har någon saxpinne). Undersök vilken typ av lager din bil har och utför sedan arbetet enligt relevant beskrivning nedan.*

Modeller före 1988 med koniska rullager

1 Demontera främre bromsok och fäste (se kapitel 9, avsnitt 8), men koppla inte loss hydraulslangarna. Bind upp oket så att slangarna inte belastas.
2 Bänd eller knacka loss navmutterns fettkapsel. Skaffa en ny kapsel om den gamla skadas under demonteringen.
3 Ta bort saxpinnen från navet. Skruva loss och ta bort muttern.
4 Dra navet och bromsskivan utåt för att ta loss det yttre lagret. Ta vara på lagret och dra sedan av enheten från axeltappen.
5 Bänd ut oljetätningen och dra ut det inre lagret. Om det inre lagret har blivit kvar på axeltappen, dra eller bänd av det.
6 För att ta bort lagerbanorna, knacka ut dem ur navet med en hammare och en dorn av mässing eller koppar (se bild).

2.6 Framnavets fettkapsel tas av

3.6 Driv ut lagerbanorna

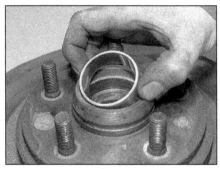

3.10a Montera lagerbanan . . .

3.10b . . . och knacka den på plats

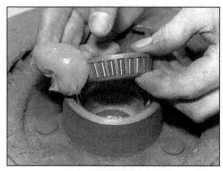

3.11 Lagren fettas in

7 Rengör lagren och lagerbanorna i navet med fotogen. Undersök om de är ojämna, blånade eller på annat sätt skadade. Byt ut lagren som en uppsättning om något av dem visar sig otillfredsställande.
8 Vid byte av lagren, notera att det yttre lagret kan vara tillverkat av SKF eller av Koyo. Lager och lagerbanor av olika tillverkare får inte blandas.
9 Rengör sätena i navet.
10 Knacka in lagerbanorna på plats i navet, var noga med att de går in rakt (se bilder). Använd en hylsa eller ett rör, eller de gamla banorna, till att driva in dem.
11 Packa lagren med fett, arbeta in det väl i rullarna för hand. Lägg också några klickar fett i området mellan lagerbanorna (se bild).
12 Montera det inre lagret i navet. Fetta in läpparna på den nya oljetätningen och montera den så att den är i linje med navet (se bild).

13 Montera navet/skivan på axeltappen, vilken skall vara väl insmord. Tryck enheten på plats, sätt sedan på det yttre lagret och kronmuttern (se bild).
14 Justera lagren enligt beskrivning i avsnitt 2.
15 Sätt tillbaka bromsoket och fästet (se kapitel 9, avsnitt 8).

1988 års modeller och framåt, med vinkelkontaktkullager

Observera: En ny fästmutter för navet behövs vid monteringen.
16 På modeller med vinkelkontaktkullager utgör navet och lagren en enda enhet. Om lagren är slitna måste hela navet demonteras.
17 Demontera främre bromsok och fäste (se kapitel 9, avsnitt 8), men koppla inte loss hydraulslangarna. Bind upp oket så att inte slangarna påfrestas.

18 Ta bort styrstiftet som håller skivan till navet. Lyft av skivan (se bilder).
19 Bänd eller knacka bort lagrets dammskydd. Använd ett nytt dammskydd vid monteringen.
20 Lossa navmuttern som nu blir åtkomlig. Muttern sitter mycket hårt, så var noga med att bilen står stadigt. Använd en ny mutter vid hopsättningen.
21 Dra av nav och lager från axeltappen (se bild). Den inre lagerbanan från det inre lagret kan bli kvar på axeln, dra i så fall av den.
22 Rengör axeltappen och fetta in den lite innan det nya navet och lagret monteras.
23 Sätt på muttern och dra åt den till momentet som specificerats för steg ett. Dra sedan åt den till den vinkel som anges för steg två (se bild).
24 Montera övriga komponenter i omvänd ordning mot demontering.

3.12 Montering av oljetätning

3.13 Kronmuttern sätts på plats

3.18a Ta bort styrstiftet . . .

3.18b . . . och lyft av bromsskivan

3.21 Demontering av navet (med ABS pulshjul) från axeltappen

3.23 Vinkeldragning av framnavets mutter

4.2 Bärarmens spindelled – saxpinnen delvis utdragen

4 Bärarm fram – demontering och montering

Observera: *Vissa 1987 års 740-modeller har främre bärarmar av aluminium i stället för av stål. De två typerna av armar är inte utbytbara. Om byte behövs måste samma typ av arm monteras.*
Observera: *Alla muttrar och bultar som skall vinkeldras vid hopsättningen (se specifikationer) måste bytas ut.*

Demontering

1 Lossa framhjulsmuttrarna, lyft upp och stöd framvagnen och ta bort framhjulet.
2 Ta bort saxpinnen och skruva loss muttern från spindelledens mutter **(se bild)**. Skaffa en ny saxpinne till hopsättningen.
3 Skruva loss krängningshämmarens länk

5.2 Två bultar (vid pilarna) håller spindelleden till fjäderbenet

7.2 Krängningshämmarens sadelfäste

4.5 Bult mellan bärarm och tvärbalk (vid pilen)

och reaktionsstaget från bärarmen. Skaffa en ny bult till hopsättningen.
4 Ta loss bärarmen från spindelleden, använd en spindelledsavdragare om så behövs. Var försiktig så att inte spindelleden skadas.
5 Ta bort mutter och bult som håller bärarmen till tvärbalken **(se bild)**. Ta bort bärarmen från tvärbalken. Skaffa ny mutter och bult till hopsättningen.

Montering

6 Montering sker i omvänd ordning, men dra inte åt mutter och bult mellan bärarm och tvärbalk helt förrän bilens vikt vilar på hjulen. Gunga bilen för att få fjädringen att sätta sig, dra sedan åt muttern och bulten till specificerat moment.

5 Bärarm fram, spindelled – demontering och montering

Demontering

Observera: *Alla muttrar och bultar som vinkeldras vid hopsättningen måste bytas ut.*
1 Följ beskrivningen för demontering av bärarman (avsnitt 4, paragraf 1 till 4) men utan att skruva loss reaktionsstaget.
2 Ta bort de två bultar som håller spindelleden till fjäderbenet **(se bild)**. Ta loss leden.

Montering

3 Vid montering, använd nya bultar för att fästa spindelleden och lägg gänglåsningsmedel på dem. Dra åt bultarna i de specifi-

7.3 Krängningshämmarlänk

cerade stegen, se till att spindelleden sitter ordentligt.
4 Övrig montering sker i omvänd ordning mot demonteringen.

6 Reaktionsstag fram – demontering och montering

Demontering

Observera: *Alla muttrar och bultar som ska vinkeldras vid monteringen (se specifikationer) måste bytas ut.*
1 Lossa framhjulsmuttrarna, lyft upp och stöd bilen och demontera framhjulet.
2 Skruva loss reaktionsstaget från bärarmen och från monteringsramen. Ta bort reaktionsstaget.

Montering

3 Montering sker i omvänd ordning, använd nya muttrar och bultar till reaktionsstaget. Dra inte åt mutter och bult mellan reaktionsstaget och monteringsramen förrän bilens vikt vilar på hjulen igen och den har gungats några gånger.

7 Krängningshämmare fram – demontering och montering

Demontering

1 Lyft upp framvagnen på ramper eller kör den över en smörjgrop.
2 Skruva loss de två sadelfästena som håller krängningshämmaren **(se bild)**.
3 Skruva loss krängningshämmaren från dess ändlänkar, eller skruva loss ändlänkarna från bärarmarna, vilket som föredras **(se bild)**.

Montering

4 Montering sker i omvänd ordning. Byt ut fästgummina efter behov. (Sadelfästenas gummin är delade och kan bytas ut utan att krängningshämmaren demonteras.)
5 Dra åt de övre länkmuttrarna så att specificerat mått uppnås mellan brickorna **(se bild)**.

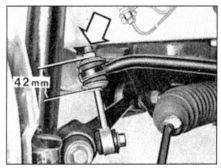

7.5 Dra åt krängningshämmarlänken (vid pilen) så att det mått som visas erhålls

8.9 Lossa kolvstångsmuttern (fjäderben demonterat)

8 Fjäderben fram – demontering och montering

Demontering

1 Lossa framhjulsmuttrarna, lyft upp och stöd framvagnen och ta bort framhjulet.
2 Demontera bromsoket (se kapitel 9, avsnitt 8), men koppla inte loss hydraulslangarna. Bind upp oket så att slangarna inte belastas.
3 På modeller med ABS, koppla loss eller demontera hjulgivaren.
4 Om fjäderbenet skall bytas ut, demontera framnavet (se avsnitt 3) och demontera sedan bromsskölden.
5 Ta bort saxpinnen från fjädringens nedre spindelledsmutter. Skruva loss muttern till

9.3a Ta loss kolvstångsmuttern . . .

änden av gängorna. Lossa kulstiftet från bärarmen med en spindelledsavdragare, ta sedan bort muttern.
6 Lossa på samma sätt styrledens spindelled från styrarmen.
7 Bänd bärarmen nedåt och lossa den från den nedre spindelleden. Om det inte finns tillräckligt med utrymme att göra detta, skruva loss krängningshämmarlänken.
8 Ta bort locket från fjäderbenets övre fäste. Notera vilken väg fästet sitter, det är inte symmetriskt.
9 Om fjäderbenet skall tas isär, lossa kolvstångsmuttern, håll emot på kolvstången **(se bild)**.

Varning: Ta inte bort muttern, lossa den bara ett eller två varv.

10 Låt en medhjälpare stödja fjäderbenet. Kontrollera att alla infästningar har tagits bort, ta sedan bort de två övre fästmuttrarna. Ta ut fjäderbenet genom hjulhuset.

Montering

11 Demontering sker i omvänd ordning, notera följande:
   a) Se till att det övre fästet monteras rätt väg **(se bild)**.
   b) Dra åt alla infästningar till specificerade åtdragningsmoment.

9 Fjäderben fram – isärtagning och hopsättning

⚠️ *Varning: Innan man försöker ta isär stötdämparen och fjädern måste ett lämpligt verktyg införskaffas för att hålla fjädern hoptryckt. Justerbara fjäderkompressorer finns tillgängliga och det rekommenderas att en sådan används vid detta arbete. Försök att utföra isärtagningen utan ett sådant verktyg kommer förmodligen att resultera i person- eller materiella skador.*

Isärtagning

1 Demontera fjäderbenet från bilen (avsnitt 8).
2 Montera en fjäderkompressor över minst tre

9.6 Stötdämparens mutter skruvas loss med en haknyckel

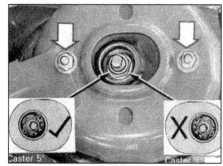

8.11 Korrekt montering av fjäderbenet ger rätt castervinkel (infälld vänster). Övre fästets muttrar vid pilarna. Höger fjäderben visat

fjädervarv. Dra åt kompressorn tills fjäderbelastningen tas från fjädersätena. Försäkra dig om att kompressorn sitter säkert.
3 Ta bort kolvstångsmuttern (som redan bör vara lossad) och fjäderbenets övre fäste. Notera placeringen av eventuella brickor **(se bilder)**.
4 Ta bort det övre fjädersätet, själva fjädern, brickan, genomslagsgummit och bälgen. (Med gasfyllda stötdämpare finns inget genomslagsgummi.) Se till att inte tappa den hoptryckta fjädern eller haka fast den i något.
5 Ta vara på gummiringen (om monterad) från det nedre fjädersätet.
6 Använd en haknyckel eller liknande verktyg, skruva loss stötdämparens fästmutter **(se bild)**.
7 Dra ut stötdämparen ur sitt rör.
8 Isärtagningen av fjäderbenet är nu klar. Byt ut delar efter behov, kom ihåg att det är en bra idé att byta ut fjädrar och stötdämpare parvis.
9 Om fjädern måste bytas ut, ta försiktigt bort kompressorn från den gamla fjädern och montera den på den nya.

Hopsättning

10 Hopsättning sker i omvänd ordning mot isärtagning. Notera förhållandet mellan skiva och bälg på modeller med gasfyllda stötdämpare **(se bild)**. Dra inte åt kolvstångsmuttern förrän det övre fästet har skruvats fast i bilen.
11 Om det övre fästet är av typen som

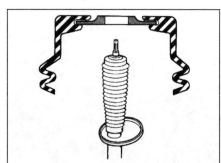

9.10 Bälg och skiva monterade med gasfyllda stötdämpare

9.3b . . . och fjäderbenets övre fäste

innehåller ett axiellt kullager (1985 års modeller och framåt), se till att lagret monteras med den gula sidan uppåt och den grå eller orange sida nedåt. Felaktig montering gör att lagret kläms åt för hårt, vilket ger problem med trög styrning och oljud.

10 Fjädringens gummibussningar – byte

1 Principen för byte av bussningar är enkel, den gamla bussningen pressas ut och den nya pressas in. I praktiken är det dock lite svårare.
2 Olika specialverktyg specificeras av tillverkaren för byte av bussning. De är i princip rör och dorn av olika storlekar som används tillsammans med en passande press och ibland V-block. Amatören kan experimentera med skruvstäd och hylsnycklar eller rörbitar, med flytande tvål eller vaselin som smörjmedel. Om detta inte lyckas måste man låta byta bussningen i en verkstad som har lämplig utrustning.
3 Byte av bussningar på plats i bilen rekommenderas inte.

11 Momentstag bak – demontering och montering

Observera: Detta moment är endast tillämpligt på modeller som INTE har individuell bakfjädring.

Demontering

1 Lyft upp och stöd bakvagnen.
2 Ta bort de främre fästesbultarna från båda momentstagen, även om endast en ska bytas.
3 Skruva loss och ta bort momentstagen. Ta vara på X-länken.

Montering

4 Vid montering, skruva loss monteringsramens främre fäste så att ramen kan röras. Sätt momentstagen på bakaxeln först utan att dra åt fästena, fäst sedan stagen och X-länken på monteringsramen.
5 Dra åt momentstagets infästning i monteringsramen till specificerat moment.
6 Dra åt monteringsramens främre infästning till specificerat moment.
7 När bilens vikt vilar på bakhjulen, dra åt momentstagens infästning i axeln till specificerat moment.

12 Monteringsram och infästningar bak – demontering och montering

Observera: Detta moment är endast tillämpligt på modeller som INTE har individuell bakfjädring

Demontering

1 Lyft upp och stöd bilens bakvagn.
2 Skruva loss monteringsramens främre fästmuttrar och bultar **(se bild).**
3 Främre fästesgummi och fästkonsol kan nu tas bort om så önskas, med hjälp av en huggmejsel och lite smörjmedel runt gummit. Observera hur gummit är monterat.
4 För att ta loss monteringsramen helt, skruva loss momentstagen och X-länken från den. Lossa också handbromsvajern från monteringsramens fäste.
5 Sätt tillbaka en av de främre fästbultarna. Sätt en tving bakom bulten och använd tvingen till att dra ut monteringsramen från fästena.
6 Den bakre fästkonsolen kan nu skruvas loss om så önskas.

Montering

7 Montering sker i omvänd ordning, notera följande:
a) Använd vaselin som smörjmedel för fästgummina.

b) Gör den slutliga åtdragningen av det främre fästet innan åtdragning av momentstagen.

13 Bärarm bak – demontering och montering

Observera: Detta moment är endast tillämpligt på modeller som INTE har individuell bakfjädring

Demontering

1 Följ beskrivningen för demontering av bakre fjäder (se avsnitt 14, punkt 1 till 3).
2 Ta loss kardanaxeln från bakaxelflänsen, gör passmärken för att underlätta monteringen.
3 Stöd bärarmen under fjädersätet med en domkraft.
4 Skruva loss krängningshämmaren (om monterad) från båda bärarmarna. Om ingen krängningshämmare finns, demontera stötdämparens nedre fästbult på relevant sida. Lossa på det nedre fästet på den andra sidan.
5 Sänk domkraften för att lätta på fjäderspänningen.
6 Lossa muttrarna mellan bärarm och axel korsvis. Ta bort muttrar, krampa och fästgummin. Ta vara på krängningshämmarfästet, om monterat.
7 Ta bort bärarmsfästets muttrar och bultar. Bänd ut det främre fästet ur karossen och ta bort bärarmen.

Montering

8 Montera i omvänd ordning, dra åt de olika infästningarna till specificerade moment.

14 Fjäder bak – demontering och montering

Observera: Detta moment är endast tillämpligt på modeller som INTE har individuell bakfjädring

Demontering

Observera: Nya fästbultar för bakre bromsok krävs för hopsättning.
1 Lossa bakhjulsmuttrarna på aktuell sida. Lyft upp och stöd bakvagnen så att båda bakhjulen hänger fria. Ta bort bakhjulet.
2 Skruva loss de två bultar som håller bakre bromsoket. Dra av oket från skivan och bind upp det så att slangarna inte belastas. Nya bultar måste användas vid montering.
3 Om avgassystemet är i vägen, haka loss det från upphängningarna och sänk ned det eller flytta det åt sidan.
4 Höj upp en domkraft under bärarmen för att avlasta stötdämparen. Skruva loss stötdämparens nedre fästmutter och bult. Sänk ned domkraften.

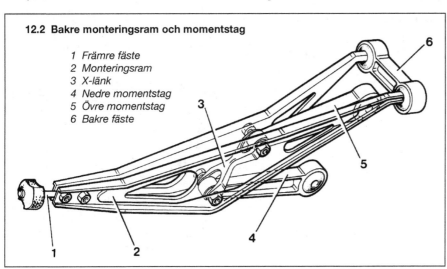

12.2 Bakre monteringsram och momentstag
1 Främre fäste
2 Monteringsram
3 X-länk
4 Nedre momentstag
5 Övre momentstag
6 Bakre fäste

5 Skruva loss muttern som håller det övre fjädersätet **(se bild)**.
6 Dra bärarmen nedåt så långt det går. Dra den övre fjäderänden nedåt tills det övre fjädersätet går fritt från styrtappen, ta sedan bort fjädern och sätet bakåt. Om detta är svårt, använd antingen en fjäderkompressor för att avlasta fjädern, eller koppla loss den bakre krängningshämmaren så att bärarmen kan flyttas mer nedåt **(se bild)**.
7 Undersök fjädersätesgummina och byt ut dem vid behov.

Montering

8 Montering sker i omvänd ordning, dra åt infästningarna till specificerade moment. Använd nya bultar till bromsoket.
9 Sätt tillbaka hjulet, sänk ned bilen och dra åt hjulmuttrarna.

15 Stötdämpare bak – demontering och montering

Observera: *Detta moment är endast tillämpligt på modeller som INTE har individuell bakfjädring.*

Demontering

1 Lossa bakhjulsmuttrarna på aktuell sida. Lyft upp och stöd bakvagnen och ta bort bakhjulet.
2 Lyft upp bärarmen lite med en domkraft för att avlasta stötdämparen. Skruva loss det

15.2 Bakre stötdämparens nedre fästbult (vid pilen)

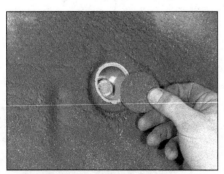

15.3 Ta bort pluggen för att komma åt stötdämparens övre fästbult

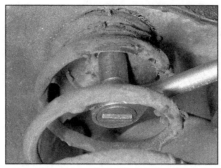

14.5 Skruva loss övre fjädersätets mutter

nedre stötdämparfästets mutter och bult **(se bild)**. Sänk ned domkraften.
3 Ta bort gummipluggen i hjulhuset som täcker stötdämparens övre fästbult **(se bild)**. Skruva loss bulten.
4 Dra stötdämparen nedåt och ta bort den.

Montering

5 Montering sker i omvänd ordning. Dra åt stötdämparens infästningar och hjulmuttrarna till specificerade åtdragningsmoment.

16 Krängningshämmare bak – demontering och montering

Observera: *Detta moment är endast tillämpligt på modeller som INTE har individuell bakfjädring*

Demontering

1 Lyft upp bakvagnen på ramper eller kör den över en smörjgrop.
2 Ta bort de två muttrarna och bultarna på var sida som håller krängningshämmaren. De främre bultarna håller också de nedre stötdämparfästena. Man kan behöva placera en domkraft under bärarmarna för att avlasta dessa bultar.
3 Demontera krängningshämmaren.

Montering

4 Montering sker i omvänd ordning.

17 Panhardstag – demontering och montering

Observera: *Detta moment är endast tillämpligt på modeller som INTE har individuell bakfjädring.*

Demontering

1 Lyft upp och stöd bilen så att bakhjulen går fria.
2 Skruva loss Panhardstaget från karossen, därefter från bakaxeln **(se bild)**. Demontera staget.
3 Om stagets bussningar behöver bytas, låt en Volvoverkstad eller annan specialist utföra detta arbete.

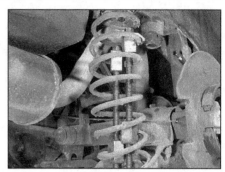

14.6 En fjäderkompressor används till att avlasta bakre fjädern

Montering

4 Montera staget och dra åt bultarna till specificerat moment, axeländen först. Sänk ned bilen.

18 Nedre länk – demontering och montering

Observera: *Detta moment är endast tillämpligt på modeller som har individuell bakfjädring.*

Demontering

Observera: *Alla muttrar och bultar som vinkeldras vid hopsättningen (se specifikationer) måste bytas ut.*
1 Lossa bakhjulsmuttrarna på aktuell sida. Lyft upp och stöd bilen med så att fjädringens stödarm går fri. Ta loss bakhjulet.
2 Markera placeringen för den nedre länkens excentriska fäste på axelbalken för att få en ungefärlig inställning vi hopsättningen **(se bilder)**.
3 Skruva loss muttrarna och bultarna som håller den nedre länkens ändar till axelbalken och navhållaren **(se bild)**. Ta bort länken.

Montering

4 Montering sker i omvänd ordning, använd nya muttrar och bultar vid länkens infästningar. Dra åt länkens infästningar till specificerat moment och låt avslutningsvis kontrollera bakhjulsinställningen (se avsnitt 34).

17.2 Panhardstagets infästning till bakaxeln

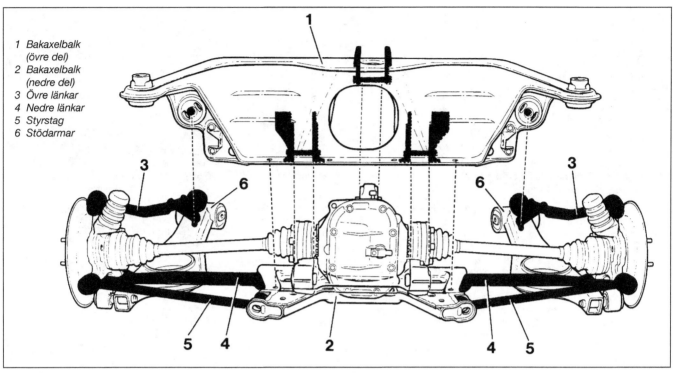

1 Bakaxelbalk
(övre del)
2 Bakaxelbalk
(nedre del)
3 Övre länkar
4 Nedre länkar
5 Styrstag
6 Stödarmar

18.2a Den individuella bakfjädringens komponenter

18.2b Den nedre länkens excentriska fäste

19 Styrstag – demontering och montering

Observera: *Detta moment är endast tillämpligt på modeller som har individuell bakfjädring.*

Demontering

1 Lossa bakhjulsmuttrarna på aktuell sida. Lyft upp och stöd bilen så att fjädringens stödarm går fri. Ta loss bakhjulet.
2 Markera placeringen för styrstagets excentriska fäste på axelbalken för att få en ungefärlig inställning vi hopsättningen **(se bild)**.
3 Ta bort muttrarna och bultarna håller styrstagets ändar till axelbalken och navhållaren **(se bild)**. Demontera styrstaget.

Montering

4 Montering sker i omvänd ordning. Dra åt styrstagets fästen till specificerat moment och låt avslutningsvis kontrollera bakhjulsinställningen (se avsnitt 34).

20 Stödarm – demontering och montering

Observera: *Detta moment är endast tillämpligt på modeller som har individuell bakfjädring.*

Demontering

Observera: *Alla muttrar och bultar som vinkeldras vid hopsättningen (se specifikationer) måste bytas ut.*
1 Lossa bakhjulsmuttrarna på aktuell sida.

18.3 Nedre länkens infästning till navhållaren

19.2 Bakre styrstagets excentriska fäste

19.3 Bakre styrstagets infästning till navhållaren

20.2 Bult (vid pilen) som håller stödarmen till navhållaren

Lyft upp och stöd bilen så att stödarmen går fri. Ta loss bakhjulet.
2 Skruva loss bulten som håller stödarmen till navhållaren **(se bild)**, och muttrarna och bultarna som håller armens främre fäste till karossen. Skruva också loss skyddsplåten från armen.
3 Ta loss stödarmen från navhållaren genom att bända loss den. Notera passytorna mellan bussningen och stödarmens fästtapp.
4 Avlasta stödarmen med domkraft och en träbit.
5 Skruva loss stötdämparens övre infästning **(se bilder)**. Sänk domkraften och ta bort stödarmen komplett med fjäder och stötdämpare.
6 Fjäder och stötdämpare kan nu demonteras om så önskas. Stötdämparen är fäst till stödarmen med två bultar.

Montering

7 Montera i omvänd ordning. Dra åt infästningar till specificerade moment och använd nya bultar och muttrar när de skall vinkeldras.

21 Bakaxelbalkens nedre del – demontering och montering

Observera: *Detta moment är endast tillämpligt på modeller som har individuell bakfjädring.*

Demontering

Observera: *Alla muttrar och bultar som skall vinkeldras vid hopsättning (se specifikationer) skall bytas ut.*

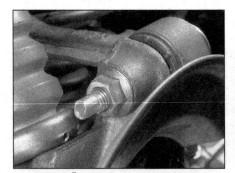

22.2a Övre länkens infästning till navhållaren

20.5a Ta bort täckpluggen . . .

1 Bakaxelbalkens nedre del demonteras komplett med nedre länkar och styrstag. På detta sätt störs inte hjulinställningen.
2 Lossa bakhjulsmuttrarna på båda sidor. Lyft upp och stöd bilen så att stödarmarna är fria. Ta bort bakhjulen.
3 Skruva loss de nedre länkarnas infästningar från navhållarna.
4 Skruva loss stödarmarna från navhållarna. Ta loss armarna från hållarna genom att bända loss dem.
5 Skruva loss styrstagen från navhållarna. Dra av styrstagen, antingen för hand eller med hjälp av en liten avdragare.
6 Ta bort de åtta muttrarna och bultarna som håller ihop axelbalkens övre och nedre delar. Notera handbromsvajerns styrning under en av de bakre bultarna.
7 Stöd axelbalkens nedre del. Sväng navhållarna utåt och frigör de nedre länkarna och styrstagen från dem. Ta bort axelbalkens del med länkar och styrstag.

Montering

8 Påbörja monteringen med att ungefärligt placera axelbalkens nedre del. Sätt i ett par av de nya muttrarna och bultarna för att fästa den till den övre delen, men dra inte åt dem än.
9 Sätt i två bultar, dymlingar eller liknande, 12 mm i diameter, i de två centreringshålen på framkanten av axelbalkar **(se bild)**.
10 Sätt i alla nya axelbalksmuttrar och bultar (glöm inte handbromsvajerns styrning) och dra åt dem till specificerat moment. Ta bort centreringsstiften.
11 Anslut de nedre länkarna till navhållarna.

22.2b Distanser mellan länk och hållare

20.5b . . . för att komma åt stötdämparens övre fäste

21.9 En dymling i centreringshålet i axelbalken

Dra åt deras infästningar till specificerat moment, och dra samtidigt navhållaren inåt.
12 Anslut och dra åt stödarmarna och styrstagen.
13 Montera hjulen, sänk ned bilen och dra åt hjulmuttrarna.

22 Övre länk – demontering och montering

Observera: *Detta moment är endast tillämpligt på modeller som har individuell bakfjädring.*

Demontering

Observera: *Alla muttrar och bultar som ska vinkeldras vid hopsättningen (se specifikationer) måste bytas ut.*

1 Gör som om du förberedde att demontera axelbalkens nedre del (se avsnitt 21, punkt 2 till 5). Skruva också loss bromsoket och stöd det så att det är ur vägen.
2 Skruva loss den övre länken från navhållaren. Ta loss länken från hållaren, ta vara på eventuella distanser **(se bilder)**.
3 Skruva loss den övre länken från axelbalken. Ta bort länken.

Montering

4 Montering sker i omvänd ordning, notera följande:
a) *Använd nya muttrar och bultar till alla infästningar som ska vinkeldras.*

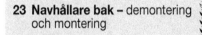

23.5 Skruva loss drivaxelns mutter

b) Dra överdelen av navhållaren utåt när den övre länkinfästningen dras åt.
c) Dra nederdelen av navhållaren inåt när den nedre länkinfästningen dras åt.

23 Navhållare bak – demontering och montering

Observera: *Detta moment är endast tillämpligt på modeller som har individuell bakfjädring.*

Demontering

Observera: *Alla muttrar och bultar som ska vinkeldras vid hopsättningen (se specifikationer) måste bytas ut.*
1 Demontera hjulsidan från bakhjulet på aktuell sida. Dra åt handbromsen, lägg i 1:ans växel ("P" på automatväxellåda) och klossa hjulen.
2 Lossa drivaxelns mutter. Muttern sitter extremt hårt. En 3/4 tums 36 mm hylsa med krävs.
3 Lyft upp och stöd bakvagnen och demontera bakhjulet. Se till att stödanordningen inte är i vägen för fjädringskomponenterna.
4 Se kapitel 9, demontera bromsoket (utan att koppla loss hydraulslangarna), bromsskivan och handbromsbackarna. Koppla loss handbromsvajern.
5 Ta bort drivaxelns mutter **(se bild)**.
6 Skruva loss muttrar och bultar som håller den övre länken, den nedre länken, styrstaget

23.7 Demontera den bakre navhållaren

och stödarmen till navhållaren. Ta loss hållaren från länkarna och armarna, ta vara på eventuella distanser på övre länkens fäste och notera hur de är monterade. Stödarmens infästning kan vara trög, bänd av hållaren om det behövs.
7 Stöd drivaxeln och demontera navhållaren, knacka på drivaxeländen om så behövs för att få loss den **(se bild)**.

Montering

8 Montering sker i omvänd ordning, använd nya muttrar och bultar om de specificerade åtdragningsmomenten omfattar vinkeldragning.
9 Om nya bussningar, länkstänger etc. har monterats, låt någon kontrollera bakhjulsinställningen (se avsnitt 34).

24 Hjullager bak – byte

Observera: *Detta moment är endast tillämpligt för modeller som har individuell bakfjädring.*

1 Demontera navhållaren (se avsnitt 23).
2 Stöd navhållaren och driv eller pressa ut axeltappen ur lagret. Den inre lagerbanan kommer förmodligen att bli kvar på axeln, dra i så fall av den **(se bild)**.
3 Ta loss låsringen från hållarens yttersida.
4 Ta bort bromssköld och genomslagsgummi

för att skapa bättre utrymme. Pressa eller driv ut lagret från navhållaren, från insidan.
5 Rengör och smörj in sätet i navhållaren med lite fett. Rengör och smörj också axeltappen.
6 Placera det nya lagret mot navet (det är symmetriskt och kan vändas vilken väg som helst). Pressa in lagret från utsidan. Använd det gamla lagrets ytterbana att pressa med; det kommer inte att fastna eftersom den yttre delen i navet är fasad.
7 Sätt tillbaka låsringen **(se bild)**.
8 Sätt tillbaka bromsskölden, lägg silikontätningsmedel i skarven mellan navhållaren och bromsskölden **(se bild)**.
9 Stöd lagrets inre bana och pressa in axeltappen
10 Montera navhållaren (avsnitt 23).

25 Fjäder och stötdämpare bak – demontering och montering

Observera: *Detta moment är endast tillämpligt på modeller med individuell bakfjädring.*
1 Procedurerna är i stort sett som de som beskrivs i avsnitt 14 och 15, men notera följande:
a) Fjädern kan endast demonteras efter stötdämparen.
b) Det finns ingen mutter för övre fjädersäte.
c) Om inte tillräckligt med utrymme kan uppnås genom att stödarmen kopplas loss från navhållaren, demontera stödarmen helt.

26 Ratt – demontering och montering

⚠️ **Varning: På modeller utrustade med krockkudde, försök INTE demontera ratten. Allt arbete som innebär demontering av ratten på dessa modeller bör överlåtas till en Volvoverkstad.**

Demontering

1 Koppla loss batteriets negativa anslutning.

24.2 Dra av den inre lagerbanan från axeltappen

24.7 Montera lagrets låsring

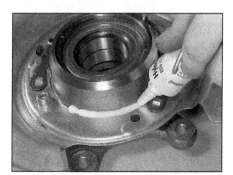

24.8 Lägg tätningsmedel i skarven mellan navhållaren och bromsskölden

2 Ställ ratten i läge rakt fram.
3 Bänd loss rattens mittkåpa **(se bild)**.
4 Skruva loss rattens mittbult **(se bild)**.
5 Gör passmärken mellan ratt och rattstång och dra sedan av ratten.

 HAYNES TiPS *Om ratten sitter hårt, knacka upp den i mitten med handflatan, eller vrid den från sida till sida och dra samtidigt, för att få loss den från rattstångens splines.*

Montering

6 Montering sker i omvänd ordning, observera passmärkena eller rattens "rakt-fram"-läge.

27 Rattstång – demontering och montering

⚠ *Varning: På modeller utrustade med krockkudde, försök INTE demontera rattstången. Allt arbete som innebär demontering av rattstången på dessa modeller bör överlämnas till en Volvoverkstad.*

Demontering

1 Koppla loss batteriets negativa anslutning.
2 Fortfarande under motorhuven, ta bort klämmutter och bult för den övre universalknuten på mellanaxeln. Muttern hålls av ett fjäderclips **(se bild)**.
3 Demontera ratten (se avsnitt 26) och rattstångens kontakter, komplett med basplatta och signalhornets släpring **(se bild)**.
4 Ta bort klädselpanelen under rattstången. Den hålls fast av två skruvar och två klämmor. Koppla loss värmekanalen när panelen tas bort.
5 Ta bort kontaktpanelen till höger om rattlåset.
6 Lossa kontaktstycket från tändningslåset.
7 Ta bort de tre skruvarna som håller det

26.3 Ta bort rattens mittkåpa

26.4 Skruva loss rattens mittbult

undre rattstångslagret till torpedväggen **(se bild)**.
8 Ta bort de två bultarna som håller det övre rattstångslagret till tvärbalken **(se bild)**. På vissa marknader används här skjuvbultar (vars skalle dras av); ta bort dem genom att först borra i dem och sedan använda en pinnbultsutdragare till att dra ut dem.
9 Ta bort den tredje bulten som håller det övre lagret. Ta vara på distansröret **(se bild)**.
10 Ta bort de tre bultarna som håller rattstångens stödbalk. För att komma åt den högra bulten måste man demontera den högra nedre klädselpanelen, koppla loss Motronic styrenhet (där tillämpligt) och flytta kablaget åt sidan.
11 Demontera rattlåset och tändningslåset (se avsnitt 28).

12 Ta loss rattstången och dra ut den in i bilen. Ta vara på brickan från den övre lagertappen.
13 Lagren kan nu demonteras om så behövs. Var försiktig så att inte kopplingen i övre delen trycks ihop. Rattstångens totala längd måste vara 727,2 ± 1 mm.

Montering

14 Montering sker i omvänd ordning, notera följande:

a) *Dra åt muttrar och bultar till specificerade moment (där sådana är angivna).*
b) *Om skjuvbultar används, dra endast åt dem lätt först. När du är säker på att installationen är rätt, dra åt bultarna tills deras skallar går av.*

27.2 Mellanaxelns övre universalknut

27.3 Ta bort signalhornets släpring

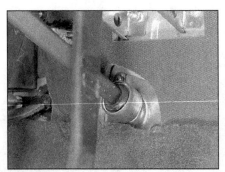

27.7 Rattstångens nedre lager

27.8 De tre bultarna som håller rattstångens övre lager till tvärbalken

27.9 Ta bort den tredje bulten och distansröret

28.3 Rattlåsets klämbult (vid pilen)

28.4 Tryck ned låsknappen (rattstång demonterad)

28.5 Dra ut rattlåset – rattstången monterad. Låsknappen (vid pilen) har just kommit ut

28 Rattlås/tändningslås – demontering och montering

> ⚠ **Varning: På modeller utrustade med krockkudde, försök INTE demontera rattlåset/tändningslåset. Allt arbete som innebär demontering av rattlås/tändningslås bör utföras en Volvoverkstad.**

Demontering

1 Koppla loss batteriets negativa anslutning.
2 Utför momenten beskrivna i avsnitt 27, punkt 3 till 10.
3 Skruva loss klämbulten från det övre lagerhuset **(se bild)**.

29.3 Mellanaxelns nedre universalknut

29.5 Servostyrningsvätskans matnings- och returanslutningar (vid pilarna)

4 Sätt i tändningsnyckeln och vrid den till läge II. Tryck ned låsknappen och börja dra bort låset från lagerhuset **(se bild)**.
5 Tändningsnyckeln och låstrumman hindrar demonteringen eftersom de är i vägen för omgivande panel. Ta därför bort nyckeln och lossa det övre lagerhuset från tvärbalken; tappa inte bort brickan från tappen. Genom att flytta på lagerhuset kan tillräckligt med utrymme skapas för att rattlåset komplett med tändningslåset ska kunna tas ut **(se bild)**.
6 Ta bort tändningslås från rattlåset genom att skruva loss de två skruvarna.

Montering

7 Montering sker i omvänd ordning.

29 Styrväxel – demontering och montering

Demontering

Observera: *Nya koppartätningsbrickor måste användas på vätskeanslutningarna vid montering.*
1 Lyft upp och stöd bilens framvagn. Demontera plåten under motorn.
2 Ta bort täckpanelen från mitten på främre tvärbalken.
3 Ta bort fjäderklämmorna och lossa klämbultarna och muttrarna på den nedre universalknuten **(se bild)**. Dra knuten uppför mellanaxeln för att frigöra den från pinjongen.

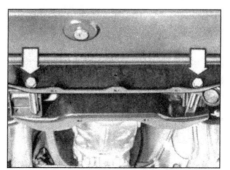

29.6 Styrväxelns fästbultar (vid pilarna)

4 Koppla loss styrlederna från styrarmarna (se avsnitt 33).
5 Rengör runt vätskematnings- och returanslutningar, koppla sedan loss dem **(se bild)**. Var beredd på vätskespill. Plugga eller täck över öppna anslutningar.
6 Skruva loss de två fästbultarna och muttrarna. Ta bort styrväxeln från tvärbalken **(se bild)**. Det kan vara nödvändigt att lossa krängningshämmaren för att skapa åtkomlighet.

Montering

7 Montering sker i omvänd ordning, notera följande:
  a) *Dra åt alla infästningar till specificerat moment.*
  b) *Använd nya kopparbrickor på vätskeanslutningarna.*
  c) *Lufta servostyrningssystemet (avsnitt 31).*
  d) *Kontrollera framhjulsinställningen (avsnitt 34).*

30 Styrväxelns bälgar – byte

Demontering

1 Demontera styrleden på aktuell sida (se avsnitt 33). Ta också bort ändens låsmutter.
2 Lossa de två klämmorna som håller bälgen. Dra av bälgen **(se bilder)**.

30.2a Ta av clipset som håller bälgen . . .

30.2b . . . och dra av bälgen

32.1a Servostyrningspumpens infästning

32.1b Ta loss pumpens drivrem

Montering

3 Rengör den inre änden på styrstaget och (om möjligt) kuggstången. Lägg nytt fett på dessa komponenter.
4 Sätt på och fäst den nya bälgen, sätt sedan tillbaka styrstagsänden.

31 Servostyrningssystem – luftning

1 Servostyrningsvätskans behållare kan vara monterad på pumpen, eller fjärrmonterad på kylaren eller innerflygeln. Den kan ha en mätsticka eller det kan helt enkelt finnas nivåmarkeringar på en genomskinlig behållare.
2 Vätskenivån får inte överskrida "MAX"-markeringen, inte heller sjunka under "LOW"- eller "ADD"-markeringen. Vissa mätstickor har markeringar både för varm och kall vätska, använd rätt markeringar.
3 Om påfyllning behövs, använd ren vätska av specificerad typ (se *"Veckokontroller"*). Om påfyllning behövs ofta, undersök om det förekommer läckage. Låt inte pumpen gå utan vätska i den – demontera drivremmen vid behov.
4 Efter komponentbyte, eller om vätskenivån har sjunkit så lågt att luft har kommit in i systemet, måste luftning utföras enligt följande.
5 Se *"Veckokontroller"*, fyll på behållaren till

"MAX"-märket. Starta motorn och låt den gå på tomgång.
6 Vrid ratten till fullt utslag åt båda håll ett par gånger. Håll inte kvar den i fullt utslag.
7 Fyll på vätska om det behövs.
8 Upprepa punkt 6 och 7 tills vätskenivån upphör att sjunka. Stanna motorn och sätt tillbaka behållarens lock.

32 Servostyrningspump – demontering och montering

Demontering

Observera: *Nya koppartätningsbrickor måste användas på vätskeanslutningarna vid montering.*
1 Lossa på muttrar och bultar till pumpens justering och infästning. Tryck pumpen mot motorn och dra av drivremmen från remskivan **(se bilder)**.
2 Koppla loss pumpens hydraulrör, antingen underifrån (ta då bort plåten) eller från baksidan på pumpen **(se bild)**. Var beredd på vätskespill.
3 Ta bort muttrarna och bultarna från justering och infästning **(se bild)**.
4 Lyft bort pumpen. På modeller som har en fjärrmonterad behållare, demontera den antingen med pumpen eller koppla loss slangen från pumpen.
5 Om en ny pump ska monteras, flytta över remskiva och fästkonsoler till den.

Montering

6 Montering sker i omvänd ordning, använd nya kopparbrickor på losstagna banjoanslutningar.
7 Spänn drivremmen (kapitel 1).
8 Fyll på pumpens behållare och avlufta systemet (avsnitt 31).

33 Styrled – demontering och montering

Demontering

1 Lyft upp och stöd framvagnen. Demontera framhjulet på aktuell sida.
2 Håll emot på styrleden och lossa ledens låsmutter ett halvt varv.
3 Skruva loss styrledens mutter till slutet på gängorna. Separera kulstiftet från styrarmen med en lämplig spindelledsavdragare, ta sedan bort muttern och haka loss kulstiftet från armen **(se bild)**.
4 Skruva loss styrleden från styrstaget, räkna antalet varv som behövs för att ta bort den och anteckna detta.

Montering

5 Skruva på styrleden på styrstaget med samma antal varv som den skruvades loss med.
6 Haka i kulstiftet i styrarmen. Sätt på muttern och dra åt den till specificerat moment.
7 Håll emot styrstaget och dra åt låsmuttern.

32.2 Pumpens hydraulrör, sett underifrån (V6-motor, skyddsplåten demonterad)
1 Matning   2 Retur

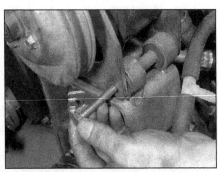

32.3 Ta bort pumpens pivåbult

33.3 Använd en spindelledsavdragare på styrleden

8 Sätt tillbaka framhjulet, sänk ned bilen och dra åt hjulmuttrarna.

9 Låt kontrollera framhjulens toe-inställning vid första bästa tillfälle (avsnitt 34), detta är särskilt viktigt om nya komponenter har monterats.

34 Hjulinställning och styrvinklar – allmän beskrivning

Allmänt

1 En bils styrnings- och fjädringsgeometri definieras i fyra grundinställningar – alla vinklar anges i grader (även toe-inställningar uttrycks som ett mått). De olika inställningarna är camber, caster, spindelbultslutning och toe-inställning. Med undantag för bilar med individuell bakfjädring är endast framhjulens toe-inställning möjlig att justera. På bilar med individuell bakfjädring är bakfjädringen helt justerbar.

Framhjulens toe-inställning – kontroll och inställning

2 Med tanke på den speciella mätutrustning krävs för noggrann kontroll av hjulinställningen, och de kunskaper som krävs för att använda den på rätt sätt, är det lämpligast att överlämna kontroll och justering till en Volvoverkstad eller annan expert. De flesta däckverkstäder har nu sofistikerad kontroll-utrustning. Följande beskrivning ger en vägledning om bilägaren själv bestämmer sig för att utföra kontrollen.

3 Framhjulens toe-inställning kontrolleras genom att man mäter avståndet mellan de främre och bakre inre kanterna på däcken. Speciella mätinstrument finns att köpa i reservdelsbutiker. Justering görs genom att man skruvar styrlederna in eller ut i styrstagen för att ändra den faktiska längden på styrstagsenheterna.

4 För noggrann kontroll måste bilen ha tjänstevikt, d.v.s vara olastad och ha full bränsletank.

5 Innan arbetet påbörjas, kontrollera först att däckstorlekarna och -typerna är enligt specifikationerna, kontrollera sedan däcktryck och däckslitage, hjulens skevhet, hjullagrens skick, rattens spel och framfjädringskompo-nenternas skick (se kapitel 1 och "Veckokon-troller"). Åtgärda eventuella problem.

6 Parkera bilen på plan mark, kontrollera att de främre hjulen står rakt fram, gunga sedan bilen fram och bak så att fjädringen sätter sig. Lossa handbromsen och rulla bilen bakåt 1 meter, sedan framåt igen, för att lätta på eventuella spänningar i styrning och fjädring.

7 Mät avståndet mellan fälgkanterna framtill och samma sak baktill. Subtrahera det främre måttet från det bakre och jämför resultatet med specifikationerna.

8 Om justering behövs, dra åt handbromsen, lyft sedan upp och stöd framvagnen. Vrid ratten till fullt utslag åt vänster och anteckna antalet exponerade gängor på höger styrstag. Vrid nu ratten till fullt utslag åt höger, och anteckna antalet gängor på den vänstra sidan. Om samma antal gängor syns på båda sidorna, skall efterföljande justering göras lika på båda sidor. Om fler gängor är synliga på ena sidan än på den andra, måste man kompensera för detta under justeringen.

Observera: *Det viktiga är att efter justeringen samma antal gängor är synliga på båda styrstagen.*

9 Rengör först styrstagens gängor. Om de är korroderade, lägg rostolja på dem innan justeringen påbörjas. Lossa kuggstångsbälg-arnas yttre fästklämmor och dra undan bälgarna. Lägg lite fett på insidan av bälgarna, så att de båda kan röras fritt och inte vrids

eller belastas när deras respektive styrstag roteras.

10 Använd en ställinjal och en rits eller liknande till att märka ut förhållandet mellan varje styrstag och dess ände, håll därefter styrstagen ett i taget och skruva loss låsmuttern.

11 Ändra längden på styrstagen, och kom ihåg vad som sades i punkt 8. Skruva dem in eller ut i styrlederna, rotera styrstagen med hjälp av en griptång eller liknande verktyg. Om man gör styrstagen kortare (skruvar in dem i styrlederna) ökar toe-in/minskar toe-ut.

12 När inställningen är rätt, håll styrstagen och dra ordentligt åt styrledernas låsmuttrar. Räkna antalet synliga gängor för att kontrollera längden på båda styrstagen. Om det inte är lika många gängor på båda sidorna har justeringen inte gjorts jämnt, och problem kommer att uppstå med ojämnt däckslitage vid kurvtagning. Dessutom kommer rattens ekrar inte att vara horisontella när hjulen står rakt fram.

13 Om båda styrstagen är lika långa, sänk ned bilen på marken och kontrollera toe-inställningen igen. Justera igen om så behövs. När inställningen är rätt, dra åt styrledernas låsmuttrar ordentligt. Se till att gummibälgarna sätter sig ordentligt och inte vrids eller belastas, och fäst dem med fästklämmorna.

Bakhjulens toe-inställning och bakfjädringens geometri – kontroll och justering

14 För att noggrant kunna kontrollera och justera bakhjulens toe-inställning och camber-vinklar på modeller med individuell bakfjädring krävs sofistikerad optisk inställningsutrust-ning. Därför bör dessa kontroller och juster-ingar endast utföras av en Volvoverkstad eller annan specialist.

Kapitel 11
Kaross och detaljer

Innehåll

Svårighetsgrader

Enkelt, passar novisen med lite erfarenhet	Ganska enkelt, passar nybörjaren med viss erfarenhet	Ganska svårt, passar kompetent hemmamekaniker	Svårt, passar hemmamekaniker med erfarenhet	Mycket svårt, för professionell mekaniker

1 Allmän information

De karossmodeller som finns är 4-dörrars sedan och 5-dörrars kombi. Karossen och underredet är en helsvetsad stålkonstruktion och utgör en mycket kraftig enhet, med deformationszoner fram och bak, som deformeras progressivt i händelse av en olycka. Dörrarna är också förstärkta mot slag/stötar. Bakluckan på kombi är tillverkad av aluminium.

Stötfångare är monterade fram och bak, med energilagrande dämpare som skyddar mot skador vid krock i lägre hastighet.

Framflyglarna är enkla att byta. Motorhuven kan öppnas i två lägen – delvis öppen för mindre arbeten, och helt öppen för omfattande reparationer.

Klädsel och detaljer är av den höga standard som kan förväntas av ett fordon i den här klassen.

2 Underhåll – kaross och underrede

Karossens tillstånd är det som mest påverkar fordonets värde. Underhåll är enkelt men måste utföras regelbundet. Försummas detta, särskilt efter en mindre skada, kan detta leda till större rostangrepp och höga reparationskostnader. Det är också viktigt att man håller kontroll på delar som inte är direkt synliga, t.ex. underrede, insidan av hjulhusen samt undre delen av motorrummet.

Grundläggande underhåll för karossen är tvättning, helst med mycket vatten från en slang. Det är viktigt att smuts spolas bort på ett sådant sätt att inte eventuella partiklar skadar lacken. Hjulhus och underrede kräver rengöring på samma sätt, så att smutsansamlingar tas bort som annars kan hålla kvar fukt och utgöra risk för rostangrepp. Paradoxalt nog är det bäst att rengöra underredet när det har regnat och leran fortfarande är blöt och mjuk. Vid mycket våt väderlek rengörs ofta under-redet automatiskt och detta är då ett bra tillfälle för kontroll.

Det är också lämpligt att regelbundet, utom på fordon med vaxbaserat rostskydd, rengöra underredet med ånga, inklusive motorrummet, så att man lättare kan undersöka vilka mindre reparationer som måste göras. Ångtvätt finns hos många verkstäder och det är nödvändigt för att få bort oljeansamlingar som kan bli tjocka på vissa ställen. Om ångtvätt inte är tillgänglig finns också några utmärkta avfettningsmedel på marknaden, som kan läggas på med borste. Smutsen kan sedan helt enkelt spolas av. Notera att dessa metoder inte skall användas på bilar som har vaxbaserat underredesskydd eftersom detta då kommer att försvinna. Bilar som har denna typ av underredesskydd bör inspekteras årligen, helst innan vintern, då underredet skall tvättas av och all eventuell skada på rostskyddet bättras på. Helst skall ett helt nytt lager läggas på. Det kan också vara värt att spruta in vaxbaserat skydd i dörrpaneler, trösklar, balkar och liknande som ett extra rostskydd där tillverkaren inte redan åtgärdat den saken.

Efter det att lacken tvättats, torka av den med sämskskinn så att den får en fin yta. Ett lager genomskinligt skyddsvax ger förbättrat skydd mot kemiska föroreningar i luften. Om lacken mattats eller oxiderats kan ett kombinerat tvätt- och polermedel återställa glansen. Detta kräver lite arbete, men sådan mattning orsakas vanligen av slarv med regelbundenheten i tvättning. Metallic-lacker kräver extra försiktighet och speciella slipmedelsfria rengörings-/polermedel krävs för att inte ytan skall skadas.

Kontrollera alltid att dräneringshål och rör i dörrar och ventilation är öppna så att vatten kan rinna ut. Kromade ytor ska behandlas som lackerade. Glasytor ska hållas fria från smutshinnor med hjälp av glastvättmedel. Vax eller andra medel för polering av lack eller krom ska inte användas på glas.

3 Underhåll – klädsel och mattor

Mattorna ska borstas eller dammsugas med jämna mellanrum så att de hålls rena. Om de är svårt nedsmutsade kan de tas ut ur bilen och skrubbas. Se i så fall till att de är helt torra innan de läggs tillbaka i bilen. Säten och klädselpaneler kan torkas rena med en fuktig trasa. Om de smutsas ned (vilket är mer synligt på ljusa inredningar) kan ett flytande tvättmedel och en mjuk nagelborste användas till att skrubba ut smutsen ur materialet. Glöm inte takets insida, håll det rent på samma sätt som klädseln. När flytande rengöringsmedel används inne i bilen får de tvättade ytorna inte överfuktas. För mycket fukt kan komma in i sömmar och stoppning och där framkalla fläckar, störande lukter och till och med röta. Om insidan av bilen blir mycket blöt är det mödan värt att torka ur den ordentligt, speciellt då mattorna. *Lämna inte olje- eller eldrivna värmare i bilen för detta ändamål.*

4 Mindre karosskador – reparation

Reparation av mindre skråmor i karossen

Om en skråma är mycket ytlig och inte trängt ned till karossmetallen är reparationen mycket enkel att utföra. Gnugga det skadade området helt lätt med lackrenoveringsmedel eller en mycket finkornig slippasta så att lös lack tas bort från skråman och det omgivande området befrias från vax. Skölj med rent vatten.

Lägg på bättringslack på skråman med en fin pensel. Lägg på i många tunna lager till dess att ytan i skråman är i jämnhöjd med den omgivande lacken. Låt den nya lacken härda i minst två veckor och jämna sedan ut den mot omgivande lack genom att gnugga hela området kring skråman med lackrenoveringsmedel eller en mycket finkornig slippasta. Avsluta med vaxpolering.

I de fall en skråma gått ner till karossmetallen och denna börjat rosta krävs en annan teknik. Ta bot lös rost från botten av skråman med ett vasst föremål och lägg sedan på rostskyddsfärg så att framtida rostbildning förhindras. Fyll sedan upp skråman med spackelmassa och en spackel av gummi eller plast. Vid behov kan spacklet tunnas ut med thinner så att det blir mycket tunt vilket är idealiskt för smala skråmor. Innan spacklet härdar, linda ett stycke mjuk bomullstrasa runt en fingertopp. Doppa fingret i thinner och stryk snabbt över spackelytan i skråman. Detta gör att små hål bildas i spacklets yta. Lacka sedan över skråman enligt tidigare anvisningar.

Reparation av bucklor i karossen

När en djup buckla uppstått i bilens kaross blir den första uppgiften att räta ut bucklan såpass att den i det närmaste återtar ursprungsformen. Det finns ingen anledning att försöka återställa formen helt eftersom metallen i det skadade området sträckt sig vid skadans uppkomst och aldrig helt kommer att återta sin gamla form. Det är bättre att försöka ta bucklans nivå upp till ca 3 mm under den omgivande karossen. I de fall bucklan är mycket grund är det inte värt besväret att räta ut den. Om undersidan av bucklan är åtkomlig kan den knackas ut med en träklubba eller plasthammare. När detta görs ska mothåll användas på plåtens utsida så att inte större delar knackas ut.

Skulle bucklan finnas i en del av karossen som har dubbel plåt eller om den av någon annan anledning är oåtkomlig från insidan krävs en annan teknik. Borra ett flertal hål genom metallen i bucklan – speciellt i de

djupare delarna. Skruva in långa plåtskruvar precis så långt att de får ett fast grepp i metallen. Dra sedan ut bucklan genom att dra i skruvskallarna med en tång.

Nästa steg är att ta bort lacken från det skadade området och ca 3 cm av den omgivande plåten. Detta görs enklast med stålborste eller slipskiva monterad på borrmaskin, men kan även göras för hand med slippapper. Fullborda underarbetet genom att repa den nakna plåten med en skruvmejsel eller filspets, eller genom att borra små hål i det område som ska spacklas, så att spacklet fäster bättre.

Fullborda arbetet enligt anvisningarna för spackling och lackering.

Reparation av rosthål och revor i karossen

Ta bort lacken från det drabbade området och ca 30 mm av den omgivande friska plåten med en sliptrissa eller stålborste monterad i en borrmaskin. Om detta inte finns tillgängligt kan ett antal ark slippapper göra jobbet lika effektivt. När lacken är borttagen kan du mer exakt uppskatta rostskadans omfattning och därmed avgöra om hela panelen (där möjligt) ska bytas ut eller om rostskadan ska repareras. Nya plåtdelar är inte så dyra som de flesta tror och det är ofta snabbare och ger bättre resultat med plåtbyte än om man försöker reparera större rostskador.

Ta bort all dekor från det drabbade området, utom den som styr den ursprungliga formen av det drabbade området, exempelvis lyktsarger. Ta sedan bort lös eller rostig metall med plåtsax eller bågfil. Knacka kanterna något inåt så att du får en grop för spacklingsmassan.

Borsta av det drabbade området med en stålborste så att rostdamm tas bort från ytan av kvarvarande metall. Måla det drabbade området med rostskyddsfärg, om möjligt även på baksidan.

Innan spacklingen kan ske måste hålet blockeras på något sätt. Detta kan göras med nät av plast eller aluminium eller med aluminiumtejp.

Nät av plast eller aluminium, eller glasfiberväv, är i regel det bästa materialet för ett stort hål. Skär ut en bit som är ungefär lika stor som det hål som ska fyllas, placera det i hålet så att kanterna är under nivån för den omgivande plåten. Några klickar spackelmassa runt hålet fäster materialet.

Aluminiumtejp kan användas till små eller mycket smala hål. Klipp den till en bit av ungefärlig storlek, dra bort eventuellt täckpapper och fäst tejpen över hålet. Flera remsor kan läggas bredvid varandra om bredden på en inte räcker till. Tryck ned tejpkanterna med ett skruvmejselhandtag eller liknande så att tejpen fäster ordentligt på metallen.

Karossreparationer – spackling och lackering

Innan du följer anvisningarna i detta avsnitt, läs de föregående om reparationer.

Många typer av spackelmassa förekommer. Generellt sett är de som består av grundmassa och härdare bäst vid denna typ av reparationer. Vissa av dem kan användas direkt från förpackningen. En bred och följsam spackel av nylon eller gummi är ett ovärderligt verktyg för att skapa en väl formad spackling med fin yta.

Blanda lite massa och härdare på en skiva av exempelvis kartong eller masonit. Följ tillverkarens instruktioner och mät härdaren noga, i annat fall härdar spacklet för snabbt eller för långsamt. Bred ut massan på det förberedda området med spackeln, dra spackeln över massan så att rätt form och en jämn yta uppstår. Så snart en någorlunda korrekt form finns bör du inte arbeta mer med massan. Om du håller på för länge blir massan kletig och börjar fastna på spackeln. Fortsätt lägga på tunna lager med ca 20 minuters mellanrum till dess att massan är något högre än den omgivande plåten.

När massan härdat kan överskottet tas bort med hyvel eller fil och sedan slipas ned med gradvis finare papper. Börja med nr 40 och avsluta med nr 400 våt- och torrpapper. Linda alltid papperet runt en slipkloss, i annat fall blir inte den slipade ytan plan. Vid slutpoleringen med torr- och våtpapper ska detta då och då sköljas med vatten. Detta skapar en mycket slät yta på massan i slutskedet.

I detta läge bör bucklan vara omgiven av en ring med ren plåt som i sin tur omges av en lätt ruggad kant av frisk lack. Skölj av reparationsområdet med rent vatten till dess att allt slipdamm försvunnit.

Spruta ett tunt lager grundfärg på hela reparationsområdet. Detta avslöjar mindre ytfel i spacklingen. Laga dessa med ny spackelmassa eller filler och slipa av ytan igen. Massa kan tunnas ut med thinner så att den blir mer lämpad för riktigt små gropar. Upprepa denna sprutning och reparation till dess att du är nöjd med spackelytan och den ruggade lacken. Rengör reparationsytan med rent vatten och låt den torka helt.

Reparationsytan är nu klar för lackering. Färgsprutning måste utföras i ett varmt, torrt, drag- och dammfritt utrymme. Detta kan skapas inomhus om du har tillgång till ett större arbetsområde, men om du är tvungen att arbeta utomhus måste du vara noga med valet av dag. Om du arbetar inomhus är det en bra idé att spola av golvet med vatten, detta binder damm som annars skulle virvla omkring i luften. Om reparationsytan är begränsad till en panel bör de omgivande panelerna maskas av. Detta minskar effekten av en mindre missanpassning mellan färgerna. Dekorer och detaljer (kromlister, handtag med mera) ska även de maskas av. Använd riktig maskeringstejp och flera lager tidningspapper till detta.

Innan du börjar spruta, skaka burken ordentligt. Spruta först på en provbit, exempelvis konservburk, till dess att du behärskar tekniken. Täck sedan arbetsytan med ett tjockt lager grundfärg, uppbyggt av flera tunna skikt. Polera sedan grundfärgsytan med nr 400 våt- och torrpapper, till dess att den är slät. Medan detta utförs ska ytan hållas våt och pappret ska periodvis sköljas i vatten. Låt torka innan mer färg läggs på.

Spruta på färglagret och bygg upp tjocklek med flera tunna lager färg. Börja spruta i mitten och arbeta utåt med enstaka sidledes rörelser till dess att hela reparationsytan och ca 50 mm av den omgivande lackeringen täckts. Ta bort maskeringen 10 – 15 minuter efter det sista färglagret sprutats på.

Låt den nya lacken härda i minst två veckor innan en lackrenoverare eller mycket fin slippasta används till att jämna ut den nya lackens kanter mot den gamla. Avsluta med vax.

Plastdelar

Med den ökade användningen av plast i karossdelar, exempelvis stötfångare, spoilers, kjolar och i vissa fall större paneler, blir reparationer av allvarligare slag på sådana delar ofta en fråga om att överlämna dessa till specialister eller byte av delen i fråga. Gördet-själv reparation av sådana skador är inte rimliga på grund av kostnaden för den specialutrustning och de speciella material som krävs. Principen för dessa reparationer är dock följande: Ta upp en skåra längs med skadan med en roterande rasp i en borrmaskin. Den skadade delen svetsas sedan ihop med en varmluftspistol och en plaststav i skåran. Plastöverskott tas bort och ytan slipas ned. Det är viktigt att rätt typ av plastlod används – plasttypen i karossdelar kan variera, exempelvis PCB, ABS eller PPP.

Mindre allvarliga skador (skrapningar, små sprickor) kan lagas av hemmamekaniker med en tvåkomponents epoximassa. Den blandas i lika delar och används på liknande sätt som spackelmassa på plåt. Epoxin härdar i regel inom 30 minuter och kan sedan slipas och målas.

Om ägaren byter en komplett del själv eller har reparerat med epoximassa dyker problemet med målning upp. Svårigheten är att hitta en färg som är kompatibel med den plast som används. En gång i tiden kunde inte någon universalfärg användas på grund av det breda utbudet av plaster i karossdelar. Generellt sett fastnar inte standardfärger på plast och gummi. Numera finns det dock satser för plastlackering att köpa. Dessa består i princip av förprimer, grundfärg och färglager. Kompletta instruktioner finns i satserna men grundmetoden är att först lägga på förprimern på aktuell del och låta den torka i 30 minuter innan grundfärgen läggs på. Denna ska sedan torka ca en timme innan det slutliga färglagret läggs på. Resultatet blir en korrekt färgad del där lacken kan flexa med materialet. Det senare är en egenskap som standardfärger vanligtvis saknar.

Aluminiumdelar

Bakluckan på kombi (och motorhuven på senare 760-modeller) är gjord av aluminium. Var försiktig när bucklor hamras ut på aluminiumpaneler, materialet kallhärdas lätt och kan spricka. Slipmedel skall användas med försiktighet på aluminium eftersom det är mycket mjukare än stål.

5 Större karosskador – reparation

Om allvarliga skador har uppstått eller stora delar måste bytas ut på grund av dåligt underhåll, måste helt nya delar eller paneler svetsas in och detta bör helst överlämnas till en specialist. Om skadan uppstått som ett resultat av en krock måste man också kontrollera uppriktningen av karossens struktur. På grund av konstruktionsprincipen kan styrkan och formen hos hela karossen påverkas av skada på en del. I sådana fall måste bilen överlämnas till en Volvoverkstad med speciella uppriktningsriggar. Om karossen inte åtgärdas är det först och främst farligt för att bilen kan bli svårhanterlig, men dessutom orsakar det ojämna belastningar på styrning, motor och växellåda, vilket orsakar onormalt slitage eller totalhaveri. Däckslitaget kan också påskyndas.

6 Motorhuv – demontering och montering

Demontering

1 Koppla loss batteriets negativa anslutning.
2 Lossa spolarslangen från motorhuven vid T-stycket. Ta loss slangen från torpedväggen.
3 Demontera motorrumsbelysningen (om monterad) och koppla loss kabeln från den. Knyt an snöre i kabeln, dra kabeln genom ihåligheten i huven in i motorrummet, ta sedan loss snöret och lämna kvar det i huven. Det ska användas som hjälp vid monteringen.
4 Om gasfyllda stöttor används till att hålla motorhuven öppen, stöd huven och lossa stöttorna i övre änden.
5 Rita runt gångjärnsbultarna med en mjuk blyertspenna för att underlätta monteringen.

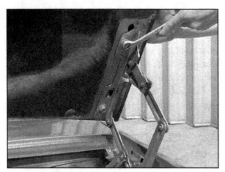

6.6 Skruva loss gångjärnsbultarna

7.3a Styrstift (vid pilen) bestämmer gångjärnets position på senare modeller

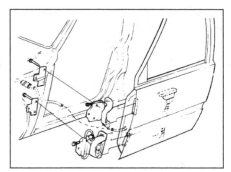

7.3b Dörrgångjärnets detaljer

6 Ta hjälp av någon, stöd huven och ta bort gångjärnsbultarna **(se bild)**. Lyft av huven.

Montering

7 Innan montering, lägg trasor under huvens hörn nära gångjärnen för att skydda lackeringen mot skador.
8 Montera huven och sätt i gångjärnsbultarna. Dra bara åt bultarna lätt i de tidigare markerade positionerna. Där så är tillämpligt, sätt tillbaka de gasfyllda stöttorna.
9 Dra igenom belysningskabeln med hjälp av snöret. Anslut och montera belysningen.
10 Anslut spolarslangen och fäst den på torpedväggen.
11 Stäng huven och kontrollera dess passning. Med hjälp av hålen för bultarna mellan gångjärn och huv kan man justera placeringen framåt/bakåt och vänster/höger. Höjden framtill justeras genom att man skruvar gummi-

buffertarna in eller ut. Höjden baktill justeras med hjälp av gångjärnens fästbultar intill hjulhuset.
12 När du är nöjd med passningen, dra åt gångjärnsbultarna. Anslut batteriet.

7 Dörrar – demontering och montering

Demontering

1 Öppna dörren. Stöd den med domkraft eller pallbock, med trasor emellan för att skydda lackeringen.
2 Koppla loss dörrens elkablage, antingen genom att demontera dörrens klädselpanel eller den intilliggande stolpklädseln. Mata igenom ledningarna så att de hänger fria.

3 Gör markeringar runt gångjärnsbultarna som referens för monteringen (observera att på senare modeller finns ett styrstift i gångjärnet som skall försäkra korrekt inställning) **(se bilder)**. Ta vara på eventuella gångjärnsmellanlägg.

Montering

4 Montera i omvänd ordning. På tidiga modeller, justera dörrens passning om så behövs, med hjälp av mellanlägg och/eller gångjärnens avlånga bulthål. Försök inte justera dörrlåsets spärr för att få god passning.

8 Bagagelucka – demontering och montering

Demontering

1 Öppna bagageluckan. Koppla ifrån centrallåssystemets och/eller bagageutrymmesbelysningens kablage så att bagageluckan kan demonteras.
2 Markera runt gångjärnsbultarna. Ta hjälp av någon, koppla loss bagageluckans stötta vid gångjärnsänden, ta bort gångjärnsbultarna och lyft av luckan **(se bild)**.

Montering

3 Montera i omvänd ordning. Om höjdjustering behövs utförs detta baktill genom att man justerar låsblocket och framtill genom justering av gångjärnen. Man kommer åt de främre gångjärnsbultarna via täcklock i bakrutans stolpklädsel.

9 Baklucka – demontering och montering

Demontering

1 Koppla loss batteriets negativa anslutning.
2 Öppna bakluckan, koppla loss spolarslangen vid skarven intill höger gångjärn.
3 Bänd ut pluggarna som täcker de två

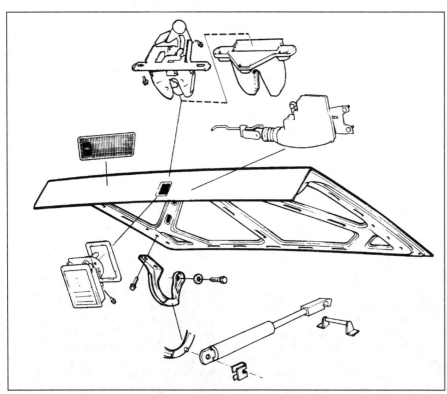

8.2 Bagageluckan och dess detaljer

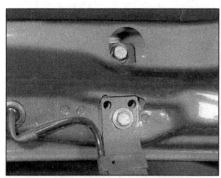

9.3 Bakluckans gångjärnsbultar

9.4 En av klädselpanelens fästen (vid pilen) sitter bakom lastutrymmes-belysningen

10.2a Skruva loss motorhuvens spärrhake . . .

11.2 Ta bort pluggarna som täcker armstödets skruvar

gångjärnsbultarna. Lossa gångjärnsbultarna men skruva inte loss dem än (se bild).
4 Demontera klädselpanelen runt bagage-utrymmesbelysningen. Förutom de två synliga fästena finns det en dold bakom själva belysningen (se bild).
5 Lossa kontakterna som blir synliga när klädselpanelen tas bort, gör anteckningar för monteringen om så behövs. Mata kablaget genom bakluckan.
6 Låt en medhjälpare stödja bakluckan. Koppla loss de gasfyllda stöttorna genom att ta bort kabelklämmorna och ta loss kul-lederna.
7 Skruva loss gångjärnsbultarna och lyft av bakluckan.

Montering

8 Montering sker i omvänd ordning. Dra inte åt gångjärnsbultarna helt förrän du är helt nöjd med bakluckans passning. Justera vid behov låsets spärr och sidostyrningarna om så behövs för att få bra passning.

10 Motorhuvens låsvajer – demontering och montering

Demontering

1 Öppna motorhuven. Om vajern är trasig måste spärrarna lossas underifrån; detta kan innebära att man måste demontera, och därmed förstöra, en av eller båda strål-kastarna (se bild).

10.2b . . . och haka loss innervajern

2 Skruva loss den spärrhake som är längst bort från handtaget. Lossa innervajern från den (se bilder).
3 Lossa vajerhöljet från den andra spärren. Dra loss vajern från spärrarna.
4 Inuti bilen, lossa vajern från spaken genom att haka loss innervajern och ta bort klämman från vajerhöljet.
5 Mata in vajern i motorrummet och ta bort den.

Montering

6 Montering sker i omvänd ordning. Justera den gängade delen av vajern vid handtags-änden så att innervajern är i stort sett spänd i viloläge.

11 Dörrklädsel fram – demontering och montering

Demontering

Modeller före 1985

1 Koppla loss batteriets negativa anslutning.
2 Ta bort de tre pluggarna över skruvarna i armstödet. Skruva loss de tre skruvarna (se bild).
3 Lossa dörrkantsbelysningens lins, notera att pilen pekar utåt.
4 Lossa högtalargrillen. Skruva loss de fyra skruvarna som håller högtalaren, dra ut den och koppla loss kablaget från den. Skruva också loss den fjärde armstödsskruven som nu blir synlig.
5 Om du arbetar på passagerardörren, bänd ut draghandtagets klädsel och ta bort de två fästskruvarna för handtaget. Ta bort drag-handtaget.
6 Lossa armstödet från clipsen genom att dra i det bestämt. Ta bort kontaktpanelen från armstödet. Koppla loss dörrkantsbelysning-ens kontaktstycke och ta bort armstödet (se bild).
7 Skruva loss innerlåsets knopp.
8 Bänd ut de två clipsen längst ner på huvud-klädselpanelen (se bild). Lossa panelen från dörrclipsen genom att dra eller bända och lyfta bort den.

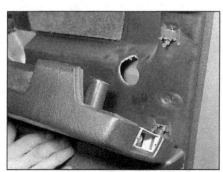

11.6 Demontering av armstöd

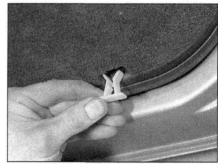

11.8 Dörrklädselns clips

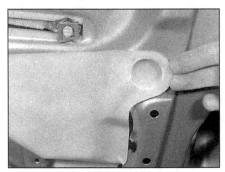

11.9a Ta bort den stora
vattenavvisaren . . .

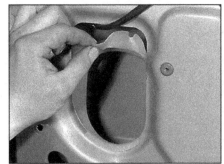

11.9b . . . och den lilla

11.20 En reglagekontakt kopplas loss från
armstödet

9 Ta bort den stora och den lilla vatten-
avvisaren **(se bilder)**.

Modeller fr.o.m. 1985 t.o.m. 1988

10 Koppla loss batteriets negativa anslut-
ning.
11 Bänd försiktigt ut högtalargrillen. På
passagerarsidan, bänd försiktigt av draghand-
tagets klädsel och ta sedan loss handtaget
(två skruvar).
12 Skruva loss de fyra skruvarna som håller
högtalaren, och den enda fästskruven för
dörrpanelen som nu blir synlig. När högtalaren
tas loss, koppla loss de två ledningarna.
13 Skruva loss innerlåsets knopp, demontera
sedan det inre låshandtaget (en fästskruv som
sitter under en gummitäckplugg).
14 På modeller med manuellt styrda fönster,
demontera vevhandtaget.
15 På alla modeller, rotera täckpluggen i
dörrpanelens brunn (nära låshandtaget) 90°,

och bänd panelbrunnen uppåt och bort från
dörrpanelen. Där tillämpligt, lyft upp kontakt-
enheten för det elektriskt styrda fönstret.
16 Lossa försiktigt dörrkantsbelysningens
lins, dra sedan ut dörrpanelens fästclips som
nu är synlig.
17 Bänd försiktigt loss de två plastclipsen
längst ner på dörrpanelen nedåt, dra sedan
bort dörrpanelen från dörren på båda sidorna
och i nedre kanten.
18 Lyft panelen uppåt och bort från dörren,
koppla loss elanslutningen från dörrkants-
belysningen.

1989 års modeller och framåt

19 Koppla loss batteriets negativa anslut-
ning.
20 Bänd loss kontakterna från armstödet och
koppla loss dem **(se bild)**.
21 Ta bort högtalargallret genom att skjuta
det framåt **(se bild)**.

22 Ta bort klämman från brunnen bakom
innerhandtaget genom att vrida klämman ett
kvarts varv med en skruvmejsel **(se bild)**.
23 Ta loss dörrkantsbelysningens lins.
24 Bänd ut de tre klämmorna i klädselpanel-
ens nederkant.
25 Lossa panelen genom att dra i den
bestämt. Ta loss högtalarens och dörrkants-
belysningens kontakter och ta bort klädsel-
panelen.
26 För att demontera armstödets ram, ta
först ut pluggen i änden av handtaget **(se
bild)**. Skruva loss den nu synliga skruven och
ta bort handtaget.
27 Ta loss eventuellt kablage från ramen. Ta
bort de två fästskruvarna och lyft av ramen
(se bild).

Montering

28 För alla modeller sker montering i omvänd
ordning mot demontering.

12 Dörrklädsel bak –
demontering och montering

Demontering

Modeller före 1985

1 Koppla loss batteriets negativa anslutning.
2 Bänd ut de två pluggarna över skruvarna
från armstödet. Ta bort skruvarna.
3 Bänd försiktigt ut klädseln på draghand-
taget för att exponera de två skruvarna. Ta
bort dessa skruvar och draghandtaget **(se
bild)**.

11.21 Demontering av högtalargaller

11.22 Vrid klämman ett kvarts varv för att
lossa den

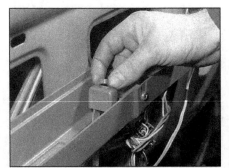

11.26 Ta bort pluggen för att komma åt
skruven

11.27 Två skruvar (vid pilarna) håller
armstödet

12.3 Ta loss draghandtagets klädsel

13.1 Lossa klädselns fästen

13.2 Demontering av klädseldel runt luckans innerhandtag

15.2 Rutans lyftarm i rutinfästningen. Clipset sitter bakom armens ände

4 Lossa högtalargallret. Demontera högtalaren (om monterad) och ta bort de två armstödsskruvarna som nu blir synliga.
5 Dra av armstödet från dörren. Koppla loss fönsterhisskontakten och dörrkantsbelysningens kontaktstycke (efter tillämplighet) och demontera armstödet.
6 Skruva loss innerlåsets knopp.
7 Lossa klädselpanelens klämmor genom att dra bestämt, eller genom att bända med en tunn kniv eller skrapa. Lyft upp och ta bort klädselpanelen.
8 Den vattenskyddande folien kan nu skalas av från dörren över det område man önskar.

1985 års modeller och framåt

9 Demonteringsarbetet är i stort sett identiskt med det som beskrivs för framdörren på senare modeller (avsnitt 11, punkt 10 och framåt) förutom att båda dörrarna har draghandtag, och det finns inga klämmor som håller panelen längst ner.

Montering

10 För alla modeller sker montering i omvänd ordning mot demontering.

13 Bakluckans klädsel – demontering och montering

Demontering

1 Öppna bakluckan. Lossa de fyra fästena längst ner på klädseln genom att vrida dem 90° **(se bild)**.

2 Lossa plasten runt innerhandtaget. Skruva loss de två skruvarna som nu är synliga, och handtagets klädseldel som hålls av skruvarna **(se bild)**.
3 För klädseln uppåt (sett med stängd lucka) för att lossa "nyckelhålsfästena" längs överkanten. Ta bort klädselpanelen.

Montering

4 Montering sker i omvänd ordning mot demontering.

14 Vindruta och andra fasta rutor – demontering och montering

Speciell utrustning och teknik krävs för lyckad demontering och montering av vindrutan, bakrutan och de bakre hörnrutorna. Överlämna arbetet till en Volvoverkstad eller en vindrutespecialist.

15 Framdörrens fönsterruta – demontering och montering

Demontering

1 Demontera dörrens klädsel (avsnitt 11).
2 Höj eller sänk rutan så att lyftarmarna kan kommas åt. Ta bort clipset som håller varje lyftarm till rutinfästningen **(se bild)**.
3 Låt en medhjälpare stödja fönstret, eller kila fast det på plats. Koppla loss lyftarmarna från infästningen och lyft ut glaset ur dörren.

4 Om en ny ruta monteras, undersök om den levereras med rutinfästningen ansluten eller inte. Om inte måste den gamla infästningen överföras till den nya rutan. Om så är möjligt, notera infästningens monteringsläge i förhållande till rutans bakkant. Infästningen demonteras med försiktig användning av en gummiklubba. Om infästningens monteringsläge inte är känt, placera det så som visas **(se bild)**.

Montering

5 Montering sker i omvänd ordning.

16 Bakdörrens fönsterruta – demontering och montering

Demontering

1 Demontera dörrens klädsel (avsnitt 12).
2 Demontera den rörliga rutan enligt beskrivningen för framrutan (avsnitt 15).
3 Det fasta glaset kan nu demonteras efter det att nitarna som håller styrskenan borrats ut. Ta bort styrskenan och dra ut glaset.
4 Vid montering av den fasta rutan, smörj kanten med flytande tvål.
5 Pressa glaset på plats och sätt tillbaka styrskenan, fäst den med nya nitar.
6 Om en rutinfästning monteras på den rörliga rutan, placera den så som visas **(se bild)**.

Montering

7 Montera rutan och klädseln.

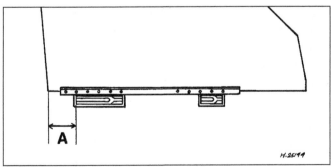

15.4 Korrekt montering för framrutans infästning
A = ca 70 mm

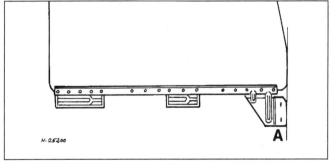

16.6 Korrekt montering för bakrutans infästning
A = 0 till 1 mm

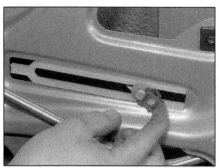

17.2 Låsclips som håller armen i spåret

17.3 Ta loss fönstermotorns enskilda kontakter från kontaktstycket

17.7 Fönstermekanismens stoppskruv (vid pilen)

17 Fönsterhissmekanism – demontering och montering

Demontering

1 Följ beskrivningen för demontering av glasruta (avsnitt 15 eller 16), men ta inte bort glaset helt. Tejpa eller kila fast det i fullt upphissat läge.
2 Ta bort låsclipset som håller lyftarmen i spåret **(se bild)**.
3 Om fönstren är elektriskt styrda, ta loss motorkontakterna från kontaktstycket, bänd ut dem med en liten skruvmejsel eller rits **(se bild)**. Det är svårt att göra detta utan att skada kontakterna, men om en ny motor ska monteras spelar detta ingen roll. På senare modeller finns ytterligare ett kontaktstycke i kablaget som underlättar losskoppling.
4 Ta bort muttrarna som håller mekanismen till dörren.
5 Tryck mekanismen in i dörren och ta bort den genom det stora hålet nedtill. Det kan vara nödvändigt att ändra mekanismens läge för att den skall kunna gå genom hålet. Med elhissar, gör detta genom att försiktigt ansluta ett batteri till kontakterna med hjälp av startkablar. Var dock **mycket** försiktig så att inte kontakterna eller startkablarnas klämmor vidrör varandra – det kan ge dig en ordentlig stöt.
6 Motorn kan skruvas loss från mekanismen om så behövs. Var försiktig när motorn

demonteras, så att inte fjädertrycket gör att kuggsegmentet rör sig, vilket kan resultera i skador.

Montering

7 Montera i omvänd ordning. Innan dörrklädseln monteras, justera stoppskruven enligt följande **(se bild)**.
8 Lossa stoppskruven och tryck den framåt. Veva upp fönstret helt, tryck stoppskruven bakåt och dra åt den.

18 Dörrhandtag, lås och spärrar – demontering och montering

Demontering

1 Demontera dörrklädseln (avsnitt 11 eller 12).

Låscylinder

2 På tidiga modeller, lossa centrallåskontakten från cylindern genom att lossa fästklämman.
3 Ta bort de två skruvarna i dörrkanten som håller låscylindern **(se bild)**.
4 Haka loss stången mellan lås och spärr, notera vilken väg den är monterad. Dra av klämman från låset och ta bort lås och klämma **(se bild)**.

Yttre handtag

5 Skruva loss de två skruvarna som håller handtaget. Haka loss länkstången och ta bort handtaget.

Spärrmekanism

6 Lossa låscylindern och länkstängerna från spärren.
7 Demontera spärrhaken från dörren. Den hålls av två insexskruvar.
8 Ta bort den enda fästskruven som nu exponeras när spärrhaken tagits bort.
9 Ta loss innerhandtagets länk och ta bort spärrmekanismen **(se bild)**.

Montering

10 Montering sker i omvänd ordning. Kontrollera funktionen innan dörrklädseln monteras.
11 Notera att ytterhandtagets länkstag har en justerbar del. Längden på staget bör ställas in så att spärrstoppet är i kontakt med dess bas, och handtagets tunga sticker ut minst 22 mm.

19 Bagageluckans lås – demontering och montering

Demontering

1 Ta bort spärren och haka loss låsmotorns länkstag från spärrens medbringare **(se bild)**.
2 Ta bort skjuvbulten med som håller låset. Använd en pinnbultsutdragare eller hammare och dorn.
3 Demontera låset från bagageluckan.

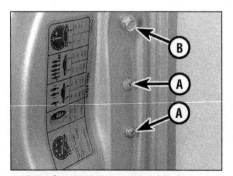

18.3 Låscylinderns skruvar (A). Skruv B håller ena änden av ytterhandtaget

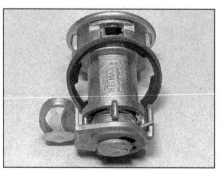

18.4 Dörrlåscylinder demonterad

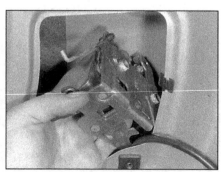

18.9 Demontering av spärrmekanismen

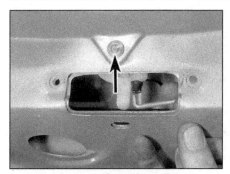

19.1 Haka loss låsmotorns länkstag. Skjuvbult vid pilen

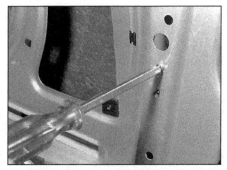

21.3a Skruva loss fästskruven ...

21.3b ... och lyft ut kontakten

Montering

4 Vid montering, använd en ny skjuvbult. Dra bara åt bulten lätt tills du är nöjd med låsets funktion, dra sedan åt bulten tills skallen går av.

20 Bakluckans lås – demontering och montering

Demontering

1 Demontera bakluckans klädselpanel (avsnitt 13).
2 Koppla loss länkstängerna från ytterhandtaget, låscylindern och (där tillämpligt) låsmotorn.
3 Demontera ytterhandtag/nummerskyltsbelysning, som hålls av två skruvar och två muttrar. Koppla loss kablaget.

4 Låscylindern och armarna kan nu tas bort sedan spårryttare och låsplatta tagits bort.

Montering

5 Montering sker i omvänd ordning. Justera ytterhandtagets länkstång om så behövs för att ge handtaget ca 3 mm spel.

21 Centrallåsets komponenter – demontering och montering

Demontering

Förardörrens kontakt

1 Demontera dörrens klädsel (avsnitt 11).
2 På tidiga modeller, haka loss kontakten från låscylindern och ta bort den. Notera hur kontaktens spår hakar i tappen på låset.

3 På senare modeller är kontakten placerad bredvid spärrmekanismen. Ta bort den enda fästskruven och lyft ut kontakten. Notera hur kontaktens tunga hakar i spärrstången (se bilder).
4 Lossa kontaktstycket. Om andra funktioner delar samma kontaktstycke, ta ut respektive kontakter. På senare modeller kan ytterligare ett kontaktstycke finnas i kablaget, som förenklar losskopplingen.

Låsmotorer (modeller före 1989)

5 Demontera dörrklädseln (avsnitt 11 eller 12).
6 Lossa motorns länkstag från vinkelhävarmen (framdörren) eller låsknappens länkstag (bakdörren) (se bild).
7 Skruva loss motorns fästmuttrar. Ta bort motorn och länkstaget från dörren. På vissa modeller är länkstaget inneslutet i ett plaströr (se bilder).
8 Koppla loss kontaktstycket – se punkt 4.
9 Om en ny motor monteras, flytta över länkstaget, fästplattan och eventuellt andra komponenter till den.

Dörrlåsmotorer (1989 års modeller och framåt)

10 Demontera dörrklädseln (avsnitt 11 eller 12).
11 Ta bort de två skruvarna under spärren och skruven nära innerlåsets knapp, så att glasets bakre styrning frigörs (se bilder).
12 Ta bort de två torxskruvarna som håller

21.6 Låsmotorlänkens vinkelhävarm

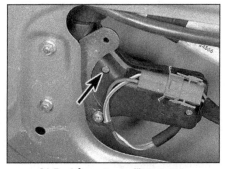

21.7a Låsmotorns fästmuttrar (en vid pilen)

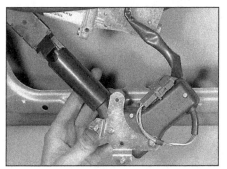

21.7b Demontering av låsmotor, länkstag och rör

21.11a Skruva loss de två skruvarna under spärren

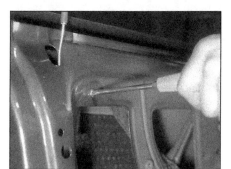

21.11b Glasstyrningens skruv nära låsknappen

21.12 Skruv dold av spärren

21.13 Demontera den bakre fönster-styrningen

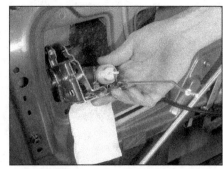

21.14 Demontering av dörrlåsmotorn

21.15 Låsmotor med fästskruvar

21.16a Ta bort luckspärrens täckkåpa ...

21.16b ... och själva spärren

spärren. Ta bort spärren och skruven som då blir åtkomlig **(se bild)**.
13 Demontera den bakre fönsterstyrningen **(se bild)**.
14 Lossa dörrhandtagets armar. Haka loss motorn och ta bort den helt med den inre låsknappsstången **(se bild)**.
15 Själva motorn kan demonteras från låsmekanismen genom att man skruvar loss de två fästskruvarna **(se bild)**.

Bagageluckans låsmotor

16 Ta bort spärrens täckkåpa. Skruva loss och ta bort spärren **(se bilder)**.
17 Haka loss låsmotorns länkstag.
18 Ta bort de tre fästmuttrarna, koppla loss motorns kablage och ta bort den **(se bild)**.

Bakluckans låsmotor

19 Demontera bakluckans klädsel (avsnitt 13).
20 Låsmotorn kan nu demonteras på liknande sätt som bagageluckans låsmotor.

Reläer

21 På 1982 och 1983 års modeller styr två reläer i den centrala elektriska enheten centrallåsets låsning och upplåsning. Se kapitel 12 för ytterligare information.
22 På senare modeller används inga reläer i centrallåssystemet.

Montering

23 Montering sker i omvänd ordning mot demontering.

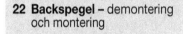

22 Backspegel – demontering och montering

Demontering

Elektriskt manövrerad

1 Demontera dörrens innerklädsel (avsnitt 11).
2 Bänd loss klädselpanelen som täcker spegelns infästning **(se bild)**.
3 Koppla loss spegelns kontakt. Ta loss kablaget från dörren **(se bild)**.
4 Stöd spegeln och ta bort fästskruven. Lyft av spegeln från dess fästen.

Manuellt manövrerad

5 Momentet liknar det som beskrivs ovan, men eftersom det inte finns några kablar som måste lossas bör man inte behöva demontera

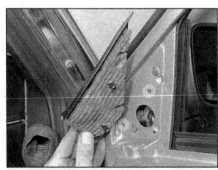

22.2 Klädselpanelen som täcker spegelns infästning

21.18 Demontering av bagageluckans låsmotor

dörrklädseln. Ingen specifik information finns tillgänglig.

Montering

6 Montering sker i omvänd ordning.

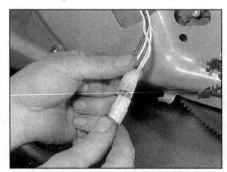

22.3 Spegelns kontakt kopplas loss

23.2 Lossa spegelglasets fästring

23.3 Spegelmotor med fästskruvar

Montering

3 Sätt tillbaka listen med början i övre hörnet. Knacka den på plats med en gummiklubba.
4 Montera sparkpanelen.

25 Framsäte – demontering och montering

Demontering

1 Demontera klädseln eller förvaringsfickan på yttersidan längst ner på sätet. Skruva loss bältets infästning som då blir synlig **(se bild)**.
2 Flytta sätet framåt. Ta bort skruven längst bak på varje skena – dessa kan vara övertäckta **(se bild)**.
3 Flytta sätet bakåt. Ta bort eventuella skydd och skruva loss skruven längst fram på varje skena **(se bild)**.
4 Koppla loss sätesvärmarens, bälteskontaktens och justermotorns multikontakter (efter tillämplighet).
5 Lyft upp framdelen av sätet och tryck det samtidigt bakåt, för att frigöra skenorna från deras "nyckelhåls"-infästningar i golvet. Demontera sätet och skenorna tillsammans.

Montering

6 Montering sker i omvänd ordning mot demontering.

23 Backspegelns glas och motor – demontering och montering

Observera: *Man behöver inte demontera spegeln från dörren för följande moment.*

Demontering

1 Tryck spegelglaset inåt nedtill tills fästringens tänder kan ses.
2 Bänd tänderna med en skruvmejsel för att flytta ringen i moturs riktning (när man tittar på glaset). Detta lossar fästringen från fästplattan **(se bild)**. Ta bort glaset och fästringen. Där så är tillämpligt, koppla loss värmeelementets kablage.
3 För att demontera motorn, skruva loss de fyra fästskruvarna och koppla loss kablarna från motorn. Om kablarna inte kan lossas från

motorn, demontera dörrens innerklädsel och koppla loss spegelns multikontakt **(se bild)**.

Montering

4 Montera i omvänd ordning. Notera markeringen "TOP" på motorn, och markeringen "UNTEN" (nedåt) på spegelglaset **(se bilder)**.

24 Dörrtätningslist – demontering och montering

Demontering

1 Demontera sparkpanelen från tröskeln **(se bild)**.
2 Bänd loss tätningslisten, börja nedtill. Använd en bredbladig skruvmejsel och skydda lackeringen genom att bända mot en träbit.

23.4a Spegelmotorn är märkt "TOP" . . .

23.4b . . . och spegelglaset är märkt "UNTEN"

24.1 Sparkpanelens skruv och dess täcklock

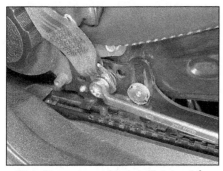

25.1 Skruva loss bältets infästning från sätet

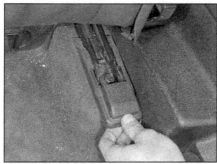

25.2 Skenans bakre bult . . .

25.3 . . . och den främre

26 Baksäte – demontering och montering

Demontering

Sedan

1 Lossa sätesdynorna från fästclipsen genom att trycka framkanten nedåt och samtidigt dra bakåt. Lyft ut dynan.
2 Räta ut tungorna på clipsen som håller ryggstödet längst ned. Tryck ryggstödet uppåt för att lossa det från de övre clipsen och demontera det.
3 Armstödet kan nu skruvas loss och demonteras om så önskas.

Kombi

4 Vik sätesdynorna framåt. Skruva loss gångjärnens fästmuttrar och lyft ut dynorna **(se bild)**.
5 Vik ned ryggstöden. Dra ut stiften ur det mittre fästet **(se bild)** och lossa sidofästenas stift genom att böja dem med en tång. Lyft ut ryggstöden.

Montering

6 Demontera i omvänd ordning.

27 Nackstöd – demontering och montering

Demontering

1 Tryck på framsätets ryggstöd ca 90 mm under överkanten och dra samtidigt nackstödet uppåt för att lossa det.
2 Dra ut nackstödet ur styrningarna och ta bort det.

Montering

3 Montera genom att trycka ned nackstödet på plats tills det hakar i.

28 Framsätets positions-justerare – demontering och montering

Demontering

1 Demontera sätet och ta loss sittdynan (avsnitt 25 och 29).

Mekaniska höjdjusterare

2 Höj justeraren till sitt högsta läge. Ta bort insexskruvarna som håller den till sätet.
3 Tryck höjdjusterararmen mot sätets framsida och tryck nedåt på sätet. Separera sätet från stagen.
4 Höjdjusterarkomponenterna kan nu bytas ut efter behov.

Mekanisk lutningsjusterare

5 Följ beskrivningen för ryggstödets värmeelement (avsnitt 29), men skruva också loss

26.4 Två gångjärn för sätesdynor (kombi)

lutningsmekanismen från sätets monteringsram. Hela ryggstödets ram och lutningsmekanism måste bytas ut tillsammans.

Motor för justering framåt/bakåt och höjd

6 Placera sätet upp och ned på en ren arbetsbänk eller golvet så att undersidan är åtkomlig.
7 Skruva loss de fyra små bultarna som håller motorfästplattan.
8 Ta försiktigt bort fästplattan från sätet. Ta bort de fyra bultarna som fäster motorn i fråga; notera distanserna som är monterade på den främre höjdjusteringsmotorn.
9 Demontera motorn från fästet och dra bort kabeln från den.
10 Koppla loss motorns multikontakt. Kontakten delas av alla tre motorerna – för att demontera en motor måste man bända ut dess anslutningar ur kontakten, eller skära av ledningarna och göra nya anslutningar för en ny motor.

Motor till ryggstödet

11 Ta bort justerknoppen för korsryggsstödet. Ta också bort täckpanelerna längst ner på ryggstödet på båda sidorna.
12 Luta ryggstödet bakåt så långt det går. Använd en skruvmejsel eller liknande och stick in den i hålet i lutningsmekanismen längst ned på ryggstödet.
13 På undersidan av sätet, koppla loss kontakten som matar värmeelementen och ryggstödsmotorn. Man måste också lossa eller skära av den svarta kabeln från den trepoliga kontakten. Skär av kabelband efter behov.
14 Ta bort de fyra bultarna som håller ryggstödet. Lyft av ryggstödet från sittdynan.
15 Kapa de ringar som håller klädseln längst ner på ryggstödet. Dra ut klädseln och haka av clipset inuti för att komma åt motorn.
16 Ta bort muttern som håller motorfästet till ryggstödets ram. Dra ut motorn med kablar och fäste fortfarande anslutna.
17 Skruva loss fästet från motorn och lossa det från kablarna. Koppla loss kontakten och ta bort den.

Reglagepanel för sätesjusterarmotor

18 Skär av kabelbandet som håller kablaget till motorns fästplatta.

26.5 Ryggstödets mittre fäste (kombi) – stiften vid pilarna

19 Koppla loss motorns kontakter.
20 Ta bort de två skruvarna som fäster reglagepanelen.
21 Ta bort reglagepanelen, mata kablarna och kontakterna genom sidan på sätet.

Montering

22 Montering sker i omvänd ordning, använd nya kabelband, klädselringar etc, efter behov.

29 Sätesvärmeelement – demontering och montering

Demontering

1 Demontera framsätet (avsnitt 25).
2 Luta ryggstödet så långt bak som möjligt. Vänd sätet upp och ned och lossa kablaget från kabelbanden.

Ryggstödets värmeelement

3 Demontera nackstödet (avsnitt 27).
4 Ta bort ryggstödets justerknopp och justerknoppen och styrningen för korsryggsstödet.
5 Demontera klädselns fäststag. Skär av klämringarna som håller klädselns nederkant. Dra av klädseln och lossa de mittre fästklämmorna.
6 Värmeelementet kan nu demonteras.

Sittdynans värmeelement

7 Demontera klädselns fäststag. Haka loss sidofjädrarna och demontera dynan.
8 Skär av klämringarna som håller klädseln. Dra av klädseln, haka loss de mittre fästena.
9 Värmeelementet och termostaten kan nu demonteras.

Sätesvärmens styrenhet

10 Fram till 1988 styrdes sätesvärmen helt enkelt av en termostat och en brytare. Från och med 1988 har sätena styrenheter (en för varje framsäte) som varierar sätets värmeeffekt beroende på temperatur. Maximal utmatning ges endast om temperaturen under sätet är under 10°C. Låg utmatning ges vid temperaturer mellan 10 och 18°C. Ingen värme ges vid högre temperatur, utöver några sekunder när tändningen först slås på.
11 Om sätesvärmaren inte uppför sig enligt beskrivningen kan styrenheten vara defekt.

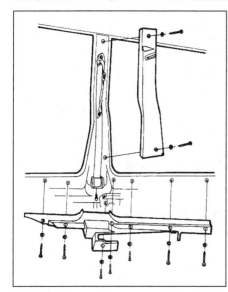

30.2 Demontera klädselpanelerna för att komma åt främre säkerhetsbältet

Man kommer åt den genom att demontera sätet, skära av fästbandet och koppla loss styrenheten.
12 Testning av styrenheten görs genom att man byter ut den mot en enhet man vet fungerar. Om man antar att endast en styrenhet går sönder åt gången, kan en bra enhet lånas från det andra sätet för att fastställa felet.

Montering

13 Montering sker i omvänd ordning mot demontering, använd nya klämringar vid behov.

30 Säkerhetsbälten – demontering och montering

Demontering

Främre säkerhetsbälten

1 Flytta framsätet framåt. Demontera klädselpanelen eller förvaringsfickan längst ned på utsidan av sätet. Skruva loss säkerhetsbältets infästning.
2 Ta bort B-stolpens klädselpanel, som är säkrad av två skruvar dolda av pluggar (se bild). Lossa bältesstyrningen från spåret i klädselpanelen.
3 Demontera panelen över rulle/tröskelbalk, som hålls av sju täckta skruvar.
4 Skruva loss bältets övre styrning och rulle, notera hur eventuella brickor och distanser sitter. Demontera bältet och rullen.
5 För att kunna ta bort spännet måste man först demontera sätet (avsnitt 25).

Bakre säkerhetsbälten – sedan

6 Demontera baksätet (avsnitt 26).
7 Spännena och golvinfästningarna kan nu skruvas loss från durken.

32.1 Ta bort täcklocket för att komma åt skruven

8 För att komma åt rullarna måste man först demontera högtalarna i hatthyllan (om monterade). Man kommer åt deras kontakter och infästningar via bagageutrymmet.
9 Lossa hatthyllans fästclips och ta bort hyllan.
10 Lossa clipsen och ta bort skydden för rullarna.
11 Skruva loss och ta bort rullarna, notera hur eventuella distanser sitter.

Bakre säkerhetsbälten – Kombi

12 Man kommer åt spännena och golvinfästningarna om man lutar sätets sittdyna framåt.
13 Rullarna kan nås om man tar bort C-stolpens klädsel. Denna är fäst med en skruv upptill, av sätets stopp nedtill och av ett clips baktill.

Montering

14 Montering sker i omvänd ordning.

31 Rattstångs-/pedalkåpa – demontering och montering

Demontering

1 Den stora klädselpanelen under rattstången är fäst med två skruvar och två clips. Ta bort skruvarna och vrid clipsen 90° för att lossa dem.
2 Sänk ned klädselpanelen och koppla loss värmekanalen från den. Ta bort panelen.

Montering

3 Montering sker i omvänd ordning.

32 Handskfack – demontering och montering

Demontering

Alla modeller utom 760 1988 och framåt

1 Öppna handskfacket. Ta bort de två täcklocken från kanterna på handskfacket och skruva loss de två skruvarna som då blir synliga (se bild).
2 Demontera panelen under handskfacket.

32.3 Mutter längst ned på handskfacket (vid pilen)

Denna hålls med tre clips som måste vridas 90°.
3 Ta bort muttern längst ner på handskfacket (mot bilens mitt) (se bild).
4 Sänk ned handskfacket, koppla loss kablarna från det och ta ut det.

760 modeller 1988 och framåt

5 Demontera panelen under handskfacket. Denna hålls av clips upptill (vrid 90° för att lossa dem) och skruvar nedtill.
6 Ta bort de två skruvarna längst ned på handskfacksluckan, en i var ände.
7 Öppna handskfacket. Ta bort plastskydden ovanför luckans stoppband och ta bort skruvarna som exponeras.
8 Lossa handskfacket från dess fästclips och ta bort det.

Montering

9 Montering sker i omvänd ordning.

33 Mittkonsol – demontering och montering

Demontering

1 Koppla loss batteriets negativa anslutning.
2 Demontera rattstångs-/pedalkåpan (avsnitt 31) och handskfacket (avsnitt 32). Detta är kanske inte absolut nödvändigt, men förbättrar åtkomligheten.
3 Demontera radion (kapitel 12).
4 Demontera askkoppen och dess hållare (se bild).

33.4 Demontering av askkoppshållaren

33.6 Radiopanelens fästskruv

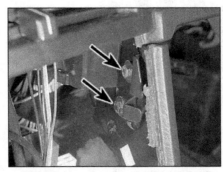

33.7 Sidopanelens skruvar (vid pilarna) under värmereglagen

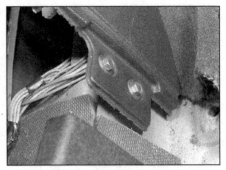

33.8 Skruvar i sidopanelens bakkant

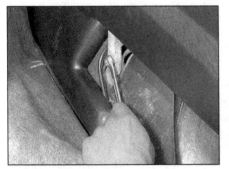

33.9 Skruva loss skruvarna framtill på sidopanelerna

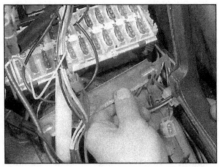

33.10 Ta bort sidopanelernas hållstag

5 Demontera cigarettändarpanelen. Denna hålls av en eller två skruvar, vilka man kommer åt om man tar bort tändare och täcklock. Koppla loss elanslutningen och dra ut glödlampshållaren när panelen dras ut. (På vissa modeller kan panelen också innehålla radioutrustning.)
6 Demontera radiopanelen, som hålls av en enda skruv baktill (se bild).
7 Skruva loss sidopanelsskruvarna under värmereglagen (se bild).
8 Ta bort skruvarna (två på var sida) som håller bakkanten på mittkonsolens sidopaneler. Man måste lossa den bakre konsolen och flytta den bakåt för att komma åt skruvarna (se bild).
9 Dra undan mattan från den främre änden av kardantunneln och ta bort de två skruvarna (en på var sida) som håller de främre ändarna av sidopanelerna (se bild).

10 Lossa skruvarna som håller sidopanelernas hållstag. Lossa staget, det har avlånga fästhål (se bild).
11 Demontera mittkonsolens sidopaneler.

Montering

12 Montering sker i omvänd ordning mot demontering.

34 Bakre konsol – demontering och montering

Demontering

1 Lyft armstödet, töm förvaringsfacket och ta loss täckplattan i botten i facket. Ta bort de två skruvarna som då blir synliga (se bild).
2 På modeller med manuell växellåda, ta bort

växelspaks-/handbromsdamasken. Denna hålls av två skruvar. Koppla loss eventuella kontakter.
3 På modeller med automatväxellåda, demontera panelen runt växelväljaren.
4 Lyft upp bakre konsolen. Lossa panelen för bakre askkopp/cigarettändare/bältesvarningslampa från konsolen. Demontera konsolen och lämna kvar panelen.

Montering

5 Montering sker i omvänd ordning.

35 Instrumentbräda – demontering och montering

Demontering

1 Koppla loss batteriets negativa anslutning.
2 Demontera ratten, rattstångskontakterna och instrumentpanelen. Se kapitel 10 och 12.
3 Demontera rattstångs-/pedalkåpan, handskfacket, mittkonsolen och bakre konsolen. Se avsnitt 31 till 34.
4 Demontera sidopanelerna i fotutrymmet (se bild). Demontera också A-stolpens klädsel.
5 Koppla loss strömbrytar- och belysningskontakter.
6 Ta bort skruven som håller rattstångens övre lager i instrumentbrädan. Ta vara på distansröret.
7 Ta ut de mittre luftventilerna (se bild). Ta bort luftblandningsboxens fästskruv och koppla loss luftkanalerna.
8 Lossa kablaget från instrumentbrädan.

34.1 Två skruvar i botten på förvaringsfacket

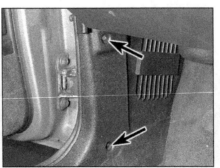

35.4 Skruvar på fotbrunnens sidopanel

35.7 Demontering av mittre luftventiler

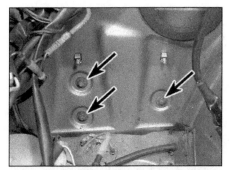

37.1a Tre muttrar (vid pilarna) som håller stötfångarens sidosektion. Luftrenaren har demonterats för åtkomlighet

9 På modeller med automatisk klimatkontroll (ACC), demontera den inre temperaturgivaren.
10 Demontera instrumentbrädan komplett med strömställare, defrostermunstycken etc. Om brädan ska bytas ut, flytta över komponenter efter behov.

Montering

11 Demontering sker i omvänd ordning mot demontering.

36 Spoiler fram – demontering och montering

Demontering

1 Låt en medhjälpare stödja spoilern. Ta bort de sex bultarna och D-formade brickorna som håller den till stötfångaren.
2 Lossa spoilern från stötfångarens sidosektion och ta bort den.

Montering

3 Montering sker i omvänd ordning.

37 Stötfångare – demontering och montering

Demontering

Främre stötfångare

1 Ta bort de tre muttrarna som håller varje

37.2 Ta bort den plugg som håller den bakre kanten på varje sidosektion

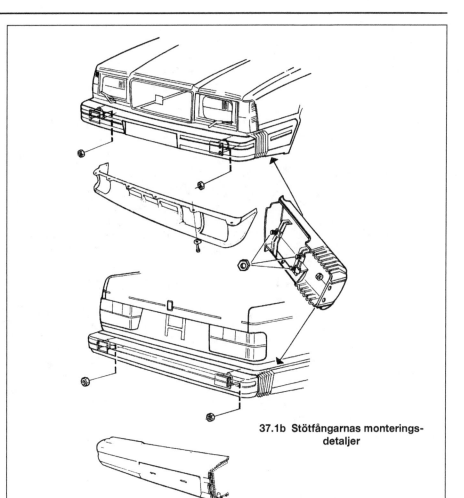

37.1b Stötfångarnas monterings-detaljer

sidosektion **(se bilder)**. (Beroende på utrustning och modell kan man behöva demontera batteri, spolarbehållare och/eller luftrenare för åtkomlighet.)
2 Ta bort pluggen som håller den bakre kanten på varje sidosektion **(se bild)**.
3 Demontera spoilern (avsnitt 36).
4 Koppla loss eller demontera eventuella extraljus.
5 Från insidan av stötfångaren, ta bort de fyra muttrarna som håller den till dämparna. Ta bort stötfångaren.

Bakre stötfångare

6 Denna demonteras på liknande sätt som den främre stötfångaren, men man kommer åt sidosektionernas muttrar inifrån bagageutrymmet.

Stötfångardämpare

7 Demontera aktuell stötfångare.
8 Ta bort de två muttrarna och bultarna och den ensamma muttern som håller dämparen. Muttern kan nås via motorrummet (främre dämpare) eller via bagageutrymmet **(se bild)**.

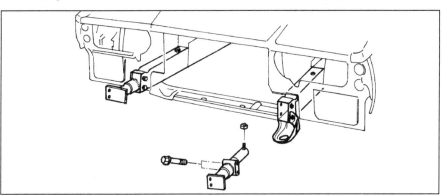

37.8 Stötfångardämparens infästningar

9 Dra ut dämparen från sitt fäste.
10 Punktera inte dämparna och utför inte svetsningsarbete i närheten av dem. De innehåller gas under tryck som kan orsaka skador om den plötsligt släpps ut.

Montering

11 Montering sker i omvänd ordning mot demontering.

38 Kylargrill – demontering och montering

Demontering

1 Öppna motorhuven. Tryck ihop grillens övre fästclips och ta bort dem **(se bild)**.

2 Lossa grillen från dess nedre fästen och ta bort den **(se bild)**.

Montering

3 Montering sker i omvänd ordning.

39 Motorns skyddsplåt – demontering och montering

Demontering

1 Lyft upp och stöd framvagnen.
2 Ta bort skyddsplåtens fästskruvar och lossa den från klackarna. Om en vakuumtank är monterad i närheten kan denna dela några av skyddsplåtens skruvar.

Montering

3 Montering sker i omvänd ordning.

40 Taklucka – allmän information

En mekaniskt eller elektriskt manövrerad taklucka finns som standard eller tillval, beroende på modell.

Takluckan är underhållsfri, men eventuella justeringar eller demontering och montering av komponenter bör överlämnas till en återförsäljare. Enheten är komplex och för att komma åt delarna måste man ta bort stora delar av klädseln. Det senare är en invecklad procedur och kräver specialistkunskap om man ska undvika skador.

38.1 Grillens övre fästclips tas bort

38.2 Grillens nedre fäste

Kapitel 12
Karossens elsystem

Innehåll

Svårighetsgrader

Enkelt, passar novisen med lite erfarenhet	**Ganska enkelt,** passar nybörjaren med viss erfarenhet	**Ganska svårt,** passar kompetent hemmamekaniker	**Svårt,** passar hemmamekaniker med erfarenhet 	**Mycket svårt,** för professionell mekaniker

Specifikationer

Säkringar – 1982/83 års modeller

Nr	Belastning (ampere)	Skyddad(e) krets(ar)
F1 (el 2)	25	Huvudbränslepump
F2 (el 1)	25	Varningsblinkers, strålkastarblink, centrallås
F3	15	Främre dimljus/fjärrljus
F4	15	Bromsljus
F5	15	Klocka, innerbelysning, elantenn, radio (oberoende av tändningen), dörrkantsmarkeringslampa
F6	25	Kylfläkt
F7	30	Fönstermotorer
F8	15	Blinkers, konstanttomgångssystem, överväxelrelä
F9	30	Uppvärmd bakruta, takluckans motor
F10	15	Instrument, backljus, sätesvärmare, bältespåminnare, bränslepumprelä, fönstermotorrelä, kylfläktsrelä, luftkonditioneringens fördröjningsventil, oljenivågivare, varning för lampbortfall
F11	25	Varselljus, farthållare, värmefläkt (låghastighet), automatisk klimatkontroll (ACC)
F12	25	Cigarettändare, radio (tändningsstyrd), spegelmotorer, sätesmotorer
F13	25	Signalhorn, vindrutespolare/-torkare, strålkastarspolare/-torkare
F14	30	Värmefläkt (höga hastigheter)
F15	15	Bränslepump (extra)
F16	15	Bakre dimljus och relä
F17	15	Helljus (vä) och helljuskontrollampa
F18	15	Helljus (hö), främre fjärrljusrelä
F19	15	Halvljus (vä)
F20	15	Halvljus (hö)
F21	15	Instrument- och kontrollbelysning, bak-/parkeringsljus (vä), nummerplåtsbelysning, varningssummer, främre askkopp
F22	15	Bakre askkoppsbelysning, belysning för brytare på kardantunnel, bak-/parkeringsljus (hö), främre dimljusrelä

Säkringar – 1984 års modeller

Nr	Belastning (ampere)	Skyddad(e) krets(ar)
F1	25	Bränslepump (huvud-), bränsleinsprutningssystem
F2	25	Varningsblinkers, strålkastarblink, ABS, centrallås
F3	15	Främre dimljus/fjärrljus
F4	15	Bromsljus
F5	15	Klocka, innerbelysning, elantenn, radio (oberoende av tändningen), dörrkantsmarkeringslampa
F6	25	Kylfläkt, bältespåminnare, sätesvärmare
F7	30	Fönstermotorer
F8	15	Varselljus, varning för lampbortfall, fönsterhissmotorrelä, kylfläktsrelä
F9	25	Uppvärmd bakruta, takluckans motor, luftkonditionering
F10	15 eller 25	Instrument, backljus, tändsystem, farthållare, oljenivågivare, ABS
F11	15 eller 25	Blinkers, överväxelrelä, konstanttomgångssystem, inloppsvärmarrelä
F12	15	Cigarettändare, radio (tändningsstyrd), spegelmotorer, sätesmotorer
F13	25	Signalhorn, vindrutespolare/-torkare, strålkastarspolare/-torkare
F14	30	Värmefläkt, luftkonditionering
F15	15	Bränslepump (extra)
F16	15	Dimbakljus och relä
F17	15	Helljus (vä) och helljuskontrollampa
F18	15	Helljus (hö), relä främre fjärrljus
F19	15	Halvljus (vä)
F20	15	Halvljus (hö)
F21	15	Instrument- och kontrollbelysning, bak-/parkeringsljus (vä), nummerplåtsbelysning
F22	15	Bakre askkoppsbelysning, belysning för brytare på kardantunnel, bak-/parkeringsljus (hö), främre dimljusrelä

Säkringar – 1985/86 års modeller

Nr	Belastning (ampere)	Skyddad(e) krets(ar)
F1	25	Bränslepump (huvud-), bränsleinsprutningssystem
F2	25	Varningsblinkers, strålkastarblink, ABS, centrallås
F3	15	Främre dimljus-/fjärrljusrelä, bakre dimljusrelä
F4	15	Bromsljus
F5	15	Klocka, innerbelysning, elantenn, radio (oberoende av tändningen), dörrkantmarkeringslampa
F6	15	Sätesvärmare
F7	25	Kylfläkt
F8	30	Fönstermotorer
F9	15	Blinkers, bältespåminnare, sätesvärmarrelä, fönstermotorrelä, luftkonditioneringsrelä, kylfläktsrelä
F10	30	Uppvärmd bakruta, takluckans motor, uppvärmda speglar
F11	15	Bränslepump (extra)
F12	15	Backljus, oljenivågivare, överväxel, tändsystem, farthållare, ABS
F13	15	Bränsleinsprutningssystem
F14	15	Spegelmotorer, cigarettändare, radio (tändningsstyrd), bakrutetorkare
F15	25	Signalhorn, vindrutespolare/-torkare, strålkastarspolare/-torkare
F16	30	Värmefläkt, luftkonditionering
F17	15	Helljus (vä) och helljuskontrollampa
F18	15	Helljus (hö), främre fjärrljus
F19	15	Halvljus (vä)
F20	15	Halvljus (hö)
F21	15	Instrumentbelysning, bak-/parkeringsljus (vä), nummerplåtsbelysning
F22	15	Bakre askkoppsbelysning, belysning för brytare på kardantunnel, bak-/parkeringsljus (hö)
F23	15	Sätesmotorrelä
F24	-	Reserv
F25	15	Varselljus
F26	30	Sätesmotorer

Säkringar – 760 modeller, 1988 och framåt

Nr	Belastning (ampere)	Skyddad(e) krets(ar)
F1	10	Bak-/parkeringsljus (vä), nummerplåtsbelysning
F2	10	Bak-/parkeringsljus (hö)
F3	15	Helljus (vä)

F4	15	Helljus (hö)
F5	-	Reserv
F6	15	Halvljus (vä)
F7	15	Halvljus (hö)
F8	15	Dimljus (fram)
F9	10	Dimljus (bak)
F10	5	Instrument- och kontrollbelysning
F11	15	Backljus, blinkers, farthållare
F12	15	Används ej
F13	25	Uppvärmd bakruta, uppvärmda speglar
F14	10	Varning för lampbortfall, överväxelrelä, elfönsterhissrelä, takluckans motorrelä, bältespåminnare
F15	-	Reserv
F16	-	Reserv
F17	-	Reserv
F18	5	Radio
F19	15	Elektronisk klimatkontroll (ECC), spegelmotorer, bakrutetorkare, sätesmotorrelä, cigarettändare
F20	25	Signalhorn, vindrutetorkare, strålkastartorkare
F21	5	Elektroniskt antispinnsystem (ETC), konstanttomgångssystem
F22	5	ABS
F23	-	Reserv
F24	-	Reserv
F25	25	Varningsblinkers, centrallås
F26	10	Klocka, innerbelysning, dörrmarkeringslampor
F27	15	Bromsljus
F28	30	Värmefläkt, elektronisk klimatkontroll (ECC)
F29	30	Radioantenn, släpvagnsljus
F30	10	Extra bränslepump
F31	25	Huvudbränslepump, bränsleinsprutningssystem
F32	10	Radioförstärkare
F33	10	Radio
F34*	30	Fönstermotorer, takluckans motor
F35*	30	Sätesvärmare, sätesmotorer
-	10	ABS (på relä för transientskydd)

*Kretsbrytare

Glödlampor (typexempel)

	Watt	Sockel
Strålkastare	60/55	P45t-38 (H4)
Varselljus/parkeringsljus	21/5	BA7 15d
Blinkers	21	BA 15s
Sidoblinkers	5	W2.1x9.5d
Främre dimljus/fjärrljus	55	PK 22s (H3)
Bakljus	5	BA 15s
Bromsljus	21	BA 15s
Högt monterat bromsljus:		
1986 års modeller	20	BA 9s
1987 års modell och framåt	21	BA 15s
Kombinerat broms- och bakljus	21/5	BA7 15d
Dimbakljus/backljus	21	BA 15s
Nummerplåtsbelysning	5	BA 9s
Innerbelysning	10	SV 8.5
Läslampor	5	W 2.1x9.5d
Motorrums-/bagageutrymmesbelysning	10	SV 8.5
Handskfacksbelysning	2	BA 9s
Sminkspegelbelysning	3	SV 7
Dörrkantsmarkeringsljus	3	W 2.1x9.5d
Kontroll- och varningslampor	1,2	Inbyggd hållare
Instrumentbelysning	3	W 2.1x9.5d
Reglagebelysning	1,2	W 2x4.6d

1 Allmän information och föreskrifter

Allmän information

Elsystemet är av typen 12 volt med negativ jord. Ström till lampor och alla elektriska tillbehör kommer från ett blysyrabatteri som laddas av generatorn

Detta kapitel behandlar reparation och service av olika elektriska komponenter och system som inte hör ihop med motorn. Information om batteriet, tändsystemet, generatorn och startmotorn finns i kapitel 5.

Föreskrifter

Varning: Innan något arbete på elsystemet påbörjas, läs föreskrifterna i "Säkerheten främst" i början av denna bok samt i kapitel 5.

Varning: För att undvika kortslutningar och/eller brand, koppla alltid loss batteriets negativa anslutning innan arbete påbörjas med elsystemets komponenter. Om en radio/kassettbandspelare med stöldskyddskod är monterad, se informationen i referenskapitlet i slutet av boken innan batteriet kopplas loss.

2 Elektrisk felsökning – allmän information

Varning: Se säkerhetsföreskrifterna i "Säkerheten främst!" samt i avsnitt 1 ovan innan arbetet påbörjas. Följande test är relaterade till test av de elektriska huvudkretsarna och bör inte användas för att testa ömtåliga elektriska kretsar, särskilt inte där en elektronisk styrenhet används.

Allmänt

1 En typisk elektrisk krets består av en elektrisk komponent och tillhörande brytare, reläer, motorer, säkringar, smältlänkar eller kontaktbrytare, samt kablar och kontakter som länkar komponenter till både batteriet och karossen. Som hjälp vid felsökning i en elektrisk krets finns kopplingsscheman i slutet av detta kapitel.

2 Innan du försöker diagnostisera ett elektriskt fel, studera först aktuellt kopplingsschema för att få en överblick över de komponenter som ingår i kretsen. De möjliga orsakerna till problemet kan begränsas om man undersöker huruvida andra komponenter relaterade till kretsen fungerar som de ska. Om flera komponenter eller kretsar är ur

funktion samtidigt är det troligt att problemet ligger hos en delad säkring eller jordanslutning.

3 Elektriska problem har ofta enkla orsaker, som lösa eller korroderade anslutningar, en defekt jordanslutning, en trasig säkring, en smält smältlänk, eller ett defekt relä. Undersök alla säkringar, ledningar och anslutningar i en problemkrets innan komponenterna testas. Använd ett kopplingsschema till att avgöra vilka anslutningar som måste kontrolleras för att man ska kunna ringa in problemet.

4 Verktygen som behövs för elektrisk felsökning omfattar en kretstestare eller voltmätare (en 12 volts glödlampa med en uppsättning testkablar kan också användas för vissa moment); en ohmmätare (för att mäta motstånd och kontinuitet); ett batteri och en uppsättning testkablar; en förbindningskabel, helst med en kretsbrytare eller säkring inbyggd, som kan användas till att koppla förbi misstänkta ledningar eller elektriska komponenter. Innan du försöker lokalisera ett problem med testinstrument, använd kopplingsschemat för att avgöra var anslutningarna ska göras.

5 För att hitta orsaken till ett periodiskt återkommande kabelfel (vanligtvis orsakat av en dålig eller smutsig anslutning, eller skadad isolering), kan ett "vick-test" utföras på kablaget. Detta innebär att man vickar på ledningarna för hand för att se om fel uppstår när de rubbas. Det bör på så sätt vara möjligt att härleda felet till en speciell del av kablaget. Denna testmetod kan användas tillsammans med vilken annan testmetod som helst i de följande underavsnitten.

6 Förutom problem som uppstår på grund av dåliga kontakter förekommer två grundläggande problem i en elektrisk krets – kretsbrott och kortslutning.

7 Kretsbrott orsakas av ett brott någonstans i kretsen vilket gör att ström inte kan flöda genom den. Ett kretsbrott gör att komponenten inte kan fungera

8 Kortslutningar orsakas av att ledarna går ihop någonstans i kretsen, vilket medför att strömmen tar en alternativ, lättare väg (med mindre motstånd), vanligtvis till jord. Kortslutning orsakas vanligtvis av att isoleringen nötts och en ledare kan komma i kontakt med en annan ledare eller direkt med jord, t.ex. karossen. En kortslutning bränner i regel kretsens säkring.

Att hitta ett kretsbrott

9 För att kontrollera om en krets är bruten, koppla den ena ledaren på en kretsprovare eller voltmätare till antingen batteriets negativa pol eller till en annan känd god jord.

10 Koppla den andra ledaren till en kontakt i kretsen som testas, helst närmast batteriet eller säkringen. I detta läge skall batterispänning finnas, om inte ledaren från batteriet eller säkringen själv är defekt (kom ihåg att vissa kretsar är strömförande endast när tändningslåset är i ett speciellt läge).

11 Slå på kretsen, anslut sedan testarens

ledare till kontakten närmast kretsbrytaren på komponentsidan.

12 Om spänning finns (indikerat genom att testlampan lyser eller ett voltmätarutslag), betyder detta att delen av kretsen mellan aktuell kontakt och brytaren är i ordning.

13 Fortsätt kontrollera resten av kretsen på samma sätt.

14 När en punkt nås vid vilken ingen spänning finns, måste problemet ligga mellan den punkten och föregående testpunkt som hade spänning. De flesta problem kan härledas till en trasig, korroderad eller glapp anslutning.

Att hitta en kortslutning

15 För att leta efter en kortslutning, koppla bort strömförbrukarna från kretsen (dessa är komponenter som drar ström i en krets, t.ex. glödlampor, motorer, värmeelement etc.).

16 Ta bort aktuell säkring från kretsen och anslut en kretstestare eller voltmätare till säkringskontakten.

17 Slå på kretsen – kom ihåg att vissa kretsar är strömförande endast när tändningslåset är i ett speciellt läge.

18 Om spänning finns (testlampan lyser eller voltmätarutslag erhålls) betyder detta att kretsen är kortsluten.

19 Om ingen spänning finns under detta test, men säkringen fortfarande går sönder när strömförbrukarna ansluts, tyder detta på ett internt fel i någon av de strömförbrukande komponenterna.

Att hitta ett jordfel

20 Batteriets negativa pol är ansluten till jord – metallen på motorn/växellådan och karossen – och många system är kopplade så att de endast mottager en positiv matning, där strömmen leds tillbaka via karossens metall. Detta betyder att komponentens fäste och karossen utgör en del av kretsen. Lösa eller korroderade fästen kan därför orsaka en rad elektriska fel, allt från totalt kretshaveri till mystiska partiella fel. Lampor kan lysa svagt (speciellt när en annan krets som delar samma jord är i gång), motorer (t.ex. torkarmotor eller kylfläktens motor) kan gå sakta, och arbetet i en krets kan ha en till synes orelaterad effekt på en annan. Notera att på många bilar används jordflätor mellan vissa komponenter, som motorn/växellådan och karossen, vanligtvis när det inte finns någon metall-till-metall kontakt mellan komponenterna på grund av gummifästen o.s.v.

21 För att kontrollera om en komponent är ordentligt jordad, koppla loss batteriet och anslut en ledare från en ohmmätare till en känd god jordpunkt. Anslut den andra ledaren till den ledning eller jordanslutning som testas. Motståndsavläsningen skall vara noll – om inte, kontrollera anslutningarna enligt följande.

22 Om en jordanslutning misstänks vara defekt, ta isär anslutningen och rengör både karossen och kabelterminalen (eller fogytorna på komponentens jordanslutning) för att få bar metall. Var noga med att ta bort alla spår av smuts och korrosion, använd sedan en kniv till att ta bort all färg, så att en ren kontaktyta metall-metall erhålls. Dra åt kopplingsfästena ordentligt vid monteringen. Om en kabel-terminal sätts tillbaka, använd räfflade brickor mellan terminal och kaross, för att garantera en ren och säker kontakt. När kopplingen har gjorts, lägg på ett lager vaselin eller silikon-baserat fett för att förhindra ytterligare korrosion, eller spraya på (med regelbundna intervall) en passande fuktdrivande aerosol.

3 Säkringar och reläer – allmän information

Säkringar

1 Säkringarna är placerade på den sluttande ytan på den centrala elektriska enheten, bakom den främre askkoppen. Man kommer åt dem genom att demontera askkoppen och sedan ta bort askkoppshållaren genom att trycka på delen markerad "elektriska säkringar – tryck". På 760 modeller från 1988 och framåt kan det, beroende på modell, finnas säkringar i instrumentbrädans ände på förarsidan. För att komma åt dem, öppna dörren och lossa täckpanelen över säkring-arna (se bild). En separat säkring skyddar ABS-kretsarna. Denna säkring är monterad på ett relä kallat transientskydd. På tidiga modeller är detta monterat i bagageutrymmet, intill ABS styrenhet (kapitel 9, avsnitt 18). På senare modeller finns det till höger om instru-mentpanelen (se bild).
2 Om en säkring går sönder kommer den/de elektriska kretsar som skyddas av den säkringen att sluta fungera. Listor över skyddade kretsar finns i specifikationerna, en etikett bakom askkoppen ger information för den speciella bilen. På 760 modeller från 1988 och framåt är säkringarna nr 34 och 35 i själva verket kretsbrytare. Om en kretsbrytare löser ut bör den återställa sig själv efter ungefär 20 sekunder. Om den inte återställer sig, byt ut den, efter att ha åtgärdat orsaken till eventuell överbelastning.
3 För att leta efter en trasig säkring, ta antingen ut säkringen och undersök dess trådlänk eller (med ström på) anslut en 12 volts testlampa mellan jord och var och en av

3.1a Säkringspanel i instrumentpanelens ände på förarsidan

säkringsstiften. Om lampan börjar lysa på båda stiften är säkringen hel. Om den endast börjar lysa på ett stift är säkringen trasig.
4 För att byta ut en trasig säkring, dra ut den gamla säkringen, antingen med fingrarna eller med ett medföljande speciellt verktyg. Tryck in en ny säkring av rätt typ (indikerat av färg eller en siffra på säkringen). Reservsäkringar finns på var sida om den centrala elektriska enheten eller, på senare 760 modeller, i en låda längst ner på säkringsplattan.
5 Montera aldrig en säkring med annan klass-ning (högre) än den specificerade, koppla heller aldrig förbi en trasig säkring med tråd eller metallfolie. Allvarliga skador eller brand kan bli följden.
6 Om en speciell säkring går sönder hela tiden tyder det på ett fel i den skyddade kretsen. Om säkringen skyddar mer än en krets, slå på dem en i taget tills säkringen går för att på så sätt hitta den felande kretsen.
7 Förutom ett fel i den aktuella elektriska komponenten, kan en trasig säkring också bero på en kortslutning i komponentens kablage. Leta efter klämda eller fransade kablar som låter en strömförande ledning vidröra bilens metall, och efter lösa eller skadade kontakter.

Reläer – allmänt

8 Ett relä är en elektriskt manövrerad ström-ställare som används av följande anledningar:
a) Ett relä kan manövrera en stor ström på avstånd från den krets där strömmen flödar, vilket tillåter användning av lättare kablage och kontakter.

3.1b ABS-säkring monterad på transientskyddet

b) Ett relä kan ta emot mer än en styrsignal, till skillnad från en mekanisk strömställare.
c) Ett relä kan ha en timerfunktion – t.ex. ett periodiskt torkarrelä.
9 Om en krets som inkluderar ett relä utvecklar ett fel, kom ihåg att själva reläet kan vara defekt. Testa genom att byta ut reläet mot ett fungerande relä. Utgå inte ifrån att reläer som ser likadana ut nödvändigtvis är identiska när det gäller funktion.

Reläer – identifikation och placering

Alla modeller utom 760 1988 och framåt

10 De flesta reläer är placerade på den centrala elektriska enheten, framför säkring-arna. För att komma åt dem, demontera askkoppen och askkoppshållaren, lossa sedan clipsen och dra ut enheten i bilen (se bilder).
11 Ytterligare reläer som hör till bränsle- och tändsystem finns i motorrummet, och två reläer för luftkonditioneringen finns bakom instrumentbrädan.

760-modeller 1988 och framåt

12 Från och med årsmodell 1988 kan reläerna vara placerade på höger sida om mittkonsolen. Ta bort sidoklädseln för att komma åt dem (se bild).
13 Reläernas identifikation är enligt följande:
A Belysningsrelä (del)
B Motronic/Jetronic relä
C Centrallåsrelä
D Dimljusrelä
E Belysningsrelä (del)

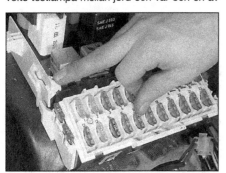
3.10a Lossa clipset . . .

3.10b . . . och dra ut den elektriska enheten (mittkonsol demonterad)

3.12 Reläpanel

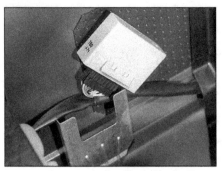

3.15 Den bakre varningsenheten för lampbortfall

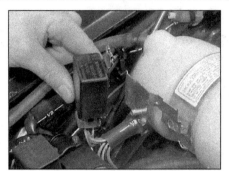

3.16 Relä för elektrisk kylfläkt

3.19 Ta loss den uppvärmda bakrutans kontakt/relä och varningsblinkersens kontakt/blinkenhet

F Relä för varning för lampbortfall (glödtrådsvakt)
G Övervåxelrelä
J Effektrelä
K Fördröjningsrelä bakrutetorkare
L Fördröjningsrelä vindrutetorkare
M Relä bältesvarning

14 Reläer på plats A, B, F, J, L och M är permanent anslutna till plattan. Vilka reläer i listan som finns på bilen i fråga beror på dess utrustning.
15 Varning för lampbortfall för de bakre ljusen på 760-modeller styrs av ett relä som finns bakom klädseln på vänster sida i bagageutrymmet **(se bild)**.
16 Reläet till den elektriska kylfläkten på 760-modeller är placerat i motorrummet, framför ett av fjäderbenshusen **(se bild)**.
17 Reläet för den uppvärmda bakrutan är nu inbyggt i bakrutans strömbrytare.

18 Blinkenheten för blinkers/varningsblinkers är inbyggd i varningsblinkersströmbrytaren.
19 För att komma åt de enheter som är inbyggda i strömbrytarna, ta loss reglage-panelen, koppla loss multikontakterna och ta loss strömbrytarna **(se bild)**.

<table>
<tr><td>4</td><td>**Strömbrytare** – demontering och montering </td></tr>
</table>

Brytare på rattstången

Alla modeller utom 760 1988 och framåt

1 Koppla loss batteriets negativa anslutning.
2 Demontera ratten (kapitel 10).

3 Demontera rattstångskåporna, de hålls av två skruvar var **(se bild)**.
4 Ta loss den aktuella brytaren. Varje brytare sitter med två skruvar. Skruva loss dessa, dra ut brytaren och koppla loss multikontakten **(se bilder)**.
5 Montering sker i omvänd ordning.

760-modeller 1988 och framåt

6 Koppla loss batteriets negativa anslutning.
7 Skruva loss insexskruven som håller rattstångens justeringshandtag **(se bild)**. Ta loss handtaget.
8 Demontera rattstångskåporna, de hålls med sex skruvar.
9 Ta bort de två skruvar som håller varje strömbrytare. Dra bort brytarna och koppla loss deras kontakter **(se bild)**.
10 Montering sker i omvänd ordning.

4.3 Skruva loss rattstångskåporna

4.4a En rattstångsbrytare skruvas loss

4.4b Koppla loss brytarens multikontakt

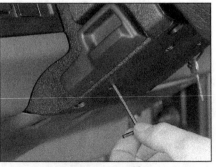

4.7 Skruv för rattstångens justeringshandtag

4.9 Demontering av en brytare från rattstången

4.13 Koppla loss strömbrytarens kontakt

4.15 Tändningslås och rattlås med drivspindel och hål

4.16 Demontering av tryckströmbrytare

4.17 En reglagepanel tas ut från instrumentbrädan

Tändningslås/startströmbrytare

11 Koppla loss batteriets negativa pol.
12 Demontera klädselpanelen under rattstången.
13 Koppla loss kontakten från strömbrytaren **(se bild)**.
14 Ta bort de två skruvarna som håller brytaren till rattlåset. Ta loss brytaren.
15 Montering sker i omvänd ordning. Notera att hålet i mitten av brytaren är utformat så att den endast kan haka i drivspindeln på ett sätt **(se bild)**.

Signalhornets tryckströmbrytare

16 Dessa demonteras genom att man bänder ut dem från ratten. Det är svårt att ta loss dem utan att orsaka viss skada **(se bild)**.

Strömbrytare i instrument-brädan

17 Ta loss reglagepanelen (och dess om-

givande panel om så är tillämpligt) och dra bort den från instrumentbrädan **(se bild)**.
18 Koppla loss brytarnas kontakter, notera (märk upp) hur de sitter om så behövs **(se bild)**.
19 Ta bort aktuell brytare genom att trycka in dess hållklackar **(se bild)**.
20 Montering sker i omvänd ordning.

Brytare på bakre konsol

21 Se kapitel 11, avsnitt 34.

Strömbrytare för fönster och speglar

22 Demontera dörrens armstöd och ta loss reglagepanelen från den. Se kapitel 11, avsnitt 11.
23 Koppla loss kontakten från brytaren i fråga **(se bild)**.
24 Bänd försiktigt loss hållklackarna och ta bort brytaren från undersidan på brytarplattan.

25 Montering sker i omvänd ordning.

Strömbrytare för dörr/baklucka

26 Öppna dörren eller bakluckan. Skruva loss fästskruven och ta ut brytaren **(se bild)**.
27 Säkra ledningarna med en klädnypa innan de kopplas loss så att de inte försvinner in dörrstolpen.
28 Montering sker i omvänd ordning.

Strömbrytare för bromsljus

29 Demontera rattstångs-/pedalklädseln.
30 Koppla loss ledningen från brytaren. Lossa på låsmuttern och skruva ut brytaren.
31 Vid montering, skruva in brytaren så att den aktiveras efter 8 till 14 mm bromspedalrörelse. Anslut ledningarna och dra åt låsmuttern.
32 Kontrollera brytarens funktion, sätt sedan tillbaka klädseln.

Strömbrytare för hand-bromsvarning

33 Demontera den bakre konsolen (kapitel 11, avsnitt 34).
34 Ta loss brytarens fästskruv **(se bild)**. Lyft ut brytaren, koppla loss ledningen och ta bort brytaren.
35 Montering sker i omvänd ordning.

Andra brytare/kontakter

36 Vissa brytare/kontakter återfinns i det kapitel som behandlar deras system eller utrustning – t.ex. temperaturstyrda kontakter i kapitel 3 och transmissionsstyrda i kapitel 7.

4.18 Brytarens kontakt kopplas loss

4.19 Brytaren tas loss från panelen

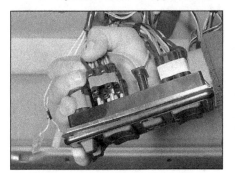

4.23 Kontakten tas loss från en fönsterreglagebrytare

4.26 En brytare för dörren tas bort

4.34 Strömbrytare för handbromsvarning – fästskruv vid pilen

5.2 En av instrumentpanelens skruvar

5.4 En av instrumentpanelens kontakter kopplas loss

5 Instrumentpanel – demontering och montering

Demontering

Alla modeller utom 760 1988 och framåt

1 Koppla loss batteriets negativa anslutning.
2 Ta bort de två skruvarna i de nedre hörnen på instrumentpanelen. Dessa kan vara täckta av plastskydd som då först måste dras av **(se bild)**.
3 Dra panelen mot ratten. (Om detta är svårt, demontera den nedre rattstångs-/pedalkåpan så att du kommer åt baksidan av panelen.)
4 Koppla loss kontakterna och (om tillämpligt) laddtrycksledningen från baksidan av panelen **(se bild)**.

5 Lyft ut instrumentpanelen. Tappa den inte och stöt den inte mot något.

760 modeller – 1988 och framåt

6 Koppla loss batteriets negativa pol.
7 Bänd ut den blanka klädselremsan till höger om panelen.
8 Skruva loss den skruv som håller den vänstra blanka klädselremsan. Denna skruv kommer man åt från handskfackets insida **(se bild)**. Bänd ut remsan.
9 Ta loss brytarpanelerna, koppla loss kontakterna och ta bort panelerna. (Huvudljusströmbrytaren kan lämnas kvar.)
10 Ta bort ventilationsgrillarna genom att först ställa dem uppåt så långt det går och därefter lossa dem från sina pivåer med kraftigt handtryck.
11 Skruva loss de sju skruvar som håller panelens inramning. Dessa är placerade enligt följande: en i varje luftventilkåpa, två (täckta)

under ventilgrillarna och två (täckta) på undersidan av instrumenthuvan **(se bilder)**.
12 Ta bort de fyra skruvarna, en i varje hörn, som håller själva instrumentpanelen. Dra försiktigt ut panelen ur urtaget och koppla loss kontakterna från den **(se bild)**. Ta ut panelen.

Montering

13 Montering sker i omvänd ordning.

6 Instrumentpanel – isärtagning och hopsättning

Isärtagning

1 Ta bort de skruvar som håller instrumentpanelen till den transparenta panelen och inramningen. Ta försiktigt bort panelen.
2 Individuella instrument kan nu demonteras efter det att deras fästmuttrar och skruvar tagits loss **(se bild)**. Notera att skruvarna inte är identiska – de som håller ledare är pläterade.
3 Glödlampshållare demonteras genom att man vrider dem 90° och drar. Vissa glödlampor kan separeras från sina hållare för byte, andra måste bytas komplett med hållare **(se bilder)**.
4 Den tryckta kretsen kan bytas ut efter det alla instrument, glödlampor och kontakter tagits bort. Var försiktig vid hanteringen av kretsen, den är ömtålig.
5 Vissa typer av instrumentpanel innehåller en smältlänk i den tryckta kretsen **(se bild)**.

5.8 Skruva loss klädselremsan

5.11a Skruv inne i en luftventilkåpa

5.11b Täckt skruv under ventilgrillen

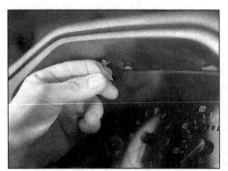

5.11c Täckt skruv under instrumenthuvan

5.12 Skruva loss själva instrumentpanelens skruvar

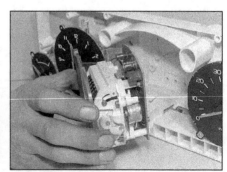

6.2 Demontering av hastighetsmätaren

6.3a Lampa och hållare tas ut från den tryckta kretsen

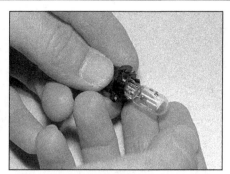

6.3b Den sockellösa lampan lossas från sin hållare

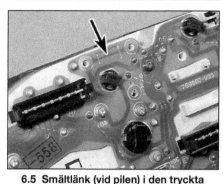

6.5 Smältlänk (vid pilen) i den tryckta kretsen

Om denna länk smälter skall en reparationsremsa eller en kretskortsdel införskaffas och monteras på samma plats. Orsaken till att originallänken smälte måste undersökas och problemet åtgärdas.

Hopsättning

6 Hopsättning sker i omvänd ordning mot isärtagning.

7 Hastighetsmätarens givare – demontering och montering

Demontering

1 Lyft upp bilens bakvagn på ramper.
2 Även om det inte är absolut nödvändigt, förbättras åtkomligheten om bakaxelns olje-

7.4 Koppla loss hastighetsmätarens givare

påfyllningsplugg tas bort och Panhardstaget demonteras. Se kapitel 10.
3 Om givarkontakten har en förseglingsvajer, kapa denna och ta bort den.
4 Koppla loss givarens kontakt (se bild).
5 Skruva loss ringmuttern (eller insexskruven) som håller givaren, använd en självlåsande tång. Denna mutter kan sitta åt mycket hårt – var försiktig så att den inte krossas, för då kan den bli omöjlig att få loss. Som en sista utväg kan axeloljan tappas av, differentialens täckplatta demonteras komplett med givarenhet och enheten kan placeras på en arbetsbänk.
6 Ta loss givaren och mellanlägget(n).

Montering

7 Montering sker i omvänd ordning. Om en ny givare monteras, eller om andra relaterade komponenter har rubbats, kontrollera spelet mellan givaren och det tandade hjulet enligt följande.
8 Arbeta genom oljepåfyllningshålet, sätt in bladmått mellan givaren och det tandade hjulet och mät spelet. På modeller utan ABS är det önskade värdet 0,85 ± 0,35 mm. På modeller med ABS är det önskade värdet 0,60 mm med en tolerans på 0,35 till 0,75 mm. Justera genom att lägga till eller ta bort mellanlägg mellan sändaren och differentialkåpan.
9 Sätt tillbaka oljepåfyllningspluggen och anslut givarens kontakt. Kontrollera att givaren fungerar som den ska innan en ny tätning monteras.

8 Glödlampor (yttre ljus) – byte

Allmänt

1 Med alla glödlampor, kom ihåg att de kan vara mycket heta om de nyligen använts. Slå av strömmen innan en glödlampa byts ut.
2 Med kvartshalogenlampor (strålkastare och liknande tillämpningar), vidrör inte glödlampans glas med fingrarna. Även små kvantiteter fett från fingrarna kan orsaka svärta och förtida haveri. Om en glödlampa oavsiktligt vidrörs, rengör den med denaturerad sprit och en ren trasa.
3 Om inte annat anges monteras de nya glödlamporna i omvänd ordning mot demonteringen.

Byte av glödlampa

Strålkastare

4 Öppna motorhuven. Ta loss plastkåpan bak på strålkastarenheten (se bild). Man behöver inte ta loss multikontakten.
5 Ta loss anslutningen från glödlampan. Frigör hållaren genom att trycka den och vrida den moturs. Ta bort hållaren, fjädern och glödlampan (se bilder).
6 När en ny glödlampa sätts på plats, vidrör inte glaset (punkt 2). Se till att klackarna på glödlampsflänsen hakar i skårorna i hållaren.
7 Observera markeringen "OBEN/TOP" när plastkåpan monteras.

8.4 Ta loss kåpan baktill på strålkastaren (enheten demonterad)

8.5a Ta loss kontakten . . .

8.5b . . . ta loss hållaren och fjädern . . .

8.5c ... och glödlampan. Vidrör inte lampans glas

8.8 Extraljusets linsskruv och skena

8.9a Lossa fjäderclipset ...

Extra framljus

8 Ta bort linsen/reflektorenheten, som hålls av två skruvar och fästskenor **(se bild)**.
9 Koppla loss glödlampans kontakt, lossa fjäderclipset och dra ut glödlampan **(se bilder)**.
10 Sätt en ny glödlampa på plats, var noga med att inte vidröra den med fingrarna (punkt 2). Återanslut ledningen.
11 Sätt tillbaka linsen/reflektorenheten, observera markeringen "TOP".

Främre blinkers/varselljus/parkeringsljus

12 Öppna motorhuven. Vrid aktuell glödlampshållare moturs (utan att koppla loss den) och dra ut den **(se bild)**.
13 Ta ut lampan från hållaren **(se bild)**.
14 När du monterar lampan för kombinerat varselljus/parkeringsljus, notera att stiften är placerade så att den bara kan sättas en väg.

Sidoblinkers

15 Dra linsen framåt och frigör den bakifrån. Dra ut glödlampshållaren från linsen utan att koppla loss kablaget.
16 Vid montering, se till att gummitätningen sitter ordentligt i hålet.

Bakre lampenhet (sedan)

17 Öppna bagageutrymmet. Lossa den räfflade skruven på lampenhetens kåpa och sväng kåpan nedåt.
18 Ta loss aktuell lamphållare från enheten genom att vrida hållaren moturs och dra den **(se bild)**.
19 Ta ut glödlampan ur hållaren (den har bajonettfattning) **(se bild)**.

Bakre lampenhet (kombi)

20 Öppna bakluckan, lossa lampenhetens skyddslucka från clipsen **(se bild)**, fortsätt sedan enligt beskrivningen för sedan.

Högt monterade bromsljus

21 Ta bort bromsljuskåpan. På kombi kan den helt enkelt dras av, på sedan måste en hake längst ner på kåpan tryckas in med en skruvmejsel **(se bild)**.
22 Tryck ihop hakarna på var sida om reflektorn/glödlampshållaren och dra ut den **(se bild)**.
23 Ta bort den gamla glödlampan och sätt en ny på plats.
24 Sätt tillbaka reflektorn och tryck den på plats, tills den hakar i.

Nummerplåtsbelysning

25 Lossa lampenheten genom att dra den bakåt.
26 Lossa glödlampan genom att dra den strömförande kontakten från den. Glödlampan kan sedan tas ut uppåt **(se bild)**.

8.9b ... och dra ut glödlampan

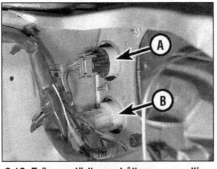

8.12 Främre glödlampshållare – varselljus (A) och blinkers (B)

8.13 Glödlampa för varsel-/parkeringsljus

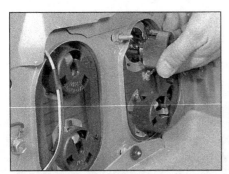

8.18 Ta loss glödlampa och lamphållare från bakre lampenheten ...

8.19 ... och separera de två

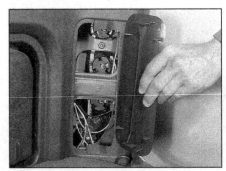

8.20 Bakre lampenhet och skyddslucka

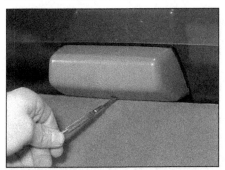

8.21 Bromsljuskåpan lossas – sedan

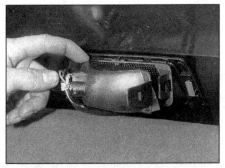

8.22 Demontering av bromsljusets reflektor/glödlampshållare

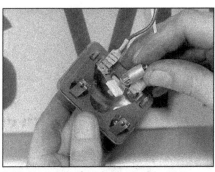

8.26 Nummerplåtsbelysningens glödlampa tas ut

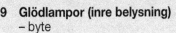

9 Glödlampor (inre belysning) – byte

Allmänt

1 Se avsnitt 8, punkt 1 och 3.
2 Vissa brytarbelysnings-/kontrollampor är integrerade med brytarna och kan inte bytas ut separat.

Byte av glödlampa

Kupé-/bagageutrymmeslampor

3 Dra eller bänd ut lampenheten från fästet.
4 Byt ut glödlampan/-lamporna, som kan ha bajonettfattning eller fattning i båda ändarna (se bild).

Handskfacksbelysning

5 Ta loss den kombinerade glödlampshållaren/brytarenheten upptill i handskfacket för att komma åt glödlampan (se bild).
6 Om lampor för spegeln är monterade kommer man åt dessa efter det att man tagit ut linsen (se bild).

Dörrkantmarkeringslampa

7 Bänd loss linsen för att komma åt glödlampan. Lampan saknar sockel och trycks på plats (se bild).

Växelväljarbelysning (automatväxellåda)

8 Demontera väljarkvadranten som för att komma åt startspärrkontakten (kapitel 7B, avsnitt 6). Glödlampan och hållaren kan sedan dras ut (se bild).

Belysning för säkerhetsbältets spänne

9 Snäpp loss glödlampshållaren från spännet för att komma åt glödlampan.

Glödlampor till strömbrytarbelysning

10 Om dessa kan separeras från brytaren kan de helt enkelt dras ut (se bild).

Instrumentpanelens glödlampor

11 Se avsnitt 5 och 6. (Den läsare som har små händer och flinka fingrar kan eventuellt byta ut glödlamporna på plats efter det att rattstångs-/pedalklädsel har demonterats.)

Motorrumsbelysning

12 Bänd loss linsen med en skruvmejsel. Glödlampan har fattning i båda ändarna (se bild).

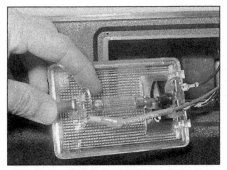

9.4 Lastutrymmesbelysning – glödlampa med fattning i båda ändar

9.5 Handskfacksbelysning och -brytare (sett i en spegel)

9.6 Spegelbelysningens glödlampor

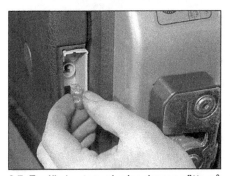

9.7 En dörrkantsmarkeringslampa sätts på plats

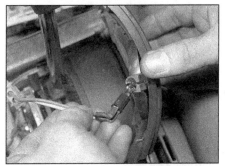

9.8 Glödlampa till automatväxellådans väljarbelysning dras ut

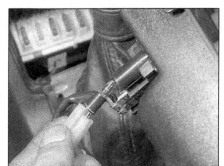

9.10 En lampa i den bakre konsolen dras ut

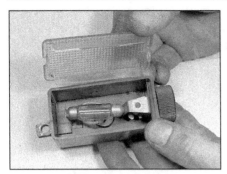

9.12 Motorrumsbelysning

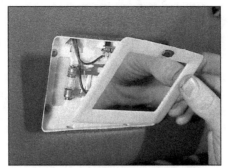

9.16 Demontering av den belysta sminkspegeln

9.17 Sminkspegelbelysningens glödlampor

Cigarettändar-/askkoppsbelysning

13 Se avsnitt 19.

Belysning för sminkspegel (760-modeller)

14 Flytta brytaren till vänster (läge "av").
15 Bänd loss spegelns infattning från solskyddet, börja på höger sida och arbeta moturs. Man måste hålla bort infattningen från solskyddet för att förhindra att det snäpper tillbaka. När du bänder upptill på infattningen, gör detta minst 10 mm nedanför övre kanten.
16 När de två clipsen upptill har lossats, sväng spegeln och infattningen nedåt och lyft ut den (se bild).
17 Byt ut glödlamporna efter behov (se bild).
18 Haka i spegelns nedre klackar. Tryck kraftigt på infattningens övre kant (inte på spegeln) för att haka i clipsen.

10 Lampenheter, yttre – demontering och montering

Observera: Se till att alla lampor är släckta innan kontakterna dras ur.

Strålkastarenhet

Alla modeller utom 760 1988 och framåt

1 Demontera kylargrillen och strålkastarens torkararm.
2 Ta loss kontakterna från strålkastaren och från varselljus-/blinkersenheten (se bild). Ta bort den sistnämnda enheten, den är fäst med en mutter.
3 Ta bort de fyra muttrarna som håller strålkastaren. Lossa spolarslangen från torkar-

armen om detta inte redan gjorts, och ta bort strålkastaren.
4 Linsen och tätningen kan nu bytas ut efter det att skena och fästclips tagits bort (se bilder).
5 Montera i omvänd ordning.
6 Avsluta med att kontrollera strålkastarinställningen (se bild).

760-modeller 1988 och framåt

7 Demontera kylargrillen. Demontera också luftrenaren på vänster sida.
8 Demontera glödlampshållarna, med glödlampor, från blinkers-/parkeringsljusenheten. Tryck in och vrid hållarna för att frigöra dem (se bild).
9 Lossa clipsen och ta bort blinkers-/parkeringsljusenheten (se bild).
10 Ta loss kontakten för strålkastare och extra framljus (se bild).
11 Koppla loss kontakten för strålkastar-

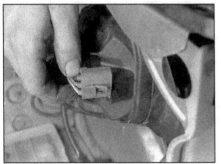

10.2 Strålkastarens kontakt tas loss

10.4a Demontering av skena . . .

10.4b . . . och ett fästclips

10.6 Strålkastarinställningens justerskruvar (vid pilarna)

10.8 Ta loss glödlampa och hållare från blinkers-/parkeringsljus

10.9 Demontering av blinkers-/parkeringsljusenhet

10.10 Kontakt för strålkastare/extraljus

10.11a Kontakt för strålkastartorkarens motor

10.11b Anslutning för strålkastarspolarens rör

torkarmotorn och lossa anslutningen för strålkastarspolarröret **(se bilder)**.

12 Skruva loss de fyra skruvarna, två på var sida, som håller strålkastarenheten. Notera att skruvarna på grillsidan också håller en avskärmningsplåt **(se bilder)**.

13 Demontera strålkastarenheten komplett med torkarmotor, arm och blad.

14 För att ta isär enheten, ta bort de två skruvarna som håller strålkastartorkarmotorn. Lossa den främre infattningsskenan och demontera torkarmotorn komplett med arm, blad och infattningsskena **(se bilder)**.

15 Ta loss de fyra torkarbladsstoppen, de sitter med en skruv var **(se bild)**.

16 Ta loss de åtta clipsen som håller linsen till reflektorn.

17 Ta bort linsen och dra ut tätningen.

18 Ta bort glödlampskåporna baktill på enheten. Ta loss glödlamporna, men var noga med att inte vidröra glaset med fingrarna.

19 Byt ut komponenter efter behov och sätt ihop enheten i omvänd ordning mot isärtagningen. Var speciellt uppmärksam på i vilket skick tätningen mellan lins och reflektor är, samt hur den sitter.

20 Montera enheten på bilen i omvänd ordning mot demonteringen. Notera att fästskruvarna tillåter strålkastarenheten att flyttas så att den kan placeras i rätt läge i förhållande till karossen, stötfångaren och den andra strålkastaren; dra inte åt skruvarna förrän du är nöjd med enhetens placering. Om strålkastaren är monterad för högt kommer motorhuven att ta i den.

21 Avsluta med att kontrollera strålkastarinställningen. Justerskruvarna sitter ovanpå enheten **(se bild)**.

Extra framljus

22 Följ kablaget bakåt från enheten och ta loss kontakten.

23 Ta bort den mutter som håller lampenheten till fästet, eller skruva loss fästet komplett med lampenhet – vilket som föredras **(se bild)**.

24 Montering sker i omvänd ordning.

10.12a Två skruvar (vid pilarna) håller strålkastaren på grillsidan

10.12b Två skruvar håller strålkastaren på sidan mot blinkers

10.14a Skruva loss strålkastartorkarmotorns skruvar

10.14b Ta loss den främre infattningsskenan

10.15 Skruva loss torkarbladsstoppen

10.21 Inställningsskruvar för strålkastare (A) och extraljus (B)

10.23 Extraljus och dess fästmutter

10.26 Haka loss framljusenheten från strålkastaren

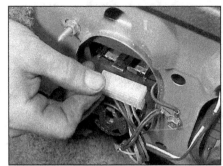

10.29 Ta loss bakljusenhetens kontakt

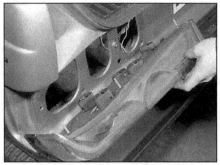

10.31 Demontering av bakljusenhet

Blinkers/varselljus

25 Öppna motorhuven. Koppla loss de två kontakterna från glödlampshållarna baktill på enheten.
26 Ta bort den enda fästmuttern baktill på lampenheten. Lossa enheten från hakarna på sidan mot strålkastaren och dra ut den (se bild).
27 Montering sker i omvänd ordning mot montering.

Bakljusenhet (sedan)

28 Följ beskrivningen för glödlampsbyte, men ta bort den gängade kåpan helt. Den hålls av två muttrar.
29 Ta loss enhetens kontakt (se bild).
30 Skruva loss de fem flänsade muttrarna och den enda skruven som håller enheten. Notera att skruven också håller jordstift
31 Ta bort enheten från bilen (se bild).
32 Montering sker i omvänd ordning.

Bakljusenhet (kombi)

33 Följ beskrivningen för sedan, men var beredd på att detaljskillnader förekommer.

11 Strålkastarinställning – kontroll och justering

Strålkastarinställning bör utföras av en Volvoverkstad eller annan specialist med nödvändig inställningsutrustning. I nödfall kan justering utföras med hjälp av de två juster-skruvarna baktill, eller upptill, på varje strål-kastarenhet.

12 Varningssystem för glöd-lampsbortfall – allmän information

1 Varningsgivaren för glödlampsbortfall är en speciell typ av relä. Den är monterad på den centrala elektriska enheten.
2 Givaren innehåller ett antal Reedkontakter omgivna av spolar. Ström till varje glödlampa som omfattas av systemet flödar genom en spole. Spolarna är arrangerade i par, där ett

par spolar bär strömmen för ett par glöd-lampor.
3 När båda lamporna i paret är på, tar de två magnetiska fälten producerade av de två spolarna ut varandra. Om en lampa går sönder, producerar spolen för den kvar-varande kretsen ett magnetiskt fält vilket aktiverar Reedkontakten som sedan tänder varningslampan.
4 Av informationen ovan kan man dra slutsatsen att ingen varning kommer att ges om båda lamporna i ett par går sönder samtidigt. Falska alarm kan bli resultatet om lampor med olika wattal, eller t o m av olika märke, monteras.
5 Kablage för släpvagn måste anslutas uppströms varningsgivaren, i annat fall kan det skadas av överdrivet strömflöde. Rådfråga en återförsäljare eller en bilelektriker

13 Signalhorn – demontering och montering

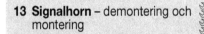

Demontering

1 Lyft upp framvagnen på ramper.
2 Arbeta under den främre stötfångaren, koppla loss kablaget från signalhornet (se bild).
3 Skruva loss hornet från fästet och ta bort det.

14.2 Spolarbehållarens nivåindikator

13.2 Signalhornets kontakter (vid pilarna)

Montering

4 Montering sker i omvänd ordning.

14 Vindrute-/strålkastar-/ bakrutespolare – allmän information

1 Spolarsystemen har en gemensam behåll-are, placerad under motorhuven. För att komma åt pump(ar) och nivåindikator, måste man demontera luftrenaren.
2 Nivåindikatorn är en flottörstyrd brytare som kan demonteras om man skruvar loss dess fästring (se bild).
3 För att demontera spolarpumpen, dra ur dess elkontakt, koppla loss slangen från den och dra av pumpen från fästet (se bild). Var beredd på bränslespill.

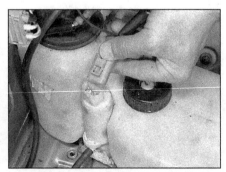

14.3 Koppla loss spolarpumpen

15.2 Muttern längst ner på torkararmen skruvas loss

4 Om en pump går sönder måste den bytas ut.
5 Använd endast rent vatten, och en godkänt spolvätsketillsats om så önskas, i spolarbehållaren. Använd en tillsats med frostskyddsmedel (inte frostskydd för motorn) i kalla klimat.

15 Torkararmar – demontering och montering

Demontering

1 Demontera torkarbladen enligt beskrivning i *"Veckokontroller"*.
2 Ta bort muttern längst ner på torkararmen och dra av armen från splinesen **(se bild)**.

Montering

3 Montering sker i omvänd ordning. När det gäller strålkastartorkarbladen, notera att den längre ska vara mot kylargrillen.
4 Snedställ strålkastartorkararmarna genom att sätta tillbaka dem med bladen just under stoppen (motorerna i parkeringsläge). Fäst armarna, lyft sedan bladen över stoppen.

16 Vindrutetorkarmotor och länkage – demontering och montering

Demontering

Alla modeller utom 760 1988 och framåt

1 Koppla loss batteriets negativa pol.
2 Ta bort vindrutetorkararmarna och spindeltätningarna **(se bild)**.
3 Lyft upp motorhuven till helt öppet läge.
4 Demontera panelen under vindrutetorkarna, som hålls med tre bultar och några clips **(se bild)**. Stäng motorhuven.
5 Ta loss värmarens luftintagskåpa och koppla loss torkarmotorns kontakt **(se bild)**.
6 Skruva loss de två bultarna och lyft ut torkarmotor, länkage och kåpa **(se bild)**.
7 Motorn kan demonteras från länkaget om man lossar spindelmuttern och de tre fästskruvarna **(se bild)**. Försök inte ta isär motorn av någon annan anledning än nyfikenhet – det är inte troligt att du kan få tag i reservdelar.

16.2 Torkararmens spindeltätning

8 Andra komponenter i länkaget, inklusive kabeln, kan bytas ut efter behov. Det finns en spänningsmutter i änden av vajern **(se bild)**.

760 modeller 1988 och framåt

9 Koppla loss batteriets negativa pol.
10 Ta bort muttrarna som håller torkararmarna. Markera armarnas position på rutan om så behövs, dra sedan bort dem från spindlarna.
11 Ta bort de sex skruvarna framtill på vattenskölden. Notera att de två ändskruvarna är längre **(se bild)**.
12 Lossa avtappningsslangarna från var ände på vattenskölden.
13 Demontera vattenskölden. Notera hur clipset på dess bakkant hakar i längst ner på vindrutan.

16.4 En av panelens bultar

16.5 Koppla loss torkarmotorns kontakt

16.6 Skruva loss torkarenheten

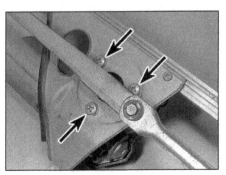

16.7 Torkarmotorns fästskruvar (vid pilarna)

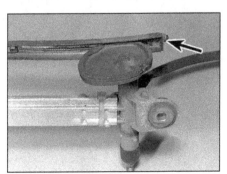

16.8 Del av torkarlänkage – vajerspänningsmutter vid pilen

16.11 En av vattensköldens ändskruvar

14 Koppla loss torkarmotorns kontakt **(se bild)**.

15 Skruva loss de fyra bultar som håller motorn och länkaget till torpedväggen **(se bilder)**. Ta också bort skruven som håller motorkablagets jordstift. Lyft ut motor och länkage. Notera placeringen av eventuella distanser.

Montering

16 På alla modeller, montera i omvänd ordning mot demontering. Innan torkararmarna sätts tillbaka, slå av och på torkarna för att placera motorn i parkeringsläge.

16.14 Torkarmotorns kontakt. Bult till vänster håller jordstift

16.15a Två skruvar (vid pilarna) håller höger sida av länkaget . . .

17 Strålkastartorkarmotor – demontering och montering

Observera: *På 760 modeller från 1988 och framåt demonteras torkarmotorn komplett med strålkastarenheten. De separeras sedan efter demonteringen. Se avsnitt 10.*

Demontering

1 Demontera strålkastarenheten på aktuell sida (avsnitt 10).
2 Följ torkarmotorns kablage bakåt till kontakten och ta loss den.
3 Skruva loss de två muttrarna som håller motorn **(se bild)**. Ta bort motorn.

Montering

4 Demontering sker i omvänd ordning. Om det råder tveksamhet huruvida motorn är i parkerat läge, slå av och på torkarna och spolarna innan torkararmen monteras.

18 Bakrutetorkarmotor – demontering och montering

Demontering

1 Demontera bakluckans innerklädsel (se kapitel 11).
2 Lossa länkkulleden från torkarmotorns vevarm **(se bild)**.
3 Skruva loss de tre bultarna som håller motorn. Ta bort motorn (man kan behöva rotera vevarmen) och koppla loss kablaget från den **(se bild)**.

Montering

4 Montering sker i omvänd ordning. Kontrollera funktionen innan klädseln sätts tillbaka.

16.15b . . . och två skruvar håller vänster sida

19 Cigarettändare – demontering och montering

Demontering

Främre tändare

1 Se till att tändningen är avslagen.
2 Ta bort tändarelementet och lossa infattningen runt öppningen.
3 Skruva loss skruvarna som nu blir synliga **(se bild)**.
4 Ta bort tändaren och hållaren, koppla loss kabeln och glödlampshållaren baktill **(se bild)**. Koppla också loss eventuell radioutrustning som kan vara ansluten till hållaren.
5 Tändaren kan nu tas bort från hållaren om så önskas.

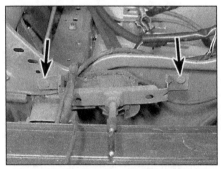

17.3 Torkarmotorn exponerad. Fästmuttrarna är bakom de två pluggarna

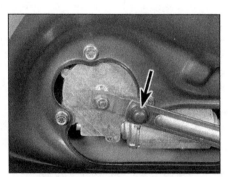

18.2 Bakre torkarmotor med vevarmens kulled (vid pilen) och fästbultar

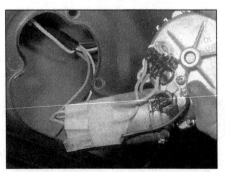

18.3 Demontering av bakre torkarmotor

19.3 Cigarrettändaren skruvas loss

19.4 Tändarens glödlampa och hållare tas ut. Dessa tjänar också askkoppen

21.3 Reglageknapparna dras av

21.4a För in en krok av ståltråd . . .

21.4b . . . och dra in sidofästclipsen
(enheten demonterad för att visa clipsen)

Bakre tändare

6 Detta behandlas i beskrivning för demontering av bakre konsol (kapitel 11).

Montering

7 Montering sker i omvänd ordning.

20 Uppvärmd bakruta – allmän information

1 Alla modeller är utrustade med en uppvärmd bakruta. Uppvärmning uppnås genom att ström passerar genom motståndstrådar som är fästa på rutans insida.
2 Låt inte hårda eller vassa föremål nöta mot värmenätet. Använd en mjuk trasa eller sämskskinn för att torka av insidan av rutan, och arbete längs med trådarnas riktning.

 HAYNES TiPS *Små brott i den uppvärmda bakrutans trådar kan repareras med en speciell ledande färg, som kan köpas hos tillbehörsbutiker. Använd färgen enligt tillverkarens anvisningar.*

3 Den uppvärmda bakrutan drar mycket ström, så den bör inte lämnas påslagen längre än nödvändigt. På vissa modeller finns ett så kallat "fördröjningsrelä" i kretsen som slår av rutan efter ett par minuter.
4 När uppvärmda backspeglar är monterade är deras uppvärmning styrd av brytaren för bakrutan.

21 Radio/kassettbandspelare (originalutrustning) – demontering och montering

Demontering

Enhet av fast typ

1 Radion/kassettbandspelaren som visas i bilderna demonteras enligt följande:
2 Koppla loss batteriets negativa pol.
3 Dra av reglageknapparna från framsidan **(se bild)**.
4 Använd en krok tillverkad av böjd ståltråd, dra in sidofästclipsen, arbeta genom öppningarna efter knapparna. När clipsen dras in kan enheten dras ut helt från sin hållare **(se bilder)**.
5 Dra ut enheten helt och koppla loss kablaget.

Löstagbar typ

6 På vissa modeller är en radio monterad som enkelt kan tas ut. Enheten tas ut som en åtgärd mot stöld eller av annan anledning, enligt följande.
7 Försäkra dig om att radion är avslagen.
8 Tryck och släpp upp de två fästclipsen för att höja dem.
9 Dra ut radion med hjälp av de två clipsen. Koppla loss kablaget baktill och ta ut radion.

Montering

10 Anslut kablaget, tryck sedan enheten på plats tills clipsen snäpper på plats.
11 På den fasta typen av radio, sätt tillbaka reglageknapparna och anslut batteriet.

21.4c Demontering av radion/kassettbandspelaren

22 Radioantenn (originalutrustning) – demontering och montering

Observera: *Två typer av originalantenn visas i bilderna. Andra kan förekomma.*

Demontering

Sedan (automatisk antenn, i bagageutrymmet)

1 Koppla loss batteriets negativa anslutning.
2 Öppna bagageutrymmet och ta bort klädseln på vänstra sidan.
3 Ta loss muttern och täcklocket som håller antennröret till bakflygeln **(se bild)**.
4 Koppla loss antennens signal- och matningsledningar **(se bilder)**.

22.3 Ta bort antennrörets mutter och täcklock

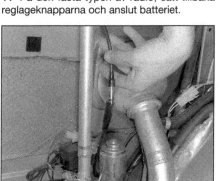

22.4a Koppla loss signalledningen . . .

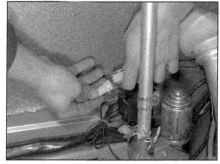

22.4b . . . och strömmatningen

5 Ta bort fästmuttrar och bultar för rör och drivning. Dra in antennen i bagageutrymmet.

Kombi (fast antenn på bakre stolpe)

6 Öppna bakluckan. Ta loss klädselpanelen som täcker antennfästet och kablaget.
7 Koppla loss antennens signalledning **(se bild)**.
8 På utsidan av bilen, skruva loss antenn-staget från infästningen på bilen **(se bild)**. Ta vara på distansen.
9 Skruva loss rörets fästmutter. Ta vara på den nedre distansen och tätningen och dra antennen in i bilen **(se bilder)**.

Montering

10 På alla typer, montera i omvänd ordning, men kontrollera funktionen innan klädseln sätts tillbaka.

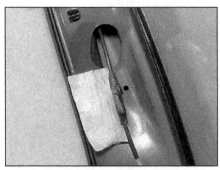

22.7 Signalledningens kontakt (kombi) inlindad i tejp

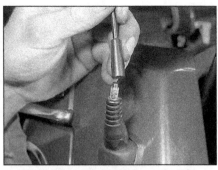

22.8 Skruva loss antennstaget från infästningen på bilen

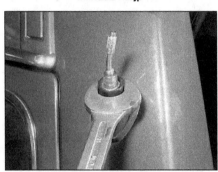

22.9a Skruva loss antennrörets fästmutter . . .

22.9b . . . och dra antennen in i bilen

Komponentförteckning till kopplingsschema 1 till 4

Nr	Beteckning	Koordinater*	Nr	Beteckning	Koordinater*
1	Batteri	B2	37	Växelväljarbelysning, automatväxellåda	H4
2	Tändningslås	D3	38	Instrumentbelysning	F3, F4
3	Anslutning instrumentpanel (3-polig)	N3	39	Motorrumsbelysning	B2
4	Tändspole	B4	40	Bagageutrymmesbelysning	H4
5	Strömfördelare	B3	41	Dörrkantsmarkeringslampa	L3, L4
6	Tändstift	C3	42	Belysning, reglagepanel värme	F3, F1
7	Anslutning instrumentpanel (7-polig)	N3	43	Belysning, spegel	M5
8	Anslutning instrumentpanel (8-polig)	M3	45	Bältesbelysning, förarsida	H3, L3
9	Startmotor	B3	46	Bältesbelysning, passagerarsida	H3
10	Generator och spänningsregulator	B3	47	Strömbrytare, vindrutetorkare	F2
11	Säkringsdosa	B1, E1, H1	48	Ljusströmbrytare	F3
12	Anslutning instrumentpanel (12-polig)	M3	49	Strömbrytare, blinkers/varningsblinkers/ ljusomkoppling	F3
13	Helljus	A2, A4, A5			
14	Halvljus	A2, A5	50	Signalhornskontakt	B4
15	Krets 15 (i centralenheten)	K4	51	Strömbrytare, bakrutevärme	J3
16	Parkeringsljus	A2, A5, J2, J5	52	Strömbrytare, dimbakljus	H5
17	Varselljus	A2, A5	53	Strömbrytare, stolvärme passagerarsida	H3
18	Blinkers	A1, A2, A5, B5, J2, J5	54	Överväxelkontakt (automatväxellåda)	M3
19	Backljus	J2, J5	55	Strömbrytare, fläkt	N1
20	Dimbakljus	J2, J5	56	Strömbrytare, fönsterhiss förardörr	O3
21	Bakljus	J2, J5	57	Strömbrytare, fönsterhiss passagerardörr fram	P4
22	Bromsljus	J5	58	Strömbrytare, fönsterhiss höger bak	P4
23	Dimljus/fjärrljus	N5, O5, Q1	59	Strömbrytare, fönsterhiss vänster bak	O4
24	Nummerplåtsbelysning	J3, J4	60	Strömbrytare, elspegel förarsida	N4
25	Innerbelysning	H3	61	Strömbrytare, elspegel passagerarsida	O4
26	Kartläsarlampa	H3	62	Strömbrytare, centrallåsets länkstag	O4
27	Innerbelysning	H3	63	Nyckelströmbrytare, centrallås	O4
28	Läslampa, bak	H3, H4	64	Strömbrytare, tucklucka	M2
29	Anslutning, (+)	C2	65	Strömbrytare, dimljus fram/fjärrljus	N5, P5, Q1
30	Krets 30 (i centralenheten)	K4	66	Bromsljuskontakt	F3
31	Jordanslutning (i centralenheten)	K2	67	Chokekontakt	D2
32	Handskfacksbelysning	D2, E2, M4	68	Handbromskontakt	D2
33	Askkoppsbelysning, fram	E2	69	Kontakt, bromsvarning	E2
34	Askkoppsbelysning, bak	H4	70	Backljuskontakt	H5
35	Kontaktbelysning	H4	71	Startspärrkontakt (automatväxellåda)	B2
36	Kontaktbelysning	H4	72	Ljuskontakt, förardörr	H5, L4

Komponentförteckning till kopplingsschema 1 till 4 (forts)

Nr	Beteckning	Koordinater*
73	Ljuskontakt, passagerardörr	H2, J5, L3
74	Ljuskontakt, bakdörr	J2, M3
75	Säteskontakt, passagerarsida	H3
77	Överväxelkontakt (manuell)	H2
78	Mikrokontakt, kontinuerlig bränsleinsprutning	K1, N3
79	Mikrokontakt, syresensor (Lambdasond)	L2
80	Termotidkontakt	C5
81	Tryckgivare luftkonditionering	N2, O1
82	Givare, reglagepanel ACC	O1
83	ACC termokontakt kylvätska	O2
85	Hastighetsmätare	E3, N3
86	Varvräknare	D3
87	Klocka	D3, D4
88	Kylvätskans temperaturmätare	E3
89	Bränslemätare	F3
90	Spänningsmätare (voltmeter)	E4
91	Oljetrycksmätare	E3
92	Temperaturmätare ytterluft	D3
93	Spänningsregulator, instrument	E3
94	Reostat, instrumentbelysning	E3
95	Instrumentbelysning	E3
96	Varningslampa oljenivå	D3
97	Varningslampa oljetryck	D3
98	Chokevarningslampa	D3
99	Handbromsvarningslampa	D3
100	Varningslampa bromskretsbortfall	E3
101	Varningslampa spolvätskenivå	E3
102	Reserv	E3
103	Varningslampa glödlampsbortfall	E3
104	Kontrollampa förvärmare (diesel)	E3
105	Laddningslampa	D4
106	Kontrollampa överväxel (auto)	D4
107	Lampa, avgastemperatur (Japan)	D4
108	Kontrollampa, blinkers vänster	D4
109	Kontrollampa, helljus	E4
110	Kontrollampa, blinkers höger	E4
111	Kontrollampa, syresensor	E4
112	Kontrollampa, överväxel (manuell)	E4

Nr	Beteckning	Koordinater*
113	Bältespåminnare fram	E4, L3
114	Bältespåminnare bak	H3, L3
115	Givare glödlampsbortfall	G3
116	Summer, säkerhetsbälten	F3, L2
117	Fördröjningsrelä, vindrutetorkare	F3
119	Relä, bränslepump	D4
120	Impulsrelä, bränsleinsprutning	D5
121	Blinkersrelä	F3
122	Sensor, avgastemperatur (Japan)	N5
123	Relä, överväxel	H3
124	Relä, fönsterhiss/kylfläkt	P3
125	Relä, centrallås (öppning)	N3
126	Relä, centrallås (låsning)	O3
127	Relä, extraljus	O5, P5, Q2
129	Relä, dimljus	O5, Q1
130	Relä, glödstift (diesel)	L4
131	Relä, fläkt	N1, P1
132	Fördröjningsrelä, luftkonditionering	N1, O1
133	Relä, oljenivå	D3
136	Relä, överväxel (automatväxellåda)	M4
137	Relä, strålkastare	F4
138	Sätesvärme, förarsäte	H4
139	Ryggstödsvärme, förarsäte	H4
140	Sätesvärme, passagerarsäte	H2
141	Ryggstödsvärme, passagerarsäte	H2
142	Termostater, sätesvärme	H2, H4
143	Högtalare, vänster fram	M1
144	Högtalare, höger fram	M1
145	Högtalare, vänster bak	M1
146	Högtalare, höger bak	M1
147	Antenn	L1
148	El-antenn	M1
149	Radio	L1
150	Fönsterhissmotor, förardörr	P3
151	Fönsterhissmotor, passagerardörr	P4
152	Fönsterhissmotor, bakdörr förarsida	P4
153	Fönsterhissmotor, bakdörr	O4
154	Dörrbackspegel, förarsida	N4

Komponentförteckning till kopplingsschema 1 till 4 (forts)

Nr	Beteckning	Koordinater*
155	Dörrbackspegel, passagerarsida	P4
156	Motor, elkylfläkt	K1
157	Motor, strålkastartorkare	A3, A4
158	Motor, taklucka	M3
159	Låsmotor, passagerardörr	N4
160	Låsmotor, höger bakdörr	N4
161	Låsmotor, vänster bakdörr	N4
162	Låsmotor, bagagelucka	N4
163	Motor, vindrutetorkare	F3
164	Motor, vindrutespolare	F3
165	Fläktmotor	N1, P1
166	Kondensator (avstörning)	B3
167	Avstörning, tändstift	C3
168	Förkopplingsmotstånd, tändspole	B3
169	Motstånd, värmefläkt	N1, P1
170	Katalysatorelement (Japan)	M5
171	Termostat, syresensor	L2
173	Fördröjningsrelä, innerbelysning	H3
174	Styrenhet, oljenivå	C3
175	Styrenhet, tändning	C4
176	Styrenhet, kontinuerlig bränsleinsprutning	O2
177	Styrenhet, syresensor	L2
178	Spolvätskenivågivare	E2
179	Oljenivågivare	C4
180	Hastighetsgivare	E5
181	Kylvätskans temperaturgivare	E5
182	Bränslemätargivare	E5
183	ÖD-givare	P4
184	Temperaturgivare, kontinuerlig bränsleinsprutning	N3
187	Syresensor (Lambdasond)	L2
188	Startinsprutare	C5
189	Styrtrycksregulator	B5
190	Tillsatsluftsslid	C5
191	Frekvensventil	L2
192	Tryckdifferenskontakt	M2
193	Varmstartinsprutare	B2

Nr	Beteckning	Koordinater*
194	Solenoidventil, tomgångsförhöjning	K4
195	Solenoidventil, bränsleavstängning	B2
196	Tomgångsventil, kontinuerlig bränsleinsprutning	O3
197	Oljetryckgivare	D2
199	Temperaturgivare (diesel)	L5
200	Solenoid, luftkonditioneringskompressor	K5
201	Solenoid, överväxel	H2, N4
202	Värmereglage	N2
203	Temperaturkontroll ACC	O2
204	Temperaturgivare ytterluft, ACC	O2
205	Temperaturgivare kupéluft, ACC	O2
206	Styrenhet ACC	P2
207	Signalhorn	A4
208	Glödstift (diesel)	L4
210	Tankpump	H2
211	Huvudbränslepump	C5
212	Startmotorkontakt	C2
219	Testuttag, syresensor	L2
220	Testuttag, kontinuerlig bränsleinsprutning	N3
221	Bakrutevärme	J3
222	Konstantfarthållarens hastighetsmätaranslutning	E3
223	Cigarettändare	E2
224	Termostat, elkylfläkt	K1
225	Strömbrytare konstantfarthållare	K1
226	Styrenhet, konstantfarthållare	K2
227	Vakuumpump	K2
228	Manöverkontakt, koppling	K2
229	Manöverkontakt, broms	K2
231	Relä, dimbakljus	O5, Q1
233	Tryckgivare (turbodiesel)	D2
236	Relä, tryckgivare (diesel)	K1
237	Tryckgivare (diesel)	K1
250	Bränslemätargivare, extratank	E4
251	Anslutning	D4

*Koordinaterna är korrekta för kopplingsschema för 1982 års modeller

Färgkoder

BL	Blå
BN	Brun
GN	Grön
GR	Grå
OR	Orange
P	Skär
R	Röd
SB	Svart
VO	Lila
W	Vit
Y	Gul

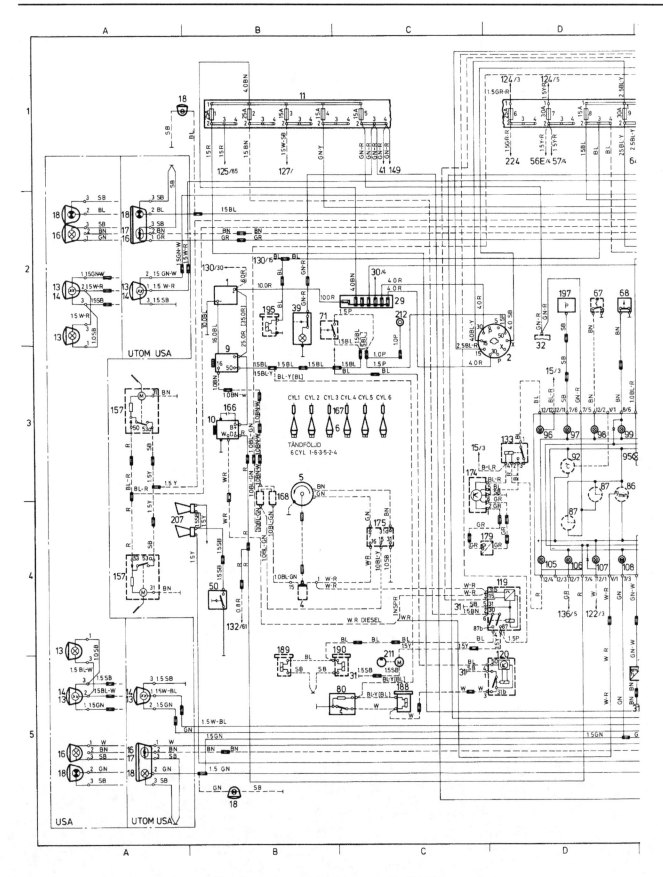

Kopplingsschema 1: Huvudschema för 1982 års modeller

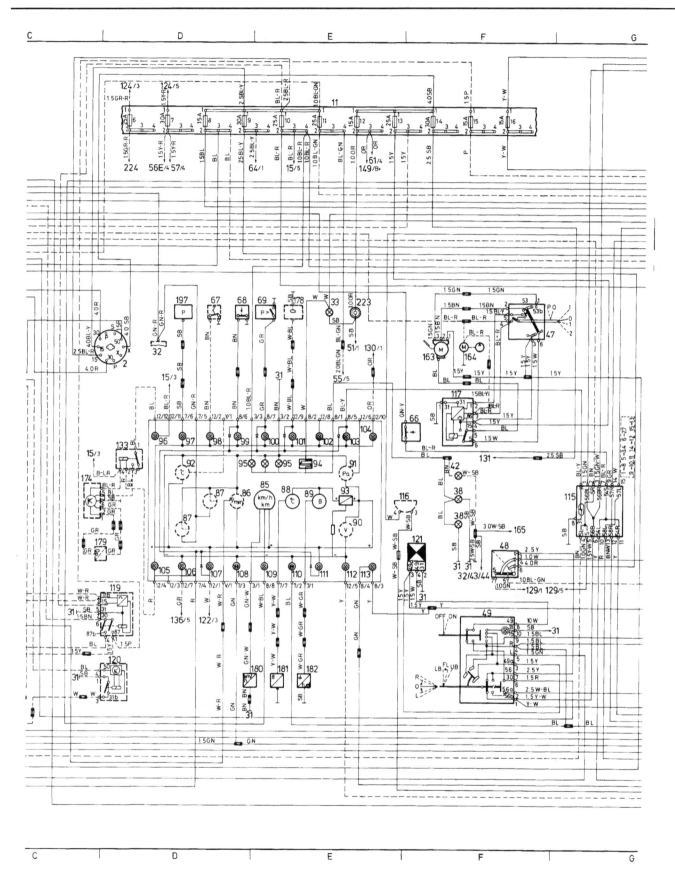

Kopplingsschema 1 (forts): Huvudschema för 1982 års modeller

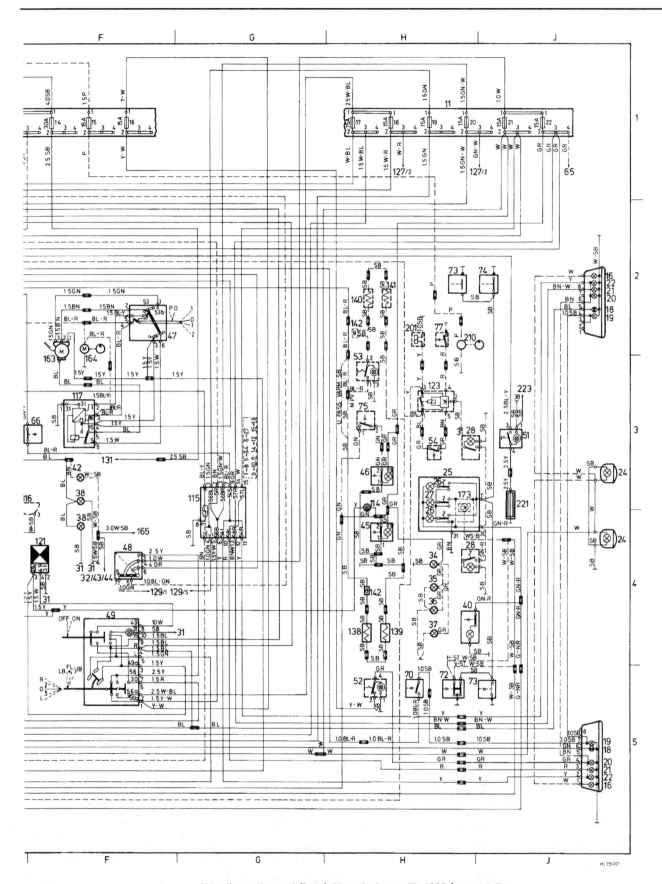

Kopplingsschema 1 (forts): Huvudschema för 1982 års modeller

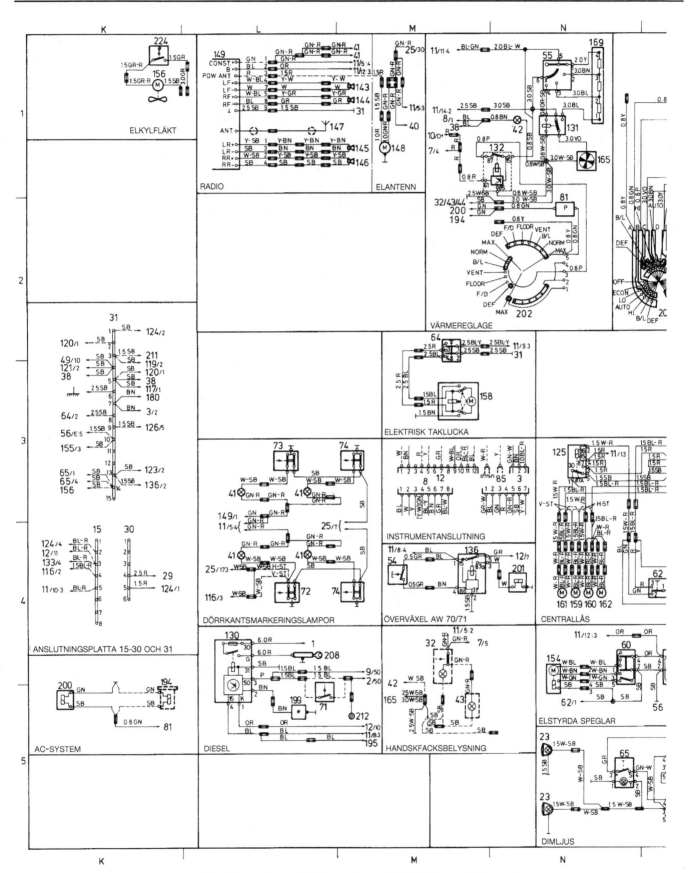

Kopplingsschema 2: Tilläggsschema för 1982 års modeller

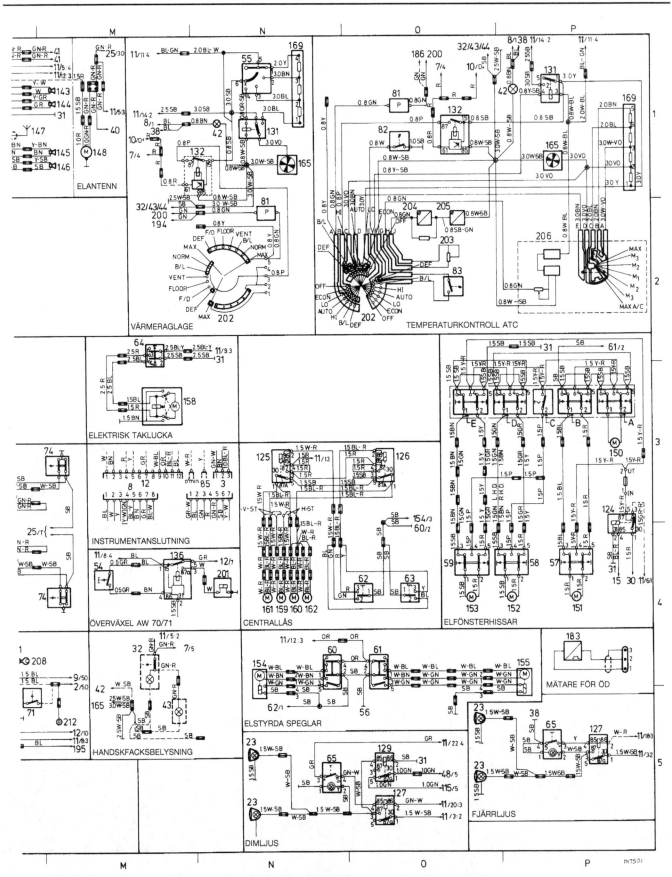

Kopplingsschema 2 (forts): Tilläggsschema för 1982 års modeller

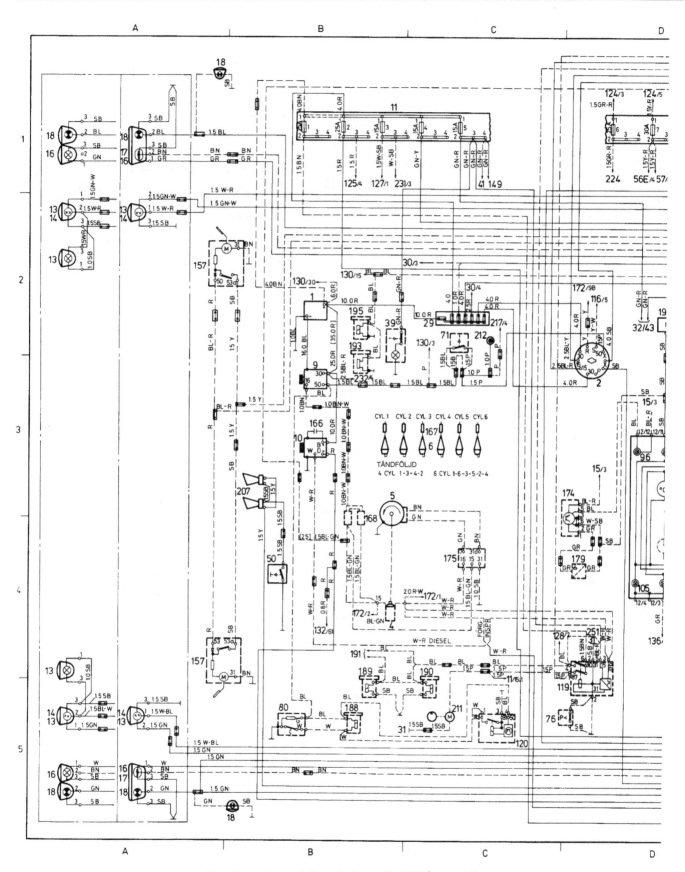

Kopplingsschema 3: Huvudschema för 1983 års modeller

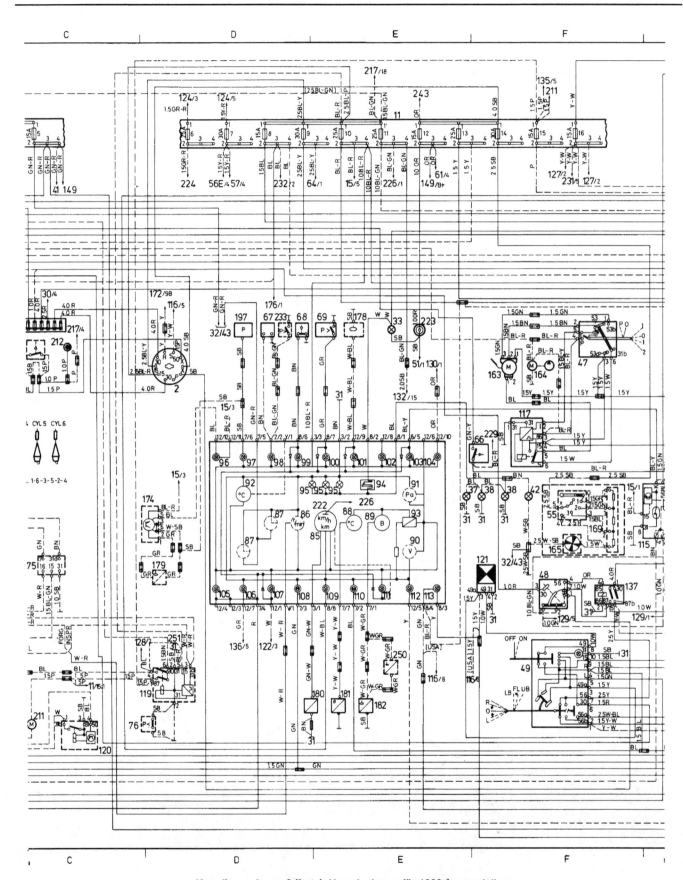

Kopplingsschema 3 (forts): Huvudschema för 1983 års modeller

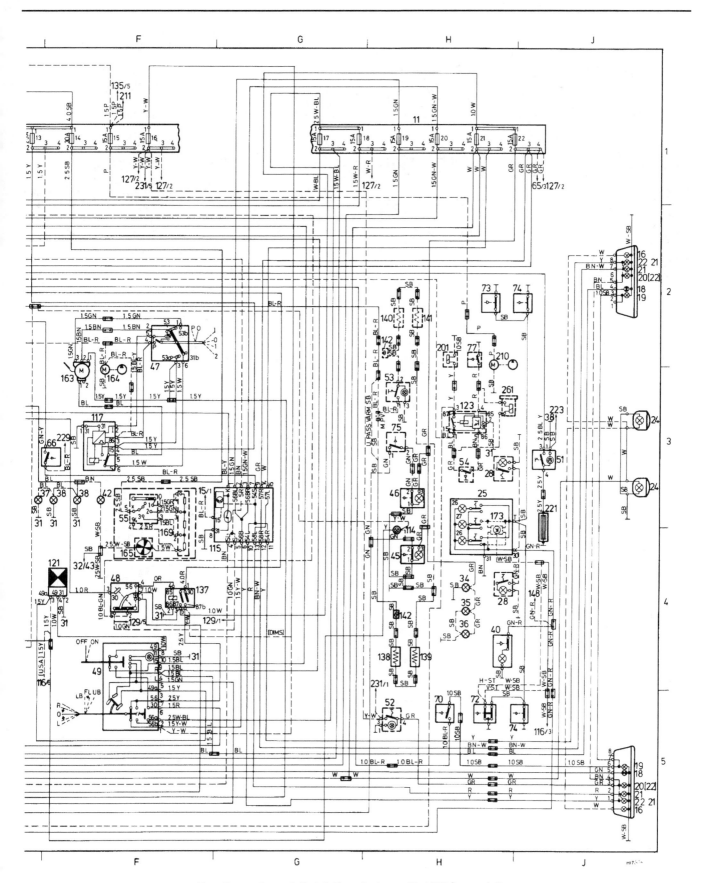

Kopplingsschema 3 (forts): Huvudschema för 1983 års modeller

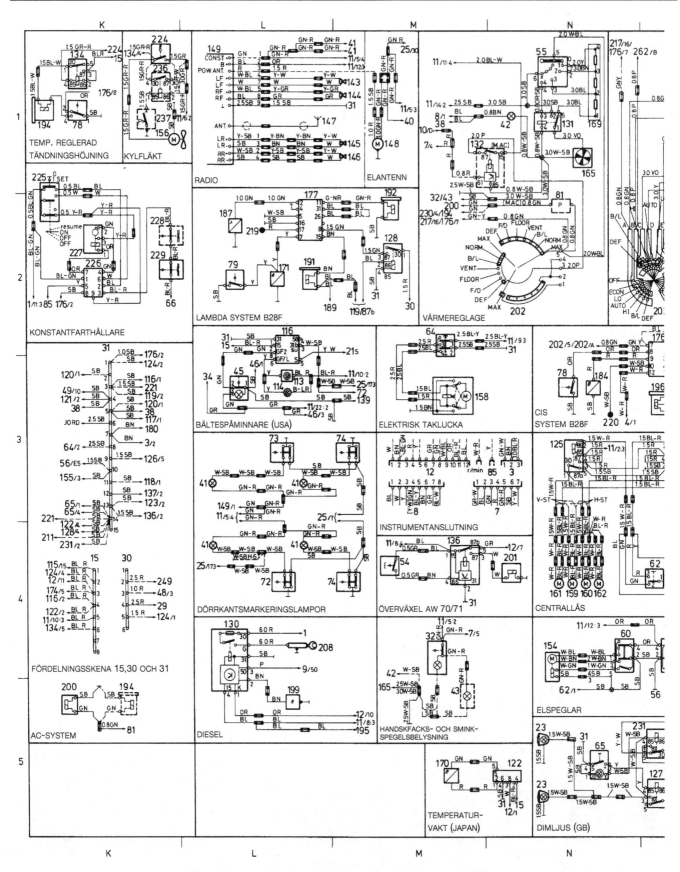

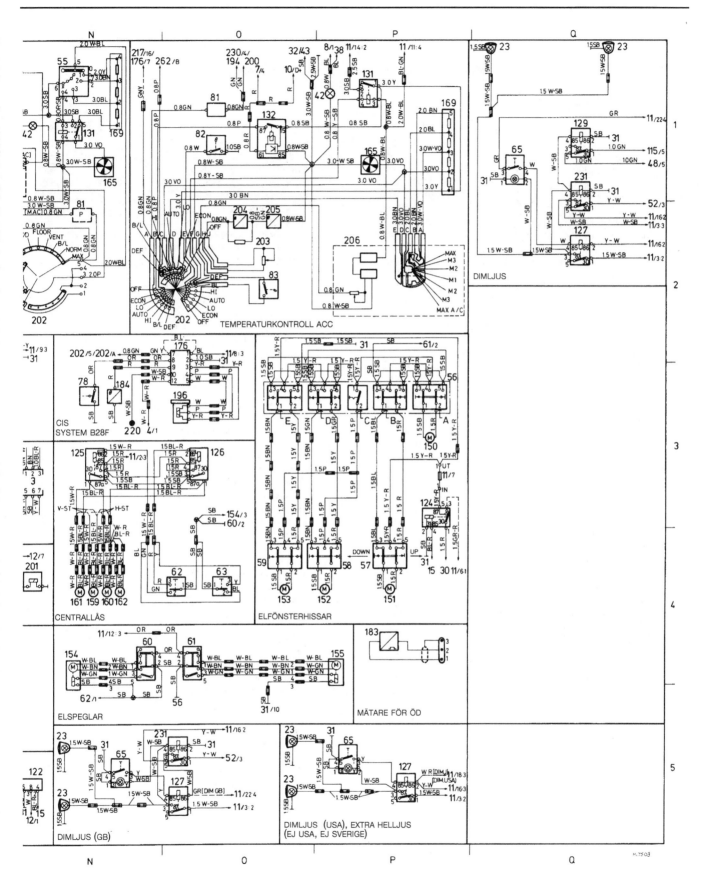

Kopplingsschema 4 (forts): Tilläggsschema för 1983 års modeller

Komponentförteckning till kopplingsschema 5 och 6

Nr	Beteckning	Koordinater
1	Batteri	C2
2	Tändningslås	E3
3	Instrumentanslutning (3-polig)	W4
4	Tändspole	C5, N3
5	Strömfördelare	C4, M5, N3, S5
6	Tändstift	C4
7	Instrumentanslutning (7-polig)	W4
8	Instrumentanslutning (8-polig)	W4
9	Startmotor	C3
10	Generator och spänningsregulator	B3
11	Säkringsdosa	C1, E1, H1
12	Instrumentanslutning (12-polig)	W4
13	Helljus	A2, A5, A6
14	Halvljus	A2, A6
15	Krets 15 (i centralenheten)	T4
16	Parkeringsljus	A1, A6, L1, M6
17	Varselljus	A1, A6
18	Blinkers	A1, B1, L1, M1, M6
19	Backljus	L1, M1, M6
20	Dimbakljus	L1, M1, M6
21	Bakljus	L1, M1, M6
22	Bromsljus	L1, M1, M6
23	Dimljus/extraljus	X6, Y6
24	Nummerplåtsbelysning	M3, M4
25	Innerbelysning	K4
26	Läslampa, fram	K4
27	Innerbelysning	K4
28	Läslampa, bak	K4
29	Anslutning, (+)	D3
30	Krets 30 (i centralenheten)	T4
31	Jordanslutning (i centralenheten)	T3
32	Handskfacksbelysning	K3
33	Askkoppsbelysning fram	G3
34	Askkoppsbelysning bak	K5
35	Belysning strömbrytare	F3
36	Belysning strömbrytare	K5
37	Växelväljarbelysning, automatväxellåda	K5
38	Instrumentbelysning	F3
39	Motorrumsbelysning	C2
40	Bagageutrymmesbelysning	K5
41	Dörrkantsmarkeringslampa	U4, V4
42	Belysning värmereglagepanel	G3, W1, Y1
43	Belysning spegel	K3
44	Bränsleinsprutare	N2, T2, T3, T4
45	Bältesbelysning förarsida	K4, U3
46	Bältesbelysning passagerarsida	K4
47	Strömbrytare, vindrutetorkare	H3
48	Ljusströmbrytare	G4
49	Strömbrytare, blinkers/varnings-blinkers/ljusomkoppling	G5

Nr	Beteckning	Koordinater
50	Signalhornskontakt	B4
51	Strömbrytare, bakrutevärme	L3
52	Strömbrytare, dimbakljus	X6, Z6
53	Strömbrytare, sätesvärme passagerarsida	J3
54	Överväxelkontakt	V4, W6
55	Strömbrytare, fläkt	G4, W1
56	Strömbrytare, elfönsterhiss förardörr	Y3
57	Strömbrytare, elfönsterhiss passagerardörr fram	Z4
58	Strömbrytare, elfönsterhiss höger bak	Z4
59	Strömbrytare, elfönsterhiss vänster bak	Y4
60	Strömbrytare, elspegel förarsida	X4
61	Strömbrytare, elspegel passagerarsida	X4
62	Länkkontakt centrallås	Y4
64	Strömbrytare taklucka	W3
65	Strömbrytare, dimljus fram- och extraljus	Y6, Z6
66	Bromsljuskontakt	G3
67	Chokekontakt	E3
68	Handbromskontakt	F3
69	Kontakt, varning bromskretsbortfall	F3
70	Backljuskontakt	K5
71	Startspärrkontakt, automatväxellåda	D3
72	Ljuskontakt, förardörr	K5, V5
73	Ljuskontakt, passagerardörr	K2, V4
74	Ljuskontakt, bakdörr	K5, V4, V5
75	Säteskontakt, passagerarsäte	K3
76	Övertryckskontakt, turbo	D6, R1
77	Överväxelkontakt (manuell växellåda)	W5
78	Mikrokontakt, kontinuerlig bränsle-insprutning	T1, X3
79	Mikrokontakt, syresensor	U2
80	Termotidkontakt	B6
81	Tryckgivare luftkonditionering	X2, V1
82	Givare reglagepanel, ACC	Y1
83	Temperaturgivare kylvätska, ACC	Y2
84	Kylvätskans temperaturgivare	R2, T3
85	Hastighetsmätare	F4, W4
86	Varvräknare	F4
87	Klocka	F4
88	Kylvätskans temperaturmätare	F4
89	Bränslemätare	E4
90	Spänningsmätare (voltmeter)	E4
93	Spänningsregulator, instrument	G4
94	Reostat, instrumentbelysning	F4
95	Instrumentbelysning	F4
96	Varningslampa, oljenivå	E4
97	Varningslampa, oljetryck	E4
98	Varningslampa, choke/turbotryck	E4
99	Handbromsvarningslampa	F4
100	Varningslampa, bromskretsbortfall	F4
101	Kontrollampa, spolarvätskenivå	E3

Komponentförteckning till kopplingsschema 5 och 6 (forts)

Nr	Beteckning	Koordinater	Nr	Beteckning	Koordinater
102	Växellägesindikator	F4	155	Dörrspegel, passagerarsida	L3, Z5
103	Varningslampa, glödlampsbortfall	F4	156	Motor, elkylfläkt	U1
104	Kontrollampa, förvärmning glödstift (diesel)	G4	157	Motor, strålkastartorkare	B2, B5
105	Laddningslampa	E5	158	Motor, taklucka	W3
106	Indikatorlampa överväxel automatväxellåda	E5	159	Låsmotor, passagerardörr	Y5
107	Lampa avgastemperatur (Japan)	E5	160	Låsmotor, höger bakdörr	W4
108	Kontrollampa, blinkers vänster	F5	161	Låsmotor, vänster bakdörr	W5
109	Kontrollampa, helljus	F5	162	Låsmotor, bagagelucka/baklucka	W4
110	Kontrollampa, blinkers höger	F5	163	Motor, vindrutetorkare	G3
111	Kontrollampa, syresensor	F5	164	Motor, vindrutespolare	G3
112	Kontrollampa, överväxel (manuell växellåda)	F5	165	Fläktmotor	G4, X1, Z1
113	Bältespåminnare fram	G5, V3	166	Kondensator (avstörning)	C3
114	Bältespåminnare bak	V3, J4	167	Avstörningsmotstånd (tändstift)	C3
115	Givare, glödtrådsvakt	H4	168	Förkopplingsmotstånd, tändning	C4
116	Summer, säkerhetsbälten	V3	169	Motstånd, värmefläkt	X1, Z1
117	Fördröjningsrelä, vindrutetorkare	G3	170	Katalysatorelement	Z5
118	Fördröjningsrelä, bakrutetorkare	P4	171	Termostat, syresensor	V2
119	Bränslepumprelä	E5	173	Fördröjningsrelä, innerbelysning	K4
120	Impulsrelä, bränsleinsprutning	D6	174	Styrenhet, oljenivå	D4
121	Blinkersrelä	G4	175	Styrenhet, tändning (Bosch)	D4
122	Givare, avgastemperatur (Japan)	Z5	176	Styrenhet, kontinuerlig bränsleinsprutning	X3
123	Relä, överväxel (manuell växellåda)	W5	177	Styrenhet, syresensor	R5, V2
124	Relä, fönsterhiss och kylfläkt	Z4	178	Spolvätskenivågivare	F3
127	Relä, extraljus	Y6, Z6	179	Oljenivågivare	E4
128	Relä, syresensor	V2	180	Hastighetsgivare	F5
130	Relä, glödstift (diesel)	V5	181	Kylvätskans temperaturgivare	F5
131	Relä, fläkt	X1, Z2	182	Bränslemätarens givare	F5
132	Fördröjningsrelä luftkonditionering	W1, Y1	184	Temperaturgivare, kontinuerlig bränsleinsprutning	X3
133	Styrenhet, tändning (TZ28)	N3, R6	185	Temperaturgivare, laddluft	S2
134	Relä, tändförställning	T1	186	Luftflödesmätare	T1
135	Relä, Motronic/LH Jetronic	R2, R5	187	Syresensor (Lambdasond)	R4, U2
136	Relä, överväxel (automatväxellåda)	W4	188	Startinsprutare	C6
137	Relä, strålkastare	H5	189	Styrtryckregulator	C5
138	Sätesvärme, förarsäte	J5	190	Tillsatsluftsslid	C5
139	Sätesvärme, ryggstöd förarsäte	K5	191	Frekvensventil	V2
140	Sätesvärme, passagerarsäte	J3	192	Tryckdifferenskontakt	V2
141	Sätesvärme, ryggstöd passagerarsäte	K3	193	Varmstartinsprutare	C3
142	Termostater, sätesvärme	J3, K5	194	Solenoidventil, tomgångsförhöjning	T5, T1
143	Högtalare, vänster fram	V1	195	Solenoidventil, bränsleavstängning	C3
144	Högtalare, höger fram	V1	196	Tomgångsventil, kontinuerlig bränsleinsprutning	R4, X3
145	Högtalare, vänster bak	V1	197	Oljetryckgivare	E3
146	Högtalare, höger bak	V1	198	Gasspjällkontakt (LH Jetronic)	S4
147	Antenn	V1	199	Temperaturgivare (diesel)	V5
148	Elantenn	V1	200	Solenoid, luftkonditioneringskompressor	T6
149	Radio	U1	201	Solenoid, överväxel	V5, W4
150	Motor, elfönsterhiss förardörr	Z4	202	Värmereglage	W3, X3
151	Motor, elfönsterhiss passagerardörr	Z5	203	Temperaturreglage ACC	Y2
152	Motor, elfönsterhiss bakdörr förarsida	Y5	204	Temperaturgivare ytterluft, ACC	P5, Y2
153	Motor, elfönsterhiss bakdörr	Y5	205	Temperaturgivare kupéluft, ACC	Y2
154	Dörrspegel, förarsida	L3, X4	206	Styrenhet ACC	Z2

Komponentförteckning till kopplingsschema 5 och 6 (forts)

Nr	Beteckning	Koordinater
207	Signalhorn	B4
208	Glödstift (diesel)	V5
210	Tankpump	K2
211	Huvudbränslepump	D6
212	Startmotorkontakt	D3
213	Gasspjällkontakt, Motronic	S1
214	Vevaxellägesgivare	R1
215	Varvtalsgivare	R1
216	Styrenhet, Motronic	S1
217	Styrenhet, LH-Jetronic	S3
218	Knackningssensor	S6
219	Testuttag, syresensor	U2
220	Testuttag, kontinuerlig bränsleinsprutning	S4, X3
221	Bakrutevärme	L2
223	Cigarettändare	F3
224	Termostat, elkylfläkt	U1
225	Strömbrytare, konstantfarthållare	T1
226	Styrenhet, konstantfarthållare	T2
227	Vakuumpump	T2
228	Manöverkontakt, koppling	U2
229	Manöverkontakt, broms	G3, U2
231	Relä, dimbakljus	X6
232	Relä, luftförvärmning	T5
233	Tryckgivare (turbodiesel)	E3
234	Termostat, luftförvärmning	U5
235	Motstånd, luftförvärmning	U5
236	Relä, tryckgivare (diesel)	U1
237	Tryckgivare (diesel)	U1
238	Bakre spolarpump	P4
239	Anslutning, bakrutetorkare	P3
240	Strömbrytare, bakrutespolare/torkare	P3
241	Motor, bakrutetorkare	P3
242	Nödstopp, elsäte	Q4
243	Strömbrytare "på", elsäte	Q4
244	Styrenhet, elsäte	Q3
245	Motor elsäte, framåt-bakåt	R4
246	Motor elsäte, upp-ned framkant	R3
247	Motor elsäte, upp-ned bakkant	R3
248	Motor elsäte, ryggstödslutning	R4
250	Bränslemätargivare, extratank	F5
251	Anslutning	E5
252	Styrenhet, låsningsfria bromsar (ABS)	R1
253	Modulator, ABS	Q3
254	Transientskydd, ABS	Q2
255	Omvandlare, ABS	Q1
256	Givare ABS, vänster fram	P2, Q1

Nr	Beteckning	Koordinater
257	Givare ABS, höger fram	P2, Q1
258	Säkringsdosa, ABS	Q2
259	Givare, laddningstryck	R4
260	Styrenhet, EZ-K tändsystem	S6
261	EGR-solenoid	W5
262	Vakuumventil, ACC	X1
263	Oljetryckskontakt, överväxel	S3
264	Kontakt, laddningstryck	S3
265	Relä, momentbegränsare	P2, S3
266	Timer, uppvärmd bakruta	L3
267	Testuttag, EZ-K	S6
268	Givare, växelläge	R3
270	Hastighetsgivare, ABS	Q1
271	Bränsleavstängningsventil	V6
272	Gaspedalkontakt	S6
273	EZ-K temperaturgivare	S6
274	EGR-relä	Q6
275	EGR tomgångskontakt	Q5
277	EGR trevägsventil	R5
278	Lufttryckskontakt	P6
279	Solenoidventil, lufttryckskompensation	P6
280	Relä, sätesvärme förarsida	J3
284	Luftmängdsmätare	S4
286	Givare antispinnsystem (ETC), vänster bak	N1
287	Givare ETC, höger bak	N1
288	Tryckgivare, ETC	P1
289	Effektsteg, ETC	N1, T3
290	Styrenhet, ETC	P1
292	Solenoid, tomgångsförhöjning	T6, W6
293	Relä, tomgångsförhöjning	P5, T6, U6, V6, W6
295	Relä, växellägesindikator	Q5
298	Relä, antispinnsystem (ETC)	N1
349	Instrumentanslutning (6-polig)	P5
375	Strömställare, sätesvärme förarsida	J5
376	Förkopplingsmotstånd (Jetronic)	N1, S2
378	Positiv anslutning (motorrum)	C2
379	Styrenhet, färddator	P5
384	Bromsvätskenivågivare	Q1, F3
395	Kontakt, antispinnsystem (ETC)	P1
403	Temperaturgivare, batteri	C3
404	Vakuumkontakt	R6
405	Chokevärmare	C3
406	Styrenhet, Renix	P5
407	Impulsgenerator, Renix	P5
408	Strömbrytare, växellägesindikator	Q5

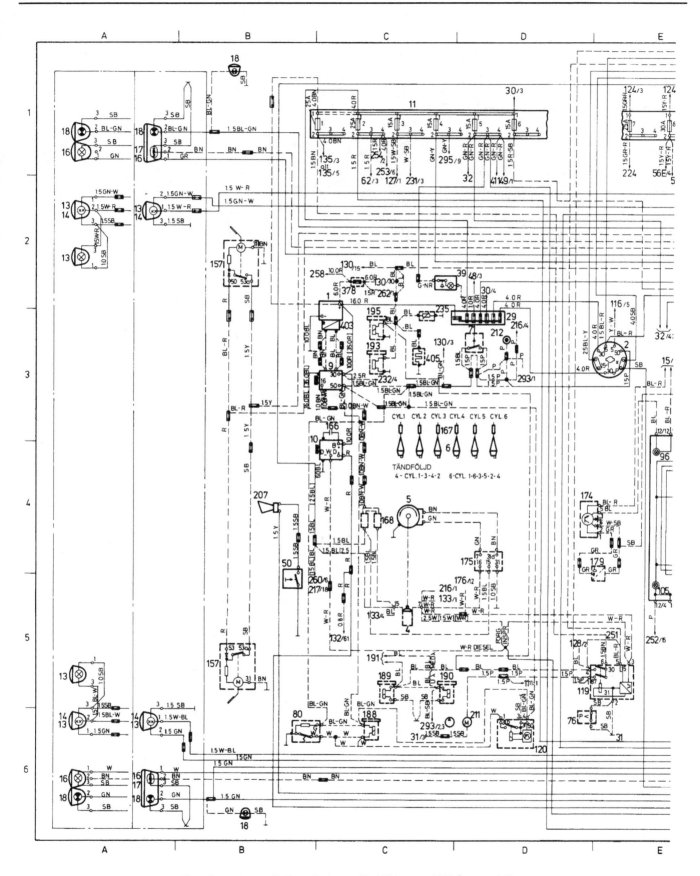

Kopplingsschema 5: Huvudschema för 1984 t.o.m. 1988 års modeller

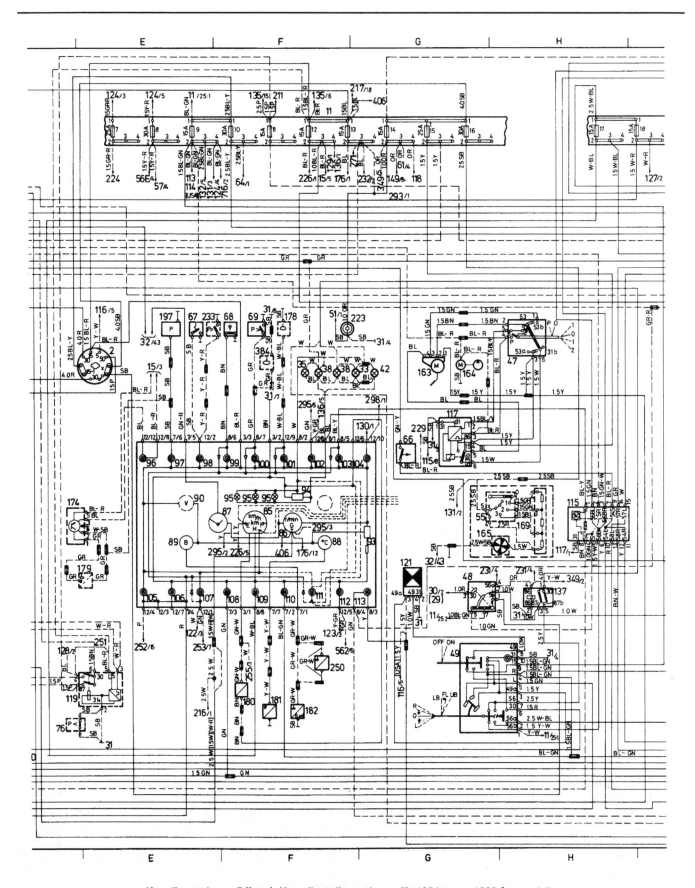

Kopplingsschema 5 (forts): Huvudkopplingsschema för 1984 t.o.m. 1988 års modeller

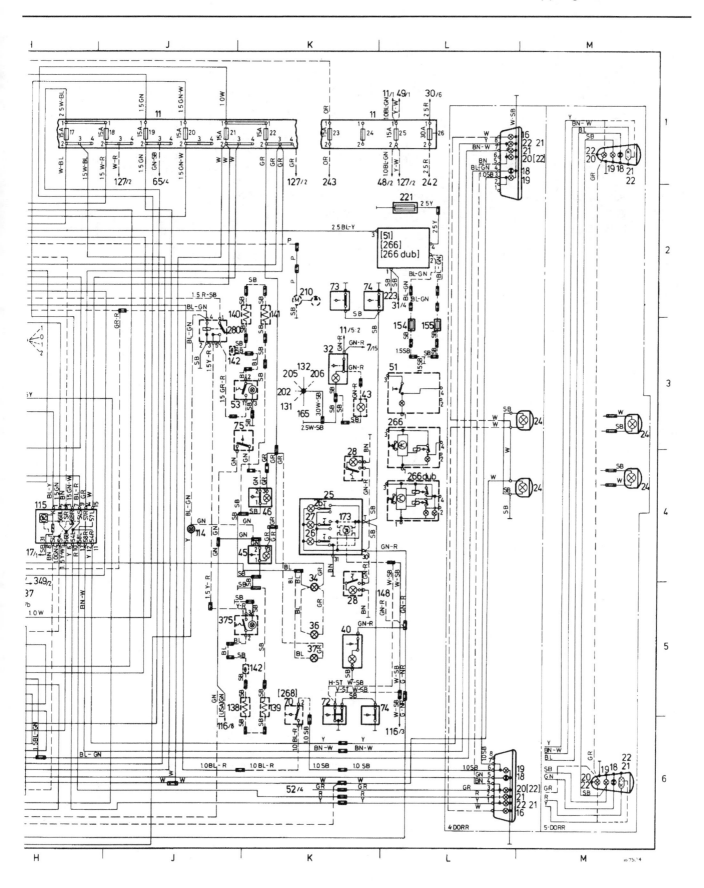

Kopplingsschema 5 (forts): Huvudkopplingsschema för 1984 t.o.m. 1988 års modeller

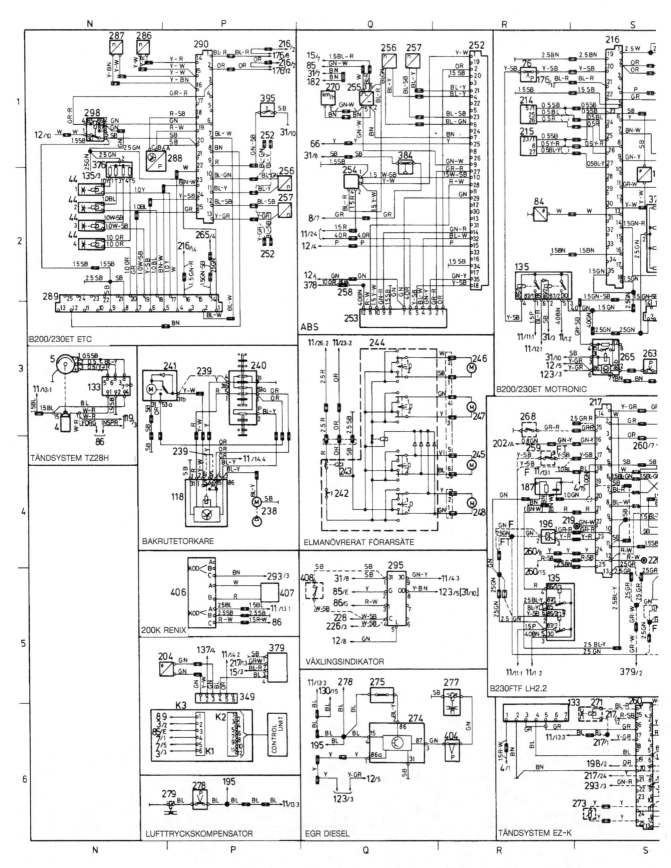

Kopplingsschema 6: Tilläggsschema för 1984 t.o.m. 1988 års modeller

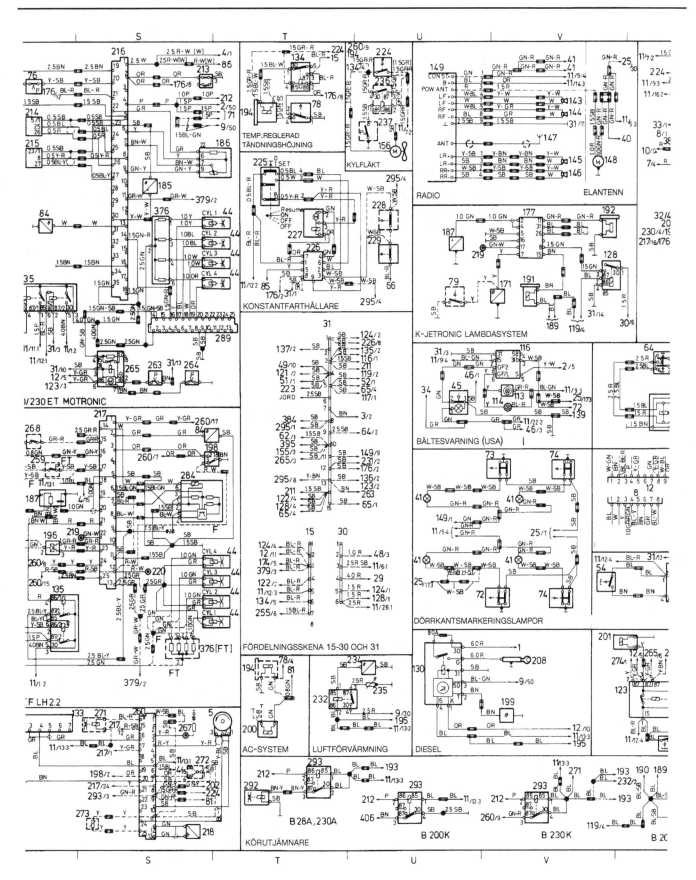

Kopplingsschema 6 (forts): Tilläggsschema för 1984 t.o.m. 1988 års modeller

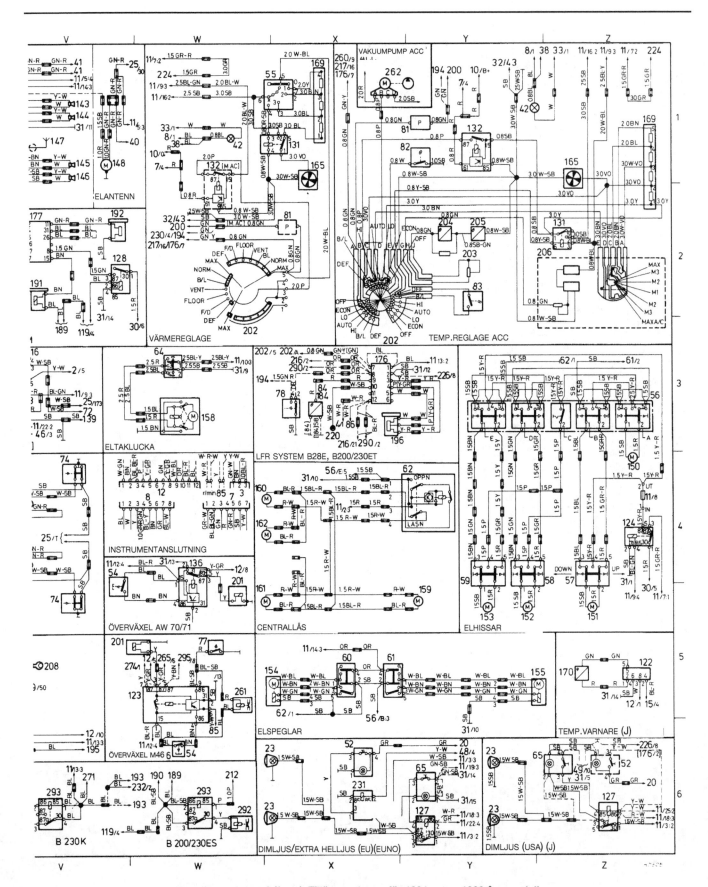

Kopplingsschema 6 (forts): Tilläggsschema för 1984 t.o.m. 1988 års modeller

Komponentförteckning till kopplingsschema 7 och 8

Nr	Beteckning	Koordinater
1	Batteri	B2
2	Tändningslås	E3
3	Instrumentanslutning (4-polig)	Z4
4	Tändspole	C5
5	Strömfördelare	C4, R4
6	Tändstift	C3
7	Instrumentanslutning (7-polig)	Z4
8	Instrumentanslutning (8-polig)	Z4
9	Startmotor	B3
10	Generator (inbyggd regulator)	B3
11	Säkringsdosa	B-K1
12	Instrumentanslutning (12-polig)	Z4
13	Helljus	A2, A5
14	Halvljus	A2, A5
15	Reläenhet (15 krets)	W4
16	Parkeringsljus	A1,A6, L1, L6
17	Varningsblinkers	A1, A6
18	Blinkers glödlampa	A1, A6, B1, B6, L1, L6
19	Backljus glödlampa	L1, L6
20	Dimbakljus glödlampa	L1, L6
22	Bromsljus glödlampa	L1, L4, L6
23	Dimljus glödlampa	A2, A5
24	Nummerplåtsbelysning	L3, L4
25	Innerbelysning	N5
26	Läslampa, fram	N5
27	Innerbelysning	N5
29	Anslutning, (+)	D2
30	Reläenhet (30 krets)	W4
31	Reläenhet (31 krets)	W3
32	Handskfacksbelysning	M4
33	Askkoppsbelysning fram	G3
34	Askkoppsbelysning bak	J4
35	Strömbrytarbelysning, taklucka	F3
36	Strömbrytarbelysning, värmesits passagerarsida	J4
37	Växelväljarbelysning, automatväxellåda	J4
38	Instrumentbelysning	F3, G3
39	Motorrumsbelysning	C2, N3
40	Bagageutrymmesbelysning	M5
41	Varningslampa, öppen dörr	M5, N5
42	Belysning, värmereglagepanel	G3, Z1, AB1
43	Belysning, solskydd	N4
45	Bälteslås, förarsida	J5, X4
46	Bälteslås, passagerarsida	J4, X4
47	Strömbrytare, vindrutetorkare/-spolare	H3
48	Strömbrytare, strålkastare	H4
49	Strömbrytare, blinkers/varningsblinkers	H5
49	Helljus/halvljus	
50	Signalhorn	A5
51	Strömbrytare, bakrutevärme	K2, K3
52	Strömbrytare, dimbakljus	T5, AB6, AC6
53	Strömbrytare, sätesvärme passagerarsida	J3, Q3
54	Överväxelbrytare	Z4, Z5
55	Strömbrytare, fläkt	J3, Z1
56	Strömbrytare, elfönsterhiss förardörr	A3
57	Strömbrytare, elfönsterhiss passagerardörr fram	AC4
58	Strömbrytare, elfönsterhiss bakdörr förarsida	AB4
59	Strömbrytare, elfönsterhiss bakdörr	AB4
60	Strömbrytare, elspegel förarsida	AA5
61	Strömbrytare, elspegel passagerarsida	AA5
62	Länkkontakt, centrallås	Z4
64	Strömbrytare, taklucka	Z3
65	Strömbrytare, dimljus	T6, AA6, AC6
66	Bromsljuskontakt	G3, T5, W2
67	Chokekontakt	E3
68	Handbromskontakt	F3
70	Backljuskontakt	J6
71	Startspärrkontakt, automatväxellåda	D3
72	Ljuskontakt, förardörr	M4

Nr	Beteckning	Koordinater
73	Ljuskontakt, passagerardörr	N4
74	Ljuskontakt, bakdörr	M6, N6
75	Säteskontakt, passagerarsäte	J4
76	Tryckgivare, turbo	U4
77	Överväxelkontakt (M46)	Z5
80	Termotidkontakt	B6
81	Tryckgivare A/C	AC1, A2
82	Temperaturgivare, värmefläkt	AB2
84	Kylvätsketemperaturgivare	P5, Q1, U2, V3, AA3, N2, AE2, AF5
85	Hastighetsmätare	F4
86	Varvräknare	F4
87	Klocka	F4
88	Temperaturmätare	F4
89	Bränslemätare	E4
90	Voltmeter	E4
91	Servicekontrollampa	F5
92	Diagnoskontrollampa	E5
94	Reostat, instrumentbelysning	F4
95	Instrumentbelysning	F4
96	Kontrollampa, avgastemperatur (Japan)	E4
97	Varningslampa, oljetryck	E4
98	Kontrollampa, choke	E4
98	(alt) Kontrollampa laddningstryck, turbo	E4
99	Kontrollampa, handbroms	F4
100	Varningslampa, bromskretsbortfall	F4
101	Kontrollampa, spolvätskenivå	F4
102	Kontrollampa överväxel, automat (AW70/71)	F4
103	Kontrollampa, glödtrådsvakt	G3
104	Kontrollampa, glödstift (diesel)	G3
104	Kontrollampa, (diesel)	
105	Laddningslampa	E5
107	Kontrollampa, ABS	E5
108	Kontrollampa, blinkers vänster	F5
109	Kontrollampa, helljus	F5
110	Kontrollampa, blinkers höger	F5
112	Kontrollampa, överväxel (M46)	F5
113	Kontrollampa, säkerhetsbälten fram	F5, X3
114	Kontrollampa, säkerhetsbälten bak	J5, X3
115	Glödtrådsvakt, givare	I4
116	Lampa, bältespåminnare (USA)	X3
117	Pausrelä, vindrutetorkare	G3
118	Pausrelä, bakrutetorkare	R4
119	Relä, bränslepump	E5
121	Blinkersrelä, varningsblinkers	G4
122	Relä, avgastemperatur (Japan)	Ö5
123	Relä, överväxel (M46)	Z5
124	Relä, elfönsterhissar	AC4
125	Relä, centrallås	AA4
127	Relä, extraljus	I6, AB6, AC6
130	Relä, glödstift (diesel)	R5
131	Relä, fläkt	AA1, AC2
132	Relä, A/C	Z1
135	Relä, Motronic/LH-2.2, LH-2.4	M, U2,U5, AC4
136	Relä, överväxel (AW70/71)	Z4
137	Relä, strålkastare	H4
138	Sätesvärme, förarsäte	K5, R3
138	Sätesvärme, passagerarsäte	J2
139	Sätesvärme, ryggstöd förarsäte	K5, P3
139	Sätesvärme, ryggstöd passagerarsäte	K2, Q3
142	Termostat, förarsäte	J5, P3
142	Termostat, passagerarsäte	J2, Q3
143	Högtalare, passagerardörr	Y1, Y2
144	Högtalare, förardörr	Y1, Y2
145	Högtalare, vänster bak	Y1, Y2
146	Högtalare, höger bak	Y1, Y2
147	Antenn	Y1, Y3
148	Elantenn	Y1, Y3

Komponentförteckning till kopplingsschema 7 och 8 (forts)

Nr	Beteckning	Koordinater	Nr	Beteckning	Koordinater
149	Radio	X1, X2	232	Relä, luftförvärmning	X5
150	Motor, elfönsterhiss förardörr	AC3	233	Tryckgivare (turbodiesel)	R6, E3
151	Motor, elfönsterhiss passagerardörr	AC5	234	Termostat, luftförvärmning	Y5
152	Motor, elfönsterhiss bakdörr förarsida	AB5	235	PIC motstånd, luftförvärmning	X5
153	Motor, elfönsterhiss bakdörr	AB5	238	Motor, bakrutespolare	S4
154	Elspegel, förarsida	K2, Z5	239	Överkoppling, bakrutespolare	R4
155	Elspegel, passagerarsida	K2, Ä5	240	Strömbrytare, bakrutetorkare och spolare	S3
156	Motor, elkylfläkt	W1	241	Motor, bakrutetorkare	R3
157	Motor, strålkastartorkare	B2, B5	251	Kickdown enhet	Z5
158	Motor, taklucka	Z3	252	Styrenhet ABS	T1
159	Motor, centrallås passagerardörr	AB4	253	Hydraulenhet, ABS	T3
160	Motor, centrallås bakdörr förarsida	Z5	254	Transientskydd, ABS	S2
161	Motor, centrallås bakdörr	AB5	256	Givare ABS, vänster fram	T1
162	Motor, centrallås bagagelucka	AA5	257	Givare ABS, höger fram	T1
163	Motor, vindrutetorkare	G3	258	Hydraulpump, ABS	T3
164	Motor, vindrutespolare	G3	260	Styrenhet, EZ-K tändsystem	P1, Q4, AD2
165	Fläktmotor	AA2, AB1	262	Vakuumpump, ACC	AA1
166	Kondensator	C3	263	Relä vakuumpump, ACC	AA1
169	Motstånd, fläkt	AA1, AB1	266	Fördröjningsrelä, uppvärmd bakruta	K2, K4
170	Termoelement, katalysator	AC5	267	Testuttag, EZ-K	Q5
173	Fördröjningsrelä, innerbelysning	N4	271	Bränsleavstängningsventil	P4
176	Styrenhet, kontinuerlig bränsleinsprutning	AA3	272	Mikrokontakt, motor	Q5
178	Spolvätskenivågivare	F3	274	Tidrelä, EGR	T3
180	Hastighetsgivare	F5, T2	275	Mikrokontakt, tomgång	T3
181	Motorns temperaturgivare	F5	276	Omvandlare, EGR	Q1
182	Bränslenivågivare	F5	277	Trevägsventil, EGR	T3
185	Temperaturgivare, laddluft	AF4	278	Lufttrycksreglerad kontakt	T4
186	Luftflödesmätare	V1	279	Solenoid, lufttryckskompensation	T4
187	Syresensor (Lambdasond)	AD4	280	Relä, sätesvärme förarsida	P2
188	Startventil	AD5, M2	284	Luftmängdsmätare	N1, V4
189	Styrtryckventil	C5	289	Effektsteg	P3
190	Tillsatsluftsslid	C5	292	Solenoid, tomgångsförhöjning	Z6
193	Varmstartventil	B5	293	Relä, tomgångsförhöjning	W6, X6, Z6
194	Solenoidventil, A/C kompensation/tändförställning	X4	295	Relä, växellägesindikator	S5
195	Solenoidventil, förgasare	S5	346	Takbelysning, bagageutrymme	M6
195	(alt) Bränsleventil, diesel		347	Dörrkontakt, bak	N6
196	Tomgångsventil	AD5	361	Insprutare 1	N3, V2, V6, AF6
197	Oljetryckgivare	E3	362	Insprutare 2	N3, V2, V6, AF6
198	Gasspjällkontakt, LH-Jetronic	AF4	363	Insprutare 3	N3, V2, V6, AF6
199	Temperaturgivare (diesel)	S5	364	Insprutare 4	N3, V2, V6, AF6
200	Manöversolenoid	X4	375	Strömbrytare, värme förarsäte	L5, P3
201	Manöversolenoid, överväxel	Y5, Z4	376	Förkopplingsmotstånd	U6, V2
202	Klimatkontroll	Z3, AA2	377	PTC motstånd	C3
203	Temperaturkontroll	Ä2, AB2	378	Positiv anslutning ABS, motorrum	T2
204	Temperaturgivare, ytterluft	Ä2, AB2	384	Bromsvätskenivågivare	F3, T1
205	Temperaturgivare, kupeluft	Ä2, AB2	403	Temperaturgivare, batteri	B2
207	Signalhorn	A4	404	Mikrokontakt, vakuumkontrollventil	T3
208	Glödstift (diesel)	S5	405	Halvautomatisk uppvärmd choke	B5
210	Tankpump	F5	406	Styrenhet, Renix	Q3
211	Bränslepump	D5	407	Impulsgenerator, Renix	R3
212	Serviceuttag	D3, S5, W6, X6, AD5	413	Impulsgenerator, EZ-K	Q2, AE2
213	Gasspjällkontakt, Motronic	P1	419	Effektsteg EZ-K	P1, P4
214	Vevaxellägesgivare	U1	420	Effektsteg REX-I	A02
215	Varvtalsgivare	U1	424	Solenoidventil, laddtryckbegränsare	R6
216	Styrenhet, Motronic	U1	438	Sätesvärmeskontakt	J3
217	Styrenhet, LH-2.2	U3	440	Tryckgivare, REX-I	AF4
218	Knackningssensor	Q2, Q6, AE3	464	Relä, insprutare	N3, U6, V3, AE6
219	Testuttag, syresensor	U4	472	Styrenhet, LH-2.4	M1, M2
220	Testuttag, tomgångssystem	V4, AA3	473	Styrenhet, Rex-Regina	AE4
221	Bakrutevärme	K2	479	Styrenhet, Dim-Dip (ej Sverige)	G5
223	Cigarettändare	G2	482	Diagnostikuttag	N2, Q2, P2, AD3
224	Termostat, elkylfläkt	W1	488	Relä, varningsblinkers	T5
225	Strömbrytare, konstantfarthållare	W1	490	Kontakt, elantenn	Y2
226	Styrenhet, konstantfarthållare	W2	886	Genomföring 1234705	N1, V4
227	Vakuumpump, konstantfarthållare	W2	901	Förstärkare, radio	X2
228	Manöverkontakt, koppling	T5, W2	928	SRS	B4
229	Manöverkontakt, broms	T5, W2	929	Tändmodul, SRS	B5
231	Relä, dimbakljus	T5, AA6	931	Säkerhetskrets, SRS	

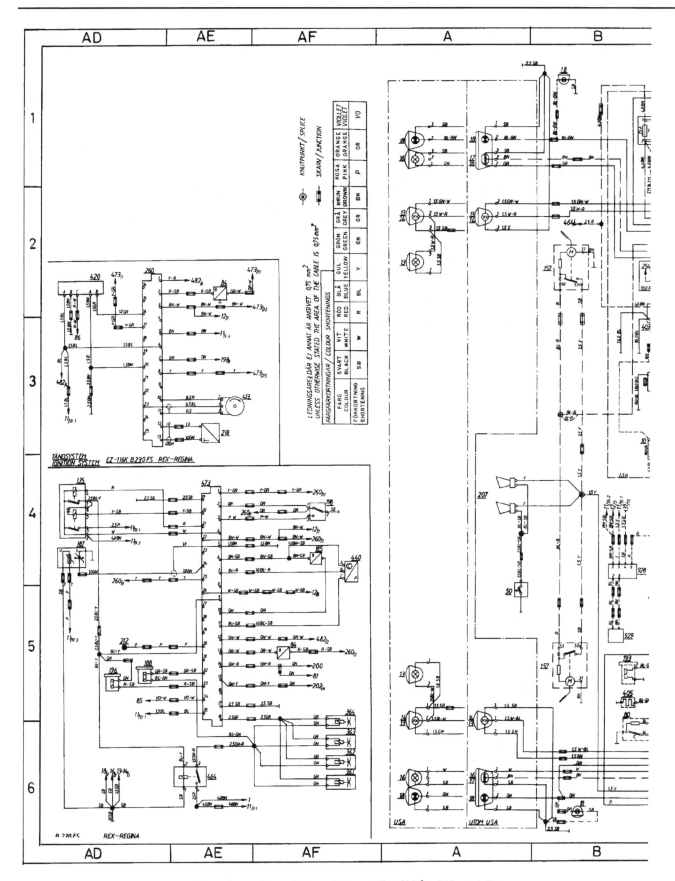

Kopplingsschema 7: Huvudschema för 1989 års 740-modeller

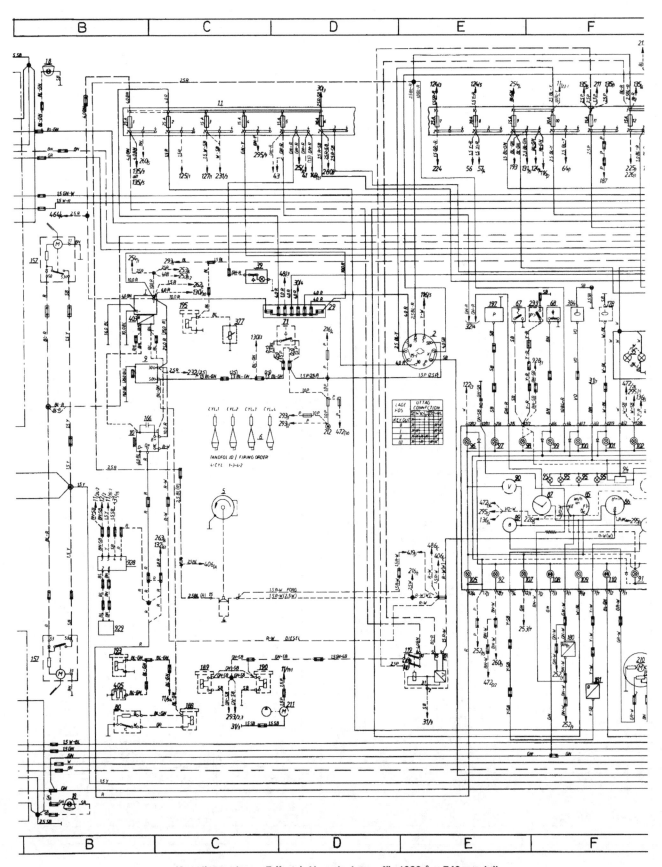

Kopplingsschema 7 (forts): Huvudschema för 1989 års 740-modeller

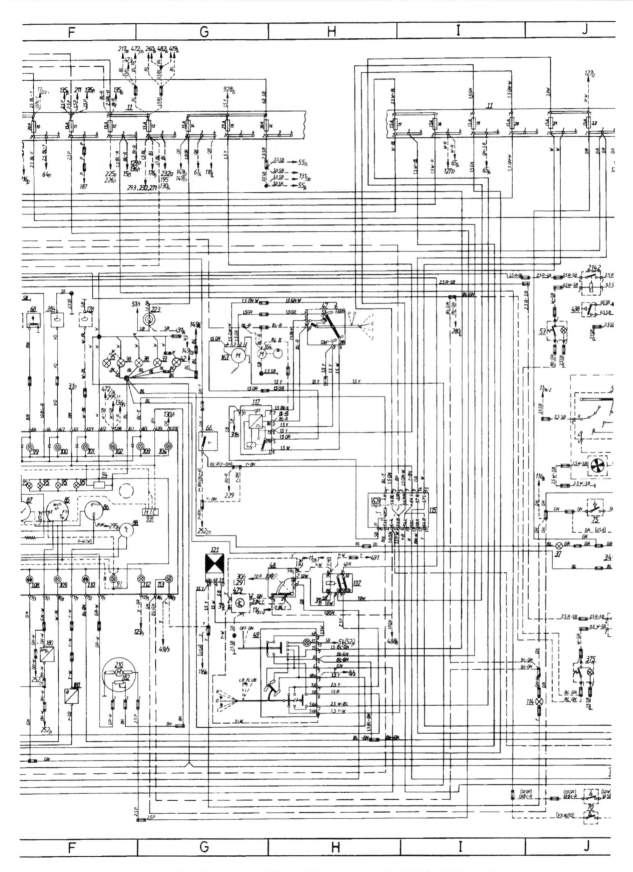

Kopplingsschema 7 (forts): Huvudschema för 1989 års 740-modeller

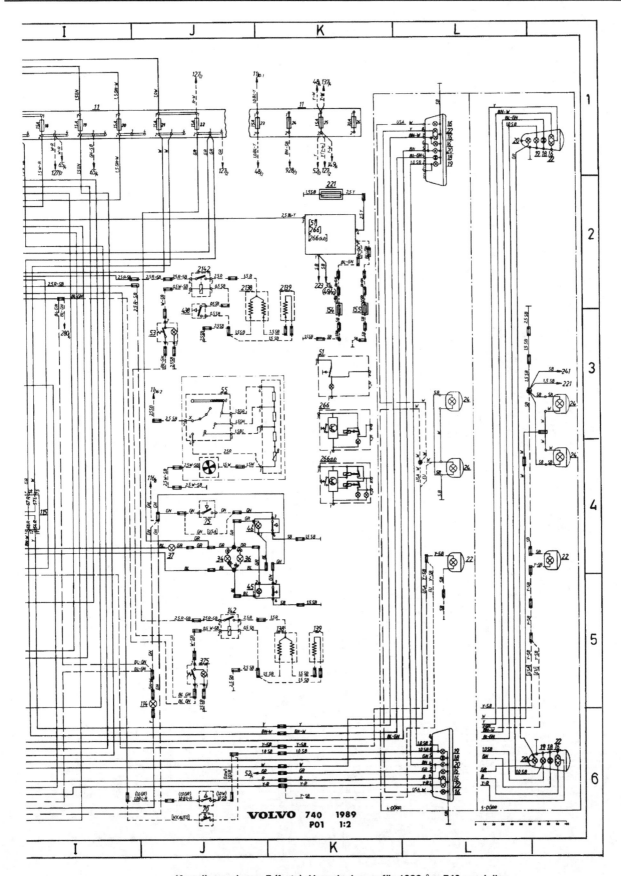

Kopplingsschema 7 (forts): Huvudschema för 1989 års 740-modeller

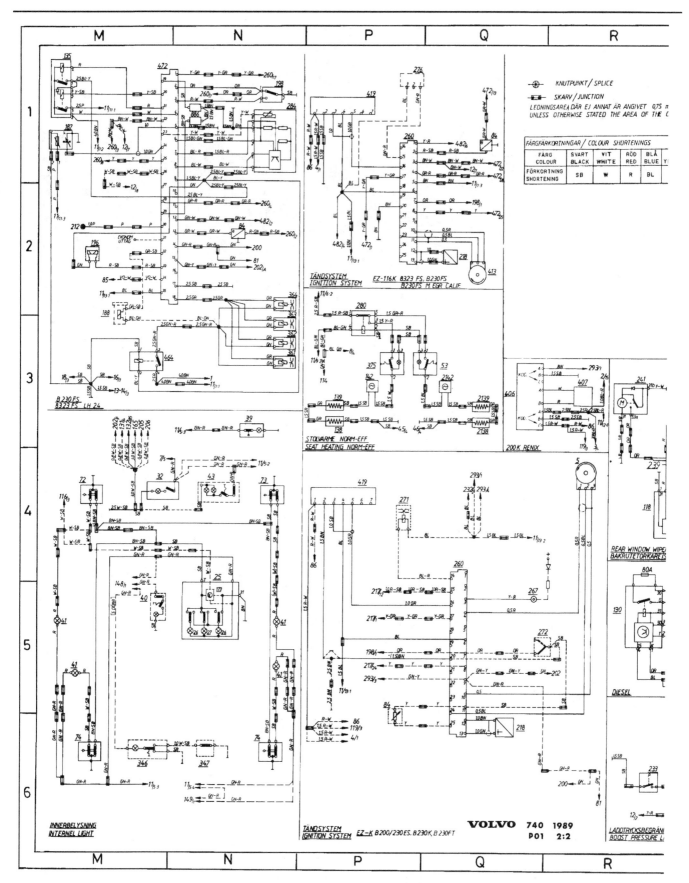

Kopplingsschema 8: Tilläggsschema för 1989 års 740-modeller

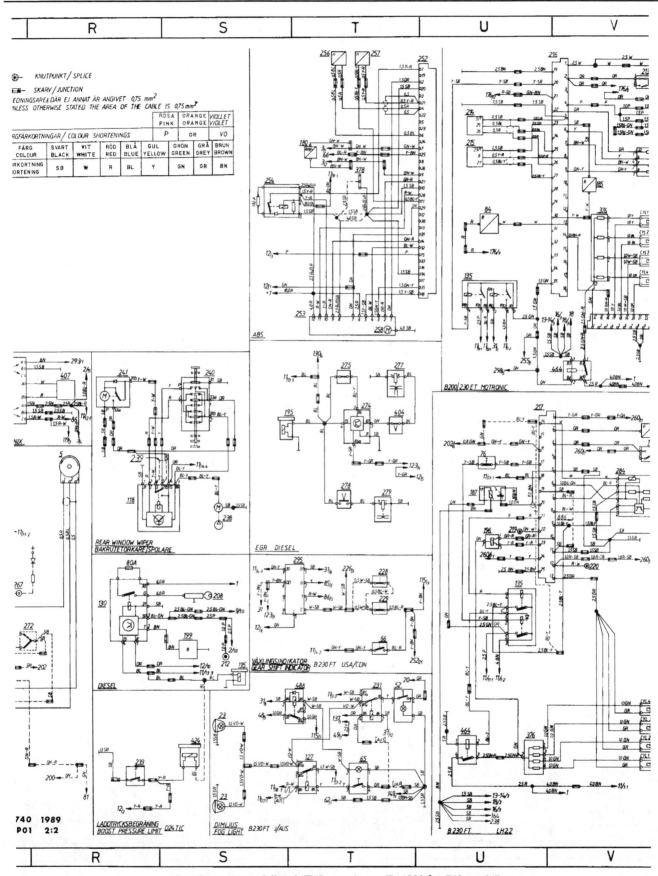

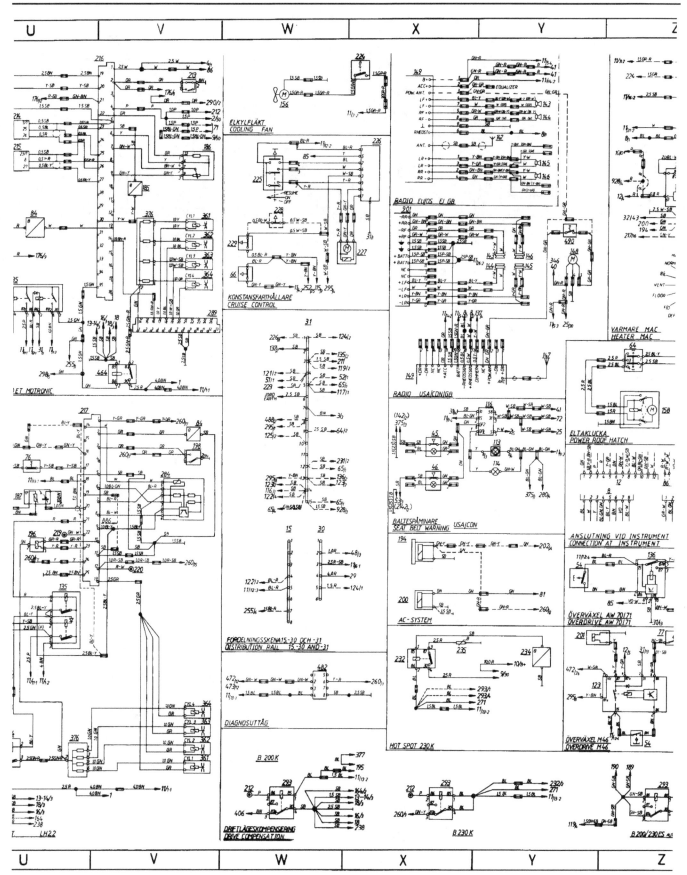

Kopplingsschema 8 (forts): Tilläggsschema för 1989 års 740-modeller

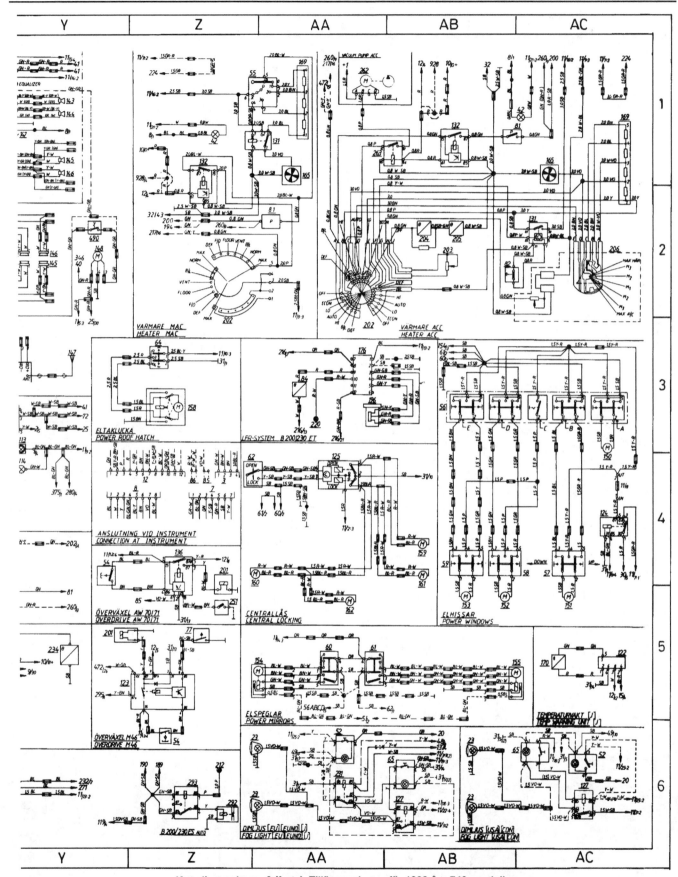

Kopplingsschema 8 (forts): Tilläggsschema för 1989 års 740-modeller

Komponentförteckning till kopplingsschema 9 och 10

Nr	Beteckning	Koordinater	Nr	Beteckning	Koordinater
1	Batteri 12V	D3	71	Startspärrkontakt, automatväxellåda	E3
2	Tändningslås	E3	72	Ljuskontakt, förardörr	V3
3	Instrumentanslutning (4-polig)	T5	73	Ljuskontakt, passagerardörr	X3
4	Tändspole 12V	D6, N5, P5	74	Ljuskontakt, bakdörr	V4, X4
5	Strömfördelare	D5, R5	75	Säteskontakt, passagerarsida	I4
6	Tändstift	E5	76	Tryckgivare, turbo	N3
8	Instrumentanslutning (8-polig)	T5	77	Överväxelkontakt (M46)	P6, R6
9	Startmotor 800W	Q3	78	Anslutning (+)	E2
10	Generator (inbyggd regulator)	Q4	79	Säkringsdosa, lampa	W4
11	Säkringsdosa	B-K1	80	Termotidkontakt	O4
12	Instrumentanslutning (12-polig)	T5	81	Tryckgivare A/C	U3
13	Helljus 60W	A1, A6	84	Kylvätsketemperaturgivare	Q2, P3, P5, R3, S3, V1
14	Halvljus 55W max	A1, A6	85	Hastighetsmätare	G4, Z4
15	Relä, krets 15		86	Varvräknare	H4
16	Parkeringsljus 4CP/5W (USA: även bak)	A1, A6, L1, L6	87	Klocka	F4
17	Varningsblinkers 32CP/21W	A1, A6	88	Temperaturmätare	H4
18	Instrumentanslutning (18-polig)	T6	89	Bränslemätare	F4
21	Bakljus 4CP/5W	L2, L6	90	Kontrollampa, dimbakljus	F5
22	Bromsljus 23CP/21W	L1, L5, L6	91	Kontrollampa, service	F5
23	Dimljus 55W	A1, A6, L1, L6	92	Kontrollampa, diagnos	F5
24	Nummerplåtsbelysning 4CP/5W	L4	93	Varningssignal, hastighet	G4
25	Innerbelysning	W5	94	Reostat, instrumentbelysning	H4
26	Läslampa fram 5W	W5	95	Instrumentbelysning	G4
27	Läslampa fram 5W	W5	96	Kontrollampa, temperaturvarning	H5
27	Innerbelysning 10W	W5	97	Varningslampa, oljetryck	G5
28	Läslampa bak 5W	V5, W5	98	Kontrollampa, laddningstryck (turbo)	H5
29	Blinkerslampa 32CP/21W	A1, A6, B1, B6, L2, L6	99	Kontrollampa, handbroms	G5
30	Reläenhet (30 krets)	T4	100	Kontrollampa, bromskretsbortfall (broms)	G5
31	Relä (21 krets)	T4	101	Kontrollampa, spolvätskenivå	F5
32	Handskfacksbelysning 2W	W4	102	Kontrollampa, överväxel automat (W70/71)	H5
33	Askkoppsbelysning fram 1,2W	I3	103	Kontrollampa, glödtrådsvakt	F5
34	Askkoppsbelysning bak 1,2W	I3	104	Kontrollampa, glödstift (diesel)	H5
35	Strömbrytarbelysning taklucka 1,2W	I3	105	Laddningslampa	F5
36	Strömbrytarbelysning, värmesits passagerare 1,2W		106	Kontrollampa, släpvagn	F5
37	Växelväljarbelysning automatväxellåda 1,2 W	I3	107	Kontrollampa, ABS	G5
38	Instrumentbelysning 1,2W	H3	108	Kontrollampa, blinkers vänster	G4
39	Motorrumsbelysning 15W	W3	109	Kontrollampa, helljus	G5
40	Bagageutrymmesbelysning	V5	110	Kontrollampa, blinkers höger	G4
41	Varningslampa, öppen dörr	V4, V5, W4, W5	112	Kontrollampa, överväxel (M46)	G5
42	Belysning, värmereglagepanel	H3	113	Kontrollampa, säkerhetsbälten fram	H5
43	Belysning, solskydd	W4	114	Kontrollampa, säkerhetsbälten bak	I4
44	Strömställare, handskfacksbelysning	W4	115	Glödtrådsvakt (14-polig)	K5
45	Bältesbelysning förarsida 1,2W	J4	116	Bältespåminnare (USA)	I4
46	Bältesbelysning passagerarsida 1,2W	J3	117	Pausrelä, vindrutetorkare	B5
47	Strömbrytare, vindrutetorkare	B4	118	Pausrelä, bakrutetorkare	U6
48	Ljusströmbrytare	B2	120	Glödtrådsvakt (9-polig)	C2
49	Strömbrytare, blinkers/varningsblinkers/ljusomkopplare	C4	121	Blinkersrelä och kontakt varningsblinkers	C4
50	Signalhornskontakt	A4	122	Relä, temperaturvarning (Japan)	R5
51	Strömbrytare, bakrutevärme	K2	123	Relä, överväxel (M46)	N6
52	Strömbrytare, sätesvärme förarsida	J4	124	Relä, elfönsterhiss och elkylfläkt	Y5
53	Strömbrytare, sätesvärme passagerarsida	J3	125	Relä, centrallås	X6
54	Överväxelkontakt M46	P6	127	Relä, extraljus	C3
56	Strömbrytare, elfönsterhiss förardörr	X3	130	Relä, glödstift (diesel)	S5
57	Strömbrytare, elfönsterhiss passagerardörr fram	Y5	131	Relä, fläkt	V2
58	Strömbrytare, elfönsterhiss bakdörr förarsida	Y5	135	Relä, Motronic LH-2.2	N3, Q2, Q3
59	Strömbrytare, elfönsterhiss bakdörr	X5	136	Relä, överväxel (AW70/71)	Q6
60	Strömbrytare, elspegel förarsida	X5	137	Relä, strålkastare	C3
61	Strömbrytare, elspegel passagerarsida	X5	138	Sätesvärme, förarsäte 30/130W	K4
62	Länkkontakt, centrallås	W6		Sätesvärme, passagerarsäte 30/130W	K3
64	Strömbrytare, taklucka	T6	139	Sätesvärme, ryggstöd förarsäte	K4
65	Strömbrytare, dimljus fram/bak	B3		Sätesvärme, ryggstöd passagerarsäte	K3
66	Bromsljuskontakt	J5, R6, S5	140	Högtalare, instrumentpanel vänster	U2
68	Handbromskontakt	G5	141	Högtalare, instrumentpanel höger	U2
70	Backljuskontakt	J6	142	Termostat, förarsäte	J4
				Termostat, passagerarsäte	J3

Komponentförteckning till kopplingsschema 9 och 10 (forts)

Nr	Beteckning	Koordinater	Nr	Beteckning	Koordinater
143	Högtalare (4Ω), passagerardörr	U1	241	Motor, bakrutetorkare	U5
144	Högtalare (4Ω), förardörr	U2	242	Nödstopp, elsäte	V6
145	Högtalare (4Ω), vänster bak	U2	243	Relä, elsäte	V6
146	Högtalare (4Ω), höger bak	U1	244	Styrenhet, elsäte	V5
147	Antenn	T2	245	Motor elsäte, framåt-bakåt	W6
148	Elantenn	U3	246	Motor elsäte, upp-ned framkant	W5
149	Radio	T2	247	Motor elsäte, upp-ned bakkant	W5
150	Motor (5A), elfönsterhiss förardörr	Y4	248	Motor elsäte, ryggstödslutning	W6
151	Motor (5A), elfönsterhiss passagerardörr	Y5	251	Kickdownspärr	R6
152	Motor (5A), elfönsterhiss bakdörr förarsida	X5	252	Styrenhet ABS	T1
153	Motor (5A), elfönsterhiss bakdörr	X5	253	Hydraulenhet ABS	S3
154	Elspegel, förarsida	W5	254	Transientskydd ABS	S2
155	Elspegel, passagerarsida	Y5	256	Givare ABS, vänster fram	S1
156	Motor (13A), elkylfläkt	W2	257	Givare ABS, höger fram	S1
157	Motor (1A), strålkastartorkare	A2, A5	260	Styrenhet, EZ-K tändsystem	N5, Q4
158	Motor, öppning av taklucka	T6	265	Fördröjningsrelä, bakrutevärme	K2
159	Motor, centrallås passagerardörr	Y6	266	Fördröjningsrelä, bakruta och elspeglar	K3
160	Motor, centrallås bakdörr förarsida	W6	267	Testuttag, EZ-K	Q5
161	Motor, centrallås bakdörr	Y6	270	Hastighetsgivare	S1
162	Motor, centrallås bagagelucka	Y6	284	Luftmängdsmätare	R4
163	Motor (3,5A), vindrutetorkare	B4	289	Effektsteg, DME	R2
164	Motor (2,6A), vindrutespolare	A2	295	Relä, växellägesindikator	G5, R5
166	Kondensator	D4	296	Styrenhet, DIM-DIP (ej Sverige)	T3
167	Avstörningsmotstånd	E4	346	Takbelysning, bagageutrymme	W5
170	Termoelement, katalysator	R5	347	Dörrkontakt, bak	W5
176	Styrenhet, kontinuerlig bränsleinsprutning	S3	361	Insprutare 1	P4, R2, R4
178	Spolvätskenivågivare	F5	362	Insprutare 2	P4, R2, R4
182	Bränslenivågivare	R3	363	Insprutare 3	P4, R2, R4
185	Temperaturgivare, laddluft	Q2	364	Insprutare 4	P4, R2, R4
186	Luftflödesmätare	R1	365	Insprutare 5	R4
187	Syresensor (Lambdasond)	N3, Q4	366	Insprutare 6	R4
188	Kallstartinsprutare	E4	376	Seriemotstånd	P4, 32
195	Solenoidventil, förgasare	S5	378	Jord, ABS	S1
195	(alt) Bränsleventil, diesel	S5	384	Bromsvätskenivågivare	G5, S1
196	Tomgångsventil	N4, Q4, S3	413	Impulsgenerator, EZ-K	P5
197	Oljetryckgivare	G6	416	Givare, tändkabel	N5
198	Gasspjällkontakt	P3, P5, R3, R5	417	Serviceuttag, EZ-K	P5
199	Temperaturgivare (diesel)	S5	419	Effektsteg, EZ-K	N4, Q4
200	A/C kompressor (3,9A)	U3	424	Solenoidventil, laddtrycksbegränsare	S6
201	Manöversolenoid, övervväxel	P6, R6	425	Temperaturgivare, laddtrycksbegränsare	S6
207	Signalhorn (5A+5A)	A3	438	Sätesvärmekontakt	L3
208	Glödstift (diesel)	S5	456	Reläenhet (30 krets)	J4
210	Tankpump	F3	457	Reläenhet, säkringsdosa	W4
211	Bränslepump (6,5A)	N4, Q2, Q4	458	Reläenhet (30 krets), säkringsdosa	W4
212	Serviceuttag	E4	464	Relä, insprutare	N3, Q4, R2
213	Gasspjällkontakt, Motronic	R1	490	Kontakt, elantenn	U2
214	Vevaxellägesgivare	Q1	491	Dimmer	B3
215	Varvtalsgivare	Q1	495	Värmereglage, ECC 130	Y1
216	Styrenhet, Motronic	Q1	496	Värmereglage, ECC givare	W1
217	Styrenhet, LH-2.2	N3, R3	497	Solenoidventil ECC	W1
218	Knackningssensor	N4, Q4	498	Servomotor, ECC värme	Y3
219	Testuttag, syresensor	N4, Q4	499	Effektsteg, ECC	X2
220	Testuttag, tomgångssystem	P4, R4, S3	501	Fläktmotor, ECC	X2
221	Bakrutevärme 150W	L2	502	Lufttemperatur, ECC	V1
222	Cigarettändare (7A)	I3	503	Solsensor, ECC	W1
223	Cigarettändarbelysning	I2	504	Innertemperaturgivare, ECC	V1
224	Termostat, elkylfläkt	W3	870	Klockkontakt	H3
225	Strömbrytare, konstantfarthållare	S4	886	Genomföring 1234705	P4, R4
226	Styrenhet, konstantfarthållare	T4	900	Extrautrustning	H3
227	Vakuumpump, konstantfarthållare	S5	901	Förstärkare, radio	T1
228	Manöverkontakt, koppling	R6, S5	928	SRS	C5
229	Manöverkontakt, broms	S5	929	Tändmodul, SRS	C5
231	Relä, dimbakljus	C3	930	Kontrollampa, SRS	H5
233	Tryckgivare (turbodiesel)	S6	931	Säkerhetskrets, SRS	H5
238	Motor (2,6A), bakrutespolare	U6			
240	Strömbrytare, bakrutetorkare/spolare	U5			

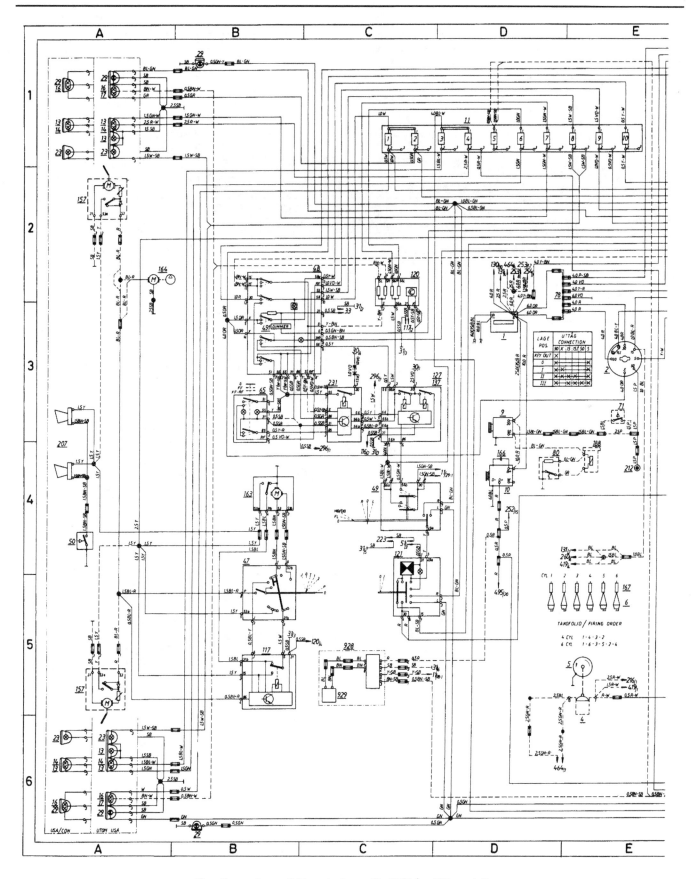

Kopplingsschema 9: Huvudschema för 1989 års 760-modeller

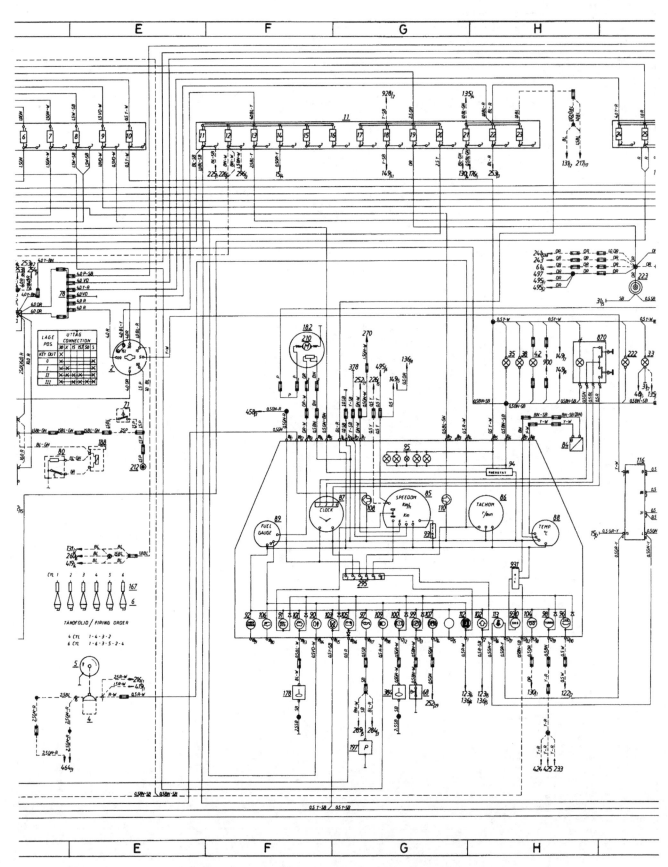

Kopplingsschema 9 (forts): Huvudschema för 1989 års 760-modeller

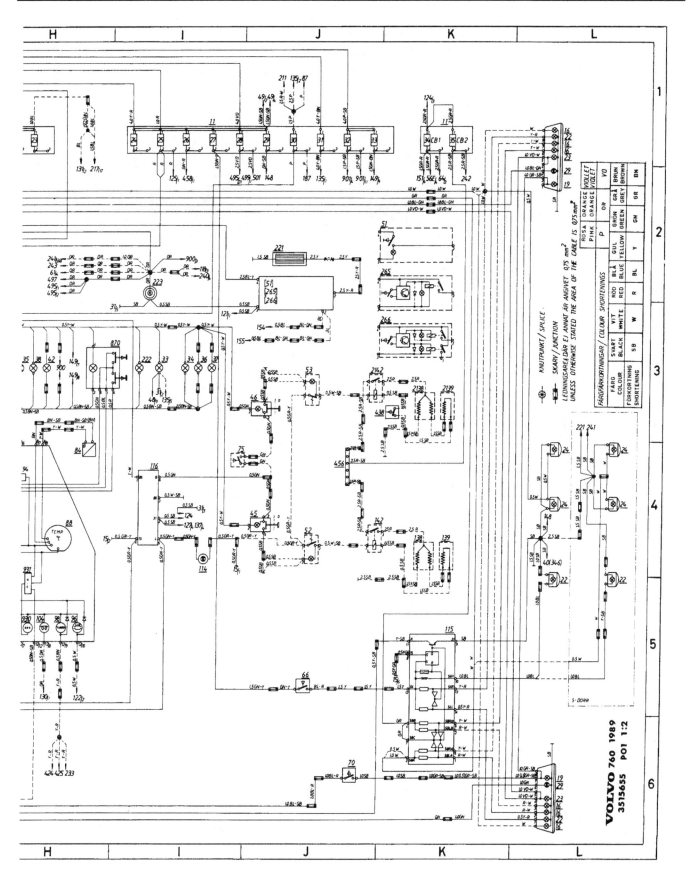

Kopplingsschema 9 (forts): Huvudschema för 1989 års 760-modeller

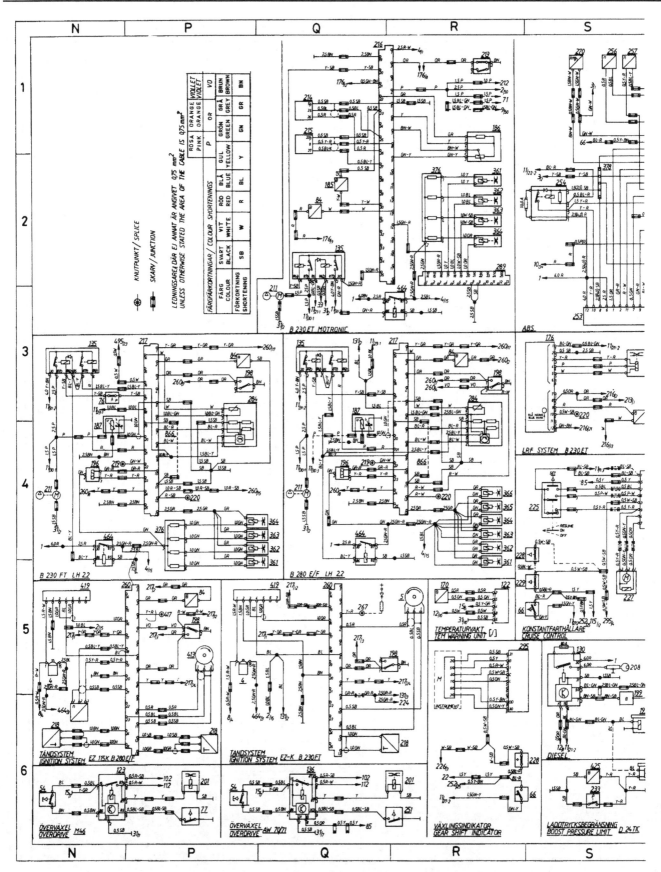

Kopplingsschema 10: Tilläggsschema för 1989 års 760-modeller

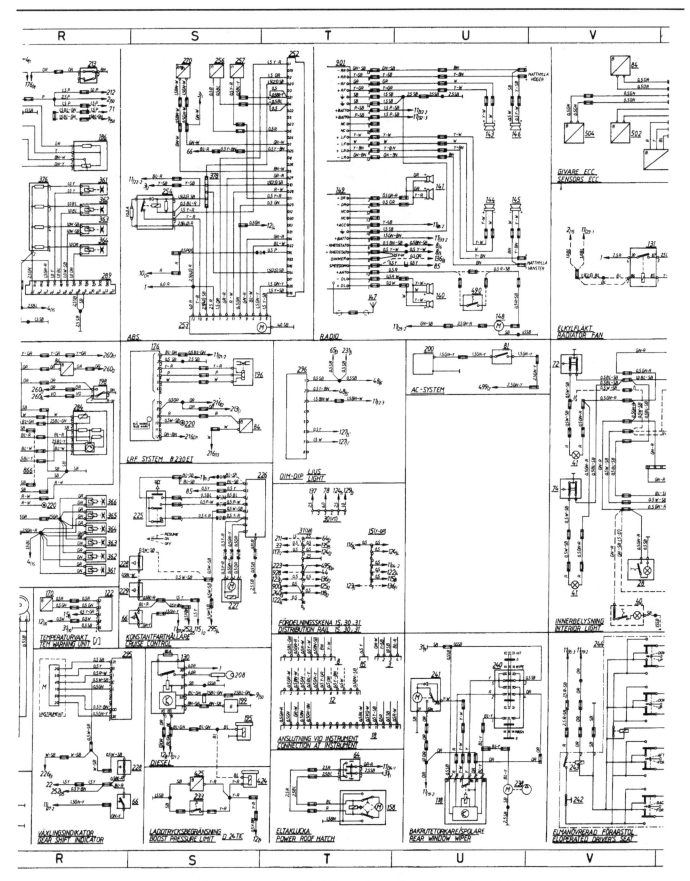

Kopplingsschema 10 (forts): Tilläggsschema för 1989 års 760-modeller

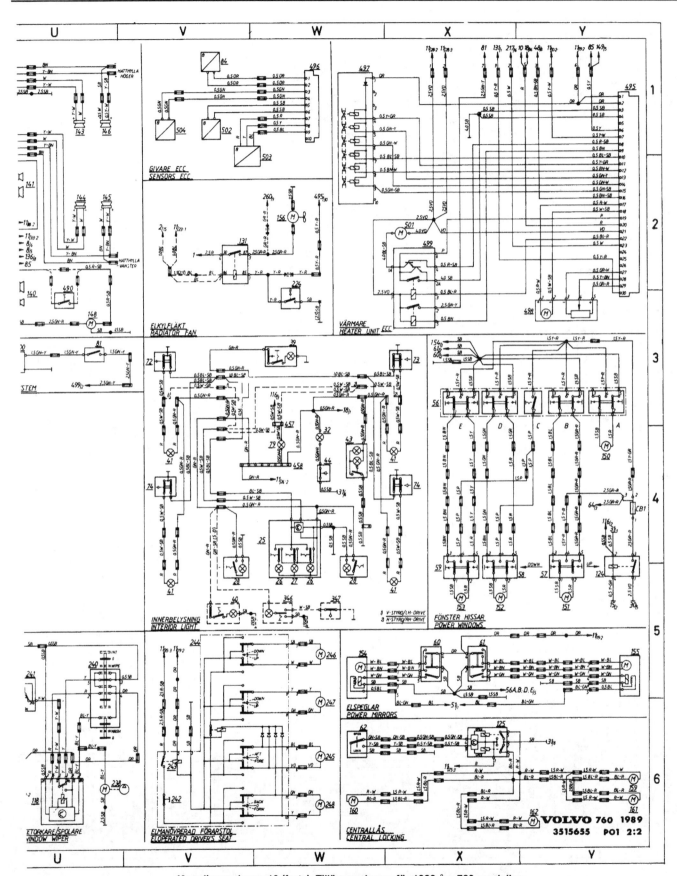

Kopplingsschema 10 (forts): Tilläggsschema för 1989 års 760-modeller

Referenser REF•1

Mått och vikter

Observera: *Alla siffror är ungefärliga och kan variera beroende på modell. Se tillverkarens information för exakta siffror.*

Mått

Total längd	4785 mm
Total bredd	1760 mm
Total höjd	1430 mm
Hjulbas	2770 mm

Vikter

Körklar (beroende på utrustning):

740 modeller	1270 to 1460 kg
760 modeller	1330 to 1500 kg
Totalvikt	(Se typbeteckning på plåt i motorrummet)

Reservdelar finns att få tag i från många källor, t.ex. Volvohandlare, tillbehörsbutiker och motorspecialister. För att med säkerhet få rätt delar krävs ibland att du anger bilens chassinummer. Ta om möjligt med den gamla delen för säker identifiering. Vissa delar, som startmotor och generator, finns ofta att få som fabriksrenoverade utbytesdelar – delar som lämnas in måste naturligtvis alltid vara rena.

Våra råd när det gäller inköp av reservdelar är följande:

Auktoriserade märkesverkstäder

Detta är den bästa källan för delar som är specifika för just din bil och inte allmänt tillgängliga (märken, klädsel etc). Det är även det enda ställe man bör köpa reservdelar ifrån om bilen fortfarande har gällande garanti – denna kan annars förverkas.

Tillbehörsbutiker

Dessa är ofta bra ställen för inköp av underhållsmaterial (olje-, luft- och bränslefilter, tändstift, glödlampor, drivremmar, oljor och fett, bromsklossar, bättringslack etc). Tillbehör av detta slag som säljs av välkända butiker håller samma standard som de som används av biltillverkaren.

Motorspecialister

Bra specialister lagerhåller viktiga delar som slits relativt snabbt och de kan ibland även tillhandahålla delar som krävs för större renoveringar. I vissa fall dan de också ta hand om större arbeten, som omborrning av motorblock eller omslipning och balansering av vevaxlar etc.

Specialister på däck och avgassystem

Dessa kan vara oberoende handlare eller ingå i större kedjor. De har ofta bra priser jämfört med märkesverkstäder, men det lönar sig att ta in flera anbud. Vid undersökning av priser, kontrollera noga vad som ingår – det är inte säkert att ventiler och balansering ingår i däckpriset.

Andra källor

Var misstänksam när det gäller delar som säljs på loppmarknader och liknande. De är inte alltid av usel kvalitet, men det är mycket liten chans att man får upprättelse om delarna är otillfredsställande. När det gäller säkerhetskritiska delar som bromsklossar är det inte bara ekonomiska risker det handlar om, utan även olycksrisker.

Bilens identifikationsnummer

När du beställer reservdelar, lämna alltid så mycket information som möjligt. Ange modell, år och chassi-/motornummer efter behov.

Placeringen av de olika identifikationsplåtarna visas i diagrammet (se bild). Informationen som finns på serviceplåtarna är i normala fall nog för rutinunderhålls- och reparationskrav (se bild). Tolka dem enligt följande:

Del	Tillverkare	Kod
Bromsar	Girling fram och bak	1
	Girling fram, ATE bak	2
	DBA fram, ATE bak	3
Förgasare	SU	2
	Pierburg	3
	Solex	5
Bränslepump	Bosch	3
	AC-Delco	4
	Sofabex	5
Koppling	Fichtel & Sachs	2
	Verto/Valeo	3
Generator	Bosch	1
Styrning	Cam Gear	2
	Zahnrad Fabrik (ZF)	3

Vissa modeller har ingen serviceplåt – den information som behövs för underhåll och reparation finns på typbeteckningsplåten (se bild).

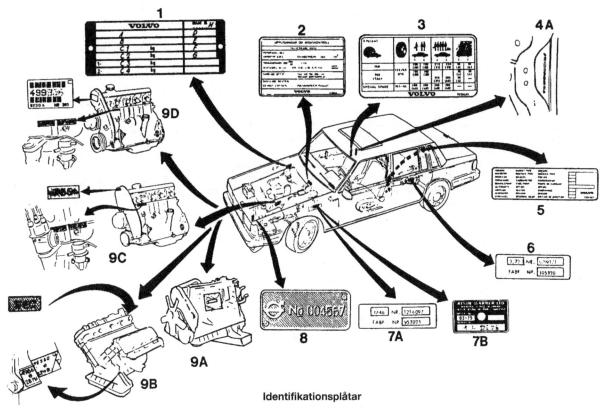

Identifikationsplåtar

1 Typbeteckning:
   A   Typgodkännande
   B   Chassinummer
   C1 Totalvikt olastad
   C2 Totalvikt lastad
   C3 Axeltryck fram
   C4 Axeltryck bak
   D   Speciella förhållanden
   E   Kod för land

   F   Färgkod
   G   Utrustning standard
   H   Ursprungsland
2 Avgasreningsskylt
3 Däcktryck
4 Typbeteckning, modellår och
   chassinummer
5 Serviceplåt
6 Slutväxelutväxling, typ och serienummer

7A Växellådsnummer, manuell
7B Växellådsnummer, automat
8 Karossnummer
9A Motornummer (diesel)
9B Motornummer (B28)
9C Motornummer (B23)
9D Motornummer (B230)

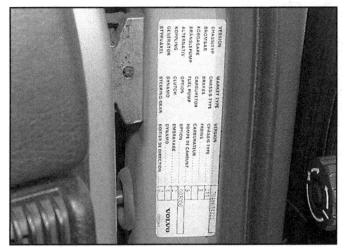

Serviceplåten innehåller information som behövs vid inköp av vissa reservdelar

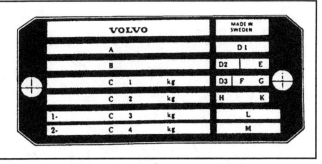

Typbeteckning på senare modeller

A till C4 Som ovan
D1 Typ, antal dörrar,
     motor, utrustning
D2 Kaross, växellåda, höger-
     eller vänsterstyrning
D3 Kod för land
E   Chassityp
F   Avgasrening
G   Styrväxel:
     Cam gear   2
     Zahnrad Fabrik (ZF) 3

H Bromsar:
     Girling fram, ATE bak   2
     DBA fram, ATE bak   3
     Girling fram och bak   4
     DBA fram, Girling bak   5
K Inredningskod
L Färgkod
M Specialutrustning

När service, reparationer och renoveringar utförs på en bil eller bildel bör följande beskrivningar och instruktioner följas. Detta för att reparationen ska utföras så effektivt och fackmannamässigt som möjligt.

Tätningsytor och packningar

Vid isärtagande av delar vid deras tätningsytor ska dessa aldrig bändas isär med skruvmejsel eller liknande. Detta kan orsaka allvarliga skador som resulterar i oljeläckage, kylvätskeläckage etc. efter montering. Delarna tas vanligen isär genom att man knackar längs fogen med en mjuk klubba. Lägg dock märke till att denna metod kanske inte är lämplig i de fall styrstift används för exakt placering av delar.

Där en packning används mellan två ytor måste den bytas vid ihopsättning. Såvida inte annat anges i den aktuella arbetsbeskrivningen ska den monteras torr. Se till att tätningsytorna är rena och torra och att alla spår av den gamla packningen är borttagna. Vid rengöring av en tätningsyta ska sådana verktyg användas som inte skadar den. Små grader och repor tas bort med bryne eller en finskuren fil.

Rensa gängade hål med piprensare och håll dem fria från tätningsmedel då sådant används, såvida inte annat direkt specificeras.

Se till att alla öppningar, hål och kanaler är rena och blås ur dem, helst med tryckluft.

Oljetätningar

Oljetätningar kan tas ut genom att de bänds ut med en bred spårskruvmejsel eller liknande. Alternativt kan ett antal självgängande skruvar dras in i tätningen och användas som dragpunkter för en tång, så att den kan dras rakt ut.

När en oljetätning tas bort från sin plats, ensam eller som en del av en enhet, ska den alltid kasseras och bytas ut mot en ny.

Tätningsläpparna är tunna och skadas lätt och de tätar inte annat än om kontaktytan är fullständigt ren och oskadad. Om den ursprungliga tätningsytan på delen inte kan återställas till perfekt skick och tillverkaren inte gett utrymme för en viss omplacering av tätningen på kontaktytan, måste delen i fråga bytas ut.

Skydda tätningsläpparna från ytor som kan skada dem under monteringen. Använd tejp eller konisk hylsa där så är möjligt. Smörj läpparna med olja innan monteringen. Om oljetätningen har dubbla läppar ska utrymmet mellan dessa fyllas med fett.

Såvida inte annat anges ska oljetätningar monteras med tätningsläpparna mot det smörjmedel som de ska täta för.

Använd en rörformad dorn eller en träbit i lämplig storlek till att knacka tätningarna på

plats. Om sätet är försedd med skuldra, driv tätningen mot den. Om sätet saknar skuldra bör tätningen monteras så att den går jäms med sätets yta (såvida inte annat uttryckligen anges).

Skruvgängor och infästningar

Muttrar, bultar och skruvar som kärvar är ett vanligt förekommande problem när en komponent har börjat rosta. Bruk av rostupplösningsolja och andra krypsmörjmedel löser ofta detta om man dränker in delen som kärvar en stund innan man försöker lossa den. Slagskruvmejsel kan ibland lossa envist fastsittande infästningar när de används tillsammans med rätt mejselhuvud eller hylsa. Om inget av detta fungerar kan försiktig värmning eller i värsta fall bågfil eller mutterspräckare användas.

Pinnbultar tas vanligen ut genom att två muttrar låses vid varandra på den gängade delen och att en blocknyckel sedan vrider den undre muttern så att pinnbulten kan skruvas ut. Bultar som brutits av under fästytan kan ibland avlägsnas med en lämplig bultutdragare. Se alltid till att gängade bottenhål är helt fria från olja, fett, vatten eller andra vätskor innan bulten monteras. Underlåtenhet att göra detta kan spräcka den del som skruven dras in i, tack vare det hydrauliska tryck som uppstår när en bult dras in i ett vätskefyllt hål.

Vid åtdragning av en kronmutter där en saxsprint ska monteras ska muttern dras till specificerat moment om sådant anges, och därefter dras till nästa sprinthål. Lossa inte muttern för att passa in saxsprinten, såvida inte detta förfarande särskilt anges i anvisningarna.

Vid kontroll eller omdragning av mutter eller bult till ett specificerat åtdragningsmoment, ska muttern eller bulten lossas ett kvarts varv och sedan dras åt till angivet moment. Detta ska dock inte göras när vinkelåtdragning använts.

För vissa gängade infästningar, speciellt topplocksbultar/muttrar anges inte åtdragningsmoment för de sista stegen. Istället anges en vinkel för åtdragning. Vanligtvis anges ett relativt lågt åtdragningsmoment för bultar/muttrar som dras i specificerad turordning. Detta följs sedan av ett eller flera steg åtdragning med specificerade vinklar.

Låsmuttrar, låsbleck och brickor

Varje infästning som kommer att rotera mot en komponent eller en kåpa under åtdragningen ska alltid ha en bricka mellan åtdragningsdelen och kontaktytan.

Fjäderbrickor ska alltid bytas ut när de använts till att låsa viktiga delar som exempelvis lageröverfall. Låsbleck som viks

över för att låsa bult eller mutter ska alltid byts ut vid ihopsättning.

Självlåsande muttrar kan återanvändas på mindre viktiga detaljer, under förutsättning att motstånd känns vid dragning över gängen. Kom dock ihåg att självlåsande muttrar förlorar låseffekt med tiden och därför alltid bör bytas ut som en rutinåtgärd.

Saxsprintar ska alltid bytas mot nya i rätt storlek för hålet.

När gänglåsmedel påträffas på gängor på en komponent som ska återanvändas bör man göra ren den med en stålborste och lösningsmedel. Applicera nytt gänglåsningsmedel vid montering.

Specialverktyg

Vissa arbeten i denna handbok förutsätter användning av specialverktyg som pressar, avdragare, fjäderkompressorer med mera. Där så är möjligt beskrivs lämpliga lättillgängliga alternativ till tillverkarens specialverktyg och hur dessa används. I vissa fall, där inga alternativ finns, har det varit nödvändigt att använda tillverkarens specialverktyg. Detta har gjorts av säkerhetsskäl, likväl som för att reparationerna ska utföras så effektivt och bra som möjligt. Såvida du inte är mycket kunnig och har stora kunskaper om det arbetsmoment som beskrivs, ska du aldrig försöka använda annat än specialverktyg när sådana anges i anvisningarna. Det föreligger inte bara stor risk för personskador, utan kostbara skador kan också uppstå på komponenterna.

Miljöhänsyn

Vid sluthantering av förbrukad motorolja, bromsvätska, frostskydd etc. ska all vederbörlig hänsyn tas för att skydda miljön. Ingen av ovan nämnda vätskor får hällas ut i avloppet eller direkt på marken. Kommunernas avfallshantering har kapacitet för hantering av miljöfarligt avfall liksom vissa verkstäder. Om inga av dessa finns tillgängliga i din närhet, fråga hälsoskyddskontoret i din kommun om råd.

I och med de allt strängare miljöskyddslagarna beträffande utsläpp av miljöfarliga ämnen från motorfordon har alltfler bilar numera justersäkringar monterade på de mest avgörande justeringspunkterna för bränslesystemet. Dessa är i första hand avsedda att förhindra okvalificerade personer från att justera bränsle/luftblandningen och därmed riskerar en ökning av giftiga utsläpp. Om sådana justersäkringar påträffas under service eller reparationsarbete ska de, närhelst möjligt, bytas eller sättas tillbaka i enlighet med tillverkarens rekommendationer eller aktuell lagstiftning.

Domkraften som följer med bilen skall endast användas för hjulbyte – se *"Hjulbyte"* i början av boken. Närhelst bilen lyfts upp för annat reparations- eller underhållsarbete, lyft då upp den med en garagedomkraft och stötta den säkert på pallbockar, placerade under de speciella stödpunkterna **(se bild)**.

När en garagedomkraft eller pallbockar används, placera alltid domkraftshuvudet eller pallbocken under en av de därför avsedda punkterna.

För att lyfta framvagnen, demontera skyddsplåten under motorn och placera domkraftshuvudet under mitten på framaxelns tvärbalk. Placera aldrig en domkraft under oljesumpen eller någon av styrnings- eller fjädringskomponenterna.

För att lyfta bakvagnen, placera domkraftshuvudet under bakaxelns slutväxelhus, men använd ett träblock som mellanlägg mellan domkraften och huset.

Den domkraft som medföljer placeras i domkraftspunkterna på undersidan av tröskeln. Försäkra dig om att domkraftshuvudet sitter ordentligt på plats innan du börjar höja bilen.

Arbeta **aldrig** under eller nära en upplyft bil om den inte är ordentligt stöttad på minst två punkter.

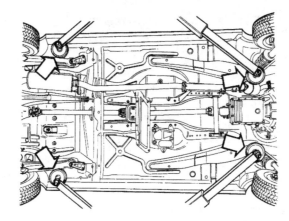

Stödpunkter (vid pilarna) för 4-punktslyft, eller vid användning av pallbockar

Stöldskydd för radio-/kassettbandspelare

Den stöldskyddsutrustning som monteras som standard i vissa Volvo är försedda med en inbyggd säkerhetskod för att avskräcka tjuvar. Om strömmen till enheten bryts aktiveras stöldskyddet. Även om strömmen omedelbart återställs till radion kommer den inte att fungera igen förrän korrekt säkerhetskod anges. Om du inte känner till giltig kod, koppla inte ifrån någon av batterianslutningarna och ta inte heller ut radion från sin plats i bilen.

För att knappa in rätt säkerhetskod, följ instruktionerna som medföljer radion/kassettbandspelaren.

Om fel kod knappas in, blockeras enheten och den kommer inte att fungera. Om detta händer av misstag, eller om säkerhetskoden tappas eller glöms bort, ta kontakt med en Volvoverkstad.

Inledning

En uppsättning bra verktyg är ett grund-läggande krav för var och en som överväger att underhålla och reparera ett motorfordon. För de ägare som saknar sådana kan inköpet av dessa bli en märkbar utgift, som dock uppvägs till en viss del av de besparingar som görs i och med det egna arbetet. Om de anskaffade verktygen uppfyller grund-läggande säkerhets- och kvalitetskrav kommer de att hålla i många år och visa sig vara en värdefull investering.

För att hjälpa bilägaren att avgöra vilka verktyg som behövs för att utföra de arbeten som beskrivs i denna handbok har vi sammanställt tre listor med följande rubriker: *Underhåll och mindre reparationer, Reparation och renovering* samt *Specialverktyg*. Ny-börjaren bör starta med det första sortimentet och begränsa sig till enklare arbeten på fordonet. Allt eftersom erfarenhet och själv-förtroende växer kan man sedan prova svårare uppgifter och köpa fler verktyg när och om det behövs. På detta sätt kan den grundläggande verktygssatsen med tiden utvidgas till en reparations- och renoverings-sats utan några större enskilda kontant-utlägg. Den erfarne hemmamekanikern har redan en verktygssats som räcker till de flesta reparationer och renoveringar och kommer att välja verktyg från specialkategorin när han känner att utgiften är berättigad för den användning verktyget kan ha.

Underhåll och mindre reparationer

Verktygen i den här listan ska betraktas som ett minimum av vad som behövs för rutinmässigt underhåll, service och mindre reparationsarbeten. Vi rekommenderar att man köper blocknycklar (ring i ena änden och öppen i den andra), även om de är dyrare än de med öppen ände, eftersom man får båda sorternas fördelar.

- [ ] Blocknycklar - 8, 9, 10, 11, 12, 13, 14, 15, 17 och 19 mm
- [ ] Skiftnyckel - 35 mm gap (ca.)
- [ ] Tändstiftsnyckel (med gummifoder)
- [ ] Verktyg för justering av tändstiftens elektrodavstånd

- [ ] Sats med bladmått
- [ ] Nyckel för avluftning av bromsar
- [ ] Skruvmejslar:
    Spårmejsel - 100 mm lång x 6 mm diameter
    Stjärnmejsel - 100 mm lång x 6 mm diameter
- [ ] Kombinationstång
- [ ] Bågfil (liten)
- [ ] Däckpump
- [ ] Däcktrycksmätare
- [ ] Oljekanna
- [ ] Verktyg för demontering av oljefilter
- [ ] Fin slipduk
- [ ] Stålborste (liten)
- [ ] Tratt (medelstor)

Reparation och renovering

Dessa verktyg är ovärderliga för alla som utför större reparationer på ett motorfordon och tillkommer till de som angivits för *Underhåll och mindre reparationer*. I denna lista ingår en grundläggande sats hylsor. Även om dessa är dyra, är de oumbärliga i och med sin mång-sidighet - speciellt om satsen innehåller olika typer av drivenheter. Vi rekommenderar 1/2-tums fattning på hylsorna eftersom de flesta momentnycklar har denna fattning.

Verktygen i denna lista kan ibland behöva kompletteras med verktyg från listan för *Specialverktyg*.

- [ ] Hylsor, dimensioner enligt föregående lista *(se bild)*
- [ ] Spärrskaft med vändbar riktning (för användning med hylsor) *(se bild)*

- [ ] Förlängare, 250 mm (för användning med hylsor)
- [ ] Universalknut (för användning med hylsor)
- [ ] Momentnyckel (för användning med hylsor)
- [ ] Självlåsande tänger
- [ ] Kulhammare
- [ ] Mjuk klubba (plast/aluminium eller gummi)
- [ ] Skruvmejslar:
    Spårmejsel - en lång och kraftig, en kort (knubbig) och en smal (elektrikertyp)
    Stjärnmejsel - en lång och kraftig och en kort (knubbig)
- [ ] Tänger:
    Spetsnostång/plattång
    Sidavbitare (elektrikertyp)
    Låsringstång (inre och yttre)
- [ ] Huggmejsel - 25 mm
- [ ] Ritspets
- [ ] Skrapa
- [ ] Körnare
- [ ] Purr
- [ ] Bågfil
- [ ] Bromsslangklämma
- [ ] Avluftningssats för bromsar/koppling
- [ ] Urval av borrar
- [ ] Stållinjal
- [ ] Insexnycklar (inkl Torxtyp/med splines) *(se bild)*
- [ ] Sats med filar
- [ ] Stor stålborste
- [ ] Pallbockar
- [ ] Domkraft (garagedomkraft eller en stabil pelarmodell)
- [ ] Arbetslampa med förlängningssladd

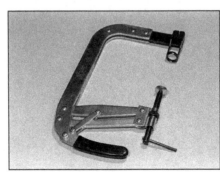

Ventilfjäderkompressor (ventilbåge)

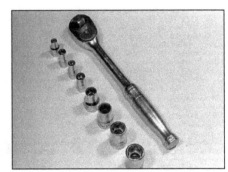

Hylsor och spärrskaft

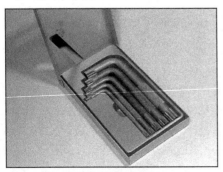

Nycklar med splines

Kolvringskompressor

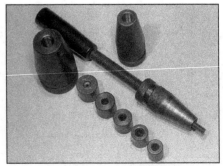

Centreringsverktyg för koppling

Specialverktyg

Verktygen i denna lista är de som inte används regelbundet, är dyra i inköp eller som måste användas enligt tillverkarens anvisningar. Det är bara om du relativt ofta kommer att utföra tämligen svåra jobb som många av dessa verktyg är lönsamma att köpa. Du kan också överväga att gå samman med någon vän (eller gå med i en motorklubb) och göra ett gemensamt inköp, hyra eller låna verktyg om så är möjligt.

Följande lista upptar endast verktyg och instrument som är allmänt tillgängliga och inte sådana som framställs av biltillverkaren speciellt för auktoriserade verkstäder. Ibland nämns dock sådana verktyg i texten. I allmänhet anges en alternativ metod att utföra arbetet utan specialverktyg. Ibland finns emellertid inget alternativ till tillverkarens specialverktyg. När så är fallet och relevant verktyg inte kan köpas, hyras eller lånas har du inget annat val än att lämna bilen till en auktoriserad verkstad.

☐ Ventilfjäderkompressor *(se bild)*
☐ Ventilslipningsverktyg
☐ Kolvringskompressor *(se bild)*
☐ Verktyg för demontering/montering av kolvringar
☐ Honingsverktyg
☐ Kulledsavdragare
☐ Spiralfjäderkompressor *(där tillämplig)*
☐ Nav/lageravdragare, två/tre ben
☐ Slagskruvmejsel
☐ Mikrometer och/eller skjutmått *(se bild)*
☐ Indikatorklocka *(se bild)*
☐ Stroboskoplampa *(se bild)*
☐ Kamvinkelmätare/varvräknare
☐ Multimeter
☐ Kompressionsmätare *(se bild)*
☐ Handmanövrerad vakuumpump och mätare
☐ Centreringsverktyg för koppling *(se bild)*
☐ Verktyg för demontering av bromsbackarnas fjäderskålar
☐ Sats för montering/demontering av bussningar och lager
☐ Bultutdragare *(se bild)*
☐ Gängningssats
☐ Lyftblock
☐ Garagedomkraft

Inköp av verktyg

När det gäller inköp av verktyg är det i regel bättre att vända sig till en specialist som har ett större sortiment än t ex tillbehörsbutiker och bensinmackar. Tillbehörsbutiker och andra försöljningsställen kan dock erbjuda utmärkta verktyg till låga priser, så det kan löna sig att söka.

Det finns gott om bra verktyg till låga priser, men se till att verktygen uppfyller grundläggande krav på funktion och säkerhet. Fråga gärna någon kunnig person om råd före inköpet.

Vård och underhåll av verktyg

Efter inköp av ett antal verktyg är det nödvändigt att hålla verktygen rena och i fullgott skick. Efter användning, rengör alltid verktygen innan de läggs undan. Låt dem inte ligga framme sedan de använts. En enkel upphängningsanordning på väggen för t ex skruvmejslar och tänger är en bra idé. Nycklar och hylsor bör förvaras i metalllådor. Mätinstrument av skilda slag ska förvaras på platser där de inte kan komma till skada eller börja rosta.

Lägg ner lite omsorg på de verktyg som används. Hammarhuvuden får märken och skruvmejslar slits i spetsen med tiden. Lite polering med slippapper eller en fil återställer snabbt sådana verktyg till gott skick igen.

Arbetsutrymmen

När man diskuterar verktyg får man inte glömma själva arbetsplatsen. Om mer än rutinunderhåll ska utföras bör man skaffa en lämplig arbetsplats.

Vi är medvetna om att många bilägare/hemmamekaniker av omständigheterna tvingas att lyfta ur motor eller liknande utan tillgång till garage eller verkstad. Men när detta är gjort ska fortsättningen av arbetet göras inomhus.

Närhelst möjligt ska isärtagning ske på en ren, plan arbetsbänk eller ett bord med passande arbetshöjd.

En arbetsbänk behöver ett skruvstycke. En käftöppning om 100 mm räcker väl till för de flesta arbeten. Som tidigare sagts, ett rent och torrt förvaringsutrymme krävs för verktyg liksom för smörjmedel, rengöringsmedel, bättringslack (som också måste förvaras frostfritt) och liknande.

Ett annat verktyg som kan behövas och som har en mycket bred användning är en elektrisk borrmaskin med en chuckstorlek om minst 8 mm. Denna, tillsammans med en sats spiralborrar, är i praktiken oumbärlig för montering av tillbehör.

Sist, men inte minst, ha alltid ett förråd med gamla tidningar och rena luddfria trasor tillgängliga och håll arbetsplatsen så ren som möjligt.

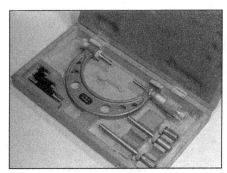

Mikrometerset

Indikatorklocka med magnetstativ

Stroboskoplampa

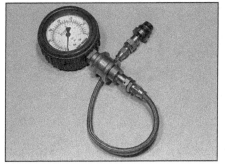

Kompressionsmätare

Bultutdragare

Det här avsnittet är till för att hjälpa dig att klara bilbesiktningen. Det är naturligtvis inte möjligt att undersöka ditt fordon lika grundligt som en professionell besiktare, men genom att göra följande kontroller kan du identifiera problemområden och ha en möjlighet att korrigera eventuella fel innan du lämnar bilen till besiktning. Om bilen underhålls och servas regelbundet borde besiktningen inte innebära några större problem.

I besiktningsprogrammet ingår kontroll av nio huvudsystem – stommen, hjulsystemet, drivsystemet, bromssystemet, styrsystemet, karosseriet, kommunikationssystemet, instrumentering och slutligen övriga anordningar (släpvagnskoppling etc).

Kontrollerna som här beskrivs har baserats på Svensk Bilprovnings krav aktuella vid tiden för tryckning. Kraven ändras dock kontinuerligt och särskilt miljöbestämmelserna blir allt strängare.

Kontrollerna har delats in under följande fem rubriker:

1 Kontroller som utförs från förarsätet

2 Kontroller som utförs med bilen på marken

3 Kontroller som utförs med bilen upphissad och med fria hjul

4 Kontroller på bilens avgassystem

5 Körtest

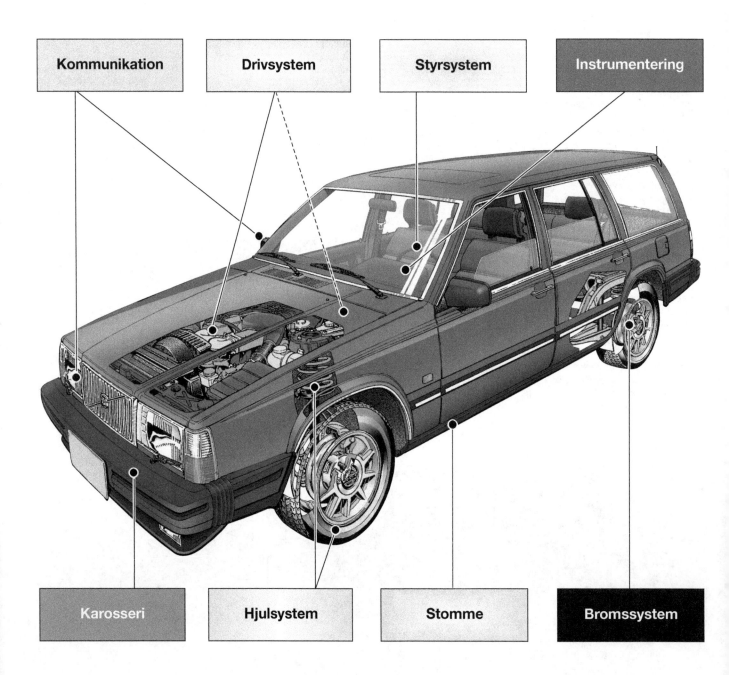

Kommunikation

Drivsystem

Styrsystem

Instrumentering

Karosseri

Hjulsystem

Stomme

Bromssystem

Besiktningsprogrammet

Vanliga personbilar kontrollbesiktigas första gången efter tre år, andra gången två år senare och därefter varje år. Åldern på bilen räknas från det att den tas i bruk, oberoende av årsmodell, och den måste genomgå besiktning inom fem månader.

Tiden på året då fordonet kallas till besiktning bestäms av sista siffran i registreringsnumret, enligt tabellen nedan.

Slutsiffra	Besiktningsperiod
1	november t.o.m. mars
2	december t.o.m. april
3	januari t.o.m. maj
4	februari t.o.m. juni
5	mars t.o.m. juli
6	juni t.o.m. oktober
7	juli t.o.m. november
8	augusti t.o.m. december
9	september t.o.m. januari
0	oktober t.o.m. februari

Om fordonet har ändrats, byggts om eller om särskild utrustning har monterats eller demonterats, måste du som fordonsägare göra en registreringsbesiktning inom en månad. I vissa fall räcker det med en begränsad registreringsbesiktning, t.ex. för draganordning, taklucka, taxiutrustning etc.

Efter besiktningen

Nedan visas de system och komponenter som kontrolleras och bedöms av besiktaren på Svensk Bilprovning. Efter besiktningen erhåller du ett protokoll där eventuella anmärkningar noterats.

Har du fått en 2x i protokollet (man kan ha max 4 st 2x) behöver du inte ombesiktiga bilen, men är skyldig att själv åtgärda felet snarast möjligt. Om du inte åtgärdar felen utan återkommer till Svensk Bilprovning året därpå med samma fel, blir dessa automatiskt 2:or som då måste ombesiktigas. Har du en eller flera 2x som ej är åtgärdade och du blir intagen i en flygande besiktning av polisen blir dessa automatiskt 2:or som måste ombesiktigas. I detta läge får du även böta.

Om du har fått en tvåa i protokollet är fordonet alltså inte godkänt. Felet ska åtgärdas och bilen ombesiktigas inom en månad.

En trea innebär att fordonet har så stora brister att det anses mycket trafikfarligt. Körförbud inträder omedelbart.

Kommunikation

- Vindrutetorkare
- Vindrutespolare
- Backspegel
- Strålkastarinställning
- Strålkastare
- Signalhorn
- Sidoblinkers
- Parkeringsljus fram
                bak
- Blinkers
- Bromsljus
- Reflex
- Nummerplåts-
  belysning
- Övrigt

Vanliga anmärkningar:
Felaktig ljusbild
Skadad strålkastare
Ej fungerande parkeringsljus
Ej fungerande bromsljus

Drivsystem

- Avgasrening, EGR-
  system
- Avgasrening
- Bränslesystem
- Avgassystem
- Avgaser (CO, HC)
- Kraftöverföring
- Drivknut
- Elförsörjning
- Batteri
- Övrigt

Vanliga anmärkningar:
Höga halter av CO
Höga halter av HC
Läckage i avgassystemet
Ej fungerande EGR-ventil
Skadade drivknutsdamasker

Styrsystem

- Styrled
- Styrväxel
- Hjälpstyrarm
- Övrigt

Vanliga anmärkningar:
Glapp i styrleder
Skadade styrväxeldamasker

Instrumentering

- Hastighetsmätare
- Taxameter
- Varningslampor
- Övrigt

Hjulsystem

- Däck
- Stötdämpare
- Hjullager
- Spindelleder
- Bärarm fram
            bak
- Fjäder
- Fjädersäte
- Övrigt

Vanliga anmärkningar:
Glapp i spindelleder
Utslitna däck
Dåliga stötdämpare
Rostskadade fjädersäten
Brustna fjädrar
Rostskadade bärarms-
   infästningar

Bromssystem

- Fotbroms fram
            bak
            rörelseres.
- Bromsrör
- Bromsslang
- Handbroms
- Övrigt

Vanliga anmärkningar:
Otillräcklig bromsverkan på
   handbromsen
Ojämn bromsverkan på
   fotbromsen
Anliggande bromsar på
   fotbromsen
Rostskadade bromsrör
Skadade bromsslangar

Karosseri

- Dörr
- Skärm
- Vindruta
- Säkerhetsbälten
- Lastutrymme
- Övrigt

Vanliga anmärkningar:
Skadad vindruta
Vassa kanter

Stomme

- Sidobalk
- Tvärbalk
- Golv
- Hjulhus
- Övrigt

Vanliga anmärkningar:
Rostskador i sidobalkar, golv
och hjulhus

1 Kontroller som utförs från förarsätet

Handbroms

☐ Kontrollera att handbromsen fungerar ordentligt utan för stort spel i spaken. För stort spel tyder på att bromsen eller bromsvajern är felaktigt justerad.

☐ Kontrollera att handbromsen inte kan läggas ur genom att spaken förs åt sidan. Kontrollera även att handbromsspaken är ordentligt monterad.

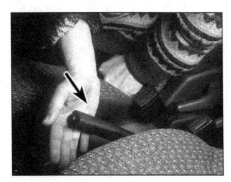

Fotbroms

☐ Tryck ner bromspedalen och kontrollera att den inte sjunker ner mot golvet, vilket tyder på fel på huvudcylindern. Släpp pedalen, vänta ett par sekunder och tryck sedan ner den igen. Om pedalen tar långt ner är det nödvändigt att justera eller reparera bromsarna. Om pedalen känns "svampig" finns det luft i bromssystemet som då måste luftas.

☐ Kontrollera att bromspedalen sitter fast ordentligt och att den är i bra skick. Kontrollera även om det finns tecken på oljeläckage på bromspedalen, golvet eller mattan eftersom det kan betyda att packningen i huvudcylindern är trasig.

☐ Om bilen har bromsservo kontrolleras denna genom att man upprepade gånger trycker ner bromspedalen och sedan startar motorn med pedalen nertryckt. När motorn startar skall pedalen sjunka något. Om inte kan vakuumslangen eller själva servoenheten vara trasig.

Ratt och rattstång

☐ Känn efter att ratten sitter fast. Undersök om det finns några sprickor i ratten eller om några delar på den sitter löst.

☐ Rör på ratten uppåt, neråt och i sidled. Fortsätt att röra på ratten samtidigt som du vrider lite på den från vänster till höger.

☐ Kontrollera att ratten sitter fast ordentligt på rattstången vilket annars kan tyda på slitage eller att fästmuttern sitter löst. Om ratten går att röra onaturligt kan det tyda på att rattstångens bärlager eller kopplingar är slitna.

Rutor och backspeglar

☐ Vindrutan måste vara fri från sprickor och andra skador som kan vara irriterande eller hindra sikten i förarens synfält. Sikten får inte heller hindras av t.ex. ett färgat eller reflekterande skikt. Samma regler gäller även för de främre sidorutorna.

☐ Backspeglarna måste sitta fast ordentligt och vara hela och ställbara.

Säkerhetsbälten och säten

Observera: *Kom ihåg att alla säkerhetsbälten måste kontrolleras - både fram och bak.*

☐ Kontrollera att säkerhetsbältena inte är slitna, fransiga eller trasiga i väven och att alla låsmekanismer och rullmekanismer fungerar obehindrat. Se även till att alla infästningar till säkerhetsbältena sitter säkert.

☐ Framsätena måste vara ordentligt fastsatta och om de är fällbara måste de vara låsbara i uppfällt läge.

Dörrar

☐ Framdörrarna måste gå att öppna och stänga från både ut- och insidan och de måste gå ordentligt i lås när de är stängda. Gångjärnen ska sitta säkert och inte glappa eller kärva onormalt.

2 Kontroller som utförs med bilen på marken

Registreringsskyltar

☐ Registreringsskyltarna måste vara väl synliga och lätta att läsa av, d v s om bilen är mycket smutsig kan det ge en anmärkning.

Elektrisk utrustning

☐ Slå på tändningen och kontrollera att signalhornet fungerar och att det avger en jämn ton.

☐ Kontrollera vindrutetorkarna och vindrutespolningen. Svephastigheten får inte vara extremt låg, svepytan får inte vara för liten och torkarnas viloläge ska inte vara inom förarens synfält. Byt ut gamla och skadade torkarblad.

☐ Kontrollera att strålkastarna fungerar och att de är rätt inställda. Reflektorerna får inte vara skadade, lampglasen måste vara hela och lamporna måste vara ordentligt fastsatta. Kontrollera även att bromsljusen fungerar och att det inte krävs högt pedaltryck för att tända dem. (Om du inte har någon medhjälpare kan du kontrollera bromsljusen genom att backa upp bilen mot en garageport, vägg eller liknande reflekterande yta.)

☐ Kontrollera att blinkers och varningsblinkers fungerar och att de blinkar i normal hastighet. Parkeringsljus och bromsljus får inte påverkas av blinkers. Om de påverkas beror detta oftast på jordfel. Se också till att alla övriga lampor på bilen är hela och fungerar som de ska och att t.ex. extraljus inte är placerade så att de skymmer föreskriven belysning.

☐ Se även till att batteri, elledningar, reläer och liknande sitter fast ordentligt och att det inte föreligger någon risk för kortslutning

Fotbroms

☐ Undersök huvudbromscylindern, bromsrören och servoenheten. Leta efter läckage, rost och andra skador.

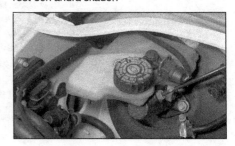

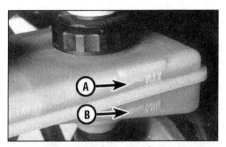

☐ Bromsvätskebehållaren måste sitta fast ordentligt och vätskenivån skall vara mellan max- (A) och min- (B) markeringarna.

☐ Undersök båda främre bromsslangarna efter sprickor och förslitningar. Vrid på ratten till fullt rattutslag och se till att broms-slangarna inte tar i någon del av styrningen eller upphängningen. Tryck sedan ner broms-pedalen och se till att det inte finns några läckor eller blåsor på slangarna under tryck.

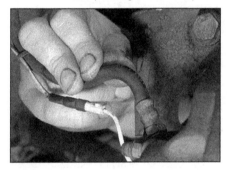

Styrning

☐ Be någon vrida på ratten så att hjulen vrids något. Kontrollera att det inte är för stort spel mellan rattutslaget och styrväxeln vilket kan tyda på att rattstångslederna, kopplingen mellan rattstången och styrväxeln eller själva styrväxeln är sliten eller glappar.

☐ Vrid sedan ratten kraftfullt åt båda hållen så att hjulen vrids något. Undersök då alla damasker, styrleder, länksystem, rörkopp-lingar och anslutningar/fästen. Byt ut alla delar som verkar utslitna eller skadade. På bilar med servostyrning skall servopumpen, driv-remmen och slangarna kontrolleras.

Stötdämpare

☐ Tryck ned hörnen på bilen i tur och ordning och släpp upp. Bilen skall gunga upp och sedan gå tillbaka till ursprungsläget. Om bilen

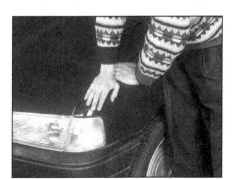

fortsätter att gunga är stötdämparna dåliga. Stötdämpare som kärvar påtagligt gör också att bilen inte klarar besiktningen. (Observera att stötdämpare kan saknas på vissa fjäder-system.)

☐ Kontrollera också att bilen står rakt och ungefär i rätt höjd.

Avgassystem

☐ Starta motorn medan någon håller en trasa över avgasröret och kontrollera sedan att avgassystemet inte läcker. Reparera eller byt ut de delar som läcker.

Kaross

☐ Skador eller korrosion/rost som utgörs av vassa eller i övrigt farliga kanter med risk för personskada medför vanligtvis att bilen måste repareras och ombesiktas. Det får inte heller finnas delar som sitter påtagligt löst.

☐ Det är inte tillåtet att ha utskjutande detaljer och anordningar med olämplig utformning eller placering (prydnadsföremål, antenn-fästen, viltfångare och liknande).

☐ Kontrollera att huvlås och säkerhetsspärr fungerar och att gångjärnen inte sitter löst eller på något vis är skadade.

☐ Se också till att stänkskydden täcker däckens slitbana i sidled.

3 Kontroller som utförs med bilen upphissad och med fria hjul

Lyft upp både fram- och bakvagnen och ställ bilen på pallbockar. Placera pall-bockarna så att de inte tar i fjäder-upphängningen. Se till att hjulen inte tar i marken och att de går att vrida till fullt rattutslag. Om du har begränsad utrust-ning går det naturligtvis bra att lyfta upp en ände i taget.

Styrsystem

☐ Be någon vrida på ratten till fullt rattutslag. Kontrollera att alla delar i styrningen går mjukt och att ingen del av styrsystemet tar i någonstans.

☐ Undersök kuggstångsdamaskerna så att de inte är skadade eller att metallklämmorna glappar. Om bilen är utrustad med servo-styrning ska slangar, rör och kopplingar kontrolleras så att de inte är skadade eller

läcker. Kontrollera också att styrningen inte är onormalt trög eller kärvar. Undersök bär-armar, krängningshämmare, styrstag och styrleder och leta efter glapp och rost.

☐ Se även till att ingen saxpinne eller liknande låsmekanism saknas och att det inte finns gravrost i närheten av någon av styrmeka-nismens fästpunkter.

Upphängning och hjullager

☐ Börja vid höger framhjul. Ta tag på sidorna av hjulet och skaka det kraftigt. Se till att det inte glappar vid hjullager, spindelleder eller vid upphängningens infästningar och leder.

☐ Ta nu tag upptill och nedtill på hjulet och upprepa ovanstående. Snurra på hjulet och undersök hjullagret angående missljud och glapp.

☐ Om du misstänker att det är för stort spel vid en komponents led kan man kontrollera detta genom att använda en stor skruvmejsel eller liknande och bända mellan infästningen och komponentens fäste. Detta visar om det är bussningen, fästskruven eller själva infäst-ningen som är sliten (bulthålen kan ofta bli uttänjda).

☐ Kontrollera alla fyra hjulen.

Fjädrar och stötdämpare

☐ Undersök fjäderbenen (där så är tillämpligt) angående större läckor, korrosion eller skador i godset. Kontrollera också att fästena sitter säkert.

☐ Om bilen har spiralfjädrar, kontrollera att dessa sitter korrekt i fjädersätena och att de inte är utmattade, rostiga, spruckna eller av.

☐ Om bilen har bladfjädrar, kontrollera att alla bladen är hela, att axeln är ordentligt fastsatt mot fjädrarna och att fjäderöglorna, bussningarna och upphängningarna inte är slitna.

☐ Liknande kontroll utförs på bilar som har annan typ av upphängning såsom torsionfjädrar, hydraulisk fjädring etc. Se till att alla infästningar och anslutningar är säkra och inte utslitna, rostiga eller skadade och att den hydrauliska fjädringen inte läcker olja eller på annat sätt är skadad.

☐ Kontrollera att stötdämparna inte läcker och att de är hela och oskadade i övrigt samt se till att bussningar och fästen inte är utslitna.

Drivning

☐ Snurra på varje hjul i tur och ordning. Kontrollera att driv-/kardanknutar inte är lösa, glappa, spruckna eller skadade. Kontrollera också att skyddsbälgarna är intakta och att driv-/kardanaxlar är ordentligt fastsatta, raka och oskadade. Se även till att inga andra detaljer i kraftöverföringen är glappa, lösa, skadade eller slitna.

Bromssystem

☐ Om det är möjligt utan isärtagning, kontrollera hur bromsklossar och bromsskivor ser ut. Se till att friktionsmaterialet på bromsbeläggen (A) inte är slitet under 2 mm och att broms-skivorna (B) inte är spruckna, gropiga, repiga eller utslitna.

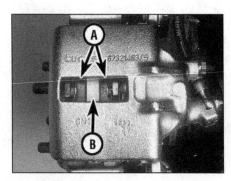

☐ Undersök alla bromsrör under bilen och bromsslangarna bak. Leta efter rost, skavning och övriga skador på ledningarna och efter tecken på blåsor under tryck, skavning, sprickor och förslitning på slangarna. (Det kan vara enklare att upptäcka eventuella sprickor på en slang om den böjs något.)

☐ Leta efter tecken på läckage vid bromsoken och på bromsskölderna. Reparera eller byt ut delar som läcker.

☐ Snurra sakta på varje hjul medan någon trycker ned och släpper upp bromspedalen. Se till att bromsen fungerar och inte ligger an när pedalen inte är nedtryckt.

☐ Undersök handbromsmekanismen och kontrollera att vajern inte har fransat sig, är av eller väldigt rostig eller att länksystemet är utslitet eller glappar. Se till att handbromsen fungerar på båda hjulen och inte ligger an när den läggs ur.

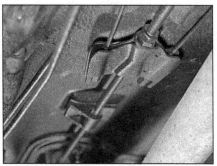

☐ Det är inte möjligt att prova bromsverkan utan specialutrustning, men man kan göra ett körtest och prova att bilen inte drar åt något håll vid en kraftig inbromsning.

Bränsle- och avgassystem

☐ Undersök bränsletanken (inklusive tanklock och påfyllningshals), fastsättning, bränsleledningar, slangar och anslutningar. Alla delar måste sitta fast ordentligt och får inte läcka.

☐ Granska avgassystemet i hela dess längd beträffande skadade, avbrutna eller saknade upphängningar. Kontrollera systemets skick beträffande rost och se till att rörklämmorna är säkert monterade. Svarta sotavlagringar på avgassystemet tyder på ett annalkande läckage.

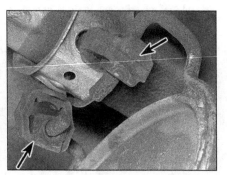

Hjul och däck

☐ Undersök i tur och ordning däcksidorna och slitbanorna på alla däcken. Kontrollera att det inte finns några skärskador, revor eller bulor och att korden inte syns p g a utslitning eller skador. Kontrollera att däcket är korrekt monterat på fälgen och att hjulet inte är deformerat eller skadat.

☐ Se till att det är rätt storlek på däcken för bilen, att det är samma storlek och däcktyp på samma axel och att det är rätt lufttryck i däcken. Se också till att inte ha dubbade och odubbade däck blandat. (Dubbade däck får användas under vinterhalvåret, från 1 oktober till första måndagen efter påsk.)

☐ Kontrollera mönsterdjupet på däcken – minsta tillåtna mönsterdjup är 1,6 mm. Onormalt däckslitage kan tyda på felaktig framhjulsinställning.

Korrosion

☐ Undersök alla bilens bärande delar efter rost. (Bärande delar innefattar underrede, tröskellådor, tvärbalkar, stolpar och all upphängning, styrsystemet, bromssystemet samt bältesinfästningarna.) Rost som avsevärt har reducerat tjockleken på en bärande yta medför troligtvis en tvåa i besiktningsprotokollet. Sådana skador kan ofta vara svåra att reparera själv.

☐ Var extra noga med att kontrollera att inte rost har gjort det möjligt för avgaser att tränga in i kupén. Om så är fallet kommer fordonet ovillkorligen inte att klara besiktningen och dessutom utgör det en stor trafik- och hälsofara för dig och dina passagerare.

4 Kontroller som utförs på bilens avgassystem

Bensindrivna modeller

☐ Starta motorn och låt den bli varm. Se till att tändningen är rätt inställd, att luftfiltret är rent och att motorn går bra i övrigt.

☐ Varva först upp motorn till ca 2500 varv/min och håll den där i ca 20 sekunder. Låt den sedan gå ner till tomgång och iaktta avgasutsläppen från avgasröret. Om tomgången är onaturligt hög eller om tät blå eller klart synlig svart rök kommer ut med avgaserna i mer än 5 sekunder så kommer bilen antagligen inte att klara besiktningen. I regel tyder blå rök på att motorn är sliten och förbränner olja medan svart rök tyder på att motorn inte förbränner bränslet ordentligt (smutsigt luftfilter eller annat förgasar- eller bränslesystemfel).

☐ Vad som då behövs är ett instrument som kan mäta koloxid (CO) och kolväten (HC). Om du inte har möjlighet att låna eller hyra ett dylikt instrument kan du få hjälp med det på en verkstad för en mindre kostnad.

CO- och HC-utsläpp

☐ För närvarande är högsta tillåtna gränsvärde för CO- och HC-utsläpp för bilar av årsmodell 1989 och senare (d v s bilar med katalysator enligt lag) 0,5% CO och 100 ppm HC.

På tidigare årsmodeller testas endast CO-halten och följande gränsvärden gäller:

årsmodell 1985-88	3,5% CO
årsmodell 1971-84	4,5% CO
årsmodell -1970	5,5% CO.

Bilar av årsmodell 1987-88 med frivilligt monterad katalysator bedöms enligt 1989 års komponentkrav men 1985 års utsläppskrav.

☐ Om CO-halten inte kan reduceras tillräckligt för att klara besiktningen (och bränsle- och tändningssystemet är i bra skick i övrigt) ligger problemet antagligen hos förgasaren/bränsleinsprutningsystemet eller katalysatorn (om monterad).

☐ Höga halter av HC kan orsakas av att motorn förbränner olja men troligare är att motorn inte förbränner bränslet ordentligt.

Dieseldrivna modeller

☐ Det enda testet för avgasutsläpp på dieseldrivna bilar är att man mäter röktätheten. Testet innebär att man varvar motorn kraftigt upprepade gånger.

Observera: Det är oerhört viktigt att motorn är rätt inställd innan provet genomförs.

☐ Mycket rök kan orsakas av ett smutsigt luftfilter. Om luftfiltret inte är smutsigt men bilen ändå avger mycket rök kan det vara nödvändigt att söka experthjälp för att hitta orsaken.

5 Körtest

☐ Slutligen, provkör bilen. Var extra uppmärksam på eventuella missljud, vibrationer och liknande.

☐ Om bilen har automatväxellåda, kontrollera att den endast går att starta i lägena P och N. Om bilen går att starta i andra växellägen måste växelväljarmekanismen justeras.

☐ Kontrollera också att hastighetsmätaren fungerar och inte är missvisande.

☐ Se till att ingen extrautrustning i kupén, t ex biltelefon och liknande, är placerad så att den vid en eventuell kollision innebär ökad risk för personskada.

☐ Gör en hastig inbromsning och kontrollera att bilen inte drar åt något håll. Om kraftiga vibrationer känns vid inbromsning kan det tyda på att bromsskivorna är skeva och bör bytas eller fräsas om. (Inte att förväxlas med de låsningsfria bromsarnas karakteristiska vibrationer.)

☐ Om vibrationer känns vid acceleration, hastighetsminskning, vid vissa hastigheter eller hela tiden, kan det tyda på att drivknutar eller drivaxlar är slitna eller defekta, att hjulen eller däcken är felaktiga eller skadade, att hjulen är obalanserade eller att styrleder, upphängningens leder, bussningar eller andra komponenter är slitna.

Motor

- [ ] Kraftlöshet
- [ ] Missljud eller kärvhet i startmotorn
- [ ] Missljud från motorn
- [ ] Motorn baktänder
- [ ] Motorn glödtänder
- [ ] Motorn går inte runt vid startförsök
- [ ] Motorn går runt men startar inte
- [ ] Motorn misständer vid alla varvtal
- [ ] Motorn misständer vid tomgång
- [ ] Motorn startar men stannar omedelbart
- [ ] Motorn tjuvstannar
- [ ] Motorn tvekar vid acceleration
- [ ] Motorn är svårstartad när den är kall
- [ ] Motorn är svårstartad när den är varm
- [ ] Ojämn tomgång
- [ ] Oljetryckslampan tänds när motorn går

Kylsystem

- [ ] Externt kylvätskeläckage
- [ ] Internt kylvätskeläckage
- [ ] Korrosion
- [ ] Överhettning
- [ ] Överkylning

Bränsle- och avgassystem

- [ ] Bränsleläckage och/eller -lukt
- [ ] För mycket oljud eller rök från avgassystemet
- [ ] Hög bränsleförbrukning

Koppling

- [ ] Ingen frikoppling (det går inte att lägga i växlar)
- [ ] Kopplingen slirar (motorns varvtal ökar men inte hastigheten)
- [ ] Missljud när kopplingspedalen trycks ned eller släpps upp
- [ ] Pedalen går i golvet – inget eller ytterst litet motstånd
- [ ] Skakningar vid frikoppling

Manuell växellåda

- [ ] Missljud i en speciell växel
- [ ] Missljud i friläge med motorn igång
- [ ] Växel hoppar ur
- [ ] Oljeläckage
- [ ] Svårt att lägga i växlar
- [ ] Vibration

Automatväxellåda

- [ ] Allmänna problem att välja växlar
- [ ] Motorn startar inte i någon växel, eller startar i andra lägen än P eller N
- [ ] Oljeläckage

Kardanaxel

- [ ] Växellådan slirar, växlar ryckigt, låter illa, eller saknar drivkraft framåt eller bakåt
- [ ] Växellådan växlar inte ner (kickdown) när gaspedalen är i botten
- [ ] Växellådsoljan är brun eller luktar bränt

Kardanaxel

- [ ] Missljud (knackningar eller klick) vid acceleration eller retardation
- [ ] Missljud (slipljud eller högtonigt gnissel) vid låg fart
- [ ] Vibration vid acceleration eller retardation

Bakaxel

- [ ] Kärvhet eller muller från bilens bakdel (eventuellt mindre med handbromsen lätt åtdragen)
- [ ] Missljud (högtonigt vinande) som ökar med bilens hastighet
- [ ] Missljud (knackningar eller klick) vid acceleration eller retardation
- [ ] Oljeläckage

Bromssystem

- [ ] Bakhjulen låser vid normal inbromsning
- [ ] Bilen drar åt ena sidan vid inbromsning
- [ ] Bromsarna kärvar
- [ ] Bromspedalen känns svampig vid nedtryckning
- [ ] Missljud (slipljud eller högtonigt gnissel) vid inbromsning
- [ ] Ovanligt lång pedalväg
- [ ] Ovanligt stor kraft krävs för att stoppa bilen
- [ ] Skakningar i bromspedal eller ratt vid inbromsning

Fjädring och styrning

- [ ] Bilen drar åt ena sidan
- [ ] Bilen vandrar på vägen eller är allmänt instabil
- [ ] Brist på servoeffekt
- [ ] För mycket krängning och/eller nigning vid kurvtagning och/eller inbromsning
- [ ] För stort spel i styrningen
- [ ] För trög styrning
- [ ] Hjulen wobblar eller vibrerar
- [ ] Ovanligt kraftigt däckslitage

Elsystem

- [ ] Batteriet håller laddningen endast ett par dagar
- [ ] Centrallåssystemet fungerar dåligt eller inte alls
- [ ] Elfönsterhissar fungerar dåligt eller inte alls
- [ ] Instrumentavläsningar missvisande eller ryckiga
- [ ] Laddningslampan förblir tänd när motorn går
- [ ] Laddningslampan tänds inte
- [ ] Lampor tänds inte
- [ ] Signalhornet fungerar dåligt eller inte alls
- [ ] Vindrute-/bakrutespolare fungerar dåligt eller inte alls
- [ ] Vindrute-/bakrutetorkare fungerar dåligt eller inte alls

Inledning

De fordonsägare som själva underhåller sin bil med rekommenderade intervall kommer inte att behöva använda denna del av boken ofta. Moderna komponenter är mycket pålitliga och om delar som slits inspekteras eller byts ut vid specificerade intervall inträffar plötsliga haverier mycket sällan. Fel uppstår vanligen inte plötsligt, de utvecklas under en tidsperiod. Speciellt större mekaniska haverier föregås vanligen av karakteristiska symptom under hundra- eller tusentals kilometer. De komponenter som ibland havererar utan föregående varning är i regel små och lätta att ha med sig i bilen.

All felsökning börjar med att man avgör var sökandet ska inledas. Ibland är detta uppenbart, men ibland krävs lite detektivarbete. De ägare som gör ett halvdussin lösryckta justeringar eller delbyten kanske åtgärdar problemet (eller undanröjer symptomen), men är inte klokare om felet återkommer och kommer därför i slutänden att spendera mer tid och pengar än nödvändigt. Ett lugnt och metodiskt tillvägagångssätt är lönsammare i det långa loppet. Beakta alltid varningstecken eller sådant som verkat onormalt innan haveriet – kraftförlust, höga/låga mätaravläsningar, ovanliga lukter – och kom ihåg att trasiga säkringar och förstörda tändstift ofta bara är symptom på andra, underliggande problem.

Följande sidor ger en enkel guide till de mer vanligt förekommande problem som kan uppstå med bilen. Problemen och deras möjliga orsaker grupperas under rubriker för olika komponenter eller system, som Motor, Kylsystem etc. Det kapitel som tar upp detta problem visas inom parentes. Oavsett fel finns vissa grundläggande principer, dessa är följande:

Bekräfta felet. Detta innebär helt enkelt att se till att du vet vilka symptomen är innan du börjar arbeta. Detta är särskilt viktigt om du undersöker ett fel för någon annans räkning – denne har kanske inte beskrivit felet korrekt.

Förbise inte det självklara. Exempelvis, om bilen inte startar, finns det verkligen bensin i tanken? (Ta inte någon annans ord gör givet på denna punkt och lita inte heller på bränslemätaren!) Om ett elektriskt fel indikeras, leta efter lösa kontakter och trasiga ledningar innan du tar fram testutrustningen.

Laga felet, undanröj inte bara symptomen. Att byta ett urladdat batteri mot ett fulladdat tar dig från vägkanten, men om orsaken inte åtgärdas kommer det nya batteriet också snart att vara urladdat. Ett byte av nedoljade tändstift (bensinmotorer) till nya gör också att du kan ta dig vidare, men orsaken till föroreningen (om annan än fel värmetal på tändstiften) måste fastställas och åtgärdas.

Ta inte någonting för givet. Glöm inte att "nya" delar kan vara defekta (speciellt om de skakat runt i bagageutrymmet i flera månader). Utelämna inte komponenter vid felsökning bara för att de är nya eller nyss monterade. När du slutligen påträffar ett svårhittat fel kommer du troligen att inse att alla ledtrådar fanns där redan från början.

Självdiagnostik

På B234F och vissa B230F motorer, utrustade med LH2.4 Jetronic eller Bendix Regina bränsleinsprutningssystem och EZ116K eller Bendix REX-I tändsystem, finns en inbyggd enhet för självdiagnostik som kan visa felkoder och utföra funktionstest och kontrolltest. Detta är en avancerad enhet, kapabel att diagnostisera en rad olika fel och ägaren uppmuntras att använda den. Se kapitel 4B och 5B.

Motor

Motorn går inte runt vid startförsök

- ☐ Batteripoler lösa eller korroderade ("Veckokontroller")
- ☐ Batteriet urladdat eller defekt (kapitel 5A).
- ☐ Trasiga, glappa eller lösa ledningar i startmotorkretsen (kapitel 5A).
- ☐ Defekt startmotorsolenoid eller kontakt (kapitel 5A).
- ☐ Defekt startmotor (kapitel 5A).
- ☐ Startmotorns pinjong eller startkransen har lösa eller skadade kuggar (kapitel 2A, 2B, 2C och 5A).
- ☐ Motorns jordfläta av eller bortkopplad (kapitel 5A).
- ☐ Automatväxellåda inte i Park/Neutral, eller väljarspakens positionsgivare defekt (kapitel 7B).

Motorn går runt men startar inte

- ☐ Bränsletanken tom.
- ☐ Batteriet urladdat (motorn går runt sakta) (kapitel 5A).
- ☐ Batteripoler lösa eller korroderade ("Veckokontroller").
- ☐ Tändningskomponenter fuktiga eller skadade (kapitel 1 och 5B).
- ☐ Trasiga, glappa eller bortkopplade ledningar i startkretsen (kapitel 1 och 5B).
- ☐ Slitna eller defekta tändstift, eller felaktigt elektrodgap (kapitel 1).
- ☐ Låg cylinderkompression (kapitel 2A eller 2B).
- ☐ Större mekaniskt haveri (exempelvis kamdrivningen) (kapitel 2A, 2B eller 2C).

Motorn är svårstartad när den är kall

- ☐ Batteriet urladdat (kapitel 5A).
- ☐ Batteripoler lösa eller korroderade ("Veckokontroller").
- ☐ Slitna eller defekta tändstift, eller fel elektrodgap (kapitel 1).
- ☐ Annat fel i tändsystemet (kapitel 1 och 5B).
- ☐ Fel i motorstyrningssystemet (kapitel 1 och 4B).
- ☐ Felaktigt ventilspel (kapitel 1).
- ☐ Låg cylinderkompression (kapitel 2A eller 2B).

Motorn är svårstartad när den är varm

- ☐ Luftfiltret smutsigt eller igensatt (kapitel 1).
- ☐ Fel i motorstyrningssystemet (kapitel 1 och 4B).
- ☐ Felaktigt ventilspel (kapitel 1).
- ☐ Låg cylinderkompression (kapitel 2A eller 2B).

Missljud eller kärvhet i startmotorn

- ☐ Startmotorns pinjong eller startkransen har lösa eller trasiga kuggar (kapitel 2A, 2B, 2C eller 5A).
- ☐ Startmotorns fästbultar lösa eller borta (kapitel 5A).
- ☐ Startmotorns inre komponenter slitna eller skadade (kapitel 5A).

Motorn startar men stannar omedelbart

- ☐ Lösa eller defekta elanslutningar i tändningskretsen (kapitel 1 och 5B).
- ☐ Fel i motorstyrningssystemet (kapitel 1 och 4B).
- ☐ Vakuumläcka vid insugsgrenröret eller tillhörande slangar (kapitel 1 och 4A eller 4B).

Ojämn tomgång

- ☐ Fel i motorstyrningssystemet (kapitel 1 och 4B).
- ☐ Luftfilter igensatt (kapitel 1).
- ☐ Vakuumläcka vid insugsgrenröret eller tillhörande slangar (kapitel 1 och 4A eller 4B).
- ☐ Slitna eller defekta tändstift, eller felaktigt elektrodgap (kapitel 1).
- ☐ Felaktigt ventilspel (kapitel 1).
- ☐ Ojämn eller låg cylinderkompression (kapitel 2A eller 2B).
- ☐ Kamlober slitna (kapitel 2A eller 2B).
- ☐ Kamaxeldrivrem felaktigt spänd (kapitel 2A).
- ☐ Kamkedja eller spännare slitna (kapitel 2B).

Motorn misständer vid tomgång

- ☐ Slitna eller defekta tändstift, eller felaktigt elektrodgap (kapitel 1).
- ☐ Defekta tändstiftskablar (kapitel 1).
- ☐ Fel tändinställning (kapitel 5A).
- ☐ Fel i motorstyrningssystemet (kapitel 1 och 4B).
- ☐ Vakuumläcka vid insugsgrenröret eller tillhörande slangar (kapitel 1, 4A eller 4B).
- ☐ Felaktigt ventilspel (kapitel 1).
- ☐ Ojämn eller låg cylinderkompression (kapitel 2A eller 2B).
- ☐ Lösa, läckande eller slitna vevhusventilationsslangar (kapitel 1 och 4A eller 4B).

Motorn misständer vid alla varvtal

- ☐ Bränslefiltret igensatt (kapitel 1).
- ☐ Bränslepumpen defekt (kapitel 4A eller 4B).
- ☐ Bränsletankventilationen igensatt eller blockerat bränslerör (kapitel 4A eller 4B).
- ☐ Vakuumläcka vid insugsgrenröret eller tillhörande slangar (kapitel 1 och 4A eller 4B).
- ☐ Slitna eller defekta tändstift, eller felaktigt elektrodgap (kapitel 1).
- ☐ Defekta tändstiftskablar (kapitel 1).
- ☐ Defekt tändspole (kapitel 5B).
- ☐ Fel i motorstyrningssystemet (kapitel 1 och 4B).
- ☐ Felaktigt ventilspel (kapitel 1).
- ☐ Ojämn eller låg cylinderkompression (kapitel 2A eller 2B).

Motorn tvekar vid acceleration

- ☐ Slitna eller defekta tändstift, eller felaktigt elektrodgap (kapitel 1).
- ☐ Fel i motorstyrningssystemet (kapitel 1 och 4B).
- ☐ Vakuumläcka vid insugsgrenröret eller tillhörande slangar (kapitel 1 och 4A eller 4B).

Motorn tjuvstannar

- ☐ Fel i motorstyrningssystemet (kapitel 1 och 4B).
- ☐ Vakuumläcka vid insugsgrenröret eller tillhörande slangar (kapitel 1 och 4A eller 4B).
- ☐ Bränslefiltret igensatt (kapitel 1).
- ☐ Bränslepumpen defekt (kapitel 4A eller 4B).
- ☐ Bränsletankventilationen igensatt eller blockerat bränslerör (kapitel 4A eller 4B).

Motor (forts)

Kraftlöshet

- [ ] Felaktig tändinställning (kapitel 5B).
- [ ] Fel i motorstyrningssystemet (kapitel 1 och 4B).
- [ ] Kamaxelns drivrem felaktigt monterad eller felaktigt spänd (kapitel 2A).
- [ ] Kamkedjor felaktigt monterade (kapitel 2B).
- [ ] Bränslefilter igensatt (kapitel 1).
- [ ] Bränslepumpen defekt (kapitel 4A eller 4B).
- [ ] Felaktigt ventilspel (kapitel 1).
- [ ] Ojämn eller låg cylinderkompression (kapitel 2A eller 2B).
- [ ] Slitna eller defekta tändstift eller felaktigt elektrodgap (kapitel 1).
- [ ] Vakuumläcka vid insugsgrenrör eller tillhörande slangar (kapitel 1, 4A och 4B).
- [ ] Bromsarna kärvar (kapitel 1 och 9).
- [ ] Kopplingen slirar (kapitel 6).
- [ ] Felaktig oljenivå i automatväxellåda (kapitel 1).

Motorn baktänder

- [ ] Felaktig tändinställning (kapitel 5B).
- [ ] Fel i motorstyrningssystemet (kapitel 1 och 4B).
- [ ] Kamaxelns drivrem felaktigt monterad eller felaktigt spänd (kapitel 2A).
- [ ] Kamkedjor felaktigt monterade (kapitel 2B).
- [ ] Vakuumläcka vid insugsgrenrör eller tillhörande slangar (kapitel 1 och 4A eller 4B).
- [ ] Fel i avgasreningssystemet (kapitel 4C).

Oljetryckslampan tänd när motorn är igång

- [ ] Låg oljenivå eller fel typ av olja ("Veckokontroller").
- [ ] Kontakten till oljetryckslampan defekt (kapitel 5A).
- [ ] Slitna motorlager och/eller oljepump (kapitel 2C).
- [ ] Motorn överhettar (kapitel 3).
- [ ] Defekt oljeavlastningsventil (kapitel 2A, 2B eller 2C).
- [ ] Oljeupptagningens sil igensatt (kapitel 2A, 2B eller 2C).

Motorn glödtänder

- [ ] Ovanligt hög tomgång (kapitel 1).
- [ ] Fel i motorstyrningssystemet (kapitel 1 och 4B).
- [ ] För mycket sotavlagringar i motorn (kapitel 2A, 2B eller 2C).
- [ ] Motorn överhettar (kapitel 3).

Missljud från motorn

Förtändning (spikning) eller knackningar under acceleration eller belastning

- [ ] Felaktig tändinställning (kapitel 5B).
- [ ] Fel typ av bränsle (kapitel 4A eller 4B).
- [ ] Vakuumläcka vid insugsgrenrör eller tillhörande slangar (kapitel 1, 4A eller 4B).
- [ ] För mycket sotavlagringar i motorn (kapitel 2A, 2B eller 2C).

Visslingar och suckande ljud

- [ ] Läckande packning till insugsgrenrör (kapitel 4A eller 4B).
- [ ] Läcka i avgasgrenrörspackning eller skarv mellan grenrör och nedåtgående rör (kapitel 1, 4A eller 4B).
- [ ] Läckande vakuumslang (kapitel 1, 2A, 2B , 4A, 4B och 9).
- [ ] Trasig topplockspackning (kapitel 2A, 2B eller 2C).

Klapprande eller skaller

- [ ] Felaktigt ventilspel (kapitel 1).
- [ ] Slitage i ventiler eller kamaxel (kapitel 2A, 2B eller 2C).
- [ ] Sliten kamaxeldrivrem eller spännare (kapitel 2A).
- [ ] Sliten kamkedja och spännare (kapitel 2B).
- [ ] Defekt hjälpaggregat (vattenpump, generator etc) (kapitel 3 och 5A).

Knack eller slag

- [ ] Slitna storändslager (regelbundet tungt knackande, möjligtvis lite mindre under belastning) (kapitel 2C).
- [ ] Slitna ramlager (muller och knack, möjligtvis värre under belastning) (kapitel 2C).
- [ ] Kolvslammer (mest märkbart när motorn är kall) (kapitel 2C).
- [ ] Defekt hjälpaggregat (vattenpump, generator etc) (kapitel 3 och 5A).

Kylsystem

Överhettning

- [ ] För lite kylvätska i systemet ("Veckokontroller").
- [ ] Defekt termostat (kapitel 3).
- [ ] Igensatt kylare eller grill (kapitel 3).
- [ ] Kylarens elektriska kylfläkt(-ar) eller kylvätskenivågivaren defekt (kapitel 3).
- [ ] Fel i motorstyrningssystemet (kapitel 1 och 4B).
- [ ] Trycklock defekt (kapitel 3).
- [ ] Hjälpaggregatens drivrem(-mar) är slitna eller slirar (kapitel 1).
- [ ] Felaktig tändinställning (kapitel 5B).
- [ ] Kylvätsketemperaturmätarens givare defekt (kapitel 3).
- [ ] Luftlås i kylsystemet (kapitel 1).

Överkylning

- [ ] Defekt termostat (kapitel 3).
- [ ] Kylvätsketemperaturmätarens givare defekt (kapitel 3).

Externt kylvätskeläckage

- [ ] Slitna eller skadade slangar eller slangklämmor (kapitel 1).
- [ ] Kylare eller värmeelement läcker (kapitel 3).
- [ ] Trycklocket defekt (kapitel 3).
- [ ] Vattenpumpens tätning läcker (kapitel 3).
- [ ] Motorn kokar på grund av överhettning (kapitel 3).
- [ ] Frostplugg läcker (kapitel 2C).

Internt kylvätskeläckage

- [ ] Läckande topplockspackning (kapitel 2A, 2B eller 2C).
- [ ] Sprucket topplock eller cylinderlopp (kapitel 2C).

Korrosion

- [ ] Systemet ej tillräckligt ofta avtappat och spolat (kapitel 1).
- [ ] Felaktig kylvätskeblandning eller olämplig typ av frostskydd (kapitel 1).

Bränsle- och avgassystem

Hög bränsleförbrukning

☐ Oekonomisk körstil eller krävande förhållanden.
☐ Luftfiltret smutsigt eller igensatt (kapitel 1).
☐ Fel i motorstyrningssystemet (kapitel 1 och 4B).
☐ Felaktig tändinställning (kapitel 5B).
☐ För lågt däcktryck ("Veckokontroller").

Bränsleläckage och/eller -lukt

☐ Bränsletank, rör eller anslutningar skadade eller korroderade (kapitel 1).

För mycket oljud eller rök från avgassystemet

☐ Läckande avgassystem eller grenrörsanslutningar (kapitel 1, 4A eller 4B).
☐ Läckande, korroderade eller skadade ljuddämpare eller rör (kapitel 1).
☐ Trasiga infästningar, vilket orsakar kontakt med fjädring eller kaross (kapitel 1, 4A och 4B).

Koppling

Pedalen går i golvet – inget eller ytterst litet motstånd

☐ Luft i hydraulsystemet (kapitel 6).
☐ Defekt slavcylinder (kapitel 6).
☐ Defekt huvudcylinder (kapitel 6).
☐ Trasig kopplingsvajer (kapitel 6).
☐ Felaktig justering (kapitel 6).
☐ Trasig solfjäder i tryckplatta (kapitel 6).

Ingen frikoppling (det går inte att lägga i växlar)

☐ Luft i hydraulsystemet (kapitel 6).
☐ Defekt slavcylinder (kapitel 6).
☐ Defekt huvudcylinder (kapitel 6).
☐ Trasig kopplingsvajer (kapitel 6).
☐ Felaktig justering (kapitel 6).
☐ Lamellen kärvar på växellådans huvudaxel (kapitel 6).
☐ Lamellen har fastnat på svänghjulet eller tryckplattan (kapitel 6).
☐ Felmonterad tryckplatta (kapitel 6).
☐ Kopplingens urtrampningsmekanism sliten eller felmonterad (kapitel 6).

Kopplingen slirar (motorns varvtal ökar men inte bilens hastighet)

☐ Lamellens belägg mycket slitna (kapitel 6).
☐ Lamellens belägg förorenade med olja eller fett (kapitel 6).
☐ Defekt tryckplatta eller svag solfjäder (kapitel 6).

Skakningar vid frikoppling

☐ Lamellens belägg förorenade med olja eller fett (kapitel 6).
☐ Lamellens belägg mycket slitna (kapitel 6).
☐ Defekt eller skev tryckplatta eller solfjäder (kapitel 6).
☐ Slitna eller lösa motor-/växellådsfästen (kapitel 2A eller 2B).
☐ Slitna splines i lamellnav eller på växellådans huvudaxel (kapitel 6).

Missljud när kopplingspedalen trycks ned eller släpps upp

☐ Slitet urtrampningslager (kapitel 6).
☐ Slitna eller torra pedalbussningar (kapitel 6).
☐ Felmonterad tryckplatta (kapitel 6).
☐ Tryckplattans solfjäder brusten (kapitel 6).
☐ Brustna lamelldämparfjädrar (kapitel 6).

Manuell växellåda

Missljud i friläge med motorn igång

☐ Ramlager slitna (missljud tydligt när pedalen är uppsläppt, men inte när den är nedtryckt) (kapitel 7A).*
☐ Urtrampningslager slitet (missljud tydligt när pedalen är nedtryckt, möjligtvis mindre när den är uppsläppt) (kapitel 6).

Missljud i en speciell växel

☐ Slitna eller skadade kuggar (kapitel 7A).*
☐ Slitna lager (kapitel 7A).*

Svårt att lägga i växlar

☐ Defekt koppling (kapitel 6).
☐ Slitna eller skadade växellänkar (kapitel 7A).
☐ Sliten synkronisering (kapitel 7A).*

Växlar hoppar ur

☐ Slitna eller skadade växellänkar (kapitel 7A).
☐ Sliten synkronisering (kapitel 7A).*
☐ Slitna väljargafflar (kapitel 7A).*

Vibration

☐ Oljebrist (kapitel 1).
☐ Slitna lager (kapitel 7A).*

Oljeläckage

☐ Läckage i differentialsidans oljetätning (kapitel 7A).
☐ Läckage i oljetätning för växlingsgaffel eller hastighets-mätarpinjong (kapitel 7A).
☐ Läckande husanslutning (kapitel 7A).*
☐ Läckande oljetätning för huvudaxel (kapitel 7A).*

Även om nödvändiga åtgärder för beskrivna symptom är bortom vad en hemmamekaniker vanligen klarar av, är informationen ovan en hjälp att spåra felkällan, så att man tydligt kan beskriva problemen för en yrkesmekaniker.

Automatväxellåda

Observera: *Eftersom automatväxellådan är synnerligen komplex är det svårt för en hemmamekaniker att ställa korrekt diagnos och underhålla denna enhet. Andra problem än följande ska tas till en Volvoverkstad eller annan specialist på automatväxellådor. Ha inte för bråttom med att demontera växellådan om ett fel misstänks, de flesta tester görs med växellådan på plats.*

Oljeläckage

☐ Olja för automatväxellådan är vanligtvis mörk. Läckor skall inte förväxlas med motorolja, som lätt kan blåsas på växellådan av fartvinden.

☐ För att kunna avgöra var läckan finns, ta först bort all smuts från växellådshuset och omgivande delar med avfettningsmedel eller ångtvätt. Kör bilen långsamt så att fartvinden inte blåser oljan för långt från läckan. Ställ sedan bilen på pallbockar och leta efter läckan. Vanliga platser för läckor är följande:
  a) Växellådans oljesump (kapitel 1 och 7B).
  b) Mätstickans rör (kapitel 1 och 7B).
  c) Rör/anslutningar mellan växellåda och oljekylare (kapitel 1 och 7B).
  d) Växellådans oljetätningar (kapitel 7B).

Växellådsoljan är brun eller luktar bränt

☐ Låg oljenivå eller oljan behöver bytas (kapitel 1).

Allmänna problem att välja växlar

☐ Kapitel 7B tar upp kontroll och justering av automatväxellådans väljarvajer. Följande vanliga problem kan vara orsakade av feljusterad vajer:

a) Motorn startar i andra lägen än P eller N.
b) Indikatorpanelen på växelväljaren anger en annan växel än den som faktiskt används.
c) Bilen rör sig med växelväljaren i läge P eller N.
d) Dåliga eller ryckiga växlingar.
  Se kapitel 7B för justering av växelväljarvajer.

Växellådan växlar inte ner (kickdown) när gaspedalen är helt nedtryckt

☐ Låg oljenivå i växellådan (kapitel 1).
☐ Felaktig justering av kickdownvajer (kapitel 7B).
☐ Felaktig justering av väljarvajer (kapitel 7B).

Motorn startar inte i någon växel, eller startar i andra lägen än P eller N

☐ Felaktig justering av väljarvajern (kapitel 7B).
☐ Felaktig justering av startspärrkontakten (kapitel 7B).

Växellådan slirar, växlar ryckigt, låter illa eller saknar drivkraft framåt eller bakåt

☐ Ovanstående problem kan ha många orsaker men en hemmamekaniker ska bara bekymra sig om en – låg oljenivå. Innan bilen tas till en verkstad, kontrollera oljans nivå och skick enligt beskrivning i kapitel 1. Justera nivån efter behov eller byt olja och filter om så behövs. Om problemet kvarstår krävs yrkeskunnig hjälp.

Kardanaxel

Vibration vid acceleration eller retardation

☐ Kardanaxeln obalanserad eller felaktigt monterad (kapitel 8).
☐ Kardanaxelflänsens bultar lösa (kapitel 8).
☐ Universalknutar mycket slitna (kapitel 8).

Missljud (slipljud eller högtonigt gnissel) vid låg fart

☐ Universalknutar mycket slitna (kapitel 8).

☐ Mittre lagret mycket slitet (kapitel 8).

Missljud (knackning eller klick) vid acceleration eller retardation

☐ Kardanaxelflänsens bultar lösa (kapitel 8).
☐ Universalknutar mycket slitna (kapitel 8).

Bakaxel

Kärvhet eller muller från bilens bakdel (eventuellt mindre med handbromsen lätt åtdragen)

☐ Bakre navlager slitna (kapitel 8).

Missljud (högtonigt vinande) som ökar med bilens hastighet

☐ Slitna kuggar på differentialens kronhjul och pinjongdrev (kapitel 8).
☐ Felaktigt ingrepp mellan kronhjul och pinjong (kapitel 8).
☐ Differentiallager slitna (kapitel 8).

Missljud (knackning eller klick) vid acceleration eller retardation

☐ Slitna halvaxelsplines (kapitel 8).
☐ Differentialpinjongens flänsbultar lösa (kapitel 8).
☐ Felaktigt ingrepp mellan kronhjul och pinjong (kapitel 8).
☐ Hjulmuttrar lösa (kapitel 1 och 10).

Oljeläckage

☐ Läckande oljetätning (kapitel 8).
☐ Läckande differentialhus (kapitel 8).

Bromssystem

Observera: *Innan du förutsätter ett bromsproblem, kontrollera däckens skick och lufttryck, framhjulens inställning, samt att bilen inte är lastad så att viktfördelningen är ojämn. Förutom kontroll av alla anslutningar för rör och slangar, ska fel i ABS-systemet tas om hand av en Volvoverkstad.*

Bilen drar åt ena sidan vid inbromsning

☐ Slitna, skadade eller förorenade främre eller bakre bromsklossar på en sida (kapitel 9).
☐ Kärvande eller delvis kärvande främre eller bakre bromsokskolv (kapitel 9).
☐ Olika friktionsmaterial på bromsklossarna på höger och vänster sida (kapitel 9).

- [ ] Fästbultar till bromsok lösa (kapitel 9).
- [ ] Slitna eller skadade fjädrings- eller styrningskomponenter (kapitel 10).

Missljud (slipljud eller högtonigt gnissel)

- [ ] Bromsklossarnas friktionsmaterial slitet ned till metallplattan (kapitel 9).
- [ ] Korroderad bromsskiva (kan inträffa om bilen har varit stående under en längre tid) (kapitel 9).

Ovanligt lång pedalväg

- [ ] Defekt huvudcylinder (kapitel 9).
- [ ] Luft i hydraulsystemet (kapitel 9).

Bromspedalen känns svampig vid nedtryckning

- [ ] Luft i hydraulsystemet (kapitel 9).
- [ ] Försämrade bromsslangar (kapitel 9).
- [ ] Huvudcylinderns fästmuttrar lösa (kapitel 9).
- [ ] Defekt huvudcylinder (kapitel 9).

Ovanligt stor pedalkraft krävs för att stoppa bilen

- [ ] Defekt vakuumservo (kapitel 9).

- [ ] Bromsservons vakuumslangar lösa, glappa eller skadade (kapitel 9).
- [ ] Haveri i primär- eller sekundärkrets (kapitel 9).
- [ ] Kärvande bromsokskolv(ar) (kapitel 9).
- [ ] Bromsklossar felaktigt monterade (kapitel 9).
- [ ] Fel typ av bromsklossar monterade (kapitel 9).
- [ ] Bromsklossarnas belägg förorenade (kapitel 9).

Skakningar i bromspedal eller ratt vid inbromsning

- [ ] Bromsskiva fram eller bak mycket skev (kapitel 9).
- [ ] Bromsklossarnas belägg slitna (kapitel 9).
- [ ] Fästbultar till bromsok lösa (kapitel 9).
- [ ] Slitage i fjädrings- eller styrningskomponenter eller fästen (kapitel 10).

Bromsarna kärvar

- [ ] Kärvande bromsokskolvar (kapitel 9).
- [ ] Defekt handbromsmekanism (kapitel 9).
- [ ] Defekt huvudcylinder (kapitel 9).

Bakhjulen låser sig under normal inbromsning

- [ ] Bakre bromsklossarnas belägg förorenade (kapitel 9).

Fjädring och styrning

Observera: *Innan du bestämmer dig för att det är ett problem med fjädringen eller styrningen, kontrollera att inte problemet beror på fel lufttryck i däcken, blandning av däcktyper eller kärvande bromsar.*

Bilen drar åt ena sidan

- [ ] Defekt däck (*"Veckokontroller"*).
- [ ] Stort slitage i fjädrings- eller styrningskomponenter (kapitel 10).
- [ ] Felaktig fram- eller bakhjulsinställning (kapitel 10).
- [ ] Skada i styrning eller fjädring efter en olycka (kapitel 10).

Hjulen wobblar eller vibrerar

- [ ] Främre hjulen obalanserade (vibrationen känns huvudsakligen genom ratten) (*"Veckokontroller"*).
- [ ] Bakre hjulen obalanserade (vibrationen känns i hela bilen) (*"Veckokontroller"*).
- [ ] Fälgarna skadade eller skeva (kapitel 1 och *"Veckokontroller"*).
- [ ] Defekt däck (*"Veckokontroller"*).
- [ ] Slitna styrnings- eller fjädringsleder, bussningar eller komponenter (kapitel 10).
- [ ] Hjulmuttrarna lösa (kapitel 1).

För mycket krängning och/eller nigning vid kurvtagning och/eller inbromsning

- [ ] Defekta stötdämpare (kapitel 10).
- [ ] Trasig eller svag spiralfjäder och/eller fjädringskomponent (kapitel 10).
- [ ] Sliten eller skadad krängningshämmare eller fästen (kapitel 10).

Bilen vandrar på vägen och är allmänt instabil

- [ ] Felaktig hjulinställning (kapitel 10).
- [ ] Slitna styrnings- eller fjädringsleder, bussningar eller komponenter (kapitel 10).
- [ ] Obalanserade hjul (*"Veckokontroller"*).
- [ ] Skadade däck (*"Veckokontroller"*).
- [ ] Hjulmuttrar lösa (kapitel 1).
- [ ] Defekta stötdämpare (kapitel 1 och 10).

För trög styrning

- [ ] Servostyrningspumpens drivrem trasig eller felaktigt justerad (kapitel 1).
- [ ] Defekt servostyrningspump (kapitel 10).
- [ ] Kärvande spindelled i fjädring eller styrled (kapitel 10).

- [ ] Felaktig framhjulsinställning (kapitel 10).
- [ ] Rattstång eller kuggstång böjd eller skadad (kapitel 10).

För stort spel i styrningen

- [ ] Rattstångens universalknut(ar) sliten(na) (kapitel 10).
- [ ] Slitna spindelleder (kapitel 10).
- [ ] Sliten kuggstång (kapitel 10).
- [ ] Slitna styrnings- eller fjädringsleder, bussningar eller komponenter (kapitel 10).

Brist på servoeffekt

- [ ] Servostyrningspumpens drivrem trasig eller slirar (kapitel 1).
- [ ] Felaktig vätskenivå i servostyrningsbehållaren (*"Veckokontroller"*).
- [ ] Servostyrningens vätskeslangar blockerade (kapitel 10).
- [ ] Defekt servostyrningspump (kapitel 10).
- [ ] Defekt kuggstång (kapitel 10).

Ovanligt kraftigt däckslitage

Slitage på in- eller utsidan

- [ ] För lågt lufttryck (*"Veckokontroller"*).
- [ ] Felaktig camber- eller castervinkel (slitage på ena sidan) (kapitel 10).
- [ ] Slitna styrnings- eller fjädringsleder, bussningar eller komponenter (kapitel 10).
- [ ] För hård kurvtagning.
- [ ] Krockskada.

Däckmönstret har fransiga kanter

- [ ] Felaktig toe-inställning (kapitel 10).

Slitage i mitten av mönstret

- [ ] För högt lufttryck (*"Veckokontroller"*).

Slitage på både in- och utsidan

- [ ] För lågt däcktryck (*"Veckokontroller"*).

Ojämnt slitage

- [ ] Obalanserade hjul (*"Veckokontroller"*).
- [ ] För stort kast i fälg eller däck (*"Veckokontroller"*).
- [ ] Slitna stötdämpare (kapitel 1 och 10).
- [ ] Defekt däck (*"Veckokontroller"*).

Elsystem

Observera: *För problem med start, se fel under "Motor"..*

Batteriet håller laddningen endast ett par dagar

- ☐ Batteriet defekt internt (kapitel 5A).
- ☐ Låg elektrolytnivå (*"Veckokontroller"*).
- ☐ Batteripolernas anslutningar lösa eller korroderade (kapitel 1 och 5A).
- ☐ Hjälpaggregatets drivrem sliten eller feljusterad (kapitel 1).
- ☐ Generatorn laddar inte korrekt utmatning (kapitel 5A).
- ☐ Generator eller spänningsregulator defekt (kapitel 5A).
- ☐ Kortslutning som orsakar kontinuerlig urladdning av batteriet (kapitel 5A och 12).

Laddningslampan förblir tänd när motorn går

- ☐ Hjälpaggregatets drivrem trasig, sliten eller feljusterad (kapitel 1).
- ☐ Generatorbussningar slitna, kärvande eller smutsiga (kapitel 5A).
- ☐ Generatorbussningarnas fjädrar svaga eller trasiga (kapitel 5A).
- ☐ Internt fel i generator eller spänningsregulator (kapitel 5A).
- ☐ Trasigt, löst eller glappt kablage i laddningskretsen (kapitel 5A).

Laddningslampan tänds inte

- ☐ Trasig glödlampa (kapitel 12).
- ☐ Trasigt, löst eller glappt kablage i varningslampans krets (kapitel 12).
- ☐ Generatorfel (kapitel 5A).

Lampor tänds inte

- ☐ Trasig glödlampa (kapitel 12).
- ☐ Korrosion på glödlampa eller glödlampshållarens kontakter (kapitel 12).
- ☐ Trasig säkring (kapitel 12).
- ☐ Defekt relä (kapitel 12).
- ☐ Trasigt, glappt eller löst kablage (kapitel 12).
- ☐ Defekt brytare (kapitel 12).

Instrumentavläsningar missvisande eller ryckiga

Instrumentavläsningarna ökar med bilens hastighet

- ☐ Defekt spänningsregulator (kapitel 12).

Bränsle- eller temperaturmätare ger ingen avläsning

- ☐ Defekt spänningsregulator (kapitel 12).
- ☐ Defekt mätargivare (kapitel 3, 4A eller 4B).
- ☐ Bruten krets (kapitel 12).
- ☐ Defekt mätare (kapitel 12).

Bränsle- eller temperaturmätare ger kontinuerligt maximalt utslag

- ☐ Defekt spänningsregulator (kapitel 12).
- ☐ Defekt mätargivare (kapitel 3, 4A eller 4B).
- ☐ Kortslutning (kapitel 12).
- ☐ Defekt mätare (kapitel 12).

Signalhornet fungerar dåligt eller inte alls

Signalhornet fungerar inte

- ☐ Trasig säkring (kapitel 12).
- ☐ Rattens kabelanslutningar trasiga, glappa eller lösa (kapitel 10).
- ☐ Defekt signalhorn (kapitel 12).

Signalhornet avger ryckigt eller otillfredsställande ljud

- ☐ Rattens kabelanslutningar trasiga, glappa eller lösa (kapitel 10).
- ☐ Signalhornets fästen lösa (kapitel 12).
- ☐ Defekt signalhorn (kapitel 12).

Signalhornet ljuder hela tiden

- ☐ Signalhornskontakten jordad eller har fastnat i nedtryckt läge (kapitel 12).
- ☐ Rattens kabelanslutningar jordade (kapitel 10).

Vindrute-/bakrutetorkare fungerar dåligt eller inte alls

Torkarna går inte alls, eller mycket långsamt

- ☐ Torkarbladen har fastnat på rutan, eller länkarna kärvar (kapitel 12).
- ☐ Trasig säkring (kapitel 12).
- ☐ Kabel eller kabelanslutningar trasiga, glappa eller lösa (kapitel 12).
- ☐ Defekt relä (kapitel 12).
- ☐ Defekt torkarmotor (kapitel 12).

Torkarbladen sveper över för stor eller för liten del av rutan

- ☐ Torkarbladen felaktigt monterade på spindlarna (kapitel 12).
- ☐ Torkarlänkar slitna (kapitel 12).
- ☐ Fästen till torkarmotorlänkar lösa eller glappa (kapitel 12).

Torkarbladen rengör inte rutan effektivt

- ☐ Torkarbladen slitna (*"Veckokontroller"*).
- ☐ Spännfjäder till torkararm trasig, eller kärvande armtapp (kapitel 12).
- ☐ För lite spolarvätsketillsats för att rutan ska rengöras ordentligt (*"Veckokontroller"*).

Vindrute-/bakrutespolare fungerar dåligt eller inte alls

Ett eller flera munstycken fungerar inte

- ☐ Blockerat spolarmunstycke.
- ☐ Lös, klämd eller blockerad vätskeslang (kapitel 1).
- ☐ För lite vätska i spolarbehållaren (*"Veckokontroller"*).

Spolarpumpen fungerar inte

- ☐ Trasig eller lös kabel eller anslutning (kapitel 12).
- ☐ Trasig säkring (kapitel 12).
- ☐ Defekt spolarbrytare (kapitel 12).
- ☐ Defekt spolarpump (kapitel 12).

Elfönsterhissar fungerar dåligt eller inte alls

Rutan går bara i en riktning

- ☐ Defekt brytare (kapitel 12).

Rutan går för långsamt

- ☐ Felaktigt justerade rutstyrningar (kapitel 11).
- ☐ Regulator kärvar eller är skadad, eller behöver smörjas (kapitel 11).
- ☐ Dörrens interna delar eller klädseln stör hissens funktion (kapitel 11).
- ☐ Defekt motor (kapitel 12).

Rutan rör sig inte alls

- ☐ Felaktigt justerad rutstyrning (kapitel 11).
- ☐ Trasig säkring (kapitel 12).
- ☐ Defekt relä (kapitel 12).
- ☐ Trasig eller lös kabel eller kontakt (kapitel 12).
- ☐ Defekt motor (kapitel 12).

Centrallåssystemet fungerar dåligt eller inte alls

Totalt systemhaveri

- ☐ Trasig säkring (kapitel 12).
- ☐ Defekt relä (kapitel 12).
- ☐ Trasig eller lös kabel eller kontakt (kapitel 12).

Spärren låser men låser inte upp, eller tvärtom

- ☐ Defekt huvudbrytare (kapitel 11).
- ☐ Manöverstänger till spärr trasiga eller lösa (kapitel 11).
- ☐ Defekt relä (kapitel 12).

A

ABS (Anti-lock brake system) Låsningsfria bromsar. Ett system, vanligen elektroniskt styrt, som känner av påbörjande låsning av hjul vid inbromsning och lättar på hydraul-trycket på hjul som ska till att låsa.

Air bag (krockkudde) En uppblåsbar kudde dold i ratten (på förarsidan) eller instrument-brädan eller handskfacket (på passagerar-sidan) Vid kollision blåses kuddarna upp vilket hindrar att förare och framsätespassagerare kastas in i ratt eller vindruta.

Ampere (A) En måttenhet för elektrisk ström. 1 A är den ström som produceras av 1 volt gående genom ett motstånd om 1 ohm.

Anaerobisk tätning En massa som används som gänglås. Anaerobisk innebär att den inte kräver syre för att fungera.

Antikärvningsmedel En pasta som minskar risk för kärvning i infästningar som utsätts för höga temperaturer, som t.ex. skruvar och muttrar till avgasrenrör. Kallas även gäng-skydd.

Antikärvningsmedel

Asbest Ett naturligt fibröst material med stor värmetolerans som vanligen används i bromsbelägg. Asbest är en hälsorisk och damm som alstras i bromsar ska aldrig inandas eller sväljas.

Avgasgrenrör En del med flera passager genom vilka avgaserna lämnar förbrännings-kamrarna och går in i avgasröret.

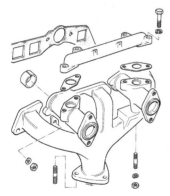

Avgasgrenrör

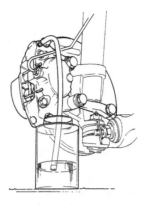

Avluftning av bromsarna

Avluftning av bromsar Avlägsnande av luft från hydrauliskt bromssystem.

Avluftningsnippel En ventil på ett bromsok, hydraulcylinder eller annan hydraulisk del som öppnas för att tappa ur luften i systemet.

Axel En stång som ett hjul roterar på, eller som roterar inuti ett hjul. Även en massiv balk som håller samman två hjul i bilens ena ände. En axel som även överför kraft till hjul kallas drivaxel.

Axialspel Rörelse i längdled mellan två delar. För vevaxeln är det den distans den kan röra sig framåt och bakåt i motorblocket.

B

Belastningskänslig fördelningsventil En styrventil i bromshydrauliken som fördelar bromseffekten, med hänsyn till bakaxelbelast-ningen.

Bladmått Ett tunt blad av härdat stål, slipat till exakt tjocklek, som används till att mäta spel mellan delar.

Bladmått

Bromsback Halvmåneformad hållare med fastsatt bromsbelägg som tvingar ut beläggen i kontakt med den roterande bromstrumman under inbromsning.

Bromsbelägg Det friktionsmaterial som kommer i kontakt med bromsskiva eller bromstrumma för att minska bilens hastighet. Beläggen är limmade eller nitade på broms-klossar eller bromsbackar.

Bromsklossar Utbytbara friktionsklossar som nyper i bromsskivan när pedalen trycks ned. Bromsklossar består av bromsbelägg som limmats eller nitats på en styv bottenplatta.

Bromsok Den icke roterande delen av en skivbromsanordning. Det grenslar skivan och håller bromsklossarna. Oket innehåller även de hydrauliska delar som tvingar klossarna att nypa skivan när pedalen trycks ned.

Bromsskiva Den del i en skivbroms-anordning som roterar med hjulet.

Bromstrumma Den del i en trumbroms-anordning som roterar med hjulet.

C

Caster I samband med hjulinställning, lutningen framåt eller bakåt av styrningens axialled. Caster är positiv när styrningens axialled lutar bakåt i överkanten.

CV-knut En typ av universalknut som upp-häver vibrationer orsakade av att drivkraft förmedlas genom en vinkel.

D

Diagnostikkod Kodsiffror som kan tas fram genom att gå till diagnosläget i motor-styrningens centralenhet. Koden kan an-vändas till att bestämma i vilken del av systemet en felfunktion kan förekomma.

Draghammare Ett speciellt verktyg som skruvas in i eller på annat sätt fästes vid en del som ska dras ut, exempelvis en axel. Ett tungt glidande handtag dras utmed verktygsaxeln mot ett stopp i änden vilket rycker avsedd del fri.

Drivaxel En roterande axel på endera sidan differentialen som ger kraft från slutväxeln till drivhjulen. Även varje axel som används att överföra rörelse.

Drivrem(mar) Rem(mar) som används till att driva tillbehörsutrustning som generator, vattenpump, servostyrning, luftkonditione-ringskompressor mm, från vevaxelns rem-skiva.

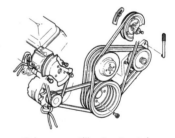

Drivremmar till extrautrustning

Dubbla överliggande kamaxlar (DOHC) En motor försedd med två överliggande kam-axlar, vanligen en för insugsventilerna och en för avgasventilerna.

E

EGR-ventil Avgasåtercirkulationsventil. En ventil som för in avgaser i insugsluften.

Elektrodavstånd Den distans en gnista har att överbrygga från centrumelektroden till sidoelektroden i ett tändstift.

Justering av elektrodavståndet

Elektronisk bränsleinsprutning (EFI) Ett datorstyrt system som fördelar bränsle till förbränningskamrarna via insprutare i varje insugsport i motorn.

Elektronisk styrenhet En dator som exempelvis styr tändning, bränsleinsprutning eller låsningsfria bromsar.

F

Finjustering En process där noggranna justeringar och byten av delar optimerar en motors prestanda.

Fjäderben Se MacPherson-ben.

Fläktkoppling En viskös drivkoppling som medger variabel kylarfläkthastighet i förhållande till motorhastigheten.

Frostplugg En skiv- eller koppformad metallbricka som monterats i ett hål i en gjutning där kärnan avlägsnats.

Frostskydd Ett ämne, vanligen etylenglykol, som blandas med vatten och fylls i bilens kylsystem för att förhindra att kylvätskan fryser vintertid. Frostskyddet innehåller även kemikalier som förhindrar korrosion och rost och andra avlagringar som skulle kunna blockera kylare och kylkanaler och därmed minska effektiviteten.

Fördelningsventil En hydraulisk styrventil som begränsar trycket till bakbromsarna vid panikbromsning så att hjulen inte låser sig.

Förgasare En enhet som blandar bränsle med luft till korrekta proportioner för önskad effekt från en gnistantänd förbränningsmotor.

G

Generator En del i det elektriska systemet som förvandlar mekanisk energi från drivremmen till elektrisk energi som laddar batteriet, som i sin tur driver startsystem, tändning och elektrisk utrustning.

Glidlager Den krökta ytan på en axel eller i ett lopp, eller den del monterad i endera, som medger rörelse mellan dem med ett minimum av slitage och friktion.

Gängskydd Ett täckmedel som minskar risken för gängskärning i bultförband som utsätts för stor hetta, exempelvis grenrörets bultar och muttrar. Kallas även antikärvningsmedel.

H

Handbroms Ett bromssystem som är oberoende av huvudbromsarnas hydraulikkrets. Kan användas till att stoppa bilen om huvudbromsarna slås ut, eller till att hålla bilen stilla utan att bromspedalen trycks ned. Den består vanligen av en spak som aktiverar främre eller bakre bromsar mekaniskt via vajrar och länkar. Kallas även parkeringsbroms.

Harmonibalanserare En enhet avsedd att minska fjädring eller vridande vibrationer i vevaxeln. Kan vara integrerad i vevaxelns remskiva. Även kallad vibrationsdämpare.

Hjälpstart Start av motorn på en bil med urladdat eller svagt batteri genom koppling av startkablar mellan det svaga batteriet och ett laddat hjälpbatteri.

Honare Ett slipverktyg för korrigering av smärre ojämnheter eller diameterskillnader i ett cylinderlopp.

Hydraulisk ventiltryckare En mekanism som använder hydrauliskt tryck från motorns smörjsystem till att upprätthålla noll ventilspel (konstant kontakt med både kamlob och ventilskaft). Justeras automatiskt för variation i ventilskaftslängder. Minskar även ventilljudet.

I

Insexnyckel En sexkantig nyckel som passar i ett försänkt sexkantigt hål.

Insugsrör Rör eller kåpa med kanaler genom vilka bränsle/luftblandningen leds till insugsportarna.

K

Kamaxel En roterande axel på vilken en serie lober trycker ned ventilerna. En kamaxel kan drivas med drev, kedja eller tandrem med kugghjul.

Kamkedja En kedja som driver kamaxeln.

Kamrem En tandrem som driver kamaxeln. Allvarliga motorskador kan uppstå om kamremmen brister vid körning.

Kanister En behållare i avdunstningsbegränsningen, innehåller aktivt kol för att fånga upp bensinångor från bränslesystemet.

Kanister

Kardanaxel Ett långt rör med universalknutar i bägge ändar som överför kraft från växellådan till differentialen på bilar med motorn fram och drivande bakhjul.

Kast Hur mycket ett hjul eller drev slår i sidled vid rotering. Det spel en axel roterar med. Orundhet i en roterande del.

Katalysator En ljuddämparliknande enhet i avgassystemet som omvandlar vissa föroreningar till mindre hälsovådliga substanser.

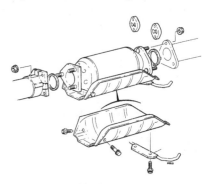

Katalysator

Kompression Minskning i volym och ökning av tryck och värme hos en gas, orsakas av att den kläms in i ett mindre utrymme.

Kompressionsförhållande Skillnaden i cylinderns volymer mellan kolvens ändlägen.

Kopplingsschema En ritning över komponenter och ledningar i ett fordons elsystem som använder standardiserade symboler.

Krockkudde (Airbag) En uppblåsbar kudde dold i ratten (på förarsidan) eller instrumentbrädan eller handskfacket (på passagerarsidan) Vid kollision blåses kuddarna upp vilket hindrar att förare och framsätespassagerare kastas in i ratt eller vindruta.

Krokodilklämma Ett långkäftat fjäderbelastat clips med ingreppande tänder som används till tillfälliga elektriska kopplingar.

Kronmutter En mutter som vagt liknar kreneleringen på en slottsmur. Används tillsammans med saxsprint för att låsa bultförband extra väl.

Krysskruv Se Phillips-skruv

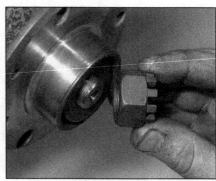

Kronmutter

Kugghjul Ett hjul med tänder eller utskott på omkretsen, formade för att greppa in i en kedja eller rem.

Kuggstångsstyrning Ett styrsystem där en pinjong i rattstångens ände går i ingrepp med en kuggstång. När ratten vrids, vrids även pinjongen vilket flyttar kuggstången till höger eller vänster. Denna rörelse överförs via styrstagen till hjulets styrleder.

Kullager Ett friktionsmotverkande lager som består av härdade inner- och ytterbanor och har härdade stålkulor mellan banorna.

Kylare En värmeväxlare som använder flytande kylmedium, kylt av fartvinden/fläkten till att minska temperaturen på kylvätskan i en förbränningsmotors kylsystem.

Kylmedia Varje substans som används till värmeöverföring i en anläggning för luftkonditionering. R-12 har länge varit det huvudsakliga kylmediet men tillverkare har nyligen börjat använda R-134a, en CFC-fri substans som anses vara mindre skadlig för ozonet i den övre atmosfären.

L

Lager Den böjda ytan på en axel eller i ett lopp, eller den del som monterad i någon av dessa tillåter rörelse mellan dem med minimal slitage och friktion.

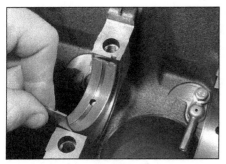

Lager

Lambdasond En enhet i motorns grenrör som känner av syrehalten i avgaserna och omvandlar denna information till elektricitet som bär information till styrelektroniken. Även kalla syresensor.

Luftfilter Filtret i luftrenaren, vanligen tillverkat av veckat papper. Kräver byte med regelbundna intervaller.

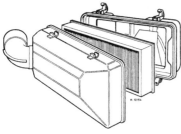

Luftfilter

Luftrenare En kåpa av plast eller metall, innehållande ett filter som tar undan damm och smuts från luft som sugs in i motorn.

Låsbricka En typ av bricka konstruerad för att förhindra att en ansluten mutter lossnar.

Låsmutter En mutter som låser en justermutter, eller annan gängad del, på plats. Exempelvis används låsmutter till att hålla justermuttern på vipparmen i läge.

Låsring Ett ringformat clips som förhindrar längsgående rörelser av cylindriska delar och axlar. En invändig låsring monteras i en skåra i ett hölje, en yttre låsring monteras i en utvändig skåra på en cylindrisk del som exempelvis en axel eller tapp.

M

MacPherson-ben Ett system för framhjulsfjädring uppfunnet av Earle MacPherson vid Ford i England. I sin ursprungliga version skapas den nedre bärarmen av en enkel lateral länk till krängningshämmaren. Ett fjäderben - en integrerad spiralfjäder och stötdämpare - finns monterad mellan karossen och styrknogen. Många moderna MacPherson-ben använder en vanlig nedre A-arm och inte krängningshämmaren som nedre fäste.

Markör En remsa med en andra färg i en ledningsisolering för att skilja ledningar åt.

Motor med överliggande kamaxel (OHC) En motor där kamaxeln finns i topplocket.

Motorstyrning Ett datorstyrt system som integrerat styr bränsle och tändning.

Multimätare Ett elektriskt testinstrument som mäter spänning, strömstyrka och motstånd.

Mätare En instrumentpanelvisare som används till att ange motortillstånd. En mätare med en rörlig pekare på en tavla eller skala är analog. En mätare som visar siffror är digital.

N

NOx Kväveoxider. En vanlig giftig förorening utsläppt av förbränningsmotorer vid högre temperaturer.

O

O-ring En typ av tätningsring gjord av ett speciellt gummiliknande material. O-ringen fungerar så att den trycks ihop i en skåra och därmed utgör tätningen.

O-ring

Ohm Enhet för elektriskt motstånd. 1 volt genom ett motstånd av 1 ohm ger en strömstyrka om 1 ampere.

Ohmmätare Ett instrument för uppmätning av elektriskt motstånd.

P

Packning Mjukt material - vanligen kork, papp, asbest eller mjuk metall - som monteras mellan två metallytor för att erhålla god tätning. Exempelvis tätar topplockspackningen fogen mellan motorblocket och topplocket.

Packning

Phillips-skruv En typ av skruv med ett korsspår, istället för ett rakt, för motsvarande skruvmejsel. Vanligen kallad krysskruv.

Plastigage En tunn plasttråd, tillgänglig i olika storlekar, som används till att mäta toleranser. Exempelvis så läggs en remsa Plastigage tvärs över en lagertapp. Delarna sätts ihop och tas isär. Bredden på den klämda remsan anger spelrummet mellan lager och tapp.

Plastigage

R

Rotor I en fördelare, den roterande enhet inuti fördelardosan som kopplar samman centrumelektroden med de yttre kontakterna vartefter den roterar, så att högspänningen från tändspolens sekundärlindning leds till rätt tändstift. Även den del av generatorn som roterar inuti statorn. Även de roterande delarna av ett turboaggregat, inkluderande kompressorhjulet, axeln och turbinhjulet.

S

Sealed-beam strålkastare En äldre typ av strålkastare som integrerar reflektor, lins och glödtrådar till en hermetiskt försluten enhet. När glödtråden går av eller linsen spricker byts hela enheten.

Shims Tunn distansbricka, vanligen använd till att justera inbördes lägen mellan två delar. Exempelvis sticks shims in i eller under ventiltryckarhylsor för att justera ventilspelet. Spelet justeras genom byte till shims av annan tjocklek.

Skivbroms En bromskonstruktion med en roterande skiva som kläms mellan bromsklossar. Den friktion som uppstår omvandlar bilens rörelseenergi till värme.

Skjutmått Ett precisionsmätinstrument som mäter inre och yttre dimensioner. Inte riktigt lika exakt som en mikrometer men lättare att använda.

Smältsäkring Ett kretsskydd som består av en ledare omgiven av värmetålig isolering. Ledaren är tunnare än den ledning den skyddar och är därmed den svagaste länken i kretsen. Till skillnad från en bränd säkring måste vanligen en smältsäkring skäras bort från ledningen vid byte.

Spel Den sträcka en del färdas innan något inträffar. "Luften" i ett länksystem eller ett montage mellan första ansatsen av kraft och verklig rörelse. Exempel, den sträcka bromspedalen färdas innan kolvarna i huvudcylindern rör på sig. Även utrymmet mellan två delar, exempelvis kolv och cylinderlopp.

Spiralfjäder En spiral av elastiskt stål som förekommer i olika storlekar på många platser i en bil, bland annat i fjädringen och ventilerna i topplocket.

Startspärr På bilar med automatväxellåda förhindrar denna kontakt att motorn startas annat än om växelväljaren är i N eller P.

Storändslager Lagret i den ände av vevstaken som är kopplad till vevaxeln.

Svetsning Olika processer som används för att sammanfoga metallföremål genom att hetta upp dem till smältning och sammanföra dem.

Svänghjul Ett tungt roterande hjul vars energi tas upp och sparas via moment. På bilar finns svänghjulet monterat på vevaxeln för att utjämna kraftpulserna från arbetstakterna.

Syresensor En enhet i motorns grenrör som känner av syrehalten i avgaserna och omvandlar denna information till elektricitet som bär information till styrelektroniken. Även kalla Lambdasond.

Säkring En elektrisk enhet som skyddar en krets mot överbelastning. En typisk säkring innehåller en mjuk metallbit kalibrerad att smälta vid en förbestämd strömstyrka, angiven i ampere, och därmed bryta kretsen.

T

Termostat En värmestyrd ventil som reglerar kylvätskans flöde mellan blocket och kylaren vilket håller motorn vid optimal arbetstemperatur. En termostat används även i vissa luftrenare där temperaturen är reglerad.

Toe-in Den distans som framhjulens framkanter är närmare varandra än bak-kanterna. På bakhjulsdrivna bilar specificeras vanligen ett litet toe-in för att hålla framhjulen parallella på vägen, genom att motverka de krafter som annars tenderar att vilja dra isär framhjulen.

Toe-ut Den distans som framhjulens bakkanter är närmare varandra än framkanterna. På bilar med framhjulsdrift specificeras vanligen ett litet toe-ut.

Toppventilsmotor (OHV) En motortyp där ventilerna finns i topplocket medan kamaxeln finns i motorblocket.

Torpedplåten Den isolerade avbalkningen mellan motorn och passagerarutrymmet.

Trumbroms En bromsanordning där en trumformad metallcylinder monteras inuti ett hjul. När bromspedalen trycks ned pressas böjda bromsbackar försedda med bromsbelägg mot trummans insida så att bilen saktar in eller stannar.

Trumbroms, montage

Turboaggregat En roterande enhet, driven av avgastrycket, som komprimerar insugsluften. Används vanligen till att öka motoreffekten från en given cylindervolym, men kan även primäranvändas till att minska avgasutsläpp.

Tändföljd Turordning i vilken cylindrarnas arbetstakter sker, börjar med nr 1.

Tändläge Det ögonblick då tändstiftet ger gnista. Anges vanligen som antalet vevaxelgrader för kolvens övre dödpunkt.

Tätningsmassa Vätska eller pasta som används att täta fogar. Används ibland tillsammans med en packning.

U

Universalknut En koppling med dubbla pivåer som överför kraft från en drivande till en driven axel genom en vinkel. En universalknut består av två Y-formade ok och en korsformig del kallad spindeln.

Urtrampningslager Det lager i kopplingen som flyttas inåt till frigöringsarmen när kopplingspedalen trycks ned för frikoppling.

V

Ventil En enhet som startar, stoppar eller styr ett flöde av vätska, gas, vakuum eller löst material via en rörlig del som öppnas, stängs eller delvis maskerar en eller flera portar eller kanaler. En ventil är även den rörliga delen av en sådan anordning.

Ventilspel Spelet mellan ventilskaftets övre ände och ventiltryckaren. Spelet mäts med stängd ventil.

Ventiltryckare En cylindrisk del som överför rörelsen från kammen till ventilskaftet, antingen direkt eller via stötstång och vipparm. Även kallad kamsläpa eller kamföljare.

Vevaxel Den roterande axel som går längs med vevhuset och är försedd med utstickande vevtappar på vilka vevstakarna är monterade.

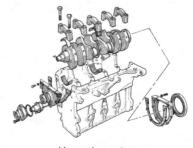

Vevaxel, montage

Vevhus Den nedre delen av ett motorblock där vevaxeln roterar.

Vibrationsdämpare En enhet som är avsedd att minska fjädring eller vridande vibrationer i vevaxeln. Enheten kan vara integrerad i vevaxelns remskiva. Kallas även harmonibalanserare.

Vipparm En arm som gungar på en axel eller tapp. I en toppventilsmotor överför vipparmen stötstångens uppåtgående rörelse till en nedåtgående rörelse som öppnar ventilen.

Viskositet Tjockleken av en vätska eller dess flödesmotstånd.

Volt Enhet för elektrisk spänning i en krets 1 volt genom ett motstånd av 1 ohm ger en strömstyrka om 1 ampere.

Observera: *Referenserna i detta register ges i formen "kapitelnummer"•"sidnummer"*

Anteckningar

Anteckningar

Anteckningar